Allgemeine Managementlehre

Lehrbuch für die angewandte Unternehmens- und Personalführung

Prof. Dr. Rüdiger H. Jung
Prof. Dr. Jürgen Bruck
Prof. Dr. Sabine Quarg

Unter Mitarbeit von

Prof. Dr. Birgit Baum
Prof. Dr. Dr. h. c. Rolf Franken
Dr. Swetlana Franken
Prof. Dr. Susanne Rank

Mitbegründet von

Prof. Dr. Meinolf Kleine

2., völlig neu bearbeitete und wesentlich erweiterte Auflage

ERICH SCHMIDT VERLAG

Bibliografische Information der Deutschen Bibliothek
Die Deutsche Bibliothek verzeichnet diese Publikation in der Deutschen
Nationalbibliografie; detaillierte bibliografische Daten sind im Internet über
dnb.ddb.de abrufbar.

Weitere Informationen zu diesem Titel finden Sie im Internet unter
ESV.info/3 503 09790 2

Hinweis für Dozenten
Bei Einsatz dieses Buches in Lehrveranstaltungen können bei Nachweis der
Lehrtätigkeit vergrößerte Vorlagen der zahlreichen Abbildungen auf **CD-ROM
im PDF-Format** bestellt werden. Sie können zu Präsentationszwecken in Lehrveranstaltungen
verwendet werden. Bei Interesse wenden Sie sich bitte an
den Erich Schmidt Verlag, Buchvertrieb, Genthiner Straße 30 G, 10785 Berlin.
E-Mail: Buchvertrieb@ESVmedien.de

---

1. Auflage 1993
erschienen unter dem Titel „Management. Personen – Strukturen –
Funktionen – Instrumente" im Carl Hanser Verlag München Wien

2. Auflage 2007

ISBN-13: 978 3 503 09790 6
ISBN-10: 3 503 09790 2

Alle Rechte vorbehalten
© Erich Schmidt Verlag GmbH & Co., Berlin 2007
www.ESV.info

Dieses Papier erfüllt die Frankfurter Forderungen
der Deutschen Bibliothek und der Gesellschaft für das
Buch bezüglich der Alterungsbeständigkeit und entspricht
sowohl den strengen Bestimmungen der US Norm
Ansi/Niso Z 39.48-1992 als auch der ISO-Norm 9706.

Druck: Hubert & Co., Göttingen

Vorwort

„Denn unser aller Wohlfahrt hängt von der Leistung der Manager ab, ob uns das jetzt bewusst ist oder nicht. Management (ist) … eine wichtige Innovation, die die moderne Zivilisation entscheidend mitgestaltet hat." (Joan Magretta, ehemals Harvard Bussiness Review).

Ob der Leser dem zustimmen kann oder es etwas bescheidener nehmen will: Die Beachtung, die dem Begriff „Management" und dem mit ihm bezeichneten Gestaltungs- und Lenkungshandeln inzwischen zuteil wird, ist doch beeindruckend und ein Beleg für seine allgegenwärtige Bedeutung. Ob Profit- oder Nonprofit-Management, Gründungs- oder Insolvenzmanagement, Regional- oder Global Management, Gebäude-, Energie- oder Wassermanagement – die unüberschaubare Vielzahl einschlägiger Wortverbindungen zeugt nicht nur vom Vermarktungscharme eines Begriffes, sondern auch von der anerkannten Sinnhaftigkeit einer Umweghandlung: In der Absicht, ein bestimmtes Ziel zu erreichen oder eine Aufgabe gut zu erfüllen, lohnt es sich innezuhalten, die Arbeitsebene zu verlassen und über Ziel und Weg zum Ziel nachzudenken. Das ist der Einstieg in die Metaebene des Ausführungshandels und die Umweghandlung „Management".

Management ist inzwischen ein anerkanntes Forschungs- und Lehrgebiet mit Erklärungs- und Empfehlungsaussagen für unterschiedliche Interessens- oder Anspruchsgruppen. So wie Management einerseits Erkenntnisse aus einer Vielzahl von Wissenschaftsdisziplinen zu beachten hat, bietet es andererseits Aussagen für Gestaltungs- und Lenkungshandeln in unterschiedlichen Bereichen zielorientierter Tätigkeit. Mit den Spezialisierungen und Vertiefungen wächst zugleich die Bedeutung einer allgemeinen, auf die Grundlagen konzentrierten Managementlehre („general management"). Dieser Bedeutung fühlen sich die Verfasser des vorliegenden Buches verpflichtet. Das Buch ist weitgehend so konzipiert, dass es allgemeines Führungswissen und Rüstzeug für Gestaltungs- und Lenkungshandeln systematisiert darstellt, nutzbar in den verschiedensten Führungs- und Funktionszusammenhängen von Unternehmen – ob sie ihr Selbstverständnis über die Gewinnorientierung oder über andere Orientierungen herleiten.

Mit dieser Buchkonzeption sind ganz zwangsläufig Selektions- wie Ordnungsleistungen verbunden. Eine der wichtigsten Selektionsleistungen ist, den an allgemeinen Grundlagen interessierten Leser von Dogmengeschichtlichem, von Spezialthemen, vor allem aber von Moden – die Managementlehre ist ein besonders begehrtes Anwendungsfeld – weitgehend zu entlasten. Wir sind zuversichtlich, dass uns dies gelungen ist.

Bei der Ordnungsleistung bedienen wir uns, wie bereits in dem von Rüdiger H. Jung und Meinolf Kleine vor gut zehn Jahren veröffentlichten Vorläuferwerk, der fortwährend hilfreichen Konzeption von Bessai (1974) mit ihren vier Betrachtungsperspektiven (Dimensionen) des Managements, d.h. dem Blick auf

- Die vom Management erwarteten Tätigkeiten oder Funktionen
- die eine dauerhafte Erfüllung dieser Tätigkeiten oder Funktionen ermöglichenden institutionellen Grundlagen
- die für Management-Tätigkeiten in Frage kommenden Personen und deren Eigenschaften
- die für eine erfolgreiche Wahrnehmung von Managementtätigkeiten zur Verfügung stehenden Werkzeuge (Instrumente, Methoden, Techniken).

Wir wollen nicht für uns in Anspruch nehmen, das damit formulierte Grundgerüst einer allgemeinen Managementlehre in allen Perspektiven hinreichend auszufüllen. Das ist im Rahmen eines einzelnen Buches nicht leistbar. Wir sind aber zuversichtlich, dass auch hier die geforderte Selektionsleistung zum Nutzen des Lesers gelungen ist.

Dieses Buch wendet sich an Studierende, die – gleich in welcher fachlichen Ausrichtung – ein breites Grundverständnis von Management erwerben möchten. Das Buch wendet sich zugleich an Praktiker, die für ihre eigene oder für die bei anderen beobachtete Management-Tätigkeit eine Reflexionshilfe und ein Angebot für Ergänzungen ihrer bisherigen Handlungskonzepte suchen. Auch der an Managementproblemen arbeitende Wissenschaftler mag dem Buch Anregungen für seine Arbeit entnehmen.

Das Buch ist – gewisse Redundanzen dabei in Kauf nehmend – so konzipiert, dass einzelne Teile oder Kapitel gezielt und ohne Bearbeitung der vorhergehenden Teile bzw. Kapitel gelesen werden können. Ein Rezeptbuch für erfolgreiches Management hält der Leser nicht in Händen. In Anbetracht der Anforderung, in komplexen, dynamischen Kontexten situationsbezogen zweckmäßige Handlungsweisen zu wählen, kann es auch in einer anwendungsbezogenen Managementlehre „nur" darum gehen, heutige und zukünftige Manager mit Wissen zu versorgen, das ihnen hilft, die komplexe Wirklichkeit realitätsnäher wahrzunehmen, Handlungsmöglichkeiten und -konsequenzen zu erkennen, um daraus gutes Handeln abzuleiten.

Allen, die uns bei der Erstellung des Buches unterstützt haben, gilt unser aufrichtiger Dank. Namentlich erwähnt werden sollen Karsten Kneese und Eric Krijgsman für die Erstellung der Abbildungen, Ronald Busse und Jarek Zapolski für Literaturarbeiten sowie Alexandra Meiner, die als Betreuerin von Satz und Layout der Druckvorlage nicht selten auch Lektorin war.

Nicht denkbar wäre dieses Buch ohne den ehemaligen Kollegen Meinolf Kleine, der uns wertvolle Vorlagen lieferte, und Joachim Schmidt, der als Chef des Erich-Schmidt-Verlags das Entstehen dieses Werks mit fachlicher Kollegialität und verlegerischem Rat begleitet hat.

Die Studenten und Praktiker des Managements, die Teile dieses Buches aus Vorlesungen und Seminaren kennen, bitten wir auch weiterhin, alle neuen Leser hiermit erstmalig um ihren geschätzten Beitrag zur Fortentwicklung des Textes.

Remagen, Nürtingen und Dortmund   Rüdiger H. Jung
im August 2006   Jürgen Bruck
                                               Sabine Quarg

Inhaltsübersicht

Teil A: Einführende Betrachtung von Management und Managementlehre 1
    I. Management als Betrachtungsobjekt 3
    II. Zur Entwicklung und zum wissenschaftlichen Anspruch der Managementlehre 13
    III. Dimensionen von Management 17

Teil B: Die institutionelle Dimension von Management 21
    I. Einführung und Eingrenzung der Betrachtung 23
    II. Manager und Managementsystem 25
    III. Institutionelle Grundlagen des Managementhandelns 29
    IV. Managerhandeln und Managerpersönlichkeit 57
    V. Führungskräfteentwicklung (Management Development) als Einflussfaktor der Qualität des Managementsystems 87

Teil C: Die funktionelle Dimension von Management 91
    I. Überblick über die Management-Funktionen 93
    II. Der Gesamtrahmen der Management-Tätigkeit 99
    III. Generelle Management-Funktionen 119
    IV. Spezifische Management-Funktionen 263

Teil D: Besondere Handlungsfelder des Managements 457
    I. Technologie- und Innovationsmanagement 459
    II. Wissensmanagement 481
    III. Change Management 501
    IV. Internationales Management 521

Teil E: Management im Widerspruch von Führungsanspruch und Führungsgrenzen – Einige abschließende Bemerkungen 543
    I. Grenzen für Praxis und Theorie des Managements 545
    II. Management als Kunst des Umgangs mit Widersprüchen 549

Inhaltsverzeichnis

Vorwort V

Teil A: Einführende Betrachtung von Management und Managementlehre 1

I. **Management als Betrachtungsobjekt** 3
1. Begriffliche Einführung 3
    1.1. Zur Wortherkunft 3
    1.2. Management als Meta-Handeln: Lenkung und Gestaltung 3
    1.3. Management, Leitung, Führung 4
    1.4. Management und Unternehmensführung 5
    1.5. Betriebs- und unternehmensbezogene Definition von Management und Manager 6
2. Soziale (sozio-technische) Systeme als Erfahrungsbereich von Management ... 8
    2.1. Systembegriffe 8
    2.2. Unternehmen als soziale (sozio-technische) Systeme 9
    2.3. Systembezogene Definition von Management und Manager 9
3. Zur Begründung von Management 11
    3.1. Soziale Begründung 11
    3.2. System-funktionale Begründung 11

II. **Zur Entwicklung und zum wissenschaftlichen Anspruch der Managementlehre** 13

III. **Dimensionen von Management** 17
    Zur Wiederholung 19

Teil B: Die institutionelle Dimension von Management 21

I. **Einführung und Eingrenzung der Betrachtung** 23

II. **Manager und Managementsystem** 25
    Zur Wiederholung 27

III. **Institutionelle Grundlagen des Managementhandelns** 29
1. Rechtliche Ordnungsregeln und Grundsätze für das Management 29
2. Hierarchie als universelles Ordnungsprinzip 34
    2.1. Hierarchiebegriff 34
    2.2. Arten von Hierarchien 35
    2.3. Begründung der Stellen- und Personenhierarchie 36
        2.3.1. Effizienzsicherung 36
            2.3.1.1. Koordinationsaspekt 36
            2.3.1.2. Weitere effizienzrelevante Aspekte 38
        2.3.2. Herrschaftssicherung 38

2.4. Die Attraktivität der Hierarchie für Führungskräfte und
Führungskräftenachwuchs 40
2.5. Die Forderung nach „Enthierarchisierung" und die Suche nach
Hierarchiealternativen 41
3. Positionale und personale Zuweisung von Einflusschancen 46
3.1. Macht 46
3.2. Autorität 48
4. Verantwortung als organisatorische und moralisch-ethische Kategorie 51
Zur Wiederholung 54

IV. Managerhandeln und Managerpersönlichkeit 57
1. Zum Stand der wissenschaftlichen Erkenntnis 57
2. Empirische Analysen zum Managerhandeln 59
2.1. Der Arbeitstag des Managers: Aktivitätsmuster 59
2.2. Manager-Rollen 64
3. Werthaltungen, Einstellungen und Ziele von Managern 68
3.1. Zur Bedeutung von Werten, Einstellungen und Zielen 68
3.2. Empirische Belege zu Werthaltungen, Einstellungen und Zielen von
Führungskräften 69
3.2.1. Werthaltungen und Einstellungen 70
3.2.1.1. Allgemeine führungsrelevante Werthaltungen und
Einstellungen 70
3.2.1.2. Einstellungen zur Persönlichkeit des Menschen
(Menschenbilder) 72
3.2.2. Zielorientierungen 74
4. Anforderungen an die Person des Managers: Überlegungen zur
Managementkompetenz 78
4.1. Probleme der Bestimmung stellenadäquater Anforderungsprofile für
Manager 78
4.2. Grundsätzliche Elemente von Managementkompetenz 79
4.3. Empirisch ermittelte Kompetenzanforderungen 82
Zur Wiederholung 86

**V. Führungskräfteentwicklung (Management Development) als
Einflussfaktor der Qualität des Managementsystems** 87
Zur Wiederholung 90

Teil C: Die funktionelle Dimension von Management 91

I. Überblick über die Management-Funktionen 93

II. Der Gesamtrahmen der Management-Tätigkeit 99
1. Der normative Rahmen: Unternehmensphilosophie und Unternehmenspolitik als
gesetztes Regulativ des Handelns in Unternehmen 99
2. Der kulturelle Rahmen: Unternehmenskultur als gewachsenes Regulativ des
Handelns in Unternehmen 108
3. Plädoyer für eine integrative Sicht der Management-Funktionen:
Strategisches Management 115
Zur Wiederholung 117

III. Generelle Management-Funktionen 119
1. Management auf allen Führungsebenen in seinem Sachbezug:
   Der Managementprozess.. 119
   1.1. Darstellung des Managementprozesses.. 119
   1.2. Komplexität des Prozessablaufs... 122
   1.3. Übersicht über Management-Arbeitstechniken im Sachbezug 126
   1.4. Phasen des Managementprozesses 128
       1.4.1. Planung... 128
           1.4.1.1. Begriffliche Abgrenzung 128
           1.4.1.2. Grundtatbestände der Planung....................................... 129
               1.4.1.2.1. Zweck und Funktionen der Planung............... 129
               1.4.1.2.2. Planungsträger und Planungsinstrumente 133
           1.4.1.3. Planungsprozess... 134
               1.4.1.3.1. Zielbildung... 135
               1.4.1.3.2. Problemanalyse.. 141
               1.4.1.3.3. Alternativensuche und Prognose...................... 143
               1.4.1.3.4. Alternativenbeurteilung 146
           1.4.1.4. Planungssysteme 149
               1.4.1.4.1. Begriff und Anforderungen an Planungs-
                           systeme... 149
               1.4.1.4.2. Entwicklung von Planungssystemen................ 149
           1.4.1.5. Ansätze zur Neugestaltung der Planung 156
       1.4.2. Entscheidung 160
           1.4.2.1. Grundtatbestände der Entscheidung 160
           1.4.2.2. Entscheidungsprozess 163
           1.4.2.3. Entscheidungssituationen, Entscheidungsarten und
                     Entscheidungsmodelle 164
       1.4.3. Durchsetzung 167
           1.4.3.1. Grundtatbestände der Durchsetzung.............................. 167
           1.4.3.2. Durchsetzungsprozess.. 169
       1.4.4. Kontrolle 170
           1.4.4.1. Grundtatbestände der Kontrolle..................................... 170
           1.4.4.2. Kontrollprozess 175
       1.4.5. Integration von Planungs- und Kontrollhandeln in der
               Controlling-Funktion 176
   Zur Wiederholung 180
2. Management auf allen Führungsebenen in seinem
   Personenbezug: Personalführung... 182
   2.1. Der allgemeine Begriff „Führung" (Menschenführung).................... 182
   2.2. Der spezielle Begriff „Personalführung" (Mitarbeiterführung) 183
   2.3. Die Funktionen der Personalführung 184
       2.3.1. Vorbemerkungen.. 184
       2.3.2. Zielorientierte Richtung und Aktivierung des
               Mitarbeiterverhaltens 185
       2.3.3. Sicherstellung der für die Zielerreichung erforderlichen
               Humanressourcen... 187
       2.3.4. Außenvertretung.. 189

2.4. Kommunikation und Motivation (Motivierung) als zentrale
     Merkmale der Führungstätigkeit 191
   2.4.1. Soziale Kommunikation 191
       2.4.1.1. Begriff und Bedeutung von Kommunikation 191
       2.4.1.2. Modelle der zwischenmenschlichen Kommunikation 192
   2.4.2. Motivation 195
       2.4.2.1. Begriff und Bedeutung von Motivation 195
       2.4.2.2. Die Beschreibung und Erklärung von Motivstrukturen
                 (Inhaltstheorien der Motivation) 197
       2.4.2.3. Die Beschreibung und Erklärung des Motivations-
                 prozesses (Prozesstheorien der Motivation) 200
       2.4.2.4. Erweiterungen motivationstheoretischer Ansätze 203
           2.4.2.4.1. Das Modell von *Porter/Lawler* 204
           2.4.2.4.2. Das Leistungsdeterminanten-Konzept
                       von *Berthel* 205
2.5. Bezugsrahmen der Führungsbeziehung und die Bedeutung von
     Führungstheorien 207
2.6. Personalführung und Führungserfolg: Die Effizienzfrage 210
   2.6.1. Relevante Erfolgs- oder Effizienzkriterien 210
   2.6.2. Erklärung von Führungserfolg über einzelne Einflussvariablen 212
       2.6.2.1. Persönlichkeitsmerkmale (Eigenschaften) des Führers
                 (Vorgesetzten) 212
       2.6.2.2. Führungsverhalten und der Führungsstil
                 des Vorgesetzten 214
           2.6.2.2.1. Beschreibungen von Führungsverhalten 214
           2.6.2.2.2. Effizienzaussagen zum Führungsverhalten 221
       2.6.2.3. Merkmale der Geführten (Mitarbeiter) und des
                 Kontextes der Führungsbeziehung 223
       2.6.2.4. Substitute der Personalführung 227
2.6.3. Erklärung von Führungserfolg mittels komplexerer Konzepte 229
       2.6.3.1. Komplexere Konzepte als Antwort auf veränderte
                 Herausforderungen an Führungsarbeit 229
       2.6.3.2. Transformative Führung als personales
                 (vorgesetztenorientiertes) Konzept 230
       2.6.3.3. Vertrauen als soziales (beziehungsorientiertes) Konzept 231
   2.6.4. Führung von unten (Führung des Chefs) 233
2.7. Präskriptive Modelle als Führungshilfen für Vorgesetzte 234
   2.7.1. Zum Stellenwert präskriptiver Führungsmodelle 234
   2.7.2. Das „Verhaltensgitter" (Managerial Grid) von *Blake/Mouton* 235
   2.7.3. Die „Situationale Führungstheorie" von *Hersey/Blanchard* 237
   2.7.4. Das „Normative Führungsmodell" von *Vroom/Yetton/Jago* 240
2.8. Kooperative Führung als herrschendes Führungsprinzip in der Praxis 244
2.9. Zur Frage der betriebsweiten Gewährleistung effizienter Personalführung 247
2.10. Außenvertretung als besondere Funktion in der Führungsarbeit 250
   2.10.1. Begriff und Bedeutung der Außenvertretung 250
   2.10.2. Typen der Außenvertretung 251
       2.10.2.1. Einführender Überblick 251
       2.10.2.2. Die vertikale Außenvertretung 252
       2.10.2.3. Die laterale Außenvertretung 253

2.10.3. Zum besonderen Problemgehalt lateraler Außenvertretung 255
2.10.4. Resümee: Tendenzielle Bedeutungszunahme der Außenvertretung.... 257
2.11. Übersicht über Management-Arbeitstechniken im Personenbezug 258
Zur Wiederholung 259

IV. Spezifische Management-Funktionen 263
1. Strategieentwicklung: Die Positionierung des Unternehmens in seiner Umwelt 263
   1.1. Theoretische Perspektiven als Ausgangspunkt der Strategieentwicklung 263
   1.2. Strategiebegriff 268
   1.3. Prozess der Strategieentwicklung 274
      1.3.1. Strategische Zielplanung 274
         1.3.1.1. Planung und Ermittlung strategischer Ziele 274
         1.3.1.2. Inhaltliche Betrachtungen 274
         1.3.1.3. Interessenbezogene Betrachtung 279
         1.3.1.4. Empirische Befunde 281
      1.3.2. Strategische Analyse und Prognose der externen
             Unternehmensumwelt 285
         1.3.2.1. Analyse der Umwelt als Chancen-Risiken-Betrachtung 285
            1.3.2.1.1. Analyse der allgemeinen globalen Umwelt 286
            1.3.2.1.2. Analyse der Branche und Wettbewerber 289
            1.3.2.1.3. Strategische Gruppen 291
            1.3.2.1.3. Analyse der Konkurrenten 293
         1.3.2.2. Prognose und strategische Frühaufklärung 296
            1.3.2.2.1. Inhalte der strategischen Prognose 296
            1.3.2.2.2. Inhalte der strategischen Frühaufklärung 299
         1.3.2.3. Chancen-Risiken-Profil als Ergebnis der Umweltanalyse 300
         1.3.2.4. Empirische Befunde 301
      1.3.3. Strategische Analyse und Prognose der internen
             Unternehmenssituation 302
         1.3.3.1. Analyse des Unternehmens als Stärken-Schwächen-
                  Betrachtung 302
            1.3.3.1.1. Ressourcenanalyse nach klassischer
                       Betrachtungsweise 303
            1.3.3.1.2. Ressourcenanalyse nach wertorientierter
                       Betrachtungsweise 306
            1.3.3.1.3. Ressourcenanalyse nach kompetenzorientierter
                       Betrachtungsweise 308
         1.3.3.2. Vergleichende und bewertende Stärken-Schwächen-
                  Darstellung 311
         1.3.3.3. Stärken-Schwächen-Profil als Ergebnis der
                  Unternehmensanalyse 312
         1.3.3.4. Empirische Befunde 314
      1.3.4. Strategieformulierung und -bewertung 314
         1.3.4.1. Formulierung der strategischen Ausgangslage
                  (SWOT-Betrachtung) als Grundprinzip der Strategie-
                  formulierung 314

               1.3.4.2. Strategieformulierung auf Unternehmensgesamtebene 317
                        1.3.4.2.1. Geschäftsfeldorientierte Gesamtstrategien 318
                        1.3.4.2.2. Geschäftseinheitenorientierte Gesamtstrategie ... 320
               1.3.4.3. Strategieformulierung auf Geschäftseinheitenebene 326
                        1.3.4.3.1. Marktorientierter Focus 326
                        1.3.4.3.2. Wettbewerbsorientierter Focus 329
                        1.3.4.3.3. Generische Wettbewerbsstrategien 332
                        1.3.4.3.4. Hybride Wettbewerbsstrategien 333
               1.3.4.4. Strategieformulierung auf Funktionsbereichsebene 336
               1.3.4.5. Bewertung und Auswahl der Strategie 337
               1.3.4.6. Empirische Befunde 340
       1.3.5. Verwirklichung der Strategie (Strategieimplementierung) 340
               1.3.5.1. Umsetzung strategischer Maßnahmenprogramme 341
               1.3.5.2. Durchsetzung strategischer Maßnahmenprogramme 350
       1.3.6. Strategische Kontrolle als Steuerungsinstrument für Strategien 351
   Zur Wiederholung 353
2. Organisation 356
   2.1. Einleitung 356
   2.2. Organisationstheorien 363
   2.3. Grundlagen der Organisationsgestaltung 366
       2.3.1. Überblick 366
       2.3.2. Gestaltungsparameter und Aufbauorganisation 369
               2.3.2.1. Aufgabenanalyse 369
               2.3.2.2. Aufgabensynthese 371
               2.3.2.3. Aufgabenverteilung 375
                        2.3.2.3.1. Stellenbildung 375
                        2.3.2.3.2. Arten von Stellen 377
                        2.3.2.3.3. Stellenmehrheiten 381
               2.3.2.4. Leitungssystem 383
                        2.3.2.4.1. Delegation 384
                        2.3.2.4.2. Weisungsbefugnis 386
                        2.3.2.4.3. Leitungsspanne 388
               2.3.2.5. Koordination 391
                        2.3.2.5.1. Überblick 391
                        2.3.2.5.2. Instrumente der Fremdkoordination 392
                        2.3.2.5.3. Instrumente der Selbstkoordination 395
       2.3.3. Gestaltungsparameter und Ablauforganisation 399
   2.4. Klassische Organisationskonzepte 402
       2.4.1. Klassische Konzepte der Aufbauorganisation 403
               2.4.1.1. Unternehmer-Organisation 404
               2.4.1.2. Funktionale Organisation 404
               2.4.1.3. Divisionale Organisation 407
               2.4.1.4. Holding-Organisation 410
               2.4.1.5. Matrix-Organisation 413
               2.4.1.6. Sekundär-Organisation 415
                        2.4.1.6.1. Ergänzung eindimensionaler Organisations-
                                   modelle 415
                        2.4.1.6.2.. Projektorganisation/-management 417

2.4.2. Klassische Konzepte der Ablauforganisation 421
    2.4.2.1. Werkstattfertigung 422
    2.4.2.2. Fließfertigung 423
2.5. Neuere Organisationskonzepte 424
    2.5.1. Überblick 424
    2.5.2. Ansatzpunkte der neueren Organisationskonzepte 425
    2.5.3. Prozessorganisation 427
    2.5.4. Teamorganisation 432
    2.5.5. Moderne Fertigungskonzepte 437
    2.5.6. Unternehmenskooperationen 439
    2.5.7. Lean Management 445
    2.5.8. Lernende Organisation 447
2.6. Organizational Behavior – Das Verhalten in Organisationen 450
Zur Wiederholung 454

Teil D: Besondere Handlungsfelder des Managements 457

I. Technologie- und Innovationsmanagement 459

1. Begriffliche Abgrenzungen 459
    1.1. Innovation und Innovationsmanagement 459
    1.2. Innovationsmanagement = Technologiemanagement? 461
2. Wie „neu" ist „neu"? 463
3. Der Prozesscharakter von Innovationen 466
4. Die technologie- und innovationsorientierte strategische Planung 468
    4.1. Die technologie- und innovationsorientierte Umweltanalyse 468
    4.2. Die technologie- und innovationsorientierte Unternehmensanalyse 472
    4.3. Strategische Rolle von Technologien und Bestimmung der relativen Technologieposition 473
    4.4. Technologie-Portfolio-Betrachtungen 474
5. Zusammenhang der Unternehmensstrategie mit Innovations- und Technologiestrategien 476
6. Generische Technologiestrategien 477
7. Formulierung und Implementierung der Technologiestrategie 478
Zur Wiederholung 480

II. Wissensmanagement 481

1. Wissen und Handeln von Unternehmen 481
2. Wissen 482
    2.1. Verständnis von Wissen 482
    2.2. Beschreibendes, prozessuales und wertendes Wissen 483
    2.3. Implizites und explizites Wissen 484
3. Funktionen des Wissensmanagements 485
    3.1. Überblick 485
    3.2. Wissensaufnahme 487
    3.3. Wissensorganisation und Wissenslogistik 488
    3.4. Wissensgenerierung 491
    3.5. Wissensnutzung 491
4. Gestaltungsdimensionen von Wissenssystemen 492
    4.1. Dimension „Wissen": Formalisierung und Strukturierung des Wissens 492

    4.2. Dimension „Organisation des Wissens": Wissens(ver)teilung und Kommunikation 495
    4.3. Dimension „Technik": Die Rolle der Informations- und Kommunikationstechnologie 495
    4.4. Dimension „Mensch": Das menschliche Verhalten als Erfolgsfaktor 497
    Zur Wiederholung 499

III. Change Management 501
1. Nichts ist verlässlicher als der Wandel 501
2. Anlässe zur Veränderung 502
3. Ziele und Erfolgsfaktoren des Change Managements 504
    3.1. Ziele des Change Managements 504
    3.2. Change Management und Organisationsentwicklung 505
    3.3. Erfolgsfaktoren des Change Managements 506
4. Psychologie der Veränderung 507
    4.1. Individuum 508
    4.2. Team 510
    4.3. Unternehmen (Organisation im institutionellen Sinne) 510
5. Phasen der Veränderung und Implementierungsstrategien 512
6. Stakeholder der Veränderung 515
7. Arbeitspakete des Change Managements 517
    Zur Wiederholung 519

IV. Internationales Management 521
1. Bedeutung der Internationalisierung 522
2. Theoretische Grundlagen der Internationalisierung 523
    2.1. Begriff der Internationalisierung 523
    2.2. Internationalisierungsmotive 524
    2.3. Internationalisierungsgrad 524
    2.4. Einflüsse der Internationalisierung auf die Unternehmensführung 526
3. Kultur als Determinante der Internationalisierung 527
4. Internationalisierungsstrategien 532
    4.1. Internationale Orientierung 533
    4.2. Globalisierung/Standardisierung versus Lokalisierung/Differenzierung 534
    4.3. Formen des Markteintritts 535
5. Internationale Organisationsstrukturen 538
    Zur Wiederholung 541

Teil E: Management im Widerspruch von Führungsanspruch und Führungsgrenzen – Einige abschließende Bemerkungen 543

I. Grenzen für Praxis und Theorie des Managements 545
1. Grenzen des Managements in der sachbezogenen Sicht 545
2. Grenzen des Managements in der personenbezogenen Sicht 547

II. Management als Kunst des Umgangs mit Widersprüchen 549

Literaturverzeichnis 551

Autorenverzeichnis 593

Stichwortverzeichnis 595

Teil A

Einführende Betrachtung von Management und Managementlehre

I. Management als Betrachtungsobjekt

1. Begriffliche Einführung

1.1. Zur Wortherkunft

Die in den deutschen Sprachschatz aufgenommenen Begriffe **Management** (das) und **Manager** (der) sind unmittelbar dem englischsprachigen Raum entlehnt. Das englische Verb *to manage* mit den Bedeutungen *handhaben, bewerkstelligen, deichseln; leiten, führen* hat sich in der deutschen Umgangssprache als *managen* (Vergangenheitsform: *gemanagt*) mit gleicher Bedeutung durchgesetzt.

Seine etymologischen Wurzeln in der lateinischen Sprache werden nicht einheitlich interpretiert. Am häufigsten und mit einiger Plausibilität wird auf *manus agere* in der Bedeutung *an der Hand führen* verwiesen.[1] Es hat auch im italienischen *maneggiare* (handhaben, bewerkstelligen) seinen Niederschlag gefunden.

Enger im Vergleich zur umgangssprachlichen Verwendung des Verbs *managen* ist die (internationale) Bedeutung des Substantivs *Management*. Als Objekt wissenschaftlichen Interesses und als Bezeichnung eines ungefähr abgegrenzten wissenschaftlichen Arbeitsgebietes unterliegt es zwangsläufig einer gewissen begrifflichen Spezifizierung.

1.2. Management als Meta-Handeln: Lenkung und Gestaltung

Management in seiner tätigkeitsorientierten Interpretation bezeichnet eine besondere Art von Aktivitäten in arbeitsteiligen Handlungszusammenhängen: Menschen finden sich (aus unterschiedlichen persönlichen Beweggründen) zur gemeinsamen Erbringung einer Leistung zusammen. Damit aus dieser Zusammenkunft ein leistungsbezogenes (**zweckgerichtetes**) Zusammenwirken aller entsteht, sind regelmäßig besondere Handlungen (Abstimmungen, Vereinbarungen, Regelungen) erforderlich, die sich auf das eigentliche Ausführungshandeln beziehen. Zunächst und zumindest müssen das Leistungsziel (Kooperationsziel) und die zu seiner Erreichung benötigten Beiträge der einzelnen Akteure diesen klar werden. Möglicherweise sind raum-zeitliche Abstimmungen der arbeitsteiligen Zielerreichungshandlungen erforderlich. Es muss sichergestellt sein, dass für alle Mitwirkenden der Anreiz zur Erbringung des benötigten Leistungsbeitrags ausreichend ist. Im Fall ei-

---

[1] So z.B. Hofmann (1988), S. 8 und Staehle (1999), S. 71, jeweils mit Verweis auf Braverman (1977), S. 61.

ner Gefährdung der Zielerreichung sind alternative Handlungsmöglichkeiten zu prüfen und gegebenenfalls zu vereinbaren u.a.m.

Zum einen geschieht dies durch unmittelbares, situatives Einwirken auf das Ausführungshandeln der Mitwirkenden (**Management als Lenkungshandeln**), wobei Lenkungshandeln hier nicht nur als Einwirken auf die *Richtung* interpretiert werden darf. Um der Managementtätigkeit gerecht zu werden, ist auch das Einwirken auf die *Geschwindigkeit* in den Lenkungsbegriff einzubeziehen. Zum anderen geschieht dies durch Ordnungsleistungen, die der Handlungsgemeinschaft als solcher Dauerhaftigkeit (Kontinuität) verleihen und unabhängig von einem situativen Lenkungshandeln die zweckgerichtete Kooperation aller Akteure bewirken (**Management als Gestaltungshandeln**). Management als Gestaltungs- und Lenkungshandeln ist dementsprechend **übergeordnetes Handeln (Meta-Handeln) in Bezug zum Ausführungshandeln**.

Wenngleich das hier referierte Zusammenwirken mehrerer Personen der Regelfall der Betrachtung von Management ist, so kann auch am Extremfall der Ein-Personen-Handlungseinheit die Unterscheidung von Ausführungshandeln und darauf bezogenem Gestaltungs- und Lenkungshandeln festgemacht werden. Die einzelne Person, die ihre Handlungsziele und die zur Zielerreichung erforderlichen Handlungen analysiert und bestimmt, vielleicht einen Zeitplan für die Durchführung von einzelnen Aktivitäten festlegt, möglicherweise auch Selbst-Belohnungen (z.B. Ausgehen) für das Erreichen von Teilzielen oder Bestrafungen im Fall der Zielverfehlung (z.B. nicht Ausgehen, sondern Weiterarbeiten) definiert, betreibt **Selbst-Management**. Die ursprüngliche Begriffsdeutung (*an der Hand führen*, siehe oben) enthält allerdings den Bezug auf eine oder mehrere andere Person(en) und hat im Verständnis von Management als *auf andere bezogenes* Lenkungshandeln die größte Entsprechung.

1.3. Management, Leitung, Führung

Die eingangs aufgezeigte Bedeutungsnähe oder gar -identität des Managementbegriffs zu bzw. mit den deutschsprachigen Begriffen *führen* (**Führung**) und *leiten* (**Leitung**) gilt auch für den Bereich der wissenschaftlichen Terminologie (Fachsprache). Allerdings sind die Auffassungen nicht einheitlich, was angesichts der noch relativ jungen Übernahme des Managementbegriffs und der unterschiedlichen Auffassungen zum Verhältnis von Leitungs- und Führungsbegriff[2] kaum überraschen kann. Im Einklang mit dem oben dargelegten Verständnis von Management als Gestaltungs- und Lenkungshandeln wird der Managementbegriff mehrheitlich in einer sehr umfassenden Weise verwendet – entsprechend den Begriffen Betriebsführung, Unternehmensführung oder Unternehmungsführung, die sowohl Leitungs-

---

[2] Siehe Seidel (1984).

als auch Führungsaspekte i.e.S. (Menschenführung) inkorporieren.[3] Die Verwendung des Begriffes *Management* hat bei aller berechtigten Vorsicht im Zusammenhang mit der Etablierung von Angloamerikanismen in der deutschen Sprache unstrittig Vorteile: Im Hinblick auf die zunehmende Internationalisierung der Problemaspekte des Managements und des einschlägigen Gedankenaustauschs von Praktikern und Wissenschaftlern wird eine gewisse sprachliche Barriere eliminiert. Außerdem ist der Managementbegriff (noch) einigermaßen unbelastet von den terminologischen Abgrenzungsversuchen im Begriffsfeld *Leitung, Führung, Unternehmensführung*.

Wir werden im Folgenden den Begriff **Management** in der weiten Interpretation von **Unternehmens- und Personalführung** verwenden und dabei den Begriff **Führung** (im weiten Sinne) **synonym** gebrauchen. Wir berücksichtigen damit auch die in etlichen Fachbegriffen (z.B. Führungskräfte, Führungsebenen, Führungskultur, Führungsphilosophie) erkennbare Gleichsetzung von Management und Führung. Mit diesem Gebrauch des Führungsbegriffs nehmen wir in Kauf, später zwischen *Führung im weiten Sinne* (Management) und *Führung im engen Sinne* (Personal-, Menschenführung) unterscheiden zu müssen.

1.4. Management und Unternehmensführung

Der Managementbegriff geht über den Begriff *Unternehmensführung* hinaus, da er nicht auf das Gestaltungs- und Lenkungshandeln in Wirtschaftseinheiten (Betrieben) der Fremdbedarfsdeckung, erst recht nicht in privaten Unternehmen beschränkt ist.[4] Wenngleich Unternehmen mit privatwirtschaftlicher Zielsetzung das häufigste Erkundungs- und Betrachtungsfeld darstellen, so ist Management doch auch ein Phänomen in öffentlichen Versorgungs- und Entsorgungsunternehmen, Rundfunkanstalten, Krankenhäusern, Schulen, Hochschulen, kirchlichen Institutionen, öffentlichen Verwaltungen, Gewerkschaften, Umweltschutzorganisationen, Sport- und anderen Vereinen, militärischen Einrichtungen und anderen organisierten Handlungsgemeinschaften mit kontinuierlicher Zweckorientierung.[5] Im Zuge der Ökonomisierung und Führungsprofessionalisierung weiter Bereiche gesellschaftlich-sozialer Leistungserbringung hat diesbezüglich auch die Beschäftigung mit Managementfragen in den letzten Jahren enorm zugenommen. Das spiegelt

---

[3] Vgl. z.B. – allerdings teilweise mit unterschiedlicher Zuordnung der Begriffe Leitung und Führung zu einem umfassend konzipierten Begriff Management – Rühli (1996), S. 66 ff.; Staehle (1999), S. 72; Ulrich (1984), S. 110 ff.; Ulrich/Fluri (1995), S. 13.

[4] Vgl. zu dieser Begriffsauffassung von Betrieb und Unternehmung Kosiol (1972), S. 22 ff.; Schweitzer (2004), S. 27 ff.

[5] Vgl. auch die Argumentation bei Drucker (2004), S. 24.

sich in der Entwicklung der einschlägigen Managementliteratur wider[6] und unterstreicht u.E. den Bedarf für eine breit angelegte allgemeine Managementlehre. Die Übertragbarkeit von Aussagen in diesem weiten Erfahrungsbereich von Management ist allerdings eine Frage ihres Abstraktionsniveaus. Da in einem Lehrbuch diesbezüglich Grenzen zu setzen sind, dominiert in der Auswahl der Problemstellungen und den Verweisen auf die Managementpraxis die Orientierung am (privaten) Unternehmen.

1.5. Betriebs- und unternehmensbezogene Definition von Management und Manager

Vor der Einführung einiger ergänzender, begrifflich relevanter Aspekte wollen wir in einem Resümee der bisherigen Ausführungen folgende Definitionen festhalten:

(a) **Management** ist zielorientiertes Gestaltungs- und Lenkungshandeln in Betrieben als organisierten, kontinuierlich zweckgerichteten menschlichen Handlungsgemeinschaften.

Mit der Eingrenzung auf Betriebe als organisierte zweckgerichtete Gemeinschaften sollen alle ursprünglichen Haushaltungen (Einzelpersonenhaushalt, Familienhaushalt), die ihre Handlungen nicht aus dem Zweck der Erfüllung gesellschaftlicher, außerfamiliär definierter Bedürfnisse ableiten, aus der Betrachtung ausgeklammert werden.[7]

Die Ausführungen in den nachfolgenden Teilen des Buches nehmen überwiegend Bezug auf das **Gestaltungs- und Lenkungshandeln in Unternehmen** als Betriebe der Fremdbedarfsdeckung.

Die Managementaufgabe der Gestaltung und Lenkung schließt die Aufgabe der kontinuierlichen *Entwicklung* des Unternehmens durch die Gestaltung und Lenkung von Entwicklungspotenzial und -prozessen ein.

Ulrich beschreibt Gestaltung, Lenkung und Entwicklung als die drei Managementfunktionen.[8] So wichtig die Betonung der dynamischen Komponente unter den realen Handlungsbedingungen von Betrieben ist, scheint uns mit (übersituativer) Gestaltung und (situativer) Lenkung das Handlungsspektrum von Management vollständig beschrieben (klassifiziert). Auch die für eine Systementwicklung wichtige Lern- und Anpassungsfähigkeit kann vom Management nicht anders als durch besondere Gestaltungs- und Lenkungshandlungen erzeugt werden. Grundsätzlich darf auch Gestaltung nicht als eine zu einem dauerhaften Abschluss kommende, sondern in Abständen erneut geforderte Managementaktivität verstanden werden. Mit der Betonung der Entwicklungsfunktion geht es genau genommen um ein besonderes Verständnis der Gestaltungs- und Lenkungsfunktion.

---

[6] Beispielhaft verwiesen sei auf die Managementliteratur für den sog. NPO-Bereich – z.B. Badelt (1999); Schwarz et al. (2002) – und die speziellere Managementliteratur für den Krankenhausbereich – z.B. Haubrock/Schär (2002); Braun von Reinersdorff (2002).

[7] So auch Ulrich (1984), S. 98. Zu Managementaspekten der Familie siehe Schmidtchen (1987).

[8] Siehe Ulrich (1984), S. 113 f. Daran anknüpfend, mit besonderer Betonung der Entwicklungsfunktion, auch Bleicher (2004), S. 60 ff.

(b) **Manager** (Führungskräfte) sind Personen, die auf das Ausführungshandeln von anderen Personen bezogenes Gestaltungs- und Lenkungshandeln als Aufgabe in Unternehmen übernehmen.

Es versteht sich von selbst, dass Manager (Führungskräfte) Frauen und Männer sein können. Der übliche Sprachgebrauch – auch in diesem Buch – stellt regelmäßig auf die männliche Besetzung der Managerposition (der Manager, der Vorgesetzte usw.) ab. Das ist, auch mit Blick auf die Führungsleistungen von Frauen in der Managementpraxis, mit Recht angreifbar. Wenn wir uns dennoch darauf beschränken, lediglich hier und da die weibliche Form im Zusammenhang mit dem Begriff Vorgesetzte zu benutzen, so dokumentiert das nur unser Scheitern an dem Versuch einer geschlechtsbezogen gleichberechtigten Darstellung unter Wahrung der Lesbarkeit der Ausführungen. Die Zielsetzung des Buches verlangt, der Lesbarkeit den Vorzug einzuräumen.

Der – bei Ausklammerung des Falles von Selbst-Management gegebene – Tatbestand der Gestaltung und Lenkung des Verhaltens *anderer* Menschen sowie die teilweise *besondere Reichweite der Gestaltungs- und Lenkungsmaßnahmen* lassen die ethische Kategorie **Verantwortung** zu einem besonderen Aspekt von Management werden. Auf die mit der Managementaufgabe zugleich übernommene Verantwortung sei deshalb ausdrücklich hingewiesen.[9]

(c) Die *Gesamtheit der Personen*, die im vorgenannten Sinn Managementaufgaben innerhalb eines Unternehmens übernimmt, wird als das **Management** (des Unternehmens) bezeichnet.

(d) Letztlich kennzeichnet der Begriff **Management** das *Forschungs- und Lehrgebiet*, das sich mit Aspekten des Managements in systematischer, wissenschaftlicher Weise befasst.

Bei dem hier vertretenen weiten Verständnis von Management erscheint im Sinne der Entwicklung allgemeiner Aussagen gelegentlich die Verwendung systemtheoretischer Begriffe geboten. Damit wird auch die Integration von Erkenntnissen der systemtheoretisch orientierten Managementforschung, einer wichtigen aktuellen Denkrichtung unserer Disziplin, erleichtert. Im folgenden Abschnitt soll deshalb der Systembegriff mit einigen wichtigen abgeleiteten Begriffen unter Bezug auf das Betrachtungsobjekt Management erläutert werden.

---

[9] Hofmann (1988), S. 24 ff., macht den Veranwortungsaspekt zum zentralen Bestandteil seiner Definitionen von Management und Führung.

2. Soziale (sozio-technische) Systeme als Erfahrungsbereich von Management

2.1. Systembegriffe

Mit dem Begriff **System** können ganz allgemein „gegliederte Ganzheiten, aufgebaut aus Elementen, die miteinander in Beziehung stehen"[10], bezeichnet werden. Das Beziehungsgefüge der Elemente bildet die Struktur des Systems. Sofern die Elemente selbst Systemeigenschaft besitzen, also wiederum aus einer geordneten Gesamtheit von Elementen und deren Beziehungen bestehen, können sie als Teil- oder Subsysteme (Systeme niederer Ordnung) des übergeordneten Systems verstanden werden.

Das übergeordnete System kann in der anderen Blickrichtung selbst wiederum als Teil eines umfassenderen Systems, des so genannten Supersystems, gesehen werden (siehe Abbildung A.I.1). Aus den sonstigen Systemen und Systemelementen des Supersystems definiert sich die relevante Umwelt eines Systems.

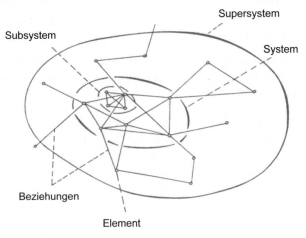

Abb. A.I.1: Systembegriffe
Quelle: Ulrich (1984), S. 51

So kann beispielsweise ein Unternehmen ebenso wie eine öffentliche Verwaltung als System interpretiert werden, das aus einer Vielzahl von Subsystemen (Bereichen, Abteilungen, Dezernaten, Referaten, Gruppen usw.) besteht, die intern unterschiedliche Systemstrukturen aufweisen. Was dann als Systemelemente, d.h. als unterste Ebene der Analyse betrachtet wird, hängt von dem jeweiligen Betrachtungsinteresse ab.

---

[10] Ulrich (1984), S. 50.

Interessiert beispielsweise, wie Unternehmen in schrumpfenden Märkten strategisch agieren, richtet sich der Blick zunächst auf das (Referenz-)System Unternehmen, dessen Geschäftsbereiche (Elemente) und deren Beziehungen zueinander als Gegenstand der Analyse in Frage kommen. Außerdem rückt das System Unternehmen mit seinen Austauschbeziehungen zu anderen Systemen innerhalb der Supersysteme Wirtschaft und Gesellschaft in das Blickfeld.

Interessiert indes, weshalb die verschiedenen Geschäftsbereiche eines Unternehmens unterschiedlich erfolgreich sind bei der Anpassung an veränderte Marktsituationen, so muss die Analyse bei den einzelnen Geschäftsbereichen und deren internen Strukturen ansetzen. Die Geschäftsbereiche als Systeme (bzw. Subsysteme des Systems Unternehmen) könnten in einer vergleichenden Analyse intern auf unterschiedliche Eigenschaften ihrer Elemente, etwa der Mitarbeiter und deren Fähigkeiten oder der verfügbaren Marktinformationen und deren Aktualität, untersucht werden.

Innerhalb einer solchen Systemhierarchie sind Supersystem, System, Subsystem und Element *vom jeweiligen Betrachtungsstandort* aus zu definieren.

2.2. Unternehmen als soziale (sozio-technische) Systeme

Jegliches relativ dauerhaft geordnete Zusammenwirken von Menschen zum Zwecke der gemeinsamen Erbringung einer Leistung stellt ein System im zuvor beschriebenen Sinne dar. Solche, durch das Zusammenwirken von Menschen geprägte Systeme werden *soziale Systeme* oder *Sozialsysteme* genannt (im Gegensatz beispielsweise zu einer Maschine als einem physikalischen oder *technischen System* und dem von mathematischen Gleichungen gebildeten *abstrakten System*). **Unternehmen** stellen **soziale Systeme** dar. Aufgrund der Bedeutung, die technischen Elementen (insbesondere Maschinen) bei der betrieblichen Leistungserbringung zukommt, werden Unternehmen auch als **sozio-technische**, d.h. durch das Zusammenwirken von sozialen und technischen Elementen geprägte Systeme definiert. Eine weitere wichtige Systemeigenschaft ist ihre **Offenheit**: Die Austauschbeziehungen mit ihrer Umwelt – also anderen Systemen und Systemelementen innerhalb der Supersysteme Wirtschaft und Gesellschaft, aber auch der natürlichen Umwelt – stellen eine Existenzbedingung für das sozio-technische System Unternehmen dar.

2.3. Systembezogene Definition von Management und Manager

Wie noch zu zeigen sein wird, findet die Gestaltung und Lenkung des zweckgerichteten Zusammenwirkens sozialer und technischer Elemente im System Unternehmen auch auf der Subsystemebene statt. Gestaltungs- und Lenkungsaufgaben stellen sich regelmäßig nicht nur der obersten Leitung, sondern auch den Managern nachgeordneter Einheiten (Subsysteme) auf ganz unterschiedlichen Ebenen: dem Leiter eines Unternehmensbereichs oder einer Abteilung, dem Leiter einer Fertigungsinsel, der Leiterin einer Pflegestation in einem Krankenhaus – um nur einige Beispiele zu nennen. In allen diesen Einheiten ist zweckbezogenes Zusammenwirken zu gestalten und zu lenken. Zwar ist die Existenz von Subsystemen wie auch die Existenz des Gesamtsystems Unternehmen bereits das Ergebnis von Gestaltungs-, d.h. Managementleistungen. Mit ihnen wird aber „lediglich" der institutionelle Rahmen für die weitere strukturelle (Aus-)Gestaltung und die Lenkung von Ausführungshandlungen auf der Ebene der Subsysteme und einzelnen Elemente geschaffen. Dies veranlasst uns, *Management als eine in Unternehmen vielfach verteilte Aufgabe (Funktion)* zu sehen[11] und in allgemeiner Weise auf das *(Sub-) System als Gestaltungsfeld* abzustellen.[12]

Mit Bezug auf das dargelegte Systemverständnis lässt sich die weiter oben hergeleitete unternehmensbezogene **Definition von Management** (siehe A.I.1.5, Ziffer a) auch **in allgemeiner Weise** formulieren. Unter Berücksichtigung, dass die Existenz technischer Systemelemente keine zwingende Auftretensbedingung von Management ist, kann unter **Management** die Gestaltung und Lenkung (einschließlich Entwicklung) eines zweckorientierten sozialen Systems[13] verstanden werden. **Manager** sind dementsprechend Personen, die Aufgaben der Gestaltung und Lenkung eines zweckorientierten sozialen Systems sowie die damit verbundene Verantwortung übernehmen.

---

[11] Je kleiner die Unternehmen, desto weniger Bedeutung kommt diesem Aspekt zu. Bei kleinstbetrieblichen Verhältnissen kann eine Person alleinige Trägerin der Managementaufgaben sein.

[12] Anders z.B. die Konzeption von *Ulrich/Fluri*, die sich auf Managementaspekte „für die Gesamtleitung der Unternehmung oder zumindest eines selbständigen Geschäftsbereichs mit eigener Ergebnisverantwortung (Profit Center)" (1995), S. 15 beschränkt.

[13] So auch Ulrich (1984), S. 98.

3. Zur Begründung von Management

Management wird regelmäßig als ein Handeln verstanden, das sich in sozialen Systemen in eigenen Rollen und Positionen manifestiert. Entsprechend haben wir einleitend Manager als Personen definiert, die mit Bezug auf *andere* Personen und deren Ausführungshandeln gestaltend und lenkend tätig werden. Diese Herausbildung besonderer Managementrollen kann mit sozialen Gesetzmäßigkeiten und systemfunktionellen Anforderungen begründet werden.[14]

3.1. Soziale Begründung

Die Institutionalisierung von Management durch Rollendifferenzierung eignet menschlichen Gemeinschaften vermutlich seit ihren Anfängen. Da auch bestimmte Beziehungsmuster im Tierbereich als Führungsverhältnisse interpretiert werden können, reicht Führung als Sozialphänomen in den außermenschlichen Bereich hinein. Eigenständige Führerrollen und Herrschaftsverhältnisse sind in menschlichen Gemeinschaften verschiedener Kulturen historisch nachgewiesen.[15]

Experimentell konnte in einer Vielzahl von Untersuchungen im Rahmen der Kleingruppenforschung festgestellt werden, dass die multipersonalen Zielerreichungshandlungen innerhalb eines sozialen Systems auch dann, wenn (von außen) keine Strukturierung im Sinne einer Rollendifferenzierung vorgenommen wird, Rangordnungen und Führerrollen aus dem interaktiven Gruppengeschehen heraus ausbilden.[16]

Insofern kann allein aufgrund von Beobachtungen der Erfahrungswirklichkeit (Empirie) unterstellt werden, dass **Management ein ubiquitäres Phänomen zweckbezogener Sozialsysteme** ist. An Begründungen hierfür, die vor allem auf Wesenszüge von Menschen wie Gefolgschafts- und Unterordnungsbedürfnis oder ein Bedürfnis nach Ordnung und Sicherheit, aber auch z.B. auf die Hierarchie als universelles Gestaltungsprinzip (nicht nur sozialer Systeme) abstellen, fehlt es nicht.

3.2. System-funktionale Begründung

Neben der eher beschreibenden (deskriptiven), auf Management als „soziale Tatsache" abstellenden Begründung, kann Management unter Hinweis auf seinen funktionalen Beitrag für die Konstituierung, Erhaltung und Sicherstellung einer effi-

---

[14] Siehe zu den nachfolgenden Ausführungen auch Neuberger (2002), S. 58 ff; Seidel/Jung/Redel (1988a), S. 16 ff. und die dort jeweils genannte Literatur.

[15] Siehe z.B. Vierkandt (1928), S. 286.

[16] Vgl. Bales (1972); Schneider (1985), S. 21 f., 168 ff.

zienten Leistungserbringung von Systemen begründet werden. Es handelt sich um eine normative, auf den Wert dieser system-funktionalen Beiträge abstellende Begründung.

Ist in kleinstbetrieblichen Verhältnissen noch vorstellbar, dass unter Verzicht auf besondere Managementpositionen die Gestaltung und Lenkung arbeitsteiliger Aufgabenerfüllung auf dem Wege gemeinsamer Abstimmung all derjenigen, die auch die abgestimmte Arbeit ausführen, zustande kommt, sind mittlere und große Unternehmen ohne spezialisiertes Managementhandeln kaum vorstellbar. Selbst wenn bedacht wird, dass dem mit einer Selbstabstimmung der ausführend Tätigen einhergehenden Abstimmungsaufwand (Zeit, Kosten) potenziell eine Kompensation in Form erhöhter Sachkenntnis und Leistungsmotivation für die Ausführung gegenübersteht: Ein solches Vorgehen stieße im Zuge des Unternehmenswachstums rasch an zeitliche, organisatorische, soziale und ökonomische Grenzen. Ein *eigenständiges Management der Selbstabstimmung* geriete zunehmend in das Blickfeld, der eigentliche Leistungsprozess aus dem Blickfeld der Akteure. Es ist bezeichnend, dass mit der Entwicklung größerer betrieblicher Systeme im Zuge der Industrialisierung im 18. und 19. Jahrhundert Fragen des Managements vermehrt Aufmerksamkeit fanden und auch Versuche der betrieblichen Arbeiterselbstverwaltung nicht auf die Institutionalisierung von (demokratisch legitimierten) Managementpositionen und -gremien verzichten.[17]

Die beiden skizzierten Begründungsansätze verdeutlichen die Bedeutung und allgegenwärtige Existenz des Managementphänomens in Sozialsystemen, und damit in Unternehmen. Es soll nicht verkannt werden, dass die Begründungen durchaus in der Gefahr einer ideologischen Instrumentalisierung stehen.[18]

---

[17] Vgl. z.B. Nutzinger (1987), Sp. 1839 ff.
[18] Vgl. Neuberger (2002), S. 61 ff.

II. Zur Entwicklung und zum wissenschaftlichen Anspruch der Managementlehre

Theoretische Beiträge zu Führungsfragen finden sich mit *Platon*s Diskurs über die Hervorbringung geeigneter Staatsführer (*Platon*, 427–347 v. Chr.) und *Aristoteles* Überlegungen zu geborenen Herrschern und Untertanen (*Aristoteles* 384–322 v. Chr.) bereits in der Antike.[19] Auch die neuzeitliche Beschäftigung mit Managementfragen mit dem ausdrücklichen Ziel der Entwicklung einer wissenschaftlich fundierten Managementlehre (Managementwissenschaft) reicht bis ins 19. Jahrhundert zurück.

Die Entwicklung der Disziplin seit diesen Anfängen weist eine Reihe von, in sich jeweils **sehr unterschiedlichen Strömungen und Gegenströmungen** auf, die von Technikern, Soziologen, Psychologen, Ökonomen, Mathematikern, Systemtheoretikern u.a.m. gespeist wurden. Auf die einzelnen Entwicklungsphasen wollen wir hier nicht eingehen. Dazu kann auf mehrere ausführliche Überblicksdarstellungen verwiesen werden.[20]

Festzuhalten ist, dass die über weite Strecken stark arbeitsteilig spezialisiert ablaufende Entwicklung der Managementlehre eine Fülle von Erkenntnissen hervorgebracht hat, deren **integrative Zusammenführung** sich angesichts der *inhaltlichen Vielfalt* und des *unterschiedlichen Abstraktionsniveaus der einzelnen Ansätze* als außerordentlich schwierig erweist.

Trotz der beeindruckenden Vielzahl und fachlichen Breite von Beiträgen zu Managementphänomenen werden die Fragen, ob Management überhaupt eine wissenschaftlich zu begründende Disziplin oder vielmehr eine reine „*Kunstlehre*" ist, ob gutes Management lernbar ist oder der Intuition „natürlicher Managerpersönlichkeiten" überlassen bleiben muss, bis heute unterschiedlich beantwortet. So kann es nicht verwundern, dass sich in diesem Spannungsfeld gegensätzlicher Positionen pseudo-wissenschaftliche Literatur ebenso erfolgreich etabliert wie Lebens- und Arbeitsberichte von (zeitweise) besonders erfolgreichen Managern, welche die Hoffnung bedienen, das Nachahmen persönlicher Arbeitsstile von Vorstandsvorsitzenden und Aufsichtsräten sichere Managementerfolg in beliebigen Kontexten.

---

[19] Vgl. Seidel/Jung (1987), Sp. 785; siehe auch Kaltenstadler (1987).
[20] Siehe insbesondere Staehle (1999), S. 22 ff.; Steinmann/Schreyögg (2005), S. 38 ff.; Bartol/Martin (1998), S. 35 ff.

Zweifellos gibt es Manager, die ohne Beschäftigung mit einer mehr oder weniger weit entwickelten Managementlehre dank purer persönlicher Begabung betriebliche Systeme erfolgreich gestalten und lenken. Zweifellos können auch erfahrungsbegründete Empfehlungen erfolgreicher Manager wertvolle Hinweise für diejenigen geben, die sich nicht allein auf ihr „natürliches Talent" verlassen können oder wollen. Das ändert nichts daran, dass den Führungskräften zuverlässige Hilfen für die Interpretation ihrer Handlungssituationen und die zweckgerechte Wahl ihrer Handlungsweisen nur bereitgestellt werden können auf der Grundlage einer wissenschaftlichen Analyse der verschiedenen Gestaltungs- und Lenkungsmöglichkeiten und der Gesetzmäßigkeiten, denen ihre Anwendung in sozio-technischen Systemen unterliegt.

Die Managementpraxis ist auf solche im besten Sinne *soliden* Hilfen angewiesen. Der **Bedarf an einer praxis-orientierten (anwendungsbezogenen) wissenschaftlich fundierten Managemenlehre** kann daher nicht in Frage stehen. In dieser knappen Bedarfsformulierung stecken allerdings sehr anspruchvolle **Forderungen für die Managementlehre**:

(1) Der **Anwendungsbezug** ist dadurch herzustellen, dass die wissenschaftlich fundierten Erkenntnisse über Möglichkeiten, Bedingungen und Wirkungen einer zielbezogenen Gestaltung und Lenkung sozialer Systeme in Aussagen transformiert werden, die der Managementpraxis bei definierten Problemstellungen als *unmittelbare Interpretationshilfen und Handlungsanleitungen* dienen können.

(2) Die **wissenschaftliche Fundierung** setzt *neben der Einhaltung grundsätzlicher Regeln wissenschaftlicher Begründung* insbesondere voraus:

- eine **interdisziplinäre**, besonders den Erkenntnissen der Verhaltenswissenschaften Beachtung schenkende **Orientierung**. Dies ist notwendig, da wirklichkeitsnahe Aussagen über Management nur unter Berücksichtigung des in verschiedenen Wissenschaftsgebieten angesammelten Wissens möglich sind und Disziplinengrenzen allzu oft den Blick für wichtige Facetten der realen Phänomene versperren (zu den relevanten Forschungsgebieten siehe Abbildung A.II.1).

- eine **empirische Orientierung**, da wirklichkeitsnahe Aussagen über Management aus der Erfahrungswirklichkeit angeregt und an ihr überprüft werden müssen

- eine **situative Orientierung**, da wirklichkeitsnahe Aussagen über Management in Anbetracht personen-, aufgaben- und sonstiger kontextspezifischer Einflüsse nicht generell, sondern nur situationsbezogen gültig sein können.

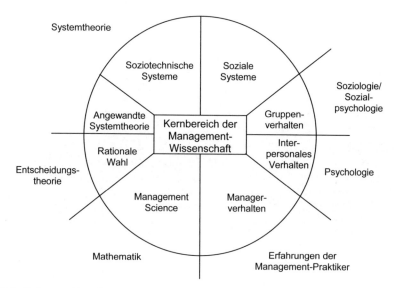

Abb. A.II.1: Relevante Forschungsgebiete der Managementwissenschaft
Quelle: Koontz/O'Donnell/Weihrich (1984), S. 62; Wiedergabe in der dt. Übers. von Staehle (1999), S. 73.

Unter Berücksichtigung dieser Anforderungen kann die – nach wie vor erst in Fragmenten existierende – **Managementlehre** definiert werden als ein *interdisziplinäres, empirisch orientiertes, situatives* **anwendungsbezogenes Aussagensystem** *über die Möglichkeiten, Bedingungen und Wirkungen der zielbezogenen Gestaltung und Lenkung betrieblicher Systeme.*

III. Dimensionen von Management

Die Beschäftigung mit Managementproblemen fördert eine Vielzahl von zum Teil sehr unterschiedlichen Aspekten zutage. Dabei geht es keineswegs ausschließlich um solche des zweckmäßigen Gestaltungs- und Lenkungshandelns im engeren Sinne. Es kommen Fragen auf wie die nach den Grundlagen dieses Handelns, nach den strukturellen und personellen Voraussetzungen, nach der Legitimation und der Art und Weise, wie Manager mit ihrem Gestaltungs- und Lenkungsauftrag umgehen. Es stellen sich Fragen nach den Einflussfaktoren der Qualität von Management, nach den Möglichkeiten einer Unterstützung der Managerarbeit durch geeignete Methoden und Techniken, nach den Alternativen hierarchischer Systemgestaltung und -lenkung u.v.a.m. Letztlich stellt sich auch die Frage nach den Grenzen des Managements in betrieblichen Systemen.

In dem nachfolgenden Ordnungsansatz, der auch die Gliederung dieses Lehrbuchs bestimmt, werden die verschiedenen Aspekte von Management in Anlehnung an eine Unterteilung von *Bessai* **vier Dimensionen** zugeordnet.[21] Sie repräsentieren gewissermaßen **Interessenschwerpunkte der Betrachtung von Management**.[22]

(1) In der **institutionellen Dimension** geht es um die Betrachtung von Management als institutionelles Gebilde im Sinne eines (hierarchischen) Gefüges von Managementpositionen und dessen rechtlichen, organisatorischen und sozialen Grundlagen. Die Bedeutung der Aspekte, die mit der institutionellen Dimension von Management verbunden sind, nimmt im Regelfall mit wachsender Unternehmensgröße zu.

(2) In der **funktionellen Dimension** geht es um die Betrachtung der Aufgaben oder Funktionen des Managements, die zum Zweck der Systemgestaltung und -lenkung wahrgenommen werden. Teilaufgaben, zweckmäßige Vorgehensweisen, einschlägige Handlungsalternativen sowie deren Vor- und Nachteile stehen im Zentrum der Betrachtung. In den meisten deutsch- und englischsprachigen Lehrbüchern wird vorrangig oder ausschließlich die funktionelle Dimension von Management betrachtet. Sie ist auch in kleinstbetrieblichen Verhältnissen von Bedeutung.[23]

---

[21] Siehe Bessai (1974).

[22] Eine von der hier gebrauchten ganz verschiedene Interpretation des Begriffs Managementdimensionen wählt Ulrich (1984), S. 122 ff. Die daraus abgeleitete Gliederung in *normatives*, *strategisches* und *operatives* Management (ebenda, S. 329) ist Grundlage der Unterscheidung von drei Dimensionen des Managements im Rahmen des St. Galler Management-Konzepts, siehe Bleicher (2004), S. 80 ff.; vgl. auch Ulrich/Probst (1995), S. 276 ff.

[23] Eine – je nach Abgrenzung des Managementbegriffs von den Sachverhalten des Selbst-Managements – teilweise oder vollständige Ausnahme bildet das Ein-Personen-Unternehmen. Bei ihm entfällt zumindest die Personalführungsfunktion.

Die institutionelle und die funktionelle Dimension können als die beiden *Grunddimensionen* von Management gesehen werden. Aus ihnen kann jeweils eine weitere Dimension abgeleitet werden.

(3) Aus der *institutionellen* Betrachtung von Management kann die Frage nach den personalen Aspekten, die mit der Institutionalisierung von Managementsystemen verbunden sind, abgeleitet werden. Zu dieser **personellen Dimension** zählen Überlegungen bezüglich der Anforderungen an Führungskräfte, geeigneter Verfahren ihrer Rekrutierung und Entwicklung (Förderung), der Gestaltung von Beurteilungssystemen, Laufbahn- oder Karriereplanungssystemen u.a.m.

(4) Aus der *funktionellen* Betrachtung von Management kann die Frage nach Instrumenten (Verfahren, Methoden, Techniken) zur Unterstützung der Führungskraft bei der Wahrnehmung ihrer Aufgaben (Funktionen) abgeleitet werden. Mit dieser **instrumentellen Dimension** ist ein weites Feld von Hilfsmitteln oder Werkzeugen des Managers angesprochen, das wir unter dem Sammelbegriff *Management-Arbeitstechniken* zusammenfassen wollen. Ausgewählte Aspekte dieser Dimension werden jeweils an entsprechender Stelle im Bereich der funktionellen Dimension erörtert.

Abbildung A.III.1 gibt die hier unterschiedenen Managementdimensionen in einem Überblick wieder.

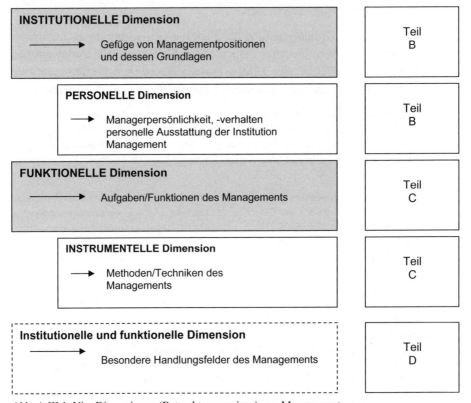

Abb. A.III.1: Vier Dimensionen (Betrachtungsweisen) von Management

Das vorliegende Lehrbuch thematisiert alle vier Dimensionen von Management, ohne dass Ansprüche auf eine Darstellung aller relevanten Aspekte auch nur näherungsweise erfüllt werden können. Den beiden Grunddimensionen, der *institutionellen* (**Teil B**) und insbesondere der *funktionellen* (**Teil C**) gilt das vorrangige Interesse. Eine Ergänzung um eine gleichgewichtige eigenständige Betrachtung der beiden abgeleiteten Dimensionen, der *personellen* und der *instrumentellen*, würde den Rahmen eines einzelnen Buches sprengen. Allein der Versuch einer vollständigen Darlegung der instrumentellen Dimension überforderte, dies belegt die einschlägige Spezialliteratur, jede Einzelveröffentlichung. Außerdem ist die von der Stofffülle her gebotene getrennte Darstellung von ursprünglicher und abgeleiteter Dimension unter didaktischen Aspekten eher nachteilig. Einige wichtige *personelle* Aspekte werden deshalb im Zusammenhang mit der Darlegung der institutionellen Dimension von Management (**Teil B, insbesondere Kapitel III und IV**) sowie im Zusammenhang mit der Betrachtung der Personalführungsfunktion (**Teil C, Kapitel III.2.**) erörtert. Ebenso werden Hinweise auf wichtige Methoden oder Techniken (*instrumentelle* Dimension) in die Ausführungen zu den Managementfunktionen in **Teil C** integriert und dort auch in der Form einer Synopse zusammengefasst.

Besondere Handlungsfelder des Managements, die gegenwärtig von hoher Bedeutung sind, werden im Überblick dargestellt (**Teil D**). Hierzu zählen spezifische Problemstellungen des Technologie- und Innovationsmanagements, des internationalen Managements, des Veränderungsmanagements (Change Management) und des Wissensmanagements. Die einzelnen Beiträge sprechen sowohl die funktionelle wie die institutionelle Dimension von Management an. **Teil E** enthält einige abschließende Anmerkungen zum Management im Widerspruch von Führungsanspruch und Führungsgrenzen.

Zur Wiederholung

1. Weshalb kann Management auch als Meta-Handeln bezeichnet werden?
2. In welchem Verhältnis zueinander sind die Begriffe Management und Unternehmensführung zu sehen?
3. Nennen Sie Beispiele für Subsysteme und Supersysteme aus der Sicht des Systems Unternehmen.
4. Weshalb ist es zutreffend, Unternehmen als offene, sozio-technische Systeme zu bezeichnen?
5. Geben Sie eine systembezogene Definition der Begriffe Management und Manager.
6. Worauf stützt sich die soziale Begründung von Management?
7. Worauf stützt sich die system-funktionale Begründung von Management?
8. Welche Anforderungen sind mit dem Anspruch einer wissenschaftlichen Fundierung der Managementlehre verknüpft?
9. Wie ist der Anwendungsbezug wissenschaftlicher Erkenntnisse zum Management herzustellen?
10. Skizzieren Sie die in diesem Buch unterschiedenen vier Dimensionen von Management.

Teil B

Die institutionelle Dimension von Management

I. Einführung und Eingrenzung der Betrachtung

Mit der institutionellen Dimension wird im Wortsinne auf die „*Einrichtung*" (aus lat. *institutio*) Management abgehoben. Über die Begründung dieser Einrichtung und damit die Begründung unseres Themas überhaupt ist im einleitenden Teil bereits gesprochen worden (siehe Kapitel A.II.).

Dem Betrachter wird die Einrichtung „Management" durch das Agieren von Managern, also Personen mit einem Gestaltungs- und Lenkungsauftrag und besonderen Chancen, das Geschehen in einem sozialen System beeinflussen zu können, gegenwärtig. Eingerichtet (institutionalisiert) werden aber nicht Manager, sondern **Positionen mit bestimmten Merkmalen**, die den Positionsinhabern besondere – und je nach Ausprägung der Merkmale unterschiedliche – Gestaltungs- und Lenkungschancen einräumen. In den nachfolgenden Abschnitten wollen wir auf das betriebliche Positionengefüge und die mit ihm verbundenen institutionellen Grundlagen des Managementhandelns eingehen.

Mit der bloßen Betrachtung von Managementpositionen und deren Merkmalen können Managementhandeln und dessen Wirkungschancen nur zu einem Teil erklärt werden. Von der Persönlichkeit des Managers bis zur Kultur des Systems, in dem er agiert, und der Kultur relevanter Umsysteme existiert eine Reihe weiterer, dem ersten Blick zumeist verborgen bleibender, gleichwohl sehr bedeutsamer Erklärungsfaktoren. Die Institution „Management" ist in ihren empirischen Erscheinungsformen letztlich nur unter Einbeziehung von gesellschaftlichen Werten und Normen, gesamtwirtschaftlichen Strukturen, Ausbildungssystemen, wissenschaftlichen Entwicklungsständen usw. zu verstehen, womit ein Erklärungsfeld angedeutet ist, das zu betreten in dem Rahmen der vorliegenden Arbeit nicht möglich ist.

Wir werden uns darauf beschränken, die Ausführungen zu den organisatorisch-strukturell geschaffenen institutionellen Grundlagen von Management in einer gewissermaßen personalistischen Perspektive zu ergänzen um einige grundsätzliche Überlegungen zur **Person des Managers**. Am Beispiel der Managementgrundlage „Autorität" wird besonders gut deutlich, welche Bedeutung personale Eigenschaften als Ergänzung von oder gar als Ersatz für organisatorisch-institutionelle Grundlagen haben.

Zudem muss die Bedeutung, die der Person des Managers mit Blick auf die heute mehr denn je geforderte Entwicklungsfähigkeit betrieblicher Systeme zukommt, im Zusammenhang mit einem konstitutiven Merkmal von Institutionen gesehen werden: Der Kulturanthropologe *Gehlen* hat überzeugend dargelegt, dass Institutionen sich von ihren ursprünglichen Entstehungsmotiven emanzipieren und über die Gewohnheitsbildung und Verselbständigung frei werden für neue Zweck(be)-setzungen.[24] Er hat dabei vor allem auf die darin liegende Stabilisierungsfunktion verwiesen. Zugleich liegt aber darin auch ein enormes Entwicklungspotenzial, das mit einem konsequent *ökologischen Verständnis* zu nutzen eine Zukunftsaufgabe des Managements sein wird.[25] Insofern kann das gewachsene Interesse der Managementlehre an *Werthaltungen von Managern* auch als Suche nach *Frühindikatoren institutionellen Wandels* interpretiert werden.

---

[24] Vgl. Gehlen (1975), S. 33 ff.
[25] Siehe hierzu etwa Bleicher (2006).

II. Manager und Managementsystem

Manager haben wir einleitend definiert als Personen, die Aufgaben der zielorientierten Gestaltung und Lenkung in betrieblichen Systemen (Unternehmen, Verbände, Vereine, öffentliche Verwaltungen usw.) übernehmen (siehe Kapitel A.I.1.5.).

In der Literatur wird der Begriff des Managers häufig mit einem stärker institutionellen Bezug definiert und festgemacht an bestimmten Positionen innerhalb eines betrieblichen Positionengefüges. Als Manager werden dann die Inhaber jener **Positionen** bezeichnet, die **mit Weisungsbefugnis** gegenüber anderen Positionen und deren Inhabern ausgestattet sind.[26] Im Vorgriff auf das noch darzulegende Bild eines ranghierarchisch aufgebauten Positionengefüges gilt dann: Mit Ausnahme der untersten, rein ausführenden Ebene treffen wir Manager auf allen betrieblichen Ebenen – in Unternehmen beispielsweise vom Meister in der Werkstatt oder Gruppenleiter im Verkauf bis zum Geschäftsführer oder Vorstand. Positionen (Stellen) mit Weisungsbefugnis werden in der Organisationslehre als **Instanzen** bezeichnet (siehe auch Kapitel C.IV.3.2.3.).

Das betriebliche *Instanzengefüge* oder **Leitungssystem** (einschließlich der Leitungsstellen in Projektgruppen, Kollegien usw.) ist somit gleichzusetzen mit dem Gefüge von Managementpositionen (Managementsystem im institutionellen Sinne).

Der Begriff „Managementsystem" erfährt in Literatur und Praxis eine Vielzahl von Verwendungen. So ist es beispielsweise üblich, das Ergebnis der Gestaltung (dauerhafte Ordnung) so genannter betrieblicher Querschnitts*funktionen* wie Qualitätsmanagement oder Umweltmanagement mit dem Begriff Qualitäts- bzw. Umweltmanagementsystem zu bezeichnen. Hiermit wird zwar ebenfalls eine *Institutionalisierung* zum Ausdruck gebracht, aber mit einer Begriffsextension über das jeweilige Positionengefüge hinaus.

Mit Ausnahme der obersten Leitung sind die in diesem System agierenden Personen, die **Manager**, mit Blick auf nachgeordnete Ebenen in der Rolle von Vorgesetzten, mit Blick auf übergeordnete Ebenen in der Rolle von Untergebenen. Unser Begriff des Managers (**Führungskraft**) geht damit weit über den Kreis von Personen

---

[26] In diesem weiteren Sinne versteht bereits Fischer (1966) „Betriebsführung (als) ... arbeitsteilige(n) Unternehmerfunktion" (S. 12) – von der „Betriebsleitung" als „obere Betriebsführung" bis zu der „anleitende(n) oder disponierende(n) Tätigkeit" im Rahmen der „untere(n) Betriebsführung" (S. 12, 39).

hinaus, die im betriebsverfassungsrechtlichen Sinne als „*Leitende Angestellte*" zu verstehen sind.[27]

Sofern weniger auf die Weisungsbefugnis und stattdessen auf das **Tätigkeitsspektrum** abgestellt wird, rücken bei der Abgrenzung des Managementsystems auch Inhaber von Positionen (Stellen) ohne Weisungs-, aber mit Unterstützungs- und Beratungsfunktion (**Stabs- oder Dienstleistungsstellen**; siehe Kapitel C.IV.2.3.2.3.2.)[28] in das Blickfeld. Deren Inhaber sind sehr häufig *in die betrieblichen Gestaltungs- und Lenkungsaktivitäten einbezogen* und – möglicherweise in stärkerem Maße als viele Instanzen – *Anwender von Management-Arbeitstechniken*. Auch wenn sie nicht zum Kreis der Manager gezählt werden, bleibt festzuhalten, dass sie aufgrund ihres Tätigkeitsfeldes *wichtige Adressaten der Erkenntnisse der Managementlehre* sind.

Versuche einer differenzierteren Beschreibung des Managementsystems heben häufig auf die **Unterscheidung von oberem** (*Top*-), **mittlerem** (*Middle*-) und **unterem** (*Lower-*, *First-Line-*)**Management** ab. Dies veranschaulicht, mit einer zusätzlichen Unterscheidung von oberem und Spitzen-Management, Abbildung B.II.1. Häufig wird anhand dieser Differenzierung auf einen unterschiedlichen Anteil von Führungs- und Ausführungsaufgaben auf den verschiedenen Ebenen des Managementsystems verwiesen (siehe Kapitel C.IV.3.3.2.3.2.).

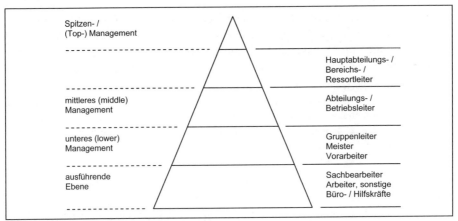

Abb. B.II.1: Ebenen des Managementsystems
Quelle: Richter (1999), S. 54

In der betriebswirtschaftlichen Managementlehre sind Führungsfragen lange Zeit mit mehr oder weniger ausschließlichem Bezug zum Top-Management erörtert worden. Der Inhalt des vorliegenden Buches ist indes im Sinne unserer Begriffsab-

---

[27] Zur Abgrenzung des Personenkreises der „Leitenden Angestellten" in einem Unternehmen siehe Wlotzke/Preis (2006), S. 39 f., 54 ff.

[28] Zu den Abgrenzungsproblemen siehe z.B. Kieser/Walgenbach (2003), S. 145 ff.

grenzungen von Management, Manager und Managementsystem geleitet von der Vorstellung, dass Managementaufgaben **auf allen Ebenen** des betrieblichen Leitungssystems wahrgenommen werden. Bei einer inhaltlichen Analyse dieser Managementaufgaben sind Aufgabenbündel erkennbar, die aufgrund ihres gesamtbetrieblichen Bezugs – unabhängig von der Frage einer Beteiligung übriger Managementebenen – als **Aufgaben des Top Managements** zu sehen sind.

Zur Wiederholung

1. Geben Sie eine Definition des Begriffs Managementsystem.
2. Welche Ebenen eines Unternehmens umfasst dessen Managementsystem?
3. Welches Merkmal einer Stelle wird üblicherweise herangezogen, um zu erkennen, ob es sich um eine Managementposition handelt?
4. Weshalb sind führungsunterstützende Stellen (Stabs- oder Dienstleistungsstellen) wichtige Adressaten der Erkenntnisse der Managementlehre?

III. Institutionelle Grundlagen des Managementhandelns

Dieses Kapitel beinhaltet eine Darlegung institutioneller **Grundlagen** des Managementhandelns in unmittelbarem Zusammenhang mit dem betrieblichen Gefüge von Managementpositionen. Für den an weitergehenden Fragen der Entstehung und Erhaltung von Managementsystemen interessierten Leser kommen wissenschaftliche Beiträge mehrer Disziplinen (Organisationssoziologie, Systemtheorie, Politische Ökonomie u.a.) in Frage.[29]

1. Rechtliche Ordnungsregeln und Grundsätze für das Management

Auf die Gestaltung und Lenkung des betrieblichen Geschehens, vor allem auf die Ergebnisse dieser Managementaktivitäten, ist das Interesse einer Vielzahl von Gruppen gerichtet: die Gesellschaft allgemein mit ihren multiplen Erwartungen hinsichtlich Bedarfsdeckung, Einkommensgenerierung (Löhne, Steuern, Gewinne für Investitionen) und diverser sozialer Nutzen unternehmerischen Handelns[30], die Kapitalgeber mit ihrer Erwartung einer angemessenen Rendite, in mitgliedschaftlich organisierten Unternehmen die Mitglieder mit ihren höchst unterschiedlichen Mitgliedschaftsmotiven, die Mitarbeiter mit ihren vielfältigen Einkommens-, Entwicklungs- und Sozialinteressen, die Kunden mit ihren Erwartungen an Umfang und Qualität der betrieblichen Leistungen u.v.a.m. Das Management von Unternehmen, das abgesehen vom Sonderfall der vollkommenen personalen Identität von Eigentümern und (Top-)Management stets im Auftrag anderer handelt und zugleich auch Eigeninteressen verfolgt, sieht sich im Blick auf die verschiedenen Bezugs-, Erwartungs- oder Anspruchsgruppen des Unternehmens (so genannte **Stakeholder**) mit einem höchst herausfordernden „Phänomen der Interessendivergenz"[31] konfrontiert. Einen Überblick der divergenten Interessen gibt die Abbildung B.III.1. „Stakeholder"[32] investieren ein gewisses Vertrauen in das Unternehmen, das von diesem – vor allem vertreten durch das Top Management – eingelöst

---

[29] Einen Einstieg in die Thematik mit einer kritischen Reflexion der Rolle des Managements von Unternehmen in Marktwirtschaften ermöglichen die Ausführungen von Steinmann/Schreyögg (2005), S. 81 ff. Für einen – überwiegend organisationssoziologischen – Überblick relevanter Fragestellungen und Forschungsansätze siehe Türk (2004), und die dort gen. Literatur.

[30] Zu den gesellschaftlichen Aufgaben des Unternehmens siehe beispielsweise Chmielewicz (1975), S. 57 ff.

[31] Macharzina (2003), S. 133.

[32] Das Stakeholder-Konzept geht zurück auf Freeman (1984).

werden muss. Diese Vertrauensinvestition ist für die Stakeholder mit verschiedenartigen Risiken behaftet, die sie abzusichern versuchen.[33]

Dem Schutz der Interessen der *Gruppe der Anteilseigner (Shareholder)* wird in der theoretischen Auseinandersetzung wie in der praktisch-rechtlichen Umsetzung die größte Aufmerksamkeit gewidmet. Wenn in Kapitalgesellschaften die Eigenkapitalgeber ihre an das Eigentum gekoppelten Entscheidungsrechte über den Einsatz des Kapitals nicht mehr selbst ausüben, sondern in erheblichem Umfang an Dritte (Manager) übertragen, wird das damit verbundene Risiko des Handelns gegen die Interessen oder zumindest ohne ausreichende Berücksichtigung der Interessen der „Shareholder"[34] mittels einer Vielzahl gesetzlicher und quasi-gesetzlicher Regelungen eingeschränkt. Der wichtigste hiermit angesprochene Bereich ist die Regelung der – auch nach Delegation verbleibenden – Einflussrechte sowie der Kontrollrechte und -pflichten der Kapitaleigner und ihrer Repräsentanten einerseits und der entsprechenden Informations- und Rechenschaftspflichten der beauftragten Manager andererseits. Diesbezüglich relevante gesetzliche Regelwerke sind Handelsgesetzbuch (HGB), Aktiengesetz (AktG), GmbH-Gesetz, Genossenschaftsgesetz (GenG), Gesetz zur Kontrolle und Transparenz im Unternehmensbereich (KonTraG). Institutionalisiert im organisatorisch-strukturellen Sinne wird damit die Gestaltung der Leitungs- (Vorstand, Geschäftsführung) und Aufsichtsorgane (Aufsichtsrat, Gesellschafterversammlung) und deren Zusammenwirken, womit u.a. die Aufgaben und Entscheidungsbefugnisse sowie die Art der Entscheidungsfindung (Beschlussfassung) im Top Management Gegenstand gesetzlicher Regelung sind. Die für Deutschland und einige Nachbarländer tradierte Trennung zwischen Leitungsorgan und Kontroll- oder Aufsichtsorgan (so genanntes Trennungsmodell, dualistisches Prinzip) sieht sich inzwischen – nicht zuletzt infolge der zunehmenden internationalen Verflechtung der Unternehmenstätigkeit – einem heftigen Wettbewerb mit dem für den anglo-amerikanischen Wirtschaftsbereich typischen Modell der Einheit von Leitung und Kontrolle (so genanntes Vereinigungsmodell, monistisches Prinzip) ausgesetzt.[35]

Dem Schutz der Interessen der *Gruppe der Mitarbeiter* dient neben einer Vielzahl arbeitsrechtlicher Regelungen – zu Arbeitszeit, Kündigungsschutz, Jugendarbeitsschutz, Beschäftigung von Schwerbehinderten u.a.m. – das umfassende Regelwerk

---

[33] Zur Verknüpfung des Stakeholder-Konzepts mit der Corporate-Governance-(Unternehmensverfassungs-)Problematik siehe von Werder (2004), Sp. 161 ff. Für einen Überblick zum Thema „Unternehmensordnung" siehe auch Gerum (2004a).

[34] Im Rahmen des Prinzipal-Agenten-Ansatzes (hier: Anteilseigner als Prinzipal und Management als Agent) wird dieses Risiko des Prinzipals mit drei Arten von Informationsproblemen begründet: Adverse selection, Moral hazard, Hold-up; siehe z.B. Picot/Dietl/Franck (2005), S. 74 ff.

[35] Zu den unterschiedlichen Konzepten der Unternehmensverfassung siehe Gerum (2004b); Macharzina (2003), S. 161 ff.

Anspruchsgruppen (Stakeholder)	Interessen (Ziele)
I Interne Anspruchsgruppen	
1. Eigentümer – Kapitaleigentümer – Eigentümer-Unternehmer 2. Management (Manager-Unternehmer)	– Einkommen/Gewinn – Erhaltung, Verzinsung und Wertsteigerung des investierten Kapitals – Selbständigkeit/Entscheidungsautonomie – Macht, Einfluss, Prestige – Entfaltung eigener Ideen und Fähigkeiten, Arbeit = Lebensinhalt
3. Mitarbeiter	– Einkommen (Arbeitsplatz) – soziale Sicherheit – sinnvolle Betätigung, Entfaltung der eigenen Fähigkeiten – zwischenmenschliche Kontakte (Gruppenzugehörigkeit) – Status, Anerkennung, Prestige (ego-needs)
II Externe Anspruchsgruppen	
4. Fremdkapitalgeber	– sichere Kapitalanlage – befriedigende Verzinsung – Zahlungsfähigkeit der Abnehmer
5. Lieferanten	– stabile Liefermöglichkeiten – günstige Konditionen – Zahlungsfähigkeit der Abnehmer
6. Kunden	– qualitativ und quantitativ befriedigende Marktleistung zu günstigen Preisen – Service, günstige Konditionen usw.
7. Konkurrenz	– Einhaltung fairer Grundsätze und Spielregeln der Marktkonkurrenz – Kooperation auf branchenpolitischer Ebene
8. Staat und Gesellschaft – lokale und nationale Behörden – ausländische und internationale Organisationen – Verbände und Interessenlobbies aller Art – politische Parteien – Bürgerinitiativen – allgemeine Öffentlichkeit	– Steuern – Sicherung der Arbeitsplätze – Sozialleistungen – positive Beiträge an die Infrastruktur – Einhalten von Rechtsvorschriften und Normen – Teilnahme an der politischen Willensbildung – Beiträge an kulturelle, wissenschaftliche und Bildungsinstitutionen – Erhaltung einer lebenswerten Umwelt

Abb. B.III.1: Anspruchsgruppen (Stakeholders) des Unternehmens und ihre Interessen
Quelle: Ulrich/Fluri (1995), S. 79

der Mitbestimmungs- und Betriebsverfassungsgesetze.[36] Auch hiermit werden Einfluss- und Kontrollrechte der Mitarbeiter und ihrer Repräsentanten einerseits sowie entsprechende Informations- und Rechenschaftspflichten des Managements andererseits institutionalisiert. Das findet seinen konkreten Niederschlag in der Zusammensetzung der Aufsichtsorgane (Anzahl der Stimmen für die Mitarbeitervertre-

---

[36] Für einen knappen Überblick siehe z.B. Macharzina (2003), S. 143 ff., 149 ff.

tung) ebenso wie in der Stellenbildung und Aufgabenverteilung im Top Management (Vorstandsposition des Arbeitsdirektors in Kapitalgesellschaften mit mehr als 2.000 Beschäftigten).

Sind mit den Regelungsbereichen zur Sicherung von Anteilseigner- und Mitarbeiterinteressen bei Übertragung der Gestaltungs- und Lenkungsentscheidungen auf beauftragte Manager die beiden Bereiche mit der höchsten Regelungsdichte angesprochen, ist doch – dies zeigt der Blick auf die eingangs dargelegte Stakeholder-Konzeption – das Spektrum der zu wahrenden Interessen sehr viel weiter. In allgemeinster Weise geht es um die Wahrung der Interessen der gesellschaftlichen Gemeinschaft, die von den unternehmerischen Entscheidungen des Managements wie den Einflussnahmen anderer Stakeholder vielfältig betroffen ist. Besonders zu erwähnen ist das Problem der Abwälzung von Kosten einzelbetrieblicher Entscheidungen auf die Gesellschaft.[37] In spezieller Weise geht es beispielsweise im Bereich der nicht-erwerbswirtschaftlichen Unternehmen (so genannte Non-Profit- oder Not-For-Profit-Unternehmen) um die Wahrung der Interessen der Mitglieder oder der Spender von Finanz- und Sachmitteln, die von den unternehmerischen Entscheidungen des Managements ebenfalls in ihren Ansprüchen und Erwartungen bestätigt oder getäuscht werden können.[38]

Insgesamt zeigt sich ein unübersichtliches Feld von vielfältigsten potenziellen Interessenskonflikten unter den Stakeholdern. Ihre vollkommene Berücksichtigung im Sinne eines austarierten Regelwerks für das betriebliche Management würde das Gestaltungs- und Lenkungshandeln bereits auf der Ebene des Top Managements praktisch lahmlegen. *Eine Unternehmensverfassung oder Corporate Governance, die das betriebliche Gestaltungs- und Lenkungshandeln von einer umfassenden Berücksichtigung der Stakeholder-Interessen her institutionalisiert, existiert nicht.* Der gesellschaftliche Diskurs in Theorie und Praxis führt zu Schwerpunktsetzungen. In den letzten Jahren ist die Diskussion vor allem bestimmt von Überlegungen zu einer Neugestaltung des Ordnungsrahmens für die Leitung und Überwachung von Unternehmen zum besseren Schutz der Anteilseignerinteressen, mit Abstrichen zum Schutz der Interessen der Gesellschaft allgemein. Veranlasst ist diese Schwerpunktsetzung nicht zuletzt durch spektakuläre Verletzungen der Interessen von Anteilseignern und darüber auch der Allgemeinheit durch Verfolgung von Eigeninteressen und/oder durch fachliche Unzulänglichkeiten des Managements einiger börsennotierter Unternehmen. Ergebnis der Diskussion ist die Weiterentwicklung von Regeln und Grundsätzen „guten" Managements über die existierenden gesetz-

---

[37] Diese sozialen Kosten werden in den Wirtschaftswissenschaften auch als „externe Effekte" betrachtet; siehe z.B. von Böventer (1993). Siehe auch die Überlegungen zum „Bruch zwischen einzelwirtschaftlicher und gesamtwirtschaftlicher Rationalität" bei Seidel/Menn (1988), S. 16 ff.

[38] Zu einer Diskussion der hier angesprochenen Problematik für den Bereich der sog. Nonprofit-Organisationen siehe Speckbacher/Pfaffenzeller (2004).

lichen Normen hinaus. So beschreibt der im Wesentlichen von Wirtschaftsvertretern im Sinne einer Selbstverpflichtung entwickelte „Deutsche Corporate Governance Kodex" (DCGK, 2002)[39] neben einer Zusammenstellung des geltenden Rechts zur Leitung und Kontrolle börsennotierter Unternehmen eine Vielzahl von Grundsätzen verantwortungsvoller Unternehmensführung. Darüber hinaus gibt es Überlegungen zu „Grundsätzen ordnungsmäßiger Unternehmensführung"[40] in der wissenschaftlichen Diskussion. Außerdem hat der Gesetzgeber einschlägige Überlegungen in das „Gesetz zur Kontrolle und Transparenz im Unternehmensbereich" (KonTraG, 1988) einfließen lassen.

Auch wenn die hier skizzierte Entwicklung durchaus als Shareholder-lastig bezeichnet werden kann, sollte nicht verkannt werden, dass die Summe der Gesetze, Verordnungen, Verträge und vereinbarten Grundsätze, die zur Institutionalisierung von Management, Managementaufgaben und mit deren Wahrnehmung verbundenen Prozessen beitragen, weit über die Sicherung von Eigentümerinteressen durch Regelung ihrer Einfluss- und Kontrollrechte hinausgreift. Auch Qualitätsmanagementsysteme, Umweltbilanzen oder Berichterstattungen zur gesellschaftlichen Verantwortung von Unternehmen sind – mehr oder weniger freiwillige – Institutionalisierungen von Aufgaben und Rechenschaftspflichten des Managements mit Bezug auf unterschiedliche Interessen- oder Anspruchsgruppen.

---

[39] Siehe z.B. von Werder (2002).
[40] von Werder (1996).

2. Hierarchie als universelles Ordnungsprinzip

Menschliches Handeln ist stets auch bestimmt von dem Bedürfnis, die Fülle der möglichen Ereignisse (Komplexität) soweit zu reduzieren, dass mit bestimmten Ereignissen – z.B. Reaktionen anderer Menschen auf das eigene Verhalten – „gerechnet" werden kann. Das Gelingen dieser Komplexitätsreduktion oder – anders gesagt – das Herstellen eines Mindestmaßes an Ordnung ist Voraussetzung, um überhaupt handlungsfähig zu sein. Neben den dargestellten rechtlichen und quasi-rechtlichen Normen ist die Vorstellung von Ordnung in kollektiven Handlungssystemen von einem universellen, auch in der Natur nachweisbaren Prinzip geleitet: Hierarchie. Dass dieses Prinzip im Zuge seiner Jahrtausende währenden kulturellen Tradierung stets auch kritisch zu betrachtende Zwecktransformationen erfahren hat, geht ganz zwangsläufig mit dem Phänomen der Institutionenbildung einher[41] und kann nicht als Beleg für eine Unangemessenheit oder Unzeitgemäßheit dieses Ordnungsprinzips an sich dienen.

2.1. Hierarchiebegriff

Der Begriff „Hierarchie" ist dem griechischen „*hierarchia*" (Priesteramt) entlehnt und geht auf die beiden Wörter „*hieros*" (*heilig*) und „*archein*" (*bestimmen, herrschen, der Erste sein, Führer sein*) zurück. Später dann auch im christlichen Kirchenrecht und der Kirchenorganisation verwendet, findet der Hierarchiebegriff heute universelle Anwendung als Ausdruck für **Über- und Unterordnungsverhältnisse** – in menschlichen und tierischen Gemeinschaften ebenso wie beispielsweise bei der Beschreibung von chemischen Strukturen.

Bezogen auf den **betrieblichen** Kontext wird mit dem Begriff

Hierarchie regelmäßig die Vorstellung eines in Ränge oder Ebenen gegliederten, mehr oder weniger pyramidenförmig aufgebauten Positionen- oder Stellengefüges

verbunden, dessen unterste Ebene mit einer Vielzahl von Positionen die breiteste ist und dessen Spitze im Extrem von nur einer Position gebildet wird. Diese Vorstellung einer ranghierarchischen Struktur geht zwingend einher mit der Vorstellung, dass *von unten nach oben die Entscheidungs- und Einflussmöglichkeiten der Positionsinhaber zunehmen.*

Betriebliche Aufgaben – etwa die, Teile eines Automobilfahrwerks zusammenzubauen oder ein computergestütztes Informationssystem zu entwickeln – enthalten in sich und unabhängig von einer etwaigen ranghierarchischen Ausdifferenzierung von Positionen ein *„sachlich bedingtes Rangverhältnis"*[42] *von Ausführungs- und Entscheidungsaufgabenbestandteilen.*

---

[41] Vgl. Gehlen (1975), passim, z.B. S. 35 f.
[42] Kosiol (1972), S. 75 (Hervorhebung d. Verf.).

"Sofern die Entscheidung einer Angelegenheit von der Ausführung personal nicht getrennt wird (Eigenentscheidung bzw. Eigenausführung), bleiben die beiden Aufgabenbestandteile innerhalb des gleichen Aufgabenträgers rangmäßig vereint. Sobald jedoch die Entscheidungsaufgabe und die zugehörige Ausführungsaufgabe wenigstens teilweise unterschiedlichen Personen zugeteilt werden, entsteht zwischen beiden Aufgabenträgern die Beziehung rangmäßiger Über- bzw. Unterordnung. In diesem Falle führt die Trennung von entscheidender und ausführender Person zu einem Leitungsverhältnis".[43]

Erst mit der personalen Trennung von Ausführungshandeln und darauf bezogenem Gestaltungs- und Lenkungshandeln institutionalisiert sich Management als positional dem Ausführungshandeln übergeordnetes, d.h. *personales Rangverhältnis*.[44] Dies gibt Anlass, verschiedene Hierarchiearten zu unterscheiden.

2.2. Arten von Hierarchien

Von **Aufgabenhierarchie** wird gesprochen mit Blick auf das Ergebnis der *rein sachlogischen, auf einer Analyse der Aufgabenmerkmale beruhenden Differenzierung* in über- und untergeordnete Aufgaben. Die Aufgabenhierarchie ist also ein hierarchisch geordnetes Beziehungsgefüge von (Teil-)Aufgaben, das eine (komplexe) Gesamtaufgabe repräsentiert.

Von **Stellen-** oder **Positionenhierarchie** wird gesprochen mit Blick auf das *Ergebnis eines synthetischen, konstruktiven Vorgangs*: Die analytisch differenzierten Teilaufgaben werden unter Beachtung ihrer sachlogischen Über- und Unterordnungsverhältnisse zu (rangmäßig getrennten) Aufgabenbündeln zusammengefasst, die von verschiedenen Personen als Aufgabenträger wahrgenommen werden sollen. Die Stellen- oder Positionenhierarchie ist ein hierarchisch geordnetes Beziehungsgefüge von gleichrangigen (nebengeordneten) und ungleichrangigen (über- und untergeordneten) Aufgabenkomplexen (Stellen).

Von **Personenhierarchie** kann zum einen mit Blick auf das *Ergebnis der Besetzung des Stellen- oder Positionengefüges mit bestimmten Personen* gesprochen werden. Eine 1:1-Abbildung der Stellenhierarchie entsteht dabei insofern nicht zwingend, als für die personelle Stellenbesetzung verschiedene Varianten – z.B. die Übernahme einer über- und einer untergeordneten Position durch dieselbe Person – möglich sind. Im Großen und Ganzen entspricht bei dieser formalen Interpretation von Personenhierarchie diese aber weitgehend der Stellen- oder Positionenhierarchie.

---

[43] Kosiol (1972), S. 81; vgl. auch die Beschreibung der „vertikalen Spezialisierung" bei Alewell (2004), Sp. 40.

[44] *Gutenberg* hat in seinem für die deutschsprachige Betriebswirtschaftslehre wichtigen Werk aus dem Produktionsfaktor ‚menschliche Arbeit' „die Arbeitsleistungen der mit der Geschäfts- und Betriebsführung betrauten Personen" herausgelöst und diese dem ‚dispositiven Faktor' zugewiesen; Gutenberg (1971), S. 6, 131 ff.

„Aus der sachlogischen Gliederung von Zielen und Aufgaben wird dann eine dauerhafte Ordnung für die Herrschaft von einigen Menschen über andere."[45]

Teilweise wird aber mit Personenhierarchie auch ein *„informales" Gefüge von Über- und Unterordnungsbeziehungen zwischen Personen* angesprochen, dessen Grundlagen die persönlich bedingten, nicht organisatorisch-institutionell (formal) vermittelten unterschiedlichen Einflusspotenziale der Personen bilden.

Unter Personenhierarchie kann schließlich auch die *Summe des formal und informal begründeten hierarchischen Beziehungsgefüges zwischen Personen* verstanden werden.

2.3. Begründung der Stellen- und Personenhierarchie

2.3.1. Effizienzsicherung

2.3.1.1. Koordinationsaspekt

Im **vor-hierarchischen Stadium** agieren alle Aufgabenträger eines sozialen Systems auf einer Rangstufe. Das gemeinsame Ziel ihrer Aktivitäten ist ihnen extern vorgegeben oder wird auf dem Wege gemeinsamer Willensbildung definiert. Die Abstimmung ihrer interdependenten Aktivitäten im Hinblick auf das gemeinsame Ziel geschieht auf dem Wege der **Selbstabstimmung** (Selbstkoordination). Es ist leicht einzusehen, dass diese vor-hierarchische Form der Koordination arbeitsteiligen Handelns nur bei kleinstbetrieblichen Verhältnissen eine denkbare Variante wirtschaftlicher Zielerreichung sein kann. Mit zunehmendem Umfang des zu koordinierenden Handlungszusammenhangs stößt die gemeinsame Abstimmung aller Aufgabenträger sehr rasch an **Zeitaufwandsgrenzen**. Hinzu kommen Probleme aufgrund der **unterschiedlichen Qualifikation und sozialen Kompetenz** der beteiligten Personen. Mit der Verlagerung von Abstimmungsaufgaben (einschließlich der zugehörigen Entscheidungs- und Weisungsbefugnisse) auf eine gesonderte Stelle (Leitungsstelle, Führungseinheit), mithin der **Substitution von Selbst- durch Fremdkoordination** (zur Koordination siehe auch Kapitel C. IV.3.2.5.), d.h. mit dem Aufbau hierarchischer Strukturen wird die wirtschaftliche Leistungserfüllung in Unternehmen häufig erst möglich.[46]

---

[45] Breisig/Kubicek (1987), Sp. 1067.
[46] *Reihlen* spricht in diesem Zusammenhang von Hierarchie als „Lösung für das ‚Problem der großen Zahl'"; Reihlen, (2004), Sp. 411.

Die Ausdifferenzierung betrieblicher Hierarchien ist regelmäßig mit der **Bildung von Subsystemen** (Abteilungen, Referaten, Dezernaten usw.) verbunden. Der gesamte Handlungszusammenhang (Gesamtsystem) wird in Subsysteme gegliedert, die – bei entsprechender Grenzziehung – relativ unabhängig voneinander ihre **interne Abstimmung** betreiben und die **(externe) Abstimmung zwischen den Subsystemen** auf der Ebene der Leitungsstellen leisten. In Abhängigkeit von der Anzahl der zu koordinierenden Subsysteme stellt sich aus Effizienzgründen die Frage der Selbstabstimmung der subsystemverantwortlichen Leitungsstellen oder der Verlagerung von Abstimmungsaufgaben auf eine gemeinsam übergeordnete Stelle erneut (Ausbildung einer zusätzlichen Hierarchie- oder Managementebene).

Abbildung B.III.2 zeigt die stufenweise Herausbildung der Hierarchie und die Subsystembildung. Der hier schematisch skizzierte Prozess kann in der Praxis sehr unterschiedliche Formen aufweisen.[47]

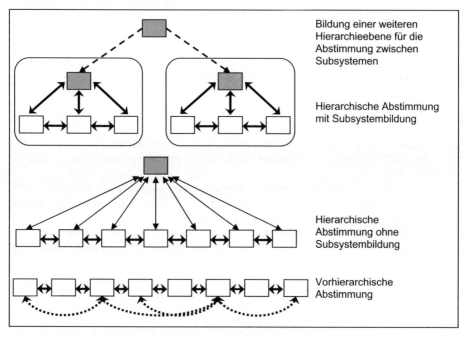

Abb. B.III.2: Stufenweise Hierarchie- und Subsystemausbildung

Unter dem Aspekt effizienter Aufgabenerfüllung ist somit jede Managementposition die organisatorische Alternative zu einer internen Selbstabstimmung und gemeinschaftlichen Außenvertretung aller einem (Sub-)System zugehörigen Stellen. Es ist davon auszugehen, **dass betriebliche Systeme mit zunehmender Größe ohne ranghierarchische Koordination Effizienzverluste erleiden oder**

---

[47] Zu den Gründen, Gestaltungs- und Verfahrensvarianten organisatorischer Subsystembildung (Abteilungsbildung) im Einzelnen siehe Seidel (1980).

gar **handlungsunfähig werden** (zur Koordination siehe auch unten Kapitel B.IV.1.2.4.). Andererseits ist zu beachten, dass der skizzierte Prozess der Hierarchisierung **Distanz zwischen Ausführung und auf sie bezogener Gestaltung und Lenkung** schafft. Damit sind potenzielle Nachteile verbunden, die sich in der betrieblichen Praxis infolge stark ausdifferenzierter Führungshierarchien zunehmend bemerkbar machen und insbesondere in Großunternehmen und öffentlichen Verwaltungen vielfach zu einer Reduzierung von Hierarchieebenen (Schlagworte: „Enthierarchisierung", „Lean Management") geführt haben.

2.3.1.2. Weitere effizienzrelevante Aspekte

Dem hierarchischen Ordnungsprinzip wird eine Reihe **weiterer Vorzüge** zuerkannt. Zu nennen sind insbesondere:[48]

- An der Hierarchiespitze können schnelle, problembezogene, auf ausreichende Informationen und für die Realisierung erforderliche Ressourcen gestützte Entscheidungen getroffen weden.
- Im Innen- und Außenverhältnis des Sozialsystems wird Klarheit hinsichtlich Zuständigkeiten, Verantwortlichkeiten und Einflussmöglichkeiten geschaffen.
- Durchsetzungshandeln wird entlastet von Kompetenzstreitigkeiten und Machtkämpfen.
- Hierarchie „bildet die Grundlage für das unser Arbeitsrecht beherrschende Dualprinzip von Fürsorge und Treue."[49]

Insgesamt bleibt mit Bezug auf die Effizienzzuweisungen **kritisch** festzuhalten:[50]

- Systematische empirische Analysen der Effizienzwirkungen von Hierarchien sind bislang eher selten. Vielfach dient der Verweis auf Probleme „hierarchiefreier" Sozialsysteme als Effizienznachweis.
- Die Auswahl von Beurteilungsmaßstäben bedeutet immer zugleich eine Einengung der Perspektive: An der Spitze der Hierarchie wahrgenommene Vorteile können auf den unteren Ebenen als Nachteile empfunden werden und umgekehrt.
- In Anbetracht der Vielzahl unterschiedlicher empirischer Ausprägungen von Hierarchie[51] sind pauschale Wirkungszuweisungen wenig aussagefähig. Effizienzaussagen kann es nur in Bezug auf den einen oder den anderen Hierarchietypus geben.

2.3.2. Herrschaftssicherung

Mehr als die sachlogisch begründete Effizienzsicherung entspricht die Funktion der Herrschaftssicherung dem *ursprünglichen Hierarchiebegriff*. In Unternehmen wird aus dem Eigentumsrecht des Herren (Arbeitgeber/Unternehmer) ein so genanntes

---

[48] Vgl. beispielsweise Laske/Weiskopf (1992), Sp. 794 f.; Reihlen (2004), Sp. 411 f.
[49] Richter (1999), S. 55.
[50] Vgl. Laske/Weiskopf (1992), Sp. 794.
[51] Zum Versuch einer empirisch fundierten Typologie siehe Krüger/Reißner (1990); siehe auch Kap. B.III.2.5.

Direktionsrecht abgeleitet, das der Eigentümer selbst wahrnimmt oder auf angestellte Manager (Vorstände, Geschäftsführer) überträgt.

„Das **Direktionsrecht** bedeutet das Recht des Arbeitgebers, auf der Grundlage und im Rahmen der im Arbeitsvertrag abstrakt vereinbarten Tätigkeiten aus der betrieblichen Gesamtaufgabe abgeleitete, rechtlich zulässige, konkrete Leistungs- und Verhaltensvorgaben zu bilden und diese im Rahmen der Arbeitsorganisation mit bindender Wirkung zur Ausführung an den Arbeitnehmer zu übertragen.

Die **Gehorsamspflicht** des Arbeitnehmers ist Folge des vertraglichen Versprechens, die in legitimer Ausübung des Direktionsrechtes vom Arbeitgeber an ihn gerichteten konkreten Leistungs- und Verhaltensvorgaben annehmen und weisungsgemäß realisieren zu wollen."[52]

Die mit dem Direktionsrecht verbundenen Entscheidungs- und Weisungsbefugnisse sind zunächst beim Eigentümer oder der unmittelbar von ihm zur Führung der Geschäfte bestellten Person(engruppe) konzentriert. *Mit zunehmender Unternehmensgröße wächst der Zwang, Entscheidungs- und Weisungsbefugnisse an Mitarbeiter zu übertragen, d.h. weitere Personen zu* **Teilhabern an der betrieblichen Herrschaft** *zu machen* (siehe auch die Ausführungen zur Delegation in Kapitel C.IV.3.2.4.1.).

„Jede Herrschaft äußert sich und funktioniert als Verwaltung. Jede Verwaltung bedarf irgendwie der Herrschaft, denn immer müssen zu ihrer Führung irgendwelche Befehlsgewalten in irgendjemandes Hand gelegt sein."[53]

Es liegt im Interesse der originär Herrschenden, die Teilhaberschaft an der betrieblichen Herrschaft mittels Entscheidungs- und Weisungsrechten nicht über das gesamte Sozialsystem Unternehmen diffundieren zu lassen, sondern auf eine nicht unnötig große Anzahl von sorgsam ausgewählten und in ihren Einstellungen und Verhaltensweisen relativ gut kontrollierbaren Personen zu beschränken. Aus dem Zwang zur Abgabe (Delegation) von Entscheidungs- und Weisungsbefugnissen an Mitarbeiter folgt somit nicht eine schwer kontrollierbare, möglichst gleichmäßige „Verteilung" von Herrschaft, sondern die Herausbildung eines gestuften, hierarchischen Herrschaftssystems, die – wenn man zur Charakterisierung des Prozesses bereits auf die Denkfigur Hierarchie abhebt – *von „oben nach unten" mit abnehmenden Herrschaftsanteilen* verläuft.[54] **Hierarchien sind Ordnungsmuster arbeitsteiliger Handlungszusammenhänge mit stufenweisem, kontrolliertem Herrschaftsverzicht.**

An diesem Punkt der Überlegung, nicht alle Mitglieder des betrieblichen Sozialsystems schlechthin, sondern ausgewählte „Verantwortliche" mit Entscheidungs- und

---

[52] Richter (1999), S. 153.
[53] Weber (1972), S. 545.
[54] Zur Denkfigur einer obersten Leitungseinheit, die auch bei wachsender Betriebsgröße auf Entscheidungsdelegation verzichtet und stattdessen zu einer – in sich hierarchisch ausdifferenzierten – aufgeblähten Pluralinstanz wird, siehe Seidel (1978), S. 122 f.

Weisungskompetenzen auszustatten, treffen sich **die beiden Begründungsstränge der Hierarchie**:

– der eher sachlogisch und mit den Grenzen der Selbstabstimmung aller begründete *Hierarchiebau „von unten"* sowie

– der mit den Grenzen einer ausschließlichen Lenkung größerer Sozialgebilde durch eine „Direktionseinheit" und dem zu wahrenden Interesse an Herrschaftssicherung begründete *Hierarchiebau „von oben"*.

Anders als hier dargelegt verläuft der Prozess der Delegation von Herrschaft in *unmittelbar demokratischen betrieblichen Systemen* von unten nach oben: Das Management wird (zeitlich befristet) mit der Wahrnehmung der Herrschaft beauftragt. Viel beachtete Beispiele sind die so genannten Produktionsgenossenschaften.[55] Beispiele aus anderen Bereichen sind etwa Hochschulen (soweit die Zuständigkeitsbereiche von Dekanen und Rektoren betroffen sind), Sportvereine und Verbände. Auch hier können allerdings „hierarchieimmanente" Tendenzen zur Festigung von Herrschaftsverhältnissen festgestellt werden; denn „irgendwelche Befehlsgewalten müssen irgendeinem Funktionär übertragen werden, und daher befindet sich seine Lage naturgemäß stets im Gleiten von der bloßen dienenden Geschäftsführung zu einer ausgeprägten Herrenstellung."[56]

2.4. Die Attraktivität der Hierarchie für Führungskräfte und Führungskräftenachwuchs

Attraktivität besitzt das Ordnungsmuster Hierarchie nicht nur für Eigentümer und deren unmittelbare Vertreter. Es ist davon auszugehen, dass Hierarchie für *alle tatsächlich oder potenziell an der Herrschaft Beteiligten*, also alle Mitglieder des Managementsystems und die Personen, die zukünftig für eine Mitgliedschaft in Frage kommen (Führungsnachwuchskräfte), Attraktivität aufweist. Wer beispielsweise Studierende der Wirtschafts- oder der Ingenieurwissenschaften über ihre beruflichen Pläne sprechen hört, vernimmt häufig den Wunsch nach einer „Führungsposition", nach einer „Tätigkeit mit Aufstiegschancen" u.ä. Die Übernahme hierarchischer Positionen ist mit **Privilegien** verbunden, deren Werte(-zuweisungen) mit der Ranghöhe der Position positiv korrelieren. Ein Aufstieg in der Hierarchie bringt regelmäßig mit sich:[57]

– mehr Einflussmöglichkeiten auf das betriebliche Geschehen
– besseren Zugang zu wichtigen Informationen
– größere Handlungsspielräume

---

[55] Zu einer knappen Würdigung im Lichte von Effizienz- und Herrschaftsaspekten siehe Breisig/Kubicek (1987), Sp. 1074 f.
[56] Weber (1972), S. 546.
[57] Vgl. Breisig/Kubicek (1987), Sp. 1068.

- mehr Einkommen und andere materielle Zugewinne
- Zugewinn an sozialem Status (auch außerhalb des Unternehmens).

Die darin begründete Attraktivität der Hierarchie für Führungs- und Führungsnachwuchskräfte stützt gleichzeitig das Herrschaftssicherungsinteresse der Eigentümer, da sie **Anerkennung für das hierarchische Ordnungsprinzip** schafft. „Die abgestufte Herrschaftsbeteiligung der Führungskräfte ist in Verbindung mit den üblichen materiellen und sozialen Bedürfnissen abhängig Beschäftigter nach Einkommenssicherung, Anerkennung und Machtausübung der entscheidende Funktionsmechanismus."[58]

2.5. Die Forderung nach „Enthierarchisierung" und die Suche nach Hierarchiealternativen

Die, wie gezeigt, mehrdimensionale Funktionalität des hierarchischen Ordnungsprinzips ist die entscheidende Bedingung für die Herausbildung und Erhaltung von – auf der personalen Trennung von führender und ausführender Tätigkeit beruhenden – Managementsystemen. Die *Unternehmensgröße* und der *Grad der betrieblichen Arbeitsteilung* sind wichtige **Einflussfaktoren des Umfangs an hierarchischer Differenzierung**, der durch die Anzahl von Hierarchieebenen gemessen werden kann. Die **betriebsindividuelle Gestalt des hierarchischen Gefüges** von Managementpositionen hängt des weiteren ab von der Ausgestaltung mehrerer Parameter wie z.B. *Leitungsbreite* (Anzahl der einem Vorgesetzten unterstellten Mitarbeiter), *Weisungsbeziehungen* (ein-/mehrdimensional), *Automatisierungsgrad* von Produktions- und Informationsprozessen, wobei deren Ausgestaltung wiederum als Antwort auf *situative Bedingungen* zu sehen ist.[59]

Jaques[60] plädiert unter Verweis auf eine langjährige Beschäftigung mit dem hierarchischen Ordnungsprinzip dafür, den *„Verantwortungshorizont"* von Aufgaben als zentrales Bestimmungsmerkmal für ranghierarchische Differenzierung zu verwenden. Verantwortungshorizont meint die „Zeitspanne, die jemand *längstens* für eine Aufgabe, ein Projekt oder eine Maßnahme braucht, damit ein jeweils bestimmtes Ziel erfüllt beziehungsweise die entsprechende Arbeit abgeschlossen werden kann... Der Verantwortungshorizont in großen Unternehmen reicht über eine Spanne von einem Tag am Fuß der Organisation bis zu mehr als 20 Jahren an ihrer Spitze"[61]. Effiziente Hierarchien zeichnen sich nach Ansicht von *Jaques* dadurch aus, dass die jeweils höhere im Vergleich zur niedrigeren Ebene einen sprunghaft vergrößerten Verantwortungshorizont aufweist. Das damit geforderte höhere Maß an geistiger Kapazität, Erfahrung, Wissen und Ausdauer ist für ihn die entscheidende Legitimation und Akzeptanzbedingung für hierarchische Differenzierung.

---

[58] Breisig/Kubicek (1987), Sp. 1068.
[59] Siehe auch die Ausführungen zur Führungsorganisation, insbesondere zur Konfiguration in Kap. B.IV.1.
[60] Siehe Jaques (1990).
[61] Jaques (1990), S. 106.

Mit Blick auf die mittlerweile deutlich reduzierten, vielfach halbierten Planungs- und Verantwortungshorizonte in etlichen Wirtschaftsbereichen kann die Hierarchiebegründung von *Jaques* auch als Argument für eine Reduzierung der Anzahl von Hierarchieebenen in vielen Unternehmen gelten.

In der wissenschaftlichen Diskussion werden die praktischen Erscheinungsformen mit ihren formbildenden Merkmalen sowie ihrer jeweiligen Leistungsfähigkeit auch anhand bestimmter typischer **Hierarchieformen** reflektiert.[62] Dabei findet auch die Tatsache Berücksichtigung, dass äußerlich gleiche Hierarchieformen unterschiedliche inhaltliche Ausgestaltungen z.B. im Ausmaß der Entscheidungszentralisation) aufweisen können. Gemeinsam ist den meisten der aktuellen Überlegungen ein Bezug auf die *Funktionsstörungen (Dysfunktionalitäten) traditioneller, stark ausdifferenzierter und zentralistischer Hierarchiemuster in komplexen und dynamischen Umwelten*, wie sie insbesondere für viele Unternehmen in Marktwirtschaften typisch sind. In der **Hierarchiekritik**, deren Aussagen teilweise in einem krassen Gegensatz zu den oben berichteten Effizienzargumenten stehen, wird unter anderem hingewiesen auf

- die *Schwerfälligkeit* in den Informationswegen und Entscheidungsprozessen und ein daraus resultierendes Defizit an Reaktions-, Anpassungs-, Lern- und Entwicklungsfähigkeit

- die *Beschränkung der Entfaltungsmöglichkeiten* für gut ausgebildete, engagierte und kreative Mitarbeiter

- das *geringe Identifikationspotenzial* ausgeprägt hierarchischer Ordnungen für eine demokratisch sozialisierte Mitarbeiterschaft

- die *Kosten* des in vielen Unternehmen entstandenen „Middle-Management-Bauchs" der Hierarchiepyramide.

Diese **effizienzorientierte Kritik** scheint gegenwärtig über eine eher grundsätzlich-politische, von Demokratisierungsvorstellungen und Legitimitätsüberlegungen geleitete Hierarchiekritik zu dominieren. In ihrem Zuge rücken *weniger ausdifferenzierte und weniger zentralistische, durch dezentrales Selbststeuerungspotenzial in ihren Teilsystemen besser anpassungs- und entwicklungsfähige Hierarchiemuster* in das Zentrum des Interesses.

Gestützt auf eine empirische Untersuchung von 37 (Groß-)Unternehmen (Auswertung von Selbstdarstellungen und Interviews mit Top-Managern dieser Unternehmen) kommen *Krüger/Reißner* zu dem Ergebnis, dass ein von ihnen als „Hierarchietyp D" bezeichnetes Hierarchiemuster in der zweiten Hälfte der 80er Jahre die Oberhand gewonnen hat.[63] Bei diesem, allerdings nur durch die Ausgestaltung im Innern definierten Hierarchietyp „bleiben allein die strategischen Entscheidungen an der Unternehmensspitze konzentriert; und auch daran wirken bereits mittlere Ebenen mit. Im Zuge weitgehender Dezentralisation sind operative Entscheidungen, soweit möglich, auf mittlere Ebenen verteilt. Die organisatorischen Subsysteme werden weitgehend selbständig geführt..."

---

[62] Siehe z.B. Krüger (1985), S. 298 ff.; Krüger/Reißner (1990); Mintzberg (1979), S. 299 ff.; Reihlen (2004), Sp. 409 ff.

[63] Siehe Krüger/Reißner (1990).

Der Einsatz der EDV trägt in starkem Maße dazu bei, dass Entscheidungen vor Ort, das heißt dezentral gefällt werden können."⁶⁴

Auch wenn angesichts der gewählten Untersuchungsmethode nicht ausgeschlossen werden kann, dass Effekte sozialer (wissenschaftlicher) Erwünschtheit und entsprechende Selbstdarstellungen der Unternehmen das Ergebnis mitbestimmt haben, so hat doch in vielen Unternehmen eine durch Dezentralisation und Bildung relativ selbständig operierender Einheiten gekennzeichnete Entwicklung stattgefunden.

In einer Unterscheidung von vier „Grundtypen von Hierarchien" – gebildet mit Bezug auf die Freiheitsgrade bei der Besetzung von Führungspositionen („Wettbewerb") einerseits und die dauerhafte Einbeziehung von Mitarbeitern in Entscheidungen („Partizipation") andererseits – beschreibt *Reihlen*

- „autokratische" (wenig Wettbewerb, wenig Partizipation)
- „kompetitive" (viel Wettbewerb, wenig Partizipation)
- „partizipative" (wenig Wettbewerb, viel Partizipation)
- „fluktuierende" (viel Wettbewerb, viel Partizipation)

Hierarchien.⁶⁵

In „*fluktuierenden Hierarchien*" werden Verantwortlichkeiten, Kompetenzen und Mitwirkungen situationsbezogen unter den Organisationsmitgliedern immer wieder neu ausgehandelt... Die fluktuierende Hierarchie ist darauf ausgelegt, veränderten Anforderungen einer Organisation durch flexible und temporäre Strukturen zu begegnen. Der wesentliche Unterschied zu den drei anderen Hierarchietypen besteht in den Anwendungsvoraussetzungen: fluktuierende Hierarchien sind letztlich Verhandlungssysteme und setzen damit eine heterarchische statt einer hierarchischen Grundstruktur voraus... Heterarchien weisen ähnlich wie neuronale Netzwerke eine ‚Nebenordnung' statt einer Über- und Unterordnung auf, die polyzentrische und partizipative Ordnungsmuster begünstigen.".⁶⁶

Mit der **fluktuierenden Hierarchie** beschreibt *Reihlen* ein Ordnungsmuster der Art, wie sie seit längerem im Zuge der Hierarchiekritik, der Forderung nach Enthierarchisierung, nach Hierarchiealternativen und „strukturminimalen Arbeitsformen"⁶⁷ diskutiert werden. Hierzu zählen auch das Konzept der **Adhocratie**⁶⁸ und die Idee des **Netzwerk-Managements**⁶⁹. Beiden, in vielen Punkten verschiedenen Ansätzen liegt die Vorstellung zugrunde, dass *insbesondere bei innovativen Aufgaben eine Loslösung von institutionalisierten hierarchischen Ordnungen erforderlich* ist. Frei oder befreit von hierarchischen „Zugehörigkeiten" und geeignet aufgrund ihrer Kenntnisse, Spezialisierungen, gemeinsamen Interessen finden betriebliche Mitarbeiter – mehr betrieblich gesteuert (Adhocratie) oder mehr indivi-

---

[64] Krüger/Reißner (1990), S. 384.
[65] Siehe Reihlen (2004), Sp. 409 ff.
[66] Reihlen (2004), Sp. 411.
[67] Mandl (2001).
[68] Siehe hierzu Mintzberg (1979), S. 295, 431 ff.; ders. (1991), S. 205 ff.
[69] Siehe hierzu Mueller (1988).

dueller Initiative überlassen (Netzwerk-Ansatz) – zu gemeinsamer Aufgabenerfüllung (Problemlösung) zusammen. Veränderte Aufgaben oder Probleme führen zu veränderten personellen Zusammensetzungen, gegebenenfalls auch zur Auflösung und Neubildung von Gruppen bzw. Netzwerken.

Bei näherer Betrachtung der Literatur zum **Netzwerk-Management**, die sich stellenweise wie eine Anleitung zum Bilden von Geheimbünden liest, fällt auf, dass die Flexibilität von Netzwerken eher durch „unbürokratische" Arbeitsformen denn durch ständige Infragestellung der Handlungssysteme selbst erreicht werden soll. Nach *Mueller* ist für Netzwerke charakteristisch, dass sie auf gemeinsamen Werten der sie bildenden Menschen basieren,[70] und damit ist nachvollziehbar, dass Netzwerke eher durch Stabilität gekennzeichnet sind, die sie auch organisatorische Veränderungen innerhalb des Unternehmens überdauern lässt.[71] Für bedarfsweise (fallweise, ad hoc) aufgebaute Arbeitsstrukturen nach dem Konzept der **Adhocratie** gilt das so nicht. Zumindest partiell ist deren Existenz an ganz bestimmte Aufgaben- oder Problemstellungen gebunden („temporäre Adhocratien"),[72] während das Gesamtkonzept der Adhocratie je nach Art der betrieblichen Aufgaben auch stabilere Subsysteme vorsieht.

Netzwerke als „polyzentrische, nur lose untereinander gekoppelte Systeme, die zwar füreinander Umwelt sind, aber eben doch in sehr viel überschaubarerer Weise als dies bei generellen (externen) Umwelten der Fall ist",[73] finden in den letzten Jahren vor allem als Ordnungsmuster von über die Grenzen einzelner Betriebe und Unternehmen hinausreichenden Arbeitssystemen größere Beachtung.[74] Solchen **zwischenbetrieblichen Netzwerken** kann erhebliche Bedeutung bei der Positionierung eines Unternehmens in seiner Umwelt zukommen.[75] Wenn strikt hierarchische Formen der Effizienz- und Herrschaftssicherung infolge der *mangelnden Deckung von einzelbetrieblichem Direktionsrecht und multibetrieblichem Arbeitssystem* nicht ohne weiteres institutionalisierbar sind, zugleich aber über engere Kopplungen ein *höheres Maß an Komplexitätsreduktion und Sicherheit* von den Beteiligten angestrebt wird, als es bei bloßer Marktpartnerschaft gegeben ist, bilden sich netzwerkartige Ordnungsmuster heraus. *Schreyögg* spricht zutreffend von „(Umwelt-)Komplexitätsreduktions-Gemeinschaften".[76]

In welchem Maße netzwerkartige Arbeitsstrukturen zu einer dauerhaften Emanzipierung von hierarchischen Ordnungsvorstellungen führen, darf als offene Frage gelten. So ist a priori keineswegs einzusehen, weshalb beispielsweise auf individu-

---

[70] Siehe Mueller (1988), S. 218.
[71] Vgl. Charan (1991), S. 106.
[72] Siehe Mintzberg (1979), S. 457.
[73] Schreyögg (1999), S. 394.
[74] Siehe hierzu z.B. Staber (2004), Sydow (2006).
[75] Siehe zu diesen strategischen Aspekten Sydow (1992). Siehe auch die Ausführungen in Kap. C.IV.2.5.6.
[76] Schreyögg (1999), S. 395. Zu einer kritischen, konstruktivistischen Auseinandersetzung mit dem Netzwerkbegriff siehe Bruns-Vietor (2004), passim, insbes. S. 101 ff., 255 ff.

eller Initiative und ergänzend zur betrieblichen Hierarchie aufgebaute Netzwerke mit zunehmender Größe nicht auch zur Ausbildung hierarchischer Elemente tendieren, zumal Macht „eine primäre Triebkraft"[77] bei der Netzwerkbildung ist. Und auch bei netzwerkartigen Kooperationsformen über einzelbetriebliche Grenzen hinweg zeigen sich Tendenzen der Hierarchisierung.[78]

Vorschnellen Urteilen im Zuge einer teilweise recht schlagwortartig geführten Diskussion um die „Enthierarchisierung der Arbeit" ist entgegenzuhalten:

(1) Die „Befreiung" von jeglicher dauerhaften Ordnung zweckgerichteter Handlungszusammenhänge erscheint mit Blick auf unser bisheriges Wissen über den Menschen und seine Bedürfnisse als durchaus fragwürdiges betriebliches Gestaltungsziel.

(2) „Als wichtigste Voraussetzungen für eine substantielle und dauerhafte Minimierung der Personenhierarchie erscheinen ... das Miteigentum und eine Wachstumsbeschränkung auf eine überschaubare Betriebsgröße."[79]

---

[77] Mueller (1988), S. 25.
[78] Siehe z.B. die Auswertung von regionalen Netzwerken bei Müller et al. (2002), S. 129 f.
[79] Breisig/Kubicek (1987), Sp. 1075.

3. Positionale und personale Zuweisung von Einflusschancen

Hierarchie als institutionelle Grundlage eines Managementsystems ist ein äußerst abstraktes Gebilde. Unsere Vorstellungen von Hierarchieebenen und Positionengefügen sind verknüpft mit – an Beobachtungen und Erfahrungen festgemachten – Vorstellungen über ein unterschiedliches Maß an Einflussmöglichkeiten auf das betriebliche Geschehen, je nachdem, ob die Position auf einer höheren oder niederen Hierarchieebene angesiedelt ist.

Einflussmöglichkeit, d.h. die Chance, das Verhalten anderer Personen zu lenken, beruht auf **Macht und Autorität**. Die Ausbildung von Positionen- oder Stellenhierarchien ist zwingend verbunden mit Vorgängen der Zuweisung von Macht und Autorität. Sie sind es, die dem Führungs-, also dem Gestaltungs- und Lenkungshandeln von Managern erst eine verlässliche Wirksamkeitschance verleihen und damit das Funktionieren von Managementsystemen ermöglichen.

3.1. Macht

Macht ist „jede Chance, innerhalb einer sozialen Beziehung den eigenen Willen auch gegen Widerstreben durchzusetzen"[80]. Die Wirksamkeit von Macht setzt keine Anerkennung auf Seiten der beeinflussten Person voraus.

Der Verkaufsleiter eines Unternehmens folgt der Bitte seines Geschäftsführers, bis morgen früh einen wichtigen Kundenbesuchsbericht vorzulegen, obwohl er dadurch eine private Abendverabredung absagen muss.

Der Trainer einer Fußballmannschaft setzt auf Drängen seines Vereinspräsidenten einen für viel Geld verpflichteten Spieler ein, obwohl er meint, dass dieser zurzeit nicht zur besten Elf gehört.

Solche Einflussnahmen werden möglich aufgrund einer unterschiedlichen Ausstattung mit **Machtpotenzial**, d.h. der *Verfügungsmöglichkeit über bestimmte Ressourcen (Machtgrundlagen, Machtmittel)*. Eine häufig kolportierte Unterscheidung von Machtgrundlagen ist die von *French/Raven*[81] in

– Belohnungsmacht („*reward power*")

– Bestrafungsmacht („*coercive power*")

– Expertenmacht („*expert power*")

---

[80] Weber (1972), S. 28. In dem gleichen Sinne definiert *Weber* an anderer Stelle Macht als „Möglichkeit, den eigenen Willen dem Verhalten anderer aufzuzwingen" (1972), S. 542).

[81] French/Raven (1960), S. 612 ff.

- Identifikationsmacht („*referent power*")
- Legitimationsmacht („*legitimate power*").[82]

Belohnungs- oder Bestrafungsmacht besitzen Mitglieder des Managementsystems deshalb, weil sie für ihre Mitarbeiter beispielsweise über Entgelterhöhungen, Beförderungen, Teilnahme an Fortbildungsmaßnahmen, Zuweisung interessanter Aufgaben u.a.m. (mit)entscheiden. **Macht, institutionalisiert in der Form hierarchisch geordneter Managementsysteme (Herrschaftssysteme)**, beruht aber keineswegs immer auf der ausdrücklichen Zuweisung von Machtmitteln. Beispielsweise können Manager aufgrund ihrer Position im System der betrieblichen Informationsströme Informationen zurückhalten, vor der Weitergabe selektieren oder gar verfälschen, und damit erwünschte Verhaltensweisen ihrer Mitarbeiter, Kollegen oder auch Vorgesetzten bewirken. Das Machtpotenzial ist hier unmittelbar organisatorisch vermittelt und in Abhängigkeit von der Stellung im betrieblichen Positionengefüge unterschiedlich groß.

Schließlich ist darauf zu verweisen, dass das Machtpotenzial von Managern nur teilweise durch Zuweisungen (Ausstattung mit Kompetenzen) und organisatorische Implikationen (z.B. die Einflusschancen, die aus der bloßen Größe einer Abteilung resultieren) im Zuge der Institutionalisierung betrieblicher Herrschaftssysteme gebildet wird. **Persönliche Eigenschaften** und **Situationsbedingungen** bestimmen ebenfalls das Machtpotenzial, wodurch die Bedeutung organisatorisch-institutionell vermittelter Macht eine mehr oder weniger starke Relativierung erfährt.[83]

Yukl/Taber[84] berichten über die empirische Untersuchung des Zusammenhangs zwischen dem Einsatz verschiedener **Machtgrundlagen von Führungskräften** (verwendet wurde die oben angesprochene Unterscheidung von *French/Raven*) und drei grundsätzlichen **Reaktionsmöglichkeiten von Mitarbeitern**: Verpflichtung („commitment"), Einwilligung („compliance") und Widerstand („resistance"). *Verpflichtung* wird als höchstes Maß an Zustimmung interpretiert. Wenn ein Mitarbeiter sich dem Unternehmen oder dem Vorgesetzten gegenüber verpflichtet fühlt, wird er die betrieblichen Ziele voll unterstützen und größte Anstrengungen zu ihrer Erreichung aufbringen. Bei bloßer *Einwilligung* werden die für notwendig erachteten Leistungsbeiträge erbracht, ohne dass Leistungsziele und zielorientierte Einflussnahme des Vorgesetzten beim Mitarbeiter volle Zustimmung finden. *Widerstand* als eindeutig negative Reaktion kann unter anderem darin zum Ausdruck kommen, dass der Mitarbeiter eine Billigung vortäuscht, tatsächlich aber die Durchführung einer Aufgabe verzögert oder gar sabotiert. Abbildung B.III.3 zeigt die nachgewiesenen Wirkungen der verschiedenen Machtgrundlagen.

---

[82] Zu einer Beschreibung der einzelnen Machtbasen mit Verweisen auf weitere theoretische Konzepte siehe Hentze et al. (2005), S. 352 ff. Auf eine erforderliche Ergänzung des Konzepts von *French/Raven* um die Dimension „*Strukturelle Macht*" (z.B. durch ein technisches Arbeitsmittel und dessen Arbeitstakt ausgeübte Verhaltenskontrolle) verweist Wiswede (1990b), S. 281 ff.

[83] Siehe hierzu Remer (1992), Sp. 1273 ff.

[84] Siehe Yukl/Taber (1983).

Grundlage der Manager-Einflussnahme	Form der Mitarbeiterreaktion		
	Verpflichtung (Commitment)	Einwilligung (Compliance)	Widerstand (Resistance)
Identifikationsmacht	wahrscheinlich	möglich	möglich
Expertenmacht	wahrscheinlich	möglich	möglich
Legitimationsmacht	möglich	wahrscheinlich	möglich
Belohnungsmacht	möglich	wahrscheinlich	möglich
Bestrafungsmacht	unwahrscheinlich	möglich	wahrscheinlich

Abb. B.III.3: Zusammenhang zwischen Machtgrundlagen von Führungskräften und Reaktionsformen von Mitarbeitern nach *Yukl/Taber*
Quelle: Yukl/Taber (1983), S. 39 (Übersetzung d. Verf.)

Die auf dem Identifikationspotenzial (Identifikationsmacht) und der fachlichen Kompetenz (Expertenmacht) einer Führungskraft beruhenden Einflussnahmen tendieren zu einer hohen Verpflichtung der beeinflussten Mitarbeiter auf die vorgegebenen oder vereinbarten Leistungsziele. Hingegen tendiert der Einsatz von Bestrafungsmacht zu Formen des Widerstands auf Seiten der Mitarbeiter. *Yukl/Taber* unterstellen indes, dass erfolgreiche Manager auf keine der fünf Machtgrundlagen verzichten und situationsbezogen unterschiedliches Machtpotenzial zur Anwendung bringen.[85]

Aufgrund von Macht ist ein Manager bei seinen Gestaltungs- und Lenkungsversuchen weniger abhängig von der inneren Zustimmung seiner Mitarbeiter. Er kann auch ohne diese auf den „Gehorsam" der Mitarbeiter zählen, wobei das je nach Zustimmungsdefizit einhergehen kann mit Formen mehr oder weniger verdeckter Leistungszurückhaltung. Es ist aber zu berücksichtigen, dass erfolgreicher Einsatz von Macht eine Abhängigkeit auf Seiten des Beeinflussten voraussetzt. Sobald die gegen ihre innere Überzeugung beeinflusste Person beispielsweise dem Belohnungs- oder Bestrafungspotenzial des Machtinhabers keine persönliche Bedeutung mehr beimisst, schwindet die Einflusschance. Bloße Macht ist deshalb eine stets gefährdete Basis und als alleinige Grundlage betrieblicher Führung kaum dauerhaft Erfolg versprechend.

3.2. Autorität

Der Begriff Autorität gewinnt ähnlich wie der Machtbegriff in den einschlägigen literarischen Abgrenzungsversuchen nur teilweise an Schärfe. Auffällig wird dies vor allem im Bezug der beiden Begriffe aufeinander, stehen doch Macht und Autorität für Phänomene sozialen Einflusses und sozialer Kontrolle. Wenn hier dennoch neben dem Machtbegriff der Autoritätsbegriff erläutert wird, so geschieht das wegen einer für moderne Führungsverhältnisse recht bedeutenden Merkmalzuweisung für den Autoritätsbegriff.

---

[85] Siehe Yukl/Taber (1983), S. 39.

Autorität wird – im Gegensatz zu Macht – als eine Einflussbeziehung definiert, die auf **Ansehen, Anerkennung, Freiwilligkeit der Gefolgschaft** beruht.[86] Autorität schließt damit ein qualitatives Element ein, das nicht schon allein durch die Ausstattung einer Managementposition mit „Zwangsmitteln" wie Belohnungs- und Bestrafungsmöglichkeiten erreicht wird. Insbesondere im Rahmen der sozialpsychologischen Gruppentheorie wird Autorität häufig als durch die Gruppenmitglieder ihrem (anschließenden) Führer zugewiesen interpretiert.

Für die Beantwortung der Frage nach den Quellen oder Grundlagen dieser Anerkennung (Legitimation) wird üblicherweise auf *Weber*s klassische Unterscheidung von Herrschaftsformen und die daran anknüpfende organisationssoziologische Literatur Bezug genommen. Das **Legitimitätseinverständnis** für Einflussasymmetrien oder Über- und Unterordnungsverhältnisse kann begründet sein in:[87]

– Anerkennung (vielleicht sogar Überzeugung von) der Zweckrationalität oder traditionellen Rechtmäßigkeit hierarchischer Ordnungen (so genannte **Amtsautorität**, bürokratische Autorität)

– Anerkennung oder Wertschätzung der Sachverständigkeit (Wissen, Qualifikation, Erfahrung) einer Person (so genannte **funktionale Autorität**, Fachautorität)

– Anerkennung oder Wertschätzung anderer personaler Eigenschaften wie beispielsweise Integrität, soziale Kompetenz, Visionskraft (so genannte **personale Autorität**, auch charismatische Autorität).

Teilweise wird die besondere Fähigkeit zur Gestaltung und Lenkung sozialer Prozesse als gesonderte Autoritätsgrundlage (so genannte *koordinative Autorität*) herausgestellt, was allerdings erhebliche Abgrenzungsprobleme zur funktionalen wie zur personalen Autorität aufwirft.

Werden die aus dem positionellen Gefüge abgeleitete Amtsautorität und die mit der Person verbundenen übrigen Autoritätsformen unter einem weiten Begriff der personalen Autorität zusammengefasst[88], ergibt sich eine Gegenüberstellung wie in Abbildung B.III.4.

Damit wird deutlich, dass die Akzeptanz und Stabilität des Managementsystems nicht nur von der Anerkennung seiner sachlichen Zweckmäßigkeit durch die betrieblichen Mitarbeiter abhängt, sondern in erheblichem Maße auch von der personellen Besetzung der Managementpositionen. Aufgrund der geschwundenen Kraft traditionaler Legitimation von Amtsautorität und der gewachsenen Zweifel an der

---

[86] Vgl. z.B. Claessens (1987), Sp. 91 f.; Hartmann (1973), S. 74; Kieser (1974) Sp. 355.
[87] Vgl. z.B. Claessens (1987), Sp. 91 ff.; Ziegler (1970), S. 31 f.
[88] So Ziegler (1970), S. 32.

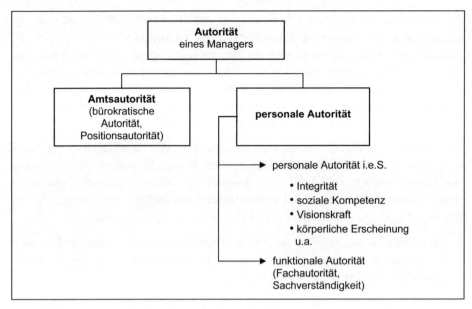

Abb. B.III.4: Formen der Autorität

Zweckrationalität ausgeprägt hierarchischer Ordnungen **kommt den Formen personaler Autorität wachsende Bedeutung für die Akzeptanz und Leistungsfähigkeit von Managementsystemen zu.**

4. Verantwortung als organisatorische und moralisch-ethische Kategorie

„Autorität verlangt Verantwortung, sie ist das natürliche Gegenstück."[89] *Fayols* Aussage im Rahmen seiner allgemeinen Prinzipien des Managements belegt eine gewisse Tradition der Kategorie „Verantwortung" in der Managementlehre. In Wahrnehmung ihres Gestaltungs- und Lenkungsauftrags nehmen Manager Einfluss auf Personen, deren Einstellungen und Handlungen. „Verantwortung ist das spiegelbildliche Gegengewicht"[90] zu diesem Einflussrecht und „entsteht uno actu mit der Kompetenzerteilung."[91]

Das Verständnis von Verantwortung, wie es insbesondere in der betriebswirtschaftlichen Organisationslehre tradiert ist, begreift Verantwortung als **Rechenschaftspflicht**

- gegenüber denjenigen Personen, von denen per Delegation Aufgaben und Kompetenzen übertragen wurden
- für eine zielgerechte Aufgabenerfüllung und Kompetenzenwahrnehmung.[92]

Das **Prinzip der Kongruenz von Aufgabe, Kompetenz und Verantwortung** erklärt sich ausschließlich aus dem Eigentums- und Direktionsrecht und ist gewissermaßen eine Versicherung für den Delegierenden, der Herrschaftsrechte abtritt.

Unter dem Führungsaspekt wichtig ist die Trennung der auf den Delegationsempfänger übergehenden *Ausführungsverantwortung* von der auf Seiten der delegierenden Führungskraft verbleibenden **Führungsverantwortung**. Letztere ist die Rechenschaftspflicht für eine *sorgfältige Auswahl der Delegationsempfänger*, ihre *zielbezogene Ein- und Anweisung* sowie *Kontrolle*.[93] Diese Differenzierung ändert nichts an der **Eindimensionalität der Verantwortungsinterpretation in der betriebswirtschaftlichen Organisationslehre.** Verantwortlichkeit ist hier fest eingebunden in das Eigentums- und Direktionsrecht und die durch seine Träger definierten Maßstäbe (Ziel-, Beurteilungskriterien) für die Rechenschaftspflicht.

Die neuere Diskussion um **Verantwortung als ethisch-normative Grundlage** des Managementhandelns geht weit über diesen Ansatz hinaus, wenn sie die Verantwortung des Managers in umfassende sachliche und raum-zeitliche Bezüge einbringt – beispielsweise in Form der Erörterung der Verantwortung für die Arbeitsplätze und die soziale Wohlfahrt in einer Region oder für den Zustand der

---

[89] Fayol (1929), zit. n. Steinmann/Schreyögg (2005), S. 48.
[90] Bleicher (1980), Sp. 2283.
[91] Hauschildt (1987), Sp. 1998.
[92] Vgl. Hauschildt (1987), Sp. 1995.
[93] Detaillierter Hauschildt (1987), Sp. 2000 ff.

natürlichen Umwelt.[94] An die Stelle der betriebswirtschaftlich-organisatorischen oder betriebsverfassungsrechtlichen Kategorie „Verantwortung" tritt eine Reflexion der allgemeinen ethisch-moralischen Kategorie

> **Verantwortung** als Pflicht (Bereitschaft), für die eigenen Handlungen (Tun oder Lassen) einzustehen, ihre Folgen zu tragen, Rechenschaft darüber abzulegen.[95]

Sie ist – personengebunden – die Verantwortung jedes Menschen. Und sie kann jeden Mitarbeiter eines Unternehmens „in ein persönliches *Opportunismusproblem*"[96] bringen, wenn die (engere) organisatorisch definierte Verantwortung als betrieblicher Rollenträger ihm Handlungen abverlangt, die er im Rahmen seiner umfassenden ethischen (Bürger-)Verantwortung nicht für vertretbar hält. Zur Schließung dieser „Verantwortungslücke" plädiert *Ulrich* für betriebliche und überbetriebliche Maßnahmen und Programme i.S. einer umfassenderen Verantwortlichkeit (siehe Abbildung B.III.5). Der Bedarf ihrer besonderen Erörterung mit Bezug auf die Mitglieder des Managementsystems ergibt sich aus den besonderen Gestaltungs- und Lenkungsmöglichkeiten von Führungskräften – auch unter Berücksichtigung der Initiativfunktion von Management.[97]

Über das Merkmal der **Initiative** erfährt jede Führungskraft einen gewissen Spielraum in ihrem Entscheidungs- und Handlungsspektrum, wobei *Verantwortlichkeit auch im Zusammenhang mit einem Verzicht auf Initiative* zu sehen ist. Beispielsweise hat ein leitender Ingenieur Wissen über im Werksbereich anfallendes Abgas und Möglichkeiten der Wiederverwertung unter der Voraussetzung von technischen Umbaumaßnahmen. Weil er Störungen im laufenden Produktionsbetrieb und damit verbundene Unwägbarkeiten während des Umbaus fürchtet, verzichtet er auf eine Initiative zur Vornahme der Umbaumaßnahmen. In seinem Verantwortungsbereich wird stärker Umwelt belastend produziert als technisch erforderlich und möglicherweise sogar ökonomisch zweckmäßig.

Die Öffnung der Managementlehre für eine ethisch-normative Betrachtung von Verantwortung ist allerdings verbunden mit einem Verlust an Klarheit in der (operationalen) Definition der Verantwortung einer Führungskraft. Das liegt zum einen darin, dass in der wissenschaftlichen Diskussion sehr unterschiedliche Verantwortungskonzeptionen zugrunde gelegt werden.[98] Zum anderen gerät jede Führungskraft mit einem erweiterten Verantwortungsverständnis in ein unübersehbares Konfliktfeld.

---

[94] Zum (notwendigen) Prozess der Öffnung von Betrieben und Betriebswirtschaftslehre für eine ökologische Verantwortung siehe Seidel/Menn (1988), S. 76 ff. Siehe auch verschiedene Beiträge in Seidel (1999), insbes. den Beitrag von Kreikebaum (1999).

[95] Vgl. z.B. Enderle (1990), S. 108 ff.

[96] Ulrich (2002), S. 119.

[97] Vgl. zum Initiativcharakter von Instanzen z.B. Grochla (1972), S. 64; Kosiol (1972), S. 82.

[98] Näheres hierzu siehe Enderle (1990), insbes. S. 112 ff.; Lenk/Maring (2004), und die dort jeweils genannten Literatur.

Abb. B.III.5: Die Verantwortungslücke zwischen betriebswirtschaftlich-organisatorischer und ethischer Verantwortung
Quelle: Ulrich (2002), S. 118

Einzubeziehen in den Rahmen einer **gesellschaftlichen Verantwortung**[99] sind „neben der ‚klassischen' Verantwortung gegenüber Eigentümern und Gläubigern u.a.:

- **Verantwortung gegenüber dem Verbraucher**
  (bessere Aufklärung und Beratung; verbesserte Garantieleistungen; keine schädlichen Produktauswirkungen)
- **Verantwortung gegenüber den Arbeitnehmern**
  (Ausbildung, Umschulung, Beschäftigung von Arbeitslosen, Jugendlichen, Behinderten, keine Benachteilung von Frauen, Gastarbeitern, Vorbestraften)
- **Verantwortung gegenüber der Region**
  (Bereitstellung von Transportmöglichkeiten; Neubau und Sanierung von Stadtteilen; Bereitstellung von Erholungsgebieten)
- **Verantwortung gegenüber der Gesellschaft**
  (umweltfreundliche Beschaffungs-, Produktions- und Vertriebssysteme, Vermeidung von Luft- und Wasserverschmutzung sowie von Lärmbelästigungen, Recycling von Abfallprodukten, Verantwortung für neue Technologien und deren Folgen, bessere und rechtzeitige Information der Öffentlichkeit über das Unternehmen)".[100]

Tatsächlich stehen Manager mit ihrem Handeln in der Praxis in einem von den relevanten Anspruchsgruppen (Stakeholder; siehe Kapitel B.III.1. und C.IV.1.3.1.3.) erzeugten Spannungsfeld konfliktärer Erwartungen und Rechenschaftspflichten. Dieses institutionell-existenzielle Problem kann weder durch Ausblendung im

---

[99] Vgl. auch Hauschildt (1987), Sp. 1996 f.; Steinmann/Schreyögg (2005), S. 112 ff.
[100] Staehle (1999), S. 617 unter Verweis auf weitere Literatur.

Dienste einer Konzentration auf die Kapitalgeberinteressen (Maximierung des „Shareholder Value") noch durch eine verengte theoretische Verantwortungskonzeption gelöst werden. Auch private Unternehmen, vor allem Großunternehmen, weisen den Charakter einer *„quasi-öffentlichen Institution"* auf.[101] Konsequenterweise wird in der neueren Managementlehre die Hinwendung des Managements zu einer *„Konsensorientierung"*[102] oder *„Verständigungsorientierung"*[103] gefordert.

„Das erfolgsorientierte Handeln des Managements ist wegen der externen Effekte, wegen der verfügbaren Machtpotenziale und wegen der Trennung von Eigentum und Verfügungsgewalt nicht mehr eine hinreichende Bedingung für die Sicherung des inneren sozialen Friedens in hoch entwickelten Industriegesellschaften. Es muss durch verständigungsorientiertes Handeln **ergänzt** werden, um einen verantwortlichen, d.h. friedensstiftenden, Machtgebrauch überall dort sicherzustellen, wo großbetriebliches Wirtschaften die Interessen anderer existentiell berührt, ohne dass dies über den Markt- und Preismechanismus berücksichtigt würde."[104]

Angesichts der Tatsache, dass die **natürliche Umwelt** sich nicht in Verständigungsprozesse einbringen kann, sondern gewissermaßen erst ex post (nach Wirkung unternehmerischer Entscheidungen) in der Form von Schadensreaktionen „kommunikationsfähig" ist, bleibt ein erheblicher Diskussionsbedarf hinsichtlich der ökologischen Fruchtbarkeit auch umfassender ethisch-normativer Konzepte zur Verantwortlichkeit des Managers.[105]

Zur Wiederholung

1. Erläutern Sie die Herkunft und die aktuelle betriebliche Bedeutung des Hierarchiebegriffs.
2. Welche Arten von Hierarchien können unterschieden werden?
3. Weshalb können Hierarchien das Problem der Koordination arbeitsteiliger betrieblicher Aufgabenerfüllung reduzieren?
4. Erörtern Sie außer dem Koordinationsaspekt weitere Vorzüge der hierarchischen Struktur von Unternehmen.
5. Skizzieren Sie die Überlegungen im Rahmen der Hierarchiekritik.
6. Worin kann der wesentliche Unterschied zwischen Macht und Autorität gesehen werden?

---

[101] Vgl. Ulrich (1977). Für eine knappe Zusammenfassung der Überlegungen siehe Ulrich/Fluri (1995), S. 60 ff. Der Gedanke findet sich auch bei Kosiol (1972), S. 173.

[102] Näheres siehe Ulrich (1983). Für eine knappe Zusammenfassung der Überlegungen siehe Ulrich/Fluri (1995), S. 70 ff.

[103] Näheres siehe Steinmann/Schreyögg (2005), S. 87 ff.

[104] Steinmann/Schreyögg (1990), S. 84; vgl. in der Neuauflage dies. (2005), S. 96 ff.

[105] Erwähnenswert in diesem Zusammenhang scheint uns die Idee der „offenen Unternehmungsverfassung". Näheres siehe Ulrich/Fluri (1995), S. 74 ff. und die dort genannte Literatur. Zur Integration einer ökologischen Orientierung in das Managementsystem siehe Jung (2006).

7. Beschreiben Sie unterschiedliche Formen der Autorität eines Managers.
8. Definieren Sie den Begriff Führungsverantwortung in Abgrenzung zur Ausführungsverantwortung.
9. Weshalb kann der traditionelle Verantwortungsbegriff der betriebswirtschaftlichen Organisationslehre als „eindimensional" bezeichnet werden?
10. Welche Verantwortungsbezüge ergeben sich für einen Manager im Rahmen eines umfassenden Konzepts „Gesellschaftliche Verantwortung"?
11. Entwickeln Sie drei Beispiele für Konfliktsituationen eines Managers im Rahmen eines umfassenden Konzepts „Gesellschaftliche Verantwortung".

IV. Managerhandeln und Managerpersönlichkeit

1. Zum Stand der wissenschaftlichen Erkenntnis

Es gibt vermutlich wenig Betrachtungsobjekte, die so offenkundig normativ und häufig ohne wissenschaftliche Grundlage reflektiert werden, wie die Handlungsweisen und die Persönlichkeit von Managern. Einschlägige Aufzählungen von Merkmalsausprägungen erwecken nicht selten den Eindruck, als handele es sich bei („richtigen", „echten") Managern um außerordentlich seltene Exemplare der Spezies Mensch, angesichts derer die Mehrzahl aller praktisch tätigen ebenso wie die noch in Ausbildung befindlichen Manager respektvoll in tiefe Resignation über die eigenen Unzulänglichkeiten verfallen müßte.

Wissenschaftlich steht insbesondere die auf die Eigenschaftstheorie der Führung gegründete Suche nach Merkmalen erfolgreicher Führungspersonen in einer langen Tradition.[106] Ihre Ergebnisse sind aber nicht geeignet, einen haltbaren und klar umrissenen Rahmen für die nach wie vor in der Praxis gängigen Eigenschaftskataloge für Führungskräfte abzugeben. Zu vielzählig, widersprüchlich und teilweise skurril ist die Liste der mit erfolgreicher Führerschaft in Verbindung gebrachten Merkmale (siehe Kapitel D.III.6.2.1. und die dort genannte Literatur).

Im Zuge der wissenschaftlichen Abkehr vom Eigenschaftsansatz und der Hinwendung zum unmittelbar beobachtbaren Handeln von Führungspersonen hat sich das Interesse konzentriert auf das Führungsverhalten i.e.S., also das Verhalten, das Führungspersonen in der Interaktion mit „Geführten" zeigen. Damit wird Managerhandeln zwar in einer wesentlichen, aber nicht seiner einzigen Handlungsdimension, der Personalführung, reflektiert (zur Managementfunktion „Personalführung" siehe Kapitel C.III.2.).

Systematische empirische Analysen des Managerhandelns in seinen mehrdimensionalen Bezügen sind erst in der jüngeren Geschichte der Managementforschung und auch nur in relativ geringer Anzahl durchgeführt worden. Sie haben einige interessante Belege für die Aktivitätenmuster und die Arbeitsweise von Managern geliefert. Außerdem entwickelt sich im Zuge der Diskussion um die heutigen Anforderungen an das Management und den erfolgsfähigen Manager-Typus ein Interesse an empirischen Daten über Werthaltungen, Einstellungen, Zielorientierungen und Qualifikationsprofile von Führungskräften.

---

[106] Vgl. Seidel/Jung (1987), Sp. 776 f.

Auch wenn das hier umrissene Betrachtungsfeld nach wie vor überwiegend populär- und pseudo-wissenschaftlich besetzt ist, hat sich das **Defizit an wissenschaftlich begründeten Aussagen** in den letzten Jahren verringert. Dies soll im Folgenden mit der Wiedergabe einiger empirischer Erkenntnisse belegt werden.

2. Empirische Analysen zum Managerhandeln

2.1. Der Arbeitstag des Managers: Aktivitätsmuster

„Manager sind kühl und überlegt handelnde Personen, deren Entscheidungen durch systematische Planung auf der Grundlage ebenso systematischer Sammlung und Verwertung von Informationen vorbereitet und zielstrebig durchgesetzt werden. Von ihrem Schreibtisch aus dirigieren sie kennzahlengestützt ihren Zuständigkeitsbereich." So oder ähnlich sind vermutlich die Vorstellungen vieler von einem Manager. Als *deskriptives* (beschreibendes, Ist-) oder *präskriptives* (vorschreibendes, Soll-) Modell prägen sie auch die Managementlehre in ihrem Bemühen um Unterstützung der Arbeit von Managern durch möglichst allgemeingültige Aussagen über die Aufgaben, die Manager wahrnehmen (sollen), und die Art und Weise, wie sie dabei vorgehen (sollen).

Es ist das Verdienst einer ausgeprägt empirisch orientierten Managementforschung, uns zu realistischeren Bildern von der Arbeit von Führungskräften verholfen zu haben. Mit der Untersuchung, **was Manager tatsächlich tun,** hat der vor allem mit dem Namen *Mintzberg* verbundene Forschungsansatz („*Work Activity School*") einen neuen Realismus in die Managementlehre eingebracht.[107] In einer Reihe von – hinsichtlich Unternehmenstyp, hierarchischer Stellung und Funktionsbereich sehr heterogenen – Studien wurde die Arbeit von Führungskräften mittels verschiedener Methoden (Selbstaufschreibung, Beobachtung, Befragung) über mehrere Tage, teilweise auch Wochen hinweg, erhoben.[108]

Die Untersuchungsergebnisse lassen einige **allgemeine Charakteristika der Arbeit von Führungskräften** deutlich werden, insbesondere

– ein *fortwährend hohes Aktivitätsniveau* während des gesamten Arbeitstages

– eine *Zerstückelung (Fragmentarisierung) des Arbeitstages* in vorwiegend kurze, verschiedenartige, unterschiedlichen Sachverhalten gewidmete Arbeitssequenzen

– ein sehr *hohes Maß an mündlicher Kommunikation* (Telefonate, ungeplante Gespräche, geplante Besprechungen) *mit einer Vielzahl von Personen*.

Schreyögg/Hübl haben dies in einer deutschen Studie, bei der drei Geschäftsführer mittelständischer Unternehmungen (zwischen etwa 100 und etwa 330 Mitarbeiter)

---

[107] Siehe Mintzberg (1973). Für eine knappe deutschsprachige Zusammenfassung siehe Mintzberg (1990).

[108] Eine ausführliche Würdigung mit Hinweisen auf einzelne Studien und deren Ergebnisse findet sich bei Schirmer (1992), S. 46 ff.; siehe außerdem Neuberger (2002), S. 456 ff. Als Pionieruntersuchung gilt Carlson (1951).

während ihres Arbeitstages beobachtet wurden, bestätigen können.[109] Abbildung B.IV.1 zeigt die Ergebnisse gemeinsam mit drei weiteren, nach der gleichen Methode durchgeführten Studien.

Kategorien	Mintzberg-Studie (n = 5)	Kurke & Aldrich (n = 4)	Choran-Studie (n = 3)	Eigene Studie (n = 3)
Anzahl der Aktivitäten pro Tag	22	34	77	68
Verteilung der Aktivitäten pro 10-Stunden-Tag:				
Schreibtischarbeit				
- prozentual	22 %	26 %	35 %	20 %
- durchschnittliche Dauer	15 min.	12 min.	6 min.	9 min.
Telefonate				
- prozentual	6 %	8 %	17 %	15 %
- durchschnittliche Dauer	6 min.	4 min.	2 min.	3 min.
mündl. Komm. (ungeplant)				
- prozentual	10 %	12 %	15 %	16 %
- durchschnittliche Dauer	12 min.	8 min.	3 min.	5 min.
mündl. Komm. (geplant)				
- prozentual	59 %	50 %	21 %	45 %
- durchschnittliche Dauer	68 min.	65 min.	27 min.	65 min.
Touren				
- prozentual	3 %	3 %	12 %	4 %
- durchschnittliche Dauer	11 min.	11 min.	9 min.	34 min.
	(100 %)	(100 %)	(100 %)	(100 %)
Durchschnittliche Dauer der Aktivitäten				
< 9 min.	49 %	63 %	90 %	78 %
> 60 min.	10 %	5 %	0,02 %	5 %

Abb. B.IV.1: Überblick über die Ergebnisse von vier Studien zum Aktivitätsmuster von Führungskräften (Mit „Eigene Studie" ist die deutsche Studie von *Schreyögg/Hübl* gemeint.)
Quelle: Schreyögg/Hübl (1992), S. 89.

Die **Bedeutung der Personalführungsfunktion** wird durch den *hohen Anteil der Kommunikation mit direkt unterstellten Mitarbeitern* angezeigt. Er beträgt in der Studie von *Schreyögg/Hübl* 51 Prozent und bestätigt damit die Ergebnisse aus anderen Untersuchungen (siehe Abbildung B.IV.2).

„*Führungsarbeit ist Kommunikationsarbeit*"[110] resümieren *Reichwald/Goecke* die Befunde ihrer vergleichsweise umfangreichen, auf den vorgenannten Arbeiten aufbauenden Untersuchung des Arbeitstages von vierzehn Top-Managern verschiedener Großunternehmen. Auch hier bestätigte sich das Bild eines sachlich und zeitlich fragmentarisierten Arbeitstages mit einem außerordentlich hohen Maß an Kommunikationsaktivitäten. Interessanterweise scheint auch der Einzug moderner Kommunikationstechnik (Telefax, Voice-Mail, E-Mail, Videokonferenz) in die Managerarbeit auf allen Hierarchieebenen nichts an der **Bedeutung persönlicher, nicht**

---

[109] Siehe Schreyögg/Hübl (1992).
[110] Reichwald/Goecke (1996), S. 33.

Autor	Jahr der Veröffent-lichung	Quelle*)	Verteilung auf Gespräche mit:		
			Vorgesetzten	Gleich-gestellten	Unterstellten
Guest	1956	2 / 3	15 %	18 %	67 %
Piersol	1962	3	30 %	10 %	60 %
Copeman (GB)	1963	1 / 2 / 3	26 %	19 %	55 %
Kelly (USA)	1964	1 / 2 / 3	21 %	33 %	46 %
Mintzberg (USA)	1980	1	10 %	22 %	68 %
		Durchschnitt	20 %	20 %	60 %

*) 1 Mintzberg (1980, S. 23 ff.); 2 Rühle (1982, S. 89 ff.); 3 Neuberger (1984, S. 133 ff.)

Abb. B.IV.2: Verteilung der Gesamtheit interner Kontakte nach Gesprächspartnern
Quelle: Wahren (1987), S. 49 (auszugsweise wiedergegeben).

technikvermittelter Kommunikation von Angesicht zu Angesicht zu ändern: „Die Face-to-face Kommunikation, das persönliche Gespräch, die persönliche Begegnung – sie ist eine Konstante im Kommunikationsverhalten –, sie spielt im Unternehmen heute wie in der Vergangenheit die dominierende Rolle für die Arbeit des Managers."[111] Abbildung B. IV.3 zeigt die Ergebnisse der empirischen Studie.

Interessanterweise kommen Studien in einem ganz anderen betrieblichen Kontext zu sehr ähnlichen Resultaten: Untersuchungen zur Arbeit von *Schulleitern* zeigen, dass auch bei ihnen (außerhalb der Unterrichtsarbeit) kurze, mündliche Kommunikationsvorgänge mit einem sehr hohen Anteil an unmittelbarer (Face-to-face) Kommunikation, zum überwiegenden Teil mit Untergebenen, dominieren, wohingegen die Schreibtischarbeit nur etwa zwölf Prozent aller Tätigkeiten ihres Arbeitstages ausmacht.[112]

Der über einen längeren Zeitraum an seinem Schreibtisch in Unterlagen zur Vorbereitung wichtiger Entscheidungen vertiefte Manager erweist sich zumindest im Blick auf die oberen Hierarchieebenen als irreale Vorstellung. Handlungszwänge und/oder selbst gewählte Aktivitätsmuster und Arbeitsstile lassen in der Wirklichkeit ein anderes Bild entstehen.

„Managertätigkeit ist von vier Hauptcharakteristika geprägt:
- der Bruchstückhaftigkeit ihrer Tätigkeit, die den raschen und flexiblen Wechsel von einer Aufgabe zur anderen, von einem Gesprächspartner zum nächsten bedeutet,
- der Vorliebe für informelle, mündliche Kommunikation, die die Beschäftigung mit schriftlicher Informationsübermittlung nunmehr als lästige Pflicht empfinden lässt,

---

[111] Reichwald/Goecke (1996), S. 35.
[112] Vgl. Manasse (1985), S. 441 und die dort genannten Untersuchungen.

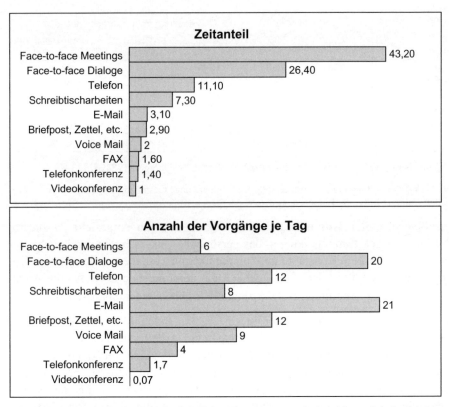

Abb. B.IV.3: Zeitprofil eines durchschnittlichen Top-Managers & Anzahl von Arbeitsaktivitäten eines durchschnittlichen Arbeitstages eines Top-Managers
Quelle: Reichwald/Goecke (1996), S. 38 (Darstellung modifiziert)

- dem Aufbau und der Ausgestaltung von Kontaktnetzwerken, die zur Informationsbeschaffung und letztlich bei der Durchsetzung von Entscheidungen unerlässlich sind,
- einem überwiegend aktiven und selbst bestimmten Handeln, das seinen Rhythmus eher durch die Vielzahl der zu erledigenden Aufgaben als durch Terminkalender oder Störungen erfährt."[113]

Das ein- oder gar mehrstündige „Ausklinken" aus dem Kommunikationsnetz zum Zwecke schöpferischer Ruhe und konzeptionell-planerischer Arbeit, wie es in einschlägigen Ratgebern für gutes (Zeit-)Management übereinstimmend gefordert wird, gelingt während der betrieblichen Arbeitszeit selten oder ist von der Mehr-

---

[113] Schreyögg/Hübl (1992), S. 88 (im Original hervorgehoben); siehe auch Neuberger (2002), S. 475 ff. Hinsichtlich des zuletzt genannten, auf selbstbestimmtes *Handeln* verweisenden Punktes ist anzumerken, dass in der neueren Studie von Reichwald/Goecke (1996), S. 40, die befragten Führungskräfte ca. 60 % ihrer *Aufgaben* als *fremdinitiiert* beschreiben.

zahl der Führungskräfte nicht ernsthaft gewollt.[114] **Manager sehen sich und agieren – ob aufgrund tätigkeitsbedingter Handlungszwänge oder sozialisationsbedingter Arbeitsstilpräferenzen – als „Netzwerker".** Möglicherweise sind sie dabei eher situative **Lenker** als – zukünftige Lenkungsnotwendigkeiten reduzierende – **Gestalter** betrieblicher Aufgabenerfüllung.

„Die Konzentration auf solche Lenkungsmassnahmen im engern Sinn ohne Veränderung der grundlegenden Ordnung entspricht der klassischen Führungsvorstellung, welche die Aufgabe einer Führungskraft darin sieht, das Geschehen im Rahmen einer gegebenen Ordnung unmittelbar und konkret durch Entscheide und Anweisungen zu steuern. In vielen Fällen zeigt jedoch das Durchdenken der auf dieser Philosophie aufbauenden Lenkungsmassnahmen, dass mit solchen Steuerungsmassnahmen das Problem überhaupt nicht gelöst werden kann oder dann nur durch eine hektische Folge von Lenkungseingriffen, die bestenfalls jeweils kurzfristige Verbesserungen ergeben. Jedermann kennt den vielbeschäftigten Chef, ohne den nichts geht und der ständig bereit stehen muss, um in die Situation korrigierend eingreifen zu können, damit sie nicht ausser Kontrolle gerät. In der Tat geht oft auch alles schief, wenn er einmal ausfällt, was ihm seine Unentbehrlichkeit bestätigt, aber in Wirklichkeit darauf beruht, dass er die Gesetzmässigkeiten des Systemverhaltens nicht berücksichtigt, die bewirken, dass dieses sich aufgrund seiner geordneten Komplexität in bestimmten Verhaltensfeldern bewegt und nur vorübergehend dazu zu bringen ist, aus solchen bestehenden Verhaltensmustern auszubrechen. In vielen Situationen ist es deshalb entweder notwendig oder zumindest viel wirksamer, gestaltend einzugreifen und die bestehende Vernetzung gezielt zu ändern, damit veränderte Verhaltensmuster entstehen."[115]

Inwieweit das Ausbrechen aus dem Muster des kurzatmigen situativen Lenkens zugunsten entlastender Gestaltungseingriffe eine realistische Option darstellt, ist zumindest mit Blick auf ein konstruktivistisches Verständnis der (betrieblich relevanten) Wirklichkeit eine offene Frage: Was Wirklichkeit ist, was gilt oder zu gelten hat, ist das permanent in Frage stehende Ergebnis kommunikativen Aushandelns, bei dem „Wirklichkeit oftmals buchstäblich herbeigeredet (wird)."[116] In Abhängigkeit von der Machtverteilung haben Manager eine mehr oder weniger große Chance, das, was gilt, zu beeinflussen. Mit zunehmender Umweltdynamik, die ja auch eine Dynamik der Prozesse der Wirklichkeitskonstruktion ist, wächst der Druck zur Wahrnehmung dieser Chance, wächst der subjektiv empfundene Zwang, sich in die Prozesse des Aushandelns permanent einzubringen. Stets im Zentrum des (konstruktiven) Geschehens zu sein, erscheint vielen Managern als Erfolgs- oder gar Überlebensmaxime.

Mit dieser, eher auf eine *individuelle* Rationalität abstellenden Betrachtung rückt ganz zwangsläufig die Frage nach der Effizienz des so beschriebenen Managerhan-

---

[114] Müller-Böling/Ramme (1990), S. 77 ff., stellten in einer Befragung, bei der über 700 Top-Manager ihre Aktivitätenverteilung einschätzen mussten, einen Anteil von 38 Prozent Schreibtischarbeit fest. Er liegt im Vergleich zu den aus der aktivitätsnahen Aufschreibung stammenden Daten für Top-Manager relativ hoch. Möglicherweise überschätzen Top-Manager im Nachhinein den Umfang der am Schreibtisch verbrachten Arbeitszeit.

[115] Ulrich/Probst (1995), S. 211 f.

[116] Kasper/Mayrhofer/Meyer (1998), S. 616.

delns in das Blickfeld. Auch wenn diese Frage im Rahmen der hier dargestellten Forschungsrichtung bislang weitgehend ausgeblendet bleibt, gibt es doch zumindest einen höchst bemerkenswerten empirischen Befund aus den Arbeiten einer Forschergruppe um *Luthans*: Während Manager mit überdurchschnittlichem Karriereerfolg vor allem Aufbau und Pflege von Beziehungen mit anderen („networking") betreiben und die mitarbeiterbezogene Führungsarbeit eine vergleichsweise geringe Rolle in ihrem Aktivitätsspektrum spielt, ist der Zusammenhang bei Managern mit überdurchschnittlichen Leistungsergebnissen geradezu umgekehrt. Routinekommunikation und mitarbeiterbezogene Führungsarbeit dominieren ihre Aktivitäten, „networking" spielt eine vergleichsweise geringe Rolle.[117]

Insgesamt liefern die **beschreibenden (deskriptiven)** Arbeiten der *„Work Activity School"* interessante Einblicke in den – von Führungs- wie Ausführungshandeln bestimmten – Arbeitstag von Führungskräften und damit auch wichtige Hinweise auf instrumentelle Unterstützungsmöglichkeiten und zweckmäßige Trainingsinhalte im Rahmen der Führungskräfteentwicklung. Sie stehen allerdings weitgehend unverbunden neben den üblichen **Funktionsbetrachtungen** der Managementlehre,[118] die wir im Teil C dieses Buches aufgreifen. Anders als die *„Work Activity School"* haben die Funktionsbetrachtungen eine auf das **Führungshandeln** konzentrierte **präskriptive Komponente**: Sie zeigen – auf der Grundlage mehr oder weniger impliziter Zweckrationalitätsannahmen – *Handlungszwecke und Tätigkeiten auf, denen sich aufgrund ihrer gestaltenden und lenkenden Wirkung Manager widmen sollten.*

2.2. Manager-Rollen

Mintzberg hat die von ihm beobachteten Manageraktivitäten anhand umfangreicher Aufzeichnungen in bestimmte Rollenkategorien unterschieden. In den beobachteten Aktivitäten sieht er **drei allgemeine Rollenbündel**, die Manager wahrnehmen:

– **interpersonelle Rollen**, gekennzeichnet durch die Entwicklung und Aufrechterhaltung positiver sozialer Beziehungen

---

[117] Siehe z.B. Luthans (2005), S. 593 f. Dem Leser sei der Einstieg über die Darstellung der Forschungsarbeiten bei Neuberger (2002), S. 471 ff., empfohlen.

[118] Reichwald/Goecke (1996), S. 36 ff., sind in ihrer Untersuchung des Manager-Arbeitstages auch den Handlungszwecken nachgegangen, wobei die aufgespürten Intentionen keine Zuordnung zu den üblichen Systematiken von Managementfunktionen erlauben. Kombinierte, Aktivitätsmuster und -gründe (Funktionsbezüge) erhebende empirische Studien haben beispielsweise Mahoney/Jerdee/Carroll (1963; mit einer deutlichen zeitlichen Konzentration auf Aktivitäten der Mitarbeiterführung, gefolgt von Planungsaktivitäten) und Müller-Böling/Ramme (1990), S. 77 ff., 239 ff., durchgeführt. Eine z. T. funktionsbezogene Gliederung der zu beobachtenden Aktivitäten unternehmen auch Luthans/Rosenkrantz (1995), Sp. 1011.

- **informationelle Rollen**, gekennzeichnet durch die Aufnahme und Abgabe (Weitergabe) von Informationen
- **Entscheidungsrollen**, gekennzeichnet durch das Treffen oder Aushandeln von Entscheidungen.

Interpersonelle Rollen	a) *Repräsentant (Figurehead)* Der Manager fungiert nach innen und außen als symbolischer Kopf einer Organisation oder Abteilung und erfüllt Repräsentationsroutinen gesetzlicher oder sozialer Art (z.B.. Jubiläumsreden)
	b) *Führer (Leader)* Im Mittelpunkt dieser Rolle stehen Aufgaben der Motivation und Anleitung von Mitarbeitern, der Stellenbesetzung und Personalentwicklung
	c) *Koordinator (Liaison)* Aufbau und Pflege interner und externer Kontakte auf formellen und informellen Wegen stehen im Zentrum dieser Rolle
Informationelle Rollen	a) *Informationssammler (Monitor)* Als Informationssammler sucht und empfängt der Manager sehr unterschiedliche Informationen, die sein Verständnis über das Funktionieren der Organisation und ihrer Umwelt fördern
	b) *Informationsverteiler (Disseminator)* Diese Rolle beschreibt die Weitergabe externer und interner Informationen – sowohl Fakten als auch Spekulationen – an Organisationsmitglieder
	c) *Sprecher (Spokesperson)* Als Sprecher gibt der Manager Informationen über Pläne, Maßnahmen oder erzielte Ergebnisse der Unternehmung an Externe weiter
Entscheidungsrollen	a) *Unternehmer (Entrepreneur)* Als Unternehmer sucht der Manager in der Organisation und ihrer Umwelt nach Chancen zu Innovation und Wandel und leitet gegebenenfalls Innovationsprojekte (ein)
	b) *Krisenmanager (Disturbance Handler)* Mit dieser Rolle werden Aufgaben der (durch Sachzwänge induzierten) Handhabung unerwarteter und wichtiger Störungen des betrieblichen Leistungsprozesses erfasst
	c) *Ressourcenzuteiler (Resource Allocator)* Kern dieser Rolle sind Entscheidungen über Vergabe von Ressourcen aller Art an Personen oder Abteilungen; durch den Entscheidungsvorbehalt behält der Manager die Kontrolle über Zusammenhänge zwischen verschiedenen Einzelentscheidungen
	d) *Verhandlungsführer (Negotiator)* In dieser Rolle tritt der Manager als Verhandlungsführer gegenüber Externen auf und verpflichtet die Organisation für künftige Aktivitäten

Abb. B.IV.4: Kurzbeschreibung der zehn Rollen eines Managers nach *Mintzberg*
Quelle: Schirmer (1992), S. 65.

In einer Untergliederung dieser Kategorien kommt *Mintzberg* zu **zehn spezielleren Rollen des Managers** (siehe die Kurzbeschreibung in Abbildung B.IV.4).[119] Sie beschreiben – keineswegs überschneidungsfrei – im Grundsatz das Rollenspektrum

---

[119] Eine ausführlichere deutschsprachige Beschreibung des Rollenkonzeptes von Mintzberg findet sich bei Mintzberg (1990); Strehl (1987).

jeder Führungskraft, wenngleich davon auszugehen ist, dass kontextabhängig unterschiedliche Schwerpunkte vorliegen. Erkenntnisse zum Einfluss der Hierarchieebene und der Arbeitsfelder der Führungskraft bestätigen dies[120] und verdienen im Hinblick auf die Nutzung der Erkenntnisse für gezielte Aus- und Fortbildungsmaßnahmen weitere Beachtung.

Strehl fasst die Forderungen an Führungskräfte (FK), die *Mintzberg* aus seinen Untersuchungsergebnissen ableitet, wie folgt zusammen:

- „Die FK muss systematisch Wege finden, Informationen mit anderen Schlüsselpersonen auszutauschen.
- Die FK muss lernen, bewusst mit dem Zwang zur Oberflächlichkeit umzugehen, sich nicht im Detail zu verstricken und Informationen sorgfältig zu verarbeiten.
- Die FK muss lernen, ihr Zeitbudget zu kontrollieren und Verpflichtungen zum eigenen Vorteil zu gestalten".[121]

Umsetzungsorientierte Steuerungsrollen	*Übersetzer* Herleitung und Kommunikation ausreichend konkreter Handlungsvorgaben für die Mitarbeiter aus dem vorgegebenen Zielsystem für die eigene Organisationseinheit
	Chef Zielorientierte Gestaltung der Arbeitsstrukturen durch Lenkung (Richtung und Aktivierung) der Mitarbeiter
	Prüfer Erfassung, Analyse und Kommunikation von Aktivitäten und Zielerreichungsgraden für vorgeordnete Ebenen
Innovationsorientierte Steuerungsrollen	*Politiker* Beeinflussung der organisationalen Entscheidungsprozesse im Sinne der sachlichen Belange und Interessen der eigenen Organisationseinheit
	Intrapreneur Initiierung und Erprobung neuer Zielsetzungen oder Wege zu Zielerreichung innerhalb ausdrücklich gewährter oder zumindest geduldeter experimenteller Spielräume
	Berater Einbringen von Fachwissen, Erfahrungen und entwicklungsbezogenen Einschätzungen in die organisationalen Lernprozesse über die eigene Organisationseinheit hinaus

Abb. B.IV.5: Kurzbeschreibung der sechs Rollen im mittleren Management nach *Bonsiep*

Mit Blick auf die Rollendualität des mittleren Managements – einerseits die vom oberen Management vorgegebenen Handlungsorientierungen auf den nachfolgenden Ebenen umzusetzen, sich andererseits nach oben in die Diskussions- und Entscheidungsprozesse um zukünftige Handlungsorientierungen einzubringen – hat *Bonsiep* ein Rollenkonzept für das mittlere Management entwickelt (siehe Abbil-

---

[120] Vgl. Strehl (1987) Sp. 43 f.
[121] Strehl (1987), Sp. 44 f.

dung B.IV.5). Für sein zunächst auf normativer Basis, orientiert am Leitbild einer dialogorientierten Unternehmensführung, entwickeltes Konzept bezieht er erste Bestätigung aus ein- bis zweistündigen Interviews mit 17 Führungskräften aus dem mittleren Management.[122]

Rollenkonzepte sind durchaus geeignet, differenzierte Einsichten in die verschiedenen **Anforderungen, denen Manager gerecht werden müssen,** zu vermitteln.[123] Für die Auswahl und Entwicklung von Führungskräften ist das von erheblicher Bedeutung. Außerdem verweisen Rollen wie „Repräsentant", „Vernetzer" („Koordinator" in Abbildung B.IV.4), „Sprecher" oder „Verhandler" („Verhandlungsführer") auf die Bedeutung der *Managementfunktion „Außenvertretung"*, die im Rahmen der funktionellen Dimension von Management besonders betrachtet werden soll (siehe Kapitel C.III.2.10.).

---

[122] Vgl. Bonsiep (2002), S. 165 ff.

[123] Eine ausführliche Erörterung von „24 Rollen der exzellenten Führungskraft" bietet Staehle (1991). Eine systematische Ordnung (Taxonomie) von 11 Verhaltenskategorien eines Managers entwickelt Yukl (1989), S. 128 ff.

3. Werthaltungen, Einstellungen und Ziele von Managern

3.1. Zur Bedeutung von Werten, Einstellungen und Zielen

Werte, Einstellungen und Ziele sind – betrachtet auf der Ebene des Individuums – **psychische Dispositionen**, die auf unterschiedlichem Generalisierungs- und Stabilisierungsniveau **Orientierungsfunktion** für menschliches Verhalten ausüben. In der Literatur keineswegs übereinstimmend definiert und scharf voneinander getrennt, wollen wir *Werte, Einstellungen und Handlungsziele in einer Beziehungskette zunehmender Konkretisierung und abnehmender Allgemeinheit und Beständigkeit* sehen.

Werte sind ein prägender genereller (*situationsübergreifender*) und relativ stabiler (*situationsüberdauernder*) Orientierungsfaktor menschlichen Denkens, Empfindens und Handelns. Als „verinnerlichte Führungsgröße des menschlichen Tun und Lassens"[124] stellen Werte die im Laufe der Sozialisation gebildete, gefestigte, aber auch weiterentwickelte *Basis* dar, *auf der eine Fülle von Einstellungen und Handlungszielen ausgebildet wird*. Entsprechend ihres generellen Charakters sind Werte auch als schichten-, gesellschafts- und kulturspezifische Kategorien zu sehen.

Einstellungen weisen einen *Bezug zu bestimmten Objekten* (Personen und Sachverhalten) unserer Erfahrungswelt auf. „Eine Einstellung zu haben, bedeutet die Bereitschaft, auf ein soziales Objekt in einer gegebenen konsistenten Weise zu reagieren."[125] Einstellungen sind wie die grundsätzlichen Werte eines Individuums nicht direkter Beobachtung zugänglich. Wir schließen aus Verhaltensweisen und aus Stellungnahmen zu anderen Personen und Sachverhalten auf die (relativ dauerhaften) Einstellungen eines Individuums, möglicherweise auch auf zugrunde liegende (generelle) Werthaltungen.

Ziele können als (mehr oder weniger konkret) definierte *Vorstellungen über angestrebte Zustände* verstanden werden. Sie weisen einen Konkretisierungsgrad auf, der ihre Verwendung als *Entscheidungskriterien für die Wahl bestimmter Handlungsweisen* ermöglicht. „Ziele begründen als erwünschte Zukunftsvorstellungen Wertrelationen zwischen den verschiedenen Handlungsmöglichkeiten und den prognostizierten Wirkungen dieser Handlungsweisen und schaffen somit eine Ordnung zwischen den Alternativen."[126]

Manager, insbesondere als Mitglieder des Top-Managements, haben aufgrund der Machtverhältnisse in hierarchisch strukturierten Sozialsystemen eine besondere Chance, ihre Werte, Einstellungen und persönlichen Ziele (*Individualziele*) zu Zielen des Unternehmens (*Organisationsziele*)[127] werden zu lassen. Dabei ist zu betonen, dass Manager – wie alle Menschen – auch gewissermaßen „Gefangene" ihres Systems von Werten und Einstellungen sind, insofern, als diese bewusst oder unbewusst als **Wahrnehmungsfilter und Bewertungsmaßstab der Erfahrungs-**

---

[124] Klages (1984), S. 9.
[125] Mann (1972), S. 165.
[126] Kupsch (1983), S. 1.
[127] Zu dieser Unterscheidung von Zielkategorien siehe Kap. C.III.1.4.1.3.1. und die dort gen. Lit.

wirklichkeit „funktionieren". Welche Initiativen vom Management ergriffen werden, welche strategischen Chancen und Risiken erkannt und in Handlungsziele und Handeln umgesetzt werden, welcher Stellenwert dem Mitarbeiter und seinen Interessen im Unternehmen zugemessen wird, wie Führung gestaltet und praktiziert wird, auch wie schnell oder langsam die betriebliche Rezeption gesellschaftlicher Werteentwicklungen und -veränderungen abläuft, das alles wird ganz entscheidend beeinflusst durch die Mitglieder des Managementsystems und deren Werthaltungen und Einstellungen. Diesen Werthaltungen und Einstellungen kommt prägende Bedeutung bei der Herausbildung einer unternehmensspezifischen **Management- oder Führungsphilosophie** zu (siehe dazu Kapitel D.II.1.3.1.).

„Die Führungsphilosophie ist das Ergebnis der *Werthaltungen* von Menschen, insbesondere der Führungskräfte. Es handelt sich dabei um die Grundeinstellungen zu allen Tatbeständen, die bei der Erfüllung ihrer Führungsfunktionen wesentlich sind, d.h. um die Vorstellungen über das eigene *Unternehmen*, die unternehmungsrelevante *Umwelt* und die *Mitarbeiter*. Dazu gehört jedoch auch das eigene *Selbstverständnis*, d.h. die Grundauffassung über die Aufgaben der Führung und die Anforderungen an die eigene Person, die sich daraus ergeben."[128]

Auf die Bedeutung der Werthaltungen als potenzielle Frühindikatoren institutionellen Wandels haben wir bereits hingewiesen (siehe Kapitel B.I).

3.2. Empirische Belege zu Werthaltungen, Einstellungen und Zielen von Führungskräften

In diesem Abschnitt wollen wir einige, mit Bezug auf den Führungsaspekt interessante Ergebnisse empirischer Studien zur Ausprägung von Werten, Einstellungen und Zielorientierungen als Persönlichkeitsmerkmale von Führungskräften wiedergeben. Die Absicht, damit ein einigermaßen argumentationsfähiges Bild zu skizzieren, erweist sich leider als kaum realisierbar. Zum einen fehlt es an Beständigkeit bezüglich des Forschungsinteresses: Einmal in den Fokus genommene Merkmale geraten rasch wieder aus demselben; über die Zeit hinweg sind die empirischen Erkundungsobjekte zu unterschiedlich. Zum anderen fehlt es an terminologischer Disziplin: Was in der Literatur als Untersuchung von Werthaltungen dargelegt wird, ist im Lichte unserer obigen Begriffsabgrenzungen häufig eher die Ermittlung von Einstellungen; stellenweise ist unklar, ob Werthaltungen, Einstellungen oder Bedürfnisse (i.S. von aufgrund von Mangelempfindungen Gewünschtes) untersucht werden.[129]

---

[128] Ulrich (1995), Sp. 803.

[129] Siehe in diesem Zusammenhang etwa die methodologische Kritik von Thome (2005) S. 391 ff., an der bekannten und vielfach kolportierten Untersuchung von *Inglehart* zum Wertewandel.

3.2.1. Werthaltungen und Einstellungen

3.2.1.1. Allgemeine führungsrelevante Werthaltungen und Einstellungen

Soweit Haltungen von Managern zur Ausgestaltung von Führungsverhältnissen überhaupt wissenschaftlich erhoben werden, zeigt sich, dass trotz einer gewissen Akzeptanz für kooperative Führungsverhältnisse „die Notwendigkeit einer straffen, leistungsorientierten Führung jedoch hervorgehoben (wird): organisatorisch wird eine *klare hierarchische Strukturierung* gefordert."[130] Dieses Ergebnis einer Studie über schweizerische Führungskräfte erfährt Bestätigung in einer Befragung von Leitern von Fernplanspielgruppen durch das *Universitätsseminar der Wirtschaft (USW)* in Deutschland. Der Aussage: „Auch auf die Gefahr hin, dass das Management als unkooperativ angesehen wird, sollten eindeutige Über-Unterordnungsverhältnisse angestrebt werden", stimmte knapp drei Viertel aller Befragten zu.[131]

Interessant sind einige **Unterschiede** in der Ausprägung der Werthaltungen und Einstellungen **bei Managern kleinerer und mittlerer Unternehmen einerseits und Großunternehmen andererseits**. Straffe Führung auf der Grundlage eindeutiger Über- und Unterordnungsverhältnisse und die Reklamierung geschäftspolitischer Entscheidungen als alleiniger Entscheidungssachverhalt der Unternehmensleitung wird von den Führungskräften mittlerer und kleinerer Unternehmen auffallend stark betont. Zudem bekunden sie zu gewerkschaftlichen Einflüssen und zu Rechenschaftspflichten gegenüber der Öffentlichkeit häufiger eine negative Einstellung als die Führungskräfte in Großunternehmen. Bei den Managern kleiner und mittlerer Unternehmen verstärkt sich mit der Zunahme des Lebensalters und der Beschäftigungsdauer im selben Unternehmen die eher autoritäre Grundhaltung zum Vorgesetzten-Mitarbeiter-Verhältnis und die Priorisierung von Unternehmensinteressen gegenüber Interessen von Mitarbeitern und Gesellschaft.[132]

Möglicherweise findet in Großunternehmen eine raschere Rezeption gesellschaftlicher Werteveränderungen wie Minderbewertung von Gehorsam und Unterordnung sowie Höherbewertung von Selbständigkeit, Freiheit sowie Verantwortung und Herausforderung am Arbeitsplatz statt.[133] Hier spielen unter anderem die stärkere Öffnung der Großbetriebe für gesellschaftliche Strömungen und neue Formen der Arbeitsgestaltung, aber auch ein anderes Verhalten bei der Personalrekrutierung im Vergleich zu Mittel- und Kleinbetrieben eine Rolle.

---

[130] Ulrich (1995), Sp.803.

[131] Vgl. Einsiedler (1987), S. 591.

[132] Vgl. Gabele (1983), S. 134 ff.; Ulrich/Probst (1982), S. 24 ff.

[133] Zum Wertewandel in der Arbeitswelt im Sinne der Bedeutungszu- und -abnahme arbeitsrelevanter Werte siehe z.B. Strümpel (1989); Hillmann (2003), S. 312 ff.; von Rosenstiel (2003), S. 53 f.; siehe auch die Abhandlung zum Wertewandel in Europa von Thome (2005), und die dort berichteten empirischen Untersuchungen.

Die berichteten Befunde stehen im Einklang mit den Ergebnissen einer empirischen Studie von *Ulrich/Thielemann* zu **unternehmensethischen Denkmustern von Führungskräften**, die bei mittelständischen Unternehmen (50 bis 500 Mitarbeiter) auffallend häufiger als bei Führungskräften von Großunternehmen auf einen *„paternalistischen" Typus* stieß (nicht wiederum bei Führungskräften von Kleinunternehmen bis 50 Mitarbeiter). Dieser Managertyp sieht sich sehr stark in der Fürsorge- und Vorbildpflicht und verbindet dies mit dem Anspruch einer Entscheidungszentralisation in der obersten Unternehmensleitung.[134]

Die Verfasser der Studie protokollieren für den paternalistischen Typus unter anderem: „Offenbar bestimmt die ‚Führungspersönlichkeit' auch selbst, ‚was sein muss'", denn „Mitbestimmung ist Gift für die Unternehmung". Dieses Verständnis kommt in ganz grundsätzlicher Weise zum Ausdruck in dem Anspruch, die für alle Mitglieder des betrieblichen Systems geltenden sittlichen Normen rechten Handelns in der Betriebsgemeinschaft von der obersten Unternehmensleitung vorzugeben („autoritative Gebotsethik"). (S. 53)

Insgesamt konnten aufgrund unternehmensethisch relevanter Äußerungen der 60, vorwiegend dem Top Management zugehörigen Führungskräfte „neun Realtypen unternehmensethischer Vermittlung" ausgemacht werden. Es zeigte sich:

- „75 % der befragten Führungskräfte (sind) als ausdrückliche oder unterschwellige, mehr oder minder strikte Ökonomisten einzustufen" (S. 93). Ökonomistische Denkmuster erheben die (faktisch gegebenen) Sachzwänge erfolgreichen einzelwirtschaftlichen Handelns zur ethischen Instanz. Betriebswirtschaftlich geschickte Anpassung an die Erfolgsbedingungen des ökonomischen Systems entspricht dem, was ethisch richtig und legitim ist (Harmonieannahme).[135]
- Die befragten Führungskräfte repräsentierten keine reinen Typen, sondern weisen neben dominanten Orientierungen (Primärorientierungen) stets auch Sekundärorientierungen mit Bezug auf andere Typen auf (S. 95 ff.).

Die Studie liefert eine Reihe von Hinweisen auf die Relevanz von situativen Einflussfaktoren – neben der Betriebsgröße auch Branche, Konfession, Geschlecht und Alter.[136]

Insgesamt erscheinen primär dem Eigentum verpflichtete Grundhaltungen und in Verbindung damit eine strikte Sachaufgaben- und Hierarchieorientierung als Konstanten im Führungsverständnis von Managern. Wenngleich aktuellere empirische Daten eher Mangelware sind, zeigt doch die groß angelegte, 61 Länder umfassende Studie „Global Leadership and Organisational Behaviour Effectiveness (GLOBE)" für deutsche Führungskräfte ein recht markantes Bild: *ausgeprägte Machtdistanz*

---

[134] Siehe Ulrich/Thielemann (1992), S. 51 ff., 100 f.

[135] Der hier skizzierte Typus könnte als klassischer Vertreter der „ersten Ökonomie" i.S. *Negt*s bezeichnet werden. Zu dessen kritischer Auseinandersetzung mit einem verengten Ökonomieverständnis und seinem Plädoyer für eine umfassendere „zweite Ökonomie" – i.S. der *Schmalenbach*schen Vorstellung vom „wirtschaftlichen Betrieb als Organ der Gemeinschaft" – siehe Negt (2002), passim, insbes. S. 308 ff., 404 ff.

[136] Siehe Ulrich/Thielemann (1992), S. 98 ff. Zur Bedeutung des Einflussfaktors „christlicher Glaube" auf das Führungsverständnis von Managern siehe auch Niedermair (1996).

(geringfügig über dem Durchschnittswert aller untersuchten Länder) und eher *geringe mitmenschliche Orientierung* (im unteren Viertel aller untersuchten Länder). Im Übrigen weist „Geschlechtergleichstellung" länderübergreifend die geringste Ausprägung in der Orientierung der Führungskräfte auf.[137] Die Studie zeigte allerdings auch, dass deutsche, österreichische und schweizerische Führungskräfte einer partizipativen Komponente in ihrer Führungsarbeit eher einen, wenn auch nur bescheidenen, Beitrag zum Führungserfolg zutrauen als der Durchschnitt der Führungskräfte aller übrigen Länder.[138] Dies stimmt überein mit den Ergebnissen einer empirischen Untersuchung von *Reber/Jago*, die – bezogen auf eine zehnstufige Skala zur Ermittlung des Partizipationsgrades i.S. der *Gewährung von Mitsprache- und Mitentscheidungsrechten* für die Mitarbeiter – für deutsche (5,39), österreichische (5,39) und schweizerische (5,25) Führungskräfte Ausprägungen von knapp über fünf erbringt, während französische (4,85), polnische (4,51) oder tschechische (4,23) Führungskräfte mehr oder weniger deutlich unter fünf liegen.[139] Die Langzeitstudie mit Daten über den Zeitraum von 1991 (teilweise auch 1988) bis 1996 belegt eine *bemerkenswerte Konstanz in den Haltungen zu partizipativer Führung* in den untersuchten Ländern – auch in jenen mit gravierenden gesellschaftlichen Veränderungen im Untersuchungszeitraum.

3.2.1.2. Einstellungen zur Persönlichkeit des Menschen (Menschenbilder)
Relativ große Beachtung haben in der Managementtheorie und -praxis Versuche gefunden, Annahmen über Motive, Bedürfnisse, Einstellungen, Erwartungen, Fähigkeiten und Ziele der in Unternehmen tätigen Menschen in so genannten Menschenbildern zu bündeln. Es ist unmittelbar einsichtig, dass Menschenbilder, verstanden als ein *Komplex von auf die Persönlichkeit von Menschen gerichteten Einstellungen*, erhebliche Bedeutung für die personenbezogenen Aspekte von Management haben können.

Charakteristisch für die bekannten Einteilungen von Menschenbildern ist ihre *überwiegend gedanklich-analytische* (statt empirisch-analytische) *Herleitung*.[140] Das gilt für die vermutlich am häufigsten kolportierte dualistische (extremtypische) Konzeption *McGregors* ebenso wie für die differenziertere Typologie von *Schein*.

---

[137] Siehe Brodbeck/Frese/Javidan (2002). Befragt wurden etwa 17.000 Manager mittlerer Führungsebenen in über 800 „organizations" in 61 Ländern. Das deutsche Sample bestand aus 457 Managern verschiedener Branchen.

[138] Vgl. Brodbeck/Frese/Javidan, S. 23; vgl. Weibler et al. (2000), S. 590.

[139] Siehe Reber/Jago (1997).

[140] Weinert (1987) spricht diesbezüglich von „A priori Gesamtklassifikationen" (Sp.1430) und „subjektive(n) Gedankengebäude(n)" (Sp. 1432).

McGregor stellt der (traditionellen) Vorstellung vom Menschen als einem arbeits- und verantwortungsscheuen, passiven und trägen, mittels Strafandrohung zur Arbeitsleistung zu bewegenden, enger Anleitung und Kontrolle bedürfenden Wesen (**Theorie X**) eine (moderne) Vorstellung gegenüber, die durch gegenteilige Annahmen gekennzeichnet ist, und die er **Theorie Y** nennt. Diese unterstellt einen Menschen, der ohne angeborene Abneigung gegen Arbeit ist, der als aktives und kreatives, zu verantwortlichem und selbständigem Handeln fähiges Wesen auch ohne Strafandrohung und Fremdkontrolle Arbeitsleistung erbringt. Für den Menschen der Theorie Y können die Identifikation mit dem Unternehmen und die Suche nach Selbstverwirklichung in der Arbeit wichtige Triebfedern der Arbeitsleistung sein.[141]

Schein unterscheidet vier Typen von Menschenbildern: den **rational-ökonomischen** (*rational-economic*), den **sozialen** (*social*), den **nach Selbstverwirklichung strebenden** (*self-actualizing*) und den **komplexen** Menschen (*complex man*).[142] Letzterer ist von einer differenzierten und veränderlichen Motivstruktur geleitet, womit verallgemeinernde Annahmen über sein Arbeitsverhalten zu kurz greifen (siehe zur Beschreibung menschlicher Motivstrukturen auch Kapitel C.III.2.4.2.2.). Das Verdienst dieser Typologie ist es, mit dem „complex man" die Individualität, Lern- und Anpassungsfähigkeit des Menschen thematisiert und damit für die betriebliche Führungsarbeit die Problematik pauschaler, undifferenzierter, personen- und situationsunabhängig vertretener Annahmen über den Menschen in Arbeitssituationen verdeutlicht zu haben.

Darüber, welche Menschenbilder in der Managementpraxis tatsächlich vorherrschen, wissen wir angesichts mangelnder empirischer Untersuchungen allerdings wenig.

Weinert hat in einer Befragung von nahezu 300 Meistern und Vorarbeitern aus acht Unternehmen der Textilindustrie nachweisen können, dass Führungskräfte sich hinsichtlich der Annahmen zur Persönlichkeit ihrer Mitarbeiter sehr deutlich voneinander unterscheiden und dass die vertretenen Menschenbilder mehrdimensional begründet sind, d.h. auf einer Reflexion unterschiedlicher Aspekte der menschlichen Persönlichkeit beruhen.[143] Die mathematisch-statistische Analyse der Untersuchungsergebnisse „ergab sieben verschiedene, charakteristische und spezifisch ausgeprägte Typen von Führungskräften".[144]

Die Existenz eines breiten Spektrums mehrdimensional begründeter Menschenbilder unter Führungskräften konnten *Weinert/Langer* auch in einer empirischen Studie in einem international tätigen Energieunternehmen bestätigen.[145] Sie kommen zu einer Typologie von acht Menschenbildern jenseits der bekannten idealtypischen Konzepte von *McGregor* oder *Schein*. Menschenbilder von Führungskräften „existieren vielmehr als Mischtypen und sind keineswegs generalisierbar, weder auf Unternehmensebenen noch auf verschiedene Unternehmensbereiche."[146]

Die Unterstellung, in der Managementpraxis gäbe es ein vorherrschendes, die Führungsarbeit von Managern bestimmendes Menschenbild, erweist sich insofern als nicht haltbar. Mit Bezug auf das extremtypische Konzept *McGregor*s kann zudem davon ausgegangen werden, dass die Mehrzahl der Führungskräfte weder dem ei-

---

[141] Siehe McGregor (1973), S. 33 ff., 47 f.
[142] Siehe Schein (1980), S. 77 ff.
[143] Siehe die zusammenfassende Wiedergabe in Weinert (1987).
[144] Weinert (1987), Sp. 1434 (im Original hervorgehoben).
[145] Siehe Weinert/Langer, 1995.
[146] Weinert (2004), S. 666.

nen (X-) noch dem anderen (Y-) Typus zuzuordnen, sondern mit ihrem Menschenbild zwischen den Extremtypen angesiedelt ist.

Gestützt wird diese Annahme durch das Ergebnis einer empirischen Untersuchung von *Steyrer*.[147] Der Verfasser kommt auf der Basis von 250 Befragungen (140 verwertbaren Befragungsrückläufern) in österreichischen Betrieben zu dem Ergebnis, dass fünf v.H. der befragten Führungskräfte Einstellungen gemäß dem X-Typus und 35 v.H. Einstellungen gemäß dem Y-Typus vertreten und 60 v.H. „der Führungskräfte in ihren Einstellungen zwischen diesen Polen angesiedelt"[148] sind. Die Betriebsgröße wies keinen signifikanten Zusammenhang mit den ermittelten Menschenbildern auf.

3.2.2. Zielorientierungen

Wegen ihres unmittelbaren Begründungs- und Erklärungspotenzials für Managerverhalten besteht ein besonderes Interesse an empirisch fundierten Aussagen zu betrieblich relevanten persönlichen Zielen (Individualzielen) von Führungskräften. An einschlägigen Daten besteht indes ein erheblicher Mangel – ein Befund, der auch für unser Wissen über Unternehmensziele (Organisationsziele) gilt.[149] Zwar fußen Zielorientierungen auf gesellschafts- und schichtspezifischen Wertesystemen, erfahren aber ihre Ausprägungen beispielsweise auch vor dem Hintergrund aktueller Lebensumstände (familiäre Situation, Karriereaussichten, finanzielle Sicherung, betriebliche Situation usw.). So sind die betrieblich relevanten Individualziele von Jungmanagern vermutlich völlig andere als die von arrivierten Führungskräften, unterscheiden sich die persönlichen Zielvorstellungen mittelständischer Unternehmer vermutlich deutlich von jenen angestellter Top-Manager in börsennotierten Großunternehmen. Wenn im Folgenden einige wenige empirische Belege dargestellt werden, so ist der ohnehin stets vorhandene Bedarf an Differenzierung und situativer Relativierung hier besonders anzumerken.

In einer breit angelegten, mehrere europäische Länder einbeziehenden Studie wurden über 1.000 *mittelständische Unternehmer* zu ihren persönlichen Zielen befragt (siehe Abbildung B.IV.6). Zwar ist der mittelständische Eigentümerunternehmer nicht der typische Repräsentant der Masse betrieblicher Führungskräfte. Immerhin ist er aber der bestimmende Faktor für die Managementphilosophie in einem Bereich, in dem die Mehrzahl der in der Wirtschaft beschäftigten Arbeitnehmer tätig ist.

Bei Betrachtung der Rangplätze 1 bis 6 in der Abbildung B.IV.6 wird in den **persönlichen Zielpräferenzen** der Führungskräfte eine **relativ starke Bedeutung immaterieller Werte** erkennbar. Zwar hat das erstrangige Ziel „gute Produkte herstellen" einen ausdrücklichen materiellen Bezug (Produkt), vermutlich dient es aber als Vehikel für die Befriedigung eines immateriellen Wertes:

---

[147] Siehe Steyrer (1988).
[148] Steyrer (1988), S. 116.
[149] Vgl. Macharzina (2003), S. 208; siehe auch die Hinweise auf methodische und inhaltliche Probleme der empirischen Zielforschung ebenda.

die Identifikation mit einer qualitativ anspruchsvollen Leistung, die in nennenswertem Maße der eigenen Einflusssphäre zugeschrieben werden kann.

Var.-Nr.	Persönliche Ziele			Gesetzte Ziele			Erreichte Ziele	
		Mittelwert	Standardabweichung	Rang	Mittelwert	Standardabweichung	Rang	
V204	Gute Produkte herstellen	4,5	0,80	1	4,04	0,88	1
V194	Arbeitszufriedenheit	4,24	0,84	2	4,00	0,88	2
V191	Persönliche Unanhängigkeit (für das eigene Geschäft arbeiten und seine Zeit einteilen)	4,04	0,94	3	3,92	0,92	3
V192	Finanzielle Unabhängigkeit für sich und seine Familie	3,98	0,98	4	3,71	1,00	6
V193	Selbstverwirklichung	3,94	0,98	5	3,82	0,90	5
V203	Kontakte mit Menschen	3,81	1,03	6	3,91	0,87	4
V195	Erfolgreicher als andere Geschäftsleute sein	3,12	1,25	7	3,45	0,94	9
V196	Hohes Einkommen	3,12	0,99	8	3,44	0,94	10
V198	Eine Unternehmung für die eigene Familie aufbauen	2,90	1,38	9	3,40	1,02	12
V197	Macht/Einfluss	2,68	1,15	10	3,47	0,88	8
V201	Attraktiver Lebensstil	2,77	1,23	11	3,52	0,94	7
V200	Eine Rolle in der Gesellschaft spielen	2,47	1,15	12	3,44	0,88	11
V199	Aufrechterhaltung familiärer Tradition	2,38	1,31	13	3,32	1,00	14
V202	Hoher gesellschaftlicher Status	2,12	1,02	14	3,37	0,90	13

Abb. B.IV.6: Persönliche Ziele von Führungskräften mittelständischer Unternehmungen Europas
Verwendung einer Likert-Skala von 1 (niedrigste Ausprägung) bis 5 (höchste Ausprägung)
Quelle: Gabele (1990), S. 96

Gestützt wird diese Interpretation durch einen Vergleich mit der Präferenzordnung betrieblicher Ziele aus der Befragung derselben Führungskräfte. Auch hier nimmt die Produktqualität den ersten Rang ein, während die ebenfalls produktbezogenen Ziele Marktanteil und Wachstum erst auf den Rangplätzen 12 bzw. 13 folgen.[150]

---

[150] Siehe Gabele (1990), S. 98.

Ohne angesichts der komplexen Zusammenhänge zwischen Wertvorstellungen, Einstellungen und konkreten Handlungszielen empirische Daten in der Interpretation überstrapazieren zu wollen, ist doch mit Blick auf die Ergebnisse der angesprochenen europäischen Studie weiterhin bemerkenswert, dass die im vorhergehenden Kapitel berichteten Belege über eher traditionelle Einstellungen von Führungskräften zu Hierarchie und Führung dadurch bestätigt werden, dass das Ziel „Beteiligung der Mitarbeiter am Entscheidungsprozess" nur einen geringen Stellenwert erhielt. Es gab überhaupt nur zwei betriebliche Zielaspekte, denen noch weniger Bedeutung als der Entscheidungsbeteiligung beigemessen wurde: der Gewinn- bzw. Kapitalbeteiligung der Mitarbeiter und der Konsolidierung bzw. Verkleinerung der Firma.[151]

Mit der vorrangig auf eine qualitativ hochwertige Leistung und persönliche wie finanzielle Unabhängigkeit gerichteten Zielorientierung zeigt die Untersuchung ein Ergebnis, das ganz dem viele Jahrzehnte gültigen Bild des selbständigen mittelständischen Unternehmers in der Gesellschaft entspricht.

In zumindest teilweisem Gegensatz zu dieser Interpretation stehen die Ergebnisse einer mündlichen Befragung von 530 Führungskräften im süddeutschen Raum.[152] Mit Bezug auf die These von einer „postmaterialistischen" Orientierung in der Gesellschaft resümiert *Kerber*: „Für Führungskräfte lässt sich in dieser Studie ein solcher Trend nicht feststellen, im Gegenteil: Im Kommen zu sein scheint eher eine stärkere Ich-Zentrierung und dabei verstärkte Aufmerksamkeit auf Erfolg, materielle Güter und Genuss."[153] Auf die Selektions- und Sozialisationsmechanismen von Unternehmen, die eine Anpassung der Zielorientierungen von Führungsnachwuchskräften – etwa bezüglich gesellschaftlich und ökologisch relevanter Zielvorstellungen (Wachstum, Umwelt, Dritte Welt u.a.m.) – an die betrieblich tradierten Orientierungen zur Folge haben, weist *von Rosenstiel* unter Bezug auf empirische Längsschnittstudien hin.[154]

Inwieweit sich im Zuge gesellschaftlicher Werteentwicklungen und in einem veränderten gesamtwirtschaftlichen Kontext die Ich-Zentrierung von Managern verstärkt hat und im Zusammenhang damit macht-, status- und finanzorientierte Zielpräferenzen dominierend geworden sind, und ob für den Bereich der mittelständischen Wirtschaft ein anderes Bild als für den Bereich der kapitalmarktgesteuerten Unternehmen gilt, soll hier nicht Gegenstand spekulativer Überlegungen sein. Die öffentliche Wahrnehmung ist in erster Linie durch das Handeln der Top-Manager börsennotierter Unternehmen bestimmt, woraus sich in vielen Fällen Nahrung für einschlägige Spekulationen ergibt, womit aber zugleich nur ein kleiner Ausschnitt der Gesamtheit aller Führungskräfte in den Blick genommen ist. Es bleibt eine für die Zukunft von Wirtschaft und Gesellschaft wichtige Frage, ob es bedeutende Bereiche oder Sektoren wirtschaftlichen Handelns gibt, in denen die Zielpräferenzen

---

[151] Siehe Gabele (1990), S. 97 f.
[152] Siehe Kerber (1989).
[153] Siehe Kerber (1989), S. 280.
[154] Siehe von Rosenstiel (1995), Sp. 2183 f.

der dort tätigen Führungskräfte eine Gemeinwohlverpflichtung von Eigentum und unternehmerischem Handeln in nennenswertem Maße widerspiegeln. Auf eine erkennbare Konstante sei abschließend hingewiesen: *Unabhängigkeit in der Gestaltung der eigenen Arbeit* scheint eine über die Zeit, über Hierarchieebenen und über Unternehmensgrößen hinweg beständig hoch bewertete Zielvorstellung von Führungskräften zu sein.[155]

---

[155] Wir stützen diese These auf die in Abbildung B.IV.6 wiedergegebenen Daten der Untersuchung von Gabele (1990), die Bedeutung des Zieles „Selbstbestimmung" in der empirischen Studie über deutsche und amerikanische Führungskräfte von Vollmer/Ralston (1999) sowie die Bedeutung des Faktors „Eigenständiges Arbeiten" in der empirischen Studie der Akademie für Führungskräfte der Wirtschaft (2004). Zur Bedeutungsentwicklung des Wertes „Selbständigkeit/Selbstbestimmung" im gesellschaftlichen Zusammenhang siehe Kap. B.IV.3.2.1., FN 133 und die dort genannte Literatur.

4. Anforderungen an die Person des Managers: Überlegungen zur Managementkompetenz

4.1. Probleme der Bestimmung stellenadäquater Anforderungsprofile für Manager

Die Suche nach Antworten auf die Frage, welche Qualifikationen und Persönlichkeitsmerkmale Führungskräfte besitzen müssen, um erfolgreich zu sein, ist vermutlich so alt wie unser Thema Management selbst. Literarische Belege finden sich bereits bei *Platon* und *Aristoteles*.[156] Teilweise konzentriert auf *angeborene* (ererbte) mentale und korporale Eigenschaften, hat das **Interesse an Merkmalen erfolgreicher Führer** gegen Ende des 19. und in den ersten Jahrzehnten des 20. Jahrhunderts seinen Niederschlag in einer Fülle von Untersuchungen gefunden, ohne dass im Ergebnis ein klares, praktisch verwertbares Anforderungsprofil daraus entstanden ist.[157]

Dessen ungeachtet erfreuen sich Kataloge von Eigenschaften, die den erfolgreichen Manager ausmachen, konstanter Beliebtheit. Das liegt vor allem daran, dass die betriebliche Praxis bei der Einstellung und Förderung von Führungs(nachwuchs)kräften unter dem Zwang steht, im Interesse der Qualitätssicherung ihres Managementsystems mit Kriterienkatalogen zu arbeiten, die zumindest eine gewisse Plausibilität aufweisen. Entsprechend groß ist – insbesondere im populärwissenschaftlichen Bereich – die Bereitschaft, die Praxis mit entsprechenden Kriterienkatalogen für den „hoch effizienten Manager", „den Manager im 21. Jahrhundert", den „Euro Manager", den „Global Manager" u.ä. zu versorgen.

Die Gründe für die **Schwierigkeiten, der Praxis zuverlässige Unterstützung in Form von wissenschaftlich gesicherten Anforderungsprofilen für Manager anzudienen**, sind nachvollziehbar: Lassen sich Profile für spezielle Fachqualifikationen mit entsprechenden Analyseinstrumenten relativ gut aus den Aufgabenanforderungen *einer bestimmten Stelle* ableiten, erweist sich dies für die überfachlichen und eher generellen Managementqualifikationen als problematisch. Zwar ist der Wissensstand über die Arbeit des Managers auf einem Niveau, das die Ableitung eines Bündels von grundsätzlich sinnvoll erscheinenden Qualifikationen ermöglicht (siehe den nachfolgenden Abschnitt 4.2.); für solche Qualifikationskataloge gilt aber stets, „dass das gesamte Repertoire nicht als in Gänze einsatzbedürftig unterstellt werden darf. Vielmehr kommt es auf das richtige Mix an, das heißt auf das Erkennen der jeweils zu bewältigenden Management-Situation, der dafür notwen-

---

[156] Vgl. Aristoteles (1965); Platon (1958).
[157] Vgl. Seidel/Jung (1987), Sp. 776 f.

digen Aktivitäten und der wiederum für diese erforderlichen Qualifikationen."[158] Für die **Ableitung des stellenadäquaten „Mix" an Qualifikation** fehlen sowohl *praxisgerechte Konzeptualisierungen von Situationstypen* wie *zuverlässige Analyseinstrumente*. Erschwerend kommt hinzu, dass die Situationsanforderungen für einzelne Stellen raschen Veränderungen unterliegen. Es ist offensichtlich, dass die Verwendung sehr pauschaler **Managertypologien** (z.B. *„Verteidiger", „Verwalter", „Entrepreneur", „Sanierer"*)[159] nur ein unbefriedigender Ersatz für die fehlenden situationsbezogenen Qualifikationsprofile sein kann.

4.2. Grundsätzliche Elemente von Managementkompetenz

Auf dem derzeitigen Stand des Wissens über Management, seine institutionellen Rahmenbedingungen, funktionsbezogenen Problemaspekte, verschiedenen Rollenanforderungen usw. kann ein **Repertoire an grundsätzlich hilfreichen Qualifikationen** mit einiger Plausibilität abgeleitet werden. Für eine anspruchsvollere wissenschaftliche Fundierung wären indes geeignete Nachweise über den Zusammenhang zwischen bestimmten Qualifikationsprofilen (Ausprägungen von Qualifikationsmerkmalen) und Führungserfolg zu erbringen. Daran fehlt es derzeit noch. Es kann davon ausgegangen werden, dass Manager neben einer soliden Ausstattung mit fachlichen Qualifikationen, wie sie in ihrem Aufgaben- und Verantwortungsbereich gefordert sind **(Fachkompetenz)**, für die erfolgreiche Wahrnehmung ihrer Managementaufgaben ein Repertoire an überfachlichen Qualifikationen **(Managementkompetenz)** benötigen, das nach *Katz* grob in die *drei* nachfolgend aufgeführten *Kompetenzkategorien* gegliedert werden kann:[160]

(1) Technische Kompetenz
Abweichend zu der Interpretation von *Katz*, der hier Aspekte der Fachkompetenz zuordnet, verstehen wir unter „Technischer Kompetenz" die Fähigkeit, bei der Gestaltung und Lenkung von sozialen Systemen *Wissen über Managementfunktionen und -instrumente (-techniken) situationsbezogen anwenden* zu können.

Hierunter fällt das gesamte Repertoire an Planungs-, Organisations- und Kontrollinstrumenten, Entscheidungs- und Problemlösungstechniken usw., hinsichtlich dessen eine gewisse Mindestausstattung für die Führungskräfte auf allen Hierarchieebenen zweckmäßig erscheint.

---

[158] Berthel (1992 a), S. 210.
[159] Zur Unterscheidung dieser vier Managertypen siehe Laukamm (1985), S. 273 ff. Hinweise auf andere Typologien von Managern (Führern) finden sich bei Staehle (1999), S. 866 ff.
[160] Siehe Katz (1974), S. 90 ff. Die Managementliteratur ist inzwischen reich an Versuchen der Modifizierung oder Substituierung der *Katz*schen Kategorisierung von Managementkompetenz – teilweise mit verwirrender Systematik, wenn etwa „Führungskompetenz" als eine von mehreren Kategorien beschrieben wird und Qualifikationen wie Motivationsfähigkeit und Durchsetzungsvermögen in der nebengeordneten Kategorie „Sozialkompetenz" erscheinen; siehe bspw. Hahn (1996), S. 93 f., die sich auf ähnliche Konzepte stützt.

In einschlägigen Anforderungskatalogen spielt die technische Managementkompetenz oft nur eine untergeordnete Rolle, da die hier zugeordneten Qualifikationen entweder als selbstverständlich vorausgesetzt oder als durch entsprechende Fortbildungsmaßnahmen relativ gut (weil wenig persönlichkeitsabhängig) ausbildbar gesehen werden.

An Hochschulen liegt der Ausbildungsschwerpunkt häufig auf der technischen Managementkompetenz.

(2) Soziale Kompetenz (Humankompetenz)
Bei der „Sozialen Kompetenz (Humankompetenz)" geht es um die Qualifikation hinsichtlich der Anforderungen, die mit der *personenbezogenen Komponente von Management* zusammenhängen. Neben einschlägigen Kenntnissen und Fähigkeiten sind auch Werthaltungen und Einstellungen (Bereitschaften, Haltungen) angesprochen.

Im Einzelnen geht es zunächst um das Wissen und die Sensibilität, die für ein Verstehen sozialer Prozesse und der in diese Prozesse einbezogenen Individuen erforderlich ist. Weiterhin geht es um die Fähigkeit, dies praktisch in kommunikatives und kooperatives Handeln einbringen (*Kommunikations- und Kooperationsfähigkeit*) und dabei dem *Führungsauftrag gerecht werden* zu können (gemeinsame Zielorientierung vermitteln, überzeugen, Teamgeist fördern, zielführende Wege aufzeigen, Konflikte handhaben usw.). Im Blick auf die zentrale Position, die Manager in sozialen Netzwerken mit ihren internen (System-) und externen (Umwelt-) Bezügen einnehmen, ist die Offenheit für Informationen und die Fähigkeit zur Handhabung der Fülle (komplexer, widersprüchlicher, brisanter) Informationen gefordert. Soziale Managementkompetenz setzt nicht nur die angesprochenen Fähigkeiten voraus, sondern auch die Bereitschaft, sich selbst aktiv und verantwortlich in Kooperations- und Führungszusammenhänge einzubringen. Hierbei spielen Einstellungen gegenüber den Kooperationspartnern (z.B. Menschenbild) und kooperationsförderliche Werthaltungen (z.B. Fairness, Gerechtigkeit) eine wichtige Rolle, da sie die Glaubwürdigkeit des Handelns beeinflussen.

Die Bedeutung der sozialen Kompetenz wird durch die oben dargestellten empirischen Erkenntnisse über die Aktivitätsmuster von Führungskräften mit ihrem überragenden Anteil unmittelbarer persönlicher Kommunikation (siehe Kapitel B.IV.2.) eindrucksvoll unterstrichen. Im Zuge veränderter Einstellungen und Erwartungshaltungen bei den Mitarbeitern auch auf der betrieblichen Ausführungsebene darf von einer annähernd gleichen Bedeutung auf allen Managementebenen ausgegangen werden.

Ihre gezielte individuelle Entwicklung im Rahmen von Aus- und Fortbildung scheint aufgrund der stärkeren Persönlichkeitsabhängigkeit im Vergleich zur technischen Managementkompetenz ungleich schwieriger. Auch wenn Führungs(nachwuchs)kräften empfohlen werden darf, die Entwicklung sozialer Kompetenz zu einem langfristigen Projekt in eigener Sache zu machen, kann doch festgestellt werden, dass hierfür vermehrt auch in den Lehrplänen an Hochschulen erste Grundlagen geschaffen werden.

Mit einer Akzentuierung der Fähigkeit zur Selbstreflexion und damit verbundener Impulse für Lernprozesse wird von einigen Autoren *„Selbstkompetenz"* als eigene Kategorie von Managementkompetenz heraus- und neben Sozialkompetenz gestellt.[161] Das kritische Reflektieren der eigenen Wertvorstellungen, Einstellungen und Verhaltensweisen, Offenheit für die Veränderung der eigenen Weltsichten bei gleichzeitigem Handeln ganz aus eigenem Denken und Fühlen (Authentizität) ist ohne Zweifel ein auch im Management wichtiger Eigenschaftskomplex. Er ist indes so sehr aus dem sozialen Handeln heraus begründet und entwickelt[162], dass wir ihn der – in einem weiten Sinne verstandenen – Kategorie der Sozial- oder Humankompetenz zuordnen wollen.[163]

(3) Konzeptionelle Kompetenz

Mit „Konzeptioneller Kompetenz" ist die Fähigkeit zu *ganzheitlicher Sicht* auf existierende Systemzusammenhänge und zur Entwicklung *ganzheitlicher Systementwürfe* (Vorstellungen über zukünftige Systemzustände) angesprochen.

Gefordert sind sowohl logisch-analytische wie kreativ-synthetische Fähigkeiten, die es ermöglichen, wechselseitige Zusammenhänge natürlicher und menschlich geschaffener Systemstrukturen erkennen, ganzheitlich interpretieren und unter Beachtung ihrer Eigengesetzlichkeiten beeinflussen zu können. So wie konzeptionelle Kompetenz vor dem Hintergrund aktueller Anforderungen an das Management heute definiert wird, ist sie *Fähigkeit zum systemisch-ökologischen, vernetzten Denken und Handeln*. Dazu ist interdisziplinäres Wissen unter Einschluss von Wissen über die Entwicklungsabläufe in komplexen dynamischen Systemen erforderlich. Wichtige Persönlichkeitsmerkmale sind Offenheit für neue Erfahrungen und Interpretationen, ausgeprägte *Ambiguitätstoleranz* (Fähigkeit zum Umgang mit unsicheren und widersprüchlichen Situationswahrnehmungen) sowie die *Fähigkeit, Komplexität* soweit *zu reduzieren*, dass die eigene Handlungsfähigkeit und die der Mitarbeiter gewahrt bleiben – ohne dabei Erfolg versprechende Handlungsoptionen aus dem Blick zu verlieren. Das Vermögen intuitiver, d. h nicht durch gedanklich-logische Herleitung vermittelter Einsicht kann diese Fähigkeit wesentlich unterstützen.

Angesichts der durch Umweltkomplexität und -dynamik verursachten Probleme und der Grenzen tradierter Lösungsmuster kommt der konzeptionellen Managementkompetenz in vielen Unternehmen überlebenskritische Bedeutung zu. Es kann davon ausgegangen werden, dass ihre Bedeutung auf den oberen Hierarchieebenen am größten ist. Dies resultiert, neben dem bloßen Umfang des Zuständigkeits- und Wirkungsbereichs, aus der hervorgehobenen Bedeutung des oberen Managements für die erfolgreiche Positionierung des betrieblichen Systems in seiner Umwelt sowie die Schaffung von Voraussetzungen für ein ausreichendes Potenzial an Komplexitätsbewältigung und Selbstorganisation in den betrieblichen Subsystemen.

Die Förderung von konzeptioneller Kompetenz in Aus- und Fortbildung ist derzeit noch all zu sehr auf die Vermittlung relevanten *Wissens* beschränkt. Das hängt unter anderem mit der Unsicherheit bezüglich geeigneter didaktischer Konzepte zusammen, möglicherweise auch mit der wenig hilfreichen Idealisierung von Intuition als notwendiger Bedingung ganzheitlichen Denkens. Methodische Entwicklungen

---

[161] So z.B. Reisach (1996), S. 356, 359; Hofmann (2000), S. 20.

[162] Ein Zusammenhang, den Buber (2002) in die markante Aussage: „Der Mensch wird am Du zum Ich" (S. 32) fasst.

[163] Kirchner (1991) versteht soziale Kompetenz als die Fähigkeit, „mit sich selbst und mit anderen Menschen konstruktiv umgehen zu können" (S. 75).

auf der Basis des vor allem von *Vester*[164] forcierten und formierten Denkens in vernetzten Zusammenhängen wie die „Ganzheitliche Problemlösungsmethodik"[165] bieten Ansatzpunkte für neue Wege in der Manageraus- und -fortbildung, die auch in Lehrpläne an Hochschulen Eingang gefunden haben.

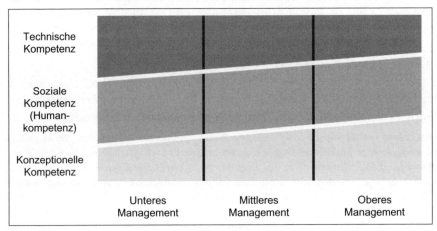

Abb. B.IV.7: Anforderungsprofil der Managementkompetenz auf unterschiedlichen Hierarchieebenen

Abbildung B.IV.7 skizziert in einer groben Zuordnung die **Bedeutung der beschriebenen Kompetenzkategorien für unterschiedliche Managementebenen**.[166]

4.3. Empirisch ermittelte Kompetenzanforderungen

Für die Ausbildung, Rekrutierung und Fortbildung von Führungskräften liefern die zuvor beschriebenen grundsätzlichen Kategorien von Managementkompetenz eine grobe Orientierungshilfe. Betriebliche Personalentscheidungen für den Managementbereich benötigen indes differenziertere Anforderungsprofile i.S. einer Zusammenstellung von überprüf- und trainierbaren einzelnen Kenntnissen und Fähigkeiten, wie sie für ein erfolgreiches Gestaltungs- und Lenkungshandeln in der aktuellen oder zukünftigen Führungsposition erforderlich sind. Die häufig übliche umfangreiche Aufzählung von Maximalanforderungen ist dabei wenig hilfreich. Der „Can-do-anything"-Manager ist weder ein realistisches Qualifizierungsziel noch ein in der Praxis regelmäßig benötigter, gleichwohl häufig geforderter, Typus. Die theoretisch denkbare Gegenposition, d.h. aufgaben- und situationsbezogen

---

[164] Siehe beispielsweise Vester (1983); ders. (1999).
[165] Gomez/Probst (1999/2004); Ulrich/Probst (1995).
[166] So auch Bartol/Martin (1998), S. 21; Staehle (1999), S. 12; Robbins/Coulter (2005), S. 93.

standardisierte Profile der Mindestanforderungen an eine Führungskraft, ist allerdings in Forschung und Praxis wenig entwickelt.[167]

Das ist nachvollziehbar. Zwar ist das Anforderungsprofil hinsichtlich der Managementkompetenz beispielsweise einer Führungskraft im Bereich „Finanzwesen/Controlling" nicht gleichzusetzen mit dem einer Führungskraft im Bereich „Forschung/Entwicklung/Technologie". Die Anforderungen an das Gestaltungs- und Lenkungshandeln sind trotz einer gewissen Generalisierbarkeit nicht unabhängig von den mit einem Fachgebiet verbundenen Aufgaben und Problemaspekten. Dennoch sprechen organisatorische Entwicklungen in der betrieblichen Praxis (Prozessorientierung, Auflösung klassischer Funktions- und Betriebsgrenzen, vernetzte Arbeitsstrukturen mit hohem Selbststeuerungsniveau) sowie die zunehmend flexiblen Karrierepfade von Führungskräften gegen eine funktionsbezogene Ausdifferenzierung von Anforderungsprofilen.

*Berthel*s 1992 berichtete empirische Studie[168] für den Aufgabenbereich der Einbindung betrieblicher Forschung und Entwicklung in die strategische Unternehmungsführung (F&E-Strategie) lieferte auf den Rangplätzen 1 bis 4, gebildet nach der Häufigkeit der Nennungen, mit „Interdisziplinäres Denken und Handeln", „Konzeptionelle Gesamtsicht", „Menschenführung und Motivation", „Kommunikationsfähigkeit und -bereitschaft" Qualifikationen, die aus heutiger Sicht durchaus als Anforderungen an obere Führungskräfte in allen betrieblichen Bereichen zu sehen sind.

Auch branchenbezogen gibt es offensichtlich in der Praxis wenig Differenzierungsbedarf im Anforderungsprofil für Führungskräfte.[169] Empirische Studien zu den Kompetenzanforderungen an Führungskräfte sind deshalb üblicherweise branchen- wie funktionsbereichs- und hierarchieebenenübergreifend. Ohne auf Zeitströmungen wie beispielsweise das besondere Interesse am Vergleich von ost- und westdeutschen Unternehmen einzugehen, sollen im Folgenden die wichtigsten Ergebnisse aus einer umfangreichen empirischen Untersuchung wiedergeben werden.

In den Jahren 1996 und 1997 befragte *Hofmann*[170] Führungskräfte unterschiedlicher Hierarchieebenen und Tätigkeitsbereiche in deutschen, finnischen und französischen Unternehmen. Die Erhebung umfasste Klein-, Mittel- und Großunternehmen verschiedener Branchen (Industrie und Dienstleistung). In die Auswertung einbezogen wurden 249 Fragebogen von 160 deutschen, 36 finnischen und 53 französischen Managern. Unter 28 im Fragebogen vorgegebenen **Qualifikationen als „Auswahlkriterien für zukünftige Führungskräfte"**, von den befragten Führungskräften zu bewerten auf einer Skala von 1 (völlig unwichtig) bis 6 (überaus wichtig), wurden mit durchschnittlich 5 und höher bewertet:

---

[167] Eine Konzeption für Anforderungsprofile, differenziert nach Managementaufgabengebieten und -ebenen, findet sich bei Hahn (1996), S. 96 ff., 214 ff.
[168] Siehe Berthel (1992 a), S. 211.
[169] Siehe hierzu Hofmann (2000), S. 166, und die dort analysierten Untersuchungen.
[170] Siehe Hofmann (2000), S. 192 ff.

- Fähigkeit, andere zu motivieren (höchster Mittelwert)
- Kommunikationsfähigkeit
- Teamfähigkeit
- Menschenkenntnisse
- Lernfähigkeit
- Organisationsfähigkeit
- Konfliktfähigkeit.

In der Bedeutungswahrnehmung durch Führungskräfte ist die **Dominanz der Kategorie „Soziale Kompetenz (Humankompetenz)"** – selbst wenn neben „Organisationsfähigkeit" auch „Lernfähigkeit" nicht dazugezählt würde – offenkundig.[171] Tendenziell gilt das Ergebnis für alle drei untersuchten Länder. Erwähnenswert ist die deutlich niedrigere Bewertung des Kriteriums „Konfliktfähigkeit" durch französische Führungskräfte. Komplexere Kompetenzmerkmale wie beispielsweise „interkulturelle Kompetenz" oder „Kompetenz im Umgang mit Diversität" waren nicht unter den im Fragebogen vorgegebenen Kriterien.

Abbildung B.IV.8 gibt mit Bezug auf dieselbe Untersuchung wieder, wie die befragten Manager die **Wichtigkeit von Persönlichkeitseigenschaften** von Führungskräften einschätzen. Auch hier wurde den Befragten ein Katalog von 28 Eigenschaften vorgelegt, wovon die fünf wichtigsten auszuwählen waren. Von den 249 Führungskräften nannten 120 die Eigenschaft „verantwortungsbewusst". Das Ergebnis zeigt exemplarisch auch die Problematik der argumentativen Verwendung solcher Untersuchungsergebnisse: Mehr als die Hälfte der Befragten nannte die am häufigsten genannte Eigenschaft nicht. Bei auch hier in der Tendenz länderübergreifender Übereinstimmung ist erwähnenswert die signifikant häufigere Nennung der Eigenschaft „entscheidungsfreudig" bei den finnischen Führungskräften.

Insbesondere für die Eigenschaft **„glaubwürdig"** findet sich gleichermaßen hohe Bedeutungszuweisung in anderen Studien. **„Integeres Verhalten"** erweist sich als wichtigste Eigenschaft einer herausragenden Führungskraft in der Studie von *Weibler et al.*[172] **„Wahrhaftigkeit/Authentizität"** als wichtigste Eigenschaft einer Führungskraft im Hinblick auf die Motivation der Mitarbeiter in der Studie der *Akademie für Führungskräfte der Wirtschaft.*[173]

Auch wenn wir weiter oben Selbstkompetenz und Authentizität der „Sozialen Kompetenz (Humankompetenz)" i.S. der drei Kompetenzkategorien von *Katz* zugeordnet haben, zeigen sich in den empirischen Studien mit

- **Motivations-, Kommunikations- und Teamfähigkeit einerseits**
- **Integrität, Wahrhaftigkeit und Verantwortungsbewusstsein andererseits**

---

[171] Das wird auch in anderen Untersuchungen bestätigt, wobei häufig auch das Merkmal **„Durchsetzungsfähigkeit"** auf den vorderen Plätzen rangiert. Siehe etwa die branchenübergreifenden Studien von Akademie für Führungskräfte der Wirtschaft (2004), S. 13, und Weibler et al. (2000), S. 594, sowie die auf den Krankenhausbereich bezogene Studie von von Eiff (2000), S. 69 ff.

[172] Siehe Weibler et al. (2000), S. 594.

[173] Siehe Akademie für Führungskräfte der Wirtschaft (2004), S. 13.

zwei Gruppen von Merkmalen, denen in der Führungskräfterekrutierung und -entwicklung aufgrund übereinstimmender Forschungsergebnisse besondere Aufmerksamkeit gelten sollte. Auffällig ist indes auch, dass Merkmale mit Bezug zur Kategorie „Konzeptionelle Kompetenz" in den Untersuchungen keine nennenswerte Rolle spielen.

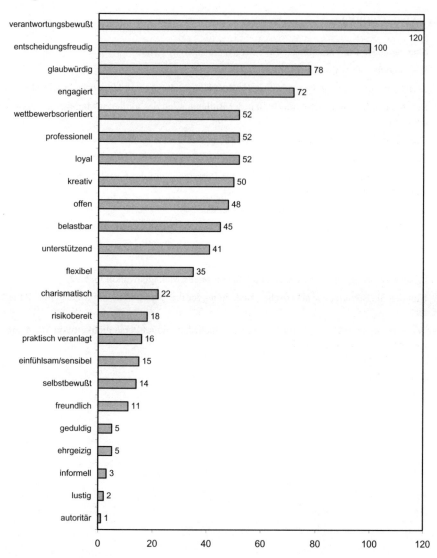

Abb. B.IV.8: Die wichtigsten Eigenschaften einer Führungskraft (Befragung von Führungskräften, absolute Zahl der Nennungen bei einer Gesamtstichprobe von 249)
Quelle: Hofmann, 2000, S. 300

Die Fähigkeit etwa, in vernetzten Zusammenhängen zu denken, ist möglicherweise in den für die Befragungen verwendeten Merkmalslisten erst gar nicht repräsentiert und kann dann auf diesem Weg auch nicht als bedeutsam erkannt werden.

Zur Wiederholung

1. Skizzieren Sie den Forschungsansatz der „Work Activity School".
2. Was sind die wichtigsten Ergebnisse dieses Forschungsansatzes?
3. Welche Rollen eines Managers werden in dem Rollenkonzept von *Mintzberg* beschrieben?
4. Beschreiben Sie ein Rollenkonzept, das der Rollendualität des mittleren Managements besonders gerecht wird.
5. Grenzen Sie Werte, Einstellungen und Handlungsziele voneinander ab.
6. Welche Bedeutung kommt den Werten und Einstellungen eines Managers zu?
7. Geben Sie einige Ergebnisse der empirischen Forschung zu führungsrelevanten Werthaltungen und Einstellungen von Managern wieder.
8. Was ist mit dem Begriff Menschenbild gemeint?
9. Skizzieren Sie die beiden Menschenbilder der Theorie X und Theorie Y von *McGregor*.
10. Nennen Sie die Typen von Menschenbildern, die in der Typologie von *Schein* beschrieben werden.
11. Definieren Sie technische, soziale und konzeptionelle Managementkompetenz.
12. Nehmen Sie Stellung zur praktischen Bedeutung der drei Kategorien von Managementkompetenz.
13. Was sind die wichtigsten Anforderungen an Qualifikation und Persönlichkeit von Managern nach Meinung von Führungskräften?

V. Führungskräfteentwicklung (Management Development) als Einflussfaktor der Qualität des Managementsystems

Einem Unternehmen stehen grundsätzlich zwei Möglichkeiten der Besetzung von Positionen im Managementsystem zur Verfügung: zum einen die Einstellung externer Kräfte, zum anderen die interne Rekrutierung. Die **Führungskräfteentwicklung** (oder **Management Development**) befasst sich vorrangig mit dem letztgenannten Fall und ist als Teil des betrieblichen Personalentwicklungssystems anzusehen.[174] Aufgabe der Führungskräfteentwicklung ist eine **an den erforderlichen Managementkompetenzen orientierte Bereitstellung von Führungspotenzialen**. „Dazu gehören die gezielte Entdeckung, Förderung und Platzierung von Führungskräften".[175] Mit Bezug auf die geforderte Verknüpfung von Aufgaben- und Mitarbeiterorientierung sehen *Ulrich/Fluri* folgende **Ziele** eines Management Development:[176]

– Besetzung der Leitungsstellen mit Führungskräften, die eine funktionsangemessene Kompetenz einschließlich einer entsprechenden Motivation aufweisen

– Sicherung der Kontinuität auf den Managementpositionen durch rechtzeitige Nachfolgeplanung und Vorbereitung der in Frage kommenden Nachwuchskräfte

– Förderung von Aufstiegswünschen durch ein Angebot an Aufstiegsmöglichkeiten und durch Unterstützung der Entwicklungsbedürfnisse

– Verbesserung der Aufstiegsgerechtigkeit durch leistungsbezogene Auswahl und durch eine transparente Karrierepolitik.

Die Integration der Mitarbeiterorientierung in ein systematisches Management Development erhält angesichts des in der Praxis vermehrt konstatierten Engpasses an Führungspotenzialen eine zusätzliche Bedeutung: Im betrieblichen System der Führungskräfteentwicklung im allgemeinen wie in der Aufstiegs- und Stellenbesetzungsentscheidung im einzelnen geht es immer häufiger auch darum, gute Führungs(nachwuchs)kräfte an das Unternehmen zu binden.

Instrument der systematischen Führungskräfteentwicklung im Sinne einer Abkehr von Improvisation und Zufälligkeiten bei der Besetzung von Führungsstellen ist die individuelle **Karriere- oder Laufbahnplanung**, nämlich „die gedankliche Vorwegnahme einer Stellenfolge sowohl aus der Sicht der Unternehmung als auch aus

---

[174] Vgl. beispielsweise Berthel (1987), Sp. 591; Thom/Zaugg (2006), passim.

[175] Ulrich/Fluri (1995) S. 256.

[176] Vgl. Ulrich/Fluri (1995), S. 256 f.

der des Mitarbeiters".[177] Mit Stellenfolge soll hier aus Sicht des Mitarbeiters sowohl die erstmalige Besetzung einer Führungsposition gemeint sein als auch sein Aufstieg innerhalb der Führungshierarchie. Die Karriere- oder Laufbahnplanung eines einzelnen Mitarbeiters muss allerdings eingebettet sein in eine **Führungskräftebedarfsplanung**, die anhand von Prognosen den zukünftigen Bedarf an Führungskräften zu ermitteln versucht (siehe dazu und zu dem gesamten Planungsprozess des Management Development Abbildung B.V.1).

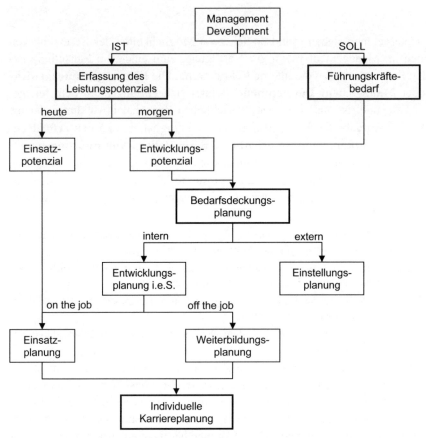

Abb. B.V.1: Management-Development-Planung
Quelle: Ulrich/Fluri (1995), S. 261 (begrifflich modifiziert)

Durch eine Erfassung des vorhandenen Führungspotenzials und potenzieller Führungskräfte (Nachwuchskräfte) kann im Vergleich mit den Ergebnissen der Führungskräftebedarfsplanung in einer anschließenden *Bedarfsdeckungsplanung* geklärt werden, ob ein absehbarer Bedarf an zukünftigen Führungskräften intern und/oder extern abgedeckt werden kann. Wenn das zukünftige interne Führungs-

---

[177] Staehle (1999), S. 888. Siehe auch Berthel/Koch (1985) S. 11.

potenzial nicht ausreicht, ist in der *Einstellungsplanung* die Einstellung externer Führungskräfte vorzubereiten. Wenn der Bedarf betriebsintern ganz oder teilweise abgedeckt werden soll, ist in einer *Planung der Förderungsmaßnahmen (Entwicklungsplanung i.e.S.)* die organisatorische Vorbereitung der einzuleitenden Lernprozesse für die förderungswürdigen vorhandenen oder potenziellen Führungskräfte zu treffen. Zwei Kategorien von Förderungsmaßnahmen stehen generell zur Verfügung und sind vorzubereiten, die On-the-Job-Weiterbildung (Entwicklung am Arbeitsplatz) und die Off-the-Job-Weiterbildung außerhalb des Arbeitsplatzes (z.B. in Form betrieblicher oder außerbetrieblicher Weiterbildungsmaßnahmen). Kombinationen zwischen beiden Maßnahmen sind möglich und lerntheoretisch sinnvoll.[178]

Anschließend können die individuell zugeschnittenen Karrierepläne im Rahmen der vorgesehenen Förderungsmaßnahmen aufgestellt und verfolgt werden, wobei die Vorstellung von typischen beruflichen Entwicklungsstufen eines Mitarbeiters als Orientierung dienen kann. In diesem Zusammenhang werden häufig unterschieden: frühe Karrierephase (Eingliederungsprogramme für Berufsanfänger), mittlere Karrierephase (hier fallen die wichtigsten Entscheidungen für die weitere Entwicklung), späte Karrierephase (weiterer Aufstieg oder Status-quo-Ausrichtung mit dominierender Bedeutung des Erfahrungswissens).[179]

Mit Blick auf die unterschiedlichen Formen von Entwicklungsmaßnahmen kann für die Praxis ein starker Trend hin zu einem individuellen **Coaching** von Führungskräften – als Einzelmaßnahme oder begleitend und transferstützend zu On- und/oder Off-the-Job-Entwicklungsmaßnahmen – konstatiert werden.[180] Dies erscheint uns auch deshalb beachtenswert, weil das trainingsbegleitende Coaching eine größere Chance für die Realisierung von Lernvorgängen zweiter Ordnung, d.h. die eigene Persönlichkeit mit ihren Werten und Einstellungen reflektierendes Erfahrungslernen beinhaltet. Für die Verknüpfung von Führungskräfteentwicklung und Organisationslernen (siehe Kapitel C.IV.2.5.8.) ist dies von fundamentaler Bedeutung.[181]

---

[178] Fundierte Darstellungen zur nutzenspezifischen Gestaltung von Führungskräfteentwicklungsprogrammen bieten z.B. Stiefel (2003); Warharnek (2005).
[179] Vgl. Staehle (1999), S. 892 ff. und die dort genannte Literatur.
[180] Siehe die Ergebnisse einer Befragung von leitenden Personalmanagern in Voss/Häring/Welge (2000), S. 11 ff.
[181] Siehe hierzu Warhanek (2005), S. 27 ff.

Zur Wiederholung

1. Erläutern Sie die Aufgabe und die Ziele der Führungskräfteentwicklung.
2. Definieren Sie den Begriff der Karriere- oder Laufbahnplanung.
3. Welche Planungsschritte führen zu einem individuellen Karriereplan?
4. Welche besondere Chance ist mit der Methode des Coaching im Rahmen eines Führungskräfteentwicklungsprogramms verbunden?

Teil C

Die funktionelle Dimension von Management

I. Überblick über die Management-Funktionen

Die Funktionenbetrachtung von Management hat historisch in Theorie und Praxis zu vielfältigen Ansätzen mit unterschiedlichen Konzepten und Aufgabenkatalogen geführt. Als gemeinsames Merkmal einer funktionellen Dimension von Management kann herausgestellt werden, dass alle Funktionen des Managements der Gestaltung und Lenkung eines Unternehmens im Hinblick auf die Erreichung der gesamtbetrieblichen Ziele dienen. Inhaltlich handelt es sich dabei um eine sehr komplexe Aufgabe, bei der parallel verschiedene Handlungsebenen berührt und sehr unterschiedliche Aspekte geregelt werden müssen.

Zum besseren Verständnis der nachfolgenden Erläuterungen ist es daher sinnvoll, zunächst drei verschiedene Ebenen der Management-Funktion voneinander abzugrenzen. Einen Überblick über diese Funktionen und ihre Interdependenzen liefert Abbildung C.I.1.

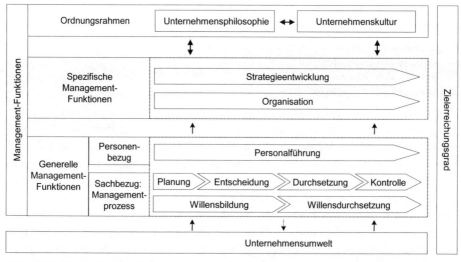

Abb. C.I.1: Überblick über die Management-Funktionen

(1) Die **erste Ebene** umfasst die Frage nach dem „Wie?", d.h. nach der generellen Vorgehensweise der Management-Tätigkeit und damit nach den **generellen Management-Funktionen**. Diese Ebene umfasst wiederum zwei Aspekte: Zum einen die sachlogische Vorgehensweise im Sinne eines generellen Ablaufs des Management-Prozesses, zum anderen die personenbezogene Vorgehensweise im Sinne der Führung von Mitarbeitern (Personalführung). Beide Aspekte stellen eine elementare Grundlage für die Gestaltung der anderen Management-Funktionen dar. Sie

finden nicht allein auf den oberen Hierarchiestufen der Unternehmensführung Anwendung, sondern sind Bestandteil des Agierens auf allen Führungsebenen.

Der **generelle** Ablauf des **Management-Prozesses** ist ohne Bezug zu speziellen Inhalten, sondern ganz allgemein auf die Realisierung (intendiert) rationaler Wahlentscheidungen und ihre Umsetzung ausgerichtet. Der idealtypische Managementprozess umfasst die funktionalen Phasen **Planung** (bestehend aus Zielbildung, Problemfeststellung, Alternativensuche und Bewertung), **Entscheidung, Durchsetzung und Kontrolle**. Durch diesen systematisierten Ablauf erhofft sich die Führung, größtmögliche Rationalität zu erreichen. Ausgangsüberlegung beim Managementprozess ist dabei die Vorstellung von Management als zweckorientiertes, rationales Gestalten, Entwickeln und Lenken sozialer Systeme. Ökonomisches Denken ist in diesem Zusammenhang ein Denken in Alternativen und Kosten-Nutzen-Relationen, d.h. grundlegend ist die Vorstellung eines Modells rationaler, synoptischer Planung und Entscheidung mit dem Idealziel, den maximalen Nutzen bei gegebenen Kosten oder minimale Kosten für einen gegebenen Nutzen zu erreichen.[182] Allerdings tritt die Idealvorstellung des klassischen Managementprozesses zunehmend in den Hintergrund dadurch, dass Unternehmen nach diesem Verständnis im Wesentlichen „mit einer geplanten Ordnung und organisatorischen Erwartbarkeit gesteuert werden können."[183] Vielmehr ist Management immer wieder neu gefordert durch das Herstellen einer Balance in den Gegenpositionen

- „Aktion und Reaktion
- Ordnung und Unordnung
- Kalkül und Spontaneität
- Sicherheit und Autonomie."[184]

Das Gestalten und Lenken sozialer Systeme erfordert neben einer sachlogischen Vorgehensweise zwangsläufig auch eine zieladäquate **Personalführung**. Im Fokus steht hierbei nicht das Management von Human-Ressourcen als spezifische Aufgabe einer Personalabteilung,[185] sondern der allgemeine Führungsprozess mit seinen Vorgängen der Willensbildung und Willensdurchsetzung zwischen Vorgesetzten und Mitarbeitern, wie er sich auf allen Ebenen des Unternehmens abspielt. Die getrennte Betrachtung von Fragen der sachlogischen Vorgehensweise im Managementprozess (Sachbezug) und der Fragen, die sich aus den Vorgängen sozialer Einflussnahme in den personalen Führungsverhältnissen ergeben (Personenbezug), ist den didaktischen Vorteilen einer Konzentration auf die jeweiligen spezifischen Problemaspekte geschuldet. Im praktischen Managementhandeln sind Vorgänge der Planung, Entscheidung, Durchsetzung und Kontrolle stets auch durchdrungen

---

[182] Vgl. z.B. Mag (1990).
[183] Schreyögg (2004), Sp. 1527.
[184] Schreyögg (2004), Sp. 1528.
[185] Ein solches Human-Ressourcen-Management wäre Bestandteil der spezifischen Management-Funktionen. Diese spezifische Management-Funktion wird im weiteren jedoch nicht behandelt.

von den Überlegungen zur Ausrichtung der Mitarbeiter auf und Aktivierung für die betrieblichen Ziele. Die gelingende Integration von Sach- und Personenbezug im praktischen Handeln ist geradezu eine Erfolgsvoraussetzung für das Management.

(2) Die **zweite Ebene** ist die Frage nach den **spezifischen Funktionen** der Management-Tätigkeit (im weiteren auch als Handlungsfelder bezeichnet). Es wird die Frage nach dem Objekt der Management-Tätigkeit („Was?") gestellt. Die inhaltliche Differenzierung dieser Ebene führt zur Unterscheidung zweier spezifischer Funktionen:

- **Strategieentwicklung** (verstanden in einem weiten Sinn als Gesamtprozess der Strategiegenerierung und -implementierung)
- **Organisation.**

Wie bereits angedeutet, sind beide Ebenen, die Ebene der generellen Management-Funktionen (Management-Prozess und Personalführung) und die Ebene der spezifischen Management-Funktionen (Handlungsfelder) dergestalt miteinander verwoben, dass die generellen Funktionen die logische Grundlage für die spezifischen Funktionen, d.h. die Tätigkeit des Managers bei der Entwicklung von Strategien und bei der Organisationsgestaltung sind. Jede dieser Tätigkeiten ist mit dem Führen von Mitarbeitern verbunden, bei jeder dieser Tätigkeiten sollten die Phasen Planung, Entscheidung, Durchsetzung und Kontrolle durchlaufen werden, jeweils situativ adaptiert. Die einzelnen Phasen können in den verschiedenen Handlungsfeldern allerdings eine durchaus unterschiedliche Gewichtung erfahren.

(3) Die spezifischen und durch die engen Verbindungen auch die generellen Management-Funktionen sind auf einer **3. Ebene** wiederum von einem **Ordnungsrahmen** umgeben, der die Unternehmensphilosophie und -politik sowie die Unternehmenskultur umfasst.

Ein Unternehmen bedarf *grundlegender* Ziele. Der diesbezügliche Zielbildungsprozess vollzieht sich maßgeblich in der Entwicklung einer **Unternehmensphilosophie** und der aus dieser abgeleiteten **Unternehmenspolitik**. Während sich in der Unternehmensphilosophie, die auch enge Verbindungen zur Unternehmensethik aufweist, vorrangig die (erwünschten) Wertvorstellungen der Mitglieder des Unternehmens, insbesondere des Top Managements, niederschlagen bzw. formuliert werden und damit Rahmenbedingungen für die nachfolgenden Führungs- und Ausführungstätigkeiten darstellen, entwickelt die daraus abgeleitete Unternehmenspolitik die Basisziele (Fundamentalziele, Oberziele) des Unternehmens.

Unternehmensphilosophie und -politik, aber auch alle anderen Management-Funktionen werden beeinflusst und geprägt durch die im Unternehmen tatsächlich vorherrschenden gemeinsamen Wertvorstellungen, Normen und Überzeugungen, durch die **Unternehmenskultur**.[186]

Unter den Management-Funktionen besitzen Unternehmensphilosophie und -kultur insofern eine **Sonderstellung**, als sie zweierlei auszeichnet: Zum einen besitzen sie durch ihren engen Wertebezug stark handlungsleitenden Charakter und beeinflussen somit alle anderen Management-Funktionen in hohem Maße, zum anderen sind sie aufgrund der nicht beliebigen Veränderbarkeit dieser Werte nicht in dem Maße unmittelbar gestaltbar wie die anderen Funktionen.[187]

Erfolgreiches Management-Handeln, soweit es als ein sich bewusst und rational vollziehender Prozess aufgefasst wird, hängt weiter in besonderem Maße von der richtigen Einschätzung unter anderem der Märkte, der politischen, gesellschaftlichen und ökologischen Entwicklung ab, also von der **Umwelt** des Unternehmens. Diese beeinflusst damit einerseits das Handeln im Unternehmen, andererseits kann das Unternehmen auch versuchen, auf die Entwicklung der Umwelt Einfluss zu nehmen, beispielsweise durch Werbung.

Mit der hier vorgenommenen Systematisierung wird nicht der Anspruch erhoben, dass mit ihr ein einwandfreier und abgeschlossener Katalog der Management-Funktionen oder -Tätigkeiten gefunden sei. „Die wirklichen Aktivitäten von Managern sind derart vielfältig und variantenreich, dass sie sich kaum eindeutig in eine strenge Systematik einordnen lassen."[188] Gleichwohl ermöglicht die vorgelegte Systematik unseres Erachtens, zum einen die Komplexität der Materie zu verdeutlichen und zum anderen einen Weg zur strukturierten Analyse der vielfältigen Themenfelder aufzuzeigen.

Die bisherigen Erläuterungen haben bereits deutlich gemacht, dass die einzelnen Management-Funktionen in der Realität zusätzlich zu ihrer Wechselwirkung mit der Umwelt auch eng miteinander verzahnt sind. Die Notwendigkeit einer gegenseitigen Abstimmung der einzelnen Funktionen untereinander und mit der Umwelt wird als **Fit-Ansatz des Managements** bezeichnet und ist Gegenstand des so genannten **Strategischen Managements**. Die Sinnhaftigkeit dieser Vorgehensweise wird hier ausdrücklich bejaht und in Kapitel C.II.3. noch einmal explizit thematisiert. Gleichwohl erscheint eine parallele Darstellung der genannten Management-Funktionen (im Strategischen Management auch als Bausteine bezeichnet) inklusive ihrer Interdependenzen, die dem Anspruch der Verständlichkeit genügt, unmöglich. Allein aus diesem Grund werden die einzelnen Funktionen nachfolgend

---

[186] Unternehmensphilosophie ist somit als das „Soll", Unternehmenskultur als das „Ist" hinsichtlich der Wertvorstellungen in einem Unternehmen anzusehen.
[187] Beide können aber durchaus – auch durch die anderen Management-Funktionen – beeinflusst werden, beispielsweise durch eine nachhaltig verstärkte Beteiligung der Mitarbeiter an den Führungsaufgaben im Sinne eines kooperativen Führungsstils.
[188] Ulrich/Fluri (1995), S. 15.

getrennt dargestellt. Grundlage der Darstellung ist die in Abbildung C.I.1 vorgestellte Systematik.

II. Der Gesamtrahmen der Management-Tätigkeit

1. Der normative Rahmen: Unternehmensphilosophie und Unternehmenspolitik als gesetztes Regulativ des Handelns in Unternehmen

Die Unternehmensphilosophie stellt die Basis für Unternehmens- und Führungsgrundsätze dar und gibt den Mitgliedern des Unternehmens eine Orientierung für ihr Handeln. In ihr werden allgemeine Zwecke, Ziele, Potenziale und Verhaltensweisen, die im Unternehmen, aber auch gegenüber allen Anspruchsgruppen des Unternehmens und gegenüber der Gesellschaft gelten, zusammengeführt. Damit stellt die Unternehmensphilosophie das **oberste Wertesystem**, die gemeinsame „weltanschauliche" Grundhaltung des Unternehmens dar. Liegt sie in *schriftlich* formulierter Form vor, wird auch von den **Unternehmensgrundsätzen** oder dem **Unternehmensleitbild** gesprochen.

> Die **Unternehmensphilosophie** ist „die ganzheitliche Interpretation der wirtschaftlichen und gesellschaftlichen Funktion und Stellung der Unternehmung und der daraus abzuleitenden Sinnzusammenhänge und Wertbezüge des Managements."[189] „Sie umfasst ... jene Gesamtheit von Problemen (Aufgaben), die gelöst werden muss, wenn das Verhalten der Gesamtunternehmung bestimmt wird."[190]

In dieser Definition umfasst Unternehmensphilosophie sowohl die Grundhaltung des *gesamten Unternehmens* als auch die des *Managements*; von dieser weiteren Fassung soll nachfolgend ausgegangen werden. Teilweise wird aber auch eine *Trennung* von Unternehmensphilosophie einerseits und Managementphilosophie (Führungsphilosophie) andererseits vorgenommen. Mit Unternehmensphilosophie kann dann „die paradigmatisch geprägte Einstellung der Unternehmung zu ihrer Rolle und ihrem Verhalten in der Gesellschaft"[191] verstanden werden; während davon abgehoben und bereits konkreter sich die Managementphilosophie auf die Werthaltung des Managements bezieht. Die **Managementphilosophie** ist „die Summe der von Managern bezogenen Werthaltungen gegenüber den für eine Unternehmung relevanten Ereignissen und Objekten."[192]

---

[189] Ulrich/Fluri (1995), S. 53.
[190] Rühli (1988), S. 34 (im Original hervorgehoben).
[191] Bleicher (2004), S. 79; ähnlich Welge/Hungenberg (2001), S. 49, 110.
[192] Welge (1985), S. 23. Ähnlich auch Bleicher (2004), S. 79, 94 ff.; Ulrich (1995), Sp. 803. Siehe auch Kap. B.IV.3.

Damit können die Unternehmensphilosophie und in ihrer Konkretisierung die Managementphilosophie zur **Grundlage allen Handelns** im Unternehmen werden, und zwar entweder in bewusster, reflektierter Form oder auch teilweise unbewusst, soweit nicht alle Komponenten durchdacht wurden. In ihr zeigen sich die Grundeinstellungen insbesondere der Kerngruppen der Führung (*Kerngruppen* sind zur Zielbildung befugt, während *Satellitengruppen* Beeinflussungsversuche auf die Zielbildung ausüben).[193] Von der Unternehmensphilosophie wird erwartet, dass sie beitragen soll zur „Herausbildung kollektiver Einstellungen bei allen Mitarbeitern der Unternehmung ... und damit zur Orientierung, Koordination, Motivation und zur Vermeidung von Konflikten."[194] Damit trägt die Unternehmensphilosophie zur Klärung der Grundhaltungen im Unternehmen bei und schafft eine gemeinsame, unternehmensweite Wertbasis.[195] Diese fungiert als Richtlinie (normativer Rahmen) für das künftige Geschehen im Unternehmen, da sie Rahmenbedingungen für die Planung schafft sowie auch eine Führung durch Ziele erleichtert.[196]

Die Wertvorstellungen im Rahmen der Unternehmensphilosophie können sich nach *Ulrich/Fluri* auf drei Komponenten oder **Leitbilder** beziehen:[197] auf das Menschenbild, das Leitbild der Wirtschafts- und Gesellschaftsordnung und das Unternehmensleitbild (siehe Abbildung C.II.1).

Im Rahmen des Leitbildes Wirtschafts- und Gesellschaftsordnung gewinnt der **ökologische Aspekt** zunehmend an Bedeutung. Trotz vieler divergierender Meinungen sind in der Öffentlichkeit geänderte Umweltansprüche festzustellen. Auffassungen über einen behutsamen Umgang mit natürlichen Ressourcen und mit der natürlichen Umwelt insgesamt werden deutlicher geäußert und zur Forderung auch gegenüber Unternehmen erhoben.[198] Das Verständnis von einer menschlichen Lebensqualität, die nicht in Einklang mit der Bewahrung der natürlichen Umwelt steht, nimmt offensichtlich deutlich ab. Risikoreiche Eingriffe in ökologische Systeme werden von Gruppen der Bevölkerung nicht mehr widerstandslos hingenommen. Diese Bewusstseinsänderungen der Öffentlichkeit oder zumindest eines Teils der Öffentlichkeit beruhen auf *veränderten Werthaltungen,* die von Unternehmen in ihrer philosophischen Grundhaltung aufzunehmen sind, wenn sie sich nicht zuneh-

---

[193] Vgl. Heinen (1995), S. 29, 51.
[194] Welge (1985), S. 32.
[195] Vgl. Bleicher (2004), S. 79 ff.
[196] Siehe auch Macharzina (2003), S. 211.
[197] Siehe Ulrich/Fluri (1995), S. 53.
[198] Zu denken sei hier nur an die Reaktionen der breiten europäischen Öffentlichkeit auf die Ankündigung des Unternehmens Shell im Jahr 1998, die Ölplattform Brent Spar in der Nordsee zu versenken.

mend bedrohlichen, auf längere Sicht existenzgefährdenden *Wertkonflikten* aussetzen wollen.[199]

Menschenbild	Leitbild der Wirtschafts- und Gesellschaftsordnung	Unternehmensleitbild
Inhalt: Auffassungen über den Menschen, Einstellungen der Mitarbeiter zueinander	*Inhalt:* Anschauung über Staat und Gesellschaft, Kultur, Wirtschaft, Technik, ökologische Umwelt	*Inhalt:* Auffassung über das eigene Unternehmen unter dem Aspekt „wer sind wir?"
Charakterisierung: - Eher Unternehmensbezug (Innenbezug) - Auffassungen über Menschen als Mittel zum Zweck, als Instrument oder Mensch als Selbstzweck bestimmen nachfolgend u.a. Führungsstil, Qualität der Arbeit, Betriebsklima, Konflikthandhabung	*Charakterisierung:* - Umweltbezug - Auffassungen über Umwelt bestimmen nachfolgend das Verhältnis des Unternehmens zu diesen Umweltbereichen und zu den externen Anspruchsgruppen, z.B. mit der Einstellung zu Wirtschaftsordnungs- und Steuergesetzen, zur Konkurrenz, zu ökologischen Forderungen	*Charakterisierung:* - Innenbezug, mit starker Außenwirkung - Unternehmensleitbild umfasst auch Resultate des Menschen- und Umweltbildes - Auffassungen über Unternehmen als nur gewinnorientierte private Erwerbseinheit oder als Organisation mit vielfältigen Außenbeziehungen und sozialer Verantwortung bestimmen maßgeblich die nachfolgenden Stufen der Zielbildung und Realisation

Abb. C.II.1: Komponenten der Unternehmensphilosophie

Alle nachfolgenden Stufen des Führungsprozesses in Form des Willensbildungs- und Willensdurchsetzungsprozesses basieren auf der Unternehmensphilosophie.[200] Problematisch für die nachfolgenden Stufen des Führungsprozesses kann sein, ob es dem Unternehmen gelingt,

- ein realistisches, in sich stimmiges, konsistentes und zukunftsbezogenes Bild von Unternehmen und Umwelt zu entwerfen
- die eigenen Werthaltungen nicht grundsätzlich von den dominierenden Werthaltungen der Gesellschaft abzukoppeln
- die rasanten Umweltveränderungen in der eigenen Konzeption zu berücksichtigen mit Hilfe einer „konsequente(n) *Politik der Flexibilitätssteigerung*"[201]
- erheblich divergierende Auffassungen über die Leitbilder zu vermeiden, besonders innerhalb des Top Managements
- zu einem Grundkonsens über die Leitbilder zu kommen
- die vereinbarten Leitmaximen in ein nachfolgendes Konzept der Unternehmenspolitik umzusetzen.

---

[199] Vgl. zur ökologieorientierten Unternehmensführung Macharzina (2003), S. 951 ff.; Seidel (1999).
[200] Zum Prozess siehe ausführlich Kap. C.IV.1.2.
[201] Ulrich (1980), S. 10.

In dem Konzept der **Unternehmenspolitik** können als Inhalte angesehen werden: Der **Grundzweck** des Unternehmens (Funktionen gegenüber der Umwelt), die allgemeinen und umfassenden **Zielsetzungen** des Unternehmens mit den grundlegenden Festlegungen (leistungswirtschaftlich, finanzwirtschaftlich und sozial) zur Zielerreichung sowie die allgemeinen **Verhaltensgrundsätze** für alle Mitarbeiter und gegenüber weiteren Anspruchsgruppen (siehe Abbildung C.II.2).[202]

Grundzweck	Oberziele	Verhaltensgrundsätze
Inhalt: Funktion des Unternehmens gegenüber der Umwelt (gegenüber den externen Anspruchsgruppen)	*Inhalt:* Definition der obersten betrieblichen Ziele mit den grundsätzlichen Strategien	*Inhalt:* Festlegung oberster Normen und Richtlinien für das Verhalten gegenüber verschiedenen Anspruchsgruppen
Charakterisierung: - Definition des Produkt- und Leistungsprogramms, der Kunden, der Märkte - Funktionen gegenüber: Fremdkapitalgebern, Kunden, Lieferanten, Konkurrenz, Staat/Gesellschaft/Umwelt	*Charakterisierung:* - Festlegung der Zielkategorien: *leistungswirtschaftliche Ziele* (Produkt-/ Marktziele); *finanzwirtschaftliche Ziele* (Umsatz-, Gewinn-, Rentabilitätsziele); *soziale Ziele* (Entgeltziele, Karriereziele, Arbeitszufriedenheit) - Festlegung entsprechender Strategien	*Charakterisierung:* - Verhalten gegenüber: Mitarbeitern; Kunden/ Lieferanten; Anteilseignern; Staat/Gesellschaft; ökologische Umwelt

Abb. C.II.2: Komponenten der Unternehmenspolitik

Die Bezeichnung der *Ergebnisse unternehmenspolitischer Verhandlungsprozesse* ist in der Literatur nicht einheitlich: In Abgrenzung von den Ergebnissen der der Politik nachfolgenden strategischen Planung, den *Strategien*, werden auch die Begriffe „**Politiken**" oder „**Missionen**" verwendet.[203]

Unternehmenspolitische Aspekte werden - wie vorher angedeutet - häufig zusammen mit unternehmensphilosophischen Grundsatzfragen in den so genannten **Unternehmensgrundsätzen** (oder **Leitbild**ern) schriftlich fixiert und stellen dann das Selbstbild des Gesamtunternehmens dar, in dem das Verhältnis des Unternehmens zu Teilen der Umwelt und zu den Mitarbeitern beschrieben und normiert wird und in dem geschäftspolitische Grundsätze entwickelt werden (siehe Abbildung C.II.3). Allerdings sind nicht in allen Unternehmen Grundsätze nachweisbar. Praktiker begründen die

---

[202] Vgl. Rühli (1985), S. 35; Ulrich (1987), S. 19 ff., 99 ff.; Ulrich/Fluri (1995), S. 80, 94 ff.

[203] Siehe dazu z.B. Bleicher (2004), S. 81, 87, 161 f.; Dorow (1982), S. 22 ff. Von Hinterhuber (2004b), S. 9 ff. wird der Begriff „Politiken" auch auf die Umsetzung der in der strategischen Planung erarbeiteten Strategien in Maßnahmenprogrammen der betrieblichen Funktionsbereiche (funktionale Politiken) angewandt.

Nichtexistenz von Leitbildern häufig damit, dass diese nicht mit allen Interessen der Anspruchsgruppen zeitlich überdauernd zum Ausdruck gebracht werden können. Bekannte Unternehmensgrundsätze werden in ihrem Ausdruck als zu allgemein und unverbindlich betrachtet. Die dynamische Entwicklung der Unternehmensumwelt verhindert zudem noch die Anpassungsfähigkeit des Unternehmens, da die formulierten Grundsätze als zu starr empfunden werden und den Handlungs- und Entscheidungsspielraum des Managements (vermeintlich) einschränken.[204]

Wir sind ein Unternehmen mit engagierten Mitarbeitern. Wir haben uns der Forschung verpflichtet, der Entwicklung, der Herstellung sowie der Vermarktung von erstklassigen Behandlungsmöglichkeiten mit hohem medizinischen Wert. Wir erweitern unsere Kompetenz durch erfolgreiche Netzwerke, um die Besten aus Wissenschaft, Medizin und Industrie zusammenzubringen, weltweit.
Wir eröffnen neue Perspektiven in der Medizin: Wir bauen Brücken zwischen Frühdiagnose, Prävention, Behandlung und Therapiekontrolle. Wir kümmern uns um unsere Kunden und helfen Patienten und Ärzten, maßgeschneiderte Lösungen für individuelle Bedürfnisse zu finden.
In unseren speziellen Geschäftsfeldern sind wir weltweit führend. Wir setzen unsere Ressourcen gezielt für langfristiges Wachstum und nachhaltige Profitabilität ein. Dabei handeln wir sozial und ökologisch verantwortungsvoll. Neue Ideen setzen wir schnell und flexibel um – für Produkte, die die Lebensqualität verbessern.
Schering – making medicine work

Abb. C.II.3: Leitbild des Unternehmens Schering im Jahr 2004
Quelle: Schering Geschäftsbericht 2004

Die in die unternehmenspolitische Diskussion eingebrachten unterschiedlichen Ziele und Interessen der internen und externen **Anspruchsgruppen** weisen auf das eigentliche Problem der Unternehmenspolitik hin, nämlich auf das **Machtproblem**[205].

Die Frage, wer zu den Anspruchsgruppen eines Unternehmens gehören kann, ist umstritten. Das so genannte **Stakeholder-Konzept** geht von einer Vielzahl von Interessenten an einem Unternehmen aus, von sowohl unternehmensinternen als auch unternehmensexternen Anspruchsgruppen. Die meist divergierenden Interessen der Anspruchsgruppen können dazu führen, dass Anspruchsgruppen versuchen, über ein Zusammengehen (Koalieren) ihre Interessen durchzusetzen (so genannte *Koalitionstheorie*). Nach der *Anreiz-Beitragstheorie* wird die Teilnahme an den Koalitionen dadurch bestimmt, dass der Nutzen (Anreize), den ein Interessent oder eine Interessentengruppe erwarten kann, höher ist als die zu erbringenden Beitragsleistungen. Eine Kompromissbildung ist dabei meist unumgänglich.[206]

---

[204] Siehe hierzu auch ausführlich Macharzina (2003), S. 211 f. und die dort zitierte Literatur.
[205] Siehe Steinmann/Schreyögg (2005), S. 98 ff. sowie Kap. B.III.3.
[206] Zur Koalitions- und Anreiz-Beitrags-Theorie siehe Heinen (1984), S. 24 ff.; Staehle (1999), S. 431 ff. Zum Stakeholderansatz siehe Kap. B.III.1. und C.IV.1.3.1.3. und Staehle (1999), S. 427 ff.; Ulrich/Fluri (1995), S. 77 ff. Zur Stakeholderproblematik aus der Sicht von Nonprofit-Organisationen vgl. Schwarz et al. (2002), S.47 ff.

Die divergierenden Interessen der Anspruchsgruppen führen zu Auseinandersetzungen über die in Zukunft vorherrschenden Leitbilder, an denen die *Kerngruppe* als die dominierende Einflussgruppe (häufig das Top Management zusammen mit den Anteilseignern) und die *Satellitengruppen* beteiligt sind. Für die Definition einer längerfristig tragfähigen und weitgehend akzeptierten Unternehmenspolitik und für die nachfolgenden Prozessstufen des Führungsprozesses wird entscheidend sein, ob

(1) realistische und zukunftsbezogene Leitbilder entworfen werden können, ähnlich wie bei der Formulierung der Unternehmensphilosophie

(2) eine angemessene Beteiligung aller Interessengruppen von der Kerngruppe ermöglicht wird und ein Grundkonsens über die Leitbilder gefunden werden kann

(3) ein Konflikthandhabungspotenzial aufgebaut ist, das die Auseinandersetzungen versachlichen kann und zu breit akzeptierten Ergebnissen führt.

Aspekte der stark diskutierten **Unternehmensethik** stehen in engem Zusammenhang mit dem Phänomen der Unternehmensphilosophie und -politik. Die vorausgehenden Ausführungen haben schon darauf Bezug genommen, dass in den übergeordneten Unternehmenszielsetzungen Inhalte zum Grundzweck, den allgemeinen und umfassenden Zielsetzungen des Unternehmens sowie den allgemeinen Verhaltensgrundsätzen für alle Mitarbeiter und gegenüber weiteren Anspruchsgruppen formuliert werden. Mit der Berücksichtigung von unternehmensethischen Aspekten werden insbesondere Fragen nach sinnvollem unternehmerischen Handeln aufgegriffen. Es werden wirtschaftliche Prinzipien und Handlungen des Unternehmens dahingegen hinterfragt, ob und für wen die Aktivitäten einen ökonomischen Vorteil erbringen.[207] Das unternehmerische Streben nach Gewinn wird nicht in Frage gestellt, hinterfragt wird vielmehr, mit welchen Mitteln dieser Gewinn erwirtschaftet wird. Damit verfolgt die Unternehmensethik das Ziel, durch entsprechende betriebliche Prozesse, Systeme und Strukturen den Willen zur sozialen Verantwortung in den unternehmerischen Alltag einzubinden. In diesem Sinn strebt Ethik das Ziel einer umfassenden ökonomischen Vernunft an, die Sachgerechtigkeit und Menschengerechtigkeit integriert.[208]

Als Prinzipien ethischen Handelns lassen sich folgende festhalten:[209]

(1) Ethisches Handeln ist begründbar, das Verhalten von Unternehmen und Management ist erklärbar.

(2) Handlungen sind nicht ausschließlich anhand ökonomischer Dimensionen zu beurteilen.

---

[207] Vgl. Macharzina (2003), S. 213 ff.; Steinmann (2004); Schloter (2004); Steinmann/Schreyögg (2005), S. 112 ff.; Koslowski (2004), S. 421-460 sowie Göbel (2006).
[208] Vgl. Rich (1987), S. 81; Auer (1986); Göbel (1992).
[209] Vgl. Macharzina (2003), S. 214 f. und die dort angegebene Literatur.

(3) Ethisches Handeln berücksichtigt die Interessen aller unmittelbar oder mittelbar von Handlungen und Handlungsfolgen Betroffener.

(4) Ethisches Handeln zieht nicht nur die kurzfristigen, sondern auch die langfristigen Wirkungen von Handlungen in die Beurteilung ein.

Allgemein wird die Unternehmensethik als eine Lehre vom friedensstiftenden Handeln der Führung bei Konflikten mit den jeweiligen Anspruchsgruppen verstanden. So können z.B. im Unternehmen Verfahrensnormen geschaffen werden, die den friedlichen Umgang mit Konflikten regeln sollen. Mit der Einrichtung von Ethikkommissionen, der Installation von Verbraucher- oder Umweltschutzbeauftragten können Institutionen im Unternehmen geschaffen werden, die erste Anlaufstellen im Konfliktfall sind. Ziel ist es, einen Ausgleich zwischen unterschiedlichen Zielvorstellungen durch Kriterien wie Unvoreingenommenheit, Zwanglosigkeit und Sachverständigkeit zu schaffen. Aber auch die Formulierung von im Unternehmen gesetzten Handlungsvorschriften in Form von Grundsätzen und Prinzipien hilft, ethische Überzeugungen zu etablieren. So lassen sich z.B. für Bestechungsfälle inhaltliche Normen des Ablehnens des Ansinnens entwickeln. Diese Grundsätze sind von den Mitarbeitern und Führungskräften prinzipiell einzuhalten, sie sind ohne Rücksicht auf die jeweilige konkrete Situation einzufordern. So können z.B. Ansehensverluste in der Öffentlichkeit vermieden werden, indem sich das Unternehmen, gesteuert durch die Führung, einem selbst verordneten Wertesystem unterwirft. Allerdings ist dies eine sehr komplexe Aufgabe, da es nur wenig verbindliche Orientierungspunkte dafür gibt, wie Stakeholder ethische Fragestellungen bewerten und sie in Verbindung mit spezifischen Unternehmenstätigkeiten bringen. Darüber hinaus befindet sich das gesamte Umfeldsystem und auch das Unternehmen in einem Wandel und bedarf deshalb einer permanenten Beobachtung.

Ausgehend vom Leitbild des Unternehmens gilt es, einen Verhaltenskodex für das Management und die Mitarbeiter zu entwickeln, indem die verschiedensten Perspektiven und Ziele berücksichtigt und in gemeinsamen Wertevorstellungen gebündelt werden. Anschließend sind diese Ergebnisse auf konkrete Verhaltensregeln und Weisungen herunterzubrechen. Innerhalb dieser Rahmenbedingungen sind Mitarbeiter dann für ethische Risiken sensibilisiert und können selbständige Entscheidungen treffen.

Orientieren sich Unternehmen bewusst auch an ethischen Werten, können sie sich dies durch Social Accountability 8000 (SA 8000) zertifizieren lassen.[210] Unternehmen können ethische Verantwortung übernehmen, indem sie weltweit gültigen Sozialstandards folgen und dies durch unabhängige Prüfer zertifizieren lassen. Diese Standards stellen soziale Mindestanforderungen für Arbeitsbedingungen dar, auf deren Einhaltung sich Unternehmen und Zulieferer weltweit verpflichten. Mit der

---

[210] Vgl. Gilbert (2003); Social Accountability International (SAI) (2001); Steinmann/Schreyögg (2005), S. 120 ff.

Befolgung dieser Standards dokumentieren Unternehmen nach innen und außen, dass sie ethisch unbedenklich produzieren.

1. Kinderarbeit:	Unternehmen sollen Kinderarbeit weder anwenden noch unterstützen.
2. Zwangsarbeit:	Unternehmen sollen Zwangsarbeit weder anwenden noch unterstützen.
3. Gesundheit und Sicherheit:	Unternehmen sollen ein sicheres und gesundes Arbeitsumfeld bieten und adäquate Schritte zur Verletzungs- und Unfallverhütung unternehmen.
4. Gewerkschaftsfreiheit und Tarifverhandlungen:	Das Unternehmen hat das Recht der Arbeitnehmer, Gewerkschaften zu gründen, ihnen beizutreten und Tarifverhandlungen zu führen, zu respektieren.
5. Diskriminierung:	Jede Art der Diskriminierung aufgrund von Rasse, Kaste, nationaler Herkunft, Religion, sexueller Orientierung oder politischer Tätigkeit ist unvereinbar mit dem Standard.
6. Disziplinarstrafen:	Körperliche Bestrafung, geistiger und physischer Zwang sowie verbale Beleidigungen sind unvereinbar mit SA 8000.
7. Arbeitszeiten:	In keinem Fall darf die reguläre Wochenarbeitszeit 48 Stunden überschreiten. Ein freier Tag je Woche ist zu gewähren. Einschließlich Überstunden darf die Wochenarbeitszeit nicht mehr als 60 Stunden betragen.
8. Entlohnung:	Löhne sollen den Mindestbedürfnissen der Arbeitnehmer gerecht werden und darüber hinaus einen Beitrag zur weiteren freien Verfügung enthalten.
9. Managementsystem:	Unternehmen sollen Managementsysteme entwickeln, welche die Umsetzung, Einhaltung und Kontrolle der SA 8000 Standards ermöglichen.

Abb. C.II.4: Spezifische Verhaltensleitlinien von SA 8000
Quelle: Social Accountability International (SAI) (2001)

Konkrete Inhalte der Zertifizierung erstrecken sich auf drei Bereiche. Zu ihnen gehören der Zweck und die Reichweite der Standards, die normative Grundlage der Standards und Definitionen sowie spezifische Verhaltensleitlinien. *Zweck und Reichweite der Standards* thematisieren, dass alle vom Unternehmen kontrollier- und beeinflussbaren Bereiche sozialer Verantwortlichkeiten aktiv zu handhaben sind. Über das eigene Unternehmen hinaus ist der gesamte Wertschöpfungsprozess umfassend zu betrachten. *Normative Grundlage* der SA 8000-Standards bedeutet Einhaltung aller national und international geltenden Gesetze. Hierzu zählen z.B. die Menschenrechtserklärung der Vereinten Nationen, Konventionen der Vereinten Nationen über die Rechte von Kindern, ILO-Konventionen 29 und 105 (Zwangs- und Gefängnisarbeit), ILO-Konvention 98 (Recht auf Tarifverhandlung, ILO-Konvention 138 (Mindestalter) u.a. Darüber hinaus definieren die Standards bestimmte Begriffe wie Zulieferer, Stakeholder, Kinder und Kinderarbeit u.a. exakt, da hier teilweise kontroverse Diskussionen über die Begrifflichkeiten geführt werden.

Aus diesen normativen Grundlagen und Definitionen werden dann im Weiteren *spezifische Verhaltensleitlinien* abgeleitet, deren Anforderungen durch die Unternehmen in deren Produktionsprozessen explizit zu berücksichtigen sind (vgl. hierzu Abbildung C.II.4).

Die SA 8000 stellen einen universellen Wertekanon dar, der einen internationalen Basiskonsens von Normen repräsentieren soll. Eine Verpflichtung auf eine Zertifizierung nach SA 8000 führt jedoch nicht zwangsläufig zu einer Akzeptanz der Inhalte und der Bereitschaft der Übernahme ethischer Verantwortung. Auch sind die Kosten einer Zertifizierung, die aus dem Zeitaufwand des Managements und der Mitarbeiter, den operativen Verbesserungen der Produktionsprozesse sowie den Kosten für Schulungen u.ä. resultieren, nicht zu unterschätzen.[211]

---

[211] Vgl. zur Bestimmung von Normen ausführlich Gilbert (2003), S. 36 ff.

2. Der kulturelle Rahmen: Unternehmenskultur als gewachsenes Regulativ des Handelns in Unternehmen

Jeder Mensch erfährt in seiner Kindheit und Jugend eine primäre Sozialisation, in der er mit den grundlegenden Werten und Normen seines Kulturkreises vertraut gemacht wird. Eine solche Sozialisation erleichtert das gesellschaftliche Zusammenleben, indem gewisse Regeln und Verhaltensweisen nicht immer wieder aufs Neue vereinbart werden müssen, sondern gleichsam automatisch beachtet werden.[212] Die Untersuchung derartiger volksgruppenspezifischer Kulturen ist Gegenstand der Ethnologie.

Dieser Kulturbegriff wurde beginnend in den frühen 1980er Jahren auf Organisationen im Allgemeinen und Unternehmen im Speziellen übertragen.[213]

Unternehmenskultur ist die *„Grundgesamtheit gemeinsamer Wert- und Normenvorstellungen sowie geteilter Denk- und Verhaltensmuster...*, die die Entscheidungen, Handlungen und Aktivitäten der Organisationsmitglieder prägen"*.[214]

Sie repräsentiert nicht die wertespezifischen Sollvorgaben der Unternehmensphilosophie, sondern den tatsächlichen Ist-Zustand des Wertesystems (im Idealfall stimmen beide überein). Ein Unternehmen wird als **„Minigesellschaft"** mit eigenen Regeln und Riten interpretiert,[215] die in besonderer Weise vom Unternehmensgründer und den ihm nachfolgenden Führungspersonen geprägt wird, die aber unter dem Einfluss aller Mitglieder steht. Um die Interaktion mit den anderen Mitgliedern zu erleichtern, ist es hilfreich bzw. notwendig, dass sich die einzelnen Mitarbeiter in einer Art **sekundärer Sozialisation** mit dieser Kultur vertraut machen und sich nach Möglichkeit mit ihr identifizieren[216] – für den Außenstehenden ist das Geschehen im Unternehmen entsprechend nur unter Beachtung seiner Kultur zu verstehen.

Die Unternehmenskultur ist mittlerweile als wichtiger **Erfolgsfaktor**[217] fest in Theorie und Praxis etabliert, sie wurde bereits 1983 vom Wirtschaftsmagazin „Fortune"

---

[212] Vgl. Schein (2003), S. 44 f.
[213] Zur Unternehmenskultur vgl. Mayrhofer/Meyer (2004), Sp. 1025 ff.; Neubauer (2003); Dülfer (1988); Heinen/Fank (1987); Schein (1986); Bleicher (1983), S. 135 ff.; Deal/Kennedy (1982).
[214] Heinen/Dill (1990), S. 17.
[215] Vgl. Mayrhofer/Meyer (2004), Sp. 1026; Behrends (2003), S. 242.
[216] Vgl. Neubauer (2003), S. 31.
[217] Behrends (2003), S. 242.

als „the hula-hoop of the 1980s" bezeichnet,[218] das Interesse hat seitdem nicht nachgelassen. Als Synonym für die **„weiche" Seite des Unternehmens** steht sie in deutlichem Gegensatz zu einem rein quantitativen und mechanistischen Organisationsverständnis.[219] Sie ist weniger offensichtlich als andere Erfolgsfaktoren (Strategie, formale Struktur).[220] Als wesentliche **Gründe für** ihren **Bedeutungsgewinn** werden eine gewisse Ernüchterung hinsichtlich der Allmacht quantitativ messbarer Erfolgsfaktoren und der große Erfolg japanischer Unternehmen, denen ein sehr bewusster Umgang mit der Unternehmenskultur nachgesagt wird, angesehen.[221]

Zu den (erhofften) **positiven Wirkungen** einer ausgeprägten Unternehmenskultur, die sich insbesondere auch auf die anderen Management-Funktionen auswirken, gehören:[222]

- **Identifikation** und ein Gefühl der **sozialen Geborgenheit**, die zu höherem **Engagement, Motivation und Teamgeist** führen.
- Durch die **Selbstkoordinationswirkung** der Kultur kann der formale Regelungs- und Kontrollbedarf eingeschränkt werden. Dadurch erfolgt eine **raschere Entscheidungsfindung** und entstehen **geringere Koordinationskosten**.
- Durch Ausbildung einer gemeinsamen Sprache wird die **Kommunikationseffizienz** erhöht.
- **Stabilisierung** des betrieblichen Geschehens durch Vorgabe einer Handlungsorientierung bzw. eines **Wertekompasses,** der Basis allen Handelns ist.
- Bei als positiv empfundener Kultur **Repräsentationswirkung** nach außen.

Das Bestreben, die positiven Wirkungen zu realisieren, führt zur Frage, inwieweit eine Unternehmenskultur, sofern sie nicht dem Soll-Zustand entspricht, aktiv gestaltet werden kann. Einer sinnvollen Gestaltung muss wiederum eine Analyse des Kulturphänomens vorausgehen.

Die **Analyse** der Unternehmenskultur umfasst drei Themenkomplexe: ihre Vielschichtigkeit (Ebenen), ihre Stärke und ihre Homogenität (Subkulturen)[223]:

Eine Grundannahme zur Unternehmenskultur ist, dass es sich um ein mehrschichtiges Phänomen handelt, und somit verschiedene **Kulturebenen** voneinander abgegrenzt werden können.[224] Zu den bekanntesten Modellen gehört das **Drei-Ebenen-Modell von Schein** (siehe Abbildung C.II.5).

---

[218] Vgl. Mayrhofer/Meyer (2004), Sp. 1031.
[219] Vgl. Hofstede (2006), S. 393.
[220] Vgl. Mayrhofer/Meyer (2004), Sp. 1026.
[221] Vgl. von Rosenstiel (2003), S. 379.
[222] Vgl. Mayrhofer/Meyer (2004), S. 1029.
[223] Vgl. Hofstede (2006), S. 420 ff.; Neubauer (2003), S. 31 ff.
[224] Vgl. Mayrhofer/Meyer (2004), S. 1027 f.; Neubauer (2003), S. 56 ff.; Schein (1986). S. 14 ff.

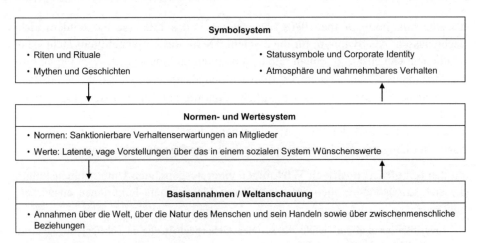

Abb. C.II.5: Ebenen der Unternehmenskultur
Quelle: In Anlehnung an Schein (1986), S. 14

Unbewusste und nicht sichtbare Basis der Kultur sind die **Basisannahmen**. Zu ihnen gehören Annahmen über Fragen, ob die Welt schicksalhaft vorgegeben oder beeinflussbar ist, ob der Mensch von Natur aus gut oder schlecht ist, ob menschliche Beziehungen egalitär oder hierarchisch sein sollten, ob der einzelne mehr zählt oder die Gruppe etc. Diese finden ihre Konkretisierung im teilweise beobachtbaren **Normen- und Wertesystem**, welches in einem – häufig idealisierten – Leitbild niedergelegt sein kann, sich aber wahrhaftig in ungeschriebenen Verhaltensrichtlinien aus Ge- und Verboten zeigt. [225]

Auf dem Fundament der Normen und Werte steht, gleichsam über der Wasserlinie und damit als sichtbarer Teil der Unternehmenskultur, das **Symbolsystem**, welches sich in vielerlei Gestalt manifestiert:[226] Zu den **Riten und Ritualen** gehört die Ausgestaltung von Feiern und Veranstaltungen (Einführungstag, Verabschiedungen etc.), zu den **Mythen** gehören (legendäre) Geschichten über Gründer und prägende Personen der Unternehmensgeschichte, die die Kultur des Unternehmens verdeutlichen. **Statussymbole** und **Corporate Identity** umfassen eine Fülle von Elementen, die deutlich kulturell geprägt sind: Hierzu gehören u.a. die Gestaltung des Firmengebäudes, der Druckerzeugnisse und der Homepage, Dienstwagen und die Kleidung der Mitarbeiter. Die **Atmosphäre** eines Unternehmens äußert sich z.B. in der Art und Weise der Behandlung von Gästen, in der Stimmung in der Kantine oder im sprachlichen Umgang miteinander.

---

[225] Vgl. von Rosenstiel (2003), S. 377.
[226] Vgl. Mayrhofer/Meyer (2004), S. 1027 f.; Neubauer (2003), S. 20 ff.; Schmid (1995), S. 27, S. 30 f.

Das Symbolsystem ist der Zugang zu einer Kultur, ihr vertieftes Verständnis erwächst aber allein aus einem Zugang auch zum Normen- und Wertesystem (sowie idealerweise zu den Basisannahmen).

Zweites Merkmal nach der Vielschichtigkeit ist die **Stärke einer Kultur**.[227] Die Auswirkungen der Unternehmenskultur korrelieren mit ihrem Intensitätsgrad. Ob eine Kultur stark oder schwach ist, hängt von drei Kriterien ab: Die **Prägnanz** einer Kultur bringt zum Ausdruck, wie klar die präferierten Werte und Verhaltensweisen sind bzw. zum Ausdruck gebracht werden. Der **Verbreitungsgrad** zeigt an, welcher Anteil der Mitglieder die Kultur teilt und mitlebt, die **Verankerungstiefe** bringt zum Ausdruck, ob die Kultur von den Mitgliedern wahrhaft internalisiert wird oder ob es sich um eine lediglich vordergründige Identifikation handelt, die eher Kalkül als innere Überzeugung ist. Nur wenn alle drei Kriterien in hohem Maße ausgebildet sind, liegt eine starke Kultur vor. Zu betonen ist, dass stark bzw. schwach keine Wertung im Sinne von gut oder schlecht darstellt, sondern eine Intensitätsaussage ist. Eine schwache Kultur entfaltet geringe, eine starke Kultur kann große Wirkungen entfalten. Diese Wirkungen sind nicht allein positiver Art, sondern beinhalten auch **Gefahren**:[228]

– Unternehmen mit starken Kulturen haben eine **Tendenz zur Abschottung** nach außen. Sie können wie ein Wahrnehmungsfilter wirken, der notwendige Anpassungen an veränderte Umweltbedingungen verhindert.

– Intern können starke Kulturen einen hohen **Konformitätsdruck** erzeugen. Das sinnvolle Infragestellen vorherrschender Verhaltenweisen kann als „Nestbeschmutzung" stigmatisiert werden. Die fehlende Diskussionskultur kann zu Selbstüberschätzung und einer **Zementierung des Status quo** führen.

– Starke Kulturen können sowohl die **Zusammenführung einzelner Unternehmen**(seinheiten) als auch die **Realisierung von Strategien behindern**.

Eine starke Unternehmenskultur stellt somit ein zweischneidiges Schwert dar.

Drittes Merkmal einer Unternehmenskultur ist ihre **Homogenität**.[229] In Ergänzung zur Unternehmenskultur als übergeordnetem Werte- und Verhaltensmuster kann es auf unterschiedlichen Hierarchieebenen, in einzelnen, funktional, divisional oder regional ausgerichteten Einheiten oder auch in sich informell bildenden Gruppen (gemeinsame Interessen, Erfahrungen, Persönlichkeitsprofile etc.) zur Ausbildung von **Subkulturen** kommen. Sowohl diese Subkulturen untereinander als auch die Subkulturen und die übergeordnete Unternehmenskultur können in komplementärer, neutraler oder konfliktärer Beziehung stehen. Ob die Unternehmenskultur ein wahrhaft gemeinsames, übergreifendes Wertemuster darstellt oder eher eine Mischung verschiedener Subkulturen, ergibt sich aus der jeweiligen Stärke von Unter-

---

[227] Zu einer Möglichkeit der Operationalisierung der „Stärke einer Kultur" siehe Hofstede (2006), S. 437.
[228] Vgl. Mayrhofer/Meyer (2004), Sp. 1029 f.
[229] Vgl. Hofstede (2006), S. 420 ff.; Mayrhofer/Meyer (2004), Sp. 1030.

nehmens- und Subkultur und ihrem Verhältnis zueinander; eine starke eigenständige Unternehmenskultur bei gleichzeitig starken Subkulturen ist in aller Regel nicht möglich.

Bei diversifizierten Konzernen mit rechtlich selbständigen Tochterunternehmen entsteht ein Sonderproblem: Häufig verfügen die Tochterunternehmen als Bezugsebene der Unternehmenskultur jeweils über eine gewachsene Kultur und diverse Subkulturen. Strebt die Konzernleitung eine starke übergeordnete **Konzernkultur** an, kann es zu dysfunktionalen Konflikten kommen. Die Problematik gilt analog für die Zusammenführung von Unternehmen im Rahmen einer Fusion oder Akquisition. Inkompatible Kulturen gehören zu den häufigsten Ursachen für das **Scheitern** von **Zusammenschlüssen**.

Ein weiteres Sonderproblem stellt bei international agierenden Unternehmen das Verhältnis von Unternehmens- und jeweiliger **Landeskultur** dar (siehe Kapitel D.IV.). In der kulturvergleichenden Forschung wird meist von einer Dominanz der Landeskultur gegenüber der Unternehmenskultur ausgegangen, da erstere eine Kernprägung, letztere dagegen nur eine sekundäre, „oberflächlichere" Prägung darstellt.[230] Allerdings ist zu beachten, dass innerhalb einer Landeskultur viele sehr verschiedene Unternehmenskulturen existieren, was nur möglich ist, wenn der Einfluss letzterer signifikant ist. Auch spricht der mit der Globalisierung verbundene zunehmende kulturelle Austausch für eine tendenzielle Abnahme der Bedeutung von Landeskulturen – ihre absolute Bedeutung ist aber nach wie vor hoch. Letztlich gehen Landes- und Unternehmenskultur eine individuelle Verbindung ein, die sich dem Wunsch einer gleichsam mechanistischen Aufgliederung des jeweiligen Einflusses entzieht.

Das Bestreben, Unterschiede zwischen Unternehmenskulturen zu verdeutlichen, hat zur Ausbildung von Klassifizierungen bzw. **Kulturtypen**-Modellen geführt. Zu den bekanntesten gehört die Typologie von *Bleicher*.[231] Bleicher verwendet mehrere Kulturdimensionen, die jeweils antipodisch ausgeprägt sein können. Beispiele hierfür sind Änderungsfreundlichkeit vs. Änderungsfeindlichkeit, subkulturelle Orientierung vs. Einheitskultur-Orientierung, Nutzen- vs. Kostenorientierung sowie individuelle vs. Gruppenorientierung. Aus der Kombination der jeweiligen Einzelausprägungen ergibt sich der Kulturtypus eines Unternehmens. Derartige Typenbildungen stellen eine starke Vereinfachung der Realität dar, sie erleichtern aber den Kulturvergleich und erfreuen sich daher großer Beliebtheit.

Die Frage der **Gestaltbarkeit von Unternehmenskulturen** ist insofern von übergeordneter Bedeutung, als in der Management-Forschung weitgehend Einigkeit

---

[230] Vgl. Mayrhofer/Meyer (2004), Sp. 1030; Hofstede et al. (1990), S. 286 ff. Zum Begriff „Nationalkultur" und zum Verhältnis von Gesellschafts- und Unternehmenskultur siehe Franken (2004), S. 210 ff.
[231] Vgl. Bleicher (2004), S. 250.

darüber besteht, dass die Unternehmenskultur gemeinsam mit Strategie, Struktur und Führungsstil zu den zentralen Bausteinen (bzw. Funktionen) eines integrativen Management-Ansatzes zählt.[232] Erfolg stellt sich nur ein, wenn die einzelnen Bausteine aufeinander abgestimmt sind, d.h. zusammenpassen. So wäre z.B. eine stark ausgeprägte Kultur des „lockeren" Umgangs miteinander in Verbindung mit einer Kostenführerstrategie, hierarchischen Strukturen und einem direktiven Führungsstil stark dysfunktional. Die Abstimmung dieser Bausteine aufeinander würde durch die Möglichkeit der Kulturgestaltung vereinfacht. Es herrscht Uneinigkeit darüber, inwiefern diese Gestaltung möglich ist:[233]

Die Gestaltung der Unternehmenskultur hängt eng mit ihrem Entstehungs- und Entwicklungsprozess zusammen. Ausgangspunkt des **symbolisch-interpretativen Ansatzes** der Organisationstheorie[234] als Erklärungsmuster ist die Annahme, dass eine objektive Unternehmenswirklichkeit nicht existiert. Jedes Mitglied entwickelt vielmehr zunächst durch die fortlaufende Interpretation des Unternehmensgeschehens seine eigene Wirklichkeit. Erst im Zuge der Interaktion zwischen den Mitgliedern entwickelt sich dann (unbewusst) durch **autogene Selbstorganisation**[235] ein gemeinsames Interpretationsmuster – die Unternehmenskultur –, die dann eine für alle verbindliche Unternehmenswirklichkeit entstehen lässt.

Die so genannten **Kulturalisten** gehen davon aus, dass dieser Entwicklungsprozess einer gezielten Einflussnahme völlig entzogen ist. Ein möglicher Eingriff wird zudem als „unstatthaft" angesehen, eine gewachsene Lebenswelt dürfe nicht dem profanen Zugriff des Managements ausgesetzt werden.[236]

Die so genannten **Kulturingenieure**, auch Kulturpragmatiker oder –interventionisten genannt, gehen dagegen davon aus, dass die Kultur eines Unternehmens wie jede andere Variable beeinflusst und verändert werden kann und darf. Die Kultur wird als Gestaltungsinstrument zur Realisierung der Unternehmensziele angesehen.[237]

Eine zunehmend Akzeptanz findende „Kompromissposition" besteht darin, den Versuch einer Einflussnahme auf die Kultur als statthaft, die Wirkung des Eingriffs aber als ergebnisoffen anzusehen. Eine zielorientierte rationale Gestaltung im Sinne einer Kulturrevolution mit kurzfristigem, planbarem Resultat ist nicht möglich,

---

[232] Vgl. beispielhaft das 7-S-Modell von McKinsey in Kap. C.II.3; Neubauer (2003), S. 51; zum Einfluss von Unternehmenskultur, Strategie, Struktur und weiteren Faktoren auf den Unternehmenserfolg vgl. Behrends (2003), S. 242.
[233] Vgl. Mayrhofer/Meyer (2004), Sp. 1028 f.
[234] Vgl. Bea/Göbel (2006), S. 190 ff. Siehe auch Literaturhinweise in C.IV.2.2.
[235] Siehe Kap. C.IV.2.3.2.5.3.
[236] Vgl. Schreyögg (1999), S. 468.
[237] Zu Einflussfaktoren auf die Unternehmenskultur vgl. Franken (2004), S. 236.

wohl aber Anstöße zur Veränderung, z.B. durch bewussten Bruch mit bisherigen Ritualen und Tabus.[238]

Nicht nur aufgrund ihrer übergeordneten Rolle als Bestandteil des Ordnungsrahmens, sondern auch aufgrund ihrer nur begrenzten Gestaltbarkeit nimmt die Unternehmenskultur damit – ebenso wie die Unternehmensphilosophie – eine Sonderposition bei der Abstimmung der Bausteine des Managements ein. Sie kann nicht beliebig an veränderte Strategien und/oder Strukturen angepasst werden, sondern stellt umgekehrt einen **bremsenden Engpass** dergestalt dar, dass sie bei einer Umgestaltung von Strategie und Struktur nicht einfach „nachgezogen" werden kann, was bei Nichtbeachtung zum Scheitern einer Strategie oder einer Reorganisation führen kann.

---

[238] Vgl. Bea/Haas (2005), S. 493 f.; Schreyögg (1999), S. 468 ff. Ansätze zur bewussten Entwicklung und Veränderung von Unternehmenskultur (im Sinne eines planbaren Resultats) finden sich in Schmid (1995), S. XVII.

3. Plädoyer für eine integrative Sicht der Management-Funktionen: Strategisches Management

Die vorherrschende Auffassung der Unternehmensführung bestand lange Zeit darin, dass sich die Entwicklung des Unternehmens allein in der Management-Funktion strategische Planung widerspiegelt und diese sich aller übrigen Funktionen bediene, um die Strategie in Einklang mit der Umwelt zu realisieren (Strategieimplementierung). Diese Sichtweise, in der die sonstigen Management-Funktionen lediglich als Hilfsfunktionen verstanden werden, wurde jedoch zunehmend kritisch betrachtet: Die Erfahrungen der Praxis zeigten, dass die strategische Planung zwar zu detaillierten Strategieplänen führte, die Umsetzung aber das eigentliche Problem darstellt.[239] Eine wesentliche Ursache hierfür sind auftretende Dysfunktionalitäten zwischen der „isoliert" entwickelten Strategie und den anderen Management-Funktionen (Unternehmenskultur, Organisation, Personalführung etc.).

Heute wird daher allen Teilsystemen der Führung eine gleichberechtigte und eigenständige Funktion zugesprochen, die es im Rahmen der Gesamtgestaltung des Systems zu berücksichtigen gilt.[240] Es besteht Konsens darüber, dass es für eine erfolgreiche Unternehmenstätigkeit zwingend notwendig ist, Umwelt- und Unternehmensentwicklungen aufeinander abzustimmen (so genannter **Fit-Gedanke**).[241] Diesem Verständnis entspricht das Konzept des strategischen Managements.

Der Begriff des strategischen Managements ist auf *Ansoff* zurückzuführen, der 1976 den Vorschlag unterbreitete, das Konzept der strategischen Planung durch das des strategischen Managements zu ersetzen.[242] Der **System-Umwelt-Fit** in Gestalt der Abstimmung der Strategie mit den Anforderungen der Unternehmensumwelt wurde ergänzt um die interdependente Abstimmung aller Führungssysteme innerhalb des Unternehmens (**Intra-System-Fit**).

Ansoff stellt hier vor allem die Struktur, Kultur und das Verhalten in den Vordergrund der Betrachtung. Das 7-S-Modell von *McKinsey* als ein populäres unter vielen Modellen zum Fit-Ansatz des Managements greift diesen Gedanken praxisorientiert auf und bringt zum Ausdruck, dass es Führungsteilsysteme gibt, die eher

---

[239] Vgl. Welge/Al-Laham (1999), S. 10; Wilson (1994), S. 13.
[240] Vgl. Bea/Haas (2005), S. 18; Steinmann/Schreyögg (2005), S. 150 f.; Schreyögg (2004), Sp. 1529.
[241] Ausführlich zum Fit-Gedanken siehe Bea/Haas (2005), S. 16-21.
[242] Vgl. ausführlich Ansoff/Declerk/Hayes (1976), S. 39-78.

rational-quantitativ (harte Faktoren) und solche, die vorwiegend emotional-qualitativ (weiche Faktoren) sind.[243]

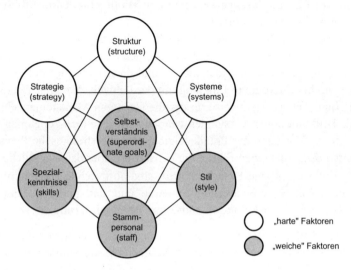

Abb. C.II.7: Das 7-S-Modell von McKinsey
Quelle: Vgl. Peters/Waterman (1984), S. 32

Beim **strategischen Management** wird die Managementaufgabe anstelle reiner Planungsanalyse als eine umfassende Gesamtsteuerung aller Management-Funktionen interpretiert. Demzufolge ist das strategische Management keine Planungskonzeption mehr, sondern ein Managementkonzept im Sinne einer umfassenden Managementphilosophie.[244] Auch die diesem Kapitel (Teil C) zugrunde liegende Systematik der Management-Funktionen (siehe Abbildung C.I.1) folgt diesem Verständnis einer Interdependenz aller Management-Funktionen und der Umwelt und der daraus abgeleiteten Notwendigkeit einer Abstimmung aller Parameter aufeinander.

Die nachfolgende getrennte Darstellung der generellen und spezifischen Management-Funktionen ist – abgesehen vom Vorteil, dass die Themen dem an einer bestimmten Thematik interessierten Leser einzeln zugänglich sind – allein der Tatsache geschuldet, dass eine parallele Darstellung aufgrund ihrer Komplexität unmöglich erscheint.

---

[243] Vgl. Peters/Waterman (1982), S. 101. Zum Verständnis des Fit-Ansatzes im Sinne der vorliegenden Ausführungen siehe Kap. C.I. sowie die Abbildung C.I.1.

[244] Vgl. Müller-Stewens/Lechner (2005), S. 8 f., 15 ff.; Macharzina (2003), S. 108 ff.; auch Welge/Al-Laham (2003), S. 11.

Zur Wiederholung

1. Wie beeinflussen Unternehmensphilosophie und Unternehmenspolitik den Managementprozess?
2. Grenzen Sie Unternehmensphilosophie und Unternehmenspolitik voneinander ab und erläutern Sie wichtige Inhalte.
3. Stellen Sie die Leitbilder von drei Unternehmen zusammen und kommentieren Sie das Selbstbildnis dieser Unternehmen!
4. Was wird unter den Prinzipien ethischen Handelns verstanden?
5. Wie lässt sich ein ethisches Verständnis im Unternehmen etablieren?
6. Erläutern Sie die wesentlichen Inhalte der SA 8000.
7. Finden Sie drei Beispielunternehmen, die Ihrer Meinung nach ein ethisches Werteverständnis im Unternehmensalltag integriert haben. Begründen Sie Ihre Auswahl!
8. Arbeiten Sie die Unterschiede zwischen Unternehmenskultur und Unternehmensphilosophie heraus.
9. Erläutern Sie die Ebenen der Unternehmenskultur.
10. Sind starke Unternehmenskulturen gut oder schlecht? Begründen Sie Ihre Meinung.
11. Inwiefern nimmt die Unternehmenskultur im Rahmen der Bausteine des Managements eine Sonderstellung ein?
12. Erläutern Sie das Konzept des Strategischen Managements.
13. Erläutern Sie das 7-S-Modell von *McKinsey*. Gehen Sie insbesondere auf den Fit-Gedanken ein.

III. Generelle Management-Funktionen

1. Management auf allen Führungsebenen in seinem Sachbezug: Der Managementprozess

1.1. Darstellung des Managementprozesses

Management hat die Aufgabe, Unternehmen zielorientiert zu gestalten und zu lenken. Um dies tun zu können, bedarf es eines Prozesses sachlogisch zusammenhängender Aktivitäten.[245] Diese Aktivitäten können dann als allgemeiner Managementprozess oder Führungsprozess (oder als Managementzyklus, Problemlösungsprozess, in der entscheidungsorientierten Betriebswirtschaftslehre auch als Entscheidungsprozess) angesehen werden. Stoner umschreibt diese Aktivitäten als „the **process** of planning, organizing, leading, and controlling the efforts of organizational members and the use of other organizational resources in order to achieve stated organizational goals."[246] Elemente dieses Prozesses sind die oben genannten sachlogischen Managementphasen, die vom Management im Rahmen des Gestaltens und Lenkens auf allen Führungsebenen mit unterschiedlichem Detaillierungs- und Konkretisierungsgrad zu durchlaufen und in ihren Fragestellungen zu bearbeiten sind. Die Abgrenzung und Benennung dieser Phasen erfolgt allerdings in der Literatur nicht einheitlich. So werden beispielsweise an einzelnen Phasen genannt:

– Planung, Organisation, Kontrolle[247]
– Planung, Steuerung, Kontrolle[248]
– Planung, Realisation, Kontrolle[249]
– Entscheiden, In-Gang-Setzen, Kontrollieren[250]
– Zielsetzung und Zielvorgabe, Planung, Koordination, Entscheidung, Kontrolle[251]

---

[245] Macharzina (2003), S. 91, spricht von zielorientierter Handlungsprogrammierung, die einem vereinheitlichten Modus folgt und als Vorgehensweise für jedwede Art von Entscheidung als optimale Form der Willensbildung im Unternehmen angesehen wird.
[246] Stoner (2001), S. 2.
[247] Siehe z.B. Steinmann/Schreyögg (2005), S. 7, 131, 155; Hahn (1997), S. 369; Hub (1988), S. 93. Die genannten Funktionen werden teilweise auch als *Führungsinstrumente* betrachtet; vgl. z.B. Gutenberg (1958), S. 47; Welge (1985), S. V und 4.
[248] Vgl. Hahn/Hungenberg (2001), S. 45.
[249] Vgl. Matthes (1986), S. 285.
[250] Vgl. Ulrich (1987), S. 15, 18.
[251] Vgl. Koreimann (1999), S. 27.

- Strukturierung und Koordination mit den Unterfunktionen Planung, Organisation, Kontrolle.[252]

Planung beinhaltet in den genannten Katalogen teilweise auch die Entscheidung, teilweise wird die Entscheidung gesondert hervorgehoben (oder beinhaltet auch die Planung). Ähnliches gilt auch für Zielsetzung und Zielvorgabe.

Selbstverständlich umfasst auch der allgemeine Managementprozess organisatorische Tätigkeiten, so muss Planung z.B. immer auch organisiert werden. Um eine didaktisch sinnvolle Trennung der Begriffe zu realisieren, wird Organisation im Folgenden jedoch bewusst nicht als eine Phase des Managementprozesses verwendet, sondern allein als institutionelle Konstituierung betrieblicher Strukturen und Prozesse und damit als eine von mehreren spezifischen Management-Funktionen verstanden.

Wie bereits ausführlich ausgeführt, sollen im Weiteren vier klassischen Phasen unterschieden werden:

Planung, Entscheidung, Durchsetzung und Kontrolle.[253]

In diese Aufteilung lassen sich die oben aufgeführten abweichenden Begrifflichkeiten ohne Schwierigkeit einordnen, da die Begriffsinhalte aller genannten Aufteilungen weitgehend identisch sind. *Planung* in einem weiteren Sinn verstanden umfasst dann auch den Zielplanungsprozess des Unternehmens; in einem engeren Sinn verstanden ist die Zielplanung ausgegliedert und der Unternehmenspolitik zugeordnet (siehe auch Kapitel C.II.1). Als synonyme Begriffe für Durchsetzung können im übrigen Anordnung, Realisation oder Veranlassung angesehen werden.

Verbunden mit dem Phasenverlauf der Führung lassen sich die Prozessphasen wie folgt einordnen:

- die **Willensbildung** als Problemerkennung und Lösungsvorbereitung (mit den beiden Phasen *Planung* und *Entscheidung*) und
- die **Willensdurchsetzung** als Realisierung und Sicherung des geplanten Handlungskonzeptes (mit den beiden Phasen *Durchsetzung* und *Kontrolle*).

Nach der Durchsetzung folgt die nicht zu den Managementphasen gehörende **Durchführung**.

In einigen Führungskonzepten wird die Kontrolle aus der Willendurchsetzungsphase ausgegliedert und einer weiteren Phase, nämlich der **Willenssicherung** (oder auch Willensüberwachung und -anpassung) zugeordnet.[254]

Die wichtigste Prämisse für eine solche Betrachtung des Managementprozesses liegt in der – später (siehe u.a. Kapitel C.III.1.2.) zu relativierenden – Vorstellung

---

[252] Vgl. Staehle (1999), S. 538 f.
[253] Vgl. u.a. Rühli (1988), S. 26 ff.; Schierenbeck (2003), S. 97. Zum Managementdenken in Nonprofit-Organisationen vgl. Schwarz (2001); Horak/Heimerl-Wagner (1999), S. 139 ff.
[254] Vgl. u.a. Bleicher/Meyer (1976), S. 58; Matthes (1986), S. 284; Steinle (1978), S. 116, 140.

vom rational handelnden Menschen und basiert auf der Theorie der rationalen Wahl (siehe dazu Kapitel C.III.1.4.2.).[255]

In einer erweiterten Betrachtung kann der Managementprozess weiter aufgelöst werden in einzelne **Prozessstufen** und **Teilschritte** innerhalb dieser Prozessstufen; der Charakter des *Problemlösungsprozesses* wird dadurch stärker betont (siehe Abbildung C.III.1).[256] Auch hier sind die einzelnen Stufen und Schritte als *idealtypisch* anzusehen; denn in der Realität finden wieder Vor- und Rückkopplungsprozesse statt, aber es werden auch beispielsweise aufgrund von Routinehandlungen (Rückgriff auf frühere Entscheidungen) Stufen oder Schritte überschlagen oder nur sehr kursorisch abgehandelt. Im Rahmen der Prozessstufen und Teilschritte sind Informationen heranzuziehen und zu verarbeiten, sodass der Managementprozess gleichzeitig als *Informationsgewinnungs- und Informationsverarbeitungsprozess* anzusehen ist. Die Umwelt als Handlungsrahmen ist mehrdeutigen und diskontinuierlichen Veränderungen unterworfen. Die hier vorliegenden Informationen müssen zunächst durch die Mitglieder des Managements wahrgenommen werden, um anschließend vor der Analyse und Auswahl von Handlungsalternativen auch interpretiert werden zu können.[257] Es handelt sich weiter um einen (meist) *multipersonalen Prozess*, der von *Kommunikationsvorgängen* begleitet ist.

Zu einer anderen Aufteilung des Problemlösungsprozesses – beruhend auf einem besonders aus der Systemtheorie abgeleiteten *ganzheitlichen-vernetzten Denken* – kommen *Ulrich/Probst*, wobei die Autoren Unternehmensführung unter anderem auch als ein System von Problemlösungsprozessen ansehen:[258]

– Bestimmen der Ziele und Modellieren der Problemsituation
– Analysieren der Wirkungsabläufe
– Erfassen und Interpretieren der zukünftigen Veränderungsmöglichkeiten der Situation
– Abklären der Lenkungsmöglichkeiten
– Planen von Strategien und Maßnahmen
– Verwirklichen der Problemlösung.

---

[255] Siehe zu den Grundannahmen der Planung auch Schweitzer (2002), S. 41 f.
[256] Vgl. dazu besonders Wild (1982), S. 57 ff. Außerdem: Kuhn (1990), S. 29 ff.; Krüger (1983), S. 47 ff.
[257] Macharzina (2003), S. 102; Steinman/Schreyögg (2005), S. 22 f., S. 131-139.
[258] Siehe Ulrich/Probst (1995), S. 114 ff.; S. 289 ff.; ebenso Gomez/Probst (1999/2004), S. 11 ff.; Zu einer Verbindung des rationalen oder idealtypischen Problemlösungsprozesses mit einem evolutionär verstandenen Prozess siehe Malik (2003), S. 175 ff. Zum System-Management in Nonprofit-Organisationen siehe Schwarz et al. (2002), S. 79 ff.

Managementprozess			Prozessstufen		Teilschritte
Willensbildung	Planung (im weiteren Sinn)		Zielbildung		Zielsuche Zielanalyse Zielstrukturierung Operationalisierung der Ziele Prüfung auf Realisierbarkeit Zielentscheidung Zielanordnung Zielüberprüfung und –revision
		(im engeren Sinn)	Problem- analyse	Problem- erkennung	Problemsuche Problemdefinition Problembewertung
				Problem- untersuchung	Problemuntersuchung mit Analysetechniken, z.B. Ursache-Wirkungs-Analyse, Stärken-Schwächen-Analyse, Input-Output-Analyse
				Problem- beurteilung	Problemdokumentation Problemauswahl
			Alternativensuche		Entwicklung von Einzelvorschlägen Zusammenfassung zu Alternativen Analyse der Alternativenbeziehungen Vollständigkeitsprüfung Zulässigkeitsprüfung
			Alternativenbeurteilung		Bestimmung der Bewertungskriterien Bestimmung der Kriteriengewichte und Bewertungsmaßstäbe Ermittlung der Kriterienwerte je Alternative Wertsynthese zur Ermittlung der Gesamtbewertung
	Entscheidung		Entscheidungs- vorbereitung		Bestimmung von Entscheidungszielen und Entscheidungskriterien Festlegung von Restriktionen Vorauswahl zulässiger Alternativen
			Entschluss		Auswahl der optimalen Alternative Konsistenzprüfung mit anderen Entscheidungen Festlegung von Durchführungsbestimmungen
Willensdurchsetzung	Durchsetzung		Entscheidungs- operationalisierung		Festlegung der Zuständigkeiten und Abläufe Terminplanung Bereitstellung, Koordination und Integration von Potenzialen und Verfahren Festlegung von Soll-Vorgaben
			Instruktion und Motivation		Information der Durchführungsträger (mit Zielausrichtung und Aktivierung der Durchführungsträger) Veranlassung Koordination und Planfortschrittskontrolle
	Kontrolle		Durchführung (Ist-Erstellung)		
			Kontrollvorbereitung		Bestimmung der Kontrollobjekte und der zu messenden Merkmale Festlegung der Kontrollstandards (Soll-Werte) Ermittlung der Messergebnisse (Messung der Ist-Werte)
			Kontrolldurchführung		Soll-Ist-Vergleich Abweichungsanalyse Berichterstattung

Abb. C.III.1: Prozessstufen und Teilschritte des Managementprozesses

1.2. Komplexität des Prozessablaufs

Die Vorstellung des Managementprozesses als ein *linear* ablaufender Prozess, bei dem also die einzelnen Prozessstufen hintereinander geschaltet sind, kann einerseits auf einer *normativen (oder präskriptiven) Auffassung (Sollvorstellung)* von diesem

Prozess beruhen. Andererseits kann die Ablaufbetrachtung eine *deskriptive (beschreibende) Aussage* darstellen: „In komplexen Entscheidungen werden unterschiedliche Verrichtungen nacheinander in einer bestimmten Reihenfolge vollzogen."[259] Diese Vorstellung ist in mehrfacher Hinsicht zu **relativieren**.

(1) Der Verlauf ist eher **zyklisch** (**iterativ**), d.h. es finden zwischen den einzelnen Phasen und Stufen Vor- und Rückkopplungsprozesse statt, so dass diese dadurch zum Teil mehrfach wiederholt werden. Der Grund liegt unter anderem darin, dass in bestimmten Prozessstufen z.B. auf die Realisierungsbedingungen nachfolgender Stufen zu achten ist (*Vorkopplung*) oder neue Informationen bekannt werden oder die vorhandenen Informationen als nicht ausreichend angesehen werden, so dass es zu einer Wiederaufnahme bereits abgeschlossener Stufen kommen kann (*Rückkopplung*).

(2) Weiter muss dieser Prozess vom Top Management ausgehend auf den einzelnen Managementebenen immer wieder aufgenommen, durchgeführt und weitergeführt werden: Die Ergebnisse sind nach „oben", die Aufträge nach „unten" weiterzugeben, bis in der Durchführungsphase die beschlossenen zielorientierten Maßnahmen vollzogen und in der Kontrolle auf ihre Zielwirksamkeit überprüft wurden. Der Managementprozess verläuft somit nicht eindimensional; er ist vielmehr *hierarchisch* abgestuft und durch Rückkopplung gekennzeichnet (**vermaschter Führungszyklus**[260]).

(3) Die eingangs erwähnte Abfolge von *Verrichtungen* konnte – zumindest für einzelne Teilphasen – in einer Untersuchung nicht eindeutig bestätigt werden; vielmehr ergab eine empirische Prüfung von *Hauschildt/Petersen* für die (Problem-) Beurteilungsphase neuartiger Probleme und noch verstärkt bei Routineabläufen eine starke Ausrichtung an Teilproblemen oder *Objekten*, die *nacheinander* analysiert und gelöst werden: „Die Verrichtungsgliederung wird ... weitgehend durch eine Objektgliederung verdrängt. *Formal bleibt der Prozess in Phasen unterteilt,* nur: Diese Phasen enthalten jeweils *unterschiedliche Verrichtungen am gleichen (Teil-) Objekt* und nicht ... jeweils gleiche Verrichtungen an unterschiedlichen Objekten in den einzelnen Prozessintervallen."[261]

(4) Selbst in den einzelnen Phasen und Funktionen des Gesamt- oder Makroprozesses können sich die einzelnen Prozessstufen wiederholen (**Mikroprozess**), so dass etwa im Rahmen der Durchsetzung wieder Planungs- und Entscheidungshandlungen zu vollziehen sind oder in der Kontrollphase Entscheidungen über die zu

---

[259] Hauschildt/Petersen (1987), S. 1043; vgl. auch Hauschildt (2004), S. 455 ff. Siehe zum sog. *Phasen-Theorem* des Entscheidungsprozesses Witte (1987).
[260] Vgl. u.a. Hahn/Hungenberg (2001), S. 32 ff., 45 ff.; Matthes (1986), S. 286; Wild (1982), S. 36 f.
[261] Hauschildt/Petersen (1987), S. 1061. Zum Forschungsdesign der Untersuchung und zu weiteren Konsequenzen siehe ebenda.

wählenden Kontrollstandards zu fällen sind. Besonders auf die Rolle der *Entscheidung* in allen Prozessstufen ist hinzuweisen; beispielsweise sind immer wieder Entscheidungen über die Heranziehung oder die Verarbeitung von Informationen zu fällen oder Entscheidungen über die Weiterführung oder den Abbruch des Prozesses.[262]

(5) Auch die Unterstellung einer Vermaschung des Prozesses bei im Grunde doch linearen Verläufen von „oben" (Planung) bis „unten" (Kontrolle) dürfte letztlich noch nicht bzw. nicht immer mit einer **realistischen** Sichtweise der Informations- und Umweltkomplexität sowie der Unternehmenskomplexität und ihrer Auswirkungen, aber auch nicht mit dem beschränkten Rationalverhalten des Menschen völlig in Einklang zu bringen sein.

(a) Die Eigenart des Managementprozesses als **Informationsgewinnungs- und Informationsverarbeitungsprozess** führt dazu, dass erst in seinem Ablauf die Bedeutung von Informationen klarer wird; es handelt sich somit gleicherweise um einen Lernprozess in Gruppen.[263] Eine besondere Konsequenz ergibt sich dadurch auch für die Zielbildung zu Beginn des Prozesses (im Rahmen der Planung oder der noch vorgelagerten Stufe der Unternehmenspolitik); erst im Verlauf des Prozesses – und nicht ausschließlich in der Zielbildungsphase zum Prozessbeginn – kristallisieren sich (wenn überhaupt) die Ziele deutlicher heraus. Die Informationsproblematik hängt nicht zuletzt auch mit der Unsicherheit der **Umweltentwicklungen** und ihrer häufig ungenauen oder sogar fehlenden Prognosemöglichkeiten zusammen (siehe auch Kapitel C.III.1.4.1.3.3.). Sie steht aber auch im Zusammenhang mit der **Binnenkomplexität** des Unternehmens und seiner Mitarbeiter, nicht zuletzt als Folge fehlender oder unzulänglicher Rationalität in Strukturen und Handlungsabläufen.[264]

(b) In die Betrachtung des Managementprozesses ist daher vor allem einzubringen, von welchem **Rationalitätsgrad** des Managers und aller Prozessbeteiligten realistischerweise auszugehen ist; auf das Konzept der *beschränkten Rationalität* soll daher kurz hingewiesen werden. Nur ein *Homo oeconomicus*, also ein völlig rational handelnder Mensch, könnte diesen Prozess systematisch vollziehen und beherrschen und mit einem Nutzenmaximum beenden. Der „reale" Mensch dagegen bringt regelmäßig neben einem unvollkommenen Informationsstand ein Bündel an Eigeninteressen, nicht eindeutigen Motivationen, zweckfremden Absichten, aber auch begrenzten Fähigkeiten in diesen Prozess ein, eben seine beschränkte Rationalität (siehe dazu auch Kapitel C.III.1.4.2.). Der Ablauf in der Realität kann daher nicht restlos dem idealtypischen Muster folgen. Zudem haben die Forschungsergebnisse zum Forschungsansatz „Work Activity School" (siehe Kapitel B.IV.2.) ergeben, „dass die Systemsteuerung keinem glatten Plan folgt, sondern sich in einem eigentümlichen Spannungsverhältnis von Analyse

---

[262] Siehe hierzu auch die empirischen Untersuchungen von Witte (1968).
[263] Zu Lernprozessen in Organisationen siehe besonders Shrivastava (1983); außerdem Bleicher (2004), S. 394 ff.; Senge (2001); Probst/Büchel (1998); Wahren (1996)
[264] Siehe auch Schweitzer (2002), S. 28 ff. zur Bedeutung der Information für die Planung und Steuerung.

und Spontaneität, Aktion und Reaktion, vorgeregelter Effizienz und flexibler Offenheit bewähren muss."[265]

(6) Die bisherige kurze – sicherlich nicht vollständige – Betrachtung der Prozessproblematik vermag bereits aufzuzeigen, dass der alle Managementebenen umfassende Managementprozess „nicht einen einzigen, gleichbleibenden und nach einer einheitlichen Methodik abzuwickelnden Prozess dar(stellt), sondern einen ganzen dynamischen Komplex oder ein System von Problemlösungsprozessen."[266] Wie dargestellt, weist der Prozess häufig eine **hohe Komplexität** auf. Diese Annahme basiert letztlich darauf, dass es sich bei dem sozialen System Unternehmen und seinem Subsystem Management bzw. Managementprozess vorrangig um ein sich ständig veränderndes (*dynamisches*), mit vielfältigen Wechselwirkungen ausgestattetes (*vernetztes*) Gebilde handelt, das zudem Teil einer dynamischen Umwelt (*Offenheit*) mit zahlreichen (oder zahllosen) Einflüssen auf innerbetriebliche Prozesse und Strukturen ist.[267] Von einer *völligen Planbarkeit betrieblichen Handelns, auch des Managementhandelns kann somit nicht ausgegangen werden*. Die Forderung nach *flexiblen* Regelungen mit entsprechenden Entscheidungs- und Handlungsspielräumen für alle Hierarchieebenen und Subsysteme des Unternehmens ist eine logische Folge dieser Überlegungen. Unterstützt wird diese Auffassung auch durch Erkenntnisse des oben erwähnten Work-Activity-Ansatzes, die ebenfalls dahin gehen, dass Führungshandeln nicht nur *geplant* abläuft; vielmehr „gibt es ... im Management häufig eine **Vielzahl ungeplanter Führungsprozesse**, etwa nach dem Muster des „Durchwurstelns" (muddling through)."[268]

Als **Konsequenzen** für Unternehmen und Managementprozess sind festzuhalten:

1. Einfache Lösungsansätze, die eine völlige Beherrschbarkeit eines Unternehmens über die Zielsetzung und den darauf aufbauenden Managementprozess unterstellen, liegen nicht vor und sind nicht denkbar.

2. Die unterschiedliche Komplexität der Problemsituationen erfordert die Anwendung einer „Vorgehensmethodik ..., die der logischen Charakteristik der betreffenden Problemsituation entspricht... Es (gibt) keine in allen Situationen gleichermaßen erfolgreiche ‚Führungsmethodik'."[269]

---

[265] Schreyögg (1991), S. 272.; Zur Chronologie der Anschauungsentwicklung über Problemlösungs- und Entscheidungsprozesse siehe March (1990).
[266] Ulrich/Probst (1995), S. 291.
[267] Vgl. dazu ausführlich Ulrich/Probst (1995), S. 27 ff.; Siehe auch Kap. A.I.2.
[268] Matthes (1986), S. 285 f.; Ebenso für mikroorganisatorische Gestaltungsprozesse Jung (1985), S. 62 ff.; Siehe auch Kap. C.III.1.4.2. die Ansätze des Inkrementalismus von Lindblom (1969).
[269] Ulrich/Probst (1995), S. 291.

3. Weiter könnte eine Mischung von Verrichtungs- und Objektstrukturierung besonders in Routineabläufen eine sinnvolle Alternative für eine ausschließlich verrichtungsorientierte Vorgehensweise darstellen.[270]

4. Ein linearer Ablauf des Managementprozesses von „oben" nach „unten" ist nicht möglich und durchführbar, zumindest dann nicht, wenn damit eine völlige Gestaltung und Lenkung des Unternehmens beabsichtigt ist.

5. Eine flexible Handhabung bei der Gestaltung des Managementprozesses, aber auch die Eigenverantwortlichkeit der Führungskräfte (verknüpft mit einem angemessenen Management Development; siehe Kapitel B.V.) kann dafür Sorge tragen, dass auf Überraschungseffekte aus der Umwelt oder aus dem Unternehmen selbst, die zu raschen Ziel- und Planänderungen führen müssen, kompetenter und schneller reagiert werden kann.

6. In die unternehmenspolitischen Vorgaben sollten daher Gestaltungs- und Freiheitsräume für die Kompetenz der verschiedenen betrieblichen Führungsbereiche, Führungsebenen und Führungsfunktionen eingebaut werden.

1.3. Übersicht über Management-Arbeitstechniken im Sachbezug

Bei der Wahrnehmung seiner Aufgaben steht dem Management eine Vielzahl an verschiedenartigen Instrumenten (Verfahren, Methoden, Techniken) zur Verfügung. Unabhängig von der in der Literatur im Einzelfall unterschiedlich gehandhabten Verwendung der Begriffe Verfahren, Methoden, Techniken u.a. wollen wir die Instrumente unter dem Begriff „Management-Arbeitstechniken" zusammenfassen. Diese sind gewissermaßen Werkzeuge, die Manager im Rahmen ihrer zielorientierten Gestaltung und Lenkung betrieblicher Systeme einsetzen (können).

Mit der Synopse in Abbildung C.III.2 wollen wir einen geordneten, an unserer Gliederung des Managementprozesses orientierten Überblick über wichtige Management-Arbeitstechniken geben. Dies kann nicht mehr als eine erste Hilfestellung bei der Suche nach relevanten Techniken im Zusammenhang mit bestimmten Managementaufgaben sein. In unseren Ausführungen sind an etlichen Stellen Hinweise und Kurzdarstellungen wichtiger Arbeitstechniken enthalten. Für eine detaillierte Beschäftigung mit den Arbeitstechniken ist der Leser auf unterschiedliche Quellen angewiesen, die an entsprechender Stelle im Lehrbuch vermerkt sind.

Die Auswahl der in die Übersicht aufgenommenen Management-Arbeitstechniken ist zwangsläufig subjektiv, ihre Zuordnung in vielen Fällen diskussionsfähig. Etliche Techniken bieten Unterstützung bei mehreren Prozessstufen. Nur in wenigen Fällen haben wir uns wegen der Bedeutung der Techniken für eine Mehrfachnen-

---

[270] Siehe dazu Hauschildt/Petersen (1987), S. 1061 f. Die Autoren formulieren allerdings diese These wegen noch fehlender breiter empirischer Basis in Frageform.

nung entschieden und ansonsten die Techniken dort angeführt, wo wir ihre Hauptanwendung sehen.

Führungsfunktion	Prozessstufe	Technik	
Techniken zur Unterstützung der sachbezogenen Führungsfunktionen	Planung	Zielbildung	- Deduktive Zielauflösung - Kennzahlensysteme - Konflikthandhabungstechniken - Verhandlungstechniken - Zielbeziehungsanalyse	-Techniken der - Problemanalyse - Entwicklung von Lösungsalternativen (siehe unten)
		Problemanalyse und -bestimmung	- ABC-Analyse - Branchenanalyse - Checklistenverfahren - (Prüfliste) - Cross-Impact-Analyse - Datenerhebungsmethoden (Interview, Fragebogen, Dokumentenanalyse) - Delphiverfahren - Einlussgrößenanalyse - Eingangs-/Ausgangsanalyse - Erfahrungskurvenanalyse - Gap-Analyse - Ishikawa-Diagramm - Kennzahlensysteme - Kepner-Tregoe-Methode - Kommunikationsdiagramm	- Konkurrenzanalyse - Mind Mapping - Netzplantechnik - Ökobilanz - PIMS-Programm - Portfoliotechniken - Produktlebenszyklusanalyse - Prozessanalyse - Simulationsmethode - Stakeholder-Analyse - Stärken-Schwächen-Analyse - statistische Analysen und Prognoseverfahren - Strukturanalysen - Szenariotechniken - Wertanalyse - Wert(schöpfungs)ketten-Analyse
		Entwicklung von Lösungsalternativen	- Bionik - Brainstorming - Kärtchentechnik - Methode 6-3-5	- Morphologische Methode - SIL-Methode - Synektik
		Alternativenbeurteilung	- Break-even-Analyse - Entscheidungsbaumtechnik - Erwartungs(wert)analyse - Kosten-Wirksamkeits-Analyse - Methoden der linearen Programmierung - Nutzwertanalyse - Abstimmungsregeln	- Investitions- und Wirtschaftlichkeitsrechnung (z.B. Kostenvergleichsrechnung, Kapitalwertmethode) - Sensitivitätsanalyse - Simulationsmethode - Warteschlangenmodelle - Wertvergleichsmethode
	Entscheidung			
	Durchsetzung		- Ablaufdiagramm - Checkliste (Aktionsliste) - Datenflussplantechniken - Softwaregestützte Maschinensteuerung	- Entscheidungstabellentechniken - Funktionendiagramm - Netzplantechnik - Organigramm - Organisationsanweisung - Pflichtenheft - Stellenbeschreibung
	Kontrolle		- Datenerhebungstechniken - Früherkennungssystem - Kennzahlensystem	- Netzplantechnik - Stichprobenverfahren - Zero-Base-Budgeting
	Funktionen- und prozessstufenübergreifend sind (mit ihrem Schwergewicht auf unterschiedlichen Funktionen/ Prozessstufen):		- Ganzheitliche Problemlösungsmethode (Methode des vernetzten Denkens) - Management by Objectives (MbO) - Metaplanmethode	

Abb. C.III.2: Übersicht wichtiger Management-Arbeitstechniken zur Unterstützung der sachbezogenen Führungsarbeit

1.4. Phasen des Managementprozesses

1.4.1. Planung

1.4.1.1. Begriffliche Abgrenzung

Planung gilt als unternehmerisches Führungsprinzip. Gewöhnlich geht dem Handeln im persönlichen sowie geschäftlichen Leben ein Prozess der Orientierungsgewinnung voraus. Diese Phase der Gewinnung einer **Handlungsorientierung** wird als **Planung** bezeichnet. Hierbei handelt es sich um einen geistigen Akt, der dem eigentlichen Tun vorangeht. Deshalb wird Planung auch als eine grundsätzlich **zukunftsgerichtete** Tätigkeit verstanden. Darüber hinaus ist eine Handlungsorientierung auf bestimmte **positive** Zukunftszustände bezogen, denn die Handlungsorientierung ist darauf ausgerichtet, eine Situation zumindest positiv zu gestalten oder gänzlich zu verbessern.

In ihrer ursprünglichen Form beschäftigt sich Planung mit der Abwicklung und Sicherstellung von Vorgängen innerhalb eines Unternehmens aufgrund vorher gefasster Entscheidungen. Im weiteren Verlaufe wurde Planung als ein Mittel der Koordination für verschiedene Unternehmensbereiche gesehen. Heute wird *Planung als* ein *Instrument zur Vorbereitung von Entscheidungen* aufgefasst. Vor allem durch Entwicklungstrends wie die Zunahme des Anpassungsbedarfs, der Anpassungsgeschwindigkeit von Unternehmen an sich wandelnde Umweltbedingungen, einer Globalisierung des Wettbewerbs sowie einer Wandlung im Arbeits- und Konsumverhalten verändern sich die Inhalte und Ausmaße planerischer Tätigkeiten.

Planung im Verständnis der traditionellen Managementlehre beschäftigt sich mit der allgemeinen Bestimmung dessen, was zu tun ist und wie es getan werden soll, um die Unternehmensziele zu erreichen. Zu allererst geht es hier um die Bestimmung der Zielerreichung, die Entfaltung zukünftiger Handlungsoptionen und die Auswahl unter diesen. Fortschreitend von der langfristigen zur kurzfristigen Orientierung beinhaltet Planung beispielsweise die Festlegung von Zielen, Rahmenrichtlinien, Programmen und Verfahrensweisen zur Programmrealisierung für das gesamte Unternehmen oder einzelne Teilbereiche dieses. Dieses Verständnis von Planung ist grundsätzlicher Natur und hat bis heute Geltung.

Planung als Führungstätigkeit ist in mehrfacher Weise im Rahmen des Managementprozesses festzustellen und erforderlich:

- In der Unternehmenspolitik vollzieht sich Planung vorrangig im vorausschauenden Zielplanungsprozess der Oberziele des Unternehmens.

- Die Prozessstufe Planung im Rahmen des Managementprozesses selbst überprüft die Zukunft auf Handlungsmöglichkeiten und entwickelt diese im Hinblick auf die unternehmenspolitischen Zielsetzungen, und zwar in abgestufter Form auf allen Managementebenen.
- In den übrigen Prozessstufen des Managementprozesses besteht ebenso wie in den spezifischen Management-Funktionen (Strategieentwicklung, Organisation) immer wieder die Notwendigkeit, Zukunftsentwicklungen voraus zu bedenken und sich durch Handlungsentwürfe darauf einzustellen.

Das unterschiedliche Vorkommen der Planungsfunktion und die verschiedenen Handhabungen von Planung zeigen erhebliche *Gemeinsamkeiten*, die nachfolgend untersucht werden sollen.

1.4.1.2. Grundtatbestände der Planung

1.4.1.2.1. Zweck und Funktionen der Planung

Die Notwendigkeit betrieblicher Planung generell ist in *externen* und *internen* Bedingungen der Unternehmen begründet:

- Die gegenwärtigen und zukünftig zu erwartenden weiter zunehmenden Unsicherheiten, Diskontinuitäten und Turbulenzen besonders der wirtschaftlichen, technischen und sozialen Unternehmensumwelt (*externe Komplexität*) erfordern durch ein vorausschauendes, die Zukunft antizipierendes Denken und Handeln verstärkt Anpassungsprozesse der Unternehmen. Die wichtigste Aufgabe der Planung für das gesamte Unternehmen liegt im Hinblick auf diese Umwelt- und Zukunftsproblematik in der langfristigen Überlebenssicherung.
- Aber auch zur Beherrschung der *internen Komplexität* der Unternehmen, die beispielsweise wegen ihres Größenwachstums zunehmend schwieriger zu führen sind, sind neben organisatorischen Maßnahmen auch planerische Aktivitäten notwendig.

Planung kommt daher eine zukunftsbezogene **Gestaltungs- und Lenkungsfunktion** für das Unternehmen mit Hilfe von Zielen und Plänen zu. Verbunden ist damit die Aufgabe, realistische Zukunftsbilder zu entwerfen (**Prognosefunktion**). Die Gestaltungs- und Lenkungsfunktion kann nur wahrgenommen werden, wenn die externe und interne Komplexität nicht zur Handlungsunfähigkeit führt, wenn sie reduziert wird; die **Unsicherheitsreduktionsfunktion** der Planung unterstützt ebenfalls die Gestaltungs- und Lenkungsfunktion.

Im Hinblick auf den Führungsprozess dient Planung der Entscheidungsvorbereitung. Weiter liefert sie der letzten Phase im Managementprozess, der Kontrolle, die erforderlichen Zieldaten für den Soll-Ist-Vergleich.

Mit *Wild* soll **Planung** als ein systematisch-methodischer Prozess zur Erkenntnis und Lösung von Zukunftsproblemen angesehen werden.[271]

---

[271] Vgl. Wild (1982), S. 13.

Wichtige Merkmale der Planung sind dabei ihre Zielorientierung, die Prozessbezogenheit und Systematik. Ein weiteres Merkmal, die Zukunftsorientierung der Planung, deutet auf die Prognoseproblematik im Rahmen des Gesamtprozesses der Planung hin.

Der Planung werden eine Fülle von **Funktionen** zugeschrieben, von denen besonders wichtig erscheinende kurz dargestellt werden sollen.[272]

(1) Gestaltungs- und Lenkungsfunktion, verbunden mit der **Prognose- und Unsicherheitsreduktionsfunktion**

Hierbei handelt es sich um herausragende Aufgaben der Planung.[273] Gleichzeitig ist darin aber eines der *größten Probleme der Planung* (und auch eines der strategischen Führung; siehe dazu Kapitel C.II.3.2.) zu sehen, wenn die Gestaltungs- und Lenkungsfunktion im Sinne einer „plandeterminierten Unternehmensführung"[274], nämlich einer die nachfolgenden Führungsstufen und die Ausführungsebene flächendeckend überlagernden und völlig ausfüllenden Gestaltung und Lenkung durch Planung verstanden wird. *Steinmann/Schreyögg* weisen zu Recht darauf hin, dass die Voraussetzungen für eine solche „Totalsteuerungshypothese" an der unrealistischen Unterstellung scheitert, dass alle Wirkungszusammenhänge der Umwelt in der Gegenwart und in der Zukunft erfassbar seien und dass ebenfalls das Unternehmen sich durch zentrale Gestaltungs- und Lenkungsprozesse völlig beherrschen ließe; unter anderem wegen der Probleme, die durch interne und externe Komplexität für das gesamte Unternehmen entstehen, müssten Unternehmensteile mit Hilfe eigener Zwecksetzungen in der Lage sein, ihren eigenständigen Beitrag zur Existenzsicherung des Unternehmens zu leisten; *die Gesamtsteuerung des Unternehmens könne damit nur im Sinne einer globalen Vorsteuerung verstanden werden.*[275]

(2) Koordinations- und Integrationsfunktion

Planung soll die (meist) multipersonal ablaufenden Entscheidungs- und Ausführungsprozesse im Hinblick auf die betrieblichen Ziele koordinieren, und zwar durch den Aufbau eines geeigneten Planungssystems und durch Abstimmung der Teilpläne aufeinander. Die Integration der Pläne würde durch die - allerdings praktisch kaum realisierbare - *Simultanplanung* wesentlich verstärkt. Unter Simultanplanung ist eine Planung „in einem Akt" zu verstehen; die Planung findet für alle Teilbereiche gleichzeitig unter Berücksichtigung sämtlicher Bezugsgrößen und Interdependenzen statt, so dass ein Gesamtoptimum erreicht wird. Die realistische *Sukzessivplanung* dagegen geht „Schritt für Schritt" vor; denn die Teilpläne werden aufbauend aufeinander schrittweise erstellt.

Bei der Sukzessivplanung stellt sich neben der zu lösenden Integrations- und Koordinationsproblematik bezüglich der Teilpläne die Frage, mit welchem Teilbereich des Unternehmens die Planung aufgenommen werden soll bzw. welcher Teilbereich bei der Planung dominiert. Nach dem „**Ausgleichsgesetz der Planung**" von *Erich Gutenberg* ist die „**Dominanz des Minimumsektors**" Ansatzpunkt für die Planung: Die Gesamtplanung sollte *kurzfristig* auf den schwächsten betrieblichen Teilbereich (Engpass, Minimumsektor) abgestimmt werden (Engpassplanung), da Engpässe in einem

---

[272] Siehe auch Schweitzer (2002), S. 21 ff. Siehe besonders Rüth (1989), S. 126 ff.; Hammer (1988), S. 16 ff.

[273] Vgl. Staehle (1999), S. 538 ff.

[274] Steinmann/Schreyögg (2005), S. 132 f., 135-139.

[275] Vgl. ausführlich Steinmann/Schreyögg (2005), S. 131 ff.; Siehe auch Schreyögg (1991), S. 281 ff.; Zu empirischen Ergebnissen der Reduktion der Unsicherheit durch Planung siehe Khandwalla (1975), S. 140 ff.

Bereich (z.B. im Absatzbereich) zu Überkapazitäten in den übrigen Bereichen (z.B. in der Produktion) führen. *Langfristig* aber sollte der Engpass beseitigt werden, indem entweder der Engpassbereich auf das Niveau der übrigen Bereiche angehoben wird oder indem die Überkapazitäten in den Nicht-Engpassbereichen bis auf das Niveau des Engpassbereichs abgebaut werden (in der Regel wird dann aber ein neuer Engpass aufgebaut).

(3) Leistungs- und Motivationsfunktion

Durch die Planung sollen ein höherer Zielerreichungsgrad erreicht und die Unternehmensmitglieder zu besseren Leistungen motiviert werden. Eine wesentliche Rolle spielt hierbei die Verknüpfung der Planung mit dem Managementmodell MbO (Management by Objectives, Führung durch Zielvereinbarung). Die Akzeptanz der im Planungsprozess entwickelten Ziele durch die Mitarbeiter, wesentlich gefördert durch deren Partizipation am (Ziel-)Planungsprozess, kann einen Beitrag für das Gelingen von Planung leisten.

(4) Anpassungs- und Flexibilitätsfunktion

Die Planung soll gewährleisten, dass sich das Unternehmen besser den Umweltveränderungen anpassen kann (Reaktion). Auf die Anpassungsnotwendigkeit des Unternehmens wurde bereits hingewiesen. Um diese Aufgaben zu erfüllen, muss das Planungskonzept gewissen Anforderungen genügen:[276]

- Umweltveränderungen müssen überhaupt und rechtzeitig wahrgenommen werden können.
- Ein Anpassungspotenzial muss zur Verfügung stehen (z.B. Substitutionsprodukte).
- Anpassungsplanungen müssen rechtzeitig vorgenommen und in einem angemessenen Zeitraum umgesetzt werden können.
- Anpassungsentscheidungen müssen zu einer rechtzeitigen Reaktion des Unternehmens und zum Ausschalten der Störgrößen führen.

(5) Innovations- und Kreativitätsfunktion

Durch Planung und Einführung von Verfahrens- und Produktinnovationen soll eine aktive Beeinflussung der Umwelt erreicht werden.

(6) Optimierungs- und Sicherungsfunktion

Durch Planung soll die bestmögliche Verhaltensweise des Unternehmens gefunden werden, auch bei der Bewältigung der Unsicherheit. Voraussetzung dafür ist das Vorhandensein von Zielen, die eine Beurteilung von Handlungsmöglichkeiten erlauben.

Als **Hauptprobleme**, die der Erreichung der intendierten Funktionen entgegenstehen, können angesehen werden:[277]

- Komplexitätsproblem: Umwelt- und Unternehmenskomplexität mit ihren Auswirkungen auf die Planbarkeit und Gesamtlenkung des Unternehmens (die nachfolgenden Problemkreise hängen damit zusammen)
- Ungewissheitsproblem: Unsicherheit über die Zukunftsentwicklung der Planungsdaten, und damit über die Ergebnisse der möglichen Handlungsalternativen (Prognoseproblematik)

---

[276] Vgl. Rüth (1989), S. 146 ff.
[277] Vgl. u.a. Hentze/Brose (1993), S. 28 ff.; Kuhn (1990), S. 10 ff.

- Informationsproblem: Ursache für die Ungewissheit einerseits sowie Problem des optimalen Informationsumfangs und der Informationsbeschaffung andererseits
- Interdependenzproblem: Interdependenzen zwischen den betrieblichen Bereichen erlauben im Hinblick auf die betrieblichen Ziele keine isolierten Maßnahmenplanungen der Bereiche, erfordern vielmehr einen hohen Aufwand an Abstimmungen
- Flexibilitätsproblem: Einengung der betrieblichen Flexibilität durch planerische Reduzierung des Handlungsspielraums.

Das Verhältnis der Planungsfunktion zu anderen Funktionen und Begriffen ist allerdings nicht immer eindeutig. Planung im Sinne obiger Erläuterungen ist abzugrenzen von:

- *Führung* als zielorientierter Gestaltung und Lenkung soziotechnischer Systeme: Planung ist eine Phase oder Funktion (oder je nach Betrachtung auch ein Instrument) im Rahmen der Führung.
- *Zielbildung* im Rahmen der Unternehmenspolitik: Die Abgrenzung ist nicht eindeutig. In einem weiteren Sinne umfasst sie auch die Planung unternehmenspolitischer Ziele, in einem engeren Sinn verstanden setzt sie die unternehmenspolitisch fixierten Ziele voraus (in diesem Fall sind aber im Rahmen der Eigenverantwortung oder der Selbstabstimmungskompetenzen oder je nach Konkretisierungsgrad der Oberziele etwa bei Globalzielsetzungen eigene Zielplanungen der Subsysteme möglich).
- *Entscheidung* als Auswahlprozess über mehrere Handlungsmöglichkeiten kann ebenfalls im Rahmen eines weiteren Planungsbegriffs als Endstufe dieses Prozesses angesehen werden, kann aber auch - wie hier vorgenommen - aus analytischen Überlegungen von der Planung getrennt werden. Dennoch sind im Planungsprozess auch Entscheidungen zu fällen (z.B. Entscheidungen über Verfolgung von Planungsproblemen, über Informationsbeschaffungen).
- *Kontrolle* als Soll-Ist-Vergleich ist die letzte Stufe im Führungs- oder Managementprozess und setzt Planung in Form von Zielplanungen voraus (Kontrolle als Führungsfunktion). Ob die Vorgaben der Planung erreicht wurden, kann nur durch Kontrolle festgestellt werden. „Planung ohne Kontrolle ist ... sinnlos, Kontrolle ohne Planung unmöglich."[278] Auch im Planungsprozess selbst fallen Kontrollen etwa in Form von Prämissenkontrollen an (Überprüfung der Stimmigkeit der gemachten Annahmen; zu weiteren Kontrollarten siehe Kapitel C.III.1.4.4.).
- *Prognose* (begründete Aussage über wahrscheinliche zukünftige Entwicklungen), *Trend* (Grundrichtung einer sich über längere Zeiträume erstreckenden Entwicklung), *Extrapolation (statistische* Schätzmethode zur Vorhersage künftiger Entwicklungen). Prognose, Trend und Extrapolation sind Hilfsmittel für Zukunftsvoraussagen und -berechnungen im Rahmen der Planung.
- *Budget* ist als zahlenmäßige periodenbezogene Zusammenfassung kurzfristiger Pläne Bestandteil des Planungssystems (als Sollvorgabe formuliert kann das Budget Lenkungsinstrument sein).[279]

---

[278] Wild (1982), S. 44.
[279] Siehe u.a. Schweitzer (2002), S. 25 ff. und Rieg (2001) zur Abgrenzung von Planung und Budgetierung.

- *Improvisation* (Reaktion auf, Anpassung an unvorhergesehene Ereignisse) steht im Gegensatz zur Planung (ergänzt aber die Planung bei Planungsfehlern oder bei nicht planbaren Zukunftssituationen).

1.4.1.2.2. Planungsträger und Planungsinstrumente
Als **Planungsträger** werden Personen und Instanzen bezeichnet, denen Planungsaufgaben zugeordnet werden. Die konkrete aufbauorganisatorische Zuordnung von Planungsaufgaben hängt in erheblichem Maße von der Größe, aber auch vom Dezentralisierungs- und Delegationsgrad des Unternehmens ab. Wegen der engen Verbindung von Planung und Kontrolle können Planungs- und Kontrollträger in vielen Fällen identisch sein. Als betriebliche Planungsinstanzen kommen *alle Managementebenen*, also Top Management und Subsystemmanagement in Frage.

An **fachlichen Planungsfähigkeiten** werden neben wirtschaftswissenschaftlichen Kenntnissen die Beherrschung spezieller Planungs- und Prognoseverfahren sowie von Computeranwendungen erforderlich sein. *Hilfestellungen und Servicefunktionen* vor allem im Hinblick auf planerisches Spezialwissen können leisten:

- zentrale oder dezentrale Planungsstäbe als Expertenstäbe mit Koordinierungs-, Konzeptions- und Hilfsfunktionen
- Planungskomitees (oder -ausschüsse, -kommissionen, -konferenzen) als Arbeits- und Beratungsausschüsse; periodische Besetzung mit Experten verschiedener hierarchischer Ebenen; Beratungs- und Entscheidungskompetenzen können übertragen werden
- Controlling als Servicestelle unter anderem für Planungsfragen; mit zunehmender Übertragung umfassender Planungsaufgaben bis hin zu strategischen Planungen (je nach Institutionalisierungsgrad können dem Controlling darüber hinaus zusätzlich Entscheidungsfunktionen übertragen werden).

Das Planungspersonal soll nach übereinstimmender Meinung in der Fachliteratur[280] folgende **überfachliche Fähigkeiten** aufweisen:
- Fähigkeit zum ganzheitlichen Denken
- Fähigkeit zum abstrakten Denken
- Kommunikationsvermögen
- gereifte Haltung und Einstellung.

Diese Fähigkeiten sind allerdings auch als solche von Führungskräften generell anzusehen (siehe Kapitel B.IV.4.), so dass eine entsprechende spezielle Zuweisung für Planungsträger fragwürdig bleibt.

Planungsinstrumente stellen strukturierte und formalisierte Techniken zur Erleichterung und Verbesserung von Wahrnehmungs- und Denkprozessen in der Planung dar (siehe auch Abbildung C.III.2). Die im Bereich der Planung eingesetzten

---

[280] Siehe hierzu z.B. Schweitzer (2002), S. 42.

Instrumentarien sind äußerst vielfältig. Nach den jeweilig erforderlichen Denkprozessen können vier instrumentale Kategorien unterschieden werden:[281]

- **analytische Instrumente**,
  z.B. Plan- und Ist-Kostenrechnungen, Kennzahlensysteme, Netzplantechnik
- **heuristische Instrumente**,
  z.B. Kreativitätstechniken wie Brainstorming, -writing, Methode 635, morphologischer Kasten (Heuristiken synonym Näherungsverfahren; Suche nach befriedigenden – nicht optimalen – Lösungen)[282]
- **prognostische Instrumente**,
  z.B. Trendextrapolation, Regressionsanalyse, Delphi-Methode, Simulationsverfahren
- **Bewertungs- und Entscheidungsinstrumente**,
  z.B. Kosten-Nutzen-Analyse, Break-Even-Analyse, Wirtschaftlichkeitsrechnungen, Nutzwertanalyse, Risikoanalyse.

1.4.1.3. Planungsprozess

Im Rahmen einer sachlogischen Betrachtung der Planungsabläufe können folgende *Prozessstufen* idealtypisch herausgestellt werden:

- **Zielbildung**
- **Problemanalyse**
- **Alternativensuche und Prognose sowie**
- **Alternativenbeurteilung**.

Je nach Abgrenzung können noch als erste Stufe der Zielplanungsprozess (siehe Kapitel C.III.1.2, Ziffer 2) sowie gegebenenfalls auch die nachfolgende Entscheidung mit einbezogen werden (siehe auch ausführlich Abbildung C.III.1).[283]

Auch wenn mit einer solchen formallogischen Abfolge aufgrund der *begrenzten Rationalität* (siehe auch Kapitel C.III.1.4.2.) des Planers und wegen der *Komplexität vieler Entscheidungssituationen* kein Zieloptimum oder -maximum erreicht werden kann, können doch *Anhaltspunkte* für eine angemessene Vorgehensweise abgeleitet werden.

Die Prozessstufen und Einzelschritte sollen im Folgenden erläutert werden, wobei lediglich Hinweise auf Besonderheiten erfolgen.

---

[281] Siehe u.a. im Detail sowie Anwendungsbeispiele Hahn/Hungenberg (2001). Siehe auch Kap. C.III.1.3.
[282] Vgl. dazu Bronner (1989), S. 57 ff.; Hentze/Müller/Schlicksupp (1990).
[283] Siehe auch Schweitzer (2002), S. 23 ff.; Hahn/Hungenberg (2001), S. 45 f., die zwischen Planung i.e.S. und i.w.S. unterscheiden.

1.4.1.3.1. Zielbildung

Der Zielsetzung kommt im Rahmen der Unternehmensführung eine dominierende Aufgabe zu; sie gilt als eine der Grundfunktionen des Managements. Ziele sind Absichtserklärungen des Managements von Unternehmen. Ohne konkrete Zielvorstellung und klare Zielformulierung ist eine sinnvolle Unternehmensführung nicht möglich. Aber auch auf den weiteren Stufen des Managementprozesses und auf den verschiedenen Managementebenen sind Zielüberlegungen von besonderer Bedeutung.

Unternehmensziele können generell als erstrebenswerte Zukunftszustände des Unternehmens angesehen werden. In klassischer Sicht werden Ziele definiert als normative Vorstellungen über einen zukünftigen Zustand des Unternehmens, der durch Handlungen dargestellt werden soll.[284]

Die Ziele des Unternehmens sollen besonders folgende **Funktionen**[285] erfüllen oder unterstützen:

– Bewertung von Handlungsmöglichkeiten anhand spezifischer Entscheidungskriterien (Selektionsfunktion)
– Führung und Lenkung
– Problemerkenntnis und Problemlösung
– Informationsauswahl
– Handlungsanleitung und Orientierungshilfe (Steuerungsfunktion)
– Motivation (Motivations- und Anreizfunktion)
– Leistungsbeurteilung (Bewertungs- und Kontrollfunktion).

In erwerbswirtschaftlichen Unternehmen ist zwar das Gewinnziel ein dominierendes Ziel; dennoch muss hier wie in allen Unternehmen von einer *Zielpluralität* ausgegangen werden, d.h. Unternehmen verfolgen mehrere Ziele. Hervorgehoben seien folgende **Zielarten** vorrangig für erwerbswirtschaftliche Unternehmen:

– *Sachziele* oder leistungswirtschaftliche Ziele (Produkt-/Marktziele), *Formalziele* oder finanzwirtschaftliche Ziele (Finanz- und Erfolgsziele), *Sozialziele*
– *Oberziele* oder Basisziele (Existenzsicherung, Bestandssicherung des Gesamtunternehmens), *strategische Ziele* (Konkretisierung der Oberziele, vorrangig als Produkt-/Marktziele des Gesamtunternehmens), *operative Ziele* (Gestaltung und Lenkung der Ausführungshandlung in Teilbereichen des Unternehmens)
– *Programmziele* (Geltungsbereich ist das Gesamtunternehmen) und *Entscheidungsziele* (Bezugsbereich ist das konkrete einzelne Entscheidungsproblem)[286]
– *Ausgangsziele* (Ziele vor der Planung, noch nicht auf Realisierbarkeit überprüft) und *Planziele* (Ziele nach der Planung, nach Abschluss des Zielplanungsprozesses); diese Unterscheidung ist für den Zielplanungsprozess von Bedeutung[287]

---

[284] Vgl. Heinen (1966), S. 45.
[285] Vgl. zur Funktion von Zielen z.B. Bea/Haas (2005), S. 73 ff.; Macharzina (2003), S. 191; Adam (1996), S. 99 ff.; Mag (1995); Amshoff (1993), S. 151 ff.
[286] Siehe dazu Hauschildt (1977), S. 9 ff.
[287] Siehe Wild (1982), S. 40 f.

- *Kann- und Mussziele*:[288] Mussziele sind von allen alternativ zu entwickelnden Maßnahmen zur Zielerreichung zwingend zu berücksichtigen (z.B. Kapitaleinsatz für Entwicklung eines neuen Produktes maximal 1 Mio. €). Das Mussziel oder Begrenzungsziel kann auch als Zielbeschränkung oder Restriktion definiert werden. Kann- oder Wunschziele können in einem bestimmten Umfang erreicht werden (diese sind dann gegebenenfalls nach ihrer Wichtigkeit zu ordnen).

Der **Zielplanungsprozess** widerspiegelt gedanklich das idealtypische Vorgehen bei der Zielbildung. Die *Prozessstufe Zielbildung* kann formallogisch in folgende **Teilschritte** zerlegt werden (siehe auch Abbildung C.III.1):

- Zielsuche
- Zielanalyse
- Zielstrukturierung
- Operationalisierung der Ziele
- Prüfung auf Realisierbarkeit
- Zielentscheidung
- Zielanordnung
- Zielüberprüfung und -revision.

Es wurde bereits darauf hingewiesen (siehe Kapitel C.III.1.1.), dass dieser Darstellung die Annahme eines idealtypischen Verlaufs zugrunde liegt. Wenn diese Prämisse aufgehoben wird, dann können zu Beginn des Managementprozesses zwar Versuche einer Zielkonkretisierung oder gar eindeutigen Zielfixierung vorgenommen werden; endgültige Zielklarheit dürfte sich aber erst, wenn überhaupt, im Verlauf der weiteren Überlegungen etwa in der Planungs- oder in der Entscheidungsphase ergeben.[289]

*Die **Teilschritte** des Zielplanungsprozesses sind wie folgt zu charakterisieren* (es erfolgen lediglich Hinweise auf Besonderheiten):

In der Phase der **Zielanalyse** sind die in der *Zielsuche* gewonnenen Zielideen auf ihre (relative) Vollständigkeit, auf ihre Beziehungen zueinander sowie zu übergeordneten Ziel- und Wertvorstellungen zu überprüfen. Zu letzterem können folgende Fragen gestellt werden:[290]

- „Stimmt das zur Diskussion stehende Ziel mit übergeordneten Zielvorstellungen überein? Würden diese auch eine andere Zielsetzung zulassen?
- Ist es überhaupt möglich, in der heutigen oder zukünftig zu erwartenden Situation das gesetzte Ziel zu erreichen? Erfordert die Situation eine Änderung unserer Zielsetzung?"

---

[288] Vgl. Kepner/Tregoe (1970), S 204 ff.; Krüger (1983), S. 55 f.
[289] Siehe zur Problematik betrieblicher Ziele und zu empirischen Untersuchungen u.a. Schweitzer (2002), S. 50 ff.; Schreyögg (1991), S. 268 f.; Staehle (1999), S. 437 ff.
[290] Ulrich/Probst (1995), S. 122 f.

Das Zusammenwirken von Zielen kann unterschiedliche *Zielerreichungsgrade* hervorrufen. Zu unterscheiden sind:

- *komplementäre* Zielbeziehungen (Ausprägungen der verschiedenen Ziele fördern sich gegenseitig)
- *konkurrierende* oder konfliktäre Zielbeziehungen (Ausprägungen der Ziele behindern sich)
- *indifferente* Zielbeziehungen (Ausprägungen der Ziele haben keine gegenseitigen Auswirkungen).

Realistischer als *totale* (ausschließliche) Zielbeziehungen (nur konkurrierend oder nur komplementär) ist der Fall der wechselnden Zielbeziehungen (*partielle* Zielbeziehungen): Ziele können z.b. sich teilweise konkurrierend oder je nach Situation sich auch teilweise komplementär zueinander verhalten.

Bei dem Vorliegen von Zielkonflikten müssen gegebenenfalls *Zielprioritäten* festgelegt werden (Welche Ziele sind besonders wichtig und dringlich? Soll ein konkurrierendes Ziel aufgegeben werden? Was sind Haupt- und Nebenziele (horizontale Zielordnung)?).

In der Phase der **Zielstrukturierung** ist die Ordnungsstruktur unterschiedlicher Ziele aufzudecken, wobei *horizontale* und *vertikale* Strukturen möglich sind.

Vertikal betrachtet können Ziele in einer *Mittel-Zweck-Beziehung* stehen, und damit in einem Unter- und Überordnungsverhältnis (Zielhierarchie, Zielrangordnung, vertikale Zielordnung). Die Aufdeckung dieser Beziehungen kann zu Zielsystemen führen: Ein jeweils untergeordnetes Ziel ist Mittel zur Erreichung eines übergeordneten Ziels (siehe Zielsysteme). Horizontale Strukturen einander gleichgeordneter, eventuell auch voneinander unabhängiger Ziele können sich auf allen Ebenen eines Zielsystems befinden; z.B. als gleichgeordnete Oberziele Kapitalrentabilität und Sozialziele (unterstellt, eine Verknüpfung dieser Oberziele wurde nicht vorgenommen) oder Aufwand und Ertrag als gleichgeordnete Zwischenziele zum Gewinnziel.

In der Phase der **Operationalisierung der Ziele** müssen Ziele präzise formuliert sein, damit sie ihre unterschiedlichen Funktionen erfüllen und vor allem für Handlungen im Unternehmen richtungsbestimmend sein können. Sie sollen eindeutig bestimmt, klar und verständlich sein.

Auf der Ebene der obersten Unternehmensziele müssen allerdings Zielformulierungen häufig unbestimmt bleiben; eine Konkretisierung erfahren diese in den nachfolgenden Planungsstufen. Auch der Kompromisscharakter gerade der in den unternehmenspolitischen Verhandlungsprozessen formulierten Ziele kann zu einer vagen Zielformulierung führen. Ziele werden dann als operational angesehen, wenn vor allem die folgenden **Zieldimensionen** konkret definiert werden (siehe auch Abbildung C.III.3):

- *Zielinhalt* (was soll erreicht werden, z.B. welche Gewinnart?)
- *Zielausmaß* (unbegrenzt formuliert: z.B. „optimal" oder begrenzt formuliert: z.B. Steigerung um 5 %; kardinale Messbarkeit: genauer Maßstab, der Abstände erkennen lässt, z.B. Angaben in Euro oder ordinale Messbarkeit: Angabe von Rangstufen, wie gut, mittel, schlecht oder nominale Messbarkeit: Ziel erfüllt oder nicht erfüllt)
- *zeitlicher Bezug* (Terminangabe, Terminlimit)
- *Zieladressat* (welcher betriebliche Bereich? welche Stelle?).

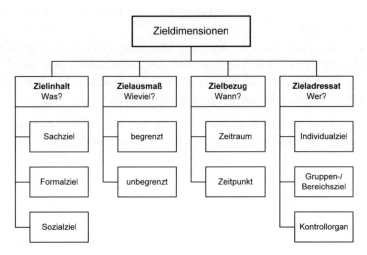

Abb. C.III.3: Zieldimensionen

Die Vielfalt der verfolgten Ziele und die hierarchische Gliederung des Unternehmens erfordern das Aufstellen einer Rangordnung von Zielen in der Regel als mehrstufiges System mit Ober-, Zwischen- und Unterzielen (**Zielsystem**),[291] die möglichst in einer **Mittel-Zweck-Beziehung** oder Ursache-Wirkungs-Beziehung zueinander stehen sollen (die Zwischen- und Unterziele z.B. der unteren Führungsebenen sollen das Oberziel des Gesamtunternehmens erreichen helfen; siehe Abbildung C.III.4).[292]

An so zustande kommende **Zielsysteme** werden insbesondere Anforderungen der *Operationalität* (präzise, genaue Zielformulierung), *Transparenz* und *Überprüfbarkeit* gestellt.[293] Im Rahmen der präzisen Zielformulierung sind die Ziele widerspruchsfrei und aufeinander abgestimmt zu formulieren (Konsistenz). Darüber hinaus sollen keine überholten Ziele (Aktualität) abgebildet werden und das Zielsystem sollte möglichst alle wichtigen Ziele enthalten (Vollständigkeit). Allerdings ist letztere Anforderung wegen der Komplexität des Unternehmens kaum erfüllbar.

---

[291] Vgl. Hauschildt (1980), Sp. 2020.
[292] Zur Ableitung konkreter Handlungsziele siehe Hauschildt (1975), S. 110.
[293] Vgl. Wild (1982), S. 55 f.; außerdem Kupsch (1979), S. 71 ff.

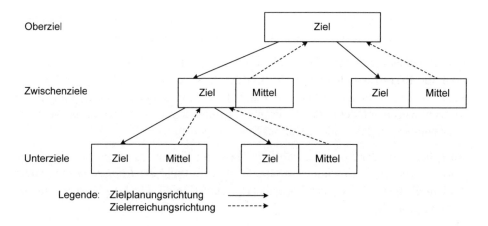

Abb. C.III.4: Mittel-Zweck-Beziehung von Zielen

Bei dem Zielfindungsprozess eines Unternehmens ist weiterhin zu berücksichtigen, dass sich häufig erst per Verhandlung über die Ansprüche der Mitarbeiter die Unternehmensziele herausbilden. Hierbei sind folgende **Zielkategorien** zu unterscheiden:

- Individualziele der Mitarbeiter (Motivation)
- Ziele der Mitarbeiter für das Unternehmen (Ansprüche gegenüber dem Unternehmen)
- Ziele des Unternehmens.[294]

Welche Individualziele und Ansprüche zu Unternehmenszielen werden, ist wiederum eine Frage der Durchsetzungsmöglichkeiten der individuellen Interessen, also eine Machtfrage. Am Ende von Zielverhandlungen in den Unternehmen stehen häufig Kompromisse (als „kleinster gemeinsame Nenner"), so dass der Kompromisscharakter solcher Ziele zu Lasten ihrer Klarheit gehen kann.

Die Vielfalt der Ziele im Unternehmen eröffnet nun zahlreiche Kombinationsmöglichkeiten für Zielsysteme. Zwei Typen von Zielsystemen können generell unterschieden werden: formalzielorientierte (oder definitionslogische) Zielsysteme und leistungszielorientierte (oder sachzielorientierte) Zielsysteme.[295] Kombinationen zwischen beiden Arten sind ebenfalls möglich und in der Praxis verbreitet.

(1) Formalzielorientierte Zielsysteme
Formalziele (wie Gewinn oder Rentabilität) als ökonomische Wertgrößen für die Erreichung der Leistungs- oder Sachziele lassen sich häufig in Form von Kenn-

---

[294] Vgl. Heinen (1984), S. 28 ff.; Kirsch (1971), S. 129 ff.; Staehle (1999), S. 439 ff.
[295] Siehe dazu Kupsch (1979), S. 86 ff.

zahlensystemen zu Zielsystemen derart zusammenstellen, dass sich die ranghöheren Ziele rechentechnisch aus den rangniedrigeren Zielen ergeben.[296]

Ein bekanntes Zielsystem der Praxis in Form eines Kennzahlensystems ist das **Return on Investment-Konzept** (ROI, Rückfluss des investierten Kapitals). Das auch als Rentabilitätsrechnung im Rahmen der Investitionsrechnung eingesetzte Konzept wurde von dem amerikanischen Chemieunternehmen *DuPont de Nemours* 1927 entwickelt, daher auch „DuPont-System" genannt.

Ausgehend von der *Kapitalrentabilität* (Gewinn : Kapital; G : K in %) werden die *Umsatzrentabilität* (Gewinn : Umsatz; G : U in %) und der *Kapitalumschlag* oder die Umschlagshäufigkeit des Kapitals (Umsatz : Kapital; U : K) zueinander in Beziehung gebracht:

$$ROI = \frac{G \times 100}{K} = \frac{G \times 100}{U} \times \frac{U}{K}$$

Kapitalumschlag und Umsatzrentabilität können weiter aufgespalten werden in ihre Elemente Umsatz, Kapital, Gewinn, die ihrerseits weiter zurückverfolgt werden können in die Zusammensetzung des Vermögens und der Kosten. Auf diese Art entsteht ein formallogisches Zielsystem (oder auch Kontrollsystem) mit betriebswirtschaftlichen Kennzahlen als Verhältniszahlen und absoluten Zahlen (siehe Abbildung C.III.5).

(2) Leistungszielorientierte Zielsysteme
Die Oberziele des Unternehmens werden entsprechend der Aufgabenhierarchie (siehe Kapitel B.III.2.2.) zu Aufgabenstellungen (Leistungszielen) für die verschiedenen Unternehmensebenen und Unternehmensbereiche umformuliert, so dass ein abgestuftes, auf die Organisationsstruktur (Hierarchieebenen) des Unternehmens bezogenes Zielsystem entsteht. Eine formallogische Geschlossenheit des Zielsystems dürfte aber kaum erreicht werden können. In der Kombination mit Formalzielen können diese Zielsysteme zu sinnvollen Systemen ausgebaut werden.

---

[296] Siehe zu Kennzahlen bezogen auf das „Jahresabschlussgestütztes Controlling" u.a. Graumann (2003), S. 215-266 sowie die dort angegebene Literatur. Siehe auch Hahn/Hungenberg (2001), S. 298 ff.

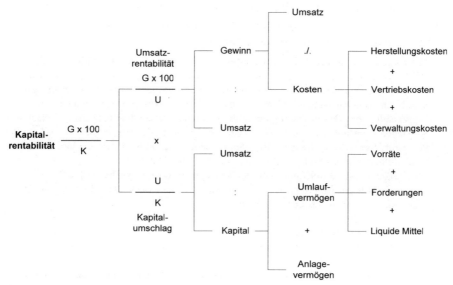

Abb. C.III.5: ROI-Konzept

1.4.1.3.2. Problemanalyse

Die Problemanalyse dient der Wahrnehmung und Untersuchung von Problemen.

Ein **Problem** kann allgemein als eine Soll-Ist-Abweichung angesehen werden, als ein „Unzufriedenheitszustand" in Bezug auf aktuelle oder auf zukünftige Situationen. Die Unzufriedenheit kann sich dabei sowohl auf eine positive, als auch auf eine negative Abweichung von einer Zielvorstellung beziehen (siehe Abbildung C.III.6).

Zeitbezug Problembereich	Gegenwart	Zukunft
Bereich positiver Abweichungen	*Stärken*	*Chancen*
Bereich negativer Abweichungen	*Schwächen*	*Bedrohungen*

Abb. C.III.6: Felder der Problemanalyse
Quelle: Krüger (1983), S. 67 (leicht modifiziert; Krüger spricht von positiven und negativen Problemen anstatt von Abweichungen).

Im Rahmen der Problemanalyse können als Teilprozessstufen Problemerkennung, Problemuntersuchung und Problembeurteilung unterschieden werden.
In der ersten Teilstufe der Problemanalyse, der **Problemerkennung**, sollen eventuell vorhandene Probleme aufgedeckt werden. Für die Problembewältigung in einem Unternehmen ist es besonders wichtig, dass Probleme überhaupt erkannt werden; hier kommt etwa dem Berichtswesen des Unternehmens, der Kontrolle, eventuell

dem Controlling oder den Frühwarnsystemen eine erhebliche Bedeutung zu. Idealtypisch können dabei die Teilschritte *Problemsuche, Problemdefinition* und *Problembewertung* zur Problemerkennung beitragen.

- *Problemsuche*: In diesem Teilschritt erfolgt (systematisch oder auch zufällig veranlasst) der Soll-Ist-Vergleich. Beispielsweise kann ein Vergleich des Gewinns laut neuester Gewinn- und Verlustrechnung (Ist) mit den Zielvorstellungen (Soll) für die betreffende Abrechnungsperiode oder eine Untersuchung der Marktentwicklung mit Checklisten vorgenommen werden.
- *Problemdefinition*: Das Problem ist präzise und unmissverständlich darzustellen. Nach *Kepner/Tregoe* kann mit den folgenden Fragen das Problem systematisch beschrieben werden, wobei zur Vorbereitung der nachfolgenden Ursachenanalyse die Antworten jeweils dahingehend erfolgen, was das Problem „IST" und was es „NICHT IST":
    1. *Was* ist die Abweichung, an welchem Gegenstand wurde sie beobachtet?
    2. *Wo* tritt die Abweichung am Gegenstand auf; und wo können die Gegenstände mit der Abweichung beobachtet werden?
    3. *Wann* tritt die Abweichung am Gegenstand auf; und wann werden Gegenstände mit der Abweichung beobachtet?
    4. *Wie* groß ist die Abweichung; und wie viele Gegenstände sind von der Abweichung betroffen?
- *Problembewertung*: Das Problem muss auf seine Dringlichkeit und Bedeutung untersucht werden. Erscheint eine weitere Untersuchung z.Zt. nicht dringend zu sein, kann der Planungsprozess hier abgebrochen werden.

In der zweiten Teilstufe der Problemanalyse, der **Problemuntersuchung**, soll das vorliegende Problem (oder die Probleme) detailliert herausgearbeitet und vor allem auf den *Komplexitätsgrad* überprüft werden, indem vorrangig Ursachen und/oder Auswirkungen des Problems zu untersuchen sind. *Problemsituationen* können enthalten (siehe auch Abbildung C.III.7):[297]

- *einfache* Probleme (bei denen meist mit Routineverhalten geantwortet werden kann)
- *schwierige* Probleme (die Situationen können sich z.B. als neu darstellen oder auch als kompliziert, indem sie viele verschiedene Elemente enthalten; nach mehr oder weniger intensiver Einarbeitung kann die Problematik aber gelöst werden)
- *komplexe* Probleme (komplizierte Situationen mit hoher Dynamik, also vielfältigen Änderungen im Zeitablauf, die aufgrund dieser Eigenschaften nicht völlig beherrschbar sind).

Im Rahmen der Problemuntersuchung ist es häufig erforderlich, das Problem weiter entsprechend zu strukturieren und zu detaillieren (Entwurf einer Problemhierarchie); denn in dem Ausgangsproblem können weitere Teilprobleme oder abgeleitete Probleme vorhanden sein. Bei Unzufriedenheit mit der Gewinnsituation etwa kann eine Detailanalyse von Aufwandspositionen in der Gewinn- und Verlustrechnung vorgenommen werden, die weiter zu verschiedenen Unterproblemen und Ursachefeldern führen kann. Die Problemuntersuchung sollte sich auf das Umfeld des Problems und auf seine innere Struktur beziehen.[298]

---

[297] Vgl. Ulrich/Probst (1995), S. 106 ff.
[298] Vgl. zur Problemuntersuchung im Rahmen eines ganzheitlichen-vernetzten (Denk-)Ansatzes Gomez/Probst (1999/2004); Probst/Gomez (1991); Ulrich/Probst (1995), S. 115 ff.

In der dritten Teilstufe der Problemanalyse, der **Problembeurteilung** sollen in den Teilschritten *Problemdokumentation* und *Problemauswahl* die zu klärenden Probleme und Teilprobleme festgelegt werden.

	Einfache Situation	Komplexe Situation
Charakteristik	Wenige, gleichartige Elemente	Viele, verschiedene Elemente
	Geringe Vernetztheit	Starke Vernetztheit
	Wenig Verhaltensmöglichkeiten der Elemente	Viele verschiedene Verhaltensmöglichkeiten der Elemente
	Determinierte, stabile Wirkungsverläufe	Viele veränderliche Wirkungsverläufe
Erfassbarkeit	Vollständig analysierbar	Beschränkt analysierbar
	Quantifizierbar	Beschränkt quantifizierbar
	Verhalten prognostizierbar	Verhaltensmuster erkennbar
	- analytisch erklärbar	- synthetisch verstehbar
	- Sicherheit erreichbar	- Unsicherheit reduzierbar
Geeigneter Modellierungsansatz	Vorbild: „Maschine"	Vorbild: „Ökosystem"
	Systemtyp: Triviales System	Systemtyp: Nicht-triviales System
Geeignete Denkweise	Kausalanalytisches Denken	Ganzheitliches Denken
Geeignete Problemlösungsmethode	„Exakte, quantitative Methoden"	„Unexakte, qualitative Methoden"
	Algorithmen	Heuristiken
Faktische Beeinflussbarkeit	Konstruierbar	Beschränkt gestaltbar
	Beherrschbar mit „Restrisiko"	Beschränkt lenkbar
		„Kultivierbar"

Abb. C.III.7: Komplexität von Problemen
Quelle: Ulrich/Probst (1995), S. 110

1.4.1.3.3. Alternativensuche und Prognose

Im Hinblick auf die verfolgten Ziele und die festgestellten und weiterzuverfolgenden Probleme sind möglichst mehrere, voneinander unabhängige Lösungen (Alternativen) zu suchen. Die Suche verläuft wieder in mehreren Teilschritten.

Nach der **Entwicklung von Einzelvorschlägen** sind die noch ungeordneten und nicht entwickelten Lösungsideen in dem Schritt **Zusammenfassung zu Alternativen** systematisch aufzubereiten, indem sie ausgearbeitet, zusammengefasst und strukturiert werden. Planalternativen sollten detailliert vier Bestandteile aufweisen:

- Maßnahmen (Wie?)   - Termine (Wann?)
- Ressourcen (Womit?)   - Träger (Wer?).

Anhand der Ursache-Wirkungsanalyse im Rahmen der Problemuntersuchung und unter Berücksichtigung des Zeitbezugs der Probleme lassen sich vier Kategorien von Maßnahmen aufdecken (siehe Abbildung C.III.8).

Sachbezug \ Zeitbezug	Gegenwärtige Probleme	Zukünftige Probleme
Problemursachen	Abstellende Maßnahmen	Vorbeugende Maßnahmen
Problemwirkungen	Anpassende Maßnahmen	Vorsorgende Maßnahmen

Abb. C.III.8: Arten von Maßnahmen
Quelle: Krüger (1983), S. 100 (leicht modifiziert)

In dem Teilschritt **Analyse der Alternativenbeziehungen** sind die verschiedenen Alternativenbündel besonders bei großer Komplexität auf ihre Abhängigkeiten zu überprüfen:

- Zeitliche Mehrstufigkeit (Alternativenfolgen): Ein Lösungsvorschlag kann aus mehreren Maßnahmen bestehen, die zeitlich versetzt oder nacheinander durchzuführen sind.
- Sachliche Mehrstufigkeit (Alternativenhierarchie): Ein Alternativenbündel kann aber auch aus mehreren sachlich miteinander verbundenen Maßnahmen (Mittel-Zweck-Beziehung) bestehen. Wenn z.B. der Gewinn erhöht werden soll, sind untergeordnete Alternativen die Steigerung der Umsatzerlöse (die wiederum durch Preiserhöhungen oder erhöhtem Absatz bewirkt werden kann) und die Minderungen des Aufwandes (mit weiteren Unteralternativen).
- Bedingte Alternative: Die Wahl von Alternativen kann vom Eintreten zukünftiger Bedingungen abhängig sein (Preiserhöhungen können im vorherigen Beispiel nur dann durchgeführt werden, wenn die unmittelbare Konkurrenz es zulässt).

Anschließende Teilschritte sind die **Vollständigkeitsprüfung** sowie die **Zulässigkeitsprüfung**, bei der Alternativen, die offensichtlich ungeeignet sind, weil sie etwa gesetzliche oder zeitliche Restriktionen verletzen, verworfen werden. Weiterzuverfolgende Lösungsvorschläge bleiben damit übrig.

In den verschiedenen Stufen und Schritten des Planungsprozesses sind immer wieder zukunftsbezogene Aussagen über die Entwicklung von Datenkonstellationen, also **Prognosen (Vorhersage, Voraussage)**, abzugeben. Zu unterscheiden sind drei Arten von Vorhersagen:[299]

- *Annahmen* (unbegründete Hypothesen, die nicht auf Erfahrungsdaten abgestützt sind)
- *Erwartungen* (subjektiv begründete Voraussagen, die objektiv nicht überprüft werden können)
- *Prognosen* im engeren Sinn (objektiv begründbare Voraussagen).

Eine Prognose behauptet, dass bestimmte Sachverhalte (Zustände oder Ereignisse) in einem zukünftigen Zeitraum oder Zeitpunkt vorliegen oder eintreten werden.

---

[299] Vgl. Wild (1982), S. 91 ff.

Diese Aussagen können unter Angabe von Bedingungen oder ohne Bezugnahme auf besondere Voraussetzungen getätigt werden. Generell wird unterschieden zwischen Lage- und Wirkungsprognosen. *Lageprognose*n basieren auf einer Lageanalyse, die den gegenwärtigen Ist-Zustand beschreibt. Die Lageprognose schreibt die Ist-Situation unter Berücksichtigung erwarteter Umweltveränderungen fort. Es wird gefragt, welche Änderungen sich in der Unternehmensumwelt ergeben, und zwar unabhängig von den unternehmenseigenen, noch zu planenden Maßnahmen. Diese werden nicht als Einflussgröße in die Prognose einbezogen (Status-quo-Prognose). *Wirkungsprognose*n dagegen liefern eine Aussage über die erwarteten Wirkungen (Ergebnisse) unternehmenseigener geplanter Maßnahmen und unterstellen dabei die laut Lageprognose vorhergesagte Umweltentwicklung. Sie beantworten die Frage, welche Wirkungen bei Verwirklichung bestimmter Unternehmenspläne aber unter gleichzeitiger Gestaltung bestimmter Rahmenbedingungen der Umwelt zu erwarten sind. Damit kann ein Unternehmen Einfluss auf den Eintritt der vorausgesagten Ergebnisse nehmen.[300]

Allerdings sind die Aussagen der Prognose unbestimmt, wenig präzise. Darüber hinaus können Prognosen im Wesentlichen nur auf Erfahrungsdaten abgestützt werden. Dabei muss unterstellt werden, dass die in der Vergangenheit wirkenden Ursachen ohne wesentliche Änderung auch für den Prognosezeitraum gelten werden (so genannte Zeitstabilitätshypothese). Damit setzt sich die Gesamtdistanz des für die Planung heranzuziehenden Zeitraums, nämlich der so genannte **Planungshorizont** zusammen aus der Erfahrungsreichweite der Vergangenheit und der Prognosereichweite der Zukunft. Dabei ist zu berücksichtigen, dass „je mehr eine Prognose über die zukünftige Wirklichkeit behauptet, desto unsicherer ist ...."[301]

Wild[302] spricht hier von einem grundlegenden Dilemma für die Planungspraxis: Erst durch Gegenüberstellung von erwarteter Situation und Zielsetzung (Lageprognose) sind Probleme, die durch die Planung gelöst werden sollen, festzustellen. Wird bei der Problemlösung übersehen, dass sich die Ausgangssituation im Planungszeitraum ändern kann, wird mit Bedingungen oder Ressourcen gerechnet, die gegenwärtig gegeben sind, aber zukünftig nicht mehr zur Verfügung stehen. Infolgedessen werden bestimmte Probleme nicht erkannt oder durch das Management erfolgt eine Unter- bzw. Überschätzung der Problemlücke (Soll-Ist-Differenz). Solche Fehleinschätzungen zukünftiger Entwicklungen führen in der Praxis häufig dazu, dass Planungs- und Prognoseaspekte kritisch hinterfragt werden (vgl. hierzu ausführlich Kapitel C.IV.1.3.2.2.).

In der Praxis bedienen sich Unternehmen bei der Prognose zukünftiger Entwicklungen als Grundlage für ihre Unternehmensgesamt- und Geschäftsfeldplanung

---

[300] Zur Lage- und Wirkungsprognose siehe auch Schweitzer (2002), S. 56 ff.
[301] Wild (1982), S. 88.
[302] Vgl. Wild (1982), S. 88, 67.

branchenspezifischer Prognosemodelle. So betrachtet z.B. die Automobilindustrie das Verkaufsvolumen (verkaufte Einheiten, gemessen an Neuzulassungen durch das Kraftfahrzeug-Bundesamt) und unterscheidet in ihren Schätzungen des zukünftigen Absatzes zwischen *Kurzfrist-* und *Mittelfristprognosen* (Prognosehorizont bis fünf Jahre) und *Langfristprognosen* (Prognosezeitraum bis 20 Jahre). Dabei werden Prognosen für den Gesamtmarkt (Pkw-Markt Bundesrepublik Deutschland) und für Teilmärkte (z.B. Markt für Kleinwagen, Markt für Kompaktwagen, Markt für Dieselfahrzeuge u.a.) erstellt.

Bei kurz- und mittelfristigen Prognosen bieten sich Zeitreihen- und ökonometrische Modelle als Verfahren[303] an. Eine *Zeitreihenprognose* basiert auf der Analyse von Zahlenmaterial aus der Vergangenheit und versucht, den Datenverlauf aus der Vergangenheit in die Zukunft fortzusetzen. Dabei wird nur eine Variable zur Erklärung der Zukunft herangezogen. Es wird kein Versuch unternommen, eine Verhaltensgleichung zwischen der Zeitreihen-Variablen (z.B. Absatzzahlen) und anderen Variablen (z.B. Bestimmungsfaktoren für Kaufentscheidungen) herzustellen. *Ökonometrische Prognosemodelle* versuchen, einen Erklärungszusammenhang zwischen der Zeitreihenvariablen und anderen einzelnen Variablen herzustellen.

Bei langfristigen Prognosen ist mit Strukturveränderungen in der Branche und deren Umwelt zu rechnen. Da weder Zeitreihenmodelle noch ökonometrische Prognoseverfahren diese Veränderungen erkennen, wird bei Langfristprognosen auf die *Szenario-Technik*[304] zurückgegriffen (siehe ausführlich Kapitel C.IV.1.3.2.2.).

1.4.1.3.4. Alternativenbeurteilung

In der Phase der Alternativenbeurteilung sollen durch einen Vergleich der Alternativen deren Vor- und Nachteile aufgedeckt werden, um die Planalternative mit der höchsten Zielwirksamkeit herauszufinden. Die Alternativenbeurteilung kann sich dabei in mehreren Bereichen vollziehen (siehe Abbildung C.III.9).

(1) Bestimmung der Bewertungskriterien
Ausgehend von den im Zielplanungsprozess festgelegten Zielen sind in diesem Teilschritt zunächst die Bewertungskriterien zu bestimmen, anhand derer die Zielerfüllung der Alternativen und ihrer Bestandteile festgestellt werden soll (z.B. anhand der Vor- und Nachteile, der Kosten und des Nutzens von Alternativen oder ihres Zeitbedarfs).

(2) Bestimmung der Kriteriengewichte und Bewertungsmaßstäbe
Bei mehreren zu beachtenden Zielen oder mehreren Bewertungskriterien sind je nach ihrer Bedeutung die Kriterien zu gewichten (wenn z.B. Bewertungskriterien Kosten und Zeitbedarf der Maßnahmendurchführung sein sollen, ist zu untersuchen, ob beide Kriterien gleichrangig sind oder nicht; eine entsprechende Gewichtung ist dann durchzuführen) und die Bewertungsmaßstäbe zu bestimmen (entweder kardinal, nominal oder ordinal).

---

[303] Ein ausführliches Beispiel für Prognosemethoden im Pkw-Markt findet sich bei Dudenhöffer (2002).

Zielwirkungen / Zielinhalte	Positive Zielbeiträge	Negative Zielbeiträge	Saldo der Zielbeiträge
1. Ökonomische Ziele	Ertrag Leistung Einnahmen	Aufwand Kosten Ausgaben	„Ökonomität": Gewinn Betriebsergebnis Liquidität
2. Technische Ziele	Leistungsvorteile	Leistungsnachteile	„Technizität": Technische Leistungsfähigkeit
3. Soziale Ziele	Soziale Vorteile	Soziale Nachteile	„Soziabilität": Soziale Effizienz
4. Aggregierte Größe	Positiver (Teil-)Nutzwert	Negativer (Teil-)Nutzwert	**Gesamtnutzwert**

Abb. C.III.9: Bereiche der Alternativenbeurteilung
Quelle: Krüger (1983), S. 114 (leicht modifiziert)

(3) Ermittlung der Kriterienwerte je Alternative

Anschließend sind je Alternative und ihrer Bestandteile die Kriterienwerte zu ermitteln, d.h. es ist das Messergebnis jeder Alternative, also das Ausmaß der relevanten Bewertungskriterien festzustellen. Hier besonders wirkt sich die Prognoseproblematik aus, da zukunftsbezogene Aussagen über die Vor- und Nachteile von Alternativen abzugeben sind.

(4) Wertsynthese zur Ermittlung der Gesamtbewertung

Bei der Verfolgung mehrerer Ziele oder wenn ein Ziel mehrere Bewertungskriterien aufweist, ist eine Zusammensetzung der gefundenen Einzelurteile, eine *Wertsynthese* erforderlich, die eine Gesamtbewertung der Alternativen ermöglicht.

Für die Bewertung der Alternativen können unterschiedliche Verfahren eingesetzt werden. Neben der verbalen Bewertung (Vorteile - Nachteile, „Alternative A erwirtschaftet hohen, Alternative B nur geringen Gewinn") können kosten- und rentabilitätsorientierte Verfahren herangezogen werden (z.B. Kosten-Nutzen-Analysen). Bei unterschiedlichen Bewertungskriterien und bei verschiedenen, besonders auch nicht-monetären Zielen eignet sich die **Nutzwertanalyse**, die trotz verwendeter *subjektiver* Nutzenschätzungen einen „Argumentationszwang" ausüben, und damit für mehr Transparenz der Bewertungsüberlegungen sorgen kann.

An einem Beispiel (siehe Abbildung C.III.10) soll die Punktbewertungsmethode (auch Scoring-Verfahren oder Rating) im Rahmen der Nutzwertanalyse gezeigt werden.

---

[304] Ein ausführliches Beispiel findet sich bei der Deutschen Shell GmbH (2001).

Ziel (Bewertungskriterium)	Kriteriengewicht (0-100)	A1		A2		A3	
		Punktwert (0-10)	Nutzwert (Kriterienwert)	Punktwert (0-10)	Nutzwert (Kriterienwert)	Punktwert (0-10)	Nutzwert (Kriterienwert)
Maschinenpreis	45	2	90	6	270	4	180
Technische Leistung	25	6	150	3	75	4	100
Bedienung	10	2	20	5	50	7	70
Lieferzeit	5	3	15	4	20	3	15
Wartungskosten	15	5	75	5	75	5	75
Gesamt-Nutzwert (Wertsynthese)			350		**490**		440

Anmerkung: Die Bewertungsskala braucht nur für die so genannten Kannziele (zu den Begriffen Kann- und Mussziele siehe Kapitel C.III.1.4.1.3.1.) aufgestellt zu werden; für eventuell vorhandene Mussziele (z.B. Preislimit der Maschinen 0,5 Mio. €) genügt das nominale Urteil „erfüllt" oder „nicht erfüllt" (Alternativen mit einem Maschinenbeschaffungspreis über 0,5 Mio. € würden also nicht mehr weiter untersucht).[305]

Abb. C.III.10: Nutzwertanalyse

Drei Alternativen (A1-A3) sind zur Lösung eines Maschinenbeschaffungsproblems ausgearbeitet worden. Fünf Ziele waren zu berücksichtigen, die von einem Planungsteam gewichtet wurden (am wichtigsten war das Preisziel mit 45 von 100 möglichen Punkten, dann die technische Leistung, dann die Bedienung der Maschinen, die Lieferzeit und Wartungskosten; ordinale Gewichtung). Für die einzelnen Alternativen wurden je Ziel die erreichten Punkte, die Punktwerte, anhand einer Punkteskala (0 – 10, 10 höchster Wert) ermittelt. Beim Preisziel erhielt Alternative A1 als teuerste Maschine nur 2 von 10 Punkten, Alternative A2 als preisgünstigste Maschine 6 von 10 möglichen Punkten; beim Ziel „Technische Leistung" erhielt A1 als beste Maschine 6 von 10 Punkten; beim Ziel „Bedienung" der Maschine erhielt A3 für die beste Zielerreichung 7 Punkte usw. Das Produkt von „Punktwert" und „Kriteriengewicht" ergibt dann den Nutzwert je Alternative und je Ziel (Kriterienwert). Die Addition führt zum jeweiligen Gesamtnutzwert je Alternative. Unter den aufgestellten Zielprämissen ist damit Alternative A2 zu wählen.

Damit ist der Planungsvorgang beendet (Planung hier im engeren Sinne verstanden, da die Entscheidung getrennt behandelt werden soll; siehe Kapitel C.III.1.1.). Die einzelnen aufgeführten Stufen und Schritte haben je nach Planungsproblem unterschiedliche Bedeutung und unterschiedliches Gewicht.

---

[305] Siehe zum Nutzwertverfahren und zu weiteren Bewertungsmethoden besonders Krüger (1983), S. 122 ff., 144 ff.

1.4.1.4. Planungssysteme

1.4.1.4.1. Begriff und Anforderungen an Planungssysteme

Die vorangegangenen Ausführungen haben aufgezeigt, dass Planung ein Prozess ist, der sich wiederum in verschiedene Teilprozesse zerlegen lässt. Der Einsatz von Planungsinstrumenten erleichtert und verbessert dabei die Abwicklung der verschiedenen Teilprozesse. Generell sollten die Komponenten und die Instrumente im Planungsprozess einer Ordnung unterliegen, die die Gestaltung des Prozesses regelt. Eine solche Ordnung ist ein Planungssystem, welches eine Struktur und einen institutionellen Rahmen für die Planung schafft.[306]

Als **Planungssystem** eines Unternehmens sollen die Gesamtheit aller planerischen Aktivitäten und ihrer Ergebnisse, der Pläne mit ihren hierarchischen und horizontalen Verknüpfungen sowie das eingesetzte Planungsinstrumentarium angesehen werden.

Das betriebliche Kontrollsystem ist dabei vom Planungssystem nicht zu trennen.

Um dem Anspruch der Gestaltung und Lenkung des Unternehmens auch mit dem Planungssystem gerecht zu werden, muss dieses System bestimmten **Anforderungen** genügen. Hervorgehoben werden sollen:

- **Operationalität** und **Transparenz**: Durchführbarkeit und Arbeitsfähigkeit des Planungssystems, verbunden mit einsichtigen Regelungen.
- **Flexibilität**: Anpassungsfähigkeit des gesamten Planungssystems und seiner Teile an veränderte Situationen.
- **Koordination** und **Integration**: Pläne müssen horizontal und vertikal miteinander verknüpft sein.
- **Formalisierung** und **Standardisierung**: Die laufende oder periodische Wahrnehmung der Planungsfunktionen und die entsprechende Erstellung von Plänen erfordert eine Vereinheitlichung und Strukturierung von Funktionen und Plänen.
- **Vollständigkeit** und **Detailliertheit**: Erfassung aller Tätigkeitsbereiche des Unternehmens (Flächendeckung) oder Schwerpunktbildung hinsichtlich der wichtigsten Bereiche ist ebenso wie der Grad der Ausführlichkeit der Planungsarbeiten und Pläne eine Entscheidungsfrage zur Planung (mutmaßlich auch abhängig von der Unternehmensgröße).

1.4.1.4.2. Entwicklung von Planungssystemen

Aufgabe von **Planungssystem**en ist die Schaffung einer Struktur und eines institutionellen Rahmens für die Planung. Inhaltlich ist der Planungsablauf in einem Planungsprozess zu organisieren. So werden Planungsschritte mit unterschiedlichem inhaltlichem Gegenstand in eine Ordnung, in eine bestimmte ablauforganisatorische Reihenfolge gebracht. Im Detail sind zeitliche und inhaltliche Abläufe der

---

[306] Vgl. auch Bea/Haas (2005), S. 60.

Planung sowie die Planungsrichtung, d.h. die Zuordnung der Planungsprozesse zu den hierarchischen Ebenen, zu regeln. Hierbei ist jedoch zu beachten, dass in Abhängigkeit des Anpassungsbedarfes im Unternehmen Überarbeitungen der Plandaten erforderlich sind. Zusammenfassend lässt sich feststellen, dass die einzelnen Planungsaktivitäten unter Berücksichtigung der nachfolgend dargestellten Aspekten zu organisieren sind.

(1) Zeitliche und inhaltliche Mehrstufigkeit
Praxisorientierte Planungssysteme sind überwiegend mehrstufig aufgebaut (hierarchische Planung). Dabei sind meist **zeitliche** und **inhaltliche** Aufbaumöglichkeiten gemischt:

- *Zeitliche* Differenzierungen: Planungssysteme weisen Teilplanungen mit unterschiedlicher zeitlicher Reichweite auf, meist in Form lang-, mittel- und kurzfristiger Pläne. Für die Entwicklung ist dabei wichtig, wie die zeitliche Verknüpfung der Pläne vorgenommen wird. Grundsätzlich sind drei Formen möglich:
  - Reihung: Die zeitlich unterschiedlichen Pläne werden isoliert voneinander aufgestellt.
  - Staffelung: Die Planungen überlappen sich teilweise (z.B. besteht ein Kurzfristplan über Periode 1 und 2 und ein mittelfristiger Plan über Periode 2, 3 und 4).
  - Schachtelung: Hier sind die Pläne voll integriert (z.B. erstreckt sich der Langfristplan über Periode 1 - 4, der mittelfristige Plan über Periode 1 - 3, der Kurzfristplan über Periode 1).
- *Inhaltliche* Differenzierungen: Die Differenzierung in *horizontaler* Form bezieht sich auf gleichgeordnete Pläne, z.B. Pläne derselben hierarchischen Ebene des Unternehmens. *Vertikal* differenzierte Pläne sind häufig in Form von Mittel-Zweck-Beziehungen aufgebaut und hierarchisch abgestuft (z.B. baut auf einem Aufwands- und Ertragsplan der Gewinnplan auf; zugleich zeitliche Differenzierung, da Periodenbetrachtung).

(2) Entwicklungsrichtung von Planungssystemen
Für die **vertikale** Erstellung von Planungssystemen sind drei Gestaltungsmöglichkeiten anwendbar (siehe auch Abbildung C.III.11):

- *Retrograde* Planung oder Top-Down-Ansatz: Die Planung von oben nach unten kann z.B. darin bestehen, dass die Geschäftsleitung Oberziele des Unternehmens festlegt und den nachfolgenden Hierarchieebenen den Auftrag gibt, für diese Ziele Maßnahmenpläne zu entwickeln.
- *Progressive* Planung oder Bottom-Up-Ansatz: Die Planung beginnt auf der untersten Ebene und wird stufenweise nach oben geführt.
- *Gegenstromprinzip* (in der Regel als Top-Down/Bottom-Up-Ansatz): Als Kombination der beiden vorgenannten Prinzipien beginnt die Planung wieder auf der höchsten Ebene etwa mit Zielvorschlägen, die „heruntergebrochen" von den niedrigeren Ebenen auf ihre Realisierbarkeit überprüft, konkretisiert und mit Maßnahmenplänen versehen der oberen Ebene wieder zurückgemeldet werden,

von der die Planung dann endgültig festgelegt wird (realisiert im Managementmodell MbO - Management by Objectives, Führung durch Zielvereinbarung).

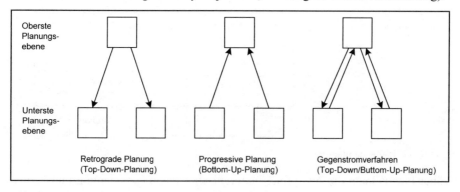

Abb. C.III.11: Vertikale Entwicklungsrichtungen der Planung

Die **horizontale** Entwicklung von Plänen auf der gleichen hierarchischen Ebene erzwingt eine Abstimmung bei der Teilplanerstellung (oder nach der Teilplanerstellung), damit die Interdependenzen zwischen den Plänen berücksichtigt werden (abgestimmt werden müssen z.B. zwischen Produktion und Einkauf Quantität und Qualität des in der Planperiode benötigten Rohmaterials). Bei der horizontalen Entwicklung ist wieder die „Dominanz des Minimumsektors" zu beachten (siehe Kapitel C.III.1.4.1.2.1., Ziffer 2).

(3) Überarbeitung des Planungssystems

Zur Anpassung an veränderte Rahmendaten, zur Eliminierung von festgestellten Planungsfehlern, nicht zuletzt aus Flexibilitätsgründen sind Überarbeitungen der Plandaten erforderlich. Dabei ist die Frage der Anpassungsrhythmik, also der zeitlichen Abstände der Überarbeitung wichtig. Grundsätzlich sind *aperiodische*, fallweise Anpassungen, und regelmäßige, *periodische* Anpassungen möglich. Eine generelle Aussage in Form einer Empfehlung ist wegen der unterschiedlichen Situationen der Unternehmen nicht möglich; die Intensität der Veränderung von Umweltdaten, der Stellenwert der Planung im Unternehmen, der Detaillierungsgrad, aber auch die Planungskosten sind hier zu berücksichtigen. Auch die Frage, in welchem Rhythmus die Planrealisierung kontrolliert werden soll (so genannte *Planfortschrittskontrolle*) ist nicht generell beantwortbar.

Periodische Anpassungen können in Form der **rollenden** (synonym auch **gleitenden** oder **revolvierenden**) Planung vorgenommen werden. In dieser Überarbeitungsform wird in regelmäßigen Abständen, z.B. jährlich, das gesamte Planungssystem (oder auch zeitversetzt Teile des Planungssystems) den neuen Erkenntnissen angepasst. Dabei kann jeweils ein Planjahr entfallen und ein neues

Planjahr angefügt werden. Ebenfalls kann für die unmittelbar folgende Planperiode ein Detailplan aufgestellt werden (siehe auch Abbildung C.III.12).[307]

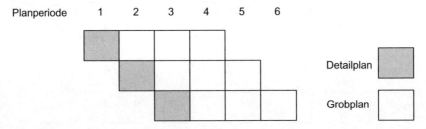

Abb. C.III.12: Rollende Planung

Darüber hinaus kann die Abstufung hierarchischer Planungssysteme grundsätzlich sachlich nach der **Zielplanung** und **Mittelplanung** vorgenommen werden. In erweiterter Form ist folgende Aufteilung möglich:

– **Zielplanung**: Planungsgegenstand sind die Oberziele einschließlich der entsprechenden Programme
– **Potenzialplanung**: Planung des Leistungspotenzials des Unternehmens, nämlich der Potenzialfaktoren menschliche Arbeit und Betriebsmittel
– **Aktionsplanung/Aktionsobjektplanung**: Planung der Maßnahmen zur Zielerreichung und der dafür benötigten Güter (Informationen, Sachgüter, Nominalgüter).

In dieser Form sind allerdings kaum Planungssysteme der Praxis aufgebaut. Vielmehr sind Praxissysteme meist Mischsysteme vor allem aus einer Kombination von Zeit- und Sachaspekten. Eine Planung nur nach dem Zeitaspekt (kurz-, mittel- und langfristige Planung) ist insbesondere bedingt durch die sich verstärkende Umweltproblematik (vor allem Konkurrenz- und Marktprobleme) seit Anfang der 1970er Jahre (1. Ölkrise 1973) rückläufig. Der Zwang der Unternehmen, sich der steigenden Komplexität und Dynamik der Umweltentwicklung zu stellen, führte - neben der Entwicklung des *Marketinggedankens* - im Rahmen der Planung zur Einführung *strategischer* Aspekte, in dem Bemühen nämlich, sich bietende Umweltchancen systematisch zu ergreifen.

Für die *Entstehungsphase eines Unternehmens* ist als Planungssystem die **Gründungsplanung** mit einer Vielzahl von Teilplänen von besonderer Bedeutung.[308]

Nach hierarchischer Abstufung wird für die *laufende Geschäftstätigkeit* folgende Planungskonzeption unterschieden (siehe auch Abbildung C.III.13):

---

[307] Es wird hier kein Unterschied zwischen rollender und revolvierender Planung gemacht, da die in der Literatur vorgenommenen Differenzierungsversuche nicht überzeugen, zumal die benutzten Begriffe sprachlich synonym sind. Ebenso ohne Differenzierung Schweitzer (2002), S. 46 ff.

[308] Siehe dazu Müller-Böling (1992) (mit weiteren Literaturhinweisen).

- **strategische** Planung, mit dem Ziel der (tendenziell) langfristigen Bestands- und Rentabilitätssicherung des gesamten Unternehmens mit Hilfe der Schaffung und Erhaltung von Erfolgspotenzialen (Erfolgspotenziale als Erfolgsträger, nämlich Sach- und Dienstleistungen, sowie als betriebliche Stärken und Umweltchancen verstanden)
- **operative** Planung, mit dem Ziel der unmittelbaren Erfolgs- und Liquiditätssicherung, bezogen auf das laufende Geschäft.

Planung	Lenkungsgrößen	Unternehmensziel
strategisch	Erhaltung von Erfolgspotentialen Schaffung von Erfolgspotentialen	langfristige Bestandssicherung langfristige Rentabilitätssicherung
operativ	Erfolg Liquidität	

Abb. C.III.13: Lenkungsgrößen der strategischen und operativen Planung

Die **strategische** Planung verläuft in zwei Phasen: Es erfolgt sowohl eine Betrachtung für das Gesamtunternehmen als auch für die so genannten *strategischen Geschäftseinheiten* (SGE). Strategische Geschäftseinheiten stellen die Produkte/Produktgruppen des Unternehmens mit ihrer Marktverknüpfung dar, so genannte Produkt-Markt-Kombinationen. Damit werden als wesentliches Element eines Produktes seine Marktchancen und Marktrisiken unmittelbar in die planerischen Überlegungen eingeführt. Für die strategischen Geschäftseinheiten und für das Gesamtunternehmen sollen Orientierungsrahmen oder Strategien entwickelt werden, welche die Oberziele des Unternehmens, insbesondere die Existenzsicherung erreichen helfen. Der Entwicklungsprozess dieser Strategien basiert auf einer ausführlichen Umweltanalyse und einer betrieblichen Analyse (siehe hierzu ausführlich Kapitel C.IV.1.3.4.).

Die **operative** Planung übernimmt die Realisierung der Strategien, indem diese in kurzfristig durchzuführende Maßnahmen, unter Berücksichtigung der aktuellen Umwelt- und Unternehmenssituation umgesetzt werden. Dabei muss besonders der Beitrag der Teilbereiche des Unternehmens, insbesondere der Funktionsbereiche an den Maßnahmen geplant werden. Die Maßnahmenplanungen werden begleitet von Ergebnis- und Finanzplanungen, die den Realgüterprozess des Unternehmens wertmäßig erfassen sollen (siehe dazu Abbildung C.III.14).

Direkte Verknüpfungen des Systems der strategischen und operativen Planung vor allem mit kurz- und mittelfristigen Planungen sind in den Praxisbeispielen allerdings immer wieder festzustellen. Die tendenziell mittelfristige **taktische** Planung wird häufig noch zwischen strategischer und operativer Planung eingeschoben. Umstritten ist der Einbezug der Planung der Oberziele des Unternehmens in das Konzept der strategischen Planung (und damit die Reichweite der Unternehmenspolitik; siehe Kapitel C.II.1.).

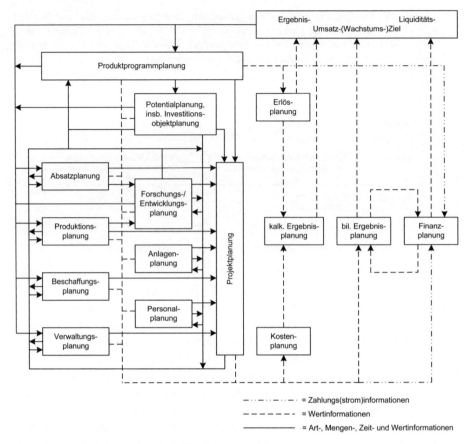

Abb. C.III.14: Operatives Planungssystem
Quelle: Steinmann/Schreyögg, (2005), S. 316 (unter Verweis auf Hammer (1982), S. 67 u. Hahn (1985), S. 122 a); Siehe auch Teilaspekte in Hahn/Hungenberg (2001), S. 105

Einige Merkmale der strategischen und operativen Planung können der Abbildung C.III.15 entnommen werden.

Das **Verhältnis strategischer zu operativer Planung** ist allerdings nicht eindeutig zu bestimmen. Beide Planungsarten sind Gestaltungs- und Lenkungssysteme des Unternehmens, wenn auch mit unterschiedlicher Ausrichtung. Die strategische Planung soll dabei den Orientierungsrahmen für die operative Planung formulieren, wobei die strategischen Ziele und (groben) Maßnahmenkonzepte von der operativen Planung in entsprechende Maßnahmen für das Alltagsgeschäft umgesetzt werden sollen (Zweck-Mittel-Beziehung zwischen strategischer und operativer Planung). Die eher operativ ausgerichteten Teilbereiche des Unternehmens erreichen ihre Ziele aber nur, wenn ihnen dabei eine gewisse *Eigenständigkeit* und *Flexibilität* ermöglicht wird. Denn die jeweiligen sich kurzfristig ergebenden situativen

Bedingungen der Teilbereiche können im globalen strategischen Konzept im Einzelnen nicht berücksichtigt und vorhergesagt werden.

Merkmal	Strategische Planung	Operative Planung
Zweck	Existenzsicherung durch Schaffung und Erhaltung von Erfolgspotenzialen	Erfolgs- und Liquiditätserzielung
Zielformulierung	Eher verbal, qualitative Ziele	Überwiegend quantifizierte Ziele
Denkrichtung	Umweltorientierung, insb. Wettbewerbsorientierung; Unternehmensorientierung (Outside-in- sowie Inside-out-Betrachtung)	Eher Unternehmensorientierung/ Teilbereichsorientierung
Denkansatz	Eher ganzheitlich – optimierend, Gesamtunternehmen	Eher begrenzt (inkremental) – suboptimierend, teilbereichsspezifisch
Planungsträger	Top Management	Mittleres und unteres Management
Planungsobjekt	Gesamtunternehmen, Strategische Geschäftseinheiten	Teilbereiche des Unternehmens, Funktionsbereiche
Planungsergebnis	Strategische Ziele, Strategien	Operative Ziele, Maßnahmen
Planungshorizont/ Zeitbezug	Tendenziell langfristig, mindestens Investitionsreichweite	Kurzfristig, laufendes Geschäft
Planungsrhythmus	Problembezogen, aperiodisch (auch rollend/periodisch)	Periodisch (meist jährlich), rollend
Schnittstelle	Realisierungsfunktion für Unternehmenspolitik, Orientierungsrahmen für operative Planung	Vollzugsfunktion für strategische Planung, Vorgabefunktion für Ausführungsebene

Abb. C.III.15: Merkmalsunterschiede strategischer und operativer Planung

Deswegen sind im operativen Geschäft Feinanpassungen erforderlich, aber auch kurzfristige Umsteuerungsmöglichkeiten für den Fall, dass die strategischen Vorgaben nicht mehr stimmen. Damit müssen sich operative Systeme auch eigene Ziele setzen können, mit der Konsequenz, dass keine lückenlosen Zweck-Mittel-Beziehungen (Zweck: strategische Ziele, Mittel: operative Maßnahmen) zwischen strategischem und operativem Bereich möglich sind. Die strategischen Vorgaben können (und sollten) daher nur einen Rahmen für die operativen Handlungsvollzüge abstecken, den diese situationsbezogen und auch im Hinblick auf ihre eigenen Zielsetzungen ausfüllen können.[309]

---

[309] Vgl. dazu besonders Steinmann/Schreyögg (2005), S. 163 ff.; zu weiteren Schnittstellenproblemen Frese (1987), S. 205 ff.

1.4.1.5. Ansätze zur Neugestaltung der Planung

Planung und Budgetierung gelten als die zentralen Instrumente zur erfolgsorientierten Unternehmenssteuerung. Die in den vorhergehenden Abschnitten dargestellte Vorgehensweise gerät jedoch zunehmend in die Kritik. Bemängelt werden in der Praxis insbesondere der hohe Aufwand für Planung und Budgetierung sowie die Qualität der Informationen, die bereitgestellt werden.[310] Der Aufwand für Planung und Budgetierung entsteht dadurch, dass i.d.R. mehrere Schleifen im Planungsprozess zu durchlaufen sind, ein hoher Detaillierungsgrad gefordert wird, die Zielausrichtung der Planung durch Top-Down-Vorgaben unzureichend ist oder die Organisation des Planungsprozesses mangelhaft ist. Diese mangelhafte Organisation führt dann letztendlich zu einer unzureichenden Akzeptanz der Planung. Dies äußert sich dadurch, dass es oft zu Zeitverzögerungen während des Planungsprozesses kommt, weil Termine zur Abgabe von Planungsinhalten nicht eingehalten werden. Auch wird die Verbindlichkeit verabschiedeter Pläne nicht ausreichend von den Planungsverantwortlichen beachtet. Bedingt ist dies oft durch eine mangelnde Autorisierung durch das obere Management, so dass die Pläne nicht als Zielsetzung und Verpflichtung für das eigene Handeln angesehen werden.

Defizite entstehen auch dadurch, dass der Prozess der Strategieimplementierung nur wenig konkret beschrieben ist und in der operativen Umsetzung Probleme bereitet.[311] Die Strategien spiegeln sich dann meist nicht in den operativen, stark finanziell ausgerichteten Jahresplanungen wider. Im Rahmen der operativen Jahresplanung gilt es, die Budgets zu detaillieren und genau über Umsätze und Kosten in Euro und Cent das Unternehmensgeschehen für das Folgejahr abzubilden. Die Ursachen für bestimmte Umsatz- oder Kostenentwicklungen werden jedoch in den Budgets nicht abgebildet. So sind lediglich Abweichungen zum Planwert festzustellen, die Ursachen der Abweichungen werden jedoch nicht genau analysiert. Dies führt dazu, dass letztendlich das Gesamtplanungssystem geschwächt wird. Diese Schwächung ist auch bedingt durch die meist strikte Trennung der Organisationseinheiten, die für die strategische und operative Planung zuständig sind.

Seit einigen Jahren werden in Literatur und Praxis verschiedene Lösungsansätze zur Leistungssteigerung der Planung und Budgetierung diskutiert.[312] Im Folgenden werden ausgewählte Ansätze vorgestellt:[313]

---

[310] Experten schätzen, dass 10–20 % der Arbeitszeit im Management und mehr als 50 % im Controlling auf Planung und Budgetierung verwendet werden. Da Budgets von der Wirklichkeit immer wieder überholt werden, wird der dargestellte Ressourcenaufwand ohne angemessenen Nutzen als wenig akzeptabel angesehen.

[311] Vgl. Al-Laham (1997), S. 458 ff.

[312] Vgl. z.B. Horváth/Gleich (2003); Malik (2001), S. 346-360; Gleich/Kopp (2001); Pfohl (2000); Weber/Goeldel/Schäffer (1997).

[313] Vgl. Gleich/Kopp (2001), S. 431 ff.

(1) Planung auf der Grundlage relativer Zielwerte

Relative Zielwerte sind an die Entwicklung relevanter Umweltfaktoren des Unternehmens gekoppelt. Zu nennen sind hier z.b. die Marktentwicklung oder der Umsatz der größten Wettbewerber. So kann besser beurteilt werden, ob Pläne über oder unterschritten wurden. Abbildung C.III.16 stellt diese Überlegungen grafisch dar. Starre Planvorgaben in Verbindung mit einer fixen Zielsetzung ohne Berücksichtigung von Umweltentwicklungen verleiten dagegen oft zu Fehleinschätzungen.

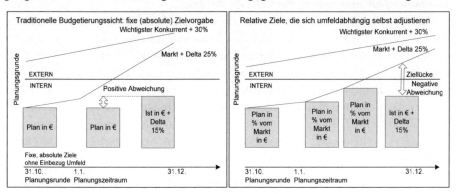

Abb. C.III.16: Fixe vs. relative Zielvorgaben
Quelle: In Anlehnung an Hope/Fraser (2000), S. 33

(2) Planung unter Einbeziehung relevanter Zielmessgrößen (Performance Measurement-Konzepte)[314]

Planung ist traditionell stark monetär und vergangenheitsbezogen ausgerichtet. Empfohlen wird jedoch die Berücksichtigung sowohl vergangenheits- als auch zukunftsorientierter Aspekte. Zusätzlich sind auch nicht-monetäre Planungsgrößen wie Qualitäts-, Zeit- und Mengenkenngrößen, die im Zusammenhang mit den Zielsetzungen stehen, zu ermitteln.

Darüber hinaus empfiehlt *Howell*, Budgets anders zu berechnen. Er meint damit eine Betrachtung der Cash flows, also die Betrachtung des abgezinsten zukünftigen Kapitalflusses, den das Unternehmen generieren wird, anstatt eine Konzentration auf die buchmäßigen Gewinne.[315] Hierfür sind lediglich die Planungs- und Budgetformulare so umzugestalten, dass der Barmittelfluss und nicht der kostenrechnerische Reingewinn hervorgehoben wird. Generell sollten die Budgets dabei nach Wachstumsüberlegungen ausgerichtet sein, d.h. es sollten Investitionen in Umlaufvermögen, Sachanlagen oder sonstige Vermögensgegenstände und deren Finanzierung im Mittelpunkt stehen.

---

[314] Ausführlich Gleich (2001).
[315] Vgl. Howell (2005), S. 10.

(3) Planung unter Einbeziehung aller relevanten Leistungsebenen
Der alleinige Fokus auf Funktionsbereiche eines Unternehmens ist nicht ausreichend, um wichtige bereichs- oder unternehmensübergreifende Leistungsebenen zu berücksichtigen. So empfiehlt es sich, unternehmensinterne Prozesse (Geschäfts-, Haupt- oder Teilprozesse) und unternehmensexterne Prozesse zu Partnern (verbundene Unternehmen), Lieferanten und Kunden in die Planung einzubinden.

(4) Planung als prozessorientierte Budgetierung[316]
Das Budget wird auf Basis der in und zwischen verschiedenen Entscheidungseinheiten ablaufenden Prozesse gebildet. Als **Prozess** wird ein strukturiertes, messbares Bündel von Aktivitäten mit einem definierten Input und Output für einen Kunden oder einen Markt verstanden.[317] Das Budget wird mengenmäßig aufgestellt nach den zur Erfüllung definierten Aufgaben. So stehen nicht mehr die Produktkosten oder die Kostenarten einer Kostenstelle im Mittelpunkt der Betrachtung, sondern die Kosten der für ein definiertes Produktionsvolumen und –programm notwendigen Aktivitäten und Teilprozesse in einzelnen Abteilungen oder Bereichen und bereichsübergreifenden Hauptprozesse.[318]

Prozesse stellen damit eine inhaltliche Verbesserung der inputorientierten Kostenarten- und Kostenstellenplanung dar, da das Konzept der prozessorientierten Budgetierung eher output- und nachfrageorientiert ist. So werden bessere Ansatzpunkte für eine Steuerung des Ressourcenverbrauchs durch eine größere Transparenz der betrieblichen Abläufe, insbesondere der indirekten und administrativen Prozesse, in Bezug auf Ressourcenverbrauch und Aufgabenerfüllung geschafft. Allerdings wird auch die prozessorientierte Budgetierung kritisch betrachtet.[319] So stellen insbesondere die Identifikation und Abgrenzung der Prozesse und deren Einflussgrößen ein Problem dar.

(5) Planung unter Berücksichtigung benchmarkorientierter Ziele
Die vorab dargestellte Prozessbetrachtung lässt sich durch eine Marktanbindung (Benchmarking) ergänzen. So können durch offenen Austausch in Bezug auf indirekte und administrative Prozesse mit Marktpartnern Erfahrungen und Vergleichsparameter gewonnen werden. Hier sind in der Praxis oft größere Defizite bei der Planung von Gemeinkostenbereichen zu verzeichnen, da für Prozesse der Administration und indirekter Bereiche kaum eine produkt- oder marktorientierte Planung möglich ist.[320]

---

[316] Vgl. im Überblick Pfohl (2000), S. 277 ff.
[317] Vgl. Davenport (1993), S. 5.
[318] Vgl. Dambrowski/Hieber (1997), S. 306.
[319] Vgl. ausführlich Pfohl (2000), S. 279 und die dort angegebene Literatur.
[320] Vgl. ausführlich Gleich/Kopp (2001), S. 431; Gleich/Brokemper (1997).

(6) Dynamisch rollierende Vorgehensweise der Planung
Aufgrund sich in einigen Branchen sehr schnell ändernder Umweltgegebenheiten (z.B. Anzahl der Wettbewerber, Dynamik der Kundenwünsche und Kundenstruktur, Änderungsrate der Konkurrenzprodukte u.ä.) kann eine auf einen Zeitraum von einem Jahr bezogene Planung nicht zielführend sein. Eine solche Umweltdynamik lässt die Prämissen und Inhalte einer Jahresplanung bereits zu Beginn eines Jahres möglicherweise nicht mehr adäquat erscheinen. Von Vorteil kann eine rollierende Quartalsplanung (jedes Quartal Planung der nächsten vier Quartale) sein, da hier Umweltveränderungen zeitnah in die Planung integriert werden können. Werden auch nur noch die wesentlichen Umwelt- und Unternehmensveränderungen quartalsbezogen hinterfragt und planerisch erfasst, handelt es sich um eine so genannte *Delta-Planung*. Von Vorteil sind bei dieser Vorgehensweise generell eine schnellere Reaktionsfähigkeit des Unternehmens sowie eine Reduzierung des Planungsaufwands.

Zusamenfassend lässt sich feststellen, dass eine Professionalisierung der Planung notwendig ist, um ein Unternehmen erfolgreich zu führen. Dies kann jedoch nur geschehen, indem der Zielformulierung und –vorgabe (dem Was) gleichzeitig auch die Wege der Zielerreichung (das Wie) durch Analyse der tatsächlichen Markt-, Leistungs- und Führungspotenziale hinterlegt werden. Da dies aufgrund der zunehmend komplexeren Unternehmensumwelt und der wachsenden Führungsspannen schwierig zu realisieren ist, bedarf es einer ausreichenden inhaltlichen Validierung der Unternehmensziele durch Herstellen einer Identifikation mit den Zielsetzungen auf operativen Ebenen. Geschehen kann dies durch verbindliche Zielvereinbarungen mit allen Mitarbeitern unter Nutzung klassischer Organisationsprinzipien, nämlich der Kongruenz von Kompetenz und Verantwortung. Hierzu gehört zwingend die Einbindung der Mitarbeiter in konstruktive Diskussionen um die Zielvorgaben im Rahmen des Planungsprozesses. Zu erläutern sind der Zweck, die Mittel und die Wege zur Zielereichung durch das Management des Unternehmens. Wenn das zu Ereichende in vertrauensvoller Zusammenarbeit in Zweck-Mittel-Beziehungen formuliert, Handlungsalternativen identifiziert und fixiert sowie auf Potenziale, Aufwand und Realisierbarkeit geprüft und nicht top-down vorgegeben wird, dann können optimale Planungsergebnisse zustande kommen. Werden Erwartungshaltungen und Handlungsoptionen zwischen Führungskräften und Mitarbeitern ausgetauscht, lässt sich Einverständnis zwischen den Hierarchieebenen und damit Engagement erreichen. Letztendlich kann damit die Budgetierung[321] als ein Managementwerkzeug genutzt werden, um eine positive Einstellung im Unternehmen zum Wachstum zu schaffen und zu stärken.

---

[321] Zur Budgetierung siehe auch Kap. C.IV.1.3.5.1.

1.4.2. Entscheidung

1.4.2.1. Grundtatbestände der Entscheidung

Die Management-Funktion Entscheidung im Rahmen der Willensbildung knüpft unmittelbar an den Planungsprozess an.

Entscheidung ist die bewusste Auswahl zwischen mehreren Handlungsmöglichkeiten zur Erreichung von Zielen.[322]

Statt „Handlungsmöglichkeit" hat sich auch der bei mehr als zwei Handlungsmöglichkeiten sprachlich nicht korrekte Begriff „Alternative" eingebürgert.

Merkmale der Entscheidung sind:
- das Vorliegen von *Zielvorstellungen*
- *Rationalität der Auswahl*: Orientierung an Bewertungskriterien, welche die Beurteilung der Konsequenzen von Handlungsmöglichkeiten erlauben
- Vorliegen von mindestens zwei *Handlungsmöglichkeiten* (auch das Unterlassen ist dabei eine Handlungsmöglichkeit), die eine Wahl erzwingen.

Die **Rationalität** kann in mehrfachen Ausprägungen typisiert werden: *Objektive* Rationalität liegt dann vor, wenn ein Dritter die Wahl nachvollziehen kann, weil die Voraussetzungen der Wirklichkeit entsprechen. *Subjektive* Rationalität ist gegeben, wenn der Entscheidungsträger seinen Vorstellungen von der Wirklichkeit entsprechend handelt und er formal zielgerichtet vorgeht. Von *begrenzter* (oder beschränkter) Rationalität wird dann gesprochen, wenn der Entscheidungsträger wegen der beschränkten Kapazität des menschlichen Verstandes keine optimalen Lösungen mehr anstrebt.

In Unternehmen können sowohl *Individual-* als auch *Kollektiventscheidungen* getroffen werden. Bei der Analyse von Kollektiventscheidungen müssen in das Entscheidungsmodell besonders die Kommunikationsproblematik, aber auch Überlegungen zu Konflikt- und Machtproblemen mit einbezogen werden. Objekte der Entscheidung können wieder das gesamte Unternehmen wie auch betriebliche Subsysteme sein. Entscheidungsträger sind somit auf allen Managementebenen zu finden (*Management- oder Führungsentscheidungen*). Aber auch auf der Ausführungsebene sind im Rahmen der Aufgabendurchführung Gestaltungsräume vorhanden, die mit aufgabenbezogenen Entscheidungen auszufüllen sind (*Durchführungsentscheidungen*).

Die zu fällenden Entscheidungen können mehrere Sachverhalte betreffen. Folgende **Klassifikation der Entscheidungen** ist möglich:

- „Entscheidungen über *Aktionen* (Was ist zu tun?),
- Entscheidungen über *Entscheidungsregeln* (Welche Regel soll in bestimmter Entscheidungssituation angewendet werden?),
- Entscheidungen über *Entscheidungsstrukturen* (Wie soll das Entscheidungssystem organisiert werden?)."[323]

Die *theoretischen Vorstellungen* über das **Entscheidungsverhalten** haben sich innerhalb der Betriebswirtschaftslehre (und darüber hinaus) wesentlich verändert. Das *Homo-oeconomicus-Modell* der traditionellen Betriebswirtschaftslehre, das einen völlig rational denkenden und handelnden (Kunst-)Menschen unterstellte, und damit die Komplexität der Entscheidungssituation vernachlässigte, wurde vor allem aufgrund der Ergebnisse der Verhaltenswissenschaften revidiert. Präferiert wird heute die Vorstellung vom Entscheidungsträger, der aufgrund begrenzter Verstandeskapazität ein beschränktes Suchverhalten an den Tag legt, das an seinen Erwartungen orientiert ist (*Modell der begrenzt rationalen Wahl* verbunden mit der *Anspruchsniveausetzung*).[324]

Folgende (ausgewählte) Ansätze der **Entscheidungstheorie** sind zu unterscheiden (siehe auch Abbildung C.III.17):[325]

- *Theorie der rationalen Wahl*: Dieses Grundmodell der Entscheidungstheorie entspricht der Modellvorstellung des Homo oeconomicus. Die Prämissen sind: Ziele, Alternativen, Konsequenzen der Alternativen sind bekannt. Informationen liegen vor oder sind beschaffbar. Der Entscheidungsträger ist in der Lage, alle Entscheidungstatbestände ausschließlich rational in einem systematisch ablaufenden Prozess zu verarbeiten.

- *Theorie der begrenzt rationalen Wahl*: Die Prämissen des Rationalmodells werden hinterfragt, teilweise verworfen. Folgende Annahmen gelten: Der Entscheidungsträger verfügt nur über begrenzte und unvollständige Informationen; die Entscheidungssituation ist nicht völlig bekannt; ebenfalls können nicht alle möglichen Handlungsalternativen erarbeitet werden; die erarbeiteten Hand-

---

[322] Zu den entscheidungstheoretischen Grundlagen siehe auch Bea (2000), S. 303-329 sowie die dort angeführte Literatur.

[323] Szyperski/Winand (1974), S. 2. Siehe auch Bea (2000), S. 303-410, der die Problematik nach konstitutiven Entscheidungen abhandelt.

[324] Zu den Fehlern des Homo-oeconomicus-Modells siehe statt vieler die Zusammenfassung bei Malik (1989), S. 259 f. (in Anlehnung an Lindblom); March (1990). Zum Entscheidungsmanagement in Nonprofit-Organisationen vgl. von Eckardstein/Simsa (1999), S. 389-403 sowie die dort angegebene Literatur.

[325] Siehe dazu u.a. March/Simon (1976), S. 129 ff.; Lindblom, (1969). Vgl. dazu und zu weiteren Modellen u.a. Kahle (1990), S. 39 ff., 98 ff.; Kirsch (1970), S. 27 ff., 76 ff.; Staehle (1999), S. 518 ff. Zur Anwendung auf strategische Fragestellungen siehe Mintzberg/Ahlstrand/Lampel (1999); Bretzke (1989), Sp. 649 ff.; Picot/Lange (1979); auch Welge/Al-Laham (2003), S. 30 ff., die eine Zusammenfassung der Argumentation aufzeigen.

lungsmöglichkeiten sind nicht völlig bewertbar; optimale Lösungen können nicht erreicht werden. Die Modellannahmen basieren wesentlich auf den Arbeiten des Nobelpreisträgers für Wirtschaft 1978, *Herbert A. Simon.* Das *Prinzip der begrenzten Rationalität* äußert sich vor allem darin, dass der Entscheidungsträger nicht in der Lage ist, optimale Entscheidungen zu fällen; vielmehr begnügt er sich bei der Lösungssuche mit (subjektiv) *befriedigenden* Lösungen. Wenn er eine entsprechende Alternative gefunden hat, bricht er den Suchprozess ab. Bestimmt wird die Wahl somit vom **Anspruchsniveau** (level of aspiration), und damit von den *Erwartungen* des Entscheidungsträgers.

Merkmal	Theorie der rationalen Wahl	Theorie der begrenzt-rationalen Wahl	Konzept des Inkrementalismus
Ziele des Entscheidungsträgers	Erzielung einer maximalen/optimalen Lösung: Nutzenmaximierung	Erzielung einer befriedigenden Lösung entsprechend dem Anspruchsniveau (level of aspiration)	Erzielung einer Lösung in der Nähe der bisherigen Lösungen (nur kleine/inkrementale Änderungen des aktuellen Zustands angestrebt); eher kurzfristige Ziele
Rationalität des Entscheidungsträgers	Objektive Rationalität	Begrenzte Rationalität	Begrenzte Rationalität
Informationscharakter	Vollkommene Information über Umweltsituation, Alternativen	Unvollständige Informationen	Unvollständige Informationen
Suchumfang von Alternativen	Alle denkbaren Alternativen	Keine Vollständigkeit; Suche nur so lange, bis die (erste) befriedigende Alternative gefunden ist	Nur wenige Alternativen in der Nähe bisheriger vertrauter Lösungsansätze
Bewertung der Handlungsalternativen	Eindeutige Präferenzordnung: maximaler Nutzen	Befriedigendes Anspruchsniveau (subjektive Erwartungen)	Marginales Anspruchsniveau
Vorgehensweise des Entscheidungsträgers	Systematisch rational; unter Einbezug aller Informationen; mit einer klaren Präferenzordnung, mit der die Ergebnisse begründet werden können; mit Entscheidungsregeln, die eine Nutzenmaximierung gewährleisten	Sukzessives Entwickeln und Testen von Alternativen, bis die das Anspruchsniveau befriedigende Lösung gefunden ist	Ausgangspunkt: Status quo; neue, nur geringfügig veränderte Alternativen gesucht; „Durchwursteln" von Problem zu Problem; keine endgültige Lösung angestrebt

Abb. C.III.17: Entscheidungstheoretische Ansätze

- *Theorie des Inkrementalismus* (oder *Konzept der kleinen Schritte* oder *Methode des Durchwurstelns* - muddling through; insbesondere von *Charles E. Lindblom*): Der Entscheidungsträger zeigt ebenfalls ein begrenztes Suchverhalten nach befriedigenden Lösungen. Dabei sucht er nur in kleinen Schritten solche Ziele und Maßnahmen, die ihm vertraut sind: er erwägt nur inkrementale (kleine) Änderungen. Im Vordergrund des Vorgehens steht weniger der Zielbezug, als vielmehr die von (fast) allen akzeptierte Lösung.

1.4.2.2. Entscheidungsprozess
Der Entscheidungsprozess schließt an die Prozessstufe der Alternativenbeurteilung des Planungsprozesses an. Es liegen Alternativenvorschläge vor, deren Konsequenzen im Hinblick auf die Zielvorstellungen sowie zukunftsbezogen bereits erarbeitet wurden. In den beiden Prozessstufen **Entscheidungsvorbereitung** und **Entschluss** sollen die Alternativenvorschläge weiter aufbereitet werden, um eine Alternative herauszufinden, die dann der Durchführungsebene zur Realisierung vorgegeben werden kann.

Die *Komplexität vieler Entscheidungssituationen* und die *begrenzte Rationalität* des Entscheidungsträgers verhindern, dass der nachfolgend dargestellte *idealtypische* Verlauf des (normativen) Entscheidungsprozesses zu einem Optimum oder Maximum der Zielerreichung führt. Dennoch ergeben sich dadurch Anhaltspunkte für eine angemessene Vorgehensweise.

Auf die unterschiedlichen begrifflichen Fixierungen von Planung und Entscheidung, Planungsprozess und Entscheidungsprozess wurde bereits hingewiesen. Entscheidungsprozess im hier besprochenen Zusammenhang ist der finale Auswahlprozess der Handlungsmöglichkeiten und nicht der gesamte Planungsprozess einschließlich Auswahl.

(1) Entscheidungsvorbereitung
Der unmittelbaren Vorbereitung der Entschlussphase dient die Prozessstufe der Entscheidungsvorbereitung mit folgenden Teilschritten:

- **Bestimmung von Entscheidungszielen und Entscheidungskriterien**: Die bereits in der Zielbildungsphase vorgenommene Festlegung der Ziele erübrigt theoretisch diesen Teilschritt (siehe Kapitel C.III.1.4.1.3.1.). Da aber der Managementprozess ein mehrstufiger Prozess ist und er zudem nicht idealtypisch ablaufen kann, ist in diesem Schritt nochmals der Versuch zu unternehmen, die Entscheidungskriterien, anhand derer die Zielerfüllung gemessen werden sollen, festzulegen oder Korrekturen anzubringen, die sich erst im Laufe des Prozesses ergeben haben.
- **Festlegung von Restriktionen**: Die Zielrestriktionen oder Zielbegrenzungen (Mussziele) werden ebenfalls in der Zielbildungsphase herausgearbeitet. Damit sollte der Rahmen für die Erreichung der verfolgten Ziele festgelegt werden. Auch dieser Schritt ist gegebenenfalls hier nachzuholen oder zu konkretisieren.
- **Vorauswahl zulässiger Alternativen**: Aufgrund der Zielbegrenzungen sind diejenigen Alternativen auszusondern, welche die zulässigen Grenzen überschreiten.

(2) Entschluss

Als letzte Prozessstufe im Rahmen der Willensbildung kann der **Entschluss** angesehen werden. Folgende Teilschritte können unterschieden werden:

- **Auswahl der optimalen Alternative**: Die Alternative mit dem höchsten Zielerreichungsgrad kann nunmehr ausgewählt werden. Wenn die Wertsynthese im Rahmen der Alternativenbeurteilung zu einer zielbezogenen Rangordnung führte, ist die Auswahl unproblematisch.
- **Konsistenzprüfung mit anderen Entscheidungen**: Die getroffene Entscheidung sollte nochmals in den Gesamtzusammenhang mit anderen betrieblichen Entscheidungen gestellt und die Verträglichkeit der Entscheidungen untereinander überprüft werden.
- **Festlegung von Durchführungsbedingungen**: Dieser Teilschritt leitet zur Durchsetzungs- und Durchführungsphase über. Es sind Vorstellungen über Zuständigkeiten, Abläufe und Termine zu entwickeln.

1.4.2.3. Entscheidungssituationen, Entscheidungsarten und Entscheidungsmodelle

Stehen mehrere Handlungsalternativen zur Auswahl, gilt es, eine Entscheidung zu treffen. Die Entscheidung zwischen den Alternativen kann sich dabei als schwierig erweisen, da zum einen die Konsequenzen der Handlungen wegen der Unsicherheit in der Zukunft nicht eindeutig vorauszusehen sind. Zum anderen bewertet ein Entscheidungsträger aber auch die Konsequenzen einer Handlung nach verschiedenen Kriterien (Zielkonflikt), sofern eine Alternative einer anderen nicht überlegen ist. Um Handlungsalternativen möglichst rational zu bewerten, werden Planungshilfen eingesetzt. Diese streben eine systematische, nachvollziehbare und logisch fundierte Auswertung der verfügbaren Informationen an. Untergliedert nach Entscheidungssituationen, -arten und -modellen werden im Folgenden Aspekte aufgezeigt, die die Komplexität von Entscheidungen reduzieren helfen.

(1) Entscheidungssituationen

Die Entscheidungstheorie unterscheidet zwei grundsätzliche Typen von Entscheidungssituationen:

- **wohlstrukturierte** (oder wohldefinierte) Entscheidungssituationen mit den vorhandenen Merkmalen: eine bestimmte Anzahl an Lösungsalternativen mit ihren Konsequenzen, klar formulierte Ziele und Problemlösungsprogramme (Rechenverfahren, Rechenregeln für die Entscheidungsfindung)
- **schlechtstrukturierte** (oder schlechtdefinierte) Entscheidungssituationen, die dann vorliegen, wenn mindestens ein Merkmal der wohlstrukturierten Situation fehlt.

Während wohlstrukturierte Situationen wieder dem Homo-oeconomicus-Modell entsprechen, ist die Annahme schlechtstrukturierter Entscheidungssituationen vor allem aufgrund der Informations- und Prognoseproblematik für die betriebliche Praxis realistisch.

(2) Entscheidungsarten

Die Typenvielfalt betrieblicher Entscheidungsarten ist erheblich. Es liegen viele Klassifikationsvorschläge vor, die aber immer nur einen Ausschnitt aus der Vielzahl möglicher Einteilungen wiedergeben. Abbildung C.III.18 gibt einige Entscheidungsarten typologisiert wieder.

(1) Träger der Entscheidung	- Individual- und Kollektiventscheidungen - Zentrale und dezentrale Entscheidungen - Führungs- und Ressortentscheidungen
(2) Objekt der Entscheidung	- Meta- und Objektentscheidungen - Gelegentliche und laufende Entscheidungen - Konstitutive und situationsbedingte Entscheidungen - Total- und Partialentscheidungen
(3) Entscheidungskonsequenzen	- Entscheidungen bei Sicherheit, Risiko und Unsicherheit - Lang-, kurz- und mittelfristige Entscheidungen - Entscheidungen bei monovariabler und multivariabler Zielsetzung
(4) Verlauf des Entscheidungsprozesses	- Simultane und sukzessive Entscheidungen - Programmierbare und nicht programmierbare Entscheidungen
(5) Beginn des Entscheidungsprozesses	- Reaktive Entscheidungen - Antizipative Entscheidungen
(6) Eingehende Wertprämissen	- Politische Entscheidungen - Administrative Entscheidungen - Operative Entscheidungen
(7) Struktur des Entscheidungsproblems	- Wohl-strukturierte Entscheidungsprobleme - Schlecht-strukturierte Entscheidungsprobleme
(8) Ergebnis des Entscheidungsprozesses	- Neue Problemlösung (innovative Entscheidung) - Bekannte Problemlösung (Routineentscheidung) - Ziele, Strategien, Taktiken, Maßnahmen

Abb. C.III.18: Typologie betriebswirtschaftlicher Entscheidungen
Quelle: in Anlehnung an Heinen (1985), S. 38

Erwähnt sei außerdem die Typologie von *Erich Gutenberg* mit der Heraushebung von Entscheidungen, die dem Top Management vorbehalten bleiben sollen („**echte Führungsentscheidungen**"), in der Abgrenzung zu (delegierbaren) *Ressortentscheidungen*. Merkmale der so genannten echten Führungsentscheidungen sind:
– ihre Bedeutung für die Vermögens- und Ertragslage
– ihr Geltungsbereich für das Ganze des Unternehmens
– ihre Nicht-Delegierbarkeit.

Im Einzelnen sind echte Führungsentscheidungen die:[326]

1. „Festlegung der Unternehmungspolitik auf weite Sicht
2. Koordinierung der großen betrieblichen Teilbereiche
3. Beseitigung von Störungen im laufenden Betriebsprozess
4. Geschäftliche Maßnahmen von außergewöhnlicher betrieblicher Bedeutsamkeit
5. Besetzung der Führungsstellen im Unternehmen."

---

[326] Gutenberg (1962), S. 61, 59 ff.

(3) Entscheidungsmodelle

Entscheidungsmodelle sollen das Entscheidungsproblem zur Vorbereitung seiner Lösung abbilden. Bestandteile des Entscheidungsmodells sind: Umweltsituation, Alternativen mit ihren Konsequenzen und Ziele (siehe auch Abbildung C.III.1).

Im Hinblick auf die oben durchgeführte Aufteilung in wohl und schlecht strukturierte Entscheidungssituationen[327] lassen sich geschlossene und offene Entscheidungsmodelle aufstellen.

(a) *Geschlossene Entscheidungsmodelle* für *wohl strukturierte* Entscheidungssituationen

„Geschlossen" wird ein solches Modell deswegen genannt, weil „nicht berücksichtigt wird, wie Entscheidungsprobleme entstehen, Informationen gewonnen werden und wie die Umwelt den Prozessablauf beeinflusst."[328] Alle Größen des Entscheidungsmodells sind damit bekannt.

Bei geschlossenen Entscheidungsmodellen sind drei Entscheidungsfälle zu unterscheiden:

- Entscheidungen unter *Sicherheit* (vollkommene Information, es liegt nur eine Umweltsituation vor)
- Entscheidung unter *Ungewissheit* (der Entscheidungsträger muss mit verschiedenen Umweltsituationen rechnen), mit zwei Unterfällen:
    - Entscheidungen unter *Risiko* (es können objektive Wahrscheinlichkeitsaussagen über das Eintreffen der Umweltsituationen gemacht werden, so genannte stochastische Entscheidungssituation)
    - Entscheidungen unter *Unsicherheit* (es sind keine objektiven Wahrscheinlichkeitsaussagen über den Eintritt der unterschiedlichen Umweltsituationen möglich, sondern nur subjektive Wahrscheinlichkeitsvorstellungen).

Entscheidungsregeln (Lösungsansätze) für *geschlossene* Entscheidungsmodelle sind überwiegend so genannte **analytische Verfahren**. Optimale Lösungen können mit Hilfe eines systematischen Rechenvorgangs (Algorithmus) erreicht werden. Geeignete Verfahren sind z.B. Lineare Programmierung, Netzplantechniken, Warteschlangenmodelle und Nutzwertanalysen.

Speziell für die oben erwähnten Entscheidungen unter Sicherheit, Risiko und Ungewissheit sollen einige entscheidungstheoretisch verbreitete Lösungsansätze angedeutet werden. Bei **Entscheidungen unter Sicherheit** treten nur Probleme auf, wenn mehrere Ziele verfolgt werden, die konfliktär zueinander sind; hier kann über die Zielgewichtung eine Alternative mit dem höchsten Gesamtnutzen gefunden werden. Für **Entscheidungen unter Risiko** liegen mehrere Entscheidungsregeln vor; die so genannte Bayes-Regel errechnet die Erwartungswerte je Alternative (Produkt aus Eintrittswahrscheinlichkeit und Alternativenkonsequenz) und wählt

---

[327] Siehe auch Schweitzer (2002), S. 30 zur Planung und Steuerung bei verschiedenen Informationsständen.
[328] Kirsch (1970), S. 25.

die Alternative mit dem höchsten Erwartungswert. Bei **Entscheidungen unter Unsicherheit** sind ebenfalls mehrere Regeln entwickelt worden. So wird bei der Minimax-Regel die Alternative gewählt, die bei Eintritt der ungünstigsten Umweltsituation noch zum relativ besten Ergebnis führt (pessimistische Einstellung). Beispiele hierzu sind der Literatur[329] zu entnehmen.

(b) *Offene Entscheidungsmodelle* für *schlecht strukturierte* Entscheidungssituationen

Ein offenes Modell muss berücksichtigen, dass die einzelnen Elemente einer Entscheidungssituation nicht von vornherein feststehen, immer neue Informationen gewonnen und verarbeitet werden müssen, Ziele und Motive nicht immer klar oder bewusst sind. Es kann daher keine optimale Lösung von Entscheidungsproblemen geben; es können aber Näherungswerte angestrebt werden.

Entscheidungsregeln für *offene Entscheidungsmodelle* sind **heuristische** Verfahren, somit Verfahren ohne optimale Lösungen, sondern lediglich mit Näherungslösungen.[330] Entsprechende Entscheidungsregeln sind beispielsweise die Anwendung von Faustregeln oder Verhaltensregeln, Simulationsmodelle, Mittel-Zweck-Analysen, Zerlegung von Gesamtproblemen in Teilprobleme, Checklisten.

1.4.3. Durchsetzung

1.4.3.1. Grundtatbestände der Durchsetzung

Die der Willensbildung (mit Planung und Entscheidung) folgende Phase der Willensdurchsetzung dient der Realisierung und Sicherung des geplanten Handlungskonzeptes.

Als erster Schritt in der Willensdurchsetzungsphase zielt die **Durchsetzung** auf die Ausführung des Geplanten und Entschiedenen ab und bereitet so die Realisierung auf der Durchführungsebene vor.

Als synonyme Begriffe für Durchsetzung sind *Anordnung, Veranlassung* oder *Realisation* (hier nicht im Sinne von Durchführung) gebräuchlich. Durchsetzung in unserem Sinne wird auch als eine Kombination von Organisations-, Implementierungs- und Realisationsfunktionen gesehen.

Die **Notwendigkeit** einer der Entscheidung folgenden Durchsetzungsfunktion und das Erfordernis für das Management, diese Funktion wahrzunehmen, ergeben sich

---

[329] Vgl. z.B. Jung (2000), S. 178-185; Bea (2004), S. 324 ff.; Bamberg/Coenenberg (1994); Mag (1990).

[330] Siehe dazu Simon (1980).

- aus der *Arbeitsteilung nach Rangkriterien* (Stellen- oder Positionenhierarchie; siehe Kapitel B.III.2.3.) des Unternehmens: Die hierarchische Abstufung des Unternehmens, verbunden mit der Zuweisung ungleichrangiger Aufgabenkomplexe, bewirkt (überwiegend) ein Auseinanderklaffen der Entscheidungs- und Ausführungsebene. Somit besteht auf der Durchführungsebene ein Informationsdefizit über die zu realisierende Handlung. Unter anderem dieses Defizit soll die Durchsetzungsfunktion beseitigen
- aus der *multipersonalen Struktur* und der *vertikalen Arbeitsteilung* (Aufgabenhierarchie): An den Ausführungshandlungen sind (meist) unterschiedliche Bereiche und Stellen beteiligt (bedingt durch die organisatorisch vorgenommene Arbeitsteilung); es sind nach aufgabenanalytischen und aufgabensynthetischen Überlegungen die geeigneten Aufgabenträger zu bestimmen
- aus dem Charakter der *Entscheidung, nicht völlig operational* sein zu können: „Da kein Entwurf eine vollständige Beschreibung der realen Bedingungen enthält und die Handlungsträger ihre Spielräume nach ihren Interessen zu Entscheidungsmodifikationen nutzen können, ist die **Entscheidungssicherung und -ausführung** ein durch den Plan nur **vorgesteuerter Prozess**, der ggfs. selber wieder einer eingehenden Planung und Steuerung bedarf."[331]
- aus den (nicht einheitlichen) Einstellungen und Verhaltensweisen der Ausführenden, die zielorientiert auf die Aufgabenstellungen vorzubereiten und zu beeinflussen sind.

Als **Schnittstellenfunktion** zwischen der Willensbildung und der Ausführungsebene kommt der Durchsetzung für den Erfolg der durchzuführenden Maßnahme daher eine nicht zu unterschätzende Bedeutung zu. In der betriebswirtschaftlichen Betrachtung von Managementproblemen sind **Durchsetzung**saspekte lange Zeit zugunsten der intensiven Beschäftigung mit Fragen einer optimalen Entscheidungsfindung vernachlässigt worden.[332] Das zunehmend gestiegene Interesse an Problemen der Willensdurchsetzung kann interpretiert werden als Reflex auf die Erkenntnis, dass **in der Praxis der „Engpass" auf dem Weg zu einer befriedigenden Zielerreichung häufig in der Durchsetzungsphase auftritt**. Eine vermeintlich optimale (gute, richtige) Entscheidung verliert angesichts von Durchsetzungsproblemen allzu häufig sehr rasch ihren Wert.

Die Durchsetzungsfunktion ist allerdings nicht nur auf der Ebene des unteren Managements, also unmittelbar vor der Ausführungsebene wahrzunehmen. Vielmehr sind Durchsetzungsvorgänge auf allen Hierarchieebenen erforderlich, nämlich überall da, wo eine nächstniedrigere Hierarchieebene mit der Ausführung einer Aufgabe betraut wird. Auf allen Hierarchieebenen sind dementsprechend auch Ausführungs- und nicht nur Führungshandlungen zu vollziehen (siehe Teil B).

---

[331] Matthes (1986), S. 288 f.
[332] Ähnlich in der Argumentation für eine stärkere Beachtung von der Entscheidung nachgelagerten Funktionen auch Mag (1992), S. 61 ff. Schreyögg betont die Implementationsproblematik der Pläne (1991), S. 269 ff.; Staehle weist ähnlich darauf hin, dass "sich zwischen Entschluss und erfolgreicher Umsetzung meist die schwerwiegendsten Probleme" (1991), S. 500 ergeben.

1.4.3.2. Durchsetzungsprozess

Der Durchsetzungsprozess schließt an die Entschlussstufe des Entscheidungsprozesses an. Die getroffene Entscheidung („optimale oder zufriedenstellende Alternative") ist so aufzubereiten und weiterzugeben, dass die Durchführung ziel- und entscheidungsgerecht vollzogen werden kann. Dabei sollen die Prozessstufen **Entscheidungsoperationalisierung** sowie **Instruktion und Motivation** unterschieden werden.

1. Entscheidungsoperationalisierung: In dieser Prozessstufe ist die häufig noch nicht detaillierte und nicht „ausführungsgerechte" Entscheidung so zu überarbeiten, dass klare Aufgabenstellungen und Vorgaben die zielorientierte Durchführung ermöglichen. Als Teilschritte sind denkbar:

– **Organisation der Zuständigkeiten und Abläufe**: Führungsorganisatorische und arbeitsorganisatorische Gestaltungen sollen die eindeutige Aufgabenwahrnehmung und deren Abfolge regeln. Wenn generelle Organisationsregeln noch nicht vorliegen, sind entsprechende Dispositionen (Ad-hoc-Entscheidungen) zu treffen.
– **Terminplanung**: Bearbeitungstermine sind festzulegen.
– **Bereitstellung, Koordination und Integration von Potenzialen und Verfahren**: Es sind die sachlichen Voraussetzungen für die Aufgabendurchführung zu schaffen.
– **Festlegung von Soll-Vorgaben**: Fixierung operationaler Zielerreichungsgrößen (auch im Hinblick auf die Kontrolle).

2. Instruktion und Motivation: Nach der Operationalisierung der Entscheidung muss der Instruktionsprozess der Durchführungsträger, verbunden mit ihrer zielorientierten Motivation erfolgen. Als Schritte sind denkbar:

– **Information der Durchführungsträger**: Die Aufgaben und Bedingungen sind dem Durchführungsträger zu erläutern. Einhergehend damit erfolgt die **Zielausrichtung und Aktivierung (Energetisierung) der Durchführungsträger**: Mit Personalführungsmaßnahmen sind die Durchführungsträger im Hinblick auf die Aufgabendurchführung zu beeinflussen.
– **Veranlassung**: Die Aufgabendurchführung ist anzuweisen.
– **Koordination und Planfortschrittskontrolle**: Die meist arbeitsteilig verlaufenden Durchführungsprozesse sind immer wieder aufeinander abzustimmen und auf ihre Zwischenergebnisse zu überprüfen.

Mit der Durchsetzungsfunktion verbinden sich **unterschiedliche Aufgaben**. Als konstituierende **Elemente** der Durchsetzung sind anzusehen:

(1) Planerische Aufgaben

Terminpläne für die Ausführung sind zu erstellen; operative Feinplanungen in Form von Projektplänen, Betriebsmittel- und Materialplanungen, Maßnahmenplanungen müssen die häufig noch nicht detaillierten Entscheidungen z.B. der strategischen Ebene für die Ausführung aufbereiten. Ein Schwerpunkt der Durchsetzungsaktivitäten liegt somit im Bereich der operativen Planung (zur Planung siehe Kapitel C.III.1.4.1.).

(2) Personalführungsaufgaben

Ein weiteres Schwergewicht an Aufgabenkomplexen liegt im Rahmen der Durchsetzung bei der Wahrnehmung von Personalführungsaufgaben. Der Erfolg der geplanten Maßnahmen hängt in einem hohen Grade von der zielorientierten Beeinflussung der Durchführungsträger, und damit von der Fähigkeit der Führungskraft zur instruierenden und motivierenden Kommunikation ab (zur Personalführung siehe Kapitel C.III.2.).

(3) Informationsaufgaben
Eine gezielte, sachorientierte Information der Durchführungsträger über die Bedingungen der durchzuführenden Aufgabe hängt mit der Personalführungsaufgabe zusammen, berührt aber darüber hinaus auch die mit den Sachfunktionen des Managements verbundenen Informationsverarbeitungsvorgänge.

(4) Führungsorganisatorische Regelungen
Die Ausgestaltung der Durchsetzungsfunktion setzt Regelungen etwa hinsichtlich Delegation oder Konfiguration voraus; die entsprechenden Kompetenzen müssen bei der Weitergabe des Auftrags vorliegen (oder eventuell ad hoc ausgesprochen werden). Koordinationsaufgaben, also Abstimmungsaufgaben sind im Verlauf der Durchführung wahrzunehmen. Ebenfalls müssen Stellenpläne vorliegen. Damit zusammen hängt die Gestaltung der Makroorganisation des Unternehmens (siehe dazu Kapitel C.IV.3.).

(5) Arbeitsorganisatorische Regelungen
Festgelegt sein muss oder zu gestalten ist unter anderem mit Hilfe der Aufgabenanalyse und Aufgabensynthese die Aufgabenzuweisung für den oder die Durchführungsträger. Meist ist die (Gesamt-)Aufgabe entsprechend der arbeitsteiligen Durchführung in Teilaufgaben zu zerlegen, um sie den zuständigen Stellen zuweisen zu können (siehe Kapitel C.IV.3.3.2.).

(6) Gestaltung der Mikroorganisation
Im Rahmen der Aufgabenzuweisung, also vorrangig bei der Ausgestaltung arbeitsorganisatorischer Regelungsbereiche, ist die Frage nach den *Handlungsspielräumen* auf der Durchführungsebene zu stellen. Als weiteres Element wird hier daher auch der *mikroorganisatorische* Gestaltungsaspekt in die Betrachtung der Durchsetzungsaufgabe einbezogen.[333]

1.4.4. Kontrolle

1.4.4.1. Grundtatbestände der Kontrolle

Kontrolle ist wesentlicher Bestandteil von Planung. Welche Zwecke und Funktionen sie erfüllt, welche Kontrollarten unterschieden werden können und wer die Kontrollträger sind, ist Gegenstand der folgenden Ausführungen.

(1) Zweck und Funktionen der Kontrolle
Die Zielvorstellungen, die zu Anfang oder im Laufe des Managementprozesses entwickelt werden, sollen (zunächst eindimensional betrachtet) über Aktivitätenpläne realisiert werden. Ob das beabsichtigte Ergebnis eingetreten ist, ist abschließend im Rahmen der Management-Funktion Kontrolle zu klären. Kontrolle in dieser Sicht ist (zunächst) *vergangenheitsorientiert*.

---

[333] Zur Mikroorganisation siehe Jung (1985).

Kontrolle als abschließende Funktion im Managementprozess kann als Vergleich von Sollgrößen und realisierten Größen (Ist-Werten), gegebenenfalls einschließlich einer Abweichungsanalyse angesehen werden (*enger* Kontrollbegriff).

Die Kontrollnotwendigkeiten und Kontrollvorgänge gehen im mehrdimensionalen, hierarchisch ablaufenden Managementprozess über diese *End- oder Feedback-Kontrolle* hinaus und können nicht nur einer abschließenden Betrachtung vorbehalten bleiben, da sonst im laufenden Prozess Kurskorrekturen nicht mehr möglich wären und eine wichtige Funktion der Kontrolle, nämlich die möglichst frühzeitige und zweckgerichtete Lenkung des Unternehmens[334] nicht wahrgenommen würde. Kontrollen sind über eine Endkontrolle hinausgehend erforderlich:

- in allen wichtigen Prozessphasen, denn es sind immer wieder Fragen nach den „richtigen" Erkenntnissen, Folgerungen, Lösungsüberlegungen zu stellen (Mikro-prozesscharakter)
- im Hinblick auf Annahmen, die in den Managementprozess einbezogen werden und seinen Ablauf wesentlich bestimmen; denn es sind im Prozessablauf Fragen nach den „richtigen" und noch gültigen zukunftsbezogenen Annahmen (Prämissen) zu stellen
- in den Prozessen auf höheren Managementebenen (z.B. im Bereich der strategischen Planung), da sonst bis zum Abwarten auf den Erfolg der Maßnahmen auf der Durchführungsebene gegebenenfalls keine rechtzeitigen Eingriffsmöglichkeiten mehr bestehen
- zur Aufdeckung möglicher bestandsbedrohender Entwicklungen, die eventuell, wenn auch nur schwer erkennbar, dennoch mit einer sensiblen Kontrolle aufgedeckt werden könnten.

Um diese Kontrollanlässe mit zu erfassen und dabei die Kontrollfunktion einer zweckgerichteten Lenkung des Unternehmens zu berücksichtigen, kann *allgemeiner* definiert werden:

Kontrolle zur zweckgerichteten Lenkung des Unternehmens ist ein zielgerichteter Vergleich von angestrebten Plangrößen und gewünschten gegenwärtigen oder zukünftigen Entwicklungsgrößen, gegebenenfalls einschließlich einer Abweichungsanalyse (*weiter* Kontrollbegriff).

Angestrebte Plangrößen können dabei Sollvorstellungen (Ziele) und Ausgangsannahmen (Prämissen) sein. *Gewünschte gegenwärtige oder zukünftige Entwicklungsgrößen* sollen die (prognostizierte) Zielerreichung und die (prognostizierte) Prämissenausprägung sein.

---

[334] Vgl. Coenenberg/Baum (1987), S. 114.

(2) Kontrollarten

Als wichtige Kontrollarten werden **Ergebniskontrollen** und **Verhaltenskontrollen** unterschieden.

Von den vielfältigen Typisierungen der Kontrolle sollen anhand der Abbildung C.III.19 als **Ergebniskontrollen** besonders herausgestellt werden:

- *Endkontrollen* am Ende des Problemlösungsprozesses als **Endergebniskontrollen** (Soll-Ist-Vergleich) und **Prämissen**(end)**kontrollen** (Wird-Ist-Vergleich). „Soll" ist das zu erreichende Ziel, „Ist" das erreichte Ziel und „Wird" die der Zielerreichung zugrundeliegende Annahme oder Prämisse (im Beispiel: Das Ziel, Gewinnzuwachs, dürfte erreicht werden, wenn die Konjunkturentwicklung sich wie angenommen entwickelt).

- *Zwischenkontrollen* während des Problemlösungsprozesses: die **Planfortschrittskontrolle** (hier Soll-Kann-Vergleich genannt), nämlich die Überprüfung, ob von der Zielerreichung am Periodenende weiter ausgegangen werden kann und weiter die **Prämissen**(zwischen)**kontrolle** (hier Wird-Kann-Vergleich genannt) mit der Frage: Kann von einem Fortbestehen der Prämisse auch weiterhin ausgegangen werden, so dass die Zielerreichung nicht gefährdet ist? Mit „Kann" ('erreicht werden') soll hier innerhalb der Periode die Prognose der Zielerreichung beziehungsweise des Fortbestehens der Prämisse zum Periodenende hin bezeichnet werden.

In der Kontrollliteratur wird üblicherweise das obige „Kann" ebenfalls als „Wird" bezeichnet, wobei die Planfortschrittskontrolle dann ein Soll-Wird-Vergleich ist. Statt hier Wird-Kann-Vergleich ist der Wird-Wird-Vergleich der Literatur allerdings keine Prämissen-, sondern eine mehrstufige Maßnahmenkontrolle oder auch eine Konsistenzkontrolle.[335] Wegen des verwirrenden unterschiedlichen Gebrauchs von „Wird" (als Prämisse, als Prognosewert, als Maßnahme) und des verwirrenden Wechsels der Betrachtungsebene wurde hier eine andere Vorgehensweise gewählt. Im Übrigen benutzt *Wild* für die Prämissenkontrolle innerhalb und am Ende der Periode gleicherweise den Begriff „Wird-Ist-Vergleich".[336] Ein weiteres Begriffspaar in der angegebenen Literatur, nämlich „Soll-Soll-Vergleich" als Vergleich mehrerer Ziele (Konsistenzprüfung) lässt sich u.E. kaum mit den üblichen betriebswirtschaftlichen Kontrolldefinitionen vereinbaren (sonst wäre jeder Vergleich, jede Überprüfung als Kontrolle anzusehen, was zu einer Ausuferung des Kontrollbegriffs in Zusammenhang mit der betrieblichen Kontrollfunktion führen würde).

Neben den genannten Kontrollarten Endergebniskontrolle, Planfortschrittskontrolle und Prämissenkontrolle als **Ergebniskontrollen** wird weiter die personenbezogene **Verhaltenskontrolle** genannt, die „das Beobachten, Anleiten und zielgerichtete Beeinflussen des Mitarbeiterverhaltens"[337] beinhaltet. Das Verhalten der Mitarbeiter kann indirekt (*indirekte Verhaltenskontrolle*) kontrolliert werden, indem über

---

[335] Vgl. dazu besonders Pfohl (1981), S. 59 ff.; Töpfer (1976), S. 135 f. Ebenso auch Hahn (1997), S. 431 f. und Schweitzer (2002), S. 73 (mit ähnlicher Skizze wie die aufgeführte Abbildung).

[336] Siehe Wild (1982), S. 44.

[337] Siegwart/Menzl (1978), S. 102.

Arbeitsergebnisse auf das Verhalten eines Mitarbeiters zurückgeschlossen wird. Eine *direkte Verhaltenskontrolle* überprüft Verhalten unmittelbar.

Plangrößen \ Entwicklungsgrößen	Kann Hochrechnung auf Periode 1	Ist Endergebnis Periode 1	
	Zwischenkontrolle Periode < 1	Endkontrolle Periode 1	
Soll (Ziel) Gewinnzuwachs 5 % bis Periode 1	Soll-Kann-Vergleich (Planfortschrittskontrolle) Vergleich Ziel mit prognostizierter Zielerreichung Ende Periode 1	Soll-Ist-Vergleich (Endergebniskontrolle) Vergleich Ziel mit Zielerreichung Ende Periode 1	Zielerreichung
Wird (Prämisse) Konjunkturentwicklung + 2 % bis Periode 1	Wird-Kann-Vergleich (Prämissenkontrolle; Prämissenzwischenkontrolle) Vergleich Ausgangsprämisse mit prognostizierter Prämissenausprägung Ende Periode 1	Wird-Ist-Vergleich (Prämissenkontrolle; Prämissenendkontrolle) Vergleich Ausgangsprämisse mit endgültiger Prämissenausprägung Ende Periode 1	Endgültige Prämissenausprägung

Abb. C.III.19: Typen der Ergebniskontrolle

Eine Unterscheidung nach dem **Kontrollträger** und dem Grad der Beteiligung des Kontrollierten am Kontrollprozess trennt *Fremdkontrolle*, *Selbstkontrolle* oder *partizipative Kontrolle*.

Die Typisierung der Kontrolle nach *Realisations- oder Durchführungskontrolle* (*Endkontrolle*), als Endergebnis- oder als Planfortschrittskontrolle, und der Prämissenkontrolle führt zur Abwägung der Bedeutung beider Kontrollarten, die sowohl bei der strategischen als auch bei der operativen Planung eingesetzt werden. Die Realisationskontrolle herrscht besonders im Rahmen der operativen Planung vor; ihre Problematik liegt darin, dass Hinweise auf Fehlentwicklungen möglicherweise zu spät kommen (eine Planfortschrittskontrolle könnte diese Problematik mindern). Die Prämissenkontrolle hat für den Ablauf des Planungsprozesses im Rahmen der strategischen Planung erhebliche Bedeutung.[338] Eine weitere vor allem für den Bereich der strategischen Planung von *Steinmann/Schreyögg* vorgeschlagene Kontrollart, die „strategische Überwachung" will die Umwelt ungezielt auf bisher nicht erfaßte und bestandsbedrohende kritische Ereignisse absuchen (problematisch erscheint hier die Abgrenzung zu neueren Stufen von *Frühaufklärungs- oder Früh-*

---

[338] Siehe Frese (1987), S. 187 ff.; Steinmann/Schreyögg (2005), S. 279 ff.

warnsystemen, die vorhandene, aber noch nicht erkannte Umweltchancen und Umweltrisiken aufdecken wollen).[339]

(3) Abgrenzungen zu Controlling und Interner Revision

Kontrolle ist abzugrenzen von betrieblichen Funktionen, die ebenfalls Kontrollcharakter haben, nämlich Controlling und Interner Revision.

Controlling wird als institutionalisierte Form einer ergebnisorientierten betrieblichen Gestaltung und Lenkung verstanden, in der die Planungs- und Kontrollfunktion untrennbar vorhanden sind.[340] Controlling *enthält* damit die *Elemente Planung, Kontrolle* und weiter die *Informationsversorgung*. Es soll die Führung darin unterstützen, das Unternehmen an Umweltveränderungen anzupassen sowie die Durchführungsaufgaben zu koordinieren (siehe auch Kapitel C.III.1.4.3.2.). Kontrolle ist somit ein Aufgabenbereich des Controllings. Die Kontrolle als Führungsfunktion wird vom Controlling unterstützt.

Bei der **Internen Revision** handelt es sich um eine unabhängige interne Überwachungsstelle des Unternehmens. Traditionell hat sie die formelle und materielle Ordnungsmäßigkeitsprüfung im Finanz- und Rechnungswesen durchzuführen. Hinzugekommen ist die Zweckmäßigkeitsprüfung der angewandten Verfahren und Techniken und die Überprüfung des durch die Organisation geschaffenen internen Kontrollsystems. Insgesamt zielt die Interne Revision auf die Ordnungsmäßigkeit, Sicherheit und Wirtschaftlichkeit aller betrieblichen Strukturen und Abläufe ab, die mit Einzelfallprüfungen oder Systemprüfungen überwacht werden. Damit bestehen zum Controlling starke aufgabenmäßige Verbindungen. Auch hier kann die Kontrollaufgabe im Rahmen der Internen Revision der Unterstützung der Führungsfunktion Kontrolle dienen.

(4) Kontrollträger

Als Kontrollträger muss zunächst jeder Manager auf jeder Managementstufe für seinen Verantwortungsbereich angesehen werden. Hilfsfunktionen sowie vorbereitende und Anschlussarbeiten können je nach Größe des Unternehmens von Stabsstellen, aber auch je nach Institutionalisierung vom Controlling oder von der Internen Revision wahrgenommen werden. Wegen der engen Verbindung von Planung und Kontrolle gelten hier im Übrigen ähnliche Überlegungen wie bei der Planung (siehe auch Kapitel C.III.1.4.1.).

---

[339] Siehe Steinmann/Schreyögg (2005), S. 402 ff.; Graumann (2003), S. 4. Zur Kritik siehe Hammer (1988), S. 146; Frese (1987), S. 197.

[340] Vgl. Ulrich/Fluri (1995), S. 152.

1.4.4.2. Kontrollprozess

Der Kontrollprozess schließt unmittelbar an die *Durchführungsphase*, also an die Realisierung der geplanten Maßnahmen an. Im Managementprozess geht die Instruktionsphase im Rahmen der *Durchsetzung* voraus. Als Prozessstufen sollen die **Kontrollvorbereitung** und die **Kontrolldurchführung** unterschieden werden.[341]

(1) Kontrollvorbereitung

Vorbereitende Maßnahmen sind zur Durchführung der eigentlichen Kontrolle erforderlich. Zu nennen sind hier:

- **Bestimmung der Kontrollobjekte und der zu messenden Merkmale**: Die zu kontrollierenden Sachverhalte (so z.B. Endergebnisse, Zwischenergebnisse, Prämissen) und deren Merkmale sind festzulegen.
- **Festlegung der Kontrollstandards (Soll-Werte)**: Die verfolgten Planziele sind Ausgangsbasis für die Festlegung der Soll-Werte. Die Operationalität der Soll-Werte ist vor allem bei qualitativen Zielformulierungen gering; die den Ist-Werten gegenüberzustellenden Größen sollten in ihren zu überprüfenden Eigenschaften möglichst konkret bestimmt werden.
- **Ermittlung der Messergebnisse (Messung der Ist-Werte)**: Auch hier sind präzise Werte für den Erfolg der Kontrolle entscheidend. Die Qualität der Ist-Werte ist in der Überprüfung des laufenden Geschäftes wesentlich von der Qualität des Berichtswesens des Unternehmens abhängig. Die zu überprüfenden Werte müssen mit Soll-Werten in zeitlicher und sachlicher Hinsicht übereinstimmen.[342]

(2) Kontrolldurchführung

Nach der Abklärung aller für den Soll-Ist-Vergleich erforderlichen Daten kann die Überprüfung durchgeführt und die Weitergabe der Ergebnisse an übergeordnete Instanzen vorbereitet werden.

- **Soll-Ist-Vergleich**: Der Soll-Ist-Vergleich hat die Aufgabe, Ziele und Zielerreichung miteinander zu vergleichen. Seine Durchführung ist abhängig von Art und Umfang der vorliegenden Daten (z.B. Totalkontrolle aller Daten oder nur Stichprobenüberprüfung). Für den Vergleich können datenabhängig unterschiedliche Instrumente eingesetzt werden, wie etwa Kennzahlenbildung, Profile mit Soll- und Istverläufen, graphische Darstellungen, Checklisten oder Prüflisten. Die zeitliche Fixierung des Soll-Ist-Vergleichs hängt von Art, Dringlichkeit und Umfang der Problemlösung (Singularproblem oder wiederkehrende Aufgaben) ab: aperiodische, periodische Prüfungen oder Einzelfallanalyse.
- **Abweichungsanalyse**: Die bei dem Soll-Ist-Vergleich gegebenenfalls festgestellten positiven oder negativen Differenzen sind je nach ihrem Gewicht in der Abweichungsanalyse auf die zugrundeliegenden Ursachen zu überprüfen und die Fehlerquellen einzugrenzen. Abweichungen können zurückzuführen sein auf:
  - falsche oder unrealistische Zielsetzungen
  - fehlerhafte Planung
  - nicht voraussehbare Ereignisse
  - fehlerhafte Durchführung (Abweichungen vom Plan)
  - fehlerhaften Soll-Ist-Vergleich.

---

[341] Zum Kontrollprozess vgl. besonders Kuhn (1990), S. 59 ff.; Schweitzer (2002), S. 72 ff.; Steinmann/Schreyögg (2005), S. 402 ff.

[342] Vgl. Steinmann/Schreyögg (2005), S. 404.

– **Berichterstattung**: In einem Kontrollprotokoll sollten die festgestellten Ergebnisse des Soll-Ist-Vergleichs, die Abweichungen und ihre herausgearbeiteten Ursachen dokumentiert werden.[343] Adressaten des Protokolls sind zunächst die jeweils übergeordneten Instanzen und anschließend gegebenenfalls die weiteren betroffenen Bereiche des Unternehmens. Je nach herausgearbeitetem Abweichungsumfang sind Korrektur- oder Anpassungsmaßnahmen in die Wege zu leiten. Hiermit beginnt ein erneuter Problemlösungsprozess. Daher wird die Erarbeitung von Korrektur- und Anpassungsmaßnahmen hier nicht als Aufgabe der Kontrolle angesehen.

1.4.5. Integration von Planungs- und Kontrollhandeln in der Controlling-Funktion

Controlling hat die Aufgabe, dem Management aufbereitete (strukturierte, aufeinander abgestimmte) Informationen über Unternehmenshandlungen und deren Ergebnisse zur Verfügung zu stellen. Anhand dieser Informationen kann das Management beraten, koordinieren und eingreifen, um die Vorstellungen der Unternehmensführung und seiner Interessengruppen zu verwirklichen. Controlling dient damit den Verbesserungen und Veränderungen in der *Koordination* und der *Informationsverarbeitungskapazität* der Unternehmen. Die hiermit angesprochenen betrieblichen Führungshandlungen und Subsysteme sind das **Entscheidungsverhalten** einerseits, hier speziell in seiner Vorbereitung durch die **Planung** und der Nachbereitung durch die **Kontrolle**, und andererseits die **Informationsversorgung** (Informationssammlung und Informationsaufbereitung zum Zweck der Berichterstattung). Controlling kann daher folgendermaßen gekennzeichnet werden:[344]

Controlling als Führungshilfe koordiniert das Managementsystem zur Sicherstellung einer zielgerichteten und flexiblen Gestaltung und Lenkung. Im Vordergrund steht dabei die Gestaltung und Überwachung des Planungs-, Kontroll- und Informationssystems zur *Verbesserung betrieblicher Entscheidungen*.

Sowohl in der Theorie als auch in der Praxis werden sehr unterschiedliche weitere oder engere Konzeptionen des Controllings verfolgt, mit differierenden Zuordnungen der oben genannten Sachverhalte. So meint *Welge*, dass „fast jeder Autor zu seiner eigenen Auffassung (gelangt)... Danach wird Controlling gesehen als

– Funktion im Unternehmungsführungsprozess,
– Institution in der Unternehmung
– unternehmungsphilosophische Denkhaltung oder

---

[343] Vgl. Schweitzer (2002), S. 74, S. 77; Steinmann/Schreyögg (2005), S. 404 ff.
[344] Vgl. Küpper/Weber/Zünd (1990), S. 282 f. Ähnlich Horvath/Seidenschwarz (1990), S. 120; Reichmann (2001), S. 11; Graumann (2003), S. 4; Welge (1988), S. 26 ff. Zum Controlling in Nonprofit-Organisationen siehe Eschenbach/Horak (1999), S. 331-355. Zu Instrumenten für das operative Controlling in Nonprofit-Organisationen siehe Eschenbach/Horak (2003), S. 249-301.

– Instrument der Unternehmungsführung."³⁴⁵

Als Aufgabenkomplexe können die Gestaltung und Überwachung zum einen des *Planungs- und Kontrollsystems* und zum anderen des *Informationssystems* herausgestellt werden. Die Aufgaben beziehen sich einerseits auf die genannten Einzelsysteme, andererseits liegt die Controlling-Aufgabe in der *Koordination* dieser Systeme dergestalt, dass sie kombiniert ihren Lenkungscharakter im Unternehmen erfüllen können.

Die Gestaltung und Überwachung des **Planungs- und Kontrollsystems** beinhaltet vorrangig die Aufgaben:

- Planungssystementwicklung und -pflege
- Bereitstellung, Aufbereitung von Daten und Informationen
- Prognose- und Alternativenberechnungen
- Koordination von Teilplänen
- Budgetaufstellung
- Soll-Ist-Vergleich
- Abweichungsanalysen und Korrekturvorschläge
- Beratung/Service.

Die Gestaltung und Überwachung des **Informationssystems** umfasst die Aufgaben:

- Entwicklung und Pflege des Informationssystems (Berichtswesen oder Reporting)
- eventuell verbunden mit der Zuständigkeit für die Elektronische Daten- oder Informationsverarbeitung (EDV, EIV)
- Feststellung des Informationsbedarfs
- Beschaffung und Aufbereitung externer und interner Informationen, insbesondere von Rechnungswesendaten
- Abwicklung des internen Rechnungswesens (Kosten-/Erlösrechnung)
- eventuell auch Abwicklung des externen Rechnungswesens (Geschäftsbuchhaltung)
- Berichterstattung
- Beratung/Service.

Als **Koordinierungsaufgaben**, Koordination mit *Horváth* als Tätigkeit des Systemgestaltens und systeminterner Abstimmungen verstanden, werden gesehen:³⁴⁶

- Gestaltung des Planungs- und Kontrollsystems (systembildende Koordination)
- Planungsmanagement (systemkoppelnde Koordination)
- systembildende und systemkoppelnde Koordination des Informationsversorgungssystems, einschließlich der EDV-Systeme
- Abstimmung von Informationsbeschaffung und Informationsverwendung
- Koordination des Planungs-, Kontroll- und Informationssystems insgesamt.

---

³⁴⁵ Vgl. Welge (1988), S. 4; Welge/Amshoff (1999); siehe auch Möller/Stoi (2002), die einen Überblick über Status Quo und Perspektiven der Controlling-Forschung geben. Zur Erfolgswirkung von Controlling siehe u.a. Günther (1991a, b).

³⁴⁶ Siehe Horváth (1998), S. 120 ff., 136 f., 144, 331 ff., 365 ff.

Eine andere Systematisierung der Controllingaufgaben nimmt *Welge* vor in der Aufteilung nach:

- **Serviceaufgaben**
  im Hinblick auf die Sicherstellung von Planung und Kontrolle. Als Teilaufgaben werden weiter unterschieden die *systembildenden Serviceaufgaben* (entsprechend der oben angeführten Koordinationsaufgaben im Hinblick auf Planung und Kontrolle) und die *systeminternen Serviceaufgaben* (Unterstützung bei auftretenden Störungen in Planung und Kontrolle).
- **Informationsaufgaben**
  wieder mit den Unteraufgaben *systembildende Informationsaufgaben* (Entwicklung von Informationsversorgungssystemen) und *systeminterne Informationsaufgaben* (Informationsaufgaben im Rahmen der Planung wie z.B. Teilplänekonsolidierung oder -abstimmung).
- **Führungsaufgaben**
  hier bezogen auf die Kontrolle (Ist-Daten-Ermittlung, Soll-Ist-Vergleich, Abweichungsanalyse, Mithilfe bei Korrekturmaßnahmen).[347]

Darüber hinaus kann zwischen operativen und strategischen Controlling unterschieden werden. An Aufgaben des **operativen Controllings** steht die Gewinnsteuerung im Vordergrund. Das operative Controlling ist auf die kurz- und mittelfristige Lenkung des Unternehmens ausgerichtet.[348] Es erfolgt in folgenden Stufen:[349]

- in einem auf einer Zielsetzung basierenden Planungsprozess
- in der verbindlichen Dokumentation der Pläne in Budgets
- in der fortlaufenden Kontrolle der Budgetrealisation
- in einer Abweichungsanalyse
- in der Einleitung von Gegensteuerungsmaßnahmen.

Das operative Controlling erfolgt als
- kostenorientiertes Controlling
- Budgetcontrolling
- Finanzcontrolling.[350]

Das **strategische Controlling** soll im Hinblick auf die Umweltkomplexität und Umweltdynamik das strategische Gestaltungs- und Lenkungssystem des Unternehmens insbesondere in seiner Zielausrichtung auf die betriebliche Bestandssicherung unterstützen. Nach *Coenenberg/Baum* sind zwei Aufgabenbereiche vorrangig Gegenstand des strategischen Controllings:[351]
- die *Kontrolle der Zielerreichung* mit zwei Schwerpunkten, nämlich
  (1) die Überführung der Plangrößen in quantifizierte Steuergrößen zur Feststellung des Zielerreichungsgrades und

---

[347] Vgl. Welge (1988), S. 100 ff.
[348] Vgl. Frese (1987), S. 212; Küpper/Weber/Zünd (1990), S. 284.
[349] Vgl. Hopfenbeck (1989), S. 753.
[350] Vgl. Welge (1987), S. 172 ff.

(2) die Erarbeitung von Zwischenzielen oder „milestones" wegen des schrittweisen Vollzugs der Strategiendurchführung
- die *Kontrolle der Zielgenerierung*, wobei der interne und externe Bedingungsrahmen strategischer Entscheidungen überwacht werden soll.

Der in Abbildung C.III.20 wiedergegebene strategische Controllingprozess zeigt die beiden Aufgabenkomplexe in ihrem Zusammenwirken.

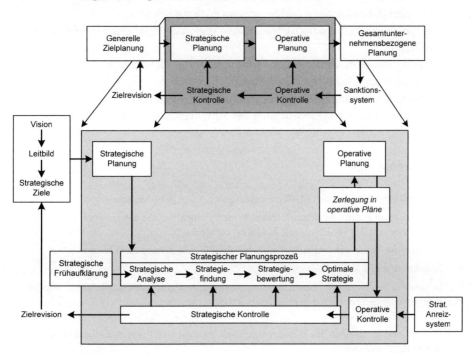

Abb. C.III.20: Strategischer Controllingprozess
Quelle: Günther (1991b), S. 57

Als Aufgaben des strategischen Controllings werden auch gesehen: strategisches Zielcontrolling, strategisches Maßnahmencontrolling und strategisches Ressourcencontrolling.[352]

Ein vergleichbar breites Aufgabenspektrum liegt auch in der folgenden Sichtweise der Aufgaben des strategischen Controllings:[353]

- Unterstützung der strategischen Planung, mit Hilfestellungen im Prozessablauf (Entwicklung von Instrumentarien, Organisations- und Koordinierungsarbeiten, Hilfen bei der Analyse und Strategieentwicklung)

---

[351] Siehe Coenenberg/Baum (1987), S. 122 ff.
[352] Vgl. Welge (1987), S. 237 ff.; Welge/Amshoff (1999); siehe auch Hahn (1991) zur Abgrenzung strategische Führung und Controlling.
[353] Vgl. Weber (1989), S. 441 ff.; Weber/Schäffer (1999).

- Umsetzung der strategischen Planung in die operative Planung
- Aufbau und Durchführung einer strategischen Kontrolle.

Umfassende Aufgabenbereiche ergeben sich ebenfalls anhand der folgenden Zuordnungen zum strategischen Controlling:[354]

- unternehmerische Vision (insbesondere Überprüfung des Realitätsgehalts)
- Unternehmenspolitik (klare, konkrete Konzeptionen und Leitlinien)
- Strategien (Überwachung und Steuerung der Strategien)
- Direktiven für die Funktionsbereiche und regionalen Einheiten zur Strategieumsetzung
- Organisation (Überprüfung der Stimmigkeit von Unternehmenspolitik, Strategien und organisatorische Regelungen)
- Strategienumsetzung (Überprüfung der Erfolgswirksamkeit)
- Unternehmenskultur (Überwachung der Stimmigkeit von Kultur und Strategien).

Zur Wiederholung

1. Wodurch unterscheiden sich Managementaufgaben und Ausführungsaufgaben?
2. Welche Führungsaufgaben können unterschieden werden; welche unterschiedlichen Zielsetzungen sind mit den verschiedenen Aufgaben verbunden?
3. Erläutern Sie die so genannten Sachaufgaben der Führung anhand einer Skizze.
4. Erläutern Sie den Managementprozess.
5. Ordnen Sie den einzelnen Phasen im Managementprozess ausgewählte Arbeitstechniken zu. Erläutern Sie darüber hinaus je Phase zwei Arbeitstechniken ausführlich in Bezug auf ihre Inhalte und Zielsetzungen.
6. Warum wird im Rahmen des Managementprozesses nicht vom linearen, sondern vom iterativen Verlauf gesprochen?
7. Erläutern Sie den Begriff des vermaschten Führungszyklus (Regelkreises).
8. Was bedeutet „Mikroprozess" im Hinblick auf den Managementprozess?
9. In welchen Einzelschritten verläuft der Zielplanungsprozess?
10. Erläutern Sie die Zielarten Sachziel, Formalziel und Sozialziel anhand von Beispielen.
11. Sie planen eine 5%ige Umsatzsteigerung zum 31.12. dieses Jahres gegenüber dem 31.12. des Vorjahres. Erläutern Sie die für die Operationalität wichtigen Dimensionen der Ziele anhand dieser Zielsetzung.
12. Ein weiteres Ziel neben der vorher angegebenen Umsatzsteigerung ist das Streben nach maximalem Gewinn. (a) Welche Zielbeziehungen können zwischen Umsatz- und Gewinnziel auftreten? (b) Was ist bei Zielkonkurrenz zu tun? (c) Ist das Streben nach maximalem Gewinn ein operationales Ziel?
13. Erörtern Sie den Unterschied zwischen formalzielorientierten und leistungszielorientierten Zielsystemen.

---

[354] Siehe Hinterhuber (2004b), S.253 ff.

14. Erläutern Sie das ROI-Konzept.
15. Warum ist in Unternehmen Planung erforderlich?
16. Erläutern Sie einige Funktionen, die der Planung zugeschrieben bzw. von ihr erwartet werden.
17. Lässt sich ein Unternehmen ausschließlich mit Planung lenken?
18. Der Absatz des dominierenden Produktes eines Unternehmens dürfte auch im kommenden Jahr weiter rückläufig sein. Hat dieser Sachverhalt Einfluss auf die Vorgehensweise für die bevorstehende Planung des kommenden Jahres?
19. Grenzen Sie die Prozessstufen der Planung, nämlich Problemanalyse, Alternativensuche und Alternativenbeurteilung voneinander ab.
20. Wann empfiehlt sich bei der Alternativenbeurteilung die Nutzwertanalyse? Skizzieren Sie kurz dieses Verfahren.
21. Welchen Anforderungen sollte ein Planungssystem genügen, um als Gestaltungs- und Lenkungsinstrument zu dienen?
22. Wie lassen sich aus vertikaler Sicht des Unternehmens (Leitung bis unteres Management) Planungssysteme entwickeln?
23. Schildern Sie das Prinzip der rollenden Planung.
24. Für welche Funktionsbereiche des Unternehmens kommt in besonderem Maß die Potenzialplanung in Frage?
25. Erläutern Sie Ziele und inhaltliche Unterschiede von strategischer und operativer Planung.
26. Folgert die operative Planung lückenlos aus der strategischen Planung?
27. Wieso gerät die klassische Vorgehensweise der Planung in Kritik?
28. Zählen Sie die Kritikpunkte an den traditionellen Ansätzen einer Unternehmensplanung auf!
29. Welche Lösungsansätze werden gegenwärtig zur Leistungssteigerung von Planung und Budgetierung diskutiert?
30. Erläutern Sie drei Ansätze zur Neugestaltung der Planung ausführlich und finden Sie für Ihre ausgewählten Ansätze Unternehmensbeispiele aus der Praxis.
31. Was bedeutet Planung auf der Grundlage relativer Zielwerte?
32. Wenn Entscheidungen nicht im Sinne des Homo-oeconomicus-Modells gefällt werden können, wie vollziehen sich dann Entscheidungsprozesse in der Realität?
33. Welche Auswirkungen hat die Unterscheidung in wohl- und schlechtstrukturierte Entscheidungssituationen auf den Entscheidungsprozess? Erläutern Sie dabei die Begriffe offene und geschlossene Entscheidungsmodelle.
34. Wo liegt die Bedeutung der Durchsetzung im Rahmen des Managementprozesses?
35. Schildern Sie anhand des Durchsetzungsprozesses einige Elemente dieser Funktion.
36. Erläutern Sie die Kontrollarten Soll-Ist-Vergleich, Prämissenkontrolle und Planfortschrittskontrolle, und beziehen Sie diese auf die operative und strategische Planung.
37. Welche aus Sicht des Unternehmens äußeren und inneren Entwicklungen haben zu dem Controlling geführt?
38. Schildern Sie die Hauptaufgabengebiete des Controllings.
39. Ist Controlling auch im Rahmen der strategischen Planung einsetzbar?

2. Management auf allen Führungsebenen in seinem Personenbezug: Personalführung

Managementpraxis ist – wie bereits betont – stets Sach- und Personenbezug. Die Integration beider Bezüge in das Handeln ist ein Wesensmerkmal von Managerarbeit, unsere hier vorgenommene Trennung nur einer didaktischen Überlegung i.S. der besseren Vermittlung jeweiliger Besonderheiten geschuldet. Nach den Sachbezügen im vorhergehenden Kapitel C.III.1. geht es in diesem Kapitel darum, Besonderheiten des Personenbezugs von Management in den Blick zu nehmen.

2.1. Der allgemeine Begriff „Führung" (Menschenführung)

Die nachfolgenden Ausführungen handeln von dem, was einleitend in der etymologischen Betrachtung (siehe Kapitel A.I.1.) als die ursprüngliche Bedeutung von Management (Führung) erkannt wurde. Führung ist ein *Prozess sozialer Einflussnahme.* Führung ist – darin stimmen viele Definitionen überein – *Einwirkung von Menschen auf andere Menschen, um sie zu einer bestimmten Tätigkeit oder einem bestimmten Verhalten zu veranlassen.* Mit besonderer Betonung der Machtdifferenz in der Führungssituation wird Führung auch als *Fremdbestimmung* oder *Steuerung und Gestaltung des Handelns anderer Personen* definiert.[355]

Nicht jede Einflussnahme oder Fremdbestimmung ist indes als Führung zu bezeichnen. Führung i.S. der originären Begriffsbedeutung von Menschenführung ist mit folgenden Merkmalen verknüpft:[356]

(1) Zielbezug
Mit der Einflussnahme will der Führer das Verhalten der Geführten auf ein bestimmtes Ziel hin ausrichten. Der Zielbezug ist gewissermaßen Bedingung für die Herausbildung eines Führer-Gefolgschafts-Verhältnisses. Einflussnahme ohne Zielbezug, Machtausübung und Fremdbestimmung als Selbstzweck, ist kein Fall der Führung.

(2) Gewinnung der Zielerreichungsenergie auf Seiten der Geführten
Mit der Einflussnahme bewirkt der Führer eine zusätzliche Zielerreichungsanstrengung bei den Geführten. Er setzt zielgerichtet Energiepotenzial auf Seiten der Geführten frei.

(3) Rückkoppelung
Die Einflussnahme ist eingebunden in ein wechselseitiges (*interaktives*) Geschehen, bei dem die Führungsaktivitäten beeinflusst werden durch das (antizipierte oder aktuell wahrgenommene) Verhalten des oder der Geführten. Insoweit ist der Führungsprozess durch wechselseitige soziale Einflussnahme gekennzeichnet.

(4) Asymmetrie der Einflussbeziehungen
Trotz ihres Interaktionscharakters sind Führungsprozesse durch ein Mehrgewicht an Einfluss

---

[355] Einen Überblick über einschlägige Definitionen geben beispielsweise Hentze et al. (2005), S. 18 ff.; Neuberger (2002), S. 2 ff.
[356] Näheres siehe Seidel (1978), S. 69 ff.; Seidel/Jung/Redel (1988a), S. 5 ff.

(*Bestimmungsprä*) auf Seiten des Führers, durch einen Verzicht auf Freiheit in der Wahl des eigenen Verhaltens auf Seiten der Geführten gekennzeichnet. Ohne diese (relativ dauerhafte, d.h. strukturelle) Asymmetrie der Einflussbeziehungen verliert der Führungsbegriff seine Eigenständigkeit und geht auf in allgemeineren Kategorien wie Kommunikation, Gruppe, Macht.

(5) Unmittelbarkeit der Beziehung
Die Beeinflussung zwischen Führer und Geführten ist eine unmittelbare, nicht über Dritte vermittelte. Führung setzt nicht immer, aber überwiegend einen direkten Kontakt zwischen den Partnern der Führungsbeziehung voraus. „Das schließt aus, dass man einen Vorstandsvorsitzenden als Führer von beliebigen Betriebsangehörigen betrachtet, soweit er zu ihnen keine unmittelbaren sozialen Beziehungen hat."[357]

(6) Informationelle Kommunikation
Die offene, nicht (manipulativ) verdeckte Übertragung von Informationen, mit der der Einflussversuch und damit die Fremdbestimmung auch für den Geführten erkennbar und individuell zuweisbar werden, ist ein wesentliches Merkmal von Führung. Im Minimum, bei ausreichender Selbstmotivation des Geführten, besteht Führung in der Information über ein Ziel und die Aufforderung zur Zielerreichungshandlung.

2.2. Der spezielle Begriff „Personalführung" (Mitarbeiterführung)

Führung, wie sie zuvor charakterisiert wurde, erscheint in allen sozialen Systemen – in Unternehmen ebenso wie beispielsweise in öffentlichen Verwaltungen, Sportmannschaften, Freizeitgruppen oder auch in der Familie.

Ist die Führungsbeziehung auf jene Mitglieder von Sozialsystemen gerichtet, die als „Personal" gelten, d.h. durch Arbeitsverträge zur Erbringung von Arbeitsleistungen verpflichtet sind[358], so wird von „Personalführung" oder auch „Mitarbeiterführung" gesprochen. Die Begriffsextension von Personalführung (Mitarbeiterführung) ist damit enger als die von Führung.

Als Beispiel mag die Situation in einem *Krankenhausbetrieb*, also einem privaten oder öffentlichen Dienstleistungsunternehmen, dienen: Ärzte, Pfleger, Mitarbeiter der Verwaltung und Patienten können als Mitglieder des Betriebes gesehen werden; der Personalstatus gilt aber nicht für Patienten. Obgleich sie Objekt von Einflussnahmen sind, die alle weiter oben genannten sechs Merkmale von Führung erfüllen, wird das auf den Patienten bezogene Gestaltungs- und Lenkungshandeln eines Arztes oder Pflegers üblicherweise weder als Personal- noch als Mitarbeiterführung bezeichnet. Der Begriff „*Patientenführung*", der zweifellos zuträfe, ist nicht gängig.

Vergleichbar ist die Situation in einem *Schulbetrieb*: Das Führungsverhältnis zwischen Schulleiterin und Lehrer ist ein Personalführungsverhältnis; das Führungsverhältnis zwischen Lehrer und Schüler ist kein Personalführungsverhältnis.

Anders gelagert ist z.B. die Situation in einem ehrenamtlich geführten *Sportverein*: Weder das Führungsverhältnis zwischen dem Vorstandsvorsitzenden und dem Abteilungsleiter „Spielbetrieb" noch das Führungsverhältnis zwischen diesem Abteilungsleiter und den aktiven Sportlern wird üblicherweise als Personalführung bezeichnet. Dennoch weist die Führungsaufgabe in einem Ver-

---

[357] Irle (1970), S. 533.
[358] Zu anderen Formen der Einbindung von Mitgliedern siehe z.B. Kieser/Walgenbach (2003), S. 12 ff.

einsvorstand Parallelen zur Führungsaufgabe in einem Unternehmen auf, weshalb in diesem Kontext mit einigem Recht auch von Mitarbeiterführung (nicht: Personalführung) gesprochen wird.

Wir wollen auf die möglichen, allerdings in der einschlägigen Literatur so gut wie nicht thematisierten Differenzierungen von Führung (Mitgliederführung, Personalführung, Mitarbeiterführung) nicht weiter eingehen und Personal- wie Mitarbeiterführung als Manifestation von Führung im Rahmen formaler Führungsverhältnisse betrachten, d.h. als Führungshandeln zwischen Personen, die einander in den Rollen von Vorgesetzten und Untergebenen (Mitarbeitern) gegenübertreten.[359]

Personalführung (Mitarbeiterführung) soll definiert werden als zielorientierte Einflussnahme von Vorgesetzten auf die betrieblich relevanten Einstellungen und Verhaltensweisen der ihnen unterstellten Mitarbeiter.

Wenngleich mit dem speziellen Begriff der Personalführung stärker als mit dem allgemeinen Führungsbegriff eine Einseitigkeit der Führungsbeziehung betont wird (es geht um die Führung des Personals durch die dazu befugten Manager als Personalvorgesetzte), so gilt doch auch in Personalführungsverhältnissen das zur Wechselseitigkeit in Führungsverhältnissen allgemein Gesagte. Personalführungsverhältnisse sind wie alle Führungsverhältnisse nicht durch bloßes Einwirken von einer Person auf eine oder mehrere andere gekennzeichnet, sondern durch ein **wechselseitig beeinflusstes (interaktives) Zusammenwirken** der in Führungs- und Geführtenverhältnissen stehenden Personen. In diesem Sinne wird die hier betrachtete Führungsbeziehung auch als „personal-interaktive (direkte)"[360] bezeichnet.

2.3. Die Funktionen der Personalführung

2.3.1. Vorbemerkungen

Die folgende Betrachtung von Personalführungsfunktionen bietet eine Ausdifferenzierung dessen, was definitorisch mit „zielorientierter Einflussnahme" beschrieben wurde. Eine weithin verbreitete Differenzierung stellt als (personenbezogene, personal-interaktive) Führungsfunktionen die *instrumentale* oder *Lokomotionsfunktion* (auf die Lösung der jeweiligen Aufgabe, die Bewältigung eines sachlichen Problems gerichtete Aktivitäten) einerseits und die *sozio-emotionale, motivationale* oder – bei einer Mehrzahl von Geführten – *Kohäsionsfunktion* (auf die Einstellungen, Meinungen, Interessen der Geführten und ihre Beziehungen zueinander gerichtete

---

[359] Zur Entstehung von Vorgesetzten-Untergebenen-Verhältnissen siehe die Ausführungen in den Kap. B.II. und B.III.2.

[360] Wunderer (2003), S. 5 ff., der daneben als „zweite zentrale Führungsdimension" die „indirekte, strukturell-systemische Führung" (ebenda) stellt.

Aktivitäten) andererseits heraus.³⁶¹ Mit Blick auf betriebliche, also in einen formal-organisatorischen Kontext funktional eingebundene Personalführungsarbeit wird hier ein umfassenderes Funktionsmodell gewählt, welches der Tatsache Rechnung trägt, dass die personenbezogene Führungsarbeit auch Aufgaben im Zusammenhang mit der Verfügbarkeit, dem Einsatz und der Interessensvertretung von Mitarbeitern umfasst. Für das Verständnis der Wirkungen von Personalführung ist deshalb ein ausreichend weiter Blick auf das personal-interaktive Geschehen in der Vorgesetzten-Mitarbeiter-Beziehung geboten. Für die konzeptuelle Modellierung impliziert dieser erweiterte Blick allerdings eine gewisse Problematik: Im Bemühen um eine Fokussierung auf den Personenbezug der Führungsarbeit ist einerseits der Versuchung zu widerstehen, in der Beschreibung der Personalführungsfunktionen alle übrigen Managementfunktionen wie beispielsweise Zielbildung, Planung, Entscheidung, Organisation, Kontrolle erneut auftreten zu lassen. Andererseits „erzeugt" die Gestaltungs- und Lenkungsarbeit auf der betrieblichen Mikroebene, d.h. im Aufgaben- und Verantwortungsbereich der einzelnen Vorgesetzten – allein aufgrund der Tatsache, dass sie in hohem Maße ad personam (statt „sach-logisch" ad rem) und aus der situativen Interaktion heraus geschieht – zwangsläufig Unschärfen in der Abgrenzung von Sach- und Personenbezug. Immerhin hat sich das nachfolgende Modell der Personalführungsfunktionen in den zurückliegenden Jahren auch in Führungskräftetrainings bewährt.

2.3.2. Zielorientierte Richtung und Aktivierung des Mitarbeiterverhaltens
Personalführung als sozialer Einflussprozess hat die Funktion, die Handlungen der betrieblichen Mitarbeiter hinzulenken auf die Erreichung betrieblicher Ziele. Unmittelbar geht es um die Ziele einzelner Stellen, Gruppen, Teams, Abteilungen, Referate usw., die aus den betrieblichen Oberzielen als Ziele für die Organisationseinheit, in der Personalführung stattfindet (*Führungssegment*), abgeleitet worden sind (siehe hierzu die Ausführungen über Zielsysteme in Kapitel C.III.1.4.1.3.1.).

Der Einflussprozess erfüllt genau genommen zwei (Teil-)Funktionen, die wir als **Kernfunktionen der Personalführung** ansehen: die *Zielausrichtung des Mitarbeiterverhaltens* (**Richtung**³⁶²) und die *Entwicklung der erforderlichen Zielerrei-*

---

³⁶¹ Vgl. z.B. Bisani (1977), S. 21; Bleicher/Meyer (1976), S. 39 ff.; Müller/Hill (1980), S. 133; mit Bezug auf die vorgenannte Literatur auch Hentze et al. (2005), S. 24 ff. Ausführlich zum Begriffspaar „instrumental/sozio-emotional" siehe Bales (1972) sowie zum Begriffspaar „Lokomotion/Kohäsion" siehe Lukasczyk (1960).

³⁶² Mit der Verwendung des Begriffs „Richtung" als substantivische Form des Verbs „richten" im Sinne von „jmdn.... in die richtige Lage, Stellung, Richtung bringen" (Wahrig, 1980, Sp. 3078) wollen wir dem tradierten Gebrauch „von ‚richten' im allgemeinen Sinne von ‚in eine bestimmte Richtung ... bringen, mit etwas abstimmen, auf etwas hinlenken" (Wissenschaftlicher Rat der Dudenredaktion, 1963, S. 569), seit etwa 1800 mit dem Substantiv „Richtung" bezeichnet (ebenda), Rechnung tragen. Diese Begriffsbedeutung trifft das hier gemeinte Führungshandeln sehr genau.

chungsenergie (psychische **Energetisierung oder Aktivierung**). Je nach Führungssituation kommt den beiden Funktionen unterschiedliche Bedeutung zu.

Handelt es sich um eine Aufgabe und ein damit verbundenes Leistungsziel, die den Mitarbeiter hinsichtlich seiner Interessen besonders ansprechen, so kann sich die erforderliche Zielerreichungsenergie bei dem Mitarbeiter auch ohne darauf gerichtete Einflussnahme des Vorgesetzten einstellen. Wahrscheinlich genügt eine klare Zielvereinbarung, erforderlichenfalls mit Hinweisen auf die zweckmäßige Vorgehensweise.

Handelt es sich andererseits um einen erfahrenen Mitarbeiter, der die zu leistende Aufgabe bestens kennt und beherrscht, dem aber jüngst ein Antrag auf ein höheres monatliches Entgelt abgelehnt wurde, so wird der Vorgesetzte sich eher auf die Entwicklung von Zielerreichungsenergie auf Seiten seines Mitarbeiters konzentrieren müssen.

Auch wenn der überwiegende Teil richtender und aktivierender Führungstätigkeiten im Rahmen definierter organisatorischer Strukturen geschieht, sind doch auf der betrieblichen Mikroebene Regelungen mit struktureller Qualität (z.B. Regelungen zum Personaleinsatz) häufig ebenfalls Gegenstand und Ergebnis des interaktiven Führungsgeschehens. Ein Blick auf den praktischen Entstehungszusammenhang beispielsweise von Aufgabenzuordnung, Prioritätensetzung und Leistungszielvereinbarung (Qualität, Zeit, Kosten usw.) zeigt fließende Grenzen zwischen Gestaltung und Lenkung, Organisation und Disposition, struktureller und personalinteraktiver Führung. Die Richtung und Energetisierung des Mitarbeiterverhaltens ist oft Personalführung und Mikroorganisation zugleich.[363]

Die Richtung und Aktivierung leistet der Vorgesetzte vorwiegend auf dem Weg der informierenden, instruierenden und motivierenden Kommunikation mit seinen Mitarbeitern.[364] Obwohl diese Differenzierung wichtige Komponenten der Kommunikation und damit auch des Führungshandelns zum Ausdruck bringt, soll sie hier wegen der mit ihr verbundenen Abgrenzungsprobleme nicht weiter verfolgt werden. Motivation enthält sowohl eine energetische (aktivierende) als auch eine kognitive (richtende) Komponente.[365] In ihr ausschließlich die Funktion der Gewinnung von Zielerreichungsenergie zu sehen, ist deshalb ebenso problematisch wie der Versuch, Information und Instruktion ausschließlich im Sinne von Zielausrichtung zu interpretieren. Beispielhaft sei die Rückmeldung des Vorgesetzten über seine (Un-)Zufriedenheit mit der Arbeitsleistung des Mitarbeiters erwähnt. Zweifellos informiert der Vorgesetzte und beeinflusst zugleich die Zielerreichungsenergie seines Mitarbeiters. In jedem Fall sind *Kommunikation* (die äußerlich erkennbare Mitteilung einer Botschaft) und *Motivation* (der psychische Vorgang der Aktivierung eines gerichteten Verhaltens) als *elementare Bestandteile jeder Führungstätigkeit*

---

[363] Zu den mikroorganisatorischen Gestaltungsleistungen als Ergebnis des interaktiven Geschehens in den betrieblichen Führungssegmenten siehe Jung (1985), S. 28 ff.; 71 ff.
[364] Vgl. Ackoff (1957/1958), S. 218.
[365] Vgl. Wiswede (1980), S. 87; ders. (2000), S. 59.

zu sehen, weshalb sie weiter unten in einem eigenen Abschnitt näher betrachtet werden.

Da **Richtung** und **Aktivierung** in allen Führungsverhältnissen konstitutiv sind, d.h. ohne ihr Zustandekommen nicht von (Personal-)Führung gesprochen werden kann, wollen wir diese Kernfunktionen auch als *ursprüngliche (originäre) Funktionen der Personalführung* bezeichnen.

2.3.3. Sicherstellung der für die Zielerreichung erforderlichen Humanressourcen

Mit der Übertragung des allgemeinen Führungsgedankens auf die Personalführung in Unternehmen ergibt sich, dass neben den originären Kernfunktionen auch Aspekte der Verfügbarkeit personeller Ressourcen (Humanressourcen) in das Blickfeld der Personalführung rücken. Das überhaupt erforderliche ebenso wie das letztlich erreichbare Maß an Richtung und Energetisierung hängt davon ab, welche Humanressourcen einem Manager „zur Verfügung" stehen. Diese Verfügbarkeit beeinflusst jeder Vorgesetzte – häufig, insbesondere in größeren Unternehmen, in Zusammenarbeit mit Spezialisten in den Personal- und Ausbildungsabteilungen.

Die **Sicherstellung der für die Zielerreichung erforderlichen Humanressourcen** kann daher als weitere, aus der Aufgabe einer zielorientierten Richtung und Aktivierung des Mitarbeiterverhaltens *abgeleitete Funktion* der Personalführung betrachtet werden. Ihre Bedeutung dürfte angesichts der Tendenz zur Dezentralisation und Re-Integration von Personalarbeit in die Vorgesetztenarbeit[366] zukünftig weiter zunehmen.

Aktivitäten im Zusammenhang mit dieser Funktion sind

- die Rekrutierung von Mitarbeitern
- die *Entwicklung der Mitarbeiterqualifikation (Personalentwicklung)*, auch im Hinblick auf die Übernahme von Aufgaben außerhalb des Zuständigkeitsbereichs des jetzigen Vorgesetzten
- die *Bestimmung und Übertragung von betrieblichen Gegenleistungen* (sachliche und persönliche Entwicklungsmöglichkeiten, Entgelt, Statussymbole, Beförderung usw.) für die Mitarbeiterleistung einschließlich der *Beurteilung der Mitarbeiterleistung*
- die Freisetzung von Mitarbeitern.[367]

---

[366] Vgl. beispielsweise Oechsler (2004), Sp. 1125 ff.; Scholz (2000), S. 191 ff.
[367] Die hier angesprochenen Aktivitäten sind aufgrund ihrer Bedeutung als Bestandteile eines gesamtbetrieblichen Personalmanagements Gegenstand einschlägiger Speziallitertur. Siehe beispielsweise Berthel/Becker (2003); Scholz (2000); für den Aspekt der Entwicklung von Humanressourcen (Personalentwicklung) siehe z.B. Becker (2005); Thom/Zaugg (2006).

Bei den Aktivitäten der *Rekrutierung und Freisetzung* handelt es sich genau genommen um solche der Konstituierung und Auflösung von Führungsverhältnissen, also um *Aktivitäten vor und nach Führung*. Da sie von der Frage der verfügbaren Humanressourcen nicht zu trennen sind, wollen wir sie der hier betrachteten erweiterten Personalführungsfunktion subsumieren. Gemäß der eigentlichen Bedeutung von (Personal-)Führung als zielorientierter Einflussnahme auf die Einstellungen und Verhaltensweisen der Mitarbeiter geht es hier aber in erster Linie um die Führungsbeiträge von Vorgesetzten zur

– **bestmöglichen Entwicklung der Potenziale ihrer Mitarbeiter**
und
– **mitarbeiterseitigen Wahrnehmung einer gerechten Relation von eigenen Leistungsbeiträgen und betrieblichen Gegenleistungen.**

Aufgrund ihrer Bedeutung für die betriebliche Zielerreichung und der Beeinflussungsmöglichkeit durch die Vorgesetzten ist die hier dargestellte komplexe Führungsfunktion *ausdrücklich in den Führungsauftrag aller Vorgesetzten zu übernehmen und in der Beurteilung der Führungsleistungen zu berücksichtigen*.

Zu trennen von diesem in die Führungsarbeit jedes Vorgesetzten integrierten Personalmanagement ist die grundsätzliche und tendenziell gesamtbetriebliche Gestaltung und Handhabung der Systeme zur Gewinnung und Freisetzung, zum Einsatz und zur Entwicklung von Humanressourcen einschließlich der Vergütungssysteme. Im Sinne unseres Verständnisses der Managementfunktionen (siehe Kapitel C.I.) wäre dieses Handlungsfeld Personalmanagement (Human Resource Management, HRM) als spezifische Managementfunktion wie Strategieentwicklung und Organisation zu behandeln.

Am Beispiel des Führungsauftrags von Vorgesetzten zur **Entwicklung der Potenziale ihrer Mitarbeiter** werden der Anspruch an zeitgemäße Personalführung und die damit einhergehende Verantwortung besonders deutlich: geforderte psychologische und pädagogische Fähigkeiten auf Seiten der Führungskraft, Erkennen von Gestaltungsfeldern und Respektierung von mitarbeiterseitig definierten Grenzen der „Entwicklungsarbeit", Wahrnehmung des Entwicklungsauftrags im Spannungsfeld von instrumentalistischer Interpretation im Hinblick auf betriebliche Ziele einerseits und Zuerkennung eines eigenständigen Förderungsanspruchs des Mitarbeiters andererseits – um nur einige der hier implizierten Problemaspekte zu nennen.

In Zeiten von geringer Arbeitsplatzsicherheit und fehlenden Spielräumen für positive Entgeltentwicklungen wächst die Anforderung an Personalführung, eine **gerechte Relation von Leistungsbeiträgen des Mitarbeiters und betrieblichen Gegenleistungen** sicherzustellen. Die mitarbeiterseitige Wahrnehmung von Gerechtigkeit in dieser Relation ist ein entscheidender Einflussfaktor für die Leistungsbereitschaft des Mitarbeiters.[368] Der hier angesprochenen Relation liegt ein über die Regelungen des jeweiligen juristischen Arbeitsvertrags hinausgehender

---

[368] Vgl. die Darstellung der „Equity Theory" von *Adams* bei Weinert (2004), S. 211 ff.

„*psychologischer Vertrag*"³⁶⁹ zugrunde. Bei der subjektiven Konstruktion dieses Vertrags mit seinen durch nachweisliche Aussagen oder bloß subjektive Wahrnehmungen vermittelten Verpflichtungen und Versprechungen – von allgemeinen Aussagen oder Vermutungen zum Stellenwert des Mitarbeiters im Unternehmen bis hin zu speziellen Aussagen oder Vermutungen bezüglich individueller Entwicklungschancen oder Sonderrechten – kommt dem jeweiligen Vorgesetzten eine hervorgehobene Rolle zu. Über Personalführung werden allgemeine betriebliche Erwartungen wie individuelle Vorgesetztenerwartungen kommuniziert und situationsspezifisch konkretisiert, werden Mitarbeiterwahrnehmungen und -erwartungen erkennbar und der Ausgleich zwischen beiden Seiten gesteuert. Personalführung ist Stimme, Ohr und Gleichgewichtssinn bezüglich der Inhalte und der Realisierung des psychologischen Vertrags. Und für beide Seiten gilt: „Wird der psychologische Vertrag nicht erfüllt, beschränkt man sich also auf die Erfüllung der expliziten Regeln des Arbeitsvertrags, was in aller Regel zu einer Verarmung der in dem Vertragsverhältnis steckenden Möglichkeiten führen dürfte."³⁷⁰ Bloße Erfüllung der Verpflichtungen aus dem juristischen Arbeitsvertrag und „innere Kündigung" gehen allzu häufig eine bedauerliche Partnerschaft ein. Richtung und insbesondere Aktivierung können dann nur noch innerhalb enger Grenzen gelingen. Es ist eine Regel guter Personalführung, erkennbare Probleme mit dem psychologischen Vertrag im Mitarbeitergespräch zu thematisieren.

2.3.4. Außenvertretung

Eine weitere, aus der zielorientierten Richtung und Aktivierung des Mitarbeiterverhaltens *abgeleitete Funktion* ist die **Außenvertretung der Organisationseinheit oder einzelner Mitglieder** durch den Vorgesetzten (Leiter der Kooperations- oder Organisationseinheit).³⁷¹ Von Mitarbeitern wird sie regelmäßig als wichtiger Teil der Führungsarbeit gesehen. Allerdings ist es für die Aktivitäten der Außenvertretung geradezu ein Definitionsmerkmal, dass sie *außerhalb der betrachteten Führungsbeziehung* stattfinden. Ihnen fehlt das für Personalführungsprozesse wesentliche Merkmal der „Gewinnung von Zielerreichungsenergie auf Seiten der Mitarbeiter", da der Vorgesetzte anstelle seiner Mitarbeiter und für diese handelt. Auch die „Asymmetrie der Einflussbeziehungen" im Sinne eines Bestimmungsprä des Vorgesetzten ist nur ein denkbarer, keineswegs formal gesicherter Fall; eine Symmetrie oder gar ein Einflussvorteil auf Seiten der Partner können ebenso der Fall sein. Partner in der Außenvertretungsbeziehung sind ja nicht die vom Vorgesetzen

---

[369] Siehe hierzu beispielsweise Bartscher-Finzer/Martin (2003); Jost (2000), S. 553 ff.
[370] Bartscher-Finzer/Martin (2003), S. 56.
[371] Bleicher/Meyer (1976), S. 47, sprechen – mit einem weiter gefassten Verständnis – von der „Vertretungs- und Repräsentationsfunktion als Folge der Ausübung von Führungsfunktionen".

geführten Mitarbeiter, sondern gleichrangige oder übergeordnete Führungskräfte sowie betriebsexterne Personen.

Zudem gibt es betriebliche Aufgabenkomplexe (Stellen), bei denen die Außenvertretung unabhängig vom Personalführungsauftrag des Stelleninhabers ein ausdrücklicher und gewichtiger Bestandteil der *Sachaufgaben* ist. Das gilt beispielsweise für den Vorstand oder Geschäftsführer eines Unternehmens, für den Leiter eines Geschäftsbereichs oder einer Sparte, aber auch für den Syndikus eines Unternehmens oder den für Öffentlichkeitsarbeit Zuständigen. Die letzten beiden Beispiele machen zudem eine andere Form der Außenvertretung deutlich: Hier geht es nicht um die Außenvertretung des eigenen Aufgaben- und Verantwortungsbereichs und der darin tätigen Mitarbeiter, sondern um die *spezialisierte Vertretung* des Betriebes gegenüber einem definierten Kreis von Partnern. Dies fällt ohnehin nicht unter unseren Betrachtungsgegenstand Management.

In Abbildung C.III.21 sind die Funktionen der Personalführung zusammenfassend dargestellt.

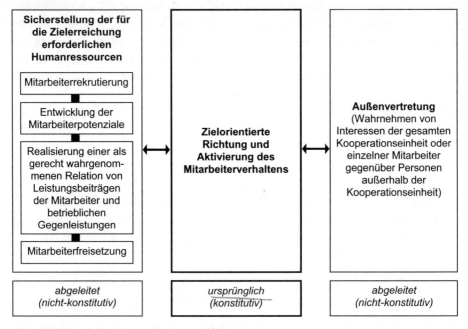

Abb. C.III.21: Die Funktionen der Personalführung

Die Unterschiede zu den hier betrachteten Führungsbeziehungen und die bisherige Vernachlässigung der Funktion Außenvertretung in der Managementlehre veranlassen uns, sie in einem gesonderten Abschnitt darzustellen (siehe Kapitel C.III.2.10.). Soweit Außenvertretung aber die Wahrnehmung von Interessen des gesamten Führungssegments oder einzelner Mitarbeiter gegenüber Personen außerhalb des Führungssegments beinhaltet, soll sie hier zunächst als weitere Aufgabe in den Kanon der Personalführungsfunktionen gestellt werden. Das Potenzial für Richtung und Aktivierung in der Personalführungsarbeit steht auch unter dem Einfluss erfolgreicher Außenvertretung: gelingende Außenvertretung stärkt, misslingende schwächt es.

2.4. Kommunikation und Motivation (Motivierung) als zentrale Merkmale der Führungstätigkeit

In der Führungsbeziehung zwischen Vorgesetzten und Mitarbeitern sind **Kommunikation** und **Motivation (Motivierung)** als die zentralen sozialen und psychischen Vorgänge zu sehen, durch die Verhaltensausrichtung und -aktivierung bewirkt werden. Da sie – bei ausreichender Kenntnis ihrer Gesetzmäßigkeiten – gezielt „eingesetzt" werden können, kommt ihnen **instrumentelle** *Bedeutung bei der Wahrnehmung von Personalführungsfunktionen* zu. Aus diesem Grund wird einschlägiges Wissen häufig unter den Stichworten „Kommunikationstechnik" und „Motivationstechnik" in der Managementliteratur und -schulung in mehr oder weniger rezeptartiger Form dargeboten. Die folgenden Abschnitte zielen eher auf die Vermittlung eines Grundverständnisses der sozial-psychologischen Vorgänge von Kommunikation und Motivation ab. Im Übrigen sind diese Vorgänge auch in vielen anderen Bezügen unseres Gegenstandes Management von Bedeutung. Ihre Darstellung an dieser Stelle ergibt sich aus ihrer hervorragenden Bedeutung für die Personalführung.

2.4.1. Soziale Kommunikation

2.4.1.1. Begriff und Bedeutung von Kommunikation

Unternehmen, wie alle sozialen Systeme, konstituieren und erhalten sich auf der Grundlage kommunikativer Vorgänge. Betriebliche Aufgabenerfüllung ist ohne Kommunikation, d.h. das Abgeben, Übermitteln und Aufnehmen von Informationen nicht denkbar. Für Führungskräfte ist Kommunikation gar das dominante Beschreibungsmerkmal ihrer Aktivitäten (siehe hierzu Kapitel B.IV.2.).

> **Kommunikation** *(lat. communicare;* „etwas gemeinsam machen, gemeinsam beraten, einander mitteilen") wird üblicherweise definiert als *Mitteilung (Austausch) einer Botschaft oder Nachricht von (zwischen) einem Sender zu (und) einem Empfänger.*

Im Zusammenhang mit der Betrachtung von Personalführung interessiert Kommunikation vor allem hinsichtlich der Frage, ob Vorgesetzte und Mitarbeiter so miteinander kommunizieren, dass die ausgetauschten Botschaften (Nachrichten) „richtig", d.h. *in der vom Sender gedachten Weise* verstanden werden. In Abhängigkeit von der jeweiligen Situation erhalten zusätzliche Anforderungen, und damit Problemaspekte der Kommunikation Bedeutung. So sind bei räumlich getrennten Kommunikationspartnern die Nutzung diverser Kommunikationstechniken und – damit verbunden – beispielsweise die *Geschwindigkeit der Übermittlung* der Nachricht oder die Möglichkeit der *Zustellung einer Nachricht unabhängig von der Anwesenheit des Empfängers* relevante Problemaspekte. Bei der Anforderung, unter Beteiligung möglichst vieler Kommunikationspartner Meinungen und Ideen auszutauschen, stellt sich die Frage nach der *zweckmäßigen Kommunikationsstruktur und der Lenkung oder Moderation der Kommunikationsvorgänge.*

Solche und andere Problemaspekte fördern zuweilen eine recht technisch orientierte Sicht des Kommunikationsphänomens. Dabei sollte nicht übersehen werden, dass der Zweck sozialer (zwischenmenschlicher, Mensch-zu-Mensch-) Kommunikation sich nicht in der exakten Übermittlung von Nachrichten erschöpft, sondern in der „Herstellung von Gemeinsamkeit"[372] liegt. Mit Blick auf den Führungsaspekt ist das besonders zu betonen.

Bei jeglicher Betrachtung von sozialer Kommunikation ist zu bedenken, dass die reale Situation, insbesondere die „Face-to-Face"-Situation, durch einen *wechselseitigen Austausch von Botschaften* zwischen zwei oder mehreren Personen und damit durch eine *Sequenz von Kommunikationsvorgängen* gekennzeichnet ist. Dieser Sachverhalt wird mit dem Begriff **„Interaktion"** erfasst.

Wechselseitige Kommunikation (Interaktion) liegt schon dann vor, wenn z.B. der Vorgesetzte in das Arbeitszimmer seines Mitarbeiters kommt, nichts sagt, gleichwohl durch die Art seines Auftretens eine Botschaft sendet und der Mitarbeiter sich aufgefordert fühlt und damit beginnt, über seine derzeitige Arbeit, vorhandene Probleme, Ursachen für Verzögerungen usw. zu berichten.

Interaktion kann nicht als bloße Summation von Kommunikationsvorgängen beschrieben werden. Aus dem wechselseitigen Austauschprozess ergibt sich ein Mehr an Bedeutung und Wirkung („Surplus"), das mit der bloßen Analyse einzelner Kommunikationsvorgänge nicht gegriffen wird.[373] Obwohl Betrachtungen sozialer Kommunikation den Aspekt der Wechselseitigkeit, d.h. Interaktion kaum ausblenden können, wollen wir uns im Folgenden – zumindest sprachlich – auf die Kommunikation beschränken.

2.4.1.2. *Modelle der zwischenmenschlichen Kommunikation*

Modelle, die den Vorgang der Kommunikation beschreiben, basieren auf drei Elementen: einem **Sender**, einem **Empfänger** und unterschiedlich differenzierten Darstellungen des Sende- und Empfangsvorgangs (**Nachrichtenübermittlung**). Für das Verständnis von Problemaspekten der sozialen Kommunikation ist es wichtig, die Betrachtung nicht auf den (unmittelbar beobachtbaren) interpersonalen Übermittlungsvorgang (materielle Ebene) zu beschränken, sondern auch intrapersonale Vorgänge einzubeziehen. *Wahren* hat auf der Grundlage eines entsprechend differenzierten **Modells der zwischenmenschlichen Kommunikationen** den Kommunikationsvorgang in sechs Stufen gegliedert (siehe Abbildung C.III.22 a), an denen sich jeweils besondere *Probleme oder Störungen im Kommunikationsvorgang* festmachen lassen (siehe Abbildung C.III.22 b).

---

[372] Hayakawa (1968) S. 87
[373] Vgl. Wahren (1987) S. 143 ff.

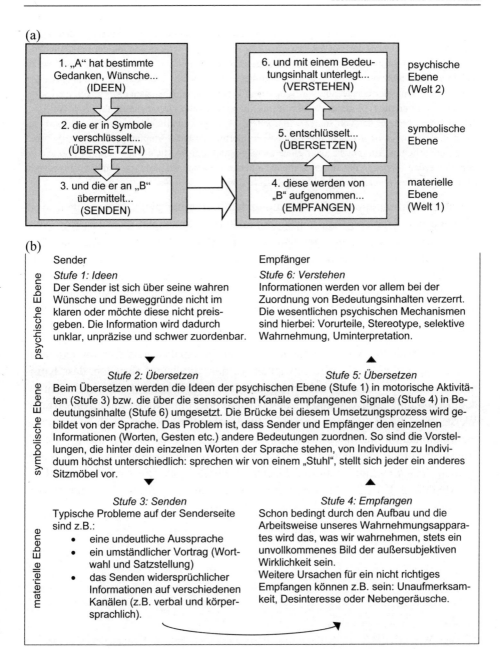

Abb. C.III.22: Kommunikation als (a) sechsstufiger Prozess mit (b) je spezifischen Problemaspekten
Quelle: Wahren (1987), S. 91 f.

Wahren stellt dabei fest, dass die schwerer wiegenden, problematischeren Störungen in den Stufen 1 und 6, also jeweils auf der *psychischen Ebene* zu sehen sind.[374] Sie stehen mit der Persönlichkeit der Kommunikationspartner im Zusammenhang, sind häufig nur sehr schwer ins Bewusstsein zu rücken und erst recht nur selten im Gespräch zu klären. Eng damit verbunden sind die potenziellen Probleme im Zuge der Umsetzung von Wünschen, Erwartungen, Absichten usw. in verbale (Sprache) und non-verbale (vor allem Gestik, Mimik) Kommunikation et vice versa (*symbolische Ebene*). Der Vorgesetzte, der von seinen Mitarbeitern „Kundenfreundlichkeit" verlangt, muss damit rechnen, dass dieser Begriff sehr unterschiedlich interpretiert wird. Empfangsprobleme auf Grund einer undeutlichen Aussprache oder einer nicht eindeutigen Wortwahl des Senders (*materielle Ebene*) werden hingegen mit hoher Wahrscheinlichkeit erkannt und können durch entsprechende Hinweise des Empfängers häufig ad hoc gelöst werden.

Bei aller Konzentration auf die Kommunikationspartner bleibt zu bedenken, dass Wirkung und Problemgehalt von Kommunikationsvorgängen nicht losgelöst vom *Kontext der Kommunikation* gesehen werden dürfen.[375] Das ist von besonderer Bedeutung für die Kommunikation im Rahmen von Personalführungsverhältnissen. „In nahezu allen hierarchisch strukturierten Gebilden ist es eines der ganz wesentlichen Privilegien der Obenstehenden, dass diese den Kontext der sozialen Beziehungen und hiermit auch Form und Inhalt der Kommunikation beeinflussen können."[376]

Für das Verständnis von Kommunikation und die Analyse von Kommunikationsproblemen sind auch Modelle entwickelt worden, die darauf abstellen, dass **Kommunikation nicht bloß die Übertragung einer sachlichen Mitteilung** ist. Mit jedem Kommunikationsvorgang werden bewusst oder unbewusst – durch die Art und Weise, wie die Beteiligten sprechen (und schreiben) sowie durch non-verbale Kom-munikation mittels Mimik, Gestik, Kleidung, Sitzordnung u.a.m. – auch Hinweise auf die *Beziehungen zwischen den Kommunikationspartnern* gegeben, werden *Absichten* kundgetan und *Einsichten in die eigene Persönlichkeit* eröffnet. In Abbildung C.III.23 werden diese Aspekte auf der Basis des **Vier-Seiten-Modells** von *Schulz von Thun*[377] kurz beschrieben.

---

[374] Vgl. Wahren (1987), S. 91 ff. An dem Schema des sechsstufigen Kommunikationsprozesses ausgerichtet behandelt Neuberger (2001) Grundlagen des Vorgesetzten-Mitarbeiter-Gesprächs.

[375] Vgl. die Erörterung des Kontexteinflusses bei Cantin/Thom (1992).

[376] Wahren (1987), S. 39.

[377] Schulz von Thun (2005); mit Bezug zur Führungsarbeit Schulz von Thun/Ruppel/Stratmann (2004), S. 33 ff. Ein ähnliches, ebenfalls auf vier Seiten (Aspekte) der Kommunikation abstellendes Modell (TALK-Modell) ist entwickelt worden von Neuberger (1991).

> *(1) Sachseite*
> Zunächst enthält die Nachricht eine *Sachinformation*: Worüber ich informiere. Inhalte der Sachseite sind: Tatsachen, Darstellungen, Problemdarstellungen, Informationen zu bestimmten Themen. Diese Informationen haben den Tenor: „Es ist...!"
>
> *(2) Appellseite*
> Kaum etwas wird „nur so" gesagt – alle Informationen haben die Funktion, auf den Empfänger *Einfluss zu nehmen*. In den vorausgegangenen Ausführungen wurde diese Seite der Information als pragmatischer Aspekt der Kommunikation bezeichnet. Diese Informationen haben den Tenor: „Ich möchte, dass Du...!"
>
> *(3) Selbstoffenbarungsseite*
> In einer Nachricht stecken nicht nur Informationen über Sachinhalte oder Appelle, sonder auch *Informationen über die Person des Senders*. Allgemein gesagt: In jeder Nachricht steckt ein Stück Selbstoffenbarung des Senders. Entscheidend ist hier die Art des Senders, bestimmte Dinge auszudrücken, die Wahl bestimmter Worte, die die Sprache begleitende Mimik und Gestik... Diese Informationen haben den Tenor: „Ich bin...!"
>
> *(4) Beziehungsseite*
> Aus der Nachricht geht immer auch hervor, *wie der Sender zum Empfänger steht*, was er von ihm hält. Allgemein gesprochen: Eine Nachricht senden, heißt immer auch, zu dem Angesprochenen eine bestimmte Art von Beziehung auszudrücken. Während bei der Selbstoffenbarung der Sender nur Aussagen über sich selbst macht, macht er auf der Beziehungsseite Aussagen darüber, wie er sich und seine Beziehungen zum Empfänger sieht: Selbstoffenbarungsseite und Beziehungsseite hängen somit sehr eng zusammen. Beide Seiten werden auch sehr stark über die non-verbalen Informationen angesprochen. Diese Informationen haben den Tenor: „Du bist...!" und „Wir sind...!"

Abb. C.III.23: Die vier Seiten einer Nachricht (nach *Schulz von Thun*)
Quelle: Wahren (1987), S. 96

Das Modell unterstellt den bei einigermaßen sensibler Selbst- und Fremdbeobachtung nachvollziehbaren Tatbestand, dass kommunikative Vorgänge stets alle vier Seiten (Ebenen, Aspekte) aufweisen, wobei Sender und Empfänger die Akzente unterschiedlich wahrnehmen können. Das *Problem des „richtigen Verstehens"* ist auch in der betrieblichen Arbeitssituation nicht auf den sachlichen Aspekt beschränkt. Es *besitzt zwangsläufig eine Mehrdimensionalität*, die nicht einfach „beherrscht" werden kann. Die offene Kommunikation über die Kommunikation (**Meta-Kommunikation**), der Austausch über Absichten, Wahrnehmungen, Verständnisse und Verständigungsprobleme sollte deshalb auch für jede Führungskraft und ihre Mitarbeiter ein selbstverständliches Instrument sein.[378]

2.4.2. Motivation

2.4.2.1. Begriff und Bedeutung von Motivation

Menschliches Verhalten resultiert aus einem relativ komplexen Wirkungsgefüge von Variablen der individuellen Persönlichkeit und Variablen der Umwelt (Kontext-

---

[378] Schulz von Thun/Ruppel/Stratmann (2004) sprechen diesbezüglich von einem „metakommunikativen Führungsstil" (S. 30).

variablen). Schematisch lassen sich die Bedingungen des Verhaltens wie in Abbildung C.III.24 darstellen. Das *individuelle, persönliche Wollen*, wissenschaftlich und auch zunehmend alltagssprachlich unter dem Begriff „*Motivation*" angesprochen, liefert dabei *einen* Beitrag zur Erklärung des Verhaltens, dem in den Verhaltenswissenschaften und der Führungslehre relativ große Bedeutung zuerkannt wird.

Die Erläuterung des Begriffs „Motivation" setzt zweckmäßigerweise an dem Begriff „Motiv" (*lat. motivum*, „Beweggrund, Antrieb") an. **Motive** sind – teilweise mit der Geburt vorhandene, teilweise im Sozialisationsprozess erworbene und ausgeprägte – **Verhaltensbereitschaften**. Jeder Mensch ist mit einem, vermutlich in einer bestimmten Weise geordneten, Bündel von Motiven (*Motivstruktur*) ausgestattet.

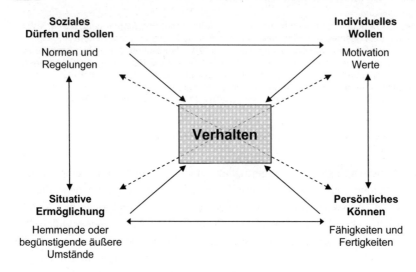

Abb. C.III.24: Bedingungen des Verhaltens
Quelle: von Rosenstiel (2003), S. 55

Ein Motiv birgt die psychische Kraft (Energie) in sich, ein bestimmtes Verhalten des Menschen zu bewirken. Damit diese Kraft tatsächlich verhaltenswirksam wird, sind situative Anreize erforderlich.

> Die **Motivation**, d.h. die „Begründung" oder der Antrieb zu einem gerichteten Verhalten, ist das Ergebnis einer **situativen Aktivierung von Motiven**.[379]
> Dieser Vorgang der Aktivierung wird auch als „Motivierung" bezeichnet.

---

[379] Zu den Begriffen „Motiv" und „Motivation" siehe beispielsweise von Rosenstiel (2003), S. 225 f.; mit einer Betonung der Triebbestimmung von Motiven von Cube/Dehner/Schnabel (2005), S. 145 ff..

In der wissenschaftlichen Auseinandersetzung mit dem Motivationsphänomen stehen zwei Fragen im Vordergrund, die auch aus der Managementsicht besonderes Interesse finden.

(1) Zum einen geht es um die Frage, *welche Motive* als latente Verhaltensbereitschaften in uns Menschen „schlummern" (sozusagen auf situative Aktivierung „warten"). Falls relativ stabile Motivstrukturen vorliegen, bilden sie die Ansatzpunkte um herauszufinden, was Mitarbeiter im Unternehmen zu bestimmten Verhaltensweisen veranlasst („bewegt").

(2) Zum anderen geht es um die Frage, wie der *Vorgang der Motivierung (Motivationsprozess)* abläuft. Falls hier Gesetzmäßigkeiten gefunden werden, bieten sich dem Management Möglichkeiten, (erkannte) Motive der Mitarbeiter durch die Manipulation von situativen Anreizen gezielt in Bewegungsenergie (gerichtete Aktivierung) umzusetzen.

Antworten, die von der Motivationsforschung auf diese beiden Fragen bislang gefunden worden sind, sollen im Folgenden skizziert werden.

2.4.2.2. Die Beschreibung und Erklärung von Motivstrukturen (Inhaltstheorien der Motivation)

Bei der Beschreibung und Erklärung von Motivstrukturen im Rahmen der *Inhaltstheorien der Motivation* wird auch von Bedürfnissen (engl. *„needs"*) anstatt von Motiven gesprochen. Häufig gleichgesetzt, kann doch zwischen beiden Begriffen unterschieden werden: **Bedürfnisse** sind *grundsätzliche Mangelempfindungen* im Menschen, die im Laufe des Sozialisationsprozesses besondere Zielausrichtungen erfahren. So kann beispielsweise das *Bedürfnis* nach Anerkennung seine Ausrichtung erfahren in dem *Motiv* (latente Verhaltensbereitschaft), überdurchschnittlichen beruflichen Aufstieg zu realisieren, einer der besten in einer bestimmten Sportart zu sein usw. **Motive** besitzen also eine *Zielperspektive (Richtung)*.

In der Abbildung C.III.25 sind die Bedürfniskategorien und – bezogen auf *Herzberg* – motivationsrelevanten Faktoren von vier Inhaltstheorien der Motivation vergleichend dargestellt. Grundlegend geworden für alle späteren Ansätze ist die Arbeit von *Maslow*.[380] Die anschauliche Darstellung ihrer Ergebnisse in Form eines stufenförmigen Aufbaus von Bedürfnisklassen (**Bedürfnispyramide**) und die Möglichkeit ihrer normativen Interpretation (*Selbstverwirklichung* oder *Selbstaktualisierung* als anzustrebender höchster Zustand des Menschseins) haben sie bis

---

[380] Maslow (1977).

heute zur prominentesten Motivationstheorie werden lassen – ohne dass ihr Wert für die Erklärung und Vorhersage von Arbeitsverhalten dies rechtfertigen.[381]

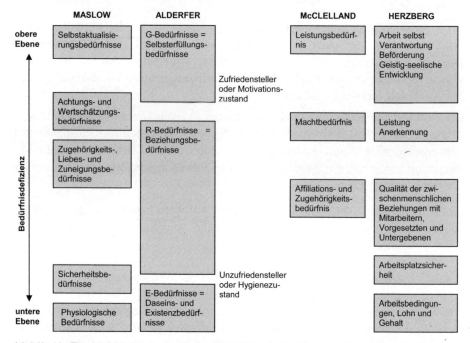

Inhalt-Ursache-Theorien: Maslows und Alderfers Bedürfnishierarchie, Herzbergs Zwei-Faktoren-Theorie und McClellands Bedürfnisklassen. Nach Alderfer zeigt Maslows Modell Überlappungen in den Bedürfniskategorien Sicherheit, Achtung und Wertschätzung sowie Zugehörigkeit, Liebe und Zuneigung. Das Modell von McClelland sieht keine niedrigen Bedürfnisse vor.

Abb. C.III.25: Inhaltstheorien der Motivation: *Maslows* und *Alderfers* Bedürfnishierarchie, *Herzbergs* Zwei-Faktoren-Theorie und *McClellands* Bedürfnisklassen
Quelle: Weinert (2004), S. 199[382]

Einen ähnlichen Bekanntheitsgrad hat die speziell auf den Arbeitskontext ausgerichtete **Zwei-Faktoren-Theorie** von *Herzberg und Mitarbeitern*.[383] Sie beruht auf empirischen Untersuchungen und kommt zu einer grundsätzlichen Zweiteilung von zufriedenheitsrelevanten Faktoren der Arbeitssituation (zu den einzelnen Faktoren siehe Abbildung C.III.25):

(1) **Hygienefaktoren** (Frustratoren, „dissatisfiers"), die je nach Ausprägung Unzufriedenheit oder – bestenfalls – keine Unzufriedenheit beim Mitarbeiter entstehen lassen. Hygienefaktoren können

---

[381] Siehe hierzu die Zusammenfassung der kritischen Auseinandersetzung mit der *Maslow*schen Theorie bei Weinert (2004), S. 191 ff.
[382] Weinert spricht von „Inhalt-Ursache-Theorien". Für einen Überblick über alle vier Motivationstheorien einschließlich der hier nicht skizzierten von *Alderfer* und *McClelland* siehe Weinert (2004), S. 190 ff.; Staehle (1999), S. 221 ff.
[383] Herzberg/Mausner/Snyderman (1967).

aber nicht zu Zufriedenheit und besonderer Leistungsmotivation des Mitarbeiters beitragen. Sie sind überwiegend in Merkmalen des Arbeitskontextes zu suchen.

(2) **Motivatoren** („satisfiers"), die zufriedenheitssteigernd und motivierend wirken können. Motivatoren sind überwiegend in Merkmalen der Arbeit selbst zu suchen.

Spätestens mit *Herzberg*s Arbeiten ist die Bedeutung der so genannten **intrinsischen Motivation** *(Befriedigungswert der Arbeit und der Arbeitsergebnisse selbst)* in Unterscheidung von der **extrinsischen Motivation** *(Befriedigungswert von äußeren, auf eine Leistung folgenden Belohnungen)* in den Blickpunkt der Managementlehre gerückt.

Nach vielfacher theoretischer Kritik und empirischen Widerlegungen erweisen sich hinsichtlich der referierten Inhaltstheorien der Motivation lediglich Tendenzaussagen mit einer groben Differenzierung von zwei Bedürfnis- bzw. Motivebenen als vertretbar: Die Befriedigung der niederen physiologisch-biologisch verankerten Bedürfnisse bietet im allgemeinen die Voraussetzung für eine Aktivierung der „höheren" Bedürfnisse, ohne dass eine Aussage über Rangfolge und Priorität möglich ist.[384]

„Auf einer ‚unteren' Ebene dominieren die von *Herzberg* so bezeichneten Hygienefaktoren; je besser diese erfüllt sind, werden sie in ihrer Bedeutung abgeschwächt und fallen erst wieder unangenehm auf, wenn sie ausfallen. In dem Maße, in dem die Hygienefaktoren in ihrer Bedeutung verblassen, werden die so genannten Motivatoren entscheidender für die Zufriedenheit (und Leistung) des Individuums".[385]

Unter den Versuchen, Motivation und Arbeitszufriedenheit aus Merkmalen der Arbeit heraus zu erklären, hat die theoretische Konzeption von *Hackman/Oldham* große Aufmerksamkeit gefunden.[386] Sie thematisiert fünf Aufgaben- oder Arbeitsmerkmale („job characteristics", „job dimensions"), die über bestimmte psychische Zustände („psychological states") arbeitsrelevante Folgen („outcomes") zeitigen (siehe Abbildung C.III.26). Für das aus diesem Zusammenhang resultierende Motivationspotenzial konstruieren *Hackman/Oldham* eine Formel, die unterstellt, dass die mit der Aufgabe verbundene Freiheit und Unabhängigkeit (Autonomie) sowie die unmittelbare Rückkopplung von Arbeitsergebnissen (Feedback) in hervorgehobener Weise Motivationspotenzial generieren und – bei niedriger Ausprägung – auch gefährden (siehe die Formel für das Motivationspotenzial am Fuße der Abbildung C.III.26). *Hackmann/Oldham* haben ihre Modellvariablen mit Hilfe des so genannten „Job Diagnostic Survey" operationalisiert.[387]

Das Modell, dem eine gute empirische Bestätigung bescheinigt werden kann, ist von Hackman selbst wie von vielen anderen konzeptionell erweitert (z.B. um Gruppen-

---

[384] Vgl. Wiswede (1980), S. 100.
[385] Wiswede (1980), S. 110.
[386] Hackmann/Oldham (1976); dies. (1980); siehe auch Hackman (1977) und Oldham (1996).
[387] Siehe Hackmann/Oldham (1975); dies. (1980); Hinweise auf Weiterentwicklungen gibt Oldham (1996), S. 36 f.

und Organisationsmerkmale) und in etlichen Einzelaussagen aufgrund empirischer Untersuchungen differenziert worden.[388]

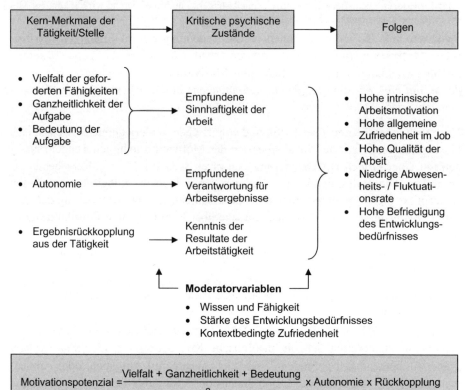

Abb. C.III.26: Das Motivationspotenzial von Tätigkeitsmerkmalen („Job Characteristics Model" von *Hackman/Oldham*)

2.4.2.3. Die Beschreibung und Erklärung des Motivationsprozesses (Prozesstheorien der Motivation)

Beschreibungen und Erklärungen der Entstehung situativ unterschiedlicher Motivationsniveaus im Rahmen der so genannten *Prozesstheorien der Motivation* sind geprägt von der Annahme, dass Menschen situative Anreize vor dem Hintergrund ihrer Erfahrungen und mit Bezug auf ihre Motivstruktur gedanklich rational verarbeiten. Sie werden deshalb auch als *kognitive* oder kognitivistische Ansätze charakterisiert.

---

[388] Siehe hierzu Staehle (1999), S. 687 ff. sowie Porter/Bigley/Steers (2003), S. 35 f. und die dort jeweils genannte Literatur.

Die individuelle Rationalität liegt darin, dass auf der Grundlage *individueller Präferenzordnungen von Zielzuständen* Situationen und Handlungsalternativen daraufhin geprüft werden, ob sie zur Erreichung angestrebter Zielzustände mehr oder weniger gut geeignet sind. Die Wertigkeit (**Valenz**) eines Zustandes und die **Erwartung**, durch ein bestimmtes Verhalten einen präferierten Zustand herbeizuführen, bestimmen die Wahl menschlicher Handlungen und die Intensität ihrer Durchführung (Anstrengung):

Anstrengung (Leistungseinsatz) = Valenz der Ergebnisse x Erwartungen.

Die multiplikative Verknüpfung von Valenz und Erwartung besagt, dass ein Individuum keine Anstrengung zeigt, wenn eine der beiden Variablen gegen Null geht, d.h. den potenziellen Anstrengungsresultaten keine Bedeutung beigemessen wird oder beim Individuum keine Erwartung besteht, die angestrebten Resultate erreichen zu können.

Unter den auf diesen Annahmen gründenden theoretischen Ansätzen ist der bekannteste die so genannte **Valenz-Instrumentalitäts-Erwartungs(VIE)-Theorie** von *Vroom*.[389] In ihr wird auch berücksichtigt, dass die Valenz eines Handlungsergebnisses (z.B. hohe Umsätze eines Verkaufsmitarbeiters aufgrund eines hohen Leistungseinsatzes) häufig nicht auf der Wertschätzung des Ergebnisses selbst beruht. Die Valenz ergibt sich erst aus der Instrumentalität dieses Ergebnisses für die Realisierung anderer erwünschter Zustände (z.B. Besitz eines Eigenheims). Die **Instrumentalität** eines Verhaltens bzw. eines Handlungsergebnisses für das Erreichen erwünschter Zielzustände oder – anders ausgedrückt – der Mittel-Zweck-Zusammenhang zwischen Handlungsergebnissen und der Befriedigung bestimmter Wünsche bildet einen weiteren Erklärungsfaktor für Motivation. Letztlich ist der Instrumentalitätszusammenhang zwischen bestimmten Ergebnissen und damit erreichbaren Zielzuständen fortführbar bis auf die Grundbedürfnisse unseres Menschseins. Dieser Zusammenhang ist in der Abbildung C.III.27 wiedergegeben.

In den kognitiv orientierten Prozessmodellen der Motivation wird davon ausgegangen, dass Menschen (subjektive) **Wahrscheinlichkeitsannahmen** hinsichtlich der in Abbildung C.III.27 wiedergegebenen Zusammenhänge bilden und jenes Verhalten wählen, das im Hinblick auf hochbewertete Zielzustände die höchste Realisierungschance bietet.

---

[389] Vgl. Vroom (1964). Überblicksdarstellungen der wichtigsten Ansätze geben z.B. von Rosenstiel (1988), S. 237 ff.; Staehle (1999), S. 231 ff.

Erwartung	Ergebnis 1. Ordnung	Valenz$_1$ (des Ergebnisses 1. Ordnung)	Instrumentalität$_1$	Valenz$_2$ (des Ergebnisses 2. Ordnung)	Instrumentalität$_2$	Valenz$_3$ Grundwertebedürfnisse
(E)		(V$_1$)	(I$_1$)	(V$_2$)	(I$_2$)	(V$_3$)
Kommt das Ergebnis 1. Ordnung zustande, wenn ich mich darum bemühe?	Hohe Leistungsmenge Hohe Leistungsgüte Pünktlichkeit Unfallfreiheit Konfliktfreiheit	Wie bewerte ich die Ergebnisse? Wie viel liegt mir an ihnen? Wie wichtig sind sie für mich? usw.	Wie eng ist der Zusammenhang zwischen einem Ergebnis (1. Ordnung) und weiteren Konsequenzen, die für mich wichtig sein könnten?	Wie hoch ist die Valenz von: Hohem Einkommen Beförderung Anerkennung von Kollegen oder vom Vorgesetzten Fortbildung Schutz vor Kündigung Versetzung usw.	Wie eng ist der Zusammenhang zwischen einem Ergebnis (2. Ordnung) und bestimmten für mich wichtigen Zielen oder Werten?	Sicherheit Geliebt werden Glücklich sein Von der Familie geschätzt werden Ein sinnvolles Leben führen Seine Persönlichkeit entfalten usw.

Erläuterung: Ein „Ergebnis 1. Ordnung" ist nicht in sich erstrebenswert, sondern nur, wenn es in einer engen positiven Beziehung zu einem „Ergebnis 2. Ordnung" steht; dieses Ergebnis 2. Ordnung (bewertet: „Valenz$_2$") erfährt seine Bedeutung aus der Beziehung zu irgendwelchen „Letzt-Zielen" oder „Werten" (Grundbedürfnissen) der Person.
Die Stärke einer Verhaltenstendenz (z.B. „Sich für eine Mehrleistung anstrengen") hängt zum einen ab von der Erwartung E, dass ein bewertetes Ergebnis erreicht werden kann. Die Valenz$_1$ dieses Ergebnisses aber ist eine Funktion von Valenz$_2$ x Instrumentalität$_1$ (Valenz$_2$ wiederum ist eine Funktion von Valenz$_3$ x Instrumentalität$_2$).

Motivation $_{Leistungseinsatz}$ = f(E, V$_1$) oder M$_L$ = $\sum (E_i \times V_{1i})$; dabei sind V$_1$ = $\sum (V_{2i} \times I_{1i})$ und V$_2$ = $\sum (V_{3i} \times I_{2i})$

Abb. C.III.27: Valenz-Instrumentalitäts-Erwartungs-Zusammenhang
Quelle: Neuberger (1978), S. 231

2.4.2.4. Erweiterungen motivationstheoretischer Ansätze

2.4.2.4.1. Das Modell von *Porter/Lawler*

Auf der Grundlage kognitiver Prozesstheorien der Motivation haben *Porter/Lawler*[390] ein erweitertes Modell zur Erklärung von Arbeitsleistung und Arbeitszufriedenheit entwickelt (siehe Abbildung C.III.28).

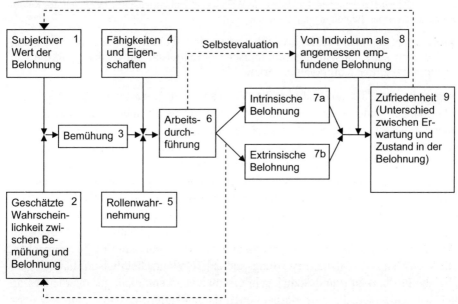

Abb. C.III.28: Erweitertes Motivationsmodell von *Porter/Lawler*
Quelle: Weinert (2004), S. 209

In dem Modell wird der Leistungseinsatz eines Mitarbeiters (3: Bemühung) – entsprechend den im vorhergehenden Abschnitt dargelegten theoretischen Annahmen – von der Valenzkomponente (1: Subjektiver Wert der Belohnung) und der Instrumentalitäts-Erwartungs-Komponente (2: Geschätzte Wahrscheinlichkeit zwischen Bemühung und Belohnung) bestimmt. Die Instrumentalitäts-Erwartungs-Komponente bezieht sich dabei auf einen mindestens zweistufigen Zusammenhang: zunächst den Zusammenhang zwischen Leistungseinsatz und Leistungsergebnis, sodann den Zusammenhang zwischen Leistungsergebnis und damit verbundenen Belohnungen.

Mit dem Leistungseinsatz allein ist aber das Niveau einer Arbeitsleistung (6: Arbeitsdurchführung) nicht zu erklären. Es hängt auch von den arbeitsrelevanten Fähigkeiten und Eigenschaften des Mitarbeiters (4) und des weiteren davon ab, wie der Mitarbeiter seine Arbeitsrolle wahrnimmt und Arbeitserfolg definiert (5).

Als weitere abhängige Variable berücksichtigt das Modell von *Porter/Lawler* die Mitarbeiterzufriedenheit (9), die weniger durch die absolute Höhe intrinsischer und extrinsischer Belohnungen (7 a und b), als vielmehr durch die aufgrund von Vergleichsprozessen empfundene Angemessenheit von Belohnungen (8) bestimmt wird. Die Verbindung zwischen 6 und 7 (a und b) deutet an,

---

[390] Vgl. Porter/Lawler (1968).

dass der Zusammenhang kein zwingender ist. Das Gefühl intrinsischer, aus der Arbeit unmittelbar hervorgehender Belohnung stellt sich nur dann ein, wenn die Arbeit individuell als ausreichend herausfordernd gesehen wird. Extrinsische, d.h. von außen vermittelte Belohnung stellt sich nur dann ein, wenn die Arbeitsleistung auch bemerkt und entsprechend gewürdigt wird.

Im Modell sind zwei wichtige Rückkopplungen unterstellt: Das Niveau von Zufriedenheit kann die Wertigkeit von Belohnungen verändern. Das Niveau einer Arbeitsleistung und das Niveau der damit verbundenen Belohnungen verändern die Wahrscheinlichkeitsannahme bezüglich des Zusammenhangs zwischen Bemühung und Belohnung.

Wiswede hat in einer Weiterentwicklung des Modells von *Porter/Lawler* insbesondere dessen stark individualpsychologische Orientierung durch eine stärkere Einbeziehung *sozialer* Komponenten ergänzt.[391]

Insgesamt sind die auf individuelle Valenzen und Erwartungen gestützten Beschreibungen und Erklärungen von Motivationsprozessen in der Praxis auf geringes Interesse gestoßen. Das hängt möglicherweise mit ihrer doch recht hohen Komplexität und geringen Anschaulichkeit etwa im Vergleich zur Inhaltstheorie von *Maslow* und deren Bild einer Bedürfnispyramide zusammen. In der wissenschaftlichen Auseinandersetzung sehen sie sich zum einen *konzeptioneller Kritik* an ihrem einseitig rationalen Menschenbild, zum anderen Hinweisen auf die *sehr bescheidenen Ergebnisse empirischer Überprüfungen* gegenüber. Die Kritik im Zusammenhang mit den empirischen Prüfergebnissen ist aber insoweit zu relativieren, als die Komplexität des Variablenzusammenhangs und die Messprobleme im Zusammenhang mit Variablen wie Valenz, Erwartung, subjektive Wahrscheinlichkeit usw. die empirische Prüfbarkeit grundsätzlich sehr erschweren, wenn nicht gar überhaupt fraglich werden lassen. Es wird deshalb auch dafür plädiert, das Erwartungs-Valenz-Modell „nicht als Theorie, sondern als Orientierungsgerüst im Sinne heuristischer Anweisungen"[392] zu sehen.

Durchaus in diesem Sinne halten wir den praktischen Wert des Modells für ein differenziertes Verständnis von Motivierungs- und Leistungsprozessen sowie entsprechende handlungsleitende Ansatzpunkte in der Führungsarbeit für bedeutsam.[393] Das gilt erst recht dann, wenn das Modell um den in der Praxis nicht selten als Hemmnis auftretenden Faktor „Gelegenheit zur Leistungserbringung" ergänzt wird.[394] Es ist wohl eher die Tendenz zur holzschnittartigen, rezepthaften Vereinfachung des Themas Motivation in einschlägigen Managementfortbildungen, die einer breiteren praktischen Rezeption des Modells im Wege steht.

---

[391] Vgl. Wiswede (1980), S. 135 ff.; ders. (2000), S. 196 ff.
[392] Wiswede (1980), S. 139.
[393] Diese Meinung vertreten auch Weinert (2004), S. 211; Porter/Bigley/Steers (2003), S. 16 f.
[394] Vgl. Weinert (2004), S. 210.

2.4.2.4.2. Das Leistungsdeterminanten-Konzept von *Berthel*

In seiner Grundstruktur an dem Modell von *Porter/Lawler* ausgerichtet, jedoch in seinem Erklärungsansatz umfassender ist das von *Berthel* entwickelte „Leistungsdeterminanten-Konzept".[395] Da es neben der „Wollens-Komponente" (Motivation) menschlichen Verhaltens auch die „Könnens-Komponente" sowie soziostrukturelle Faktoren („Normen") und situative Einflüsse („Arbeitsbedingungen") berücksichtigt, greift es den weiter vorne in Abbildung C.III.3 skizzierten allgemeinen Bedingungszusammenhang menschlichen Verhaltens umfassender – wenngleich nicht vollumfänglich – auf. Der Motivationsaspekt ist also nur ein Teil des Konzeptes, das Leistungsbereitschaft (Einsatzintensität), Leistungsverhalten und Arbeitszufriedenheit aus einem komplexen Zusammenspiel von Leistungsdeterminanten und -konsequenzen erklärt (siehe Abbildung C.III.29).

Ohne hier auf Einzelheiten näher einzugehen, kann das Modell wie folgt skizziert werden:

(1) Die **Intensität des Leistungseinsatzes** eines Mitarbeiters ist das Produkt aus
   - individuellen Belohnungswerten und arbeitsrelevanten sozialen Normen (*Valenzen* und *Normen*) und
   - den Erwartungen *des Mitarbeiters* bezüglich des *Zusammenhangs zwischen Anstrengung*, Leistungsergebnis (*Leistungsverhalten*) und Konsequenzen (*Belohnung*).

   Um die hier angesprochenen Faktoren der **Wollens-Komponente** in ihrer individuellen Ausprägung zu verstehen, ist auf das komplexe Zusammenwirken von *Motivstrukturen* des Mitarbeiters, *Wahrnehmungen* seiner Umwelt und seiner selbst (*Selbstkonzept*) sowie auf gesammelte *Erfahrungen* abzuheben. Dabei spielen *Persönlichkeitsmerkmale* des Mitarbeiters eine wichtige Rolle.

(2) Das **tatsächliche** (quantitative und qualitative) **Leistungsverhalten** eines Mitarbeiters und die daraus folgenden **Leistungsergebnisse** hängen
   - neben der unter (1) angesprochenen *Wollens-Komponente*
   - von Faktoren der **Könnens-Komponente** (grundsätzliche *Eignung* für eine bestimmte Tätigkeit, einschlägige *Arbeitskenntnisse*, technologische, ergonomische und organisatorische *Arbeitsbedingungen*) ab.

   Die *Verknüpfung zwischen Wollens- und Könnens-Komponente* ist *multiplikativ*. Nicht vorhandenes Können lässt sich durch ausgeprägtes Wollen nicht ersetzen und umgekehrt.

(3) Der Zusammenhang zwischen (instrinsischen und extrinsischen) Belohnungen und der **Arbeitszufriedenheit** eines Mitarbeiters ergibt sich erst aus der Einbeziehung von individuellen *Anspruchsniveaus*, *Zurechnungen* der Ergebnisursachen und den aus *Vergleichsprozessen* resultierenden Gerechtigkeitsempfindungen bezüglich erhaltener Belohnungen.

---

[395] Vgl. Berthel/Becker (2003), S. 37 ff.

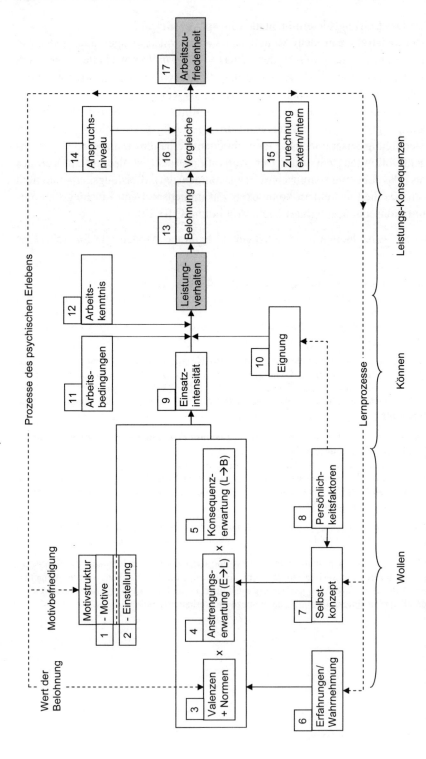

Abb. C.III.29: Leistungsdeterminanten-Konzept von *Berthel*
Quelle: Berthel/Becker (2003), S. 39 (Hervorhebung durch die Verf.)

Mit dem Aufzeigen der Bestimmungsfaktoren menschlicher Arbeitsleistung liefert das Leistungsdeterminanten-Konzept eine Reihe von Hinweisen auf Einflussmöglichkeiten, aber auch auf – zumindest kurz- und mittelfristige – Grenzen des Vorgesetzteneinflusses bei der zielbezogenen Richtung und Aktivierung von Mitarbeitern. Mit Blick auf Leistungsdeterminanten wie Arbeitskenntnis (12), Eignung (10), Selbstkonzept (7) oder auch Anspruchsniveau (14) wird zudem die Bedeutung der Personalführungs(teil)funktion „Entwicklung der Mitarbeiterpotenziale" (siehe Kapitel C.III.2.3.3.) deutlich.

2.5. Bezugsrahmen der Führungsbeziehung und die Bedeutung von Führungstheorien

Die Führungsbeziehung zwischen Vorgesetzten und Mitarbeitern interessiert in der Managementlehre vor allem unter dem Aspekt guter oder schlechter (unterschiedlich effizienter) Führung. Dem unterliegt die wohlbegründete Vermutung, dass die Ergebnisse betrieblicher Organisationseinheiten (Gruppen, Abteilungen, Teams usw.) in besonderem Maße beeinflusst werden durch die Vorgesetzten-Mitarbeiter-Beziehung, insbesondere durch die Art und Weise, in der Vorgesetzte Führung praktizieren. Tatsächlich ist damit allerdings ein sehr komplexes und dynamisches Gefüge von Variablen angesprochen.

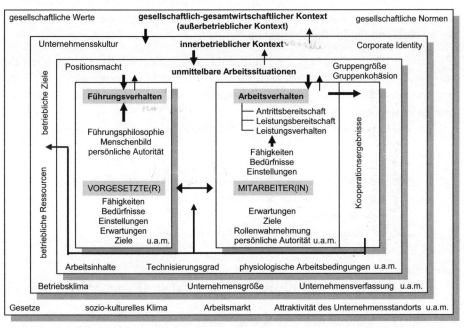

Abb. C.III.30: Bezugsrahmen der Führungsbeziehung zwischen Vorgesetzten und Mitarbeitern

Die unmittelbare Einflussbeziehung zwischen Vorgesetzten und Mitarbeitern ist eingebunden in einen umfassenderen Variablenzusammenhang (siehe Abbildung C.III.30).

(1) Die **Vorgesetzten-Mitarbeiter-Beziehung** ist keine einfache im Sinne eines Reiz-Reaktions-Schemas, sondern schließt eine **Mehrzahl von zwischengeschalteten** (so genannten *intervenierenden*) **personalen Variablen** ein. Solche, die Unmittelbarkeit der Beziehung zwischen den Führungsaktivitäten des Vorgesetzten (Reiz) und dem Arbeitsverhalten des Mitarbeiters (Reaktion) aufhebenden Variablen sind

- das Leistungsbedürfnis des Mitarbeiters
- die Karriereerwartungen des Mitarbeiters
- die Einstellungen des Mitarbeiters zu Autorität und Solidarität
- die Fähigkeit des Mitarbeiters, mit Stresssituationen zurecht zu kommen
- die Wahrnehmung seiner Rolle in der Organisationseinheit durch den Mitarbeiter

u.a.m.

Führungsimpulse des Vorgesetzten wirken stets nur auf dem Weg über diese personalen Variablen auf das Mitarbeiterverhalten. Dabei ist das Führungsverhalten ebenso zu sehen in seiner Beeinflussung durch personale Merkmale des Vorgesetzten wie persönliche Führungsphilosophie, Menschenbild, Fähigkeiten, Bedürfnisse usw. Zudem stehen viele Vorgesetzten- und Mitarbeitermerkmale vermutlich in einer wechselseitigen Einflussbeziehung.

(2) Darüber hinaus unterliegt die Führungsbeziehung dem **Einfluss einer Vielzahl von Situations- oder Kontextvariablen**, die ihrerseits teilweise durch die Führungsprozesse beeinflusst werden. Bei diesen Situations- oder Kontextvariablen handelt es sich um

    (a) **Merkmale der unmittelbaren Arbeitssituation** (Führungskontext i.e.S.), wie

- betrieblicherseits bereitgestellte Machtgrundlagen des Vorgesetzten
- Monotonie oder Vielfalt der Arbeit; Anforderungsprofil der Aufgaben
- technologische Determination des Arbeitsverhaltens
- Ausstattung des Büros
- Größe und Zusammensetzung der Arbeitsgruppe

    u.a.m.

sowie um

    (b) **Merkmale der mittelbaren Arbeitssituation** (Führungskontext i.w.S.). Dazu gehören

        (b1)   **innerbetriebliche** Kontextmerkmale wie

- Unternehmensgröße
- Unternehmenskultur und Betriebsklima
- betriebliche Mitbestimmungsregelungen

- Anreizsysteme (z.B. Entgelt, Entwicklungsmöglichkeiten)

u.a.m.

(b2) **außerbetriebliche** Kontextmerkmale wie
- gesellschaftlicher Stellenwert von Arbeit und Karriereerfolg
- öffentliches Ansehen des Unternehmens
- Attraktivität des Unternehmensstandorts
- Arbeitsmarktsituation

u.a.m.

Die Existenz der personalen und der Kontextvariablen hat zur Folge, dass beispielsweise ein und dasselbe Vorgesetztenverhalten (z.B. das In-Aussicht-Stellen einer Beförderung oder auch einer Verweigerung derselben) je nach Ausprägung dieser Variablen unterschiedliche Reaktionen bei den Mitarbeitern hervorruft. *Angesichts dessen entbehrt jeder Versuch, die Führungswirklichkeit mit einfachen, generell gültigen Aussagen zu beschreiben und daraus entsprechende Handlungsempfehlungen für die Führungspraxis abzuleiten, der wissenschaftlichen Haltbarkeit, und damit auch der mehr als zufälligen praktischen Fruchtbarkeit.*

Wegen der Komplexität der Führungswirklichkeit ist es hilfreich, die für das Verständnis von Führungsprozessen, ihre Beeinflussung und ihre Wirkungen als relevant erkannten Variablen in so genannte **Bezugsrahmen** einzubringen. Die Abbildung C.III.30 stellt einen solchen – wenngleich groben – Bezugsrahmen dar.[396] In ihm ist die häufig unterstellte Unmittelbarkeit und Unbedingtheit des Zusammenhangs zwischen Führungsverhalten des Vorgesetzten und Kooperationsergebnissen (wie z.B. Produktivität oder Arbeitszufriedenheit der Mitarbeiter) aufgehoben. Die Führungsbeziehung ist in einen komplexen Beziehungszusammenhang mit personalen Variablen und, unterschiedliche Nähe zur Führungssituation aufweisenden, Kontextvariablen eingebracht.

Bezugsrahmen sind *Ordnungsschemata der Führungswirklichkeit*, die nicht nur den Forschungsprozess leiten, sondern auch der Führungskraft als praktische Orientierungshilfe dienen können.[397] Zwar ist der Präzisionsgrad vorliegender Bezugsrahmen noch nicht auf einem Niveau, das unmittelbaren Anwendungsbezug herstellt, d.h. ihren entscheidungstechnischen Einsatz möglich macht. Dazu müssten alle relevanten Zielgrößen (z.B. Mitarbeiterkarriereerwartung), Aktionsparameter (z.B. Führungsstil, Zusammensetzung der Arbeitsgruppe) und Aktionsbedingungen (z.B. Macht des Vorgesetzten) präzise unterschieden und in ihrem Zusammenwirken empirisch begründet dargestellt werden. Aber auch ohne dieses Entwicklungsniveau **erleichtern Bezugsrahmen dem Praktiker die Definition seines Handlungsfeldes, zeigen ihm wichtige Einflussgrößen auf und führen damit zu realitätsnäheren Problemdefinitionen und Lösungsansätzen.**

---

[396] Vgl. die Bezugsrahmen der Führer(Vorgesetzten)-Geführten(Untergebenen)-Beziehung in Kieser/Reber/Wunderer (1995), S. XI/XII; Opens/Sydow (1980), S. 4; Richter (1999), S. 248; von Rosenstiel (2003), S. 9; Yukl (2002), S. 220 ff.

[397] Zur grundsätzlichen Bedeutung und zum Aufbau von Bezugsrahmen siehe z.B. Kubicek (1975), S. 37 ff., S. 44 ff., S. 78 ff.; Grochla (1978), S. 61 ff.

Bezugsrahmen der Führungsbeziehung werden geschaffen, überprüft und weiterentwickelt über Untersuchungen der relevanten Variablenzusammenhänge im Rahmen verschiedener **Führungstheorien**. Letztere können – insbesondere, wenn sie empirisch begründet werden sollen – nur **Ausschnitte komplexer Bezugsrahmen** fokussieren. Sie *untersuchen ausgewählte Variablenzusammenhänge und bilden Aussagen über die Art der Beziehungen*, modellieren also Führungswirklichkeit noch stärker verkürzt, als dies in Bezugsrahmen geschieht. Für das Verständnis von Führungsprozessen ist daher eine Vielzahl von Führungstheorien relevant. Es würde den hier gegebenen Rahmen sprengen, einen auch nur annähernd vollständigen Überblick geben zu wollen.[398] Wenn in den nachfolgenden Abschnitten die Suche nach den Erfolgsfaktoren der Vorgesetzten-Mitarbeiter-Beziehung mit ihren wichtigsten Ergebnissen zusammengefasst wird, beschränken wir uns deshalb auf Bezüge zu einigen für das Verständnis besonders interessanten Führungstheorien.

2.6. Personalführung und Führungserfolg: Die Effizienzfrage

2.6.1. Relevante Erfolgs- oder Effizienzkriterien
Personalführung ist zielbezogene Einflussnahme. Mit ihr sollen die arbeitsteiligen Handlungen der Mitarbeiter auf das Erreichen bestimmter Ziele innerhalb einer Gruppe, Abteilung usw. „hingeführt" werden. Dies kann in Abhängigkeit von bestimmten Merkmalen der Führung mehr oder weniger gut gelingen, d.h. Vorgesetzte sind bei der Wahrnehmung ihrer Personalführungsfunktionen unterschiedlich erfolgreich.

Angenommen, das Ziel einer Organisationseinheit (Beispiel: Fertigungsabteilung in einem Maschinenbauunternehmen) besteht darin, zu einem bestimmten Termin eine Maschine gemäß Kundenspezifikation herzustellen.

Der Führungserfolg des Fertigungsleiters kann daran gemessen werden, ob die Maschine rechtzeitig zur Auslieferung bereitsteht und vom Kunden ohne Beanstandung abgenommen wird. Möglicherweise wird dieses Leistungsziel vollkommen erreicht, aber nur dadurch, dass in erheblichem Maße und ohne individuelle Rücksichtnahmen Überstunden angeordnet wurden, die zu einem Überschreiten der kalkulierten Fertigungslohnkosten und zu einer extremen Belastung der Mitarbeiter mit der Konsequenz von Unzufriedenheit und erhöhten Fehlzeiten führten.

Denkbar ist aber auch, dass die Maschine deshalb rechtzeitig und frei von Mängeln gefertigt werden konnte, weil der Fertigungsleiter durch Aufgabendelegation die Verantwortungsübernahme und Leistungsbereitschaft seiner Mitarbeiter steigern und die Geschäftsleitung zur vorübergehenden Einbeziehung von Fremdpersonal bewegen konnte. Überstunden waren nur in geringem Maße erforderlich. Das herausgeforderte Mitdenken und das gestiegene Verantwortungsbewusstsein der

---

[398] Zu Überblicksdarstellungen von Führungstheorien siehe beispielsweise Wunderer (2003), S. 269 ff.; Neuberger (2002) passim, insbes. S. 491 ff.; Staehle (1999), S. 347 ff., sowie die Einzelbeiträge mit dem Stichwort „Führungstheorien, ..." im Handwörterbuch der Führung (Kieser/Reber/Wunderer 1995; dies., 1987).

Mitarbeiter haben außerdem zu zwei wichtigen Verbesserungsvorschlägen für den Fertigungsablauf geführt, die auch bei zukünftigen Fertigungen genutzt werden können.

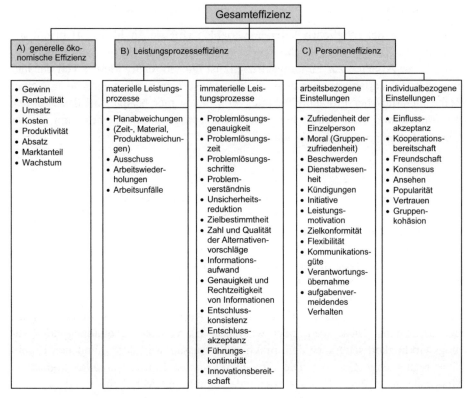

Abb. C.III.31: Effizienzvariablen der Führung
Quelle: Witte (1987), Sp. 165 f.

*Witte*s Kategorisierung von Effizienz ist differenzierter als die häufig verwendete Zweiteilung in ökonomische und soziale Effizienz. So z.B. Witt (2004), S. 178 ff.; Wunderer (2003), S. 13; Fischer/Wiswede (1997), S. 493.

Da Führungserfolg kaum durch direkte Messung z.B. des Niveaus an psychischer Aktivierung der Mitarbeiter ermittelt werden kann, kommt für die Beurteilung von Führungserfolg eine Vielzahl von – mehr oder weniger eng mit dem Führungseinfluss verbundenen – Kriterien in Betracht. Vorgesetzte beeinflussen mit ihrer Führungsarbeit nicht nur das Niveau der Erreichung des Leistungs- oder Sachziels ihrer Organisationseinheit – in unserem Beispiel die Fertigung einer Maschine gemäß Kundenauftrag, im Falle der Badeabteilung einer Kurklinik die verschreibungsgerechte Durchführung von Heilbädern für eine bestimmte Anzahl von Patienten. Im Zuge der Wahrnehmung ihrer Personalführungsfunktionen werden vielmehr auch Formalziele wie Kosten und Produktivität, Arbeitsklima und Leistungsmotivation beeinflusst, können Problemverständnis und die Flexibilität der Mitarbeiter gefördert, die Gefahr von Arbeitsunfällen gemindert und die Zufriedenheit der Mitarbeiter erhöht werden. In diesen und einer Reihe weiterer Variablen kommt potenziell die *Wirksamkeit* (**Effizienz**) *von Führung*, und damit unterschiedlicher Führungserfolg zum Ausdruck.

Den Umfang der möglichen Effizienzvariablen (Effizienzindikatoren) macht die Abbildung C.III.31 – ohne erschöpfende Auflistung – deutlich. Im Rahmen wissenschaftlicher Arbeiten zur Führungseffizienz ist nur ein relativ kleiner Teil der hier aufgeführten Variablen untersucht worden. Diese Untersuchungen sind mit einer Reihe methodischer Probleme behaftet, von denen hier beispielhaft das *Problem der Zurechnung* einer ermittelten Variablenausprägung auf ein bestimmtes Führungsverhalten erwähnt werden soll.[399]

2.6.2. Erklärung von Führungserfolg über einzelne Einflussvariablen
Unser Wissen über den Einfluss einzelner Merkmale von Führung auf Führungserfolg resultiert aus theoretischen Beschreibungen und Erklärungen des Zusammenhangs zwischen bestimmten Einfluss- und bestimmten Effizienzvariablen sowie empirischen Prüfungen dieser theoretischen Aussagen. Auf ihrem derzeitigen Erkenntnisstand, der nicht zuletzt beeinflusst wird durch die Grenzen empirischer Forschungsdesigns, beziehen sich die wissenschaftlich begründeten Aussagen zur Führungseffizienz nur auf relativ bescheidene Ausschnitte des zugrundeliegenden Bezugsrahmens. Diese mehr oder weniger stark verkürzte Abbildung der Führungswirklichkeit setzt auch dem praktischen Aussagewert der gefundenen Ergebnisse relativ enge Grenzen. Die effizienzrelevanten Einflussvariablen können in Merkmale des Führers (Vorgesetzten), der Geführten (Mitarbeiter) und des Führungskontextes gruppiert werden.

2.6.2.1. Persönlichkeitsmerkmale (Eigenschaften) des Führers (Vorgesetzten)
Die Annahme, dass es bestimmte Persönlichkeitsmerkmale sind, die (erfolgreiche) Führer von der Masse ihrer Mitmenschen unterscheiden, reicht vermutlich weit in die vorwissenschaftliche Zeit zurück und lebt in der betrieblichen Personalarbeit ebenso wie in der populärwissenschaftlichen Managementliteratur bis heute fort. Insbesondere in den ersten Jahrzehnten des 20. Jahrhunderts galt der Suche nach solchen Persönlichkeitsmerkmalen eine Fülle von wissenschaftlichen Untersuchungen, deren praktisch verwertbares Ergebnis allerdings höchst bescheiden ausfiel. Es wurden mehrere hundert Führereigenschaften nachgewiesen, *ohne dass aus ihnen ein Kanon von zuverlässigen Prognosevariablen des Führungserfolgs abgeleitet werden könnte.* Zum einen ist für die ermittelten Eigenschaften die Häufigkeit ihres Auftretens im Zusammenhang mit Führerschaft und die nachgewiesene Stärke

---

[399] Näheres siehe Berthel/Becker (2003), S. 63 ff.; Hentze et al. (2005), S. 41 ff.; Seidel (1978), S. 207 ff.

dieses Zusammenhangs (positive Korrelation) nicht ausreichend. Zum anderen wurde in den einschlägigen Untersuchungen zumeist nicht Führungseffizienz im oben beschriebenen Sinne, sondern eher Karriereerfolg als Ergebnis von Führereigenschaften betrachtet.[400]

Hatte *Delhees* die empirischen Ergebnisse zur **Eigenschaftstheorie** der Führung in der Erstauflage des Handwörterbuchs der Führung noch so zusammengefasst, dass sich Führungspersonen „am ehesten ... durch höhere Intelligenz und in fallender Folge der Häufigkeit empirischer Evidenz durch Anpassungsfähigkeit, Extraversion, Dominanztendenz, Maskulinität, geringeren Konservatismus und durch Sensitivität"[401] auszeichnen, verzichtet er in der Zweitauflage auf diese Aufzählung. Stattdessen verweist er auf relevante umfassendere Kategorien von Eigenschaften und hält für entscheidend: „Die erfolgreiche Führungsperson hat den Willen zu führen und besitzt Vertrauen in sich selbst, der Führungsaufgabe gewachsen zu sein."[402]

Wegge/von Rosenstiel resümieren, dass Leistungen von Gruppen, Bereichen und Unternehmen auffällig häufig mit den folgenden Merkmalen von Führungspersonen einhergehen:

- Intelligenz
- Leistungsmotivdisposition (hohe Hoffnung auf Erfolg, geringe Furcht vor Misserfolg)
- Machtmotivdisposition (hohe Hoffnung auf Kontrolle, geringe Furcht vor Kontrollverlust)
- Extraversion (i.S. von Durchsetzungsfähigkeit, Herzlichkeit, Geselligkeit u.ä.)
- Gewissenhaftigkeit (i.S. von Kompetenz, Ordnungsliebe, Leistungsstreben, Pflichtbewusstsein u.ä.).[403]

Robbins/Coulter sehen sieben Eigenschaften im Zusammenhang mit erfolgreicher Führung:
- Elan (Drive)
- Wunsch zu führen (Desire to lead)
- Ehrlichkeit und Unbescholtenheit (Honesty and integrity)
- Selbstvertrauen (Self-confidence)
- Intelligenz (Intelligence)

---

[400] Zu einer kritischen Auseinandersetzung mit der sog. Eigenschaftstheorie der Führung siehe insbes. Neuberger (2002), S. 223 ff.
[401] Delhees (1987), Sp. 752
[402] Delhees, (1995), Sp. 902
[403] Siehe Wegge/von Rosenstiel (2004), S. 481.

- Tätigkeitsbezogene Kenntnis (Job-relevant knowledge)
- Extravertiertheit (Extraversion).[404]

Nicht die objektiv erfassbaren Persönlichkeitsmerkmale von Führungspersonen, sondern die ihnen von den Geführten zugeschriebenen (attribuierten) Eigenschaften leiten die Überlegungen im Rahmen der **eigenschaftsorientierten Attributionstheorie** der Führung.[405] Der Kern dieser Theorie lautet: Personen beobachten über verschiedene Situationen hinweg die Einflussversuche anderer Personen und deren Wirkungen und schreiben den Beobachteten führungsrelevante Qualitäten zu – oder auch nicht, z.B. weil die Einflussversuche wenig erfolgreich waren oder weil Ergebnisse wie eine hohe Arbeitsproduktivität in der Abteilung auf Situationsmerkmale, etwa eine technisch determinierte Arbeitsorganisation, zurückgeführt werden. Dies beeinflusst die zukünftigen Reaktionen auf entsprechende Einflussversuche (Führungsaktivitäten).

Die Attributionstheorie der Führung macht deutlich, wie wichtig für die Akzeptanz von Führung und für den Führungserfolg die **dauerhafte Wahrnehmung von Führerqualitäten** durch die Geführten ist.[406]

2.6.2.2. Führungsverhalten und der Führungsstil des Vorgesetzten
Neben den Persönlichkeitsmerkmalen gilt in der Managementlehre dem **Verhalten** des Führers (Vorgesetzten) in der Kooperation mit seinen Geführten (Untergebenen) das größte Interesse als Erklärungsvariable für Führungserfolg. Führungsverhalten ist allerdings in seiner (realiter wirkenden) Komplexität nur unvollständig abbildbar. Außerdem erschweren die *Wechselwirkungen zwischen Führer- und Geführtenverhalten* eine eindeutige Interpretation des Ursache-Wirkungs-Zusammenhangs. Beispielsweise führen die Erkenntnisse der **Attributionstheorie** konsequenterweise auch zu der Überlegung, dass Vorgesetzte aus den Arbeitsergebnissen und Verhaltensweisen ihrer Mitarbeiter auf Mitarbeitereigenschaften schließen und dass diese Attribuierungen das Führungsverhalten des Vorgesetzten beeinflussen.[407]

2.6.2.2.1. Beschreibungen von Führungsverhalten
Führungsverhalten als potenzieller Einflussfaktor von Führungseffizienz wird regelmäßig unter mehr oder weniger starker Beschränkung auf einzelne, als beson-

---

[404] Siehe Robbins/Coulter (2005), S. 423
[405] Vgl. Calder (1977); Mitchell (1995).
[406] Zu den erwünschten Qualifikationen und Eigenschaften von Führungskräften siehe auch Kap. B.IV.4.
[407] Vgl. Mitchel (1995), Sp. 849 ff. Für Zusammenfassungen der verschiedenen führungstheoretisch relevanten Varianten der Attributionstheorie siehe auch Neuberger (2002), S. 550 ff.; Staehle (1999), S. 368 ff.

ders wichtig (erklärungsträchtig) geltende Verhaltensaspekte (-merkmale) konzeptualisiert. Zu diesen Aspekten zählen die Beteiligung der Mitarbeiter an Entscheidungen des Vorgesetzten, die Freiheitsgrade der Mitarbeiter bei ihrer Arbeit, das Informationsverhalten des Vorgesetzten u.a.m.

> Spezifische oder „typische" Ausprägungen und – bei einem Bezug auf mehrere Merkmale – Ausprägungskombinationen dieser Merkmale des Führungsverhaltens werden als **Führungsstil** oder **Führungsform** bezeichnet.[408]

Führungsstil (-form) ist somit ein Interpretationsraster, welches – als theoretisches Konstrukt – über das der Beobachtung zugängliche Führungsverhalten gelegt wird. Mit ihm wird versucht, „die Komplexität des Führungsverhaltens auf argumentationsfähige Stücke zu reduzieren."[409]

Es sind vor allem zwei Konzeptualisierungen von Führungsstil, welche in Theorie und Praxis gleichermaßen die Diskussion zur Effizienz des Führungsverhaltens begrifflich geprägt haben:[410]

(1) die auf Arbeiten von *Lewin und Mitarbeiter* zurückgehende Unterscheidung eines **autoritären** und eines **demokratisch-partizipativen** Führungsstils (eine dritte Variante der *Lewin*schen Konzeption war der „Laisser-faire"-Stil)

(2) die auf Arbeiten mehrerer Forschergruppen[411] zurückgehende Unterscheidung zweier **Grunddimensionen** des Führungsverhaltens,

> (a) den Führungsaktivitäten, die auf eine möglichst ökonomische Erfüllung des gegebenen Leistungsziels und die Regelung der damit verbundenen sachlichen Voraussetzungen ausgerichtet sind (**Aufgaben-, Produktionsorientierung,** „*Initiating Structure"*)
> (b) den Führungsaktivitäten, die über einer Hinwendung zu den Mitarbeiterinteressen auf eine Schaffung von leistungsförderlichen individualen und sozialen Arbeitsbedingungen ausgerichtet sind (**Mitarbeiterorientierung**, „*Consideration"*).

Mit Hilfe dieser Begriffskonzepte werden das Führungsverhalten oder der Führungsstil von Vorgesetzten als eher autoritär oder eher demokratisch-partizipativ, eher herrschaftlich oder eher partnerschaftlich, eher aufgabenorientiert oder eher

---

[408] Zum Verhältnis der Begriffe Führungsverhalten, Führungsstil und Führungsform siehe Seidel/Jung/Redel (1988a), S. 73 ff.

[409] Schreyögg (1977), S. 26.

[410] Ein drittes, in der Führungsforschung sehr bedeutendes und zugleich umstrittenes Konzept ist das von *Fiedler* entwickelte sog. *LPC-Maß* zur Beschreibung des Führungsverhaltens. Wegen seiner geringen praktischen Bedeutung sei es hier nur am Rande erwähnt. Näheres siehe Fiedler (1987), Sp. 811 ff.; Fiedler/Mai-Dolten (1995).

[411] Die Arbeiten sind unter den Kennzeichnungen „Ohio State Leadership Studies" und „Michigan Studies" bekannt geworden. Näheres siehe Seidel/Jung/Redel (1988a) S. 97 ff.

mitarbeiterorientiert, eher direktiv oder eher kooperativ usw. charakterisiert. Neben solchen bipolaren Interpretationen spielen in der Diskussion zur Führungseffizienz auch Führungsstile eine Rolle, die durch zugleich hohe Aufgaben- und hohe Mitarbeiterorientierung gekennzeichnet sind. Bekannte Beispiele sind der so genannte „9.9-Führungsstil" im Konzept des Verhaltensgitters („Managerial Grid") von *Blake/Mouton* (siehe dazu Kapitel C.III.2.7.2.) und der „Integrationsstil" im Konzept von *Redding*.[412]

Mit der Reduzierung auf zwei Dimensionen wird das tatsächliche Führungsverhalten auf einem hohen Abstraktionsniveau beschrieben, das sowohl in der theoretischen Analyse von Effizienzwirkungen wie auch in der praktischen Anwendung – etwa im Rahmen von Führungstrainings – der Rückführung auf beobachtbare (trainierbare) Verhaltensweisen bedarf.[413]

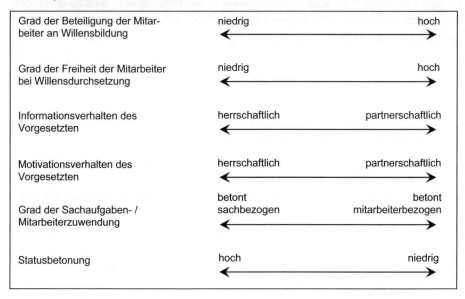

Abb. C.III.32: Merkmalsdimensionen des Führungsverhaltens
(in enger Anlehnung an das Führungsformkonzept von Seidel, 1978, S. 162 ff.)

Die Abbildung C.III.32 zeigt ein Konzept, das zur Beschreibung des Führungsverhaltens auf sechs wesentliche Verhaltensmerkmale abstellt. Es handelt sich um sowohl *beobachtbare* (und damit auf Seiten der Mitarbeiter wahrnehmbare und interpretierbare) als auch *durch Lernprozesse veränderbare* Aspekte des Vorgesetztenverhaltens. Die Darstellung basiert auf einem von *Seidel* entwickelten Begriffskon-

---

[412] Vgl. Redding (1977).
[413] Fragebogen, mit denen bei Führungskräften beispielsweise die Ausprägung der Dimensionen „Initiating Structure" und „Consideration" gemessen werden soll, enthalten teilweise bis zu hundert Einzelaspekte (Items) des Führungsverhaltens.

zept, das sich auf die Analyse einschlägiger Konzepte in der US-amerikanischen und deutschsprachigen Literatur stützt.[414]

Die abgebildeten Merkmalsdimensionen bedeuten im Einzelnen:

(1) Grad der Beteiligung an der Willensbildung
Dieses Merkmal beschreibt, in welchem Maße Vorgesetzte ihre Mitarbeiter an Entscheidungsaufgaben beteiligen. Die extremen Ausprägungen sind gekennzeichnet durch einen völligen Verzicht auf jegliche Form der Einbeziehung der Mitarbeiter einerseits (*Vorgesetzter entscheidet allein*) und die Übertragung von Entscheidungsaufgaben zur selbständigen Wahrnehmung an Mitarbeiter (Delegation; *Mitarbeiter entscheidet allein*) andererseits.

(2) Grad der Freiheit bei der Willensdurchsetzung
Dieses Merkmal stellt auf die der Entscheidungsphase folgende Durchsetzungsphase ab. Vorgesetzte können durch ausgeprägtes Instruktions- und Kontrollverhalten auf die Erreichung gewünschter Zielzustände hinwirken (*Freiheitsgrad der Mitarbeiter niedrig*). Sie können – im anderen Extrem – ihren Mitarbeitern weitgehende Freiheit hinsichtlich der Zielerreichungshandlungen einräumen (*Freiheitsgrad der Mitarbeiter hoch*).

Die nachfolgenden Verhaltensdimensionen beziehen sich auf beide, mit den Merkmalen (1) und (2) angesprochenen Phasen, d.h. sowohl auf die Willensbildungs- als auch die Willensdurchsetzungsphase.

(3) Informationsverhalten
Herrschaftliche Verhaltensweisen sind gekennzeichnet durch ein restriktives Informationsverhalten. Der Vorgesetzte bestimmt im Einzelfall, wer wann worüber informiert wird und lässt sich in seinem Informationsverhalten leiten von der Absicht, stets einen entscheidenden Informationsvorsprung gegenüber seinen Mitarbeitern zu besitzen. Die Mitarbeiter erhalten von ihrem Vorgesetzten wenig Rückmeldung (Feedback) zu ihrem Arbeitsverhalten. Sie werden eher im Ungewissen gelassen.

Partnerschaftlich ist im Gegensatz dazu ein offenes Informationsverhalten, bei dem der Vorgesetzte seinen Mitarbeitern alle für ihre Arbeit im weitesten Sinne relevanten Informationen zukommen lässt, wobei die Informationsverteilung häufig dauerhaft geregelt ist, also nicht fallweise vom Vorgesetzten bestimmt wird. Mit einem offenen Informationsverhalten von Seiten des Vorgesetzten wird regelmäßig die Voraussetzung für einen *gegenseitig* offenen Informationsaustausch zwischen Vorgesetzten und Mitarbeitern geschaffen. Feedback, auch vom Mitarbeiter an den Vorgesetzten, ist ein selbstverständlicher Bestandteil des Führungsverhaltens.

(4) Motivationsverhalten
Charakteristisch für eher *herrschaftliches* Motivationsverhalten sind ein akzentuierter Einsatz von Kritik und negativen Sanktionen. Anerkennung von Seiten des Vorgesetzten erfährt der Mitarbeiter eher selten, Einflussnahmen werden häufig auf Drohung und Zwang gestützt.

In einem *partnerschaftlichen* Motivationsverhalten hingegen stützt der Vorgesetzte seine Einflussnahmen vorrangig auf Überzeugen und Aushandeln. Erfolgreiche Arbeit des Mitarbeiters erfährt Anerkennung. Kritik ist konstruktiv, d.h. sachliche Hilfestellungen für den Mitarbeiter sind ein wesentlicher Bestandteil. Eine Mitsprache der Mitarbeiter bei persönlichen Angelegenheiten wie Leistungsbeurteilung und Karriereförderung ist sichergestellt.

---

[414] Vgl. Seidel (1978), S. 63 ff.

Partnerschaftliches Motivationsverhalten ist nicht denkbar ohne Berücksichtigung der (unterschiedlichen) Bedürfnisse, Fähigkeiten und Zielvorstellungen der Mitarbeiter. Insofern besteht eine enge Verknüpfung mit einer ausgeprägten Mitarbeiterorientierung (siehe nachfolgende Verhaltensdimension 5).

(5) Grad der Sachaufgaben-/Mitarbeiterzuwendung

Bei einer *extremen Sachaufgabenzuwendung* ist das Führungsverhalten des Vorgesetzten ganz unmittelbar und ausschließlich auf die Erreichung der betrieblich definierten (institutionellen) Ziele und die Schaffung der hierfür erforderlichen sachlichen Voraussetzungen ausgerichtet. Aktivitäten zur Aufstellung von Arbeitsplänen, Regelung der Arbeitsorganisation, Anweisung und sachliche Anleitung der Mitarbeiter stehen im Vordergrund, die Individualziele der Mitarbeiter spielen keine oder nur eine untergeordnete Rolle.

Mit zunehmender Mitarbeiterorientierung dehnt der Vorgesetzte seinen Führungsauftrag auf die aktive Förderung der arbeitsrelevanten Eignungen und Kenntnisse seiner Mitarbeiter bis hin zur eigenwertigen Berücksichtigung persönlicher Entwicklungsinteressen der Mitarbeiter aus. Eine *extreme Mitarbeiterzuwendung* ist dadurch gekennzeichnet, dass die Berücksichtigung der Bedürfnisse, Einstellungen und Ziele der Mitarbeiter, soweit sie nicht unvereinbar mit den betrieblichen (institutionellen) Zielen ist, gleichrangig neben diese tritt.

Angesichts der begründeten Vermutung eines instrumentellen Zusammenhangs zwischen (hoher) Mitarbeiterzuwendung und (hohem) betrieblichem Zielerreichungsniveau *kann Mitarbeiterzuwendung auch als mittelbare Sachaufgabenzuwendung gesehen werden.*[415] Der aufgrund zeitlicher Restriktionen begrenzte Gesamtumfang an Führungsbeiträgen eines Vorgesetzten hat aber zunächst zur Folge, dass eine ausgeprägte Mitarbeiterzuwendung zu Lasten der (unmittelbar) sachaufgabenbezogenen Führungsaktivitäten geht.[416]

(6) Statusbetonung

Unterschiedliche betriebliche Hierarchieebenen erfahren unterschiedliche Statuszuweisungen, d.h. unterschiedliche soziale Bewertungen. Daraus werden häufig (ungeschriebene) Regeln des Umgangs miteinander abgeleitet: Vorgesetzte bitten ihre Mitarbeiter zu sich in ihr Büro, aber nicht umgekehrt; Mitarbeiter unterbrechen ihre Arbeit jederzeit für ein Gespräch mit ihrem Vorgesetzten und fragen bei eigenem Gesprächsbedarf, wann der Vorgesetzte Zeit für sie hat; Mitarbeiter beachten bei der Einnahme von Sitzplätzen im Besprechungsraum den (vermuteten) Anspruch des Vorgesetzten auf einen Platz am Kopfende des Tisches usw. Außerdem werden Statusunterschiede durch differenzierte Zuweisung von materiellen Statussymbolen (z.B. Größe und Ausstattung des Büros) geschaffen.

---

[415] Seidel (1978) spricht in diesem Zusammenhang vom „Modell der Umwegproduktion" mit dem Ziel, „die Leistungspotenziale der Mitarbeiter bezüglich der unmittelbaren Sachaufgabenerfüllung in weiterer Zukunft zu entwickeln" (S. 150).

[416] Die Überlegungen bezüglich der Konsequenzen eines Mehr an Mitarbeiterzuwendung für den Grad an Sachaufgabenzuwendung bedeuten terminologisch die Frage nach der Ein- oder Mehrdimensionalität unseres Merkmals „Grad der Sachaufgaben-/Mitarbeiterzuwendung". Von einer Zweidimensionalität i.S. völliger Unabhängigkeit von Sachaufgabenzuwendung einerseits und Mitarbeiterzuwendung andererseits (mathematisch: Orthogonalität), wie sie in vielen Führungskonzeptionen unterstellt wird, gehen wir nicht aus. Sachaufgaben- und Mitarbeiterzuwendung weisen allerdings auch keine Eindimensionalität in dem Sinne auf, dass ein Mehr von einem stets zwingend ein Weniger des anderen bedeutet.

Die hier abschließend herangezogene Verhaltensdimension hebt darauf ab, dass Vorgesetzte im Umgang mit ihren Mitarbeitern solche Statusdifferenzen in unterschiedlichem Maße betonen und „in Anspruch nehmen" können – von einer ausgeprägten Betonung (*hoch*) bis zu einer weitgehenden Vernachlässigung (*niedrig*).

Verhaltensweisen von Vorgesetzten, die eher den Beschreibungen auf der jeweils linken Seite der Dimensionen in Abbildung C.III.33 entsprechen, können als Ausdruck eines **direktiven Führungsstils** gelten. Verhaltensweisen, die eher den Beschreibungen auf der jeweils rechten Seite der Dimensionen entsprechen, können als Ausdruck eines **kooperativen Führungsstils** gelten. Die Dimensionen sind als *Ordinalskalen* zu interpretieren: Vorgesetzte lassen sich nicht eindeutig einer bestimmten Klasse (direktiv oder kooperativ) zuordnen, sondern verhalten sich *mehr oder weniger direktiv bzw. kooperativ*.

Entsprechend dem dargelegten Begriffskonzept ist also **kooperative Führung** dadurch gekennzeichnet, dass
– Mitarbeiter an Entscheidungen ihres Vorgesetzten beteiligt werden (Partizipation) und Entscheidungsaufgaben übertragen bekommen (Delegation)
– Mitarbeiter in der Durchsetzungsphase nach der Entscheidung relativ frei von Steuerungs- und Kontrollaktivitäten ihres Vorgesetzten handeln können
– ein offener Informationsaustausch in der Führungsbeziehung stattfindet
– das Motivationsverhalten des Vorgesetzten bedürfnis- und belohnungsorientiert sowie durch Überzeugungsversuche gekennzeichnet ist und sich auf dem Wege partnerschaftlicher Kommunikation vermittelt
– die persönliche Situation der Mitarbeiter berücksichtigt und ihre Entwicklungsziele aktiv gefördert werden
– der Vorgesetzte in der Führungsbeziehung auf die Betonung und Inanspruchnahme von Statusunterschieden verzichtet.

Die einzelnen Dimensionen bieten Ansatzpunkte für eine differenzierte Reflexion von Vorgesetzten-Verhaltensmustern. Beispielsweise ist in der Führungspraxis nicht selten zu beobachten, dass Vorgesetzte ihre Mitarbeiter an der Entscheidungsfindung beteiligen, einer echten Kooperation aber durch restriktives Informationsverhalten die Grundlage entziehen. Kooperative Führung verlangt Stimmigkeit in den Ausprägungen über die einzelnen Merkmalsdimensionen hinweg.

In der Führungslehre sind weitere mehrdimensionale Konzepte zur Beschreibung des Führungsverhaltens entwickelt worden, die teilweise neben Verhaltensmerkmalen auch Wertorientierungen und Einstellungen der am Führungsprozess Beteiligten berücksichtigen.[417] So beschreibt beispielsweise *Wunderer* – in Modifikation eines gemeinsam mit *Grunwald* entwickelten Konzeptes – kooperative Führung mit Bezug auf bestimmte „Grundwerte" anhand von *zehn Merkmalen*, wobei ein zugleich *partizipatives und prosoziales* Verhalten stilprägend ist (siehe Abbildung C.III.13).

Abb. C.III.33: Modifiziertes Konzept der kooperativen Führung nach *Wunderer/Grunwald*
Quelle: Wunderer (2003), S. 220

In einer Reihe von Begriffskonzepten wird Führungsverhalten oder Führungsstil lediglich unter Bezug auf eine der zuvor aufgezeigten relevanten Merkmalsdimensionen beschrieben. Am häufigsten wird das Merkmal „Entscheidungsbeteiligung" (Grad der Beteiligung an der Willensbildung) als alleiniger Indikator herangezogen. Eine ausgeprägte Entscheidungsbeteiligung der Mitarbeiter wird dann als kooperativer (partizipativer, mitarbeiterorientierter), eine geringe Entscheidungsbeteiligung als direktiver (autoritärer, vorgesetzten-, sachaufgabenorientierter) Füh-

---

[417] Unfruchtbar sind die leider nicht seltenen Versuche, Führungsverhalten unter Bezug auf seine Wirkungen zu definieren. Kooperativ ist dann beispielsweise das Vorgesetztenverhalten, das Mitarbeiter zu besonderer Leistung motiviert, ihre Kreativität anregt und Zufriedenheit bewirkt. Solche Konzeptionen sind weder wissenschaftlich begründbar noch praktisch nutzbar.

rungsstil bezeichnet. Das bekannteste Beispiel hierfür ist das in der Abbildung C.III.34 wiedergegebene Konzept von *Tannenbaum/Schmidt*.

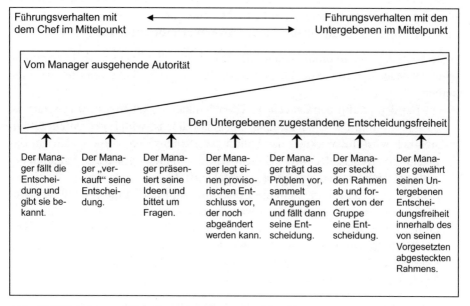

Abb. C.III.34: Führungsstilkontinuum von *Tannenbaum/Schmidt*
Quelle: Tannenbaum/Schmidt (1958), S. 79

2.6.2.2.2. Effizienzaussagen zum Führungsverhalten

Die Frage, welche Merkmalsausprägungen des Führungsverhaltens signifikant häufig mit Führungserfolg einhergehen, stand im Mittelpunkt einer Vielzahl von Untersuchungen. Die Unterschiedlichkeit der einzelnen Untersuchungsanordnungen und der soziokulturellen Kontexte, in denen die Untersuchungen stattfanden, werfen bei dem Versuch, sie im Hinblick auf die Effizienzfrage summarisch zu würdigen, etliche methodische Fragen auf.[418] Interpretiert man im Zusammenhang der Vorgesetzten-Mitarbeiter-Kooperation das Führungsverhalten des Vorgesetzten als Einflussvariable und das Arbeitsverhalten der Mitarbeiter sowie die Kooperationsergebnisse als abhängige Variable (siehe weiter oben den Bezugsrahmen in Abbildung C.III.30), kann insgesamt folgendes Fazit gezogen werden:[419]

(1) In undifferenzierter Weise von einer **grundsätzlichen Überlegenheit** kooperativer (oder umgekehrt: direktiver) Führungsstile zu sprechen, ist aufgrund der Forschungsergebnisse **nicht** gerechtfertigt.

---

[418] Siehe hierzu ausführlich Seidel (1978), S. 531 ff.

[419] Vgl. auch – mit teilweise unterschiedlichen Schlussfolgerungen – die Zusammenfassungen bei Neuberger (2002), S. 426 ff.; Seidel/Jung/Redel (1988a), S. 133 ff.

(2) Hinsichtlich der **sozialen Effizienz** (Personeneffizienz) von Führung, vorwiegend gemessen an den Kriterien Zufriedenheit der Mitarbeiter, Zusammenhalt (Kohäsion) von Arbeitsgruppen, Mitarbeiterfehlzeiten und -kündigungen, ergibt sich ein relativ klares Bild **zugunsten kooperativer Verhaltensmuster.**

(3) Hinsichtlich der **ökonomischen Effizienz** kann ohne weitere Differenzierung keine Aussage zugunsten kooperativer (oder direktiver) Verhaltensmuster getroffen werden.

(a) Für den häufig betrachteten Effizienzindikator „**Arbeitsproduktivität**" ist das Gesamtbild der Untersuchungsergebnisse höchst **widersprüchlich**. Offensichtlich wird die Wirkung des Führungsverhaltens von Vorgesetzten auf das Leistungsverhalten der Mitarbeiter in starkem Maße von anderen Faktoren beeinflusst (siehe dazu das folgende Kapitel C.III.2.6.2.3.).

(b) Dort, wo von Mitarbeitern die **Einstellung auf neue betriebliche Situationen** und entsprechende **Verhaltensanpassungen** gefordert sind (z.B. bei organisatorischen Änderungen), kann eine **tendenzielle Überlegenheit kooperativer Verhaltensmuster** konstatiert werden. Vorteilhaft erscheint vor allem ein Führungsverhalten, das durch *Entscheidungsbeteiligung der Mitarbeiter* gekennzeichnet ist (*partizipative Führung*).

Mit der Entscheidungsbeteiligung ist eine Ausprägung der ersten Merkmalsdimension unserer Konzeption zur Beschreibung von Führungsverhalten (siehe Abbildung C.III.34) angesprochen, deren Effizienzrelevanz auch im Rahmen der Forschung zu Wirkungen von Zielsetzungs- oder Zielvereinbarungsprozessen (**theory of goal setting**[420]) nachgewiesen worden ist:

– Zunächst einmal sprechen die Forschungsergebnisse tendenziell dafür, dass der Willensbildungsprozess für die *Definition anspruchsvoller und spezifischer*, d.h. präziser, überprüfbarer *Ziele* genutzt wird.[421]

– Informationen (Rückmeldungen, Feedback) für den Mitarbeiter zum Stand der Zielerreichung während und am Ende des Arbeitsprozesses erhöhen die Wirksamkeit dieser Zielsetzungen. Bei komplexen Aufgaben erweist sich die *konsequente Verknüpfung von Zielorientierung und (Zwischen-)Ergebnisrückmeldung* als besonders effizienzförderlich.

– Eine *Beteiligung der Mitarbeiter bei der Zielsetzung* (partizipative Zielvereinbarung) führt über eine *hohe Zielbindung* (commitment) zu besseren Arbeitsleistungen. Das gilt besonders bei der Vereinbarung anspruchsvoller Ziele.[422]

---

[420] Siehe vor allem Locke/Latham (1990); dies. (2002).

[421] Dass mit Blick auf individuelle, interpersonale und kontextbestimmte Grenzen, Zwänge und Vernunfterwägungen häufig eine „kontrollierte Ziel-Unklarheit" die realistischere Alternative ist, hat bereits Hauschildt (1981) herausgearbeitet. *Hauschildt*s Aufsatz ist auch in methodologischer Hinsicht beispielhaft für die empirische Managementforschung im deutschsprachigen Raum.

- Die hier skizzierten Ergebnisse der „theory of goal setting" stützen die *Bedeutung des Konzeptes „Führung durch Zielvereinbarung" („Management by Objectives – MbO")* mit seinen grundsätzlichen Empfehlungen zur Gestaltung von Willensbildung und -durchsetzung sowie der Bedeutung von Personalentwicklung im Führungshandeln.[423]

Auch wenn alles in allem einige *Tendenzaussagen zugunsten kooperativer Führung* möglich sind, ist das Hauptergebnis jahrzehntelanger Forschung zur Führungseffizienz die Erkenntnis, dass eine *Vielzahl weiterer Variablen* den hier interessierenden Zusammenhang beeinflusst.

2.6.2.3. Merkmale der Geführten (Mitarbeiter) und des Kontextes der Führungsbeziehung

Die Schwierigkeit, Wirkungen eines bestimmten Führungsverhaltens zuverlässig zu prognostizieren, ist zu einem ganz erheblichen Teil mit den *unterschiedlichen Bedürfnissen, Werthaltungen, Einstellungen, Erwartungen, Zielen und Qualifikationen der Geführten* zu erklären. Mitarbeiter- oder Personalführung erfordert ganz zwangsläufig eine **Individualisierung der zielorientierten Einflussnahme**. Und in dieser Individualisierung, die ja angesichts der Entwicklung und Veränderbarkeit von Mitarbeitereinstellungen, -erwartungen, -qualifikationen usw. zusätzlich eine dynamische Komponente enthält, liegt die hauptsächliche Herausforderung an erfolgreiche Führungsarbeit.

Zwei Beispiele mögen genügen, um den Einfluss personaler Merkmale im Zusammenhang zwischen Vorgesetzten- und Mitarbeiterverhalten zu verdeutlichen:

- Ob Mitarbeiter die Einbeziehung in Entscheidungsprozesse wirklich schätzen und in ihrem Arbeitsverhalten entsprechend positiv reagieren, hängt unter anderem ab von ihren *bisherigen Erfahrungen mit Entscheidungsbeteiligung,* von ihrer *Wahrnehmung der eigenen Fähigkeiten* und von der *emotionalen Bindung an ihre Tätigkeit*.

- Ob Mitarbeiter auf herrschaftliches Informations- und Motivationsverhalten oder auf statusbetontes Auftreten ihres Vorgesetzten mit Unzufriedenheit und Leistungszurückhaltung reagieren, hängt davon ab, welche *Grundeinstellungen zu Autorität* sie selbst im Zuge ihrer Sozialisation entwickelt haben.

---

[422] Vgl. Wegge/von Rosenstiel (2004), S. 502. „Auf den Umstand, dass es auch wichtige Ausnahmen von dieser Regel gibt, die u.a. darauf beruhen, dass partizipative Zielbildungsprozesse manche Gefahren implizieren, durchaus misslingen können, nicht von allen Menschen gleichermaßen geschätzt werden und sich bei bestimmten Aufgaben weniger lohnen, sei hier noch einmal hingewiesen" (ebenda). Siehe auch Schmidt (2001), S. 56 ff., der die Aufgabenkomplexität als stärkste Moderatorvariable im Zusammenhang von Zielsetzung und Arbeitsergebnissen sieht.

[423] Zur Konzeption des MbO siehe beispielsweise Seidel/Jung/Redel (1988b), S. 210 ff.; Staehle (1999), S. 852 ff.

Es gibt in der Führungstheorie einige Ansätze, die Wirkungsweisen personaler Merkmale in gesetzmäßigen Zusammenhängen zu erfassen. Relativ großes Interesse in der Managementlehre hat trotz einiger konzeptueller Beschränkungen die so genannte **Weg-Ziel-Theorie der Führung**[424] gefunden. Sie stützt sich auf die bereits angesprochene Valenz-Instrumentalitäts-Erwartungs-Theorie der Motivation (siehe Kapitel C.III.1.4.2.3.). Die anwendungsbezogenen Implikationen ihrer (motivationstheoretischen) Kernaussagen können durch die beiden folgenden Fragen beschrieben werden:

(1) *Gelingt es dem Vorgesetzten, seinem Mitarbeiter Tätigkeiten zu übertragen, Leistungsziele zu definieren und Belohnungswerte in Aussicht zu stellen, die der Mitarbeiter hoch schätzt?*
(= **Ziele** mit hoher Wertigkeit?)

(2) Soweit die Leistungsbereitschaft des Mitarbeiters nicht allein durch die Möglichkeit zur Ausübung einer bestimmten Tätigkeit (Befriedigungswert der Arbeitsausführung) determiniert wird: *Gelingt es dem Vorgesetzten, seinen Mitarbeiter davon zu überzeugen, dass mit ausreichender Wahrscheinlichkeit*
(a) das Leistungsziel für ihn erreichbar ist?
und, soweit nicht schon im Erreichen des Leistungszieles (Befriedigungswert des Arbeitsergebnisses) der höchst mögliche Anreiz liegt,
(b) die erwünschten Zustände der Belohnung eintreten?
(= **Wege** mit hoher Wertigkeit?)

Je höher
- die unter (1) angesprochenen **Wertigkeiten** und
- die unter (2) angesprochene **Wahrscheinlichkeit des Weg-Ziel-Zusammenhangs**

vom Mitarbeiter wahrgenommen werden, desto höher ist seine Leistungsbereitschaft (Motivation).

Für den Vorgesetzten gilt es, ein Führungsverhalten zu zeigen, das diesen Gesetzmäßigkeiten auf der Grundlage einer richtigen Einschätzung seiner Mitarbeiter (Entwicklungsbedürfnisse, Karriereziele, Fähigkeit zum Umgang mit Unsicherheit usw.) Rechnung trägt. Attems hat dazu eine Checkliste für Vorgesetzte entwickelt, die auch weitere Erkenntnisse der Motivationsforschung - wie z.B. die Bedeutung der aufgrund von Vergleichsprozessen wahrgenommenen Gerechtigkeit von Belohnungen - berücksichtigt (siehe Abbildung C.III.35; die Kopfzeile zeigt die additive und multiplikative Verknüpfung der motivationsrelevanten Variablen).

---

[424] Siehe hierzu etwa Neuberger (2002), S. 537 ff.; siehe auch Evans (1995) als deutschsprachige Darstellung von einem der Begründer der Weg-Ziel-Theorie.

Sie leistet einige Hilfe bei der Umsetzung theoretischer Erkenntnisse,[425] zeigt aber zugleich den hohen Anspruch an die vom Vorgesetzten zu leistende Diagnose. „Da wir bei der Bewertung dieser Variablen vom subjektiven Erleben des Mitarbeiters ausgehen müssen, ist es ganz besonders wichtig, im Gespräch die „Welt" des Mitarbeiters kennen zu lernen, das heißt die Fähigkeit zu besitzen, Grundlagen für eine offene Kommunikation zu schaffen."[426] Diese Anforderung spiegelt sich in der Bedeutung der Kategorie „Soziale Kompetenz" im Kanon der Managementkompetenzen wider (siehe Kapitel B.IV.4).

Zum Verständnis von Führungsprozessen und deren Ergebnissen ist die alleinige Betrachtung von Merkmalen der Handlungsakteure (Führer und Geführte) nicht ausreichend. **Die Einstellungen und Verhaltensweisen von Vorgesetzten und Mitarbeitern werden beeinflusst vom Kontext, in dem die Einflussprozesse stattfinden.** Die den Führungskontext bildende Gesamtheit relevanter Variablen reicht von Eigenschaften der Aufgabe, auf deren Erfüllung Führung hinwirken soll (Merkmal der unmittelbaren Arbeitssituation), bis zu betriebsexternen Faktoren wie z.B. der Situation auf dem Arbeitsmarkt (siehe den Bezugsrahmen oben in Abbildung C.III.30). Wegen der damit gegebenen multifaktoriellen Beeinflussung der Führungsprozesse sind Aussagen über die Wirkungsweise einzelner Variablen außer in experimentellen Untersuchungen kaum prüfbar und zudem von eingeschränktem praktischem Wert.

Im Blick auf die unmittelbare Arbeitssituation darf mit einiger empirischer Bestätigung davon ausgegangen werden, dass beispielsweise *Stress* (der auf verschiedene Weise begründet sein kann, z.B. durch Zeitdruck, Aufgabenanforderungen, unterschiedliche Formen der Bedrohung), die *Größe der Organisationseinheit* und – damit zusammenhängend – *Beschränkungen der Möglichkeit zur Selbstabstimmung* unter den Geführten Variablen sind, die bei hoher Ausprägung *tendenziell direktives Führungsverhalten* bei der Willensbildung und -durchsetzung begünstigen.[427] Es gibt ganz offensichtlich Arbeitssituationen, in denen Mitarbeiter die Gestaltungs- und Lenkungsaktivitäten ihrer Vorgesetzten präferieren, weil hier die mit der Selbststeuerung und dem Lenkungsverzicht des Vorgesetzten verbundene Unsicherheit und mangelnde Rollenklarheit als negativ empfunden wird.

---

[425] In der Zuordnung intrinsischer und extrinsischer Belohnungen entsprechen die Beispiele von *Attems* nicht immer der exakten wissenschaftlichen Abgrenzung. So nennt er "soziale Anerkennung" im Zusammenhang mit der Spalte 3 der Abbildung (intrinsischer Wert in Verbindung mit der Erreichung des Arbeitsziels), obgleich soziale Anerkennung eine durch Reaktion anderer Personen, d.h. extrinsisch vermittelte Belohnung darstellt.

[426] Attems (1979), S. 151.

[427] Interessant in diesem Zusammenhang ist der empirische Nachweis einer signifikant positiven Korrelation von direktiver Führung des Dirigenten und künstlerischer Qualität des Orchesters in der Untersuchung von Boerner/Krause/Gebert (2001).

1) Intrinsischer Wert, den der Mitarbeiter in Verbindung mit zielorientiertem Verhalten erlebt	+	2) Instrumentalität des Verhaltens zur Erreichung des Arbeitszieles	x	3) Intrinsischer Wert, den der Mitarbeiter in Verbindung mit Erreichung des Arbeitszieles erlebt	+	4) Instrumentalität des erreichten Arbeitszieles in Bezug auf extrinsische Werte	x	5) Extrinsischer Wert verbunden mit Erreichung des Arbeitszieles
Ist der Mitarbeiter seinen Fähigkeiten entsprechend eingesetzt? Wie groß ist das Ausmaß der von ihm subjektiv als unangenehm erlebten Aufgaben? Wie sicher ist er sich in seinen Fähigkeiten auf seinem Arbeitsplatz? Wo braucht er Ausbildung? Wo braucht er mehr Informationen zu selbständigem Handeln? Welche Aspekte machen ihm Spaß? Wo sind Ängste vor Misserfolg? Welche Erwartungen hat er für die Entwicklung seines Arbeitsbereiches in der Zukunft?		Habe ich überhaupt klare Ziele mit Mitarbeitern vereinbart? Wie klar ist ihm die Zusammenhänge zwischen seiner täglichen Arbeit und der Erreichung seiner Arbeitsziele? Wie gut kann er wesentliche Aufgaben erkennen? Braucht er hierbei Unterstützung? Welche Hindernisse kann ich ihm als sein Vorgesetzter bei der Erreichung seiner Arbeitsziele aus dem Weg räumen helfen?		Welche persönlichen Bedürfnisse will der Mitarbeiter durch seine Arbeit hier erreichen? (Erfolgserlebnis, Fähigkeiten einsetzen, soziale Anerkennung, Einfluss ausüben, in einer Gruppe Vertrauen genießen usw.) Inwieweit erlebt er subjektiv die Befriedigung solcher Bedürfnisse bei erfolgreicher Arbeit? Soll in bestimmten Arbeitsbereichen nach Erfolg die Art der Delegation, der Kontrolle, der Selbständigkeit verändert werden?		Wie gut bin ich über seine Leistungen, seinen tatsächlichen Arbeitseinsatz informiert? Hat er das Gefühl, dass ich seine Leistung beobachte und daraus Konsequenzen zu ziehen bereit bin? Hat er das Gefühl, dass ich hinter ihm stehe, um ihn vor Ungerechtigkeiten in Bezug auf (5) zu schützen? Hat er das Gefühl, dass ich bereit bin, mich aufgrund seiner Leistungen für ihn einzusetzen?		Welche extrinsischen Belohnungen, die der Personal- und Gehaltspolitik entsprechen, erwartet er nach erfolgreicher Zielerreichung? Fühlt er sich als fair und gerecht gegenüber anderen Mitarbeitern extrinsisch belohnt? Hat er Klarheit über unsere Personal- und Gehaltspolitik?

Abb. C.III.35: Checkliste für Vorgesetzte zur Diagnose der motivationalen Situation von Mitarbeitern

Quelle: Attems (1979), S. 151

Einige solcher relativ konsistenter Befunde ändern nichts daran, dass trotz intensiver Forschungsbemühungen **insgesamt keine zuverlässigen Aussagen darüber gemacht werden können, in welchen** – stets von mehreren, teilweise gegensätzlich wirkenden Variablen geprägten – **Situationen welches Führungsverhalten am effizientesten ist.** Situationsvariablen wie Stress und Unsicherheit sind auch gute Beispiele dafür, dass *Kontextfaktoren häufig gar nicht als objektive Größe interpretierbar* sind, sondern subjektiv sehr unterschiedlich wahrgenommen werden. Das bedeutet, dass ihre Wirkungsweise nur im Zusammenspiel mit Annahmen über die Ausprägung von personalen Merkmalen erklärt und prognostiziert werden kann. Theorie und Praxis stehen vor der für beide äußerst anspruchsvollen Forderung, **Führung und Führungseffizienz als ein Ergebnis der Interaktion personaler und kontextualer Merkmale** zu begreifen. Für die Führungspraxis liegt der Schlüssel zu diesem Begreifen im miteinander Reden, im offenen Austausch zwischen Vorgesetzten und Mitarbeitern über ihre jeweiligen Erwartungen und Wahrnehmungen, über subjektive situative Sichten und Empfindungen, um darüber zu einer möglichst „stimmigen Führung"[428] zu gelangen.

2.6.2.4. Substitute der Personalführung

Die vorangegangenen Überlegungen führen konsequenterweise dazu, nicht nur die Wirkung von Führung, sondern überhaupt den Bedarf an zielausrichtendem und aktivierendem Verhalten situativ zu prüfen. Die Diskussion von Variablen(ausprägungen), die ein bestimmtes Führungsverhalten unnötig und redundant werden lassen (substituieren), es verhindern oder in seinen beabsichtigten Wirkungen konterkarieren (neutralisieren), wird in der Literatur unter der Bezeichnung „Theorie der Führungssubstitute" zusammengefasst.[429]

Vorgesetzte stehen situativ vor der Frage, ob überhaupt und in welchem Maße Bedarf und Wirkungschancen für ihre Einflussnahme auf das Mitarbeiterverhalten bestehen. Mitarbeiter- und Kontextmerkmale können sowohl direktives als auch kooperatives Führungsverhalten des Vorgesetzten schwächen oder durch ihre eigene Wirkung ersetzen. Nachfolgend wollen wir die nähere Begründung von fünf Substituten durch *Kerr/Mathews* kurz wiedergeben:[430]

(1) Professionelle Orientierung
Eine professionelle Orientierung ist typisch für qualifizierte Mitarbeiter, die während eines langen beruflichen Bildungsprozesses spezielle Fähigkeiten erworben und bestimmte, häufig in berufsständischen Institutionen gepflegte, Normen für ihre Arbeit verinnerlicht haben. Diese sowie der

---

[428] Schulz von Thun/Ruppel/Stratmann (2004), S. 27 ff.
[429] Siehe z.B. Neuberger (2002), S. 445 ff.; Seidel/Jung/Redel (1988a), S. 157 ff., und die dort genannte Literatur.
[430] Vgl. Kerr/Mathews (1995), Sp. 1026 ff.

Informationsaustausch mit „gleich gesinnten" Fachkollegen innerhalb und außerhalb des Unternehmens bestimmen ihre Einstellungen zur Arbeit und die Art und Weise ihrer Ausführung in hohem Maße. Sie reduzieren die fachliche Abhängigkeit vom Vorgesetzten und die Orientierung am Vorgesetzten insgesamt.

(2) Aufgaben
Wenn Aufgaben stark repetitiv und in der Arbeitsmethode standardisierbar sind, können sie gewissermaßen selbst die Informationen für das zweckmäßige Arbeitsverhalten liefern. Dies wird erreicht durch formalisierte (z.B. mittels schriftlicher Organisationsanweisung geregelte) Verfahrensweisen, insbesondere im Fertigungsbereich auch durch eine Sachmitteldeterminierung des Arbeitsverhaltens. Unmittelbare Lenkungsaktivitäten des Vorgesetzten erweisen sich als überflüssig. Andererseits können Aufgaben, die eine Herausforderung für die Fähigkeiten des Mitarbeiters darstellen, ihm Handlungsspielraum erlauben und Sinn vermitteln, intrinsisch, d.h. durch die Aufgabe und das Aufgabenerfüllungshandeln des Mitarbeiters motivieren. Entsprechende Einflussnahmen des Vorgesetzten zur Erzeugung von Zielerreichungsenergie erweisen sich als mehr oder weniger überflüssig.

(3) Leistungs-Feedback
Durch Eigenschaften der Aufgabe und des Arbeitsprozesses kann eine „automatische" Rückmeldung über die Qualität der Arbeit und den Arbeitserfolg gegeben werden. *Kerr/Mathews* führen das Beispiel einer Bypass-Operation am Herzen an, bei der ein Chirurg innerhalb von Sekunden nach der Operation eine Rückmeldung über Erfolg oder Misserfolg seiner Arbeit erhält. In Unternehmen können Mitarbeiter zunehmend häufig auch in standardisierten Beurteilungsverfahren eine Rückmeldung über ihre Leistung erhalten. Mit den Rückmeldungen, die der Arbeitsprozess oder andere formale Führungsinstrumente bereithalten, sinkt die Bedeutung des durch den Vorgesetzten im Rahmen seiner Führungsaktivitäten vermittelten Feedback.

(4) Arbeitsgruppen
Die Arbeitsgruppe, in die ein Mitarbeiter eingebunden ist, kann dem Arbeitsverhalten sowohl Richtung als auch besondere Bewegungsenergie geben. In Gruppen mit hoher Kohäsion (einem Maß für den Zusammenhalt einer Gruppe) üben Gruppennormen einen stärkeren Druck auf das Leistungsverhalten der Mitglieder aus als von außen vorgegebene Standards. Eine enge Kooperation der Gruppenmitglieder zwingt zur Verhaltensanpassung und bringt den Austausch arbeitsrelevanter Informationen mit sich. Dies beinhaltet auch das Feedback über die Arbeitsleistung. Die Einbindung in die Arbeitsgruppe kann auf mehrfache Weise hierarchische Führungsimpulse ersetzen.

(5) Organisationsentwicklung und Trainingsprogramme
Betriebliche Entwicklungs- und Trainingsprogramme dienen dazu, das Zielerreichungshandeln von Mitarbeitern sicherer und unabhängiger von situativen Steuerungsimpulsen zu machen. Durch Training werden arbeitsrelevante Informationen übermittelt und betrieblich erwünschtes Arbeitsverhalten eingeübt. Im Rahmen von Organisationsentwicklungsmaßnahmen wird unter anderem versucht, durch geeignete Formen der Arbeitsorganisation – z.B. Arbeitsbereicherung (Job Enrichment) und Bildung ganzheitlicher Aufgabenkomplexe – die durch die Aufgaben selbst vermittelte Information und Motivation zu erhöhen (siehe auch oben Punkt 2: Aufgaben). Die zielausrichtenden und aktivierenden Führungsaktivitäten der Vorgesetzten können in mehr oder weniger starkem Umfang ersetzt werden.

Die Betrachtung von Führungssubstituten ist eine logische Folge der Erkenntnis der Kontextabhängigkeit von Führung. In diesem Zusammenhang ist auf die Bedeutung der **Unternehmenskultur** zu verweisen (siehe Kapitel C.II.2.). Den von den Mitgliedern eines Betriebes gemeinsam getragenen Werthaltungen und Normen kommen potenziell eine *Koordinations-, Integrations-, Identifikations-* und

Motivationskraft[431] und damit eine erhebliche Bedeutung als Führungssubstitute zu. Das Thema Mitarbeiterführung erfährt aber mit der Hinwendung zu Führungssubstituten eher eine Differenzierung denn eine Bedeutungsreduzierung. Eine Vielzahl der potenziellen **Substitute** kann **über eine aktive Wahrnehmung der Personalführungsfunktionen** (siehe Kapitel C.III.2.3.) **gezielt beeinflusst** werden. Damit eröffnen sich dem Vorgesetzten Möglichkeiten für Führungsentlastung und für eine Stärkung von Selbstverantwortlichkeit auf Seiten der Mitarbeiter. Die Ergebnisse aus den Untersuchungen zum Arbeitstag von Führungskräften (siehe Kapitel B.IV.2.) zeigen indes ein über Jahrzehnte relativ konstantes Niveau an mitarbeiterbezogener Kommunikation. Neben dem Potenzial an Führungssubstitution gibt es offensichtlich auch starke Kräfte in Richtung Stärkung der personalinteraktiven Führung: Dynamik und Flexibilität der Arbeitssituation, gestiegene Bedeutung der Kommunikationsfunktion „Herstellen von Gemeinsamkeit", „Heben" der Wissensressourcen aller Mitarbeiter über ein hohes Maß an vertikaler Kommunikation u.a.m. Insofern verdient auch der Ersatz von struktureller Führung durch Personalführung Beachtung, was *Wunderer* veranlasst, eine „**Theorie der Substitution indirekter Führung** (als) ein Gegengewicht zur populären Diskussion um die ‚Substitutes for Leadership'"[432] vorzuschlagen.

2.6.3. Erklärung von Führungserfolg mittels komplexerer Konzepte

2.6.3.1. Komplexere Konzepte als Antwort auf veränderte Herausforderungen an Führungsarbeit

Die dargelegten Schwierigkeiten, über die Untersuchung einer Vielzahl einzelner Variablen mit ihren zum Teil gegenläufigen oder substitutionalen Wirkungen Führungserfolg zu erklären, zeitigt in der Führungsforschung eine Hinwendung zu komplexeren Konzepten als Erfolgsfaktoren der Personal- oder Mitarbeiterführung. Zwei solcher – bedeutsamer und sehr unterschiedlicher – Konzepte werden im Folgenden dargestellt. Wie unschwer zu erkennen sein wird, ist mit ihnen weder das Problem der empirischen Bewährung noch das der Gewinnung von leicht handhabbaren Empfehlungen für die Praxis gelöst. In den beiden hier dargestellten, in ihrem Kern keineswegs neuen Konzepten spiegeln sich jeweils unterschiedliche Herausforderungen an die heutige Führungsarbeit. Das Konzept „transformative Führung" verdankt das ihm entgegengebrachte Interesse in erster Linie der Anforderung an Führung, grundlegende betriebliche Wandlungsprozesse von häufig existentieller Bedeutung zu realisieren. Das Konzept „Vertrauen" verdankt seinen aktuellen Stellenwert der zunehmenden In-Frage-Stellung tradierter Führungs-

---

[431] Vgl. Dill/Hügler (1997), S. 147 ff.; Dill (1986), S. 138 ff.; Scholz (2000), S. 781 ff.
[432] Wunderer (2003), S. 318 (Hervorhebungen verändert).

instrumente – nicht zuletzt im Zuge veränderter Organisationsformen arbeitsteiligen Wirtschaftens.

2.6.3.2. Transformative Führung als personales (vorgesetztenorientiertes) Konzept

In wirtschaftlichen Umbruchsituationen mit besonderen Herausforderungen an Führungskräfte wie Mitarbeiter stellt sich regelmäßig der Ruf nach dem „starken Mann" (selten der „starken Frau") oder der „charismatischen Führungsperson" ein. Im Konzept der so genannten „transformativen Führung" feiert seit einigen Jahren auch in der Führungstheorie die Suche nach dem mitreißenden Heilsbringer fröhliche Urständ. „Transformativ" meint in diesem Zusammenhang, dass aus den Führungsprozessen ein höheres Niveau an Idealismus, moralischer Verpflichtung und Leistungsbereitschaft der Mitarbeiter (Systemmitglieder) resultiert, womit auch besondere Entwicklungs- und Wandlungsprozesse des Systems möglich werden.[433]

Vier **Merkmale einer transformativen Führungskraft** werden hierfür als entscheidend gesehen:

– *charismatische Ausstrahlung*
  die absolutes Vertrauen und Ergebenheit schafft
– *inspirationale Führung*
  die hohe Leistungserwartungen vermittelt
– *intellektuelle Stimulation*
  die das Ausprobieren neuer Lösungswege ermöglicht
– *individuelle Zuwendung*
  die persönliche Unterstützung und Potenzialentfaltung leistet.

Damit wird ein idealisiertes Bild von Führerschaft entwickelt, von dem *Bass* selbst sagt, dass es einem Prototyp von Führung nahe kommt, den Menschen sich bei der Beschreibung einer idealen Führungskraft vorstellen.[434]

Um das Merkmal „**Charisma**" in der transformativen Führung ein wenig besser greifbar zu machen, sei auf *Conger/Kanungo* verwiesen, die fünf Schlüsselmerkmale beschreiben, die charismatische von nicht-charismatischen Führern unterscheiden:[435]

– *Strategic Vision and Articulation*
  Charismatische Führer haben eine Vision, ein idealisiertes Ziel, das eine bessere Zukunft verspricht. Sie sind in der Lage, die Bedeutung dieser Vision anderen verständlich zu machen.
– *Sensitivity to the Environment*
  Charismatische Führer haben eine realistische Beurteilung der für den visionären Umschwung erforderlichen Umfeldbedingungen und Ressourcen.

---

[433] Vgl. Bass (1990), S. 53 f.; 218 ff.; Yukl (2002), S. 253 ff. Wunderer (2003) spricht im Zusammenhang mit transformativer Führung von „werte- und zielverändernder Führung" (S. 244).
[434] Vgl. Bass (1990), S. 54.
[435] Siehe Conger/Kanungo (1998), S. 94.

- *Sensitivity to Member Needs*
  Charismatische Führer erkennen die Fähigkeiten ihrer Mitmenschen und reagieren auf deren Bedürfnisse und Gefühle.
- *Personal Risk*
  Charismatische Führer übernehmen erforderlichenfalls ein hohes Risiko, um ihr visionäres Ziel zu erreichen.
- *Unconventional Behavior*
  Charismatische Führer zeigen ungewohnte, von anerkannten Normen abweichende Verhaltensweisen.

Trotz seiner empirischen Herleitung (d.h. es gibt transformative Führer) und der Belege für sein Effizienzpotenzial[436]: Praktische Fruchtbarkeit kann ein Konzept wie das der transformativen Führung u. E. höchstens bei perspektivischer Umkehrung seiner Interpretation gewinnen. Es sei unterstellt, dass das Konzept transformativer Führerschaft ein realistisches Abbild der Mitarbeitervorstellungen über jene Einflusssituation, bei der sie zu besonderen Leistungsbeiträgen bereit sind, vermittelt. Realistischerweise kann es dann nicht darum gehen, alle oder auch nur mehrere zentrale Führungspositionen mit Managern zu besetzen, welche die genannten Eigenschaften transformativer Führer besitzen. Dies hätte vermutlich die dauerhafte Vakanz der Mehrzahl von Führungspositionen zur Folge.[437] Es kann für Unternehmen nur darum gehen, durch ein überzeugendes Bündel von unterschiedlichen Maßnahmen sicherzustellen, dass für die Mitarbeiter in der Summe eine Vertrauen bildende, zur Leistung inspirierende, Kreativität stimulierende, persönliche Zuwendung und Unterstützung leistende Führungssituation geschaffen wird. In der Entwicklung einer **transformativen Führungskultur**, nicht in der Suche nach transformativen Führern, liegt die Chance für eine Überwindung erkennbarer Führungsprobleme und -grenzen.

2.6.3.3. Vertrauen als soziales (beziehungsorientiertes) Konzept

Vertrauen gilt als „Grundlage jeder funktionierenden zwischenmenschlichen Beziehung"[438] und ist damit auch ein wichtiges Element in der Führungsbeziehung. Vertrauen bringt Sicherheit und Erwartbarkeit in ein Kooperationsverhältnis. „Der Vertrauensgeber geht davon aus, dass sich der Vertrauensempfänger in einer bestimmten Art und Weise verhält, also z.B. eine bestimmte Aufgabe bis zu einem

---

[436] Siehe hierzu die Zusammenfassung empirischer Ergebnisse in Bass/Riggio (2006), passim, insbes. S. 48 ff.

[437] Berichte über Trainingsmethoden in den USA zur Herausbildung charismatischen Führungsverhaltens muten häufig an wie Anleitungen zur Stimmbildung und Schauspielkunst: „To further capture the dynamics and energy of charisma, the students were trained to evoke charismatic nonverbal characteristics: They alternated between pacing and sitting on the edges of their desks, leaned toward the subjects, maintained direct eye contact, and had relaxed postures and animated facial expressions." (Robbins, 2001, S. 328)

[438] Bierhoff (1995), Sp. 2148.

bestimmten Zeitpunkt erledigt."[439] Anders als das einfache Beispiel der Aufgabenerledigung vielleicht vermuten lässt, entsteht Vertrauen aus einem komplexen Zusammenspiel von Persönlichkeitsmerkmalen, Verhaltensweisen und gemeinsamen Erfahrungen in bestimmten Kontexten[440] über einen Zeitraum hinweg.[441] Die sich hierbei herausbildenden Erwartungen an den Kooperationspartner bedürfen der Akzeptanz in irgendeiner – möglicherweise nur stillschweigenden – Form, um Vertrauen entstehen zu lassen. Zurückweisung ebenso wie faktische Enttäuschung einer Erwartung verhindern oder zerstören Vertrauen. Insofern ist Vertrauen „eine *wechselseitig begründete* generalisierte Erwartung"[442].

In der Führungsbeziehung wird Vertrauen zunehmend als wichtiger Erfolgsfaktor mit Bezug auf eine Vielzahl von Effizienzkriterien (Führungsaufwand, Einfluss- und Entscheidungsakzeptanz, Problemlösungsfähigkeit, Innovationsbereitschaft, Leistungsmotivation u.a.m.) gesehen.[443] Dabei steht häufig das **Vertrauen von Mitarbeitern in ihre Vorgesetzten** im Fokus, wenngleich beispielsweise für ein konsequentes Delegationsverhalten oder für einen offenen Umgang mit Informationen umgekehrt das **Vertrauen von Führungskräften in ihre Mitarbeiter** ebenso bedeutsam ist. Erfolgreiche Führung und Zusammenarbeit in raum-zeitlich verteilten Arbeitsbeziehungen (Stichwort: virtuelles Team, virtuelle Organisation) ist ohne ein Mindestmaß an Vertrauen schwerlich denkbar, d.h. die Bedeutung von Vertrauen auch im Führungszusammenhang wird in der zukünftigen Arbeitswelt verstärkt erkennbar werden. Die Generierung eines Klimas des Vertrauens innerhalb der eigenen Führungs- oder Organisationseinheit sollte einen entsprechenden Stellenwert in der Führungsarbeit erhalten. Neben einer grundsätzlichen Vertrauensbereitschaft ist dabei die **Vertrauenswürdigkeit** des Kooperationspartners eine wichtige Determinante. Als wichtige konstituierende Faktoren von Vertrauenswürdigkeit gelten „die Zuschreibung bestimmter Fähigkeiten, das Gefühl, dass es der Partner gut mit einem meint (dass er einem also mit Wohlwollen begegnet) und die Wahrnehmung von Integrität."[444] Die Faktoren machen deutlich, dass *Vertrauenswürdigkeit wie Vertrauen insgesamt nicht das Ergebnis eines Gestaltungsaktes, sondern eines gemeinsamen Erfahrungsprozesses* ist, im Zuge dessen positive Erfahrungen und das wachsende und bestätigte Gefühl, sich aufeinander verlassen zu

---

[439] Martin (2003), S. 128.
[440] Beispielsweise die Erfahrung: In Stresssituationen bleibt mein Mitarbeiter - oder umgekehrt mein Vorgesetzter – souverän und „hat die Sache im Griff".
[441] Zu den Entstehungsfaktoren von Vertrauen im einzelnen siehe z.B. Martin (2003), S. 130 ff.; Weibler (1997), S. 194 ff.
[442] Martin (2003), S. 129.
[443] Siehe z.B. Weibler (1997), S. 188 ff., 208, und die dort genannten Untersuchungen.
[444] Martin (2003), S. 131; vgl. auch Weibler (1997), S. 195 f.

können, Vertrauen generieren.[445] In der Perspektive „Mitarbeiter vertrauen ihrem Vorgesetzten" ist die Wirkung von Vertrauen zusätzlich vom *System- oder Organisationsvertrauen*[446] der Mitarbeiter – etwa wenn es um Fragen der Arbeitsplatzsicherheit, Entwicklungschancen u.ä. geht – abhängig.[447]

2.6.4. Führung von unten (Führung des Chefs)

Die Überlegungen zum Vertrauen als Erfolgsfaktor in der Führungsbeziehung sind in besonderer Weise geeignet, die Vorgesetzten-Mitarbeiter-Kooperation in ihrem Charakter als interaktives Einflussgeschehen zu verdeutlichen. Auch wenn wir die Führungsrolle und Führungsaufgabe in diesem Geschehen eindeutig beim jeweiligen Vorgesetzten sehen, ist doch auch im Zusammenhang mit den Überlegungen zur kooperativen Führung erkennbar geworden, dass beispielsweise die Einbeziehung von Mitarbeitern in die Willensbildung (Zielbildung, Planung, Entscheidung) und ein offener Informationsaustausch zwangsläufig mit einer Einflussnahme der Mitarbeiter auf Einstellungen und Verhaltensweisen ihrer Vorgesetzen verbunden sind. Ohne diese Einflussnahme, die Initiative und aktives Einbringen der Mitarbeiter in die vertikale Kooperation einschließt, ist *kooperative Führung* nicht auf anspruchsvollem Niveau realisierbar. Ein hohes Qualifikationsniveau der Mitarbeiter, ein im gesellschaftlichen Wandel verändertes Führungs- und Organisationsverständnis, technisch vermittelte Optionen in der Informationsbeschaffung und Kommunikation sowie die Forderung nach dem Mitarbeiter als Mit-Unternehmer rücken die Vorgänge der Einflussnahme nachgeordneter auf vorgeordnete Stellen auch in das Blickfeld der Management- oder Führungslehre, lassen „Führung von unten" („Führung des Chefs") oder „Führung nach oben" zu einem eigenen Untersuchungsfeld werden.[448]

Angesichts eines Defizits an formal geregelter Einflusschance der „Führung von unten" (siehe die Ausführungen zu Macht und Autorität im Kapitel B.III.3.) findet die Frage nach den **Arten der Einflussnahme** (Einflussstrategien) besondere Beachtung. *Wunderer* kommt aufgrund mehrerer eigener und der Auswertung anderer empirischer Studien zu dem Resümee: „Die ‚Führung von unten' scheint generell dann erfolgreich, wenn sie sich auf gut vorbereitete und ausgearbeitete Vorschläge

---

[445] In dieser prozessualen Entwicklung von Vertrauen ist auch begründet, weshalb Vertrauen zugleich als Voraussetzung wie als Ergebnis offener Kommunikation und kooperativer Führung gesehen wird.

[446] Zum Begriff des „Systemvertrauens" als Pendant zum „interpersonalen Vertrauen" siehe Weibler (1997), S. 197 f.; Staehle (1999), S. 412 f., und die dort jeweils genannte Literatur.

[447] In welcher Form Vertrauen in der Führungsbeziehung eingebettet ist in einen stimmigen gesamtbetrieblichen Kanon organisatorisch-struktureller und kultureller Instrumente, haben Steinle/Ahlers/Gradtke (2000) empirisch untersucht.

[448] Siehe hierzu vor allem Wunderer (2003), S. 253 ff.; ders. (1995a).

und Ergebnisse stützen kann."[449] *Um auf ihre Vorgesetzten erfolgreich Einfluss zu nehmen, sollten Mitarbeiter darauf achten, dass*
- *ihnen vom Vorgesetzten Kompetenz zugeschrieben*
- *der Inhalt der Einflussnahme als günstig erachtet*
- *ihre Argumentation sachlich-rational präsentiert*

wird. Das Einschalten höherer Managementebenen, das Ausüben von Druck oder die Gestaltung der Einflussnahme als Verhandlungssituation sind offensichtlich keine geeigneten Einflussstrategien.[450]

Um die Betonung der Bedeutung von Humanressourcen, „Empowerment"[451] und Mit-Unternehmertum nicht bloßes Lippenbekenntnis sein zu lassen, tun Unternehmen gut daran, durch strukturell-organisatorische Maßnahmen, durch Qualifikation ihrer Mitarbeiter in Ausdrucks- und Argumentationsfähigkeit und nicht zuletzt durch Verpflichtung aller Führungskräfte zur Gestaltung ihrer Führungsverhältnisse i.S. von Befähigung und Motivation zur Mitarbeitereinflussnahme[452] die betriebliche Hierarchie nicht zum Engpass und Filter für die Ideen und Problemlösungsbeiträge der Mitarbeiter werden zu lassen.

2.7. Präskriptive Modelle als Führungshilfen für Vorgesetzte

2.7.1. Zum Stellenwert präskriptiver Führungsmodelle

Das Interesse der Führungspraxis an dem Zusammenhang zwischen Führungsverhalten und den Ergebnissen des Führungsprozesses ist vor allem geleitet von der Erwartung, verlässliche Hinweise (Empfehlungen) für das „richtige" Führungsverhalten (in bestimmten Führungssituationen) zu erhalten.

Der Überblick über den derzeitigen Erkenntnisstand in den vorangehenden Abschnitten hat gezeigt, dass diesbezüglich keine einfachen und generell gültigen Empfehlungen zu Gebote stehen. Vielfach wird in der Führungsliteratur sogar ein Verzicht auf Handlungsempfehlungen und stattdessen eine Ausstattung der Führungskräfte mit unterschiedlichen Ansätzen und Sichtweisen zum Zwecke der Bil-

---

[449] Wunderer (2003), S. 261.
[450] Siehe Wunderer (2003), S. 260 ff.
[451] „Empowerment beinhaltet alle Aktivitäten, die die Mitarbeiter auffordern und ermächtigen, im Unternehmen persönliche Verantwortung für die Zielerreichung des Gesamtunternehmens und die dazu notwendigen organisatorischen und sozialen Prozesse zu übernehmen" (Scholz, 2000, S. 962).
[452] Näheres hierzu siehe Wunderer (2003), S. 263 ff. Siehe auch die Überlegungen zur „Subsidiarität" und „dialogischen Führung" bei Werner (2006).

dung eigener situationsadäquater Handlungskonzepte gefordert.[453] Dem kann grundsätzlich zugestimmt werden. Es kann allerdings nicht verwundern, dass die Führungspraxis sich angesichts der Vielzahl produzierter wissenschaftlicher Einzelergebnisse sehr empfänglich zeigt für „handhabbare" Konzepte oder Modelle, die in möglichst prägnanter Weise Erfolg versprechendes Führungsverhalten beschreiben (vorschreiben). Die Führungsdiskussion ist geprägt durch zahlreiche Versuche, unter mehr oder weniger engem Bezug zur Führungstheorie solche Modelle zu propagieren. Die Versuche spiegeln in gewissem Maße die aufgezeigte Entwicklung zu detaillierteren, mehrere Einflussfaktoren berücksichtigenden Ansätzen wider. Dennoch müssen **präskriptive Modelle, die für die Erreichung bestimmter Kooperationsziele bestimmte Vorgesetztenverhaltensmuster vorschreiben**, in Anbetracht des Entwicklungsstandes der Führungsforschung als **häufig empirisch unzureichend gesicherte und stets die realen Zusammenhänge vereinfachende Empfehlungen** gekennzeichnet werden. Die unter wissenschaftlichen Gesichtspunkten angreifbare Simplifizierung entspricht allerdings durchaus dem Interesse der Führungspraxis, was nicht zuletzt durch die erfolgreiche Vermarktung einiger Konzepte in Form von Führungskräfteseminaren bestätigt wird.

2.7.2. Das „Verhaltensgitter" (Managerial Grid) von Blake/Mouton
Den vermutlich nach wie vor größten Bekanntheitsgrad genießt – mit Blick auf das zuvor Gesagte nicht überraschend – das Führungskonzept mit der einfachsten Aussage: das so genannte **Verhaltensgitter (Managerial Grid)** von *Blake/Mouton*.[454] Im Kern beschränkt es sich auf die *Empfehlung eines in den beiden Dimensionen „Mitarbeiterorientierung" und „Produktionsorientierung" („Sachorientierung") jeweils stark ausgeprägten Führungsverhaltens* (**9.9-Führungsstil**; siehe Abbildung C.III.36).

Es soll durch die Integration der betrieblichen Interessen und der Interessen der Mitarbeiter das „Dilemma, Menschen auf Produktion ausrichten zu müssen"[455], lösen. Die Operationalisierung der beiden Verhaltensdimensionen ist recht eigenwillig und vermischt teilweise Absichten der Führungskraft, wahrgenommenes Verhalten und Verhaltenswirkungen miteinander. Beschreibungen wie

– „9,9-orientierte Manager ... verfügen über Möglichkeiten, für Probleme vernünftige Lösungen zu finden, ohne dabei Animositäten auszulösen"[456] oder

---

[453] Vgl. z.B. Lattmann (1982), S. 346; Scholz (1989), S. 321
[454] Erste Veröffentlichungen Ende der 50er und Anfang der 60er Jahre. Empfohlen seien die beiden deutschsprachigen Aufsätze von Blake/Mouton/Lux (1987) und Lux (1995).
[455] Blake/Mouton (1978), S. 127.
[456] Blake/Mouton (1992), S. 131.

- „Der 9,9-Manager arbeitet aus eigenem Antrieb. Spontan und mit Begeisterung ergreift er Initiativen, zieht andere mit und gewinnt ihre Beteiligung und ihr Engagement"[457]

führen letztlich zu der (wertlosen) Aussage: Die 9.9-Führung ist daran erkennbar, dass ein Manager seine Mitarbeiter erfolgreich führt.

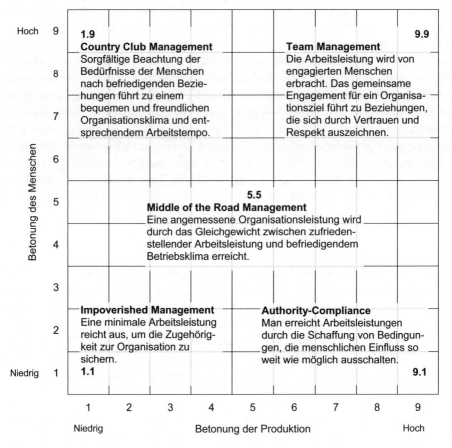

Abb. C.III.36: Verhaltensgitter (Managerial Grid) von *Blake/Mouton* in der neueren Version von *Blake/McCanse*
Quelle: Lux (1995), Sp. 2129-2130[458]

Für die Einführung des 9.9-Führungsstils in der Praxis wurde ein sechsphasiges Trainingsprogramm entwickelt, das seit Jahrzehnten in einer Vielzahl von Unternehmen durchgeführt worden ist. Sein Hauptverdienst dürfte darin liegen, Führungskräfte zur *Selbstreflexion* hinsichtlich der beiden Verhaltensdimensionen und damit zu einem *bewussteren Umgang mit dem eigenen Führungsverhalten* anzuleiten.

---

[457] Blake/Mouton (1992), S. 136.
[458] In einer Modellerweiterung wird eine dritte, motivationsbezogene Dimension eingeführt. Lux (1995), Sp. 2134 f.

In ihren neueren Arbeiten konzedieren *Blake/Mouton*, dass in Abhängigkeit von der Situationsdiagnose des Vorgesetzten auch Verhaltensweisen abweichend vom 9.9-Führungsstil angemessen sein können, wobei die grundsätzliche Beibehaltung der 9.9-Orientierung nicht in Frage steht. Zu deren Unterstützung wird ein Katalog von Prinzipien empfohlen, der von der Annahme geleitet ist, „dass es *einen* besten Weg zum erfolgreichen Führen gibt."[459]

2.7.3. Die „Situationale Führungstheorie" von Hersey/Blanchard

Ebenfalls auf der Grundlage einer Beschreibung des Führungsverhaltens mit den beiden Dimensionen „Mitarbeiterorientierung" („Beziehungsorientierung") und „Sachorientierung" („Aufgabenorientierung") kommen *Hersey/Blanchard* zu der Empfehlung eines in Abhängigkeit von der Führungssituation veränderlichen Führungsverhaltens.[460] Die alleinige Variable für die Abbildung der Führungssituation ist der **Reifegrad** (*„maturity level"*; frühere Bezeichnung der Autoren) oder **Entwicklungsgrad** (*„development level"*, *„readiness"*; neuere Bezeichnung) der Mitarbeiter. Er wird definiert durch **aufgabenspezifische Fähigkeits-** und **Bereitschaft**sindikatoren, die Eingang gefunden haben in ein Instrument zur Messung unterschiedlicher Reifegrade.[461] Unter ausdrücklicher Ausklammerung anderer situativer Einflussfaktoren fordern *Hersey/Blanchard* in unterschiedlichen Entwicklungsphasen des Reifegrads eines Mitarbeiters jeweils unterschiedliche Vorgesetztenverhaltensmuster.

In Abbildung C.III.37 präsentiert die glockenförmige Kurve (*„Prescriptive Curve"*) den jeweils situationsangemessenen (erfolgreichen) Führungsstil. Die **vier Führungsstiltypen** sind:[462]

- 1: **Unterweisung** (*„telling"*)
  Der Vorgesetzte definiert die Rollen seiner Untergebenen und sagt ihnen, was, wie, wann und wo zu tun ist.

- 2: **Verkaufen** („selling")
  Der Vorgesetzte versucht über rationale Argumentation und sozio-emotionale Unterstützung die Untergebenen zur Akzeptanz der Aufgabenstellung zu bringen.

- 3: **Beteiligung** (*„participating"*)
  Vorgesetzte und Untergebene entscheiden gemeinsam. Es ist nur noch sozio-emotionale Unterstützung nötig.

- 4: **Delegation** (*„delegating"*)
  Der Vorgesetzte delegiert und beschränkt sich auf gelegentliche Kontrolle.

---

[459] Blake/Mouton/Lux (1987), Sp. 2025.
[460] Erste Veröffentlichungen Ende der 60er Jahre. Aktuell: Hersey/Blanchard/Johnson (2001), S. 172 ff.
[461] Nähere Hinweise siehe Seidel/Jung/Redel (1988a), S. 171, Anm. 25.
[462] Im Folgenden wiedergegeben in Anlehnung an die Übersetzung von Staehle (1999), S. 845.

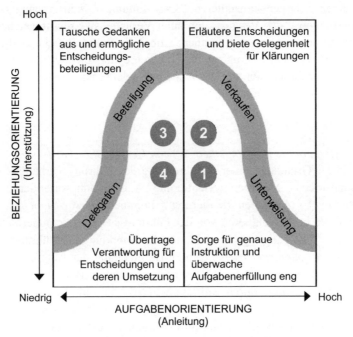

Abb. C.III.37: Präskriptive Führungsstil-Kurve in der „Situationalen Führungstheorie" von *Hersey/Blanchard*
Quelle: Hersey/Blanchard (1988), S. 188 u. S. 287 (Übersetzung der Verf.)

Mit zunehmendem Entwicklungsgrad des Mitarbeiters sollte sich der Führungsstil des Vorgesetzten wandeln: von der konzentriert aufgabenorientierten Anleitung und Kontrolle des in Fähigkeit und Leistungsbereitschaft (Willigkeit) noch wenig entwickelten Untergebenen über eine verstärkte Berücksichtigung sozio-emotionaler Aspekte und Entscheidungsbeteiligung bis hin zu einer niedrigen Aufgaben- und Beziehungsorientierung gegenüber dem selbst-motivierten und fähigen, Selbst-vertrauen besitzenden Untergebenen. Bei einem hohen Entwicklungsgrad des Mitarbeiters wird nach Meinung von *Hersey/Blanchard* das Bedürfnis nach Autonomie wichtiger als das Bedürfnis nach sozio-emotionaler Unterstützung.

Die Betonung der Einflussvariable „Reife- oder Entwicklungsgrad" wurzelt in den Arbeiten von Vertretern der so genannten **Humanistischen Psychologie**, bei denen die Auffassung vom zunehmenden Reifegrad des Menschen im Sinne einer natürlichen Entwicklung zu größerer Unabhängigkeit und die dem entgegenstehenden organisatorischen Strukturen der Arbeitswelt die Kernelemente bilden.[463] Die Forderung von *Hersey/Blanchard*, dass der Vorgesetzte an der Entwicklung seiner Untergebenen mitwirken sollte („developing human resources"),[464] steht in Übereinstimmung mit unserem Konzept der Personalführungsfunktionen (siehe die Ausführungen in Kapitel C.III.1.3.3.).

Anders als das „Managerial Grid" von *Blake/Mouton* beschränkt sich das Konzept von *Hersey/Blanchard* nicht auf die Empfehlung *eines* richtigen Führungsstils. Angesichts des Normalfalles einer Unterstellung mehrerer Mitarbeiter wird eine relativ große Variabilität im Führungsverhalten in Abhängigkeit vom Entwicklungsgrad der einzelnen Mitarbeiter gefordert. Auch ist das **Endziel** der Entwicklung nicht der durch jeweils starke Betonung von Aufgaben- und Mitarbeiterorientierung geprägte (9.9-)Führungsstil, sondern das gegenteilige Verhalten: nämlich eine **starke Zurücknahme des Vorgesetzten auf beiden Verhaltensdimensionen**.

Empirische Prüfungen der Theorie haben inkonsistente Ergebnisse und insgesamt *relativ wenig Unterstützung für das Konzept* ergeben,[465] was in Anbetracht der Problematik des Reife- oder Entwicklungsmaßes und der Vernachlässigung anderer Einflussfaktoren nicht überraschen kann.

Vecchio hat in einer sehr umfangreichen Untersuchung im Schulbereich (Führungsverhältnis zwischen Schulleitern und Lehrern) das Modell von *Hersey/Blanchard* partiell bestätigen können.[466] Das gilt insbesondere für die Empfehlung des Stils 1 (Unterweisung, „telling") bei Mitarbeitern in neuen Aufgabensituationen. Gerade hier aber erscheint die Modellempfehlung einer geringen Beziehungsorientierung des Vorgesetzten in Anbetracht der in der Praxis bekannten Integrationsprobleme neuer Mitarbeiter problematisch.[467]

---

[463] Vgl. z.B. Argyris (1957). Dieser Denkrichtung werden auch die Motivationstheorien von *Maslow* und *Herzberg* (siehe Kap. C.III.2.4.2.2.) sowie die Überlegungen von *McGregor* (Theorien X und Y; siehe Kap. B.IV.3.2.1.2.) zugeordnet.

[464] Vgl. Hersey/Blanchard (1988), S. 229 ff.

[465] Als wichtige Untersuchungen seien z.B. genannt: Blank/Weitzel/Green (1990); Damico (1976); Goodson/McGee/Cashman (1989); Hambleton/Gumbert (1982).

[466] Vgl. Vecchio (1987).

[467] Zu einer differenzierten Erörterung der Eingliederung neuer Mitarbeiter mit Bezug auf ein geeignetes Führungsverhalten des Vorgesetzten siehe Watzka (1992).

2.7.4. Das „Normative Führungsmodell" von Vroom/Yetton/Jago

In seiner Aussagenstruktur erheblich komplexer als die zuvor dargestellten Konzepte ist ein Modell von *Vroom/Jago*[468] – eine revidierte Fassung des normativen Führungsstil-Modells von *Vroom/Yetton*[469]. Der präskriptive Kern des Modells ist die in Form eines **Entscheidungsbaumes** dargebotene Anleitung für den Vorgesetzten zur Ermittlung des situativ zweckmäßigen Führungsstils.

Die *Operationalisierung des Führungsstils* ist *beschränkt auf das Merkmal „Entscheidungsbeteiligung"*, anhand dessen fünf Führungsstile (Entscheidungsstile) unterschieden werden (siehe Abbildung C.III.38). In der Bezeichnung der Führungsstile stehen die Buchstaben A, B und G für *„Autokratisch"* („Autocratic"), *„Beratend"* („Consultative") und *„Gruppenorientiert"* („Group"), die Ziffern I und II für Varianten des autokratischen und des beratenden Stils.

A I	Sie lösen das Problem selbst und treffen dabei die Entscheidung alleine. Grundlage für Ihre Entscheidung bilden dabei die im Moment verfügbaren Informationen.
A II	Sie verschaffen sich die für die Entscheidung Ihrer Ansicht nach notwendigen Informationen von Ihren Mitarbeitern; dann entscheiden Sie selbst, wie das Problem zu lösen ist. Die Rolle, die Ihre Mitarbeiter bei der Entscheidungsfindung spielen, besteht eindeutig nur in der Beschaffung der speziellen Informationen, die Sie für Ihre Entscheidung brauchen; Ihre Mitarbeiter haben weniger die Aufgabe, Lösungen abzuschätzen oder gar anzuregen.
B I	Sie besprechen das Problem mit einzelnen Mitarbeitern, ohne sie als Gruppen zusammenzubringen. Sie holen deren Ideen und Vorschläge ein und treffen dann selbst die Entscheidung. Diese Entscheidung kann die Vorschläge oder Ideen Ihrer Mitarbeiter berücksichtigen, muss aber nicht.
B II	Sie diskutieren das Problem mit Ihren Mitarbeitern in einer Gruppenbesprechung. In dieser Gruppenbesprechung holen Sie deren Ideen und Vorschläge ein, entscheiden aber selbst über die Lösung des Problems. Diese Entscheidung kann die Vorschläge oder Ideen Ihrer Mitarbeiter berücksichtigen, muss aber nicht.
G II	Sie diskutieren das Problem zusammen mit Ihren Mitarbeitern als Gruppe. Alle zusammen entwickeln Alternativen, wägen sie ab und versuchen, Übereinstimmung (Konsens) für eine Lösung zu finden. Ihre Rolle entspricht mehr der eines Vorsitzenden, der die Diskussion koordiniert, auf das Problem zurückführt und sicherstellt, dass die kritischen Punkte tatsächlich diskutiert werden. Sie können und sollen Ihre Informationen und Ideen in die Gruppe einbringen, versuchen jedoch nicht der Gruppe Ihre Lösung „aufzuzwingen". Sie sind bereit, jede Entscheidung zu übernehmen und zu verantworten, die von der gesamten Mitarbeitergruppe gewünscht und unterstützt wird.

Abb. C.III.38: Präskriptiv formulierte Entscheidungsstile (Decision Methods)
Quelle: Jago (1995), Sp. 1061

Die hier genannten Stile beziehen sich auf Führungssituationen (Entscheidungssachverhalte), in die mehrere Mitarbeiter involviert sind. Für Führungssituationen, die neben dem Vorgesetzten nur einen Mitarbeiter betreffen, verwenden die Autoren zwei zusätzliche Varianten (GI, DI), die hier nicht weiter betrachtet werden.

---

[468] Vroom/Jago (1988). Für eine knappe deutschsprachige Zusammenfassung siehe Jago (1995).
[469] Vroom/Yetton (1973).

Der Vorgesetzte findet den situationsadäquaten Führungsstil über eine Diagnose des Entscheidungsproblems, die er in Form einer sukzessiven Bearbeitung der einzelnen Entscheidungspunkte (-knoten) des Entscheidungsbaumes durchführen kann (für eine etwas anspruchsvollere, mit Modellgleichungen operierende Version sind PC-fähige Computerprogramme zur Ermittlung des richtigen Führungsstils verfügbar)[470]. Je nachdem, ob der Vorgesetzte der Minimierung von Entscheidungszeiten (-kosten) oder der Entwicklung der Entscheidungs- und Problemlösungsfähigkeiten seiner Mitarbeiter die größere Bedeutung beimisst, kommen **unterschiedliche Modellvarianten (Entscheidungsbaumvarianten)** in Frage. Abbildung C.III.39 zeigt den von *Vroom/Jago* konzipierten entwicklungsbestimmten („Developmentdriven") Entscheidungsbaum, der dann Anwendung findet, wenn die **Mitarbeiterentwicklung** – neben den Effizienzkriterien **„Entscheidungsqualität"** und **„Entscheidungsakzeptanz"** – im Vordergrund steht.[471]

Für die **Situationsdiagnose** werden acht aufgaben- oder problembezogene Merkmale verwendet, die zum Zweck der „Abarbeitung" des Entscheidungsbaums als **Prüffragen** formuliert sind. Die Baumstruktur basiert auf Erkenntnissen der Führungsforschung, die von den Verfassern in nachprüfbaren **Regeln** – gewissermaßen Hypothesen über den Zusammenhang zwischen Entscheidungspartizipation einerseits und Effizienzkriterien wie Entscheidungsqualität und -akzeptanz andererseits – dokumentiert sind. Ihnen kann bescheinigt werden, dass sie „im wesentlichen im Einklang mit den neueren Erkenntnissen der Führungsforschung"[472] sind.

Trotz seiner *eindimensionalen* Konzeptualisierung von Führungsstil (Merkmal „Entscheidungsbeteiligung") und seiner Beschränkung auf Situationsmerkmale, die alle mehr oder weniger eng mit der Art des Entscheidungsproblems zusammenhängen, stellt das Führungsmodell von *Vroom/Yetton/Jago* den *bislang differenziertesten Versuch* dar, die Erkenntnisse der Führungsforschung in unmittelbare Handlungsempfehlungen für die Führungspraxis zu übertragen. Im Vergleich zu den anderen dargelegten Führungskonzepten werden auch die Effizienzaspekte ausreichend konkret. In empirischen Prüfungen ist die Behauptung der Verfasser, die Übernahme des im Modell jeweils empfohlenen Führungsverhaltens führe zu besseren (qualitativ höherwertigen, eher akzeptierten usw.) Entscheidungen, recht gut bestätigt worden.[473]

---

[470] Näheres siehe Vroom/Jago (1988), S. 181.
[471] Zum Entscheidungsbaum bei Priorisierung eines *möglichst geringen Zeitaufwands* für die Entscheidung siehe Jago/Vroom (1989), S. 12 f.
[472] Sydow (1981), S. 9.
[473] Vgl. Jago (1995), Sp. 1067 f. und die dort genannte Literatur. Zur Weiterentwicklung des Modells siehe ebenda, Sp. 1072 f.

Management auf allen Führungsebenen in seinem Personenbezug: Personalführung

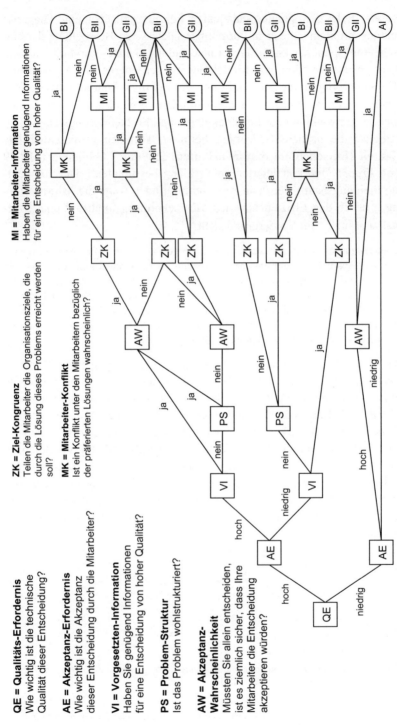

Abb. C.III.39: Entwicklungsbestimmter Entscheidungsbaum im Modell von *Vroom/Jago*
Quelle: Vroom/Jago (1988), S. 185 (Übersetzung der Verf.)

Zur Verbesserung der Entscheidungsqualität...
1. Meide A I, wenn: a) der Vorgesetzte nicht über die notwendigen Informationen verfügt.
2. Meide G II, wenn: a) die Mitarbeiter die Organisationsziele nicht teilen und/oder b) die Mitarbeiter nicht über die notwendigen Informationen verfügen.
3. Meide A II und B I, wenn: a) der Vorgesetzte nicht über die notwendigen Informationen verfügt und b) das Problem unstrukturiert ist.
4. Leite G II ein, wenn: a) der Vorgesetzte nicht über die notwendigen Informationen verfügt und b) die Mitarbeiter die Organisationsziele teilen und c) es unter den Mitarbeitern bezüglich der präferierten Lösung Konflikte gibt.
Zur Verbesserung der Entscheidungsakzeptanz...
1. Leite G II ein, wenn: a) die Mitarbeiter die Entscheidung des Vorgesetzten wahrscheinlich nicht akzeptieren
2. Leite G II ein, wenn: a) die Mitarbeiter die Entscheidung des Vorgesetzten wahrscheinlich nicht akzeptieren und b) es unter den Mitarbeitern Konflikte bezüglich der präferierten Lösung gibt.
Zur Reduzierung der Entscheidungskosten (Zeit)...
1. Leite A I ein, besonders wenn: a) die zur Verfügung stehende Zeit sehr beschränkt und/oder b) das Problem unstrukturiert ist.
2. Meide B II und G II, wenn: a) die Mitarbeiter geographisch weit verteilt sind oder b) es unter den Mitarbeitern Konflikte bezüglich der präferierten Lösung gibt.
Zur Verbesserung der Mitarbeiterentwicklung...
1. Leite G II ein, wenn: a) das Problem ein Qualitätserfordernis stellt.
2. Leite B II und G II ein, wenn: a) die Mitarbeiter die Organisationsziele teilen und b) es unter den Mitarbeitern Konflikte bezüglich der präferierten Lösung gibt.
3. Meide B II und GII, wenn: a) die Mitarbeiter die Organisationsziele *nicht* teilen und b) es unter den Mitarbeitern Konflikte bezüglich der präferierten Lösung gibt.

Abb. C.III.40: Modell-Heuristiken zur Bestimmung des richtigen Führungsstils (Entscheidungsstils) nach *Vroom/Jago*
Quelle: Jago/Vroom (1989), S. 12

Obwohl selbst in seiner Abbildung von Führungswirklichkeit noch sehr beschränkt, lässt das „Normative Führungsmodell" doch bereits das **Dilemma von wirklichkeitsnaher Abbildung der Führungskomplexität und praktischer Handhabbarkeit durch den Vorgesetzten** augenfällig werden. Ist etwa bezüglich des Konzepts von *Hersey/Blanchard* durchaus vorstellbar, dass der Reife- oder Entwicklungsgrad von Mitarbeitern mittels eines gesamthaften Urteils durch einen erfahrenen

Vorgesetzten richtig eingeschätzt wird, verlangt das Modell von *Vroom/Yetton/Jago* – mit einiger Berechtigung – vom Vorgesetzten eine differenzierte Analyse der Führungssituation. Führungssituationen und das situationsadäquate Führungsverhalten sind nur sehr eingeschränkt antizipierbar. Was ist, wenn sich für den Vorgesetzten in der Führungssituation zeigt, dass beispielsweise der eigene Informationsgrad und der der Mitarbeiter oder etwa die Konfliktträchtigkeit von potenziellen Problemlösungen falsch eingeschätzt wurden? Muss der Vorgesetzte dann zunächst die Papier- oder Computerfassung des Modells bemühen, um den richtigen Pfad zum Führungserfolg zu finden?

Differenzierte Modelle erscheinen durchaus hilfreich und notwendig für eine fundierte Führungsschulung von Managern. Sie können zwar die Befähigung zu einer raschen, ganzheitlichen Erfassung von Führungssituationen nicht ersetzen, möglicherweise aber zu einer Ausbildung dieser Fähigkeit beitragen.

Abbildung C.III.40 fasst die grundlegenden Zusammenhänge des Modells in der Form von **heuristischen Regeln zur Bestimmung des richtigen Führungsstils (Entscheidungsstils)** zusammen.

2.8. Kooperative Führung als herrschendes Führungsprinzip in der Praxis

In den vorangehenden Abschnitten ist dargelegt worden, welche differenzierte Erkenntnislandschaft inzwischen im Zuge der wissenschaftlichen Auseinandersetzung mit der Führungsbeziehung zwischen Vorgesetzten und Mitarbeitern, insbesondere mit der Frage nach dem erfolgreichen Führungsstil des Vorgesetzten, entstanden ist. Während das wissenschaftliche Ringen um zuverlässige Handlungsempfehlungen für die Praxis zu immer neuen Differenzierungs- und Relativierungsnotwendigkeiten führt, hat die unter Handlungszwang stehende Führungspraxis **kooperative Führung** zum bevorzugten Führungsprinzip erklärt. In schriftlich niedergelegten Führungsgrundsätzen oder -richtlinien, in führungsrelevanten organisatorischen Maßnahmen, in Führungs-Trainings sowie umfassenderen Organisationsentwicklungsmaßnahmen wird ausdrücklich oder implizit kooperative Führung als Forderung an die Führungskräfte gerichtet oder zum Maßnahmen leitenden Prinzip erklärt.

Das ist nur zu einem Teil in den Erkenntnissen der Führungswissenschaft hinsichtlich einer tendenziellen, situativ zu relativierenden Vorteilhaftigkeit kooperativer Verhaltensmuster begründet. Als weitere **wichtige Gründe** sind zu sehen:[474]

- Die *Dominanz demokratischer Prinzipien und partizipativer Willensbildungsprozesse in allen gesellschaftlichen Bereichen* lässt auch innerbetriebliche direktive (autoritäre) Führungsweisen als gesellschaftlich widersprüchlich und anachronistisch erscheinen. Die Rolle des mündigen Bürgers verträgt sich nicht mit der Rolle des unmündigen Mitarbeiters.

---

[474] Vgl. auch Berthel/Becker (2003), S. 109 ff.; Wunderer (2003), S. 222.

- Das auf breiter Basis *gestiegene Ausbildungsniveau der Mitarbeiter* verlangt nach betrieblichen Organisations- und Führungsstrukturen, in denen diese Potenziale auch genutzt werden können.

- Die *Lebenssituation der Erwerbstätigen in den hoch entwickelten Industriegesellschaften und die vorherrschenden Wertordnungen* lassen bloße materielle Anreize als unzureichend für eine dauerhaft wirksame (Unternehmens-)Beitritts-, (Dienst-)Antritts- und Leistungsmotivation erscheinen. Ansprüche bezüglich Selbständigkeit, anspruchsvoller Tätigkeit und Entwicklungschancen sind entstanden, die nicht im Rahmen direktiver (autoritärer) Führungsverhältnisse eingelöst werden können.

- Die *Geschwindigkeit der wissenschaftlich-technischen Entwicklung, die zunehmende Komplexität und Dynamik der Unternehmen-Umwelt-Beziehungen* und die damit gestiegenen innerbetrieblichen Anforderungen in punkto Fachwissen, Innovativität, Kreativität, Anpassungsfähigkeit und -bereitschaft u.a. erzwingen eine weitestgehende Dezentralisierung betrieblicher Steuerungs- und Anpassungspotenziale.

Kooperative Führung ist gewissermaßen ein **gesellschaftlich-sozial erwünschtes** und **sachlich-technisch erzwungenes Prinzip**. Das darf gleichwohl nicht zu dem Fehlschluss führen, einer anwendungsorientierten Führungsforschung mangelte es damit an weiterem Bedarf. Mit einigen abschließenden Hinweisen soll dargelegt werden, dass dem nicht so ist:

(1) Zwischen verbalen Bekenntnissen der Führungspraxis zur kooperativen Führung und tatsächlich realisierten Verhaltensmustern in der Vorgesetzten-Mitarbeiter-Beziehung klafft in vielen Unternehmen eine große **Umsetzungslücke**.

(2) Kooperative Führung ist in der Praxis noch viel mehr als in der wissenschaftlichen Diskussion ein **vieldeutiger,**[475] **häufig gar nicht handlungstechnisch verwertbar (operational) definierter Begriff**. Nicht selten dominieren Wertaussagen in den einschlägigen Abfassungen von Führungsgrundsätzen in Unternehmen. Hierin liegt zugleich eine der Ursachen für die unter Punkt (1) angesprochene Umsetzungslücke.[476]

(3) Soll kooperative Führung nicht auf Grund ethisch-normativer Erwägungen eine jederzeit gültige Präferenz zuerkannt werden, sind angesichts der Ergebnisse der Führungsforschung **situative Relativierungen erforderlich**. Bei einer differenzierteren Betrachtung muss selbst unter ethisch-normativen Überlegungen – z.B. mit Blick auf ein Partizipationsverweigerungsrecht des Mitarbeiters – über zweckmäßige situationsabhängige Varianten kooperativer Führung nachgedacht werden.

Teilweise hat die Führungspraxis in ihren Führungsprinzipien und -grundsätzen bereits die Forderung nach situationsangemessenem Führungsverhalten aufgenommen. Das geschieht regelmäßig ohne eine **klare Definition von Situationen und angemessenen Verhaltensmustern** für die angesprochenen Führungskräfte.

---

[475] Siehe hierzu auch Wunderer (1995c), Sp. 1379 f.

[476] Zu einer Erörterung weiterer Probleme einer Realisierung von kooperativer Führung siehe Fischer (1990), S. 141 ff.

(5) Kooperative Führung kann – anders als direktive Führung – zunächst immer nur eine dem Mitarbeiter *angebotene* Führungsform sein.[477] Ihre *Annahme* seitens der Mitarbeiter und ihre von Vorgesetzten und Mitarbeitern gemeinsame **fruchtbare Praktizierung setzt ein nennenswertes Maß an gegenseitigem Respekt, Vertrauen, Kooperationsbereitschaft und annähernd gleichgewichtiger Kooperationsfähigkeit voraus**. Adressaten einschlägiger Kooperationsgrundsätze sowie -entwicklungsmaßnahmen müssen Vorgesetzte und Mitarbeiter gleichermaßen sein. Letztlich wird in diesem Punkt besonders deutlich, wie sehr die Bemühungen um eine Realisierung kooperativer Führung einzubeziehen sind in Maßnahmen zur Entwicklung einer kooperationsförderlichen Betriebs-, Unternehmens- oder Organisationskultur.

(6) Kooperative Führung ist hinsichtlich ihrer Bedeutung in Arbeitszusammenhängen mit einem hohen Niveau an Selbststeuerung (z.B. teilautonome Arbeitsgruppen, inner- und zwischenbetriebliche Netzwerke) nur wenig untersucht. Logischerweise setzt ein hohes Niveau an Selbstgestaltung (Selbstorganisation) und -lenkung die Delegation von Führungsaufgaben voraus – was nicht als Führungsverzicht missverstanden werden darf. In unserem Verständnis von kooperativer Führung ist damit eine bestimmte Ausformung auf den Merkmalsdimensionen „Beteiligung der Mitarbeiter an der Willensbildung" und „Freiheitsgrad der Mitarbeiter bei der Willensdurchsetzung" (siehe Kapitel C.III.2.6.2.2.1.) i.S. einer Extremvariante kooperativer Führung angesprochen. *Wunderer* nimmt die Entwicklung hin zu Organisationsformen mit einem hohen Maß an Dezentralisierung, Selbstlenkung, Selbstorganisation und Mitarbeiter-Mitunternehmertum zum Anlass für die Vermutung, „kooperative Führung (könnte sich) als ein **historisches Übergangskonzept** ... erweisen"[478]. Er beschreibt deshalb eine Konzeption „Delegative Führung", die „sowohl der gesellschaftlichen Werteentwicklung als auch aktuellen betrieblichen Erfordernissen (z.B. Selbstorganisation, Eigenverantwortung) am besten"[479] entspricht.

(7) Als Spezialfall der unter (6) angesprochenen Entwicklung ist die Führung von raum-zeitlich verteilten, ad hoc zum Zweck der Erbringung einer bestimmten Leistung zusammengestellten, jeweils nach Bedarf in unterschiedlichen Konfigurationen zeitlich begrenzt zusammenarbeitenden Mitarbeitergruppen zu sehen. Die **Führung von** solchen **virtuellen Gruppen oder Teams**, bei der die Richtung und Aktivierung der Mitarbeiter zum überwiegenden Teil über technische Kommunikationsmittel stattfinden muss, ist in ihren Erfolgsbedingungen empirisch noch wenig untersucht. Episodenhafte Führung über raum-zeitliche Distanzen hinweg nimmt der Beziehungsdimension in der Führungsarbeit ihr traditionell wichtigstes „In-

---

[477] Zur Unterscheidung von offerierter, akzeptierter und realisierter Führungsform siehe Seidel (1978), S. 137 f.
[478] Wunderer (2003), S. 229.
[479] Wunderer (2003), S. 242.

strument": die Begegnung von Angesicht zu Angesicht (face to face), die jederzeit auch für eine Meta-Kommunikation zur Klärung von Störungen in der Zusammenarbeit genutzt werden kann (siehe die Ausführungen in Kapitel C.III.2.4.1.2.). Diesbezüglich hat beispielsweise die Kommunikation per elektronischem Nachrichtenaustausch klare Nachteile in der Reichhaltigkeit[480] der Information. Das führt unter den Beteiligten zu Defizitempfindungen zumindest in der Beziehungsdimension,[481] ist mit Blick auf unser Konzept der Führungsfunktionen (siehe Kapitel C.III.2.3.) aber auch mit der ernsthaften Gefahr einer Vernachlässigung einzelner Teilfunktionen verbunden. Ob und inwieweit dies durch Führungssubstitute, ein Klima des Vertrauens, bindungs- und selbstkoordinationsfördernde „Team Meetings", gruppenorientierte Zielvereinbarungen und Belohnungsformen u.a.m. effizient kompensiert werden kann, ist in der Führungsforschung bislang noch wenig empirisch untersucht.[482]

Über den andauernden Bedarf der Führungspraxis an Hilfestellungen seitens der Führungswissenschaft kann kein Zweifel bestehen.

2.9. Zur Frage der betriebsweiten Gewährleistung effizienter Personalführung

Soll die Art und Weise der Wahrnehmung der Personalführungsfunktion nicht den einzelnen Führungskräften überlassen werden, sondern einigermaßen abgestimmt, d.h. vor allem nach denselben Grundsätzen geschehen, stellt sich diesbezüglich eine **gesamtbetriebliche Gestaltungs- und Lenkungsaufgabe**. Hierbei lassen sich folgende grundsätzlichen Einwirkungsmöglichkeiten unterscheiden:

(1) Das Top Management kann auf die Mitarbeiter, im besonderen auf die Führungskräfte Einfluss nehmen im Sinne der **Vermittlung betrieblich erwünschter Verhaltensweisen** in der Führungsbeziehung. Der situationsgerechte Einsatz unterschiedlicher Verhaltensmuster erfordert, dass die Einflussnahme auch auf eine Verbesserung der Diagnosefähigkeiten und des Einfühlungsvermögens in situative Bedingungen und die Persönlichkeit der Teilnehmer am Führungsprozess abzielt.

Inhaltlich findet dies seinen Niederschlag in **normativen Sollkonzepten betrieblicher Führungsarbeit**, die von einer Erklärung der gültigen *Führungsgrundsätze*

---

[480] Zu einer Erörterung von Führungskommunikation im Lichte der „Media-Richness-Theory" siehe Reichwald/Möslein (2003), S. 700 ff.
[481] Vgl. die empirische Untersuchung von Grote (1994).
[482] Einen Überblick hinsichtlich der besonderen Anforderungen einer Führung in virtuellen Strukturen und daraus abzuleitender Empfehlungen geben Hofmann/Regnet (2003). Siehe auch die Überlegungen zu „online leadership" bei Robbins/Coulter (2005), S. 440 ff.

und -richtlinien[483] bis zu umfassenden, verschiedene Aspekte der Führungsarbeit regelnden *Führungsmodellen*[484] reichen können. Während so beispielsweise in Führungsgrundsätzen Mitarbeiterförderung als Führungsauftrag festgeschrieben sein könnte, wären in Führungsmodellen Regelungen bezüglich der genauen Förderungsziele, möglicher Förderungsmaßnahmen und der Verfahren der Mitarbeiterbeurteilung und Abstimmung von Förderungsmaßnahmen aufzunehmen.

Für die Umsetzung solcher Sollkonzepte in tatsächliches Handeln sind einschlägige *Fortbildungsmaßnahmen* einschließlich gezielter *Führungs- und Kooperationstrainings* erforderlich, die mit Blick auf die individuell geforderten Entwicklungsschritte auch ein *Coaching* von Führungskräften sinnvoll erscheinen lassen. Versuche, auf diesem Weg unternehmensweit und mit ausreichender Verbindlichkeit kooperative Führung zu realisieren, versprechen allerdings dann eher Erfolg, wenn (a) sowohl der Prozess der Formulierung und Umsetzung von Führungsgrundsätzen und -modellen selbst kooperativen (partizipativen) Charakter aufweist, (b) der Realisierungsprozess eingebettet ist in ein Gesamtkonzept struktureller und unternehmenskultureller Maßnahmen (siehe dazu den übernächsten Punkt 3).[485]

(2) Das Top Management kann eine **systematische Auswahl von** in ihren führungsrelevanten Eigenschaften, Verhaltensfähigkeiten und -bereitschaften **geeigneten Personen** bei der Stellenbesetzung, insbesondere der Besetzung von Führungspositionen betreiben.

Hier ist auf die verschiedenen *Methoden der Bewerber- und Mitarbeiterbeurteilung* und das besondere Problem der Potenzialanalyse in Bezug auf Führungsfähigkeiten zu verweisen.[486]

(3) Das Top Management sowie grundsätzlich alle jeweils übergeordneten Führungskräfte können **Einfluss** nehmen **auf den Kontext der** in ihrem Einflussbereich liegenden **Vorgesetzten-Untergebenen-Beziehungen**.

---

[483] Siehe z.B. Wunderer (1995b). Auf die praktische Bedeutung von Führungsgrundsätzen im Zusammenhang mit der Absicht einer unternehmensweiten Einführung kooperativer (partizipativer) Führung in Großunternehmen verweist eine empirische Untersuchung von Hoffmann (1989), S. 174 f.

[484] Das hier verwendete Verständnis von „Führungsmodell" umfasst mehr als die bloße Präskription des Führungsstils, wie sie in den im Kap. C.III.2.7. dargestellten Führungsmodellen im Vordergrund steht. Als umfassend angelegte Führungsmodelle werden in der Literatur zumeist dargestellt: Harzburger Modell, Management by Objectives, DIB-MAM-Führungsmodell, St. Galler Managementmodell, Zürcher Ansatz. Vgl. beispielsweise Hentze et al. (2005), S. 563 ff.; Steinle (1978), S. 200 ff.; Rühli (1995).

[485] Siehe auch Wunderer (1995b), Sp. 732.

[486] Zu den verschiedenen Methoden siehe beispielsweise Berthel/Becker (2003), S. 152 ff., 170 ff.; Kleinmann/Strauß (2000); von Rosenstiel/Lang-von Wins (2000).

In einer **mechanistischen** und - was das Vertrauen in die Führungsfähigkeiten anbelangt - zugleich auch pessimistischen **Variante** geht es bei dieser Einflussnahme um eine *Anpassung von Situationsvariablen* an die Verhaltensfähigkeiten und -bereitschaften insbesondere der jeweiligen Vorgesetzten oder eine *Substituierung der Führung* durch die Gestaltung anderer Einflussvariablen des Mitarbeiterverhaltens (siehe die Überlegungen zu Führungssubstituten weiter oben Kapitel C.III.2.6.2.4.). Ein prominenter Vertreter des Ansatzes einer führungsgerechten Kontextgestaltung ist *Fiedler*, der in seiner Situationstheorie der Führung[487] das Führungsverhalten als eine kaum, bestenfalls in langwierigen und aufwendigen Lernprozessen zu verändernde Persönlichkeitsvariable interpretiert.[488]

In einer weniger mechanistischen, das Entwicklungspotenzial der Wechselbeziehung zwischen Strukturen und Personen nutzenden, d.h. **dynamischen Variante** geht es um eine Gestaltung des Führungskontextes in dem Sinne, dass dieser das gewünschte Führungsverhalten fordert oder zumindest ermöglicht. Zu denken ist hier beispielsweise an die organisatorische Implementierung von Teamkonzepten, Qualitätszirkeln u.ä., die gewissermaßen den organisatorischen Rahmen oder das „strukturelle Rückgrat" für kooperative Führung bilden. Von Bedeutung in diesem Zusammenhang sind auch *unternehmenskulturelle Maßnahmen*, die durch gezielten Einsatz von z.B. Geschichten, Heldendarstellungen, Slogans und Symbolen verhaltensleitend wirken können. Häufig werden stark ausgeprägte Kulturen in einer eher mechanistischen Weise als Führungsersatz diskutiert, ohne zu berücksichtigen, dass selbstverständlich nicht nur Mitarbeiter als Untergebene, sondern auch Führungskräfte in ihrem Führungsverhalten unternehmenskulturell beeinflusst werden.

In der betrieblichen Praxis sind zweifelsohne alle drei aufgezeigten grundsätzlichen Einwirkungsmöglichkeiten von Bedeutung, wobei die unter (1) und (2) angesprochenen im Vordergrund stehen. Ein zu hoher Anspruch und eine zu starke Formalisierung sind dabei ebenso wenig zielführend wie eine unverbindliche Vagheit des in der Vorgesetzten-Mitarbeiter-Beziehung erwarteten Verhaltens.[489] Letztlich sehen sich alle Versuche einer unternehmensweiten Einflussnahme auf das Führungshandeln mehr oder weniger stark mit dem Problem konfrontiert, als eher generalistische, tendenziell Gleichförmigkeit fördernde Ansätze im Konflikt zu stehen mit den Forderungen nach situationsbezogener Variabilität, Selbstorganisation und Individualisierung. Unternehmensweite Gewährleistung effizienter Personalführung kann deshalb nicht verbindliche Gestaltung aller Vorgesetzten-Mitarbeiter-Beziehungen bedeuten. *Unabhängig von der Art der Einwirkungsinstrumente* – ob Führungsgrundsätze und -modelle, Führungsschulung, Berufungs-

---

[487] Vgl. Fiedler (1987); siehe auch Fiedler/Mai-Dalton (1995).
[488] Zu einer wertorientierten Kritik dieses „situational/organizational engineering" siehe Schreyögg (1980), S. 168 ff.
[489] Vgl. die Darstellung der Probleme bei der Einführung kooperativer Führung bei Wunderer (2003), S. 226.

kriterien für Führungskräfte, organisatorische oder kulturelle Maßnahmen – *gilt:* **Ihre Funktion besteht darin, gesamtbetrieblich (auf der Makroebene) die Voraussetzungen dafür zu schaffen, dass sich auf der Mikroebene durch Prozesse der Selbstorganisation zweckmäßige, personen- und situationenangemessene Führungs- und Ausführungsprozesse entwickeln können.**

2.10. Außenvertretung als besondere Funktion in der Führungsarbeit

2.10.1. Begriff und Bedeutung der Außenvertretung
Mit der Außenvertretung wollen wir eine in der Führungspraxis sehr bedeutsame, gleichwohl in der Theorie wenig reflektierte Managementfunktion ansprechen.

Unter **Außenvertretung** soll die Vertretung (Repräsentanz) eines sozialen (Sub-)Systems insgesamt oder einzelner seiner Mitglieder gegenüber der Systemumwelt durch die für das (Sub-)System zuständige Führungskraft verstanden werden.

In der Führungsliteratur ist verschiedentlich auf die Außenvertretung als Führer- bzw. Führungsfunktion hingewiesen worden.[490] Aus der empirischen Führungsforschung ist seit längerem bekannt, dass Einfluss und Ansehen einer Führungskraft außerhalb ihres Führungssegments (Kooperationseinheit, Organisationseinheit), und damit verbunden die Möglichkeit der Interessendurchsetzung gegenüber höheren Vorgesetzten oder anderen Organisationseinheiten, die Leistung und Zufriedenheit der Mitarbeiter dieser Führungskraft positiv beeinflussen.[491]

Mitarbeiter beobachten und reagieren in ihrem Arbeitsverhalten darauf, wie erfolgreich ihr Vorgesetzter außerhalb der eigenen organisatorischen Einheit, für die er verantwortlich ist, agiert. Dabei geht es um sehr verschiedenartige Sachverhalte wie die Fürsprache bei der Personalleitung wegen der Gehaltserhöhung für einen Mitarbeiter, die Besprechung mit der Geschäftsleitung wegen geplanter Stellenstreichungen, die Verhandlung mit der vorgesetzten Führungsebene über Jahresziele und -budget der eigenen Abteilung, die Eröffnungsansprache im städtischen Museum anlässlich einer vom Unternehmen mitfinanzierten Ausstellung u.a.m.

Das auf der Grundlage von empirischen Untersuchungen über Managerverhalten entwickelte Konzept der zehn Rollen eines Managers von *Mintzberg* bestätigt mit den Rollen

---

[490] Siehe z.B. Aschauer (1970), S. 47; Bleicher/Meyer (1976), S. 47; Geiger (1959), S. 136 f.; Krech/Crutchfield/Ballachey (1962), S. 429; Seidel/Jung/Redel (1988a), S. 14 ff.; Wiswede (1990a), S. 5.

[491] Vgl. Stogdill (1974), S. 328, 355; Bass (1990), S.344, 539 und die dort jeweils genannte Literatur.

- Repräsentant *(„figurehead")*
- Vernetzer *(„liaison")*
- Sprecher *(„spokesperson")*
- Verhandler *(„negotiator")*

(siehe Kapitel B.IV.2.2., Abbildung B.IV.4) ebenso wie die Ergebnisse empirischer Studien von *Müller-Böling/Ramme*[492] die Bedeutung des Außenbezugs im Aktivitätenspektrum einer Führungskraft. In den bisherigen funktionalen Managementkonzeptionen wird „der Außenbezug im Wesentlichen nur als Planungsproblem thematisiert"[493]. Eine – auf die Vertretung der Unternehmung gegenüber ihrer Umwelt durch das Top Management beschränkte – Ausnahme stellen die Ausführungen bei *Korndörfer* dar.[494]

Wir wollen unterstellen, dass der Verlauf und insbesondere das Ergebnis der Außenvertretungsaktivitäten **Einfluss auf die Führungsautorität** (Vorgesetztenautorität) haben. Die Wirkungsweise ist dabei durchaus differenziert zu beurteilen. Zunächst einmal kann davon ausgegangen werden, dass mit den Aktivitäten der Außenvertretung allein aufgrund des mit ihnen verbundenen Informationszuwachses potenziell eine Stärkung der Führungsautorität des Vorgesetzten einhergeht. Für deren Entwicklung ist dann aber von erheblicher Bedeutung, wie erfolgreich Mitarbeiter ihren Vorgesetzten bei der Vertretung der Interessen sehen. Eine hierbei wenig erfolgreiche Führungskraft läuft Gefahr, an Autorität und Überzeugungskraft (Motivationsfähigkeit) bei den eigenen Mitarbeitern zu verlieren. Situationsfaktoren - vor allem die Bedeutung, die Mitarbeiter dem Sachverhalt, der Anlass der Außenvertretung ist, beimessen, aber auch die Identifikation der Mitarbeiter mit der vertretenen Organisationseinheit - beeinflussen diesen Zusammenhang. Je höher die beiden genannten Variablen ausgeprägt sind, desto stärker ist vermutlich der Zusammenhang zwischen dem Erfolg bei der Außenvertretung und der (inneren) Führungsautorität.

2.10.2. Typen der Außenvertretung

2.10.2.1. Einführender Überblick
Außenvertretung als Managementfunktion weist wie jedes Managementhandeln **Personen- und Sachbezug** auf. Sie ist Einflussnahme von Menschen auf andere Menschen (*Personenbezug*). Da es bei der Außenvertretung häufig unmittelbar um die Vertretung von Mitarbeiterinteressen geht, hat sie engen Bezug zur Mitarbeiter-

---

[492] Müller-Böling/Ramme (1990), S. 75 f.
[493] Steinmann/Schreyögg (2005), S. 22.
[494] Siehe Korndörfer (1999), S. 54 f.

führung i.e.S., ist aber doch in wesentlichen Merkmalen von dieser verschieden (siehe hierzu Kapitel C.III.2.3.4.). Auf der anderen Seite geht es bei der Außenvertretung um Zielbildungen für die vertretene Organisationseinheit, um die Lösung sachlicher Probleme, um planerische und organisatorische Aktivitäten, um die Darstellung und Interpretation von Handlungsergebnissen usw., also um die Wahrnehmung von Sachfunktionen des Managements (*Sachbezug*).

Für die Betrachtung von Eigenschaften und Problemaspekten der Außenvertretungsfunktion erscheint es zweckmäßig, die in Abbildung C.III.41 wiedergegebene Unterscheidung dreier Partnerklassen und damit Typen der Außenvertretung vorzunehmen.

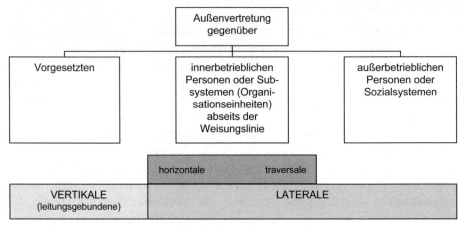

Abb. C.III.41: Typen der Außenvertretung

2.10.2.2. Die vertikale Außenvertretung

Die **Vertretung** der eigenen Organisationseinheit und ihrer Mitarbeiter **gegenüber höherrangigen Vorgesetzten** (**vertikale Außenvertretung**) ergibt sich aus der Eingebundenheit von Führungssegmenten in einen ranghierarchischen Ordnungszusammenhang (siehe Kapitel B.II. und B.III.2.1.). Beispiele für diesen Typus der Außenvertretung sind:

- Der Leiter des „Technischen Büros", das mit neuen CAD-Geräten ausgestattet werden soll, bespricht mit seinem Vorgesetzten die Schulungsmaßnahmen für die Mitarbeiter des „Technischen Büros".
- Der Leiter des Projekts „Stärkung der Kundenorientierung" präsentiert dem Projektlenkungsausschuss die vom Projekt-Team erarbeiteten Maßnahmenpläne.
- Der Leiter des Pflegedienstes bespricht im Direktorium eines Krankenhauses Maßnahmen zur Arbeitserleichterung für das Pflegepersonal.
- Der Sprecher des Vorstandes einer Aktiengesellschaft bespricht mit dem Aufsichtsrat die Vertragsverlängerung für zwei Vorstandsmitglieder.

Alle diese Vertretungsaktivitäten finden in relativ stabilen Situationen mit zumeist **bekannten Personen, „Arenen"**[495] **und Einflussmöglichkeiten** statt. Ihre Grundlage bilden organisatorisch geprägte Ordnungen, also Beziehungen mit Wiederholungscharakter. Dies bedeutet für die agierenden Manager eine gewisse Sicherheit (Erwartbarkeit) bezüglich der Einstellungen und Verhaltensweisen der Beziehungspartner, und damit des Verlaufs und Ausgangs von Verhandlungssituationen. Das ist nicht zuletzt deshalb von besonderer Bedeutung, weil über die vertikale Außenvertretung in erheblichem Maße die Ressourcen der vertretenen Organisationseinheit beeinflusst werden und zudem der Erfolg der eigenen Führungstätigkeit gegenüber höherrangigen Vorgesetzten vermittelt wird.

In der vertikalen Außenvertretung ist die Führungskraft gegenüber ihren Kommunikationspartnern regelmäßig in der Rolle des unterstellten Mitarbeiters. Sie versucht Einfluss zu nehmen auf die Einstellungen, Erwartungen und Entscheidungen vorgeordneter Ebenen. Insofern gelten für die vertikale Außenvertretung unsere Überlegungen zur „Führung von unten" oder „Führung des Chefs" (siehe Kapitel C.III.2.6.4).

2.10.2.3. Die laterale Außenvertretung

Die **Vertretung gegenüber anderen betrieblichen Organisationseinheiten oder einzelnen Personen, die nicht** (unmittelbare oder mittelbare) **Vorgesetzte sind**, kann Beziehungspartner auf derselben Hierarchieebene (*horizontale Außenvertretung*) und Beziehungspartner auf anderen Hierarchieebenen (*traversale Außenvertretung*) aufweisen. Im Gegensatz zu den im vorhergehenden Abschnitt beschriebenen vertikalen Beziehungen „entlang der Weisungslinie" handelt es sich hier um seitliche Verbindungen, die als **laterale Außenvertretung** bezeichnet werden können.[496] Beispiele hierfür sind:

- Der Leiter der Verkaufsabteilung hat von seinen Mitarbeitern mehrfach Beschwerden über die mangelnde Flexibilität der Arbeitsvorbereitung bei der Einplanung von Kundenaufträgen entgegennehmen müssen und bespricht dieses Problem mit dem Leiter der Arbeitsvorbereitung (*horizontale* Außenvertretung).
- Der Leiter der „Programmierung" verhandelt mit der Personalleitung und dem Betriebsrat über den Antrag, in seinem Bereich wegen der angespannten Arbeitsmarktsituation für qualifizierte Programmierer höhere Tarifeinstufungen vornehmen zu können (traversale Außenvertretung).

---

[495] Wir wollen den lateinischen Begriff Arena mit der gebräuchlichen Verwendung für „Kampfbahn, Sportstätte; Manege" hier in einem ganz ähnlichen Sinne zur Bezeichnung der räumlich und zeitlich definierten (Ver-)Handlungssituation, in welcher die Aktivitäten der Außenvertretung stattfinden, verwenden.

[496] Vgl. die Abgrenzung „lateraler Kooperation" bei Klimecki (1985), S. 75 ff.; Wunderer (2003), S. 26 ff. Da wir „Außenvertretung" als abgeleitete Führungsfunktion interpretieren, ist die Begriffsextension von „lateraler Kooperation" und „lateraler Außenvertretung" nicht deckungsgleich.

Diese Formen der lateralen Außenvertretung sind losgelöst - wenngleich nicht völlig unbeeinflusst - von den durch den betrieblichen Leitungszusammenhang bestimmten Kommunikationsbahnen und -partnern. **Personen, „Arenen" und Einflusschancen wechseln und sind nur eingeschränkt antizipierbar.**

Dies gilt umso mehr, je größer ein Unternehmen ist. Der Umfang der Außenvertretungsaktivitäten ist im Übrigen nicht nur abhängig von der bloßen Unternehmensgröße, sondern auch von den jeweiligen betrieblichen Organisationsformen. Beispielsweise fallen bei einer mehrdimensionalen Verknüpfung von Geschäftsleitung, Spartenleitung, Regionen- und Zentralbereichsleitung für den Leiter einer Sparte mehr innerbetriebliche Außenvertretungsaktivitäten an als im Rahmen einer funktionalen Einlinienorganisation (zu den hier angesprochenen Organisationsmodellen siehe Kapitel C.IV.2.4.).

Eine weitere Form der lateralen Außenvertretung ist die gegenüber Personen oder Institutionen **außerhalb des eigenen Unternehmens**.[497]

- Der Vorstandsvorsitzende eines Chemieunternehmens erläutert gegenüber Pressevertretern Ausmaß und Ursache-Wirkungszusammenhänge einer, durch einen Werksunfall verursachten, Boden- und Grundwasserverschmutzung.
- Der Personalleiter beschwert sich beim Leiter der lokalen Arbeitsagentur darüber, dass seinem Unternehmen im letzten Halbjahr mehrfach für die ausgeschriebenen Stellen völlig unqualifizierte Arbeitsuchende angedient worden sind.

Auch die **Vertretung gegenüber außerbetrieblichen Partnern** ist wie die innerbetriebliche durch **wechselnde Partner, „Arenen" und Einflusschancen** gekennzeichnet. Das gilt in besonderem Maße für die durch das Top Management wahrgenommenen Außenvertretungen, die zudem häufig im Wahrnehmungsfeld der Öffentlichkeit liegen und gesellschaftspolitische Bedeutung haben können.[498] Andererseits entwickeln sich im Rahmen der Außenvertretung über die Unternemensgrenzen hinweg auch Beziehungen zu Kunden, Lieferanten, Behörden, Verbänden usw., die hinsichtlich ihrer Stabilität und Erwartbarkeit des Partnerverhaltens „sicherer" sind als manche Beziehung im Rahmen der innerbetrieblichen und hier insbesondere der traversalen Außenvertretung.

---

[497] Zur „Außenvertretung des Unternehmens als Bestandteil der Unternehmensführung" siehe auch Seidel/Jung/Redel (1988a), S. 37 ff.
[498] Vgl. Korndörfer (1999), S. 54 f.

2.10.3. Zum besonderen Problemgehalt lateraler Außenvertretung

Die laterale Außenvertretung weist eine Reihe besonderer Problemaspekte auf,[499] die sich aus der Sicht des die Außenvertretungsfunktion wahrnehmenden Managers wie folgt darstellen:

(1) Die Aktivitäten im Zuge der lateralen Außenvertretung spielen sich nicht innerhalb der gewohnten Kooperationszusammenhänge, die in der Regel eine ausreichend entwickelte Basis für erfolgreiche Zusammenarbeit aufweisen, ab. Es handelt sich vielmehr um **Inter-Gruppenbeziehungen mit potenziellen Interessengegensätzen** und entsprechenden taktischen, vorteilssuchenden Verhaltensweisen, nicht selten mit einem Defizit an gemeinsamer Erfahrung und gegenseitigem Verstehen, teilweise auch mit einem Defizit an Respektierung der gegenseitigen Auffassungen und Einstellungen. Darin stecken ein erhebliches **Konfliktpotenzial** und ein **Bedarf an Vertrauensbildung**, der bei außerbetrieblicher lateraler Außenvertretung für die Aufrechterhaltung einer Kooperationsbeziehung von existenzieller Bedeutung ist.

Die Konfliktthese findet Bestätigung in empirischen Untersuchungen. In einem Vergleich innerbetrieblicher Kooperationsbeziehungen konnte *Wunderer* in mehreren Befragungen nachweisen, dass die laterale Zusammenarbeit mit anderen Organisationseinheiten das stärkste Konfliktfeld darstellt.[500] Abbildung C.III.42 zeigt mit Bezug auf diese Untersuchungen die Bedeutung verschiedener Konfliktursachen.

(2) Die **Kontakte** im Rahmen der lateralen Außenvertretung sind eher **unregelmäßig** im weitesten Sinne: sachlich, zeitlich, räumlich und bezüglich der Kommunikationspartner. Es gibt keine gemeinsam gelernten, routinisierten Kooperationsmuster wie zwischen Vorgesetzten und Mitarbeitern, wo häufig schon ein Minenspiel oder ein Fragezeichen am Rand eines schriftlichen Vermerks genügt, um bestimmte, beabsichtigte Handlungen hervorzurufen. Vieles muss erst abgestimmt und erklärt werden, und es besteht nicht selten Unsicherheit über das „Was" und das „Wie". Tendenziell gilt dies für die außerbetriebliche Außenvertretung stärker als für die innerbetriebliche.

(3) Im Zuge der vielfältigen Aktivitäten lateraler Außenvertretung ist der Manager Teil eines **Kommunikationsgefüges**, das für ihn viel **schwerer erkennbar, abgrenzbar und kontrollierbar** ist als das Gefüge innerhalb der von ihm geführten Organisationseinheit. Teilweise kennt er gar nicht alle involvierten Teilnehmer, teilweise wird er unsicher sein, ob er mit dem richtigen Partner spricht.

---

[499] Vgl. zu den folgenden Ausführungen auch Sayles (1989), S. 86 ff. und die ausführliche Analyse von Klimecki (1985). *Klimeckis* Arbeit erstreckt sich auf individuelle und kollektive innerbetriebliche laterale Kooperation. Vgl. auch Wunderer (2003), S. 26 ff., 477 ff., 380 ff.

[500] Siehe Wunderer (2003), S. 482.

Ursachen für Kooperationskonflikte aus der Sicht von 1884 repräsentativ befragten Führungskräften und Spezialisten	Mittelwert (Rang) (1 = sehr geringe Bedeutung, 8 = sehr hohe Bedeutung)		
	Industriebetrieb n = 440	Dienstleistungsbetrieb n = 746	Dienstleistungsbetrieb n = 698
a) strukturelle Ursachen	**4,8**	**4,3**	**5,3**
1. Abhängigkeit von der Leistung anderer Organisationseinheiten	5,7	4,7	5,7
2. Zielkonflikte mit anderen Organisationseinheiten	5,1	4,3	5,6
3. ungleiche Erfolgs-/Anerkennungschancen	4,7	4,4	5,1
4. mangelnde Gesprächsgelegenheit	4,6	4,4	-
5. Weisung aus anderen Organisationseinheiten	4,3	4,5	5,0
6. Weitergabe von externem Druck an andere Organisationseinheiten	4,6	3,6	-
7. unzureichende Aufgabenabgrenzung zwischen Organisationseinheiten	4,3	3,8	5,2
b) personelle Ursachen	**4,8**	**4,3**	**5,5**
1. mangelnde Kenntnis der Probleme/Aufgaben anderer	5,2	4,7	6,1
2. einseitige Orientierung auf die eigene Organisationseinheit	5,3	4,6	5,8
3. mangelnde Einsicht in die Notwendigkeit der Kooperation	4,9	4,6	-
4. mangelnde Bereitschaft zu kooperativem Verhalten	4,9	4,4	5,1
5. mangelnde Orientierung an gemeinsamen Zielen	5,0	4,2	-
6. Konkurrenzgefühle zwischen Mitarbeitern der Organisationsseinheiten	4,3	4,2	5,6
7. mangelnde Fähigkeit zu kooperativem Verhalten	4,4	4,0	-
8. wenig qualifizierte Vorgesetzte/Mitarbeiter in einzelnen Organisationseinheiten	4,2	3,8	-
Gesamtbewertung	**4,8**	**4,3**	**5,4**

Abb. C.III.42: Konfliktursachen lateraler innerbetrieblicher Kooperation
Quelle: Wunderer (2003), S. 483

Auch dies gilt bei außerbetrieblicher Außenvertretung tendenziell stärker. Folgendes Beispiel soll dies verdeutlichen:

Der Geschäftsführer eines mittelständischen Automobilzulieferunternehmens versucht anlässlich einer Fachmesse in Gesprächen mit Kollegen aus anderen Automobilzulieferunternehmen, diese zu einer gemeinsamen Haltung gegenüber bestimmten Forderungen der Kundenseite zu bewegen. Dabei ist - zumindest in der Anfangsphase der Bemühungen - unsicher, wie sich die Situation für die anderen Unternehmen überhaupt darstellt, welche Positionen die einzelnen Gesprächspartner vertreten, ob eine ausreichende Bereitschaft für eine gemeinsame Haltung besteht und durch welches Vorgehen diese zu erreichen ist. Die dazu während der Fachmesse geführten Gespräche sind Teil eines - in seinen Inhalten und Partnerschaften nur unvollkommen bekannten - historischen, aktuellen und zukünftigen Kommunikationsgeschehens.

(4) Managern steht, anders als im Personalführungszusammenhang, das Mittel der bloßen Anordnung (Weisung) nicht zur Verfügung. Erfolgreiche laterale Außenvertretung – ob inner- oder außerbetrieblich – ist **auf die Überzeugungs- und Verhandlungsfähigkeiten des Managers angewiesen**. Die Begründung für die Entwicklung rhetorischer Kompetenz und das Erlernen von Strategien und Taktiken der Verhandlungsführung in der Managementaus- und -fortbildung liegt in erster Linie in den Anforderungen der Außenvertretungsfunktion.

Der hier abschließend genannte Problemaspekt gilt auch für die vertikale Außenvertretung. Er stellt insofern kein spezifisches, aber doch ein sehr bedeutsames Merkmal der lateralen Außenvertretung dar, zumal die Macht- und Statusbeziehungen weniger rang-hierarchisch bestimmt sind und damit Spielräume und Entwicklungsmöglichkeiten bieten, deren Nutzung vom strategischen und taktischen Verhalten der Akteure abhängt.

2.10.4. Resümee: Tendenzielle Bedeutungszunahme der Außenvertretung
Insgesamt ist die Funktion der Außenvertretung in hohem Maße durch Unsicherheit und eine ausgeprägte (mikro)politische Komponente gekennzeichnet. Kommunikationsfähigkeit, Präsentations- und Verhandlungsgeschick des Managers, nicht zuletzt seine Fähigkeit des Erkennens von und Agierens in komplexen, vernetzten Zusammenhängen sind hier besonders gefordert. Wie häufig und in welchem Maße sich diese Anforderungen stellen, ist freilich abhängig von dem sachlichen Aufgabengebiet und der ranghierarchischen Position einer Führungskraft.

Für den Team- oder Fraktalleiter in der Fertigung bedeutet Außenvertretung in der Hauptsache Vermittlung zwischen den Interessen seiner Mitarbeiter und den Interessen der Werksleitung (des Leiters „Fertigung"). Für den Manager an der Spitze eines Unternehmens oder einer öffentlichen Verwaltung bedeutet Außenvertretung Kommunikation mit mehr oder weniger bekannten betriebsexternen Partnern, wobei nicht selten der Erfolg der Außenvertretung unmittelbar Auswirkungen auf die Positionierung des von ihm vertretenen Systems in seiner relevanten Umwelt hat, d.h. strategische Bedeutung besitzt.

Tendenziell kann der Funktion der Außenvertretung eine wachsende Bedeutung konstatiert werden. Bezüglich der unternehmensexternen Außenvertretung führen die Komplexität und Dynamik der wirtschaftlichen Umwelt, die gestiegene Bedeutung überbetrieblicher Kooperation sowie die veränderten gesellschaftlichen Ansprüche an betriebliches Handeln zu einem Bedeutungszuwachs in praktisch allen betrieblichen Bereichen mit Außenbezug. Betriebsintern wächst die Bedeutung der Außenvertretung im Zuge wachsender Unternehmensgrößen mit globalem Aktionsraum und der Auflösung starrer Informations- und Weisungsbeziehungen sowie traditioneller Organisationsformen der Arbeit.

Beispielsweise ist in teamartig strukturierten Fertigungsgruppen die formale Führungsrolle häufig reduziert auf die Funktion eines so genannten Gruppensprechers, d.h. die Funktion der Außenvertretung. Das hier Funktions- nicht zugleich Anspruchsreduzierung bedeutet, belegen negative Erfahrungen mit unbedacht ausgewählten Gruppensprechern in der Fertigungsindustrie.[501]

Ein besonderer Beleg für den Bedeutungszuwachs der Außenvertretungsfunktion ergibt sich mit Blick auf die Tendenz zur Entwicklung offener, dynamischer Kooperationsnetze anstelle längerfristig festgeschriebener Arbeitsbeziehungen. Wenige, relativ stabile Partnerbeziehungen werden abgelöst durch komplexe und in ihrer personellen Zusammensetzung je nach Problemstellung wechselnde (dynamische) Netzwerke.[502] Die Entwicklung hin zur inner- wie zwischenbetrieblichen (intra- wie interorganisationalen) Virtualisierung der Arbeitsbeziehungen erfordert in besonderer Weise Maßnahmen zur Förderung einer (lateralen) Kooperationskultur.[503]

In der modernen Vorstellung von dynamischen betrieblichen Arbeitsstrukturen scheint intcressanterweise eine archaische Funktion von Außenvertretung auf: Der Führer bringt seine eigene Gruppe, für die er verantwortlich ist, mit einer anderen Gruppe zusammen, um im größeren Verband eine allein nicht zu bewerkstelligende Aufgabe zu erfüllen (eine Gefahr abzuwenden).

2.11. Übersicht über Management-Arbeitstechniken im Personenbezug

In ihrem Personenbezug ist Führungsarbeit vor allem zielorientierte soziale Einflussnahme i.S. informierender, instruierender und motivierender Kommunikation. Der Führungskraft stehen hierfür Instrumente oder Werkzeuge zur Verfügung, deren Einsatz Sicherheit und Effizienz im sozialen Handeln deutlich verbessern können. Auch wenn der in diesem Zusammenhang häufig verwendete Begriff „Führungs*techniken*" dem Charakter einer hauptsächlich durch unmittelbare verbale und non-verbale Kommunikation geprägten Einflussnahme nicht ganz gerecht wird, steht doch die Bedeutung der instrumentellen Dimension im personenbezogenen Führungshandeln außer Frage. Anders als bei den im Sachbezug relevanten Management-Arbeitstechniken (siehe Kapitel C.III.1.3. und Abbildung C.III.2.) setzen Aneignung und Anwendung der im Personenbezug relevanten Instrumente häufig *Lernprozesse unter stärkerer Einbeziehung der Persönlichkeit der lernenden Füh-*

---

[501] Siehe z.B. den Hinweis auf die Änderung des Auswahlverfahrens für die Sprecher der Montagegruppen im Werk Eisenach der Firma Opel bei Gottschall/Hirn (1992), S. 205.

[502] Für einen Überblick siehe Sydow (1995). Siehe auch Kap. B.III.2.5. und C.IV.2.5.6.

[503] Siehe hierzu die Überlegungen bei Wunderer (1995), Sp. 1411 ff.; ders. (2003), S. 477 ff., und die dort genannte Literatur.

rungskraft voraus. Abbildung C.III.43 enthält eine Synopse von im Personenbezug der Führungsarbeit wichtigen Management-Arbeitstechniken.[504]

Führungsfunktion	Prozessstufe	Technik	
Techniken zur Unterstützung der personenbezogenen Führungsfunktionen	Personalführung	Sicherstellung der erforderlichen Humanressourcen	- Beratungs-/Fördergespräch - Beurteilungsgespräch mit Beurteilungsformular - Beurteilungsseminar (Assessment Center)	- Einführungscheckliste - Mitarbeiterbefragung
		Zielausrichtung und Aktivierung	- Anerkennungs- und Kritikgespräch - Auftragsblatt - Beurteilungsgespräch - Dienstbesprechung - Johari-Fenster - Konferenztechnik - Konflikthandhabungsgespräch - Metakommunikation	- Soziogramm - Strukturierte Unterweisung - Transaktionsanalyse - Vier-Seiten-Analyse der Kommunikation - Werte- und Entwicklungsquadrat - Zielvereinbarungsgespräch - 360-Grad-Feedback
	Prozessstufenübergreifend sind:		- Führungsrichtlinien/-grundsätze - Management by Objectives (MbO)	- Methode der Organisationsentwicklung (mit einer Reihe von Einzeltechniken wie Teamentwicklung, Sensitivity Training, Konfrontationssitzungen u.a.)
	Außenvertretung		- Konferenztechniken - Präsentationstechniken	- Techniken der Rhetorik und Dialektik - Verhandlungstechniken

Abb. C.III.43: Übersicht wichtiger Management-Arbeitstechniken zur Unterstützung der personenbezogenen Führungsfunktionen

Zur Wiederholung

1. Welche Merkmale kennzeichnen Führung als eine besondere Form sozialer Einflussnahme?
2. Definieren Sie den Begriff Personalführung.
3. Welche beiden Kernfunktionen der Personalführung werden in dem hier dargelegten Konzept herausgestellt?
4. Erläutern Sie die abgeleitete Personalführungsfunktion: Sicherstellung der erforderlichen Humanressourcen.
5. Inwiefern ist die Außenvertretung als Funktion der Personalführung zu sehen?
6. Ordnen Sie der materiellen, symbolischen und psychischen Ebene der Kommunikation jeweils spezifische Problemmöglichkeiten zu.

---

[504] Für eine eingehende Beschäftigung mit einzelnen Führungstechniken (Führungsinstumenten) steht eine Fülle von Spezialliteratur zu Verfügung. Für einen ersten Überblick siehe z.B. Weibler (2001), S. 346 ff.; Schmidt (1999); Rühli (1995).

7. Machen Sie sich anhand eines vorgestellten Gesprächsausschnitts klar, dass Kommunikation stets mehr ist als die bloße Übertragung einer sachlichen Mitteilung (Sachseite der Kommunikation).
8. Durch welche vier Bedingungskomplexe wird menschliches Verhalten bestimmt?
9. Definieren Sie die Begriffe Motiv und Motivation.
10. Welche Aussagen können die so genannten Inhaltstheorien der Motivation liefern?
11. Skizzieren Sie die beiden Faktorenarten in der Motivationstheorie von *Herzberg*.
12. Nennen Sie für jede der beiden Faktorenarten drei Beispiele (Einzelfaktoren).
13. Unterscheiden Sie intrinsische und extrinsische Motivation.
14. Welche Variablen sind zentral für die Beschreibung und Erklärung von Motivationsprozessen?
15. Definieren Sie Motivation als Ergebnis eines bestimmten Zusammenwirkens dieser Variablen.
16. Skizzieren Sie grafisch die Bestimmung der Leistung im Leistungsdeterminanten-Konzept von *Berthel*.
17. Welche Bedeutung kommt so genannten Bezugsrahmen der Führungsbeziehung zu?
18. Nennen Sie zehn Variablen, in denen die Wirksamkeit (Effizienz) von Führung zum Ausdruck kommen kann. Unterscheiden Sie dabei zwischen eher leistungsbezogen-ökonomischen und eher personenbezogen-sozialen Effizienzvariablen.
19. Erläutern Sie das Verhältnis der Begriffe Führungsverhalten und Führungsstil.
20. Beschreiben Sie sechs Merkmalsdimensionen, mit denen aus dem Führungsverhalten eines Managers unterschiedliche Führungsstile erkannt werden können.
21. Beschreiben Sie anhand dieser Merkmalsdimensionen Eigenschaften eines kooperativen Führungsstils.
22. Fassen Sie die Ergebnisse der Forschung zur Effizienz kooperativer Führung kurz zusammen.
23. Welchen Zusammenhang zwischen dem Vorgesetztenverhalten und dem Leistungsverhalten der Mitarbeiter stellt die Weg-Ziel-Theorie der Führung her?
24. Was kann ein(e) Vorgesetzte(r) tun, um (1) seinen (ihren) Mitarbeitern intrinsische Belohnungen zu ermöglichen, (2) bei den Mitarbeitern die wahrgenommene Wahrscheinlichkeit des Erreichens extrinsischer Belohnungen zu erhöhen?
25. Nennen Sie zwei potenzielle Substitute der Personalführung und erläutern Sie deren Wirkungsweise.
26. Durch welche Verhaltensweisen ist die so genannte „Transformative Führung" gekennzeichnet?
27. Erläutern Sie die Bedeutung und die konstituierenden Faktoren von Vertrauen in der Führungsbeziehung.
28. Was ist das Anliegen so genannter präskriptiver Führungskonzepte (-modelle)?
29. Was ist die Kernaussage des Führungskonzepts von *Blake/Mouton*?
30. Welcher Zusammenhang zwischen Führungsverhalten und Entwicklungsstand (Reifegrad) des Mitarbeiters wird in dem Führungskonzept von *Hersey/Blanchard* empfohlen?
31. Auf welches Merkmal von Führungsverhalten stellt das Führungskonzept von *Vroom/Yetton/Jago* ab?
32. Welche Zielkriterien (Effizienzvariablen) und welche Situationsmerkmale werden in dem Führungskonzept von *Vroom/Yetton/Jago* berücksichtigt?
33. Welche gesellschaftlichen Entwicklungen begründen die Forderung nach kooperativer Führung?

34. Welche grundsätzlichen Möglichkeiten zur betriebsweiten Sicherstellung kooperativer Führung hat das Top Management eines Betriebes?
35. Welcher Zusammenhang besteht zwischen der Autorität einer Führungskraft und ihrer Wahrnehmung der Außenvertretungsfunktion?
36. Nennen Sie jeweils zwei Beispiele für die vertikale, die innerbetriebliche laterale und die außerbetriebliche laterale Außenvertretung.
37. Beschreiben Sie besondere Problemaspekte der lateralen Außenvertretung.
38. Nennen Sie vier strukturelle und vier personelle Konfliktursachen im Rahmen der lateralen Außenvertretung.
39. Welche Fähigkeiten eines Managers sind bei der Wahrnehmung seiner Außenvertretungsfunktion besonders gefordert?
40. Welcher Zusammenhang besteht zwischen den Organisationsstrukturen eines Unternehmens und der Bedeutung der Außenvertretungsfunktion in diesem Unternehmen?
41. Worin ist der Bedeutungszuwachs der Außenvertretungsfunktion begründet?

IV. Spezifische Management-Funktionen

1. Strategieentwicklung: Die Positionierung des Unternehmens in seiner Umwelt

1.1. Theoretische Perspektiven als Ausgangspunkt der Strategieentwicklung

Theoretische Perspektiven der Strategieentwicklung beantworten die Frage, auf welche Weise sich die Wissenschaft mit Phänomenen einer strategischen Unternehmensführung auseinandersetzt.[505] Diese Betrachtungen erfolgen immer unter einer bestimmten Sichtweise, die auf die Wahl des Erkenntnisobjekts und die Interpretation der Realität Einfluss nimmt. Dementsprechend existiert eine Vielzahl an „forschungsleitenden Ideen",[506] die die Inhalte der Strategieentwicklung betrachten. Jede dieser Ausführungen trägt dazu bei, diese Inhalte besser zu verstehen.

Überlegungen zur Strategieentwicklung[507] sind seit ca. fünf Jahrzehnten fest in der unternehmerischen Praxis verankert. Sie betreffen in erster Linie die Entwicklung von Unternehmen und befassen sich mit Fragestellungen, wie z.B. Wahl des Produktprogramms, Positionierung gegenüber Wettbewerbern, Beschaffung knapper Ressourcen oder Organisation betrieblicher Strukturen. Im Rahmen dieser Fragestellungen stehen die Führungskräfte vor der Herausforderung, sich mit der Vielfalt der Ereignisse in Gegenwart und Zukunft auseinandersetzen zu müssen. Und diese Vielfalt ist so groß, dass von einer **prinzipiellen Unprognostizierbarkeit** der Entwicklung von Markt-, Kunden- und Wettbewerbsstrukturen auszugehen ist. Darüber hinaus sind die relevanten Aspekte dieser Entwicklungen oft auch noch **widersprüchlich**. Hinzu kommt noch, dass die Vielfalt der Ereignisse von den Führungskräften und Mitarbeitern unterschiedlich wahrgenommen und interpretiert wird. Diese **Mehrdeutigkeit** ist charakteristisch für Führungsprobleme. Als weiteres Problem ist die **mangelnde Zerlegbarkeit** komplexer Probleme zu nennen. Entscheidungssituationen sind oft durch nicht-lineare Wechselwirkungen charakterisiert. Diese Vernetztheit führt häufig zu Kettenreaktionen mit unbeabsichtigten Nebenwirkungen. *Müller-Stewens/Lechner* sprechen davon, dass „die täglichen Ereignisse wie Mosaiksteine (sind), die oft erst in ihrer Zusammensetzung ein verständliches Bild vermitteln, isoliert betrachtet jedoch wenig aussagen."[508]

---

[505] Vgl. Welge/Al-Laham (2003), S. 20.
[506] Bea/Haas (2005), S. 25.
[507] Siehe ausführlich z.B. Müller-Stewens/Lechner (2005); Bea/Haas (2005); Steimann/Schreyögg (2005); Welge/Al-Laham (2003); Macharzina (2003).
[508] Müller-Stewens/Lechner (2005), S. 16

Diese Probleme führen in Verbindung mit divergierenden inhaltlichen Schwerpunktsetzungen zu unterschiedliche Sichtweisen auf den Prozess der Strategieentwicklung, die dann auch zu unterschiedlichen Lösungsansätzen führen.[509]

Aus der Vielfalt der Literatur werden die Systematiken nach *Welge/Al-Laham* (2003) sowie die nach *Bea/Haas* (2005) hervorgehoben. Nach *Welge/Al-Laham* lassen sich drei zentrale theoretische Strömungen formulieren, die die Strategieentwicklung theoretisch fundieren:[510]

- rational-entscheidungsorientierte Perspektiven[511] (stärker betriebswirtschaftlich fundiert)
- ökonomische Perspektiven[512] (stärker volkswirtschaftlich fundiert)
- systemtheoretisch-evolutionäre Perspektiven[513] (stärker interdisziplinär fundiert).

Andere Systematiken unterscheiden einen

- marktorientierten Ansatz (market-based view),
- ressourcenorientierten Ansatz (resource-based view)[514] und einen
- evolutionstheoretischen Ansatz.[515]

Statt der evolutionstheoretischen Betrachtung stellt *Hahn* einen wertorientierten Ansatz (value-based view) zur Diskussion.[516] Welche wesentlichen Fragestellungen durch markt- und ressourcenorientierten Ansatz thematisiert werden, ist nachfolgender Abbildung C.IV.1 im Überblick zu entnehmen. Anschließend wird kurz auf wertorientierte und evolutionstheoretisch konzipierte Ansätze Bezug genommen.

---

[509] Mehrdeutigkeit von Führungsproblemen ist zum einen auf unterschiedliche Vorstellungen von Sichtweisen und Begrifflichkeiten der Beteiligten zurückzuführen. Zum anderen spielen aber auch Eigeninteressen eine Rolle. Diese resultieren u.a. daraus, dass Verantwortlichkeiten und Erfolgsmaßstäbe vage sind. Siehe zum Entscheidungsverhalten in der Betriebswirtschaftslehre auch Kap. C.III.1.4.2.1.

[510] Vgl. Welge/Al-Laham (2003), S. 22.

[511] Vgl. Ansoff (1965); in einer Zusammenfassung Welge/Al-Laham (2003), S. 23-35. Kritische Anmerkungen hierzu siehe Mintzberg/Ahlstrand/Lampel (1999).

[512] Eine ausführliche Darlegung ist bei Welge/Al-Laham (2003), S. 35-53 sowie der dort angegebenen Literatur zu finden. Siehe auch Porter (1999), (2000); im Überblick zu Knyphausen-Aufseß (1995).

[513] Vgl. im Überblick ausführlich Welge/Al-Laham (2003), S. 53-71 und die dort angegebene Literatur. Siehe auch Bea/Haas (2005), S. 31 ff.; Bea/Göbel (2006); S. 437 ff.; Kirsch (1997), (1996); Ulrich (1984); Bleicher (2004); Müller-Stewens/Lechner (2005); Hannan/Freeman (1977), (1984).

[514] Zum ressourcenorientierten Ansatz siehe auch ausführlich Kap. C.IV.1.3.3.1.3.

[515] Vgl. Bea/Haas (2005), S. 25 ff.

[516] Vgl. Hahn (1998), S. 563-579.

Beurteilungs-kriterium	Marktorientierter Ansatz	Ressourcenorientierter Ansatz
Basis des Wettbewerbs	Wettbewerb zwischen heutigen Produkten	Wettbewerb um den Aufbau von Kernkompetenzen, die eine Palette noch unbekannter zukünftiger Produkte ermöglicht
Unternehmensstruktur	Portfolio von Produkt-Markt-Kombinationen	Portfolio von Kernkompetenzen, Kernprodukten und Endprodukten
Status der strategischen Geschäftseinheiten (SGE)	Autonomie und Wert-Center mit der Folge von - Bereichsegoismen - Entscheidungsorientierung an eigener SGE - Gefahr der Beschränkung auf SGE-spezifische Innovationen	Primär Speicher von Ressourcen und Fähigkeiten des Gesamtunternehmens (Center of Competence) und erst sekundär Autonomie und Wert-Center
Umgang mit Ressourcen	Verteilung von finanziellen Ressourcen auf die SGE	- Verteilung von finanziellen Ressourcen und Humankapital auf die SGE und Kernkompetenzen - Integration von Ressourcen - Vervielfältigung der Wirkung von Ressourcen
Wertschöpfung des Top Managements	Optimierung des Shareholder Value für das Unternehmen durch Gestaltung des SGE-Portfolios unter Berücksichtigung der jeweiligen Lebenszyklen (Portfolio-Management)	Identifikation, Entwicklung, Integration, Nutzung und Transfer von Kernkompetenzen (Kernkompetenz-Management)
Konkurrenzgrundlage	Produktbezogene Kosten-, Differenzierungs- und Spezialisierungsvorteile	Ausnutzung von unternehmensweiten Kernkompetenzen
Charakter des Wettbewerbsvorteils	- zeitlich befristet - erodierbar - geschäftsspezifisch - wahrnehmbar	- dauerhaft - schwer angreifbar - transferierbar in andere Geschäfte - verborgen
Strategiefokus	Tendeziell defensiv: Ausbau und Verteidigung bestehender Geschäfte und Anpassung der Strategie an Wettbewerbskräfte (Fit)	Tendenziell offensiv: Weiterentwicklung alter und Aufbau neuer Produkte und Märkte durch Kompetenztransfer; offensive Beeinflussung der Wettbewerbskräfte (Stretch)
Planungshorizont	Eher kurz- und mittelfristig	Betont langfristig

Abb. C.IV.1: Vergleich von markt- und ressourcenorientierter Sicht in der Strategieentwicklung
Quelle: in Anlehnung an Prahalad/Hamel (1990), S. 86; Krüger/Homp (1997), S. 63

Die strategische Grundrichtung der wertorientierten Sichtweise (value-based view) entspricht einer kapitalwertorientierten Unternehmensführung. Diese hat zum Ziel, den Wert des Unternehmens im Sinne der Vergrößerung des Eigenkapitalwertes (Shareholder Value) zu erhöhen. Über eine angemessene Verzinsung des Eigenkapitals hinaus soll der Wert des Unternehmens wachsen. Dieser Wertzuwachs steht dabei nach der amerikanischen Managementtheorie und -praxis allein den Shareholdern zu. Nach europäischem Verständnis haben sowohl Eigenkapitalgeber als auch Führungskräfte und Mitarbeiter Anspruch auf dieses wirtschaftliche Ergebnis.[517] Wertsteigerung lässt sich über Markt- und Ressourcenorientierung erreichen. Sollen über die Marktorientierung primär Wettbewerbsvorteile durch systematische Analyse der Wettbewerber und der unternehmenseigenen Wertkette sowie der Konkurrenten erreicht werden, wird mit der Ressourcenorientierung eher die Schaffung besonderer Nutzenvorteile für den Kunden aufgrund der Einzigartigkeit von Ressourcen im Sinne einer spezifischen Bündelung von Potenzialen und Fähigkeiten (so genannte Kernkompetenzen) betont. Heute werden diese Aspekte nicht mehr einzeln als strategische Grundausrichtung betrachtet, sondern es wird deren Verbund empfohlen. Es geht darum, wechselseitig die Beziehungen zwischen Markt-, Ressourcen- und Wertaspekt zu beachten. Als integrierende, koordinierende und dominierende Komponente betrachtet *Hahn* dabei das Wertsteigerungskonzept.[518]

Evolutionstheoretisch konzipierte Ansätze betrachten ein Unternehmen dagegen als Spielball der Umwelt.[519] Aufgrund der Komplexität und Dynamik von Unternehmen und Umwelt ist ein Unternehmen nur begrenzt steuerbar. Unternehmensführung mit Hilfe eines Planes ist hier wenig geeignet, Wettbewerbsvorteile zu generieren. Vielmehr sollen über Versuchs-Irrtums-Prozesse Lernaktivitäten im Unternehmen ausgelöst werden. Selbstorganisationsprozesse sollen im Unternehmen dazu beitragen, dass sich das Unternehmen erfolgreich im Wettbewerb behaupten kann.

Neben den dargestellten Theorieansätzen existiert eine Reihe von empirischen Arbeiten, die untersuchen, wie Strategieprozesse in Unternehmen tatsächlich verlaufen. Im Rahmen dieser Arbeiten rücken normative Aussagen in den Hintergrund der Betrachtung, vielmehr geht es um die Beschreibung und Erklärung tatsächlicher unternehmerischer Sachverhalte. Diese **empirischen Forschungen** lassen sich differenzieren in Arbeiten, die eher den *Strategieinhalt* (Strategy Content-Forschung) oder eher den *Strategieprozess* (Strategy Process-Forschung) in den Mittelpunkt stellen.[520]

Die **Strategieinhaltsforschung** betrachtet primär interne Aspekte der Strategieentwicklung. Insbesondere wird die Strategie selbst als Ergebnis des Strategieprozesses auf ihren Erfolgsbeitrag hin untersucht. So wird u.a. erforscht, wie sich Diversifikationsstrategien, Internationalisierung und

---

[517] Vgl. Hahn (1998), S. 567; Hahn (1997), S. 303-323.
[518] Vgl. Hahn (1998), S. 568., Siehe hierzu auch ausführlich Literatur zu Wertsteigerungsaspekten z.B. Rappaport (1999); Günther (1997); Bea (1997); Bühner (1994).
[519] Vgl. im Überblick ausführlicher Bea/Haas (2005), S. 31 ff.; Müller-Stewens/Lechner (2005), S. 153 ff.; 552 f.
[520] Vgl. Jenner (2003); im Überblick ausführlich zur Strategieprozessforschung Welge/Al-Laham (2003), S. 73-93 und die dort angegebene Literatur.

Globalisierung, strategische Allianzen, Joint Ventures u.a. Strategieinhalte auf den Unternehmenserfolg auswirken.

Die **Strategieprozessforschung** untersucht, wie sich Strategien in Unternehmen tatsächlich bilden. Innerhalb dieser Forschungsrichtung lassen sich wiederum zahlreiche theoretische Strömungen feststellen. Beispielhaft seien hier die *Forschungen zu strategischen Veränderungsprozessen und die zu strategischen Entscheidungsprozessen* genannt.[521] Erstere interpretieren Strategieprozesse als Prozesse, die durch Macht, Konflikt und Verhandlung geprägt sind. So können Aspekte wie z.B. der Führungsstil und die Unternehmenskultur als interne Einflussfaktoren und Entwicklungen im politisch-rechtlichen, sozio-kulturellen sowie wettbewerblichen Unternehmensumfeld als externe Einflussfaktoren die Unternehmensentwicklung beeinflussen. Im Sinne der Forschungsrichtung werden Handlungen untersucht, die darauf ausgerichtet sind, „to move the firm from its present to ist future state."[522] Gemeint sind strategische Maßnahmen, die Einfluss auf Unternehmensgesamt-, Geschäftseinheiten- und Funktionbereichsstrategien haben.

Letztere Forschungen betrachten Strategieprozesse als Abfolge strategischer Entscheidungen und untersuchen das Entscheidungsverhalten.[523] Insbesondere geht es um die Beantwortung der Frage, ob und in welchem Ausmaß Beteiligte am Entscheidungsprozess ihren Entscheidungen ein rationales Verhalten zugrunde legen. Aufgrund der begrenzten Informationsverarbeitungskapazität des Menschen darf die Rationalitätsannahme bezweifelt werden.[524] Auch wirken z.B. unklare Problemdefinitionen, Reduzierung von Unsicherheit, Koalitionenbildung und nachträglich rationalisierende Verhaltensweisen auf das individuelle Entscheidungsverhalten ein. Andere Vertreter interpretieren das Ergebnis einer Entscheidung sogar als zufälligen Prozess (Mülleimer-Modell der Entscheidung)[525] und nicht als Ergebnis eines Wahlaktes. Diese Zufälligkeit wird insb. in den Untersuchungsergebnissen der anglo-amerikanischen Forschung immer wieder deutlich hervorgehoben. So dominiert dort die Sichtweise, dass Strategieprozesse eher unstrukturiert sind, evolutionär verlaufen und sich einem aktiven Prozessmanagement entziehen. Die Empirie zu Strategieprozessen in deutschen Unternehmen zeigt dagegen andere Ergebnisse auf.[526] So zeichnen sich hier die Strategieprozesse durch eine hohe Strukturiertheit, eine hohe Anzahl Beteiligter, einen hohen Spezialisierungsgrad und eine stringente Phasenfolge aus. *Welge/Al-Laham* sehen die Ursachen in den unterschiedlichen Managementkulturen und -philosophien amerikanischer und deutscher Unternehmen.[527] So ist das Managementverständnis in deutschen Unternehmen eher bürokratisch, rational und strukturorientiert.

---

[521] Vgl. ausführlich Welge/Al-Laham (2003), S. 73 ff., 83 ff.
[522] Pettigrew (1987), S. 5.
[523] Vgl. ausführlich Welge/Al-Laham (2003), S. 83 ff. und die dort angegebene Literatur.
[524] Vgl. Simon (1957).
[525] Vgl. Cohen/March/Olsen (1972); Macharzina (2003), S. 538 ff.; Bleicher (1981).
[526] Vgl. Al-Laham (1997).
[527] Vgl. Welge/Al-Laham (2003), S. 92.

1.2. Strategiebegriff

Werden Strategiedefinitionen in der Literatur systematisiert, wird ersichtlich, dass kein einheitliches Verständnis über den Begriff der Strategie vorliegt. Nach *Welge/Al-Laham* legt jeder Autor unterschiedliche Vorstellungen über Inhalt und Reichweite des Strategiebegriffs zugrunde.[528] Einigkeit besteht allerdings in Bezug auf die historischen Wurzeln des Strategiebegriffs. Hier ist Strategie begrifflich als „Kunst der Heeresführung" aus dem militärischen Bereich abgeleitet und hebt in der Ausrichtung auf grundsätzliche und tendenziell langfristige Ziele vom Alltagsdenken und Alltagshandeln, damit also vom *operativen Geschäft* ab. Übertragen auf die Betriebswirtschaftslehre bringen nach *Kreikebaum* „Unternehmensstrategien zum Ausdruck, wie ein Unternehmen seine vorhandenen und seinen potenziellen Stärken einsetzt, um Veränderungen der Umweltbedingungen zielgerichtet zu begegnen".[529] Damit sind herausragende Funktionen einer Strategie

- die Konzentration auf übergeordnete unternehmensleitende Ziele, und damit Konzentration auf das Gesamtunternehmen
- der Einsatz vorhandener und potenzieller Stärken (ausgerichtet auf den Auf- und Ausbau von Erfolgspotenzialen; das sind die zukünftigen Erfolgsträger eines Unternehmens)
- die Ausrichtung auf Umweltveränderungen.

Als **Bestandteile betrieblicher Strategien** können angesehen werden:[530]

- Analyse der strategischen Ausgangsposition (Analyse der Umwelt- und Unternehmenssituation)
- Bestimmung der zukünftigen Stellung des Unternehmens in seiner Umwelt (in der allgemeinen und in der Wettbewerbsumwelt)
- Auswahl der Technologie und Entwicklung von Fähigkeiten und Ressourcen zur Abhebung von der Konkurrenz (Erringung von Wettbewerbsvorteilen)
- Festlegung von Kriterien und Standards zur Erfolgsmessung.

Diese vorab dargestellten Funktionen und Bestandteile von Strategien deuten an, warum es eine Vielfalt an Strategiedefinitionen gibt. Insbesondere ist die Komplexität strategischer Phänomene eine Ursache dieser Vielfalt. So beinhaltet die Strategieentwicklung die Integration der verschiedenen Wertschöpfungsfunktionen in einem Unternehmen im Hinblick auf eine übergeordnete Strategie. Auch erstreckt sich die Strategieentwicklung auf unterschiedliche organisatorische Ebenen: Funktionsbereiche, Geschäftsbereiche und Unternehmensgesamtsicht sind aufeinander abzustimmen und strategisch auszurichten.[531] Zur Systematisierung des unterschiedlichen Strategieverständnisses werden im Folgenden das klassische Strategie-

---

[528] Vgl. Welge/Al-Laham (2003), S. 12
[529] Kreikebaum (1991), S. 25.
[530] Vgl. hierzu auch Bea/Haas (2005), S. 151 f.; Hinterhuber (2004a), S. 111 ff.
[531] Vgl. Welge/Al-Laham (2003), S. 12 f.

verständnis im Sinne eines rational geplanten Maßnahmebündels und das der Schule um *Mintzberg*, welche Strategie als Grundmuster in unternehmerischen Entscheidungen und Handlungen begreift, dargestellt.

Vertreter des klassischen Strategieverständnisses definieren Strategie als ein *geplantes Maßnahmenbündel zur Sicherung des langfristigen Unternehmenserfolges*.[532] Im Rahmen dieses Verständnisses wird davon ausgegangen, dass eine Strategie das Ergebnis formaler, rationaler Planungen ist. Die Unterscheidung verschiedener organisatorischer Ebenen im Unternehmen führt dazu, dass Strategien in einem hierarchischen Verhältnis stehen, weil entsprechende Entscheidungskompetenzen organisatorisch zugeordnet werden. So ist das Top-Management vorrangig für die Festlegung der Unternehmenspolitik (siehe Kapitel C.II.1.) und die Planung strategischer Ziele verantwortlich, Aufgabe des Geschäftsbereichsmanagement ist es, entsprechende Strategien auszuarbeiten und umzusetzen. Vom Management auf funktionaler Ebene sind dann schließlich die konkreten Maßnahmenprogramme zu planen und umzusetzen. Im Sinne eines solchen hierarchischen Konstrukts[533] lässt sich eine Strategiepyramide ableiten (siehe Abbildung C.IV.2).

Diese Sichtweise, wonach Strategien komplexe Maßnahmebündel darstellen und rational geplant werden können, dominiert nach wie vor die Wissenschaft und Praxis.[534] Im Sinne einer idealtypischen Strategieformulierung hat diese Sichtweise auch ihre Berechtigung. Dieser Strategiebegriff wird insbesondere auch den Ausführungen in Kapitel C.IV.1.3.4.4. zugrunde gelegt.

Allerdings werden zunehmend Gegenpositionen vertreten. Vertreter der Gegenposition argumentieren, dass die Dynamik des Unternehmenswandels es immer schwieriger werden lässt, Strategien im Sinne komplexer Maßnahmenbündel zu formulieren. Vielmehr zeigt die Realität, dass zwischen beabsichtigten und realisierten Strategien zu unterscheiden ist.[535] *Beabsichtigte Strategien* (intended strategies) können als Richtlinien zur Lösung künftiger Entscheidungsprobleme verstanden werden. *Realisierte Strategien* (realized strategies) sind die sich erst im Nachhinein in den Unternehmensaktivitäten abzeichnenden Grundmuster. Je nachdem, ob beabsichtigte Strategien realisiert werden oder nicht, ergeben sich drei Strategiemuster.

---

[532] Vgl. Chandler (1962), S. 23; Bea/Haas (2005), S. 51; Welge/Al-Laham (2003), S. 13; Macharzina (2003), S. 235.
[533] Vgl. Barney (1997), S. 10 ff.; Macharzina (2003), S. 235 ff.
[534] Vgl. Bea/Haas (2005), S. 51 f.; Macharzina (2003), S. 235.
[535] Vgl. Mintzberg (1978), S. 945 f.; Macharzina (2003), S. 239.

Abb. C.IV.2: Strategiepyramide
Vgl. auch Barney (1997), S.11

Geplante Strategien (deliberate strategies) sind beabsichtigte Strategien, die realisiert werden. Diese Strategien sind als bewusst gestaltete Maßnahmenbündel aufzufassen. Strategien, die beabsichtigt sind, aber nicht umgesetzt werden, sind so genannte *unrealisierte Strategien* (unrealized strategies). Gründe hierfür können in unrealistischen Erwartungen, Fehlbeurteilungen der Umwelt u.a. liegen. Werden Strategien realisiert, die nicht intendiert waren, liegen *unbeabsichtigte Strategien* (emergent strategies) vor. Emergente Strategien entspringen keiner formalen strategischen Analyse und keiner expliziten Formulierung von Strategien. Einzelmaßnahmen, die im Laufe der Zeit getroffen worden sind, formulieren sich (rückblickend betrachtet) zu einem bestimmten Muster in einem Strom von Entscheidungen und Handlungen. Als Ursachen hierfür lassen sich die Komplexität und Dynamik der Unternehmensumwelt, der Charakter des politischen Entscheidungsprozesses in Unternehmen oder die beschränkte Problemlösungskapazität des Einzelnen nennen (Grenzen der Planbarkeit).

Diese Grundmuster leiten sich nach *Mintzberg*[536] aus einem unterschiedlichen Strategieverständnis der Praxis ab. Strategien können als Pläne (Plan), List (Ploy), Muster (Pattern), Positionierungen (Position) und Denkhaltung (Perspective) betrachtet werden. Um den genannten Intentionen unternehmerischer Strategien zu genügen, ist eine bestimmte **Denkhaltung** und Einstellung erforderlich, ohne welche die Strategien erfolglos blieben. Strategisches Denken ist vor allem „*Richtungsdenken*" und Konzentration im Hinblick auf Sachverhalte außerhalb des eigenen Führungs-und Einflussbereiches sowie auf die oft schwer einzugrenzenden

---

[536] Vgl. Mintzberg (1987), S. 11-24.

Strategiebegriff	Inhalt des Strategiebegriffs
Plan (plan)	Weg-Ziel-Beschreibung in dem Sinne, was ein Unternehmen erreichen und wie es dies realisieren will
List (ploy)	Spielzug im Wettbewerb mit den Konkurrenten in dem Sinne, welche Winkelzüge Unternehmen einschlagen
Muster (pattern)	Erkennen von Mustern in den Entscheidungen und/oder Handlungen eines Unternehmens in dem Sinne, ob Regelmäßigkeiten in den Entscheidungen und/oder Handlungen ableitbar sind
Positionierungen (position)	Platzierung im Markt im Sinne einer spezifischen Markt- und Wettbewerbsposition
Denkhaltung (perspective)	Wahrnehmung und Rekonstruktion der Unternehmensumwelt durch das Unternehmen im Sinne einer eigenen Weltanschauung

Abb. C.IV.3: Fünf Verwendungsarten des Strategiebegriffs nach Mintzberg (5 P's of Strategy)
Quelle: Mintzberg (1987)

übergeordneten Ziele des Unternehmens.[537] Strategisches Denken ist aber auch „*Ganzheitsdenken*", indem bei der Strategieentwicklung und Strategieverfolgung das Unternehmen in ganzheitlicher Sicht thematisiert werden muss (strategisches Management). Der Ansatz von *Mintzberg* verdeutlicht insbesondere, dass das Management die Aufmerksamkeit nicht nur auf den formalen Planungs- und Strategieaspekt zu richten hat, sondern auch für weiche, unspezifizierte Phänomene offen bleiben sollte.[538]

Das *Ganzheitsdenken* steht in Zusammenhang mit der Überlegung, dass alle Lebensvorgänge und Daseinsformen nach einer ganzheitlichen (holistischen; griech. „*holos*"; ganz) Ausgestaltung streben und ganzheitlich zu interpretieren sind. Ansätze dieser philosophischen Denkrichtung, dem so genannten **Holismus**, sind unter anderem in der Biologie, der Physik, der Psychologie, aber auch in der Medizin (z.B. Homöopathie) und zunehmend in der Ökologie festzustellen.

Zusammenfassend lässt sich festhalten, dass den Folgeausführungen schwerpunktmäßig der formale Strategiebegriff zugrunde liegt. Zusammen mit der idealtypischen Konzeption des Strategieentwicklungsprozesses lässt sich die Fähigkeit zur Erkennung strategischer Phänomene trainieren. Der Umgang mit emergenten Strategiephänomenen ist erst dann realisierbar, wenn die entsprechenden Voraussetzungen gelegt worden sind.

Desweiteren wird der Strategieentwicklungsbegriff hier in einem weiten Sinn als Prozess definiert, in dessen Mittelpunkt die Formulierung *und* die Umsetzung von Strategien im Unternehmen steht.[539] Die vielfältigen Aktivitäten der Strategieformulierung und -umsetzung stehen dabei in einem sachlogischen Zusammenhang und müssen daher in einer gewissen Reihenfolge durchlaufen werden. Allerdings wird die theoretische Identität dieses Konzepts in der Literatur als verschwommen

---

[537] Vgl. Gälweiler (1987), S. 66 f.
[538] Vgl. Welge/Al-Laham (2003), S. 18.
[539] Vgl. auch Welge/Al-Laham (2003), S. 19.

bezeichnet.[540] Dieser unbefriedigende Status ist nach *Bea/Haas* auf die *Komplexität des Forschungsgegenstandes, dessen Dynamik, methodischen Schwierigkeiten, Fragwürdigkeit von Gesetzen* sowie den *Einfluss des Forschers* zurückzuführen.[541] Unabhängig von der geführten Diskussion in Theorie und Praxis wird das in der Literatur mehrheitlich genutzte Prozessmodell für die Strategieentwicklung als Basis für die weiteren Ausführungen herangezogen (siehe Abbildung C.IV.4). Dieses Modell hat die Aufgabe, die vielfältigen Aktivitäten der Strategieentwicklung zu ordnen, zu systematisieren und in eine gewisse Reihenfolge zu bringen.[542] In diesem Verständnis hat der **Strategieentwicklungsprozess** vier unterscheidbare Phasen:

– die **Phase der Zielbildung**, in der, aufbauend auf der Unternehmensphilosophie, strategische Zielsetzungen entwickelt werden
– die **Phase der strategischen Analyse**, in der Unternehmens- und Umweltanalyse sowie Prognose und Frühaufklärung thematisiert werden
– die **Phase der Strategieformulierung**, in der die Formulierung, Bewertung und Auswahl von Strategien erfolgt und
– die **Phase der Strategieimplementierung**.

Dieser Prozess ist nun nicht als eine strikte top-down vorgegebene Abfolge von Phasen, sondern als iterativer Prozess zu verstehen, indem eine Vielzahl von Rückkopplungen und Überlappungen stattfinden. Darüber hinaus bleibt festzuhalten, dass der Strategieprozess durch eine Kontrollphase abschließend betrachtet und durch ein prozessbegleitendes strategisches Controlling unterstützt wird.[543] Die Ausführungen zu den einzelnen Phasen werden sowohl die theoretische Konzeption als auch die tatsächliche Vorgehensweise in der Praxis durch Darstellung empirischer Befunde beinhalten.

---

[540] Vgl. Klaus (1987), S. 50.
[541] Vgl. Bea/Haas (2005), S. 33 ff.
[542] Vgl. u.a. Bea/Haas (2005), S. 50 ff.; Welge/Al-Laham (2003), S. 95 ff.; Steinmann/Schreyögg (2005); Macharzina (2003). Zur Strategieentwicklung in Nonprofit-Organisationen siehe Horak/Matul/Scheuch (1999), S. 153-178.
[543] Vgl. u.a. Baum/Coenenberg/Günther (1999); Al-Laham (1997).

Strategiebegriff

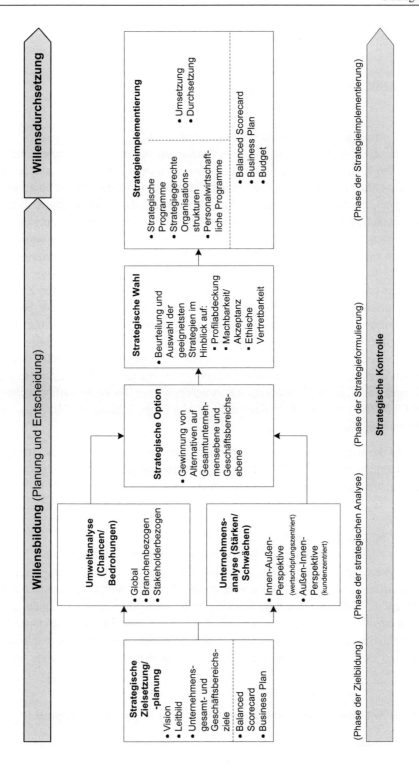

Abb. C.IV.4: Strategieentwicklungsprozess

1.3. Prozess der Strategieentwicklung

1.3.1. Strategische Zielplanung

1.3.1.1. Planung und Ermittlung strategischer Ziele
Strategische Ziele sind genereller Art und leiten sich aus der Unternehmensphilosophie ab. Im Rahmen der strategischen Zielformulierungsphase werden die generellen Ziele näher spezifiziert und geordnet. Ihrer Formulierung kommt eine hohe Bedeutung zu, da die Ziele die langfristige Entwicklung des Unternehmens festlegen. In der klassischen Sichtweise werden Ziele definiert als normative Vorstellungen über einen zukünftigen Zustand des Unternehmens, der im Ergebnis von Entscheidungen erreicht wird.[544] Ziele haben dabei eine Selektions-, Orientierungs-, Steuerungs-, Koordinations-, Motivations- und Anreiz-, Bewertungs- sowie Kontrollfunktion (siehe ausführlich Kapitel C.III.1.4.1.3.1.). Allerdings werden Zielinhalte strategischer Art in Literatur und Praxis wenig einheitlich diskutiert. Neben der Zielsetzung Existenzsicherung sind hier die Erhöhung der Flexibilität und Unabhängigkeit eines Unternehmens, aber auch die Maximierung der Kapitalrendite (ROI) oder die Erhöhung des Shareholder Value zu nennen. In der Praxis finden sich neben den finanziellen Zielinhalten auch nicht-finanzielle Zielsetzungen wie z.B. Kunden- und Marktorientierung, das Anstreben einer Technologieführerschaft oder die Schaffung von Produktinnovationen, Vertrauensbildung zu Mitarbeitern, Lieferanten und Kunden u.ä.

Gegenstand der folgenden Ausführungen ist die Diskussion von Zielinhalten strategischen Charakters. Anschließend wird der Frage nachgegangen, welche Interessen bei der Planung strategischer Ziele zu berücksichtigen sind.

1.3.1.2. Inhaltliche Betrachtungen
Das oberste Ziel der Strategieentwicklung ist die Sicherung der langfristigen Überlebensfähigkeit des Unternehmens, das so genannte Existenzsicherungsziel.[545] Operationalisiert wird dieses globale Ziel in der deutschsprachigen Literatur durch das Konzept der **Erfolgspotenziale** von *Gälweiler*. Nach *Gälweiler* wird unter dem Erfolgspotenzial „... das gesamte Gefüge aller jeweils produkt- und marktspezifischen erfolgsrelevanten Voraussetzungen, die spätestens dann bestehen müssen, wenn es um die Erfolgsrealisierung geht"[546] verstanden. Erfolgspotenziale eines

---

[544] Vgl. Heinen (1966), S. 45.
[545] Vgl. u.a. Al-Laham (1997), S. 401; Barney (1997), S. 34 f.; Hentze/Brose/Kammel (1993), S. 134.
[546] Gälweiler (1990), S. 26.

Unternehmens stellen so genannte Vorsteuergrößen dar. Vorsteuergrößen sollen **Wettbewerbsvorteile** generieren und damit letztendlich die langfristigen Unternehmensziele realisieren. Bestimmt werden Erfolgspotenziale durch das Marktpotenzial (*externe Erfolgspotenziale*) und das Kosten- und Leistungspotenzial (*interne Erfolgspotenziale*) des Unternehmens. Sie zeigen sich z.B. in überdurchschnittlichen Marktanteilen oder Kosten-, Qualitäts-, Image- und Distributionsvorteilen.[547] Allerdings wirken Erfolgspotenziale nicht von allein, sondern werden erst erfolgswirksam, wenn es gelingt, sie zu mobilisieren. So ist die stärkste Innovationsfähigkeit eines Unternehmens nutzlos, wenn die Kunden in einem bestimmten Marktsegment oder Land auf bestimmte Innovationen keinen Wert legen. Hier wird bereits auch deutlich, dass zur Realisierung von Erfolgspotenzialen im Allgemeinen Zeit benötigt wird. Darüber hinaus werden sowohl die finanz- als auch die erfolgswirtschaftliche Situation des Unternehmens beeinflusst.[548] So reduzieren Mittel zum Aufbau von Erfolgspotenzialen die kurzfristige Liquidität und den operativen Erfolg eines Unternehmens. Umgekehrt fehlen Mittel zum Aufbau von Erfolgspotenzialen, wenn ein Unternehmen kurzfristig Liquidität und Gewinn realisiert. *Gälweiler* spricht den Erfolgspotenzialen damit eine „**Vorsteuerfunktion**" für die operativen Steuerungsgrößen Erfolg und Liquidität zu.

Allerdings ist die Definition der Erfolgspotenziale wenig präzise, um konkrete Aussagen darüber treffen zu können, welche Bereiche im Unternehmen Erfolgs- und/oder Misserfolgspotenziale darstellen. Auch sind die Messbarkeit von Erfolgspotenzialen sowie die Auswirkung der Potenziale auf den operativen Erfolg konzeptionell unklar. Das **Konzept der Erfolgsfaktoren** versucht dementsprechend, Erfolgspotenziale zu operationalisieren und damit letztendlich durch das Management steuerbar zu machen. Strategische Erfolgsfaktoren konkretisieren Erfolgspotenziale und sind solche Faktoren, die den Erfolg oder Misserfolg eines Unternehmens direkt beeinflussen.[549] Abbildung C.IV.5 systematisiert interne und externe Erfolgsfaktoren und deren Zuordnung zu Erfolgspotenzialen.

---

[547] Vgl. Fischer (1993), S. 16.
[548] Vgl. Gälweiler (1990), S. 29 ff.
[549] Vgl. Fischer (1993), S. 18; Breid (1994), S. 37.

Strategieentwicklung

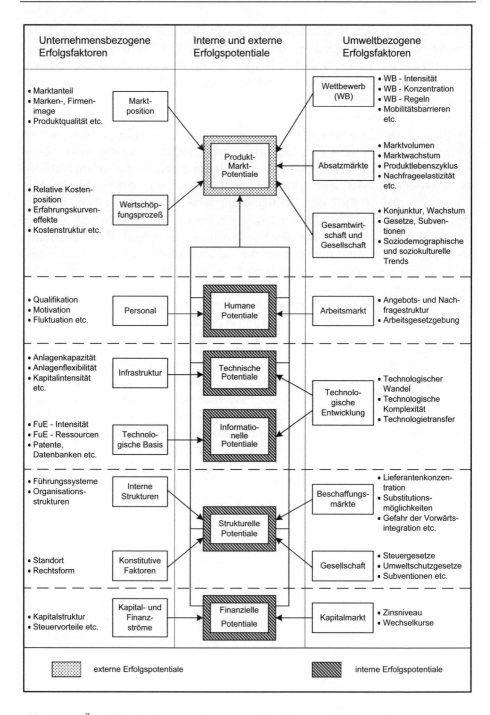

Abb. C.IV.5: Überblick über interne und externe Erfolgsfaktoren und Erfolgspotenziale
Quelle: Breid (1994), S. 37

Allerdings erweist sich eine Abschätzung der Veränderung von Erfolgsfaktoren und deren Auswirkung auf Erfolgspotenziale und Erfolg als schwierig.[550] Obwohl die Forschung zum strategischen Management seit langem nach generellen Erfolgsfaktoren von und für Unternehmen sucht, lassen sich noch keine abschließenden Befunde feststellen. Determinanten für den Erfolg eines Unternehmens zu kennen, ist wünschenswert, allerdings ist es fraglich, ob eine Auflistung von Erfolgsfaktoren im Sinne einfacher Erfolgsgesetze hilfreich ist. Verhalten sich Unternehmen im Sinne dieser Erfolgsgesetze alle gleich, so würden sie ihre Einzigartigkeit aufgeben. Dennoch thematisiert die empirische Erfolgsfaktorenforschung explizit Fragestellungen, die fundierte Gesetzmäßigkeiten über den Einfluss von Erfolgsfaktoren auf den strategischen Erfolg von Unternehmen ableiten. Welche Erkenntnisse hier erzielt wurden, stellen die Ausführungen am Ende dieses Abschnitts vor.

Im Folgenden soll vielmehr der konkreten Frage nachgegangen werden, welche Größen den Erfolg eines Unternehmens aus strategischer Sicht abbilden. Vorgestellt werden die klassische Gewinnmaximierungsthese sowie im Überblick gegenwärtige Konzepte der wertorientierten Unternehmensführung, die die Maximierung von Shareholder Value anstreben.

Die Erfolgsmaßstäbe des strategischen Managements haben sich im Zeithorizont verändert. Die klassische betriebswirtschaftliche Zieldiskussion thematisiert die **Gewinnkonzeption**. Dieses Konzept findet seine Ausprägung im *Betriebsergebnis* oder *Jahresüberschuss*, dargestellt in absoluten Größen, oder ausgedrückt in Verhältniszahlen als relative Größen wie z.B. die *Umsatzrentabilität* (UR, ROS), *Return on Investment* (ROI) oder *Eigenkapitalrentabilität* (EKR, ROE). Allerdings wird in den letzten Jahren zunehmend Kritik an der Verwendung jahresabschlussbasierter Gewinngrößen als Ziel- und Steuerungsparameter geübt. Argumentiert wird, dass diese Größen zur Beurteilung des strategischen Erfolgs von Unternehmen nicht brauchbar seien. Als Begründungen werden angeführt:[551]

(1) Ansatz- und Bewertungswahlrechte, die die Anwendung unterschiedlicher Abschreibungsmethoden (linear, degressiv, progressiv etc.) gestatten und verschiedene Möglichkeiten zur Aktivierung und Abschreibung bestimmter Aufwendungen ermöglichen
(2) Mangelnde Berücksichtigung von Investitionserfordernissen, die sich darin äußert, dass Investitionen in das Anlage- und Umlaufvermögen zunächst gewinnneutral sind und erst über ihre Periodisierung auf den Gewinn wirken
(3) Fehlende Berücksichtigung des Zeitwertes des Geldes
(4) Verzerrung von Erfolgskennzahlen aufgrund der Altersstruktur des Anlagevermögens sowie durch Leasing

---

[550] Vgl. hierzu ausführlich Welge/Al-Laham (2003), S. 126 ff.
[551] Vgl. Günther (1997), S. 50 ff.

(5) Problemfelder des ROI-Konzepts, die sich in einem Anstieg des finanziellen Risikos und einem Anreiz zur Unterinvestition äußern können
(6) Mangelnde Korrelation zwischen jahresabschlussorientierten Kennzahlen und der Wertentwicklung am Kapitalmarkt.

Aber auch die Anknüpfung der Leistungsbeurteilung in Form der Belohnung von Entscheidungsträgern an jahresabschlussorientierten Zielmaßstäben führt dazu, dass Anreize falsch gesetzt werden. So kann eine einseitige Orientierung des Managements am operativen Erfolg dazu führen, dass strategische Investitionen in Forschung und Entwicklung oder Werbemaßnahmen unterlassen werden, da diese nicht aktivierbare, immaterielle Vermögensgegenstände darstellen.

Eine stärkere strategische Ausrichtung des Managements als Zielgröße verspricht dagegen das **Konzept des Shareholder Value-Managements (wertorientiertes Konzept der Unternehmensführung)**.[552] Kernpunkt dieses Ansatzes ist die Forderung, die Unternehmensführung konsequent auf die finanziellen Interessen der Anteilseigner auszurichten.[553] Allgemein wird mit dem Begriff des Shareholder Value der Marktwert des in der Regel in Aktien verkörperten Eigentümervermögens verstanden. Ziel ist es nun, den Shareholder Value (den Eigentümerwert) zu maximieren. Eine Steigerung des Aktienvermögens resultiert im Wesentlichen aus Kursgewinnen und Dividendenzahlungen. Der Anteilseigner beurteilt sein Engagement in einem Unternehmen dementsprechend aus der Sicht der zukünftig ihm zufließenden Zahlungen. Dabei bewertet er Zahlungen, die zu einem späteren Zeitpunkt erfolgen, niedriger als die zu einem früheren Zeitpunkt fließenden Zahlungen. Hierzu müssen zum einen die zukünftigen Zahlungen bestimmt werden und zum anderen ist der daraus resultierende zukünftige Unternehmenswert zu ermitteln. Es gilt also, das Verhalten und die Erwartungen der Investoren auf den Kapitalmärkten zu simulieren und zu antizipieren.[554]

Nach *Rappaport* setzt sich der Unternehmenswert aus dem Wert des Fremdkapitals und dem des Eigenkapitals zusammen, wobei der Anteil des Eigenkapitals als Shareholder Value bezeichnet wird.[555] Durch Umformung der Gleichung lässt sich der Shareholder Value als die Differenz von Unternehmenswert minus Wert des Fremdkapitals bilden. Durch Zerlegung der Größen Marktwert des Fremdkapitals und Unternehmenswert in ihre Grundkomponenten lässt sich der Shareholder Value im Detail ermitteln (vgl. Abbildung C.IV.6).

---

[552] Vgl. ausführlich Rappaport (1999); Günther (1997); Bea (1997); Bühner (1994).
[553] Vgl. Rappaport (1999), S. 1 ff.
[554] Vgl. ausführlich Welge/Al-Laham (2003), S. 133 ff.
[555] Vgl. Rappaport (1999), S. 39 f.

Unternehmenswert	=	Fremdkapital + Shareholder Value
Shareholder Value	=	Unternehmenswert – Fremdkapital
Unternehmenswert	=	Gegenwartswert der betrieblichen Cash flows während der Prognoseperiode
	+	Restwert am Ende der Planungsperiode
	+	Marktwert nicht betriebsnotwendiger Vermögensteile

Abb. C.IV.6: Bestimmung des Shareholder Value
Quelle: Rappaport (1999), S. 68

Dieses Grundprinzip der Shareholder Value-Ermittlung wird nun vielfach von Beratungsgesellschaften aufgegriffen und durch diese weiterentwickelt.[556]

Mit dem Konzept der Wertorientierung im strategischen Management als Zielgröße erweitert sich die Sichtweise der strategischen Zielplanung. Der strategische Erfolg eines Unternehmens muss sich nicht nur am Jahresüberschuss messen lassen, sondern zusätzlich auch die langfristige Perspektive in Form der Unternehmenswertsteigerung berücksichtigen. Die Maximierung des Shareholder-Value wird als strategisches Ziel formuliert, damit kann der strategische Erfolgsbegriff präzisiert und operationaler gemacht werden.[557] Durch Quantifizierung wird damit die Strategiediskussion unterstützt. Die Vorteilhaftigkeit einer Strategie gegenüber einer alternativen Strategie wird auf Basis des zu erzielenden Mehrwerts ausgedrückt. Verglichen wird der Wert des Unternehmens vor und nach der jeweiligen Strategie. Mit einer solchen Quantifizierung der Strategie wird auch die sich anschließende Allokation der Ressourcen in Form von Kapital und Mitarbeitern begründet.

1.3.1.3. *Interessenbezogene Betrachtung*

Neben der Frage nach den Zielinhalten ist auch die Fragestellung zu berücksichtigen, wie strategische Ziele abgeleitet werden. Die bisherigen Ausführungen thematisieren lediglich ökonomische Zielgrößen und Erfolgsfaktoren. Entscheidungsträger erachten und berücksichtigen nur solche Informationen als relevant, die sich auf kurzfristige Gewinnmaximierung oder den Aktionärsnutzen beziehen. Jede Entscheidung wird daraufhin geprüft, ob mit ihr Liquidität erwirtschaftet oder vernichtet wird.

Veränderungen im sozio-ökonomischen, kulturellen und politischen Unternehmensumfeld führen jedoch zunehmend zu der Forderung, neben der Verfolgung ökonomischer Ziele auch interessenbezogene Ziele gleichberechtigt im strategi-

---

[556] Zu nennen sind hier insbesondere Konzept nach *Copeland, Koller* und *Murrin* (Ansatz von *McKinsey*), Konzept von *Stern/Stewart* (Economic Value Added (EVA-Ansatz)), Konzept nach *Lewis* (CFROI-Ansatz der *Boston Consulting Group*). Vgl. hierzu im Überblick z.B. Hebertinger (2002); Ballwieser (2000); Bühner (1996).

[557] Vgl. Welge/Al-Laham (2003), S. 144 f.; Hahn (1998); Günther (1997), S. 62 ff.

schen Management zu verankern. Interessenbezogene Ziele sind die Erfüllung der Forderungen der vielfältigen Anspruchsgruppen (Stakeholder) eines Unternehmens.[558] Eine Berücksichtigung der Interessenlagen bei Managemententscheidungen ist vom Machtpotenzial der Stakeholder abhängig. So ist die Beziehung der Kapitalgeber zum Management nach Art und Intensität von anderer Qualität als die zu Protestgruppen, die sich zur Lösung eines speziellen Umfeldproblems ad hoc mit Forderungen, Petitionen und Verhandlungsangeboten an das Management wenden.[559] Dieses Beispiel deutet schon die Vielfalt der Bezugsgruppen an, die als (potenziell) relevant bei der Wahrnehmung von Managemententscheidungen zu berücksichtigen sind. Eine einfache und endgültige Auflistung solcher Gruppierungen ist allerdings nicht möglich, da situationsspezifisch immer neue Gruppierungen entstehen oder alte sich auflösen können. Allerdings hat sich in der jüngeren Literatur das Konzept der „Stakeholder Analysis" bzw. des „Stakeholder Scanning" als ein Instrument zur Identifizierung des Anspruchs von Interessengruppen herausgebildet (vgl. Abbildung C.IV.7).[560] Geklärt werden soll insbesondere, inwieweit die strategische Zielsetzung des Unternehmens mit den Interessen der Stakeholder im Einklang steht, inwieweit also möglichst für alle Anspruchsgruppen ein Nutzen generiert wird. *Scholz* schlägt für die Analyse eine dreistufige Vorgehensweise vor:[561]

1. Auflistung möglicher Stakeholder mit Unterscheidung in primäre und sekundäre Stakeholder
2. Charakterisierung der Interessengruppen hinsichtlich ihrer Ziel- und Machtstruktur und des Risikos
3. Bestimmung der Relevanz der einzelnen Stakeholder und Positionierung in einer Relevanzmatrix.

Indem mit dem Stakeholder-Konzept nicht nur eine Interessengruppe in den Mittelpunkt der Betrachtung gestellt wird, sondern deren Vielfalt bewusst aufgegriffen wird, geht es um die aktive Gestaltung der Beziehungen zu den Anspruchsgruppen der Umwelt.[562]

---

[558] Siehe auch Abbildung B.III.1 zu den Anspruchsgruppen und deren Interessen.
[559] Vgl. Steinmann/Schreyögg (2005), S. 84 ff.
[560] Vgl. Welge/Al-Laham (2003), S. 169 und die dort angegebene Literatur.
[561] Vgl. Scholz (1987), S. 27 ff.
[562] Eine ausführliche Betrachtung der Problematik erfolgt bei Göbel (1995) am Beispiel der Zigarettenindustrie.

Scanning	• **Wahrnehmung** der Stakeholder: Grobscanning, Feinscanning • Hilfsmittel: Stakeholderlisten als Checklistenfunktion, Anknüpfen an Produktlebenszykluskonzept
Monitoring	• Detaillierte **Analyse** der Stakeholder: Strukturierung, Zielanalyse, Argumentation, Verhaltensweisen und Strategien, Einflussmöglichkeiten, Machtpotenziale, Beziehung zu anderen Stakeholdergruppen zur Feststellung eines Unterstützungs- und Konkurrenzpotenzials
Forecasting	• **Prognose** zur Abschätzung von Ursache-Wirkungsbeziehungen (Entwicklung vom emergenten zum akuten Signal) • Methoden: *Lebenszyklus nach Utz*: Bewusstwerdung, Politisierung, normativ-gesetzliche Fixierung, praktische Verwirklichung; *Diffusionstheorie*: Wandlungspromotoren, Gruppe der Innovatoren, Gruppe der frühen und der späten Adaptoren, der Schwerfälligen und Nichtadaptoren
Assessment	• Zusammenfassung und **Bewertung** der Ergebnisse von Scanning, Monitoring und Forecasting

Abb. C.IV.7: Ablauf einer Stakeholder-Analyse

1.3.1.4. Empirische Befunde

Die empirische Erfolgsfaktorenforschung erhebt den Anspruch, empirisch fundierte Gesetzmäßigkeiten über den Einfluss von Erfolgsfaktoren auf den strategischen Erfolg von Unternehmen ableiten zu können. An Einzelarbeiten können genannt werden: das Kostenerfahrungskurven- und Produktlebenszykluskonzept, die PIMS-Studie, explorative Studien, die Erfahrungswissen von Praktikern systematisieren und Beispiele erfolgreicher und erfolgloser Unternehmen analysieren sowie grundsätzliche Arbeiten wie der Erfolgsfaktorenkatalog von *Pümpin*, das Modell der 6 Erfolgsfaktoren von *Nagel* oder das 7-S-Modell von *McKinsey*.[563] Allerdings ist es in keiner der Untersuchungen gelungen, die Frage nach den Faktoren für den strategischen Erfolg oder Misserfolg eines Unternehmens konzeptionell und widerspruchslos zu beantworten. Lediglich die Ergebnisse der PIMS-Studien sowie das Kostenerfahrungskurvenkonzept[564] erlauben empirisch gesicherte Aussagen und weisen zudem eine hohe Relevanz für strategische Fragestellungen der Zielsetzung auf und sollen daher hier näher betrachtet werden.

Die **PIMS-Studie**[565] (Profit Impact of Market Strategies; von *General Electric* und der *Harvard Business School*) ist eine umfassende internationale branchenübergreifende Datensammlung über kritische Erfolgsfaktoren strategischer Geschäfts-

---

[563] Vgl. Fischer (1993), S. 19; Buzzell/Gale (1989); Nagel (1986); Peters/Watermann (1984); Pümpin (1981).
[564] Vgl. Buzell/Gale (1989); außerdem Welge/Al-Laham (2003), S. 149; Neubauer (1990), S. 283 ff.
[565] Vgl. ausführlich Buzell/Gale (1989); außerdem Welge/Al-Laham (2003), S. 149 ff.

einheiten. Das Modell bezweckt die Isolierung der für den Unternehmenserfolg maßgeblichen Faktoren. Zentrale Größe ist als abhängige Variable der ROI (Return on Investment; siehe Kapitel C.III.1.4.1.3.1.), auf den die Einwirkung von 37 unabhängigen Faktoren überprüft wird (diese 37 unabhängigen Variablen wurden zu sieben Haupteinflussgrößen verdichtet; z.B. Marktattraktivität, Produktivität, Wettbewerbsposition, Marktanteil). Dabei wird untersucht, welchen Einfluss diese Erfolgsfaktoren auf die Höhe von ROI und Cash-flow haben. Ergebnis der PIMS-Studie ist, dass die Unternehmensstrategie von entscheidender Bedeutung für den Unternehmenserfolg ist.[566] Im Detail wirken sich strategische Faktoren wie Marktanteil, Qualität, vertikale Integration, Innovationskraft etc. am deutlichsten auf den Unternehmenserfolg aus. Allerdings sieht sich die PIMS-Studie auch Kritik ausgesetzt. In erster Linie stellt der ROI als Erfolgsmaßstab ein wesentliches Problemfeld dar, da er zur Beurteilung des strategischen Erfolgs nur eingeschränkt geeignet ist. Ergebnisse zum Zusammenhang Cash-flow und Erfolg zur Herstellung einer konzeptionellen Verbindung zur wertorientierten Unternehmensführung werden in den Veröffentlichungen allerdings nicht offengelegt. *Buzell/Gale* verweisen zwar auf eine Korrelation von ROI und Cash-flow und damit auf ein langfristiges Wertsteigerungspotenzial, unterlegen dies jedoch nicht mit Datenmaterial.

Zusammenfassend lässt sich festhalten, dass die Ergebnisse der PIMS-Studie als fundierte Orientierungshilfe im Rahmen der strategischen Zielplanung genutzt werden können. Als Erfolgsrezept allein sind sie nicht geeignet.

Das **(Kosten-)Erfahrungskurvenkonzept** (experience curve) wurde von der *Boston Consulting Group* (*BCG*) unter ihrem damaligen Präsidenten (und Gründer) *Henderson* auf Basis empirischer Untersuchungen entwickelt. Im Erfahrungskurvenkonzept wird die Kostenentwicklung in Abhängigkeit von der produzierten Menge gesehen: Mit zunehmender kumulierter Produktionsmenge („Erfahrung") gehen die (gesamten) Stückkosten kontinuierlich zurück. Nach den Überlegungen von *BCG* beträgt der Faktor, um den sich die realen (inflationsbereinigten) Stückkosten verringern, bei jeder Verdoppelung der bisher kumulierten produzierten Menge zwischen 20 und 30 % (z.B. sinken bei einer 80 %-Erfahrungskurve mit jeder Verdoppelung der Ausbringungsmenge die realen Stückkosten um 20 % auf 80 % des jeweiligen Ausgangswertes). Der **Erfahrungskurveneffekt** kann daher wie folgt definiert werden (siehe auch Abbildung C.IV.8):

Mit jeder Verdopplung der im Zeitablauf kumulierten Produktionsmenge (Erfahrung) sinken die inflationsbereinigten Stückkosten um einen relativ konstanten Betrag (potenziell um 20 - 30 %).

Die Ursachen werden besonders in folgenden Faktoren vermutet: Die Stückkostendegression kann durch Kapazitätserhöhungen, durch Lerneffekte (Lernkurven – Lernvorgänge der am Produktionsprozess Beteiligten), durch technischen Fortschritt

---

[566] Vgl. Heyder/Werther (1996), S. 7.

(Produkt-, Verfahrensinnovationen) und durch Rationalisierungsmaßnahmen eintreten.

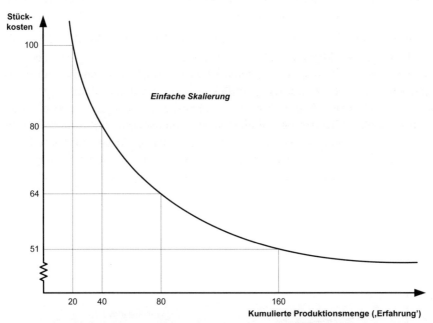

Abb. C.IV.8: Erfahrungskurve (80 %-Kurve)

Die *strategische Bedeutung* des Effektes liegt darin, dass bei einer eventuell möglichen Abschätzung des Erfahrungseffektes einer Branche die **Kostenstruktur der Konkurrenz** anhand der Ausbringungsmenge erkannt werden kann, und damit auch deren **Rentabilitätssituation.**

Bei der Annahme nämlich, dass sich kumulierte Produktionsmenge und Absatzmenge gleichförmig entwickeln (keine Lagerbildung), kann mit der Absatzmenge eines Zeitraums auch der **relative Marktanteil** eines Unternehmens annähernd errechnet werden (*relativer* Marktanteil ist z.B. der eigene Unternehmensumsatz im Verhältnis zum Konkurrenzumsatz). Damit kann auf die **kumulierte Produktionsmenge der Konkurrenz** geschlossen werden. Weiter lassen sich auch die **Kostenpositionen** und Kostenabstände der Branchenunternehmen bestimmen. *Es besteht also ein starker Zusammenhang zwischen relativem Marktanteil und Kostenposition.* Bei Geltung des Erfahrungseffektes hat das Unternehmen mit dem höchsten Marktanteil die größte Erfahrung, und damit die günstigste Kostenstruktur und zugleich die **beste Gewinn- und Rentabilitätssituation**. Ein Zugewinn von Marktanteilen schafft also relative Kosten- und Gewinnvorteile. Ein Unternehmen kann seine relative Kostensituation, und damit seine Gewinnsituation verbessern, wenn die Wachstumsrate über der der Konkurrenz liegt. Entsprechend der *Boston Consulting Group* gilt also die *Kausalkette*:

Hoher relativer Marktanteil → hohes kumuliertes Produktionsvolumen → geringe Stückkosten → hohe Rentabilität.

Strategisch wichtig für eine Branche ist weiter, die **Preisentwicklung** im Verhältnis zur **Kostenentwicklung** zu sehen.[567] Wenn die Preisentwicklung mit der Kostenentwicklung entsprechend dem Boston-Effekt Schritt hält, wenn die Preise also entsprechend sinkender Stückkosten zurückgenommen werden, dann liegt *Marktstabilität* vor. *Marktinstabilität* aber wird dann eintreten, wenn der Marktführer die Preise trotz zurückgehender Kosten nicht senkt, sich also ein „Preisschirm" ergibt, der auch Anbietern mit höheren Kosten erlaubt, in den Markt einzudringen. Durch anschließend eintretende Preiskämpfe mit gegenüber der Kostenentwicklung überproportionalen Preisrücknahmen kann ein instabiles Kosten-Preis-Verhältnis eintreten, wenn der Markt sich nicht auf ein bestimmtes Verhältnis „einigt" (vgl. Abbildung C.IV.9).

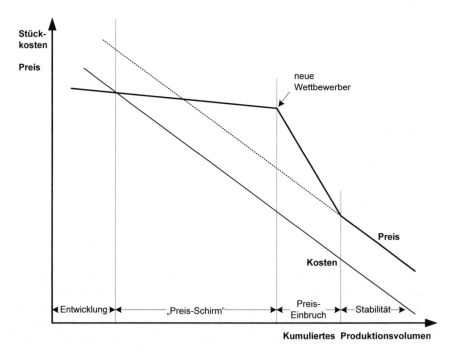

Abb. C.IV.9: Preis-Kosten-Verlauf und Kostenerfahrungskurveneffekt

Marktwachstum und relativer Marktanteil sind damit Schlüsselfaktoren des Wettbewerbs. Die (zumindest trendmäßige) Bestimmung der eigenen Position auf der

---

[567] Vgl. dazu Hammer (1988), S. 147 ff.

Erfahrungskurve im Konkurrenzvergleich ist für die einzuschlagende Preispolitik von Bedeutung.

Besonders für rasch **wachsende** Märkte hat der Boston-Effekt seine Bedeutung, da eine Verdoppelung der kumulierten Produktionsmenge hier schneller möglich ist. Der Erfahrungskurveneffekt stellt sich nicht zwangsläufig ein; es handelt sich vielmehr um **Kostensenkungspotenziale**, die vom Management aufgedeckt und realisiert werden müssen. Weitere *Kritikpunkte* sind unter anderem die preispolitisch zu einfachen Annahmen zur Absatzsituation sowie unrealistische Prämissen (homogene Produkte, einheitliche Marktpreise).

Insgesamt lässt sich festhalten, dass das Kostenerfahrungskurvenkonzept ein Instrument ist, mit dem sich die Zusammenhänge zwischen der Kostenposition als Erfolgspotenzial und den Erfolgsfaktoren Marktanteil und Marktwachstum darstellen lassen.

Zusammenfassend lässt sich festhalten, dass die empirische Zielforschung eher eine klassische Ausprägung aufzeigt. Moderne Konzepte der Zielplanung wie das Shareholder Value-Konzept und das Stakeholder-Konzept werden eher von Kapitalgesellschaften präferiert, währendem sie ansonsten einen geringen Verbreitungsgrad aufweisen.

1.3.2. Strategische Analyse und Prognose der externen Unternehmensumwelt

1.3.2.1. Analyse der Umwelt als Chancen-Risiken-Betrachtung
Aufgabe der Umweltanalyse ist es, dem Management möglichst vollständige, sichere und genaue Informationen über das Umfeld zur Verfügung zu stellen. Allerdings ist nicht jede Information für die Strategieformulierung von Bedeutung. Aus der unüberschaubaren Fülle von Einflussfaktoren gilt es, die wichtigsten herauszufiltern. Entsprechend der Unternehmensaufgabe und den formulierten Zielsetzungen des Unternehmens werden diejenigen Informationen zusammengetragen, die für die Erreichung der Unternehmensziele von Bedeutung sind. Neben diesen unternehmensspezifischen, branchenbezogenen Umfeldbedingungen existieren noch so genannte generelle, globale Bedingungen, die zu analysieren sind. Welche Betrachtungen im Detail angestellt werden, ist Gegenstand der folgenden Ausführungen.

Die Umwelt eines Unternehmens ist nicht homogen; vielmehr sind mehrere **Subumwelten** zu unterscheiden: globale oder generelle Umwelt, natürliche Umwelt, politisch-gesetzliche Umwelt, technologische Umwelt, sozio-kulturelle Umwelt, allgemein-wirtschaftliche Umwelt (z.B. Konjunktur), Wettbewerbsumwelt, Märkte (Personal-, Beschaffungs-, Absatz-, Kapitalmarkt), Branche, Konkurrenz.

Die Situation der Umwelt und der Subumwelten braucht nicht einheitlich zu sein; Differenzierungen zwischen statischen, dynamischen bis zu turbulenten (Sub-) Umwelten sind denkbar und realistisch. Das Gegensatzpaar **sichere - unsichere Umwelt** lässt sich etwa mit folgenden Kriterien messen:
- Bestimmtheit und Verlässlichkeit der Informationen (Stabilität)
- Häufigkeit der Informationsänderungen (Veränderung)
- Dauer der Feedbackzyklen zwischen Unternehmen und Umwelt.

Es besteht einhellige Meinung darüber, dass die „Umweltfaktoren ... in den letzten Jahrzehnten komplexer, dynamischer und in ihren Entwicklungen und Auswirkungen schwerer prognostizierbar geworden (sind)".[568] Als Umweltfaktoren, deren Entwicklung für Unternehmen offensichtlich zunehmend kritische Bedeutung erlangt, sind an herausragender Stelle die *ökologischen Veränderungen* und die damit einhergehenden Bewusstseinsänderungen in der Bevölkerung zu nennen. Weiter sind die sich verstärkenden *Globalisierungstendenzen* auf den Märkten und die *Wettbewerbsverschärfungen* festzustellen, welche die Komplexität und die Prognoseunsicherheiten noch erhöhen. Auswirkungen dieser (Sub-)Umweltveränderungen auf den Strategieentwicklungsprozess werden ebenfalls in den letzten Jahrzehnten verstärkt wissenschaftlich diskutiert und untersucht. Allerdings sind die daraus gewonnenen Schlussfolgerungen nach wie vor sehr kontrovers.[569]

1.3.2.1.1. Analyse der allgemeinen globalen Umwelt

Die Analyse der Umweltbedingungen (oder Umweltanalyse oder externe Analyse) beinhaltet immer eine *Gegenwarts-/Vergangenheitsbetrachtung*, verbunden mit einer *Prognose* der Zukunftsentwicklung. Da eine Übereinstimmung (ein „Fit") der Strategien mit den Umweltbedingungen erforderlich ist, sind letztere zu untersuchen. Die **externe Analyse** ist darauf ausgerichtet, im Umfeld des Unternehmens oder der strategischen Geschäftseinheit eventuelle Anzeichen für Bedrohungen des gegenwärtigen Geschäftes und für neue Möglichkeiten zu erkennen, also *Chancen und Risiken* für die strategischen Geschäftseinheiten und das Gesamtunternehmen aufzudecken.

Die Umweltinformationen haben unter anderem durch die Internationalisierung der Märkte an Umfang, Ungenauigkeit und Vagheit erheblich zugenommen. Informationsdefizite und Unsicherheiten können daher nicht vermieden werden. Da die Analyse *Kosten-Nutzen-Überlegungen* unterliegt, ist ihr Schwerpunkt auf **unternehmensrelevante Umweltfaktoren** zu beschränken, nämlich auf

---

[568] Staehle (1999), S. 627. Siehe auch die dort erwähnten empirischen Studien (S. 627 ff.).
[569] Siehe zu den Konzepten: Burns (1971); Lawrence/Lorsch (1967). Vgl. dazu auch Kubicek (1987), S. 130 ff.; Staehle (1999), S. 469 ff. Zur Umwelt-Unternehmens-Problematik und einem systemtheoretisch orientierten Handlungsansatz (Kontingenzansatz, situativer Ansatz) siehe besonders Steinmann/Schreyögg (2005), S. 140 ff.

- Faktoren mit Bezug und Auswirkungen auf das Unternehmen
- besonders für Kosten und Erlöse kritische Faktoren
- relevante Entwicklungstrends.

Ebenfalls spielen die Zugehörigkeit zur Branche und die Unternehmensgröße bei der Auswahl von Umweltinformationen eine große Rolle.

Auch ist die Umweltanalyse danach zu unterscheiden, ob sie auf Unternehmensebene oder auf der Ebene der strategischen Geschäftseinheiten (SGE) stattfindet, ob also gefragt wird, in welchen verschiedenen Geschäftseinheiten ein Unternehmen tätig sein will (*Gesamtunternehmensebene*) oder wie sich der Wettbewerb in einem Produkt-Markt-Feld vollziehen soll (*SGE-Ebene*). Zum *Umfeld einer SGE* gehört neben der „äußeren" Umwelt, nämlich der gesamtunternehmerischen Umwelt, auch die „innere" Umwelt, das ist der betriebliche Bereich, der weitgehend nicht im Einflussbereich der SGE liegt.

Als mögliche *Analysefelder der globalen Umwelt* kommen in Betracht die
(1) ökonomische Umwelt (Gesamtwirtschaft, Märkte, Branche, Konkurrenz).
(2) technologische Umwelt (Produkte, Produktionsverfahren, Technologien)
(3) staatliche (politisch-rechtliche) Umwelt (z.B. gesetzliche, steuergesetzliche Rahmenbedingungen)
(4) sozio-kulturelle Umwelt (z.B. kulturelle Normen, politisches Verhalten)
(5) natürliche Umwelt.

Die **Umweltanalyse** vollzieht sich im Wesentlichen in zwei großen Schritten,
(a) in der Analyse der *globalen Umwelt* mit der Herausarbeitung eher allgemeiner, indirekter Einflüsse sowie
(b) in der Analyse der *Wettbewerbsumwelt* mit der Herausstellung direkter externer Einflüsse.

Mit *Hinterhuber* kann in einer stark wettbewerbsorientierten Vorgehensweise die Umweltanalyse wie folgt vorgenommen werden:
(1) **allgemeine Umweltanalyse**, in der versucht wird, diejenigen allgemeinen Faktoren z.B. der allgemeinen wirtschaftlichen oder der politisch-rechtlichen Entwicklung herauszuarbeiten, die für das zu untersuchende Unternehmen wirksam werden können
(2) **Branchenanalyse** (als Teil der Analyse der Wettbewerbsumwelt), in der neben der Analyse von Angebot und Nachfrage besonders die Wettbewerbssituation der Branche untersucht wird, um Auswirkungen auf das zu untersuchende Unternehmen festzustellen
(3) **Analyse der Stellung des zu untersuchenden Unternehmens in der Branche** (ebenfalls Teil der Wettbewerbsumwelt), in der besonders durch den Vergleich mit der unmittelbaren Konkurrenz (meist nur ein Teil der Branche) die eigene Wettbewerbsposition herausgearbeitet wird.

Im Rahmen der Analysen ist vor allem nach den Einflussgrößen zu fragen, welche voraussichtlich den Erfolg des Unternehmens in der Branche bestimmen bzw. welche die Wettbewerbssituation verschlechtern.[570] Dadurch können die so genannten **kritischen Erfolgsfaktoren** herausgearbeitet werden, die eine besondere Bedeutung für die Erfolgssituation des Unternehmens haben. Bei den kritischen Erfolgsfaktoren handelt es sich überwiegend um **Wettbewerbsfaktoren, die für den Markterfolg entscheidend sind.** Als Ergebnis der Umweltanalyse werden die herausgearbeiteten Faktoren häufig in einem **Chancen-Risiken-Katalog** zusammengefasst. Damit ist die Ausgangsbasis für die interne Analyse vorbereitet (vgl. Abbildung C.IV.10, die die oben dargestellten einzelnen Schritte der Umweltanalyse in Anlehnung an die erwähnte Aufteilung von *Hinterhuber* enthält [571]).

Umweltsegment	Untersuchungsfeld	Untersuchungsfaktoren (Beispiele)	Zweck der Untersuchung	Schlussfolgerungen
I. Allgemeine/ globale Umwelt	1. Allgemeine Umweltanalyse	- nationale/internationale wirtschaftspolitische Entwicklungen - politische, gesellschaftliche Entwicklungen - wirtschaftliche Entwicklungen	Untersuchung der allgemeinen, weitgehend unbeeinflussbaren Umweltfaktoren, die mutmaßlich Einfluss auf das Unternehmen haben können. Sie bilden den Rahmen für die nachfolgenden Analyseschritte.	Kritische Annahmen für die nachfolgenden Stufen des Planungsprozesses.
II. Wettbewerbsumwelt	2. Branchenanalyse	- Nachfrage nach Produkten und Dienstleistungen - Angebot an Produkten und Dienstleistungen - Wettbewerbssituation	Untersuchung der Branchenentwicklung, besonders der Wettbewerbssituation in der Branche.	- Gewinn- und Wachstumsperspektiven - Unternehmensbezogene kritische Faktoren für den Erfolg in der Branche
II. Wettbewerbsumwelt	3. Stellung des Unternehmens in der Branche	- Marktposition des Unternehmens - Konkurrenzanalyse - Relative Gewinn- und Kostensituation - Spezifische Wettbewerbssituation	Durch den schwerpunktmäßigen Konkurrenzvergleich (als Vergleich mit den fühlbaren/stärksten Konkurrenten) soll die unternehmensspezifische Wettbewerbssituation festgestellt werden.	- Kritische Wettbewerbsfaktoren - Kritische Ressourcen für den Erfolg des Unternehmens in der Branche - Ansatzpunkte für die nachfolgende Stärken-Schwächenanalyse, abgeleitet aus den festgestellten kritischen Erfolgsfaktoren

Abb. C.IV.10: Strategische Umweltanalyse

---

[570] Vgl. Hinterhuber (2004a), S.114 ff.
[571] Zu spezifischen Checklisten über *ökologische Schlüsselgrößen* vgl. Macharzina (2003), S. 977 ff.; Hopfenbeck (1989), S. 873 f.

Besondere Analysetechniken im Rahmen der Umweltanalyse, nämlich die Branchenanalyse, die Konkurrenzanalyse, die Szenario-Technik und das Konzept der Früherkennungssysteme sollen wegen ihrer unmittelbaren Einsatzmöglichkeiten im Analyseprozess in den Folgeausführungen kurz dargestellt werden. Für weitere Techniken wie etwa die Delphi-Methode oder diverse Prognoseverfahren sei auf die einschlägige Fachliteratur verwiesen.[572]

1.3.2.1.2. Analyse der Branche und Wettbewerber

In der **Branchenanalyse** sollen die Attraktivität der Branche für ihre Teilnehmer (Gewinnpotenzial) sowie die Struktur und Dynamik der Branche, und damit die Wettbewerbssituation insgesamt aufgedeckt werden. Es kann die Gesamtbranche eines Unternehmens oder - je nach der zu analysierenden strategischen Geschäftseinheit - ein Branchensegment betrachtet werden. Eine **Branche** ist nach *Porter* eine „Gruppe von Unternehmen, die Produkte herstellen, die sich gegenseitig nahezu ersetzen können."[573] Diese Abgrenzung führt dazu, dass das Verhalten der im Wettbewerb stehenden Unternehmen im Rahmen der Branchenanalyse betrachtet wird. Untersucht wird, mit welcher Intensität die Unternehmen im Wettbewerb stehen und davon abhängig, welches Gewinnpotenzial in einer Branche erreicht werden kann.

Das Gewinnpotenzial einer Branche wird dabei von der Branchenstruktur bestimmt. Jede Branche verfügt über eine aus wirtschaftlichen und technischen Charakteristika gebildete Struktur. Im Detail wird die Wettbewerbssituation einer Branche nach *Porter* durch fünf Bestimmungsfaktoren geprägt, welche die zentralen Erfolgsfaktoren eines Unternehmens sein können, und damit besonders zu analysieren sind (siehe Abbildung C.IV.11).

Als Beispiele der zu untersuchenden Dimensionen können herausgestellt werden:
(1) Die *Konkurrenz unter den vorhandenen Wettbewerbern* kann abhängig sein von der Zahl der Konkurrenten, deren relativer Größe, vom ähnlichen Produktangebot, den Strategien, der Produktdifferenzierung, von der Fixkostenbelastung, von Marktaustrittsbarrieren.
(2) Die *Verhandlungsmacht der Lieferanten* kann abhängig sein von der Konzentration auf der Lieferantenseite, von der Kundenstreuung, von den Kosten eines Lieferantenwechsels, von vertikalen Konzentrationsgefahren.
(3) Die *Verhandlungsmacht der Kunden* kann abhängig sein von der Abnehmerkonzentration, von Umstellungskosten der Kunden bei Wechsel, von Substitutionsprodukten, von vertikalen Konzentrationsgefahren.
(4) Die Gefahr von *Ersatzprodukten* kann abhängig sein von den Umstellungskosten, vom Preis-Leistungsverhältnis, von der Substitutionsneigung der Kunden.

---

[572] Vgl. z.B. Franke/Zerres (1994); Hammer (1988); Kreilkamp (1987); Zangemeister (1976).
[573] Porter (1999), S. 35.

(5) Die Gefahr *potenzieller Konkurrenten* kann abhängig sein von Markteintrittsbarrieren wie erforderliche Investitionshöhe (Mindestbetriebsgröße), Vertriebsnetzaufbau, Produktdifferenzierung, Präferenzenstruktur (Käuferloyalität).

Die Kenntnis dieser Einflusskräfte bietet einem Unternehmen die Möglichkeit, seine Position innerhalb der jeweiligen Branche abzuschätzen und sich letztendlich in dieser Branche zu positionieren.

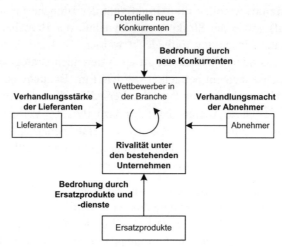

Abb. C.IV.11: Branchenstruktur nach *Porter*
Quelle: Porter (1999), S. 34

Mit diesem Bezugsrahmen zur Analyse einer Branche hat *Porter* eine wesentliche Erweiterung der klassischen (globalen) Analysefelder der Umweltbetrachtung vorgestellt. Allerdings können die Aussagen des Konzepts der fünf Wettbewerbskräfte nach *Porter* nicht mehr ohne weiteres auf die aktuellen Wettbewerbsbedingungen übertragen werden. *Porter*s Konzept liefert eher Anhaltspunkte zur gegenwärtigen Situation in einer Branche, Aussagen über Veränderungen der Wettbewerbskräfte in der Zukunft können bei dynamischen, instabilen Umweltveränderungen allerdings immer schwieriger getroffen werden.[574] So zeichnet sich gegenwärtig eine Reihe von Branchen dadurch aus, dass sich
- Produktlebens- und Konstruktionszyklen erheblich verkürzt haben, die Dynamik des Wettbewerbs zunimmt
- die Markteintrittsbarrieren niedriger oder überwindbarer geworden sind
- der Wettbewerb zwischen Unternehmen nicht mehr ausschließlich innerhalb einer Branche, sondern in verschiedenen Branchen gleichzeitig stattfindet

---

[574] Vgl. Welge/Al-Laham (2003), S. 204 f.; D'Aveni (1995), S. 24 f.

- Kunden (Abnehmer) wie Lieferanten als Partner in die Strategie mit einbezogen werden, so dass Netzwerke aus kooperierenden Unternehmen, Lieferanten und Kunden entstehen
- Produkt- und Marktwissen immer schneller veraltet und Lernen immer wichtiger wird.

D'Aveni beschreibt diese Entwicklung mit dem Begriff des **Hyperwettbewerbs**.[575] In einer solchen Situation gilt es, die auf den Märkten ablaufenden Wettbewerbsprozesse in den Mittelpunkt der Betrachtungen zu stellen und nicht eine rein statische Abbildung der Wettbewerbsstruktur. Zielt *Porter* mit seinen Betrachtungen auf das Erreichen von dauerhaften Wettbewerbsvorteilen, so betont *D'Aveni*, dass diese Wettbewerbsvorteile nur temporärer Art seien, da der Wettbewerb eine Abfolge kontinuierlicher Veränderungen ist.[576] Vielmehr gilt es, die Wettbewerbsvorteile schnell auszuschöpfen und sie dann zu zerstören, um ein Ungleichgewicht der Kräfte zu erreichen.[577]

Neben der Berücksichtigung dynamischer Entwicklungen ist weiterhin die Frage zu beachten, wie die Grenzen einer Branche genau zu bestimmen sind. Diese Frage stellt sich insb. für diversifizierte Unternehmen, die in mehreren Märkten agieren. Auch bei Branchen, die gerade erst im Entstehen sind, ist noch unklar, wo die Branchengrenzen liegen und nach welchen Indikatoren die Branche genau zu analysieren ist.[578]

Das Ziel der Wettbewerbspositionierung eines Unternehmens allein mit Hilfe des Konzepts der fünf Wettbewerbskräfte ist nach übereinstimmender Meinung in der Literatur nicht möglich. Vielmehr sind noch weitere Betrachtungen zur Analyse der Wettbewerbsumwelt anzustellen. Hierzu zählen das Konzept der Strategischen Gruppen und die Analyse einzelner Wettbewerber oder Konkurrenten. Beide Aspekte werden nachfolgend aufgegriffen.

1.3.2.1.3. Strategische Gruppen

Eine **strategische Gruppe** in einer Branche wird definiert als eine Gruppe von Unternehmen, die ein homogenes strategisches Verhalten aufweist.[579] Diese Gruppe von Unternehmen verfolgt innerhalb einer Branche die gleiche oder eine ähnliche Strategie. Anhand verschiedener Segmentierungskriterien wie z.B. Ausprägung des Spezialisierungsgrades, Wahl der Absatzkanäle, Grad der vertikalen Integration, Kostenpositionen, Produktqualität oder technologischer Stand wird das Verhalten

---

[575] Vgl. D'Aveni (1995).
[576] Vgl. D'Aveni (1995), S. 254 ff.
[577] Vgl. ausführlich D'Aveni (1995); im Überblick Welge/Al-Laham (2003), S. 205-225.
[578] Vgl. auch Müller-Stewens/Lechner (2005), S. 193 f.
[579] Vgl. Porter (1999), S. 183.

der Unternehmen verglichen. Zur Darstellung der strategischen Gruppen empfiehlt sich eine Visualisierung, um die Segmentierung zu verdeutlichen. *Porter* schlägt zur Klassifizierung der strategischen Gruppe eine Karte vor, die sich an zwei zentralen strategischen Dimensionen ausrichtet.[580] Dabei ist darauf zu achten, dass nur Kriterien verwendet werden, die für das Verhalten der Wettbewerber von hoher Bedeutung sind und zudem möglichst wenig Korrelation untereinander aufweisen. Die Auswahl dieser Dimensionen muss in Kenntnis der branchenspezifischen Bedingungen erfolgen.

Abbildung C.IV.12 stellt exemplarisch eine solche Karte dar, wie strategiesche Gruppen aufgrund der Dimensionen Spezialisierung und vertikale Integration gebildet werden können. Die Größe der Kreissymbole repräsentiert den Marktanteil der strategischen Gruppe.

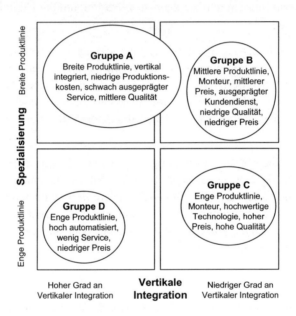

Abb. C.IV.12: Strategische Gruppen
Quelle: Porter (1999), entnommen aus Macharzina (2003), S. 273

Je ähnlicher die Strategien zwischen Unternehmen einer Branche werden, desto mehr nähern sich die strategischen Gruppen an. In der Folge kann es zu Übertritten in andere Gruppen kommen. Ob ein solcher Übertritt jedoch gelingt, ist abhängig von den so genannten Mobilitätsbarrieren. *Mobilitätsbarrieren* sind gruppenspezifische Eintrittsbarrieren, die den Wechsel von Unternehmen von einer strategischen Gruppe in eine andere behindern. Sie schützen die zur Gruppe gehörenden Unternehmen vor neuen Wettbewerbern. Bezogen auf die Abbildung C.IV.12 wird

---

[580] Vgl. Porter (1999), S. 185.

deutlich, dass die strategischen Gruppen unterschiedliche Mobilitätsbarrieren besitzen. Je höher die Mobilitätsbarrieren, desto höher ist das Gewinnpotenzial der Unternehmen in dieser strategischen Gruppe. Kapitaleinsatz, Marketingaktivitäten, Vertriebskanäle, Kaufverhalten, Technologieverhalten, Produktqualität sind Faktoren, die zur Bildung von Mobilitätsbarrieren führen. Verändern sich diese, verschieben sich strategische Gruppen oder können sich neu bilden. Generell gilt, dass der Wettbewerb innerhalb der strategischen Gruppe stärker ausgeprägt ist als der Wettbewerb zwischen den einzelnen strategischen Gruppen.

Insgesamt stellt das Konzept der strategischen Gruppen eine konzeptionelle Erweiterung der Branchenanalyse dar. Die Unterteilung der Umwelt in Branchen und strategische Gruppen ermöglicht es, die einzelnen Faktoren der Wettbewerbsintensität näher zu betrachten. Allerdings bleiben Details einzelner Wettbewerber im Rahmen dieser Analysen immer noch verborgen. Mit Hilfe der Konkurrentenanalyse wird das Verhalten einzelner Konkurrenten näher betrachtet. Welche Aspekte hier eine besondere Berücksichtigung erfahren, ist Gegenstand der folgenden Ausführungen.

1.3.2.1.4. Analyse der Konkurrenten

Die **Konkurrentenanalyse** (Konkurrenzanalyse) im Rahmen der Umweltanalyse will die *wichtigsten* gegenwärtigen und zukünftigen Konkurrenzunternehmen herausstellen und analysieren. Hierbei handelt es sich um eine direkte Betrachtung der unmittelbaren Wettbewerber, wobei deren Verhalten in bestimmten Situationen analysiert werden soll. Allerdings ist aufgrund der Vielzahl der zu erfassenden Informationen über Ziele, Ressourcen und Strategien der anderen abzuwägen, ob nur die Hauptkonkurrenten oder auch kleinere Wettbewerber in die Analyse einbezogen werden. Eine Untersuchung von *Simon*[581] zeigt, dass insb. kleinere Unternehmen häufig über größere Wachstumspotenziale verfügen als etablierte Unternehmen. Auch können Unternehmenszusammenschlüsse dazu führen, dass der Kreis der zu beobachtenden Unternehmen wesentlich erweitert werden muss.

Einen Überblick über die Konkurrentensituation ermöglichen Kriterienkatalogen, die eine Bestandsaufnahme schaffen. Managementtechniken, die ein so genanntes gegenwartsbezogenes Bild der Konkurrenten erfassen, sind Arbeitsblätter und Checklisten. Abbildung C.IV.13 zeigt eine solche Checkliste zur Konkurrentenanalyse beispielhaft auf.

Checklisten können sich generell an den wichtigsten Funktionen und Daten eines Unternehmens orientieren. In die spezielle Analyse sind nur die jeweils zutreffenden Angaben aufzunehmen. Die Stärken-Schwächen-Analyse von Konkurrenzunternehmen kann z.B. anhand einer detaillierten Checkliste für die Bereiche Innovation, Produktion, Finanzen, Management, Marketing und Kunden vorgenommen

---

[581] Vgl. Simon (1996).

werden.[582] Die Ergebnisse der Stärken-Schwächen-Analyse der Hauptkonkurrenten können für die oben genannten Bereiche (auch in weiterer Detaillierung) zur Visualisierung in **Wettbewerbsprofilen** abgetragen werden. Als Bewertungsskala kann z.B. eine 5-Punkte-Skala (von ++ über 0 bis --) oder auch eine 100-Punkte-Skala dienen. Die Wettbewerbsprofile können mit den auf dieselbe Weise dargestellten Ergebnissen der *internen Analyse* (siehe Kapitel C.IV.1.3.3., insbesondere Abbildung C.IV.19) kontrastiert werden.

Marketingressourcen und -fähigkeiten	- Qualität der Produktionsplanungs- und Steuerungssysteme
- Art und Qualität der Produkte	- Qualität und Innovationspotenzial der Forschung
- Breite und Tiefe des Produktprogramms	
- Altersstruktur der Produkte (Lebenszyklusstellung)	- Anzahl der Patenanmeldungen
- Grad der Etablierung am Markt	- Schutzfähigkeit des technologischen Know-how und Lizenzbeziehungen
- Anteil der Neuproduktentwicklung	- Effizienz der Führungs- und Kontrollsysteme
- Qualität und Breite der Distribution, Kapazität und Effizienz des Vertriebs, Lieferfähigkeit	- Standortvor- oder -nachteile
	Finanzkraft und Rentabilität
- Qualität des Service, Kundendienst	- Entwicklung der Bilanzen und ihrer Hauptposten
- Stabilität der Abnehmerbeziehungen	
- Qualität und Umfang von Werbung, Verkaufsförderung und PR	- Verzinsung des investierten Kapitals und Cash-flows
- Effektivität und Effizienz der Marketingsysteme	- Verschuldungsgrad und Kosten des Fremdkapitals
- Image des Unternehmens	- Möglichkeiten und Finanzierung des weiteren Wachstums
Produktionsressourcen und Forschungspotenziale	- Gewinnsituation und Dividendenpolitik
- Auslastung und Flexibilität der Produktion	- Effizienz der Finanzplanung und Kostenkontrolle
- Ausmaß der Rationalisierungsanstrengungen	**Managementpotenziale und -fähigkeiten**
- Synergieeffekte in der Produktion	- Qualität der Führungskräfte und Mitarbeiter
- Standardisierungsmaß der Erzeugnisse	- Stand und Qualität der Führungssysteme
- Modernität und Automatisierungsgrad der Fertigung	- Umsatz und Kosten je Mitarbeiter
	- Effektivität und Effizienz der Organisationsstruktur
- Beherrschung bestimmter Verfahrensprozess	- Informationswege und Qualität der Informationssysteme
- Produktivität und Kostenposition	
- Grad der Rückwärtsintegration und Wertschöpfungsgrad	- Umfang von Aus- und Weiterbildungssystemen
- Kosten und Stabilität der Energie- und Rohstoffversorgung	

Abb. C.IV.13: Checkliste zur Konkurrenzanalyse
Quelle: Aeberhardt (1996), S. 145

---

[582] Vgl. Checkliste bei Aaker (1989), S. 84 f.

Mit der Konkurrentenanalyse werden gleichzeitig die Beziehungen zwischen dem eigenen *Unternehmen*, dem *Markt* (Kunden) und dem *Wettbewerb* (Konkurrenz) herausgestellt; in diesem als **strategisches Dreieck** bezeichneten Beziehungsmuster sollen die relevanten Wettbewerbsvorteile aufgedeckt werden. Die Konkurrenzanalyse ermöglicht dadurch auch die Gewinnung von Erkenntnissen über die Stärken und Schwächen des eigenen Unternehmens. Die Analyse ist darüber hinaus Voraussetzung für die Definition der Stellung des Unternehmens in der Branche, da diejenigen Daten der Konkurrenzunternehmen analysiert werden, die für die strategischen Entscheidungen des eigenen Unternehmens von Bedeutung sind.

Potenzielle wichtige **Konkurrenzklassen** können dabei sein:[583]

(1) Ressourcenkonkurrenz: Konkurrenz um gleiche Ressourcen (wie Personal, Material, finanzielle Mittel)
(2) Vertikale Konkurrenz: Konkurrenz mit vor- oder nachgelagerten Unternehmen
(3) Horizontale Konkurrenz: Konkurrenz zwischen Unternehmen gleicher Ebene.

Bei der Konkurrenzanalyse handelt es sich um einen Prozess kontinuierlicher Beobachtung verfügbarer und zugänglicher Informationsquellen (wie Wirtschafts- und Fachpublikationen, Werkszeitungen und Werkszeitschriften, Prospekte und Werbematerial, Geschäftsberichte als Sekundärmaterial; wie Außendienstberichte, Befragungen und Marktanalysen, Messen, Fachtagungen als Primärquellen). Zur Erfassung der Informationen hat sich eine systematische **Vorgehensweise** herausgebildet, die in Abbildung C.IV.14 näher dargestellt wird.

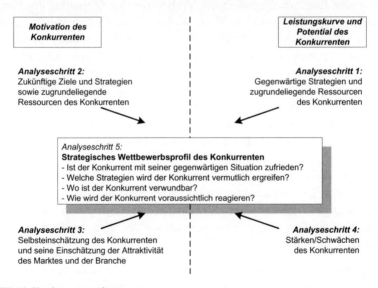

Abb. C.IV.14: Konkurrenzanalyse
Quelle: In Anlehnung an Porter (1999), S. 88 und Hinterhuber (2004a), S. 175

---

[583] Vgl. Hoffmann (1987), S. 186 ff.

Das Ergebnis der Konkurrenzanalyse ist die Bestimmung des **strategischen Wettbewerbsprofils** der jeweiligen Hauptkonkurrenten (Analyseschritt 5 in Abbildung C.IV.14). Damit liegen Vergleichsmöglichkeiten zum eigenen Unternehmen vor, zur eigenen Identifikation und zur Bestimmung der eigenen Strategien; es sind *Ansatzpunkte für die interne Analyse* gewonnen.

1.3.2.2. Prognose und strategische Frühaufklärung

1.3.2.2.1. Inhalte der strategischen Prognose
Die Informationen der strategischen Umweltanalyse haben sich primär auf die Vergangenheit und Gegenwart bezogen. Diese Perspektive ist um eine zukunftsbezogene Betrachtung zu ergänzen, um Trends in den Entwicklungen festzustellen.

Prognosen sind Aussagen über wahrscheinliche zukünftige Entwicklungen, Ereignisse, Tatbestände, Zustände oder Verhaltensweisen. Mit Prognosen sollen zukünftige Marktgegebenheiten bewusst und systematisch vorausgeschätzt werden, wobei die Prognosen auf objektiven und subjektiven Daten beruhen. An Prognose-Konzepten werden qualitative (intuitive) und quantitative unterschieden. Bei den **qualitativen Prognose-Konzepten** handelt es sich um verbal-argumentative Daten. Hierzu zählen z.B. die *Befragung,* die *Delphi-Methode und Kreativitätstechniken wie z.B. Brainstorming, Brainwriting, Synektik und Morphologie.*[584] Die Delphi-Methode findet ihre Anwendung in der Vorhersage der Zeitpunkte des Eintreffens neuer (technologischer) Entwicklungen. Kreativitätstechniken werden eingesetzt, wenn nicht auf eindeutige Beschreibungen von Problemsituationen zurückgegriffen werden kann. Vielmehr wird versucht, durch mehr zufallhaftes, schrittweises Vorgehen mit jeweiliger Neubestimmung der danach sinnvollen Maßnahmen, eine Lösung zu finden. Mit der Morphologie werden beispielsweise systematisch Zukunftsmöglichkeiten auf einem bestimmten Gebiet (z.B. Entwicklung neuer Produkte) gesucht. **Quantitative Prognose-Konzepte** beziehen sich auf rechnerische Ergebnisse, die auf der Basis mathematisch-statistischer Rechenoperationen ermittelt werden. An Konzepten können z. B. das *Mittelwertverfahren,* die *Trendextrapolation,* die *exponentielle Glättung* sowie die *Regressionsanalyse* unterschieden werden. Die Trendextrapolation findet ihre Anwendung in der Prognose von Entwicklungen relativ stabiler Umwelten durch Aggregation volkswirtschaftlicher oder Marktgrößen. Regressionsanalysen werden eingesetzt für die Prognose von Märkten bzw. Teilmärkten.

Qualitative Prognose-Konzepte sind für die Strategieentwicklung von wachsender Bedeutung. Sie eignen sich insbesondere zur Anwendung auf Umweltentwicklungen, für die nicht genügend Vergangenheitsdaten vorliegen oder die sich einer

---

[584] Vgl. u.a. Franke/Zerres (1994); Hammer (1988), S. 201; Kreilkamp (1987), S. 247 ff.

Quantifizierung entziehen. Um dennoch Vorhersagen treffen zu können, werden für die Prognose subjektiv begründete Beurteilungen herangezogen. Zur Aufdeckung von Umwelttrends wird die *Szenario-Technik* als Managementinstrument von besonderer Bedeutung genutzt. Aus diesem Grund wird diese Technik nachfolgend ausführlich skizziert.

Mit Hilfe der Szenario-Technik können systematisch alternative Entwicklungsmöglichkeiten analysiert, Zukunftsbilder entworfen werden. Indem mögliche Ereignisse in ihren Abfolgen als potenzielle Zukunftslagen und deren Verzweigungen entwickelt werden, entsteht die Beschreibung einer möglichen Zukunftssituation für ein Unternehmen. Diese Situation basiert auf der Abbildung möglicher relevanter Entwicklungen von Umweltfaktoren. Die schwieriger gewordene Wirtschaftslage, aber auch ökologische und politische Umwälzungen können für die Zukunft kaum durch Trendprojektionen oder einfachen Modellrechnungen auf eine *einzige* Zukunftssituation „hochgerechnet" werden. Nicht eindeutige Verläufe und Unsicherheiten der Zukunftsentwicklungen dürfen bei der Umweltanalyse nicht unterschlagen werden. Wegen unsicherer Prognosen sind daher gegebenenfalls auch *Bandbreiten* von Entwicklungsmöglichkeiten, aber auch *alternative Entwicklungen* im Rahmen der Umweltprognose zu berücksichtigen. Die in der Umweltanalyse herausgearbeiteten Kriterien werden mit der Szenario-Technik zu einem überschaubaren plausiblen Bild der Zukunft verdichtet, so dass systematische und nachvollziehbare, aus der gegenwärtigen Situation abgeleitete **Entwicklung möglicher Zukunftsbilder** (*„alternativer Zukünfte"*) entstehen.[585]

Es können (häufig in einer trichterförmigen Darstellung verbildlicht) verschiedene *Zukunftsbilder* aufgrund alternativ möglicher Veränderungen der Haupteinflussgrößen entwickelt werden (siehe Abbildung C.IV.15), wobei die Randpunkte des Trichters die Entwicklungsgrenzen andeuten und die realistische Entwicklung zwischen diesen Randpunkten erwartet wird. So können z.B. Szenarien entwickelt werden mit einer optimistischen, einer pessimistischen und einer wahrscheinlichen Variante oder vier Szenarien von einer überraschungsfreien Zukunft bis zur schlechtesten Zukunftssituation (*General Electric*) oder zwei Szenarien mit einem positiven Evolutions- und einem Disharmonien-Szenario (*Deutsche Shell AG*).

Die Szenario-Technik kann im Unternehmen neben der Verwendung in der Strategieentwicklung auch bei der Leitbildformulierung, bei sonstigen Entscheidungen mit großer Tragweite, aber auch in der operativen Planung eingesetzt werden.

---

[585] Vgl. Geschka/Hammer (1990), S. 313 f., siehe auch Szenarien des Club of Rome hinsichtlich besonders der Bevölkerungs-, Wirtschafts- und ökologischen Entwicklung bei Meadows et al. (1972); als neuere Veröffentlichung dazu Meadows/Meadows/Randers (1992); Weizäcker/Lovins/Lovins (1997); zur Anwendung der Szenariotechnik auf dynamische Situationsveränderungen siehe Ulrich/Probst (1995), S. 160 ff. im Rahmen eines ganzheitlich-vernetzten Denkens.

Strategieentwicklung

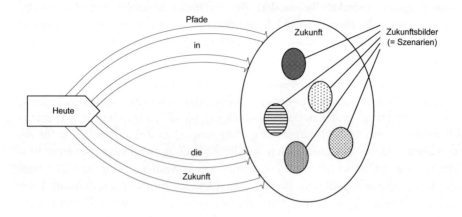

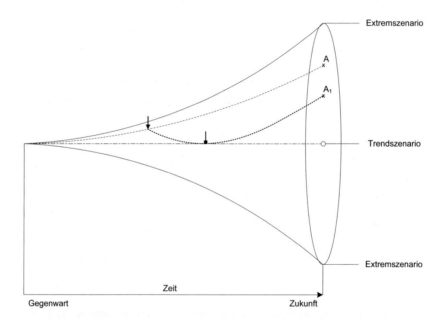

Abb. C.IV.15: Szenario-Technik
Quelle: Geschka/Hammer (1990), S. 314 f.

Allerdings ist zu berücksichtigen, dass das Ergebnis der Szenario-Erstellung trotz formalisierten Prozessablaufs und Methodenunterstützung abhängig ist von den in den Prozess eingegebenen Inputgrößen. Die Vorteile liegen unter anderem in der Verdeutlichung unsicherer Entwicklungen, in der Herausarbeitung wichtiger Früh(warn)indikatoren, in der Erleichterung der Formulierung strategischer Alternativen und in den relativ geringen Kosten für diese Technik.

1.3.2.2.2. Inhalte der strategischen Frühaufklärung

Realistische und rechtzeitige strategische Konzeptionen sind auch davon abhängig, wie weit es gelingt, in einem möglichst frühen Stadium ihres Auftretens Gefährdungen, aber auch positive Entwicklungstrends zu erfassen und sie in das Planungskonzept einzubeziehen. Zu diesem Zweck wurden **Früherkennungssysteme** (auch *Frühwarn-* oder *Frühaufklärungssysteme*) entwickelt. Für strategische Belange sind aber erst neuere Entwicklungen von Bedeutung. Es werden bisher *drei Generationen* von Früherkennungssystemen unterschieden:[586]

1. Generation (1973-77): Kennzahlen- und hochrechnungsorientierte Frühwarnung (Melde- und Warnsysteme im Rahmen operativer Planungsüberlegungen bei einer Über- oder Unterschreitung von Schwellenwerten)

2. Generation (1977-79): Indikatorenorientierte Frühaufklärung (latente Gefährdungen werden mit Hilfe von Frühindikatoren sichtbar gemacht; ebenfalls noch operativ orientiert)

3. Generation (ab 1979): Strategische Früherkennung auf der Basis schwacher Signale („Strategisches Radar").

Früherkennungssysteme der dritten Stufe gehen auf die Theorie der **schwachen Signale** (weak signals) von *Ansoff* zurück.[587] Als schwache Signale sind noch nicht eindeutig identifizierbare, schlecht zu strukturierende und vage Umweltinformationen zu sehen, mit der sich strategische Überraschungen andeuten, wobei abgestufte Informationsgrade zu unterscheiden sind. Mit unterschiedlichen Vorgehensweisen und Techniken wird versucht, die schwachen Signale zu erfassen (Scanning- oder Abtastmethoden) und anschließend zu beobachten (Monitoring; Aufdecken zusätzlicher Informationen), um sie dann für Planungszwecke aufzubereiten. Der **Prozess strategischer Frühaufklärung** verläuft daher wie folgt:

(1) Beobachtung der definierten frühaufklärungsrelevanten Unternehmens- und Umweltbereiche und Erfassung schwacher Signale.
(2) Analyse der schwachen Signale inklusive ihrer potenziellen Auswirkungen.
(3) Relevanzbeurteilung von Frühaufklärungssignalen.
(4) Die Formulierung von Reaktionsstrategien.

---

[586] Vgl. dazu (und zum Konzept der Früherkennungssysteme insgesamt mit weiteren umfangreichen Literaturangaben) Hammer (1988), S. 172 ff.; Krystek/Müller-Stewens (1990), S. 338 ff.
[587] Vgl. Ansoff (1981); (1976).

(5) Implementierung und Kontrolle.[588]

Inhalt des *Scanning* ist zunächst die Informationsgewinnung, indem Unternehmen und Unternehmensumwelt kontinuierlich auf schwache Signale hin untersucht werden. Gesucht werden Einflussgrößen, die Hinweise auf zukünftige Diskontinuitäten geben. Erst dann, wenn Auffälligkeiten sichtbar werden, wird im Rahmen eines *Monitoring* eine vertiefte und dauerhafte Informationssammlung und -verdichtung durchgeführt. Dabei kann die Suche sowohl gerichtet als auch ungerichtet erfolgen sowie auch formal oder informal vollzogen werden. Werden dann Auffälligkeiten mit strategischer Relevanz gefunden und deren Eintrittswahrscheinlichkeit auch noch als hoch angesehen, finden gezielt vertiefende Analysen statt. Mit dem *Forecasting* werden insb. Richtung, Ausmaß und Intensität von Umweltveränderungen ermittelt. Als Techniken finden hier die Trendanalyse, Szenario-Analyse und Expertenbefragungen ihre Anwendung. Im Rahmen einer Bewertung (*Assessment*) werden die Ergebnisse von Scanning, Monitoring und Forecasting abschließend zusammengefasst.

Strategische Frühaufklärung befasst sich mit der frühzeitigen Entwicklung strategischer Chancen und Risiken (Gefahren) sowie der Einleitung geeigneter Reaktionen. Ziel ist es, Handlungsspielräume zu schaffen und dadurch bessere Entscheidungen zu treffen. Insbesondere hat die Frühaufklärung die Aufgabe, dass Management gegenüber unstrukturierten und kaum messbaren Entwicklungen zu sensibilisieren. Daran anschließend gilt es, die Früherkennungsinformationen in Aktionsprogramme umzusetzen. Trotz hohen potenziellen Nutzens ist der Anwendungsstand in der Praxis immer noch sehr gering. Als Gründe hierfür nennt die Literatur methodische und organisatorische Unzulänglichkeiten sowie individuelle Schwächen der beteiligten Personen.

1.3.2.3. Chancen-Risiken-Profil als Ergebnis der Umweltanalyse

Ergebnis der Umweltanalyse ist sowohl die Identifizierung von Chancen für ein Unternehmen als auch eine Auflistung aller zu erwartenden Risiken (vgl. Abbildung C.IV.16). Es handelt sich also um eine Beschreibung der Umweltfaktoren, die Auswirkungen auf unternehmerische Aktivitäten haben. Chancen und Risiken eröffnen für Unternehmen neue Möglichkeiten, ob sie auch tatsächlich erfolgreich genutzt werden können, hängt von den unternehmensinternen Potenzialen ab.

Als Quellen der Informationsgewinnung können veröffentlichte Daten (so genannte hard-facts, harte Informationen) z.B. aus der Wirtschaftsfachpresse, Tageszeitungen, Sachverständigenberichten, Geschäftsberichten, Pflichtveröffentlichungen im Handelsregister, Unternehmens- und Produktprospekten u.ä. herangezogen werden.

---

[588] Hammer (1988), S. 253.

Aber auch Informationen aus Gesprächen mit Lieferanten, Kunden, Wettbewerbern, so genannte soft-facts (weiche Informationen), sind von Bedeutung und sollten konsequent formal erfasst sowie ausgewertet werden. Über die Zeit entsteht ein wertvolles Informationssystem, welches auf die spezifischen Belange des Unternehmens zugeschnitten ist und einer konsequenten Nutzung für strategische Entscheidungen zugeführt werden sollte.

		Beschreibung relevanter Umweltentwicklungen	Beschreibung expliziter	
			Chancen	Bedrohungen
I. Allgemeine/globale Umwelt	Ökonomisch			
	Technologisch			
	Politisch-rechtlich			
	Sozio-kulturell			
	Natürlich			
II. Wettbewerbsumwelt	Branche			
	Strategische Gruppe			
	Konkurrenz			

Abb. C.IV.16: Chancen-Risiken-Profil als Ergebnis der Umweltanalyse

Im Rahmen von strategischen Managemententscheidungen sind die Beziehungen eines Unternehmens zu seiner engeren und weiteren Umwelt konsequent zu beachten. Werden diese Zusammenhänge vernachlässigt, besteht die Gefahr, dass ein Unternehmen vom Markt verdrängt wird. Wie im Einzelnen ein Unternehmen auf Umweltveränderungen reagieren soll, ist davon abhängig, welche Potenziale dem Unternehmen zur Verfügung stehen. Dieser Frage geht im Detail die Unternehmensanalyse nach, die Gegenstand von Kapitel C.IV.1.3.3. ist.

1.3.2.4. Empirische Befunde

Die vorangehenden Ausführungen zeigen die wesentlichen Inhalte einer strategischen Umweltanalyse, der Prognose und Frühaufklärung auf. Inwieweit diese Aspekte in der praktischen Strategieplanung in deutschen Unternehmen ihre Anwendung finden, untersuchte *Al-Laham*.[589] Im Ergebnis dieser Studie ist festzustellen, dass im Rahmen der strategischen Umweltanalyse den klassischen Analysefeldern Kunden und Konkurrenz durch die Unternehmen die höchste Aufmerksamkeit beigemessen wird. Dies äußert sich darin, dass diese Analysen in den meisten Fällen durch die Unternehmen regelmäßig durchgeführt werden. Elemente der Branchenstruktur werden dagegen mit unterschiedlicher Regelmäßigkeit betrachtet, ihnen wird eine unterschiedliche Bedeutung beigemessen. So werden Informationen über Austrittsbarrieren, strategische Gruppen und Branchendynamik eher wenig differenziert betrachtet, obwohl diesen Elementen heute eine zunehmende Bedeutung zugesprochen wird. Auch werden sozio-kulturelle Entwicklungen den Befunden zufolge nicht wesentlich berücksichtigt. Insgesamt gesehen ist die strategische Analyse der Umwelt in den Unternehmen eher gering differenziert.

Auch der Entwicklungsstand der strategischen Prognose ist nach *Welge/Al-Laham* eher gering einzuordnen.[590] Nach ihren Analysen zufolge kommen nur – in der Reihenfolge ihrer Bedeutung - intern *erstellten Szenarien/Studien, Mitarbeitergesprächen, Trendextrapolationen* und *extern erstellten Szenarien/Studien* eine hohe Bedeutung zu. Diese Ergebnisse lassen den Rückschluss zu, dass die strategische Prognose eher als eine Einzelstudie betrachtet wird, die unregelmäßig und nur im konkreten Bedarfsfall angewendet wird. Auch deutet die häufige Anwendung der Trendextrapolation darauf hin, dass lediglich die Trends der Vergangenheit fortgeschrieben werden.

Eine strategische Frühaufklärung betreiben nur wenige Unternehmen. Hier dominieren in den meisten Unternehmen nur kurzfristige Informationssysteme auf Basis von Kosten- und Leistungsrechnungen und Indikatorenkataloge. Eine permanente Überwachung des Unternehmensumfelds durch die Erfassung von schwachen Signalen oder weichen Faktoren erfolgt jedoch nur in wenigen Unternehmen.[591]

1.3.3. Strategische Analyse und Prognose der internen Unternehmenssituation

1.3.3.1. Analyse des Unternehmens als Stärken-Schwächen-Betrachtung

Die Analyse des Unternehmens (auch interne Analyse) hat die Aufgabe, zunächst die Potenziale des Unternehmens zu ermitteln und daran anschließend diese mit den Anforderungen der Unternehmensumwelt abzustimmen. Im Ergebnis können Stärken und Schwächen aufgelistet werden. Die Unternehmensanalyse kann je nach Planungsphase aus Sicht des *Gesamtunternehmens* oder aus Sicht einer *strategischen*

---

[589] Vgl. Al-Laham (1997), S. 124.
[590] Vgl. Welge/Al-Laham (2003), S. 312 ff.; Al-Laham (1997), S. 133.
[591] Vgl. Welge/Al-Laham (2003), S. 314 f.; Al-Laham (1997), S. 135.

Geschäftseinheit (SGE-Analyse) betrieben werden. Die **interne Analyse** und Prognose (auch Unternehmensanalyse und -prognose oder SGE-Analyse und -prognose) will die *Stärken und Schwächen* des Unternehmens und der strategischen Geschäftseinheiten hinsichtlich gegenwärtiger und zukünftiger Anforderungen ermitteln, um damit Ansatzpunkte für die Erarbeitung von Strategien zu gewinnen. Damit steht die Darstellung der gegenwärtigen und zukünftigen Situation des Unternehmens und der strategischen Geschäftseinheiten im Vordergrund der Analyse.

Leistungsstärken und Mängelbereiche können jedoch *nicht absolut* verstanden werden. Es sind relative Größen, *nämlich in Bezug auf die in der Umweltanalyse herausgearbeiteten Branchen- und Konkurrenzergebnisse*. Bezugspunkte der internen Analyse sind somit die kritischen Erfolgsfaktoren und kritischen Ressourcen, also die erfolgsbestimmenden Faktoren der Branche bzw. starker Konkurrenzunternehmen. Die Ergebnisse der Umweltanalyse bestimmen damit weitgehend die Unternehmensanalyse. Im Hinblick auf diese Erfolgsfaktoren sind die eigenen Stärken und Schwächen herauszuarbeiten.

Stärken (und umgekehrt Schwächen) eines Unternehmens bzw. einer strategischen Geschäftseinheit sind:[592]

(1) Ausbringungen mit überdurchschnittlichen Ergebnissen gegenüber früheren eigenen Zielsetzungen oder gegenüber Konkurrenzergebnissen
(2) strukturelle Merkmale oder Leistungspotenziale (Kompetenzen) des Unternehmens, die zu den Ausbringungen beigetragen haben (z.B. besonders qualifizierte Mitarbeiter, erfolgreiche Marketingkonzeptionen, flexible Produktionstechniken).

Hauptbestandteile der internen Analyse sind die miteinander verknüpfte *Analyse der Potenziale oder Ressourcen* (Potenzial- oder Ressourcenanalyse) des Unternehmens bzw. der strategischen Geschäftseinheiten (Ressourcenausstattung im Vergleich zu den stärksten Konkurrenten, Erkennen der vorhandenen Unternehmenspotenziale) sowie die *Analyse der Stärken und Schwächen* der Potenziale und Ressourcen (Stärken-Schwächen-Analyse).

Unternehmensbezogene spezielle Angaben zur Vorgehensweise sind nicht möglich. Vielmehr sind aus den Vorschlägen zur Vorgehensweise und den zur Verfügung stehenden Instrumentarien (z.B. Checklisten oder Fragenkataloge, Portfoliotechniken) eigene Analysekonzepte in den Unternehmen zusammenzustellen.

1.3.3.1.1. Ressourcenanalyse nach klassischer Betrachtungsweise
Die **Arbeitsschritte** bei der internen Analyse sind generell:
1. Abgrenzung der relevanten Untersuchungsbereiche nach den Erfolgskriterien
2. Erfassen der kriterienbezogenen Informationen

---

[592] Siehe hierzu Hinterhuber (1992), S. 83; Hinterhuber (2004a), S. 123 ff.

3. Bewertung der Relevanz der Faktoren und Erstellung eines Stärken-Schwächen-Profils.

Grundsätzlich werden mit den Arbeitsschritten der internen Analyse diejenigen Faktoren ermittelt, von denen der Erfolg des Unternehmens und der strategischen Geschäftseinheiten unter Einfluss der zukünftigen Umweltbedingungen (also der Chancen-Risiken) abhängen. Die **Abgrenzung der Untersuchungsbereiche** (oben Schritt 1) ist wegen der Vielzahl zu untersuchender betrieblichen Faktoren nicht einfach. Folgende Vorgehensweisen können gewählt werden:

(1) Vorgehensweise nach **Unternehmensfunktionen**

Als Untersuchungsbereiche können die Funktionsbereiche des Unternehmens herangezogen (Beschaffung, Produktion, Absatz usw.) und deren strategierelevanten Potenziale untersucht werden. Eine weitere Aufteilung kann dabei noch nach den *Management-Funktionen* und den *Leistungsfunktionen* (Beschaffung, Produktion, Absatz usw.) erfolgen.

(2) Vorgehensweise nach **kritischen Erfolgsfaktoren**

Es empfiehlt sich die Erarbeitung von Fragenkatalogen (Checklisten).[593] Zunächst sind die kritischen **erfolgsbestimmenden Ressourcen (Potenziale)** des Unternehmens im Hinblick auf die Wettbewerbssituation zu ermitteln. Zu untersuchen sind dann z.B. die folgenden Erfolgsfaktoren und Erfolgspotenziale: Produktlinien, Marketing, Finanzen, Forschung und Entwicklung, Produktion, Rohstoff- und Energieversorgung, Standorte, Kostensituation, Qualität des Managements, Führungssysteme, Produktivitätssituation. Diese Bereiche können checklistenförmig oder tabellarisch um einen spezifizierten Fragenkatalog je Erfolgsfaktor sowie um Stärken-Schwächen-Spalten ergänzt werden. Durch **wichtige Schlüsselfragen**, mit deren Beantwortung die spezifischen Stärken oder Schwächen im Vergleich zu den stärksten Konkurrenten aufgedeckt werden (siehe Abbildung C.IV.17), lässt sich im Folgenden eine tiefere Strukturierung der kritischen Erfolgsfaktoren erreichen.

Anschließend kann durch Gewichtung und Zusammenfassung der Einzelantworten sowie Profildarstellungen der eigenen Stärken und Schwächen unter Einbezug der stärksten Konkurrenten eine **globale Gesamtantwort zu jedem kritischen Erfolgsfaktor** erhalten werden (siehe Abbildung C.IV.19).

(3) Vorgehensweise nach **strategischen Bereichen**

Reinhard/Weidermann[594] untergliedern vier strategische Untersuchungsbereiche: *Produkt-Markt-Bereich*, in dem die Erfolgsträchtigkeit der strategischen Geschäftseinheiten untersucht wird; *Ressourcenbereich*, der die Inputpotenziale Finanzen, Personalwirtschaft, Materialwirtschaft, Produktionstechnologie analysiert; *Organisationsstrukturen*, wobei die Aufbau-/Ablauforganisation, Informationssysteme und Führungssysteme analysiert werden sowie der *gesellschaftliche Bereich* mit der Analyse von Erscheinungsbild, Image nach außen und Standortauswahl in bestimmten Regionen.

(4) Vorgehensweise nach der **Ressourcenanalyse und der Stellung gegenüber der Konkurrenz**[595]

---

[593] So z.B. Hinterhuber (1992), S. 84 ff.
[594] Vgl. Reinhard/Weidermann (1984), S. 81 ff.
[595] Vgl. Steinmann/Schreyögg (2005), S. 213 f.

Eine *Ressourcenanalyse* betrachtet die Unternehmensressourcen und ihre Nutzung unter strategischem Aspekt (finanzielle, physische, Human-, organisatorische und technologische Ressourcen). Mit einer begleitenden *Konkurrentenanalyse* werden die eigenen Potenziale im Verhältnis zur Konkurrenz (Aufbau wie eigene Ressourcenanalyse unter Verwendung der kritischen Erfolgsfaktoren) eingeschätzt.

Kritische Erfolgsfaktoren	Fragenkatalog	Stärken	Schwächen	Bemerkungen/ Aktionen
1. Produktlinien	- Welches sind effektiv die Produktlinien des Unternehmens? Welche Funktionen erfüllen sie? Welche zusätzlichen Funktionen können sie erfüllen? Wie haben sich die strategischen Produkteigenschaften in den letzten fünf Jahren verändert? Welche Änderungen werden in den nächsten Jahren erwartet? - Was waren die signifikantesten Produktstärken und -schwächen in der Vergangenheit hinsichtlich: Qualität und sonstiger Produkteigenschaften, Preis, Design, Kundendienst, Lieferzeiten, Patente usw., mit Bezug auf die stärksten Konkurrenten? Welche Verbesserungen schätzen die Kunden am meisten? ... - Welche Marktanteile hält das Unternehmen heute? Wie stabil sind die Marktanteile? ... - usw.			
2. Marketing	- Welche regionale Gliederung weisen die Marktanteile im Vergleich zu denen der stärksten Konkurrenten auf? Welche Markttrends zeichnen sich ab? Eignen sich die vorhandenen Vertriebs- und Produktionsmöglichkeiten zur Erfüllung der sich abzeichnenden nationalen und internationalen Markterfordernisse? ... - usw.			
3. Finanzsituation	- Wie wirken sich die Liberalisierung des Kapitalverkehrs und die Harmonisierung der rechtlichen Rahmenbedingungen aus? - usw.			
4. FuE	- Welchen Anteil am Umsatz haben die Forschungs- und Entwicklungsaufgaben im Vergleich zu denen der stärksten Konkurrenten? Welchen Umfang und welche Tiefe weist das FuE-Potenzial auf? ... - usw.			
5. Produktion usw.	- Wie hoch sind die gegenwärtigen Produktionskosten? Welche Trends der Kosten der Produkte und Aktivitäten zeichnen sich ab? Welchen Erfahrungskurven folgen tendenziell die Stückkosten? ... - usw.			

Abb. C.IV.17: Checkliste zur internen Analyse (Auszug)
Quelle: Vgl. Hinterhuber (1992), S. 85 f.

Neben den bereits früher erwähnten Verwendungsmöglichkeiten von Checklisten und Profilen sind eine Vielzahl von Techniken zur Unternehmens- und SGE-Analyse einsetzbar, von denen einige im Folgenden erörtert werden sollen. Nicht behandelt werden u.a. konventionelle Verfahren wie Kennzahlenanalyse oder ABC-Analyse.[596]

1.3.3.1.2. Ressourcenanalyse nach wertorientierter Betrachtungsweise
Eine Ressourcenanalyse nach wertorientierten Aspekten setzt an der Gestaltung der Wertkette eines Unternehmens an. Eine **Wertkette** kann zunächst als ein Geschäftssystem-Konzept interpretiert werden.[597] Aus der Analyse einzelner Funktionsbereiche, die idealtypisch den Prozess der Leistungserstellung (synonym Wertschöpfungsprozess) eines Unternehmens wiedergeben, lassen sich im Vergleich zu Wettbewerbern Hinweise auf Wettbewerbsvorteile erkennen.

Die Ursachen von Wettbewerbsvorteilen verschiedener Konkurrenzunternehmen liegen in ihren unterschiedlichen strategisch relevanten Tätigkeiten, die Quellen für Differenzierungs- und Kostenvorteile gegenüber den Mitwettbewerbern sein können. Diese potenziellen Quellen können anhand des Unternehmensprozesses und der in seinem Verlauf erarbeiteten Wertzuwächse (Wertschöpfungskette) herausgefunden und analysiert werden, wobei zu beachten ist, dass vor- und nachgelagerte Ketten von Lieferanten und Kunden mit der „innerbetrieblichen Kette" verbunden sind.

Das Konzept der **Wertschöpfungskette** oder **Wertkette** wurde im Wesentlichen von *Porter* entwickelt. Das Unternehmen wird bei diesem Verfahren in strategisch relevante Funktionsbereiche (Aktivitäten) unterteilt. Diese leisten ihren Beitrag zur betrieblichen Gesamtwertschöpfung, die sich in der Wertkette zeigt.

„Die Wertkette ... setzt sich aus den Wertaktivitäten und der Gewinnspanne zusammen. Wertaktivitäten sind die physischen und technologisch unterscheidbaren, von einem Betrieb ausgeführten Aktivitäten. Sie sind die Bausteine, aus denen das Unternehmen ein für seine Abnehmer wertvolles Produkt schafft. Die Gewinnspanne ist der Unterschied zwischen dem Gesamtwert und der Summe der Kosten, die durch die Ausführung der Wertaktivitäten entstanden sind."[598]

Die Wertschöpfungsaktivitäten werden in **primäre** und **sekundäre Aktivitäten** unterteilt. *Primäre* Aktivitäten sind unmittelbar an der Produktion und dem Absatz beteiligt, während die *sekundären* oder unterstützenden Aktivitäten Versorgungsleistungen gegenüber den Primäraktivitäten oder in der „Unternehmungsinfrastruktur" Führungs-, Abrechnungs- und Informationsleistungen gegenüber allen anderen Aktivitäten zu erbringen haben (vgl. Abbildung C.IV.18).[599]

---

[596] Vgl. hierzu z.B. Jung (2000); Schneider-Winden (1992)
[597] Vgl. Gluck (1980), S. 28.
[598] Porter (2000), S. 68.
[599] Zur Wertschöpfungskette siehe besonders Porter (2000); außerdem Esser (1989), S. 191 ff.; Steinmann/Schreyögg (2005), S. 208 ff.

Wertkette nach Porter

	Unternehmensinfrastruktur					Gewinnspanne
Unterstützende Aktivitäten	Personalwirtschaft					
	Technologieentwicklung					
	Beschaffung					
	Eingangslogistik (z.B. Wareneingang, Lager)	Operationen (Produktion)	Marketing & Vertrieb (z.B. Werbung, Außendienst)	Ausgangslogistik (z.B. Fertigwarenlager, Transporte)	Kundendienst	Gewinnspanne
	Primäre Aktivitäten					

Abb. C.IV.18: Wertkette nach *Porter*
Quelle: Porter (2000), S. 66 (leicht modifiziert)

Die strategische Analyse wird anhand der einzelnen Aktivitäten durchgeführt, um die Wettbewerbsvor- oder -nachteile insb. zur Konkurrenz herauszuarbeiten. Die einzelnen Wertaktivitäten werden dabei grundsätzlich abgegrenzt nach unterschiedlichen wirtschaftlichen Zusammenhängen, einem hohen Differenzierungspotenzial sowie einem erheblichen oder steigenden Kostenanteil. Wettbewerbsvorteile können nun vor allem im Kostenvorsprung und in der Differenzierung zu Mitwettbewerbern liegen. Um dies herauszufinden, wird versucht, die Wertkette der Konkurrenz aufzustellen. Steht der Konkurrent im Mittelpunkt der Betrachtung (*wettbewerbsorientierte Wertkettenanalyse*), werden die Wertschöpfungskette des eigenen Unternehmens mit den Wertketten der wichtigsten Konkurrenten verglichen und durch Gegenüberstellung ähnlich einer Stärken-Schwächen-Betrachtung Unterscheidungsmerkmale herausgefunden. Steht dagegen der Kundennutzen im Mittelpunkt der Betrachtung (*kundennutzenorientierte Wertkettenanalyse*), wird gefragt, inwieweit die Bedürfnisse der Kunden durch die unternehmenseigene Wertkette befriedigt und darüber hinaus optimiert werden können. Eine Optimierung setzt an vertikalen Verknüpfungen zwischen Unternehmens- und Kundenwertketten an. Durch eine Koordinierung und Optimierung der Kundenbeziehungen lassen sich Kostensenkungen oder Differenzierungssteigerungen erreichen.

Die Vorteile der Analyse liegen darin, dass die Wertkettenbetrachtung von der Untersuchung einzelner Produkte abstrahiert und sich auf die Untersuchung struktureller Ursachen von Wettbewerbsvorteilen innerhalb des gesamten Unternehmens oder eines Geschäftsbereichs konzentriert. Auch sind vielfältige konzeptionelle Erweiterungen möglich. So zeigt *Rappaport* die Flexibilität des Instruments auf, indem er die Wertkettenanalyse in ein wertorientiertes strategisches Management einbindet.[600] Mit Hilfe der Wertkette können die Werttreiber Umsatzwachstum, Gewinnmarge, Gewinnsteuersatz, Investitionen in das Umlauf- und Anlagevermögen systematisch geschätzt werden. Die so genannte aktivitätsorientierte Gliederung der

Wertkette führt zu einer Kostenzusammenfassung, die nach *Rappaport* dem herkömmlichen Klassifikationsschema des Rechnungswesens überlegen ist.[601]

Nachteilig erweist sich jedoch die operationale Handhabung einer Wertkettenanalyse. In den meisten Fällen sind die Wertaktivitäten nicht mit der Organisationsstruktur eines Unternehmens und dessen Kostenstellen des Rechnungswesens deckungsgleich, so dass die Ermittlung der entsprechenden Daten und Informationen zur Definition der Wertkette mit einem hohen Aufwand verbunden sind.[602] Noch höher gestaltet sich der Aufwand, wenn wertschöpfungsbezogene Daten von Wettbewerbern, Lieferanten oder Kunden erhoben werden sollen. Darüber hinaus ist zu bedenken, dass dieses Datenmaterial äußerst sensibel ist und oft auch der Geheimhaltung unterliegt.

1.3.3.1.3. Ressourcenanalyse nach kompetenzorientierter Betrachtungsweise

Eine Ressourcenanalyse nach kompetenzorientierten Aspekten macht strategische Stärken und Schwächen an der Ausprägung bestimmter Ressourcen, Fähigkeiten oder sog. Kernkompetenzen fest und stellt deren Analyse in den Mittelpunkt der Betrachtung. Theoretisch ist diese Betrachtung auf den ressourcenorientierter Ansatz (Resourced-Based-View) zurückzuführen.[603] Vertreter dieser Sichtweise führen den Wettbewerbserfolg eines Unternehmens auf die Existenz von einzigartigen Ressourcen und Ressourcenkombinationen zurück.[604] Die Qualität der Ressourcen wird somit zur Quelle des dauerhaften Erfolgs von Unternehmen.[605] Mit dieser Sichtweise wird betont, welche Voraussetzungen innerhalb eines Unternehmens gegeben sein müssen, damit Wettbewerbsvorteile überhaupt erst entstehen können. Nach welchen Aspekten Ressourcen und Kompetenzen einer strategischen Analyse unterzogen werden können, ist Gegenstand der nachfolgenden Ausführungen.

Ressourcen (Potenziale) stellen nach *Bea/Haas* „Speicher spezifischer Stärken dar, die es ermöglichen, die Unternehmung in einer veränderlichen Umwelt erfolgreich zu positionieren und somit den langfristigen Unternehmenserfolg zu sichern."[606] Allerdings finden sich in der Literatur mehrere weitere Definitionen des Ressourcenbegriffs. So ist nach der Definition von *Bea/Haas* der Ressourcenbegriff sehr weit gefasst, da mit ihm alles bezeichnet wird, was einem Unternehmen zur Verfügung steht und worauf es direkt oder indirekt zugreifen kann.

---

[600] Vgl. Rappaport (1999).
[601] Vgl. Rappaport (1999).
[602] Vgl. Volck (1997), S. 2; Aeberhardt (1996), S. 185.
[603] Vgl. zu den methodischen Betrachtungen ausführlich Müller-Stewens/Lechner (2005), S. 356 ff.; Welge/Al-Laham (2003), S. 256 ff.
[604] Vgl. Penrose (1959); Barney (1997); Wernerfelt (1995); Hamel/Prahalad (1995).
[605] Vgl. Bea/Haas (2005), S. 28.
[606] Bea/Haas (2005), S. 28 f.

Werden Definitionen betrachtet, die versuchen, verschiedene **Ressourcenarten** zu klassifizieren, wird es konkreter. So unterscheidet *Barney*[607] z.B. zwischen physischen, humanen und organisationalen Ressourcen, *Grant*[608] differenziert nach finanziellen, technologischen und reputationsbezogenen Ressourcen, wobei er ebenfalls eine Unterscheidung nach tangiblen (greifbaren), intangiblen (nicht greifbaren) und Human- Ressourcen macht[609], währenddem *Hall*[610] zwischen materiellen und immateriellen Ressourcen unterscheidet. *Bea/Haas*[611] unterscheiden zwischen Leistungs- und Führungspotenziale, wobei zu den Leistungspotenzialen der Leistungsprozess, Kapital, Personal und Technologie zählen und die Führungspotenziale aus Planung, Kontrolle, Information, Organisation und Unternehmenskultur bestehen.

Da die Qualität der Ressource aus der Sicht des ressourcenorientierten Ansatzes die Quelle dauerhaften Unternehmenserfolges ist, ist zu hinterfragen, aus welchen spezifischen Ressourcenpotenzialen Wettbewerbsvorteile entstehen können. Die oben dargestellten uneinheitlichen Begriffsdefinitionen lassen hier dennoch diesbezügliche Rückschlüsse zu. So stehen schwerpunktmäßig die *immateriellen Ressourcen* im Vordergrund der Betrachtung. Immaterielle Ressourcen sind solche Ressourcen, die Vermögensgegenstände wie Image, Unternehmenskultur, technologisches Know-how umfassen. Diese Potenziale lassen sich nur schwer quantifizieren und bilanzieren. *Welge/Al-Laham* unterscheiden hier nochmals die immateriellen Vermögensgegenstände in personenunabhängige und personengebundene Ressourcen.[612] Sie führen weiter dazu aus, dass personenunabhängige Ressourcen sich einerseits in Patenten, Copyrights, Verträgen, Reputation des Unternehmens u.ä. konkretisieren, und andererseits in organisatorisch verankerten Fähigkeiten in Form von Routinen zum Ausdruck kommen. Personenabhängige Ressourcen stellen die Fähigkeiten der Mitarbeiter und des Managements im Unternehmen dar. Diese Fähigkeiten und deren organisatorische Einbettung im Unternehmen in Kombination mit den materiellen Ressourcen begründen letztendlich die Kernkompetenzen eines Unternehmens.

Kernkompetenzen werden nach *Hamel/Prahalad* definiert als „the collective learning in the organization, especially how to coordinate diverse production skills and integrate multiple streams of technology."[613] Kernkompetenzen sind also ein Bündel von Fähigkeiten, die die Grundlage für Kernprodukte und die darauf auf-

---

[607] Vgl. Barney (1991), S. 101.
[608] Vgl. Grant (1991).
[609] Vgl. Grant (1998), S. 111 ff.
[610] Vgl. Hall (1993); weitere Definitionen siehe Welge/Al-Laham (2003), S. 258 f.
[611] Vgl. Bea/Haas (2005), S. 29.
[612] Vgl. Welge/Al-Laham (2003), S. 258 f.
[613] Hamel/Prahalad (1990), S. 82

bauenden Endprodukte eines Unternehmens darstellen. Der Wert der Kernkompetenzen bemisst sich danach, inwieweit die Fähigkeiten *wertvoll* sind, d.h. einen Nutzen für den Kunden stiften, *einmalig, nicht imitierbar* und *nicht substituierbar* sind.[614] Sind diese Forderungen in sehr hohem Maße erfüllt, kann von einer Kernkompetenz gesprochen werden.[615] In den letzten Jahren hat dabei der Begriff der dynamischen Fähigkeiten (*dynamic capabilities*) eine besondere Bedeutung gewonnen. Unternehmen müssen Fähigkeiten entwickeln, die es ihnen erlauben, ihre interne Kombination der Ressourcenpotenziale im Sinne einer größeren Fortschrittsfähigkeit permanent zu verändern.

Erkennbar werden Potenziale durch die **Analyse der Wertkette**. Mit ihr werden nicht nur Hinweise generiert, worauf unterschiedliche Wettbewerbspositionen von Unternehmen zurückzuführen sind, sondern auch Möglichkeiten aufgezeigt, wo und wie neue Wettbewerbsvorteile geschaffen werden können. Mit Hilfe von **Checklisten** zur Ermittlung von Stärken-/Schwächen-Profilen können ebenfalls Bereiche identifiziert werden, die spezifische Positionen von Unternehmen und deren Konkurrenz aufzeigen. Checklisten sind meist funktional aufgebaut und erfragen je Funktionsbereich Spezifika. Allerdings geschieht dies eher pragmatisch und oft nicht methodisch-systematisch begründet. Dieses Instrument zeichnet sich jedoch durch eine hohe Flexibilität bei der praktischen Anwendung aus und gilt als leicht handhabbar.

Obwohl es schwierig ist, den Wert von Ressourcen einzeln zu analysieren, denn oft erhält eine Ressource nur durch die Kombination mit anderen Ressourcen ein Einzigartigkeitspotenzial, wird mit der kompetenzorientierten Betrachtungsweise ein besonderer Aspekt auf unternehmensinterne Potenziale gelenkt. So erscheinen materielle (tangible) Ressourcen zwar wichtig, aber ihre Bedeutung relativiert sich beim Aufbau, der Pflege und Nutzung von Wettbewerbsvorteilen gegenüber den immateriellen (intangiblen) Ressourcen zunehmend, da die immateriellen Ressourcen von potenziellen Wettbewerbern schwer imitierbar und substituierbar sind. Fähigkeiten und Routinen und deren dynamische Veränderbarkeit werden als die entscheidenden Potenziale für Wettbewerbsvorteile gesehen.[616]

Nachdem bisher die verschiedenen Ansätze zur Ermittlung von Informationen über die internen Unternehmenspotenziale aufgezeigt wurden, erfolgt im nächsten Schritt eine Bewertung der Ressourcenpotenziale dahingehend, ob sie eine strategische Stärke oder Schwäche darstellen.

---

[614] Vgl. Barney (1991); Grant (1991); Steinmann/Schreyögg (2005), S. 213 ff.; im Überblick Welge/Al-Laham (2003), S. 262 ff.
[615] Vgl. Bea/Haas (2005), S. 29 f.; Müller-Stewens/Lechner (2005), S. 222 ff.
[616] Vgl. zu kritischen Anmerkungen ausführlich Müller-Stewens/Lechner (2005), S. 359; Welge/Al-Laham (2003), S. 278 f.

1.3.3.2. Vergleichende und bewertende Stärken-Schwächen-Darstellung
Die internen Potenziale eines Unternehmens können nach unterschiedlichen Aspekten ermittelt werden. Die bisherigen Ausführungen stellen eine Bestandsaufnahme der Potenziale nach betrieblichen Funktionsbereichen, wert- und kompetenzorientierten Potenzialen vor. Nach dieser Bestandsaufnahme gilt es, diese Potenziale dahingehend zu bewerten, ob sie aus strategischer Sicht eine Stärke oder Schwäche darstellen. Diese Bewertung erfolgt dadurch, dass die unternehmensinternen Potenziale mit den umweltbezogenen Anforderungen verglichen werden. Ein solcher Vergleich kann wiederum nach verschiedenen Kriterien durchgeführt werden. In der Literatur zur Strategieentwicklung lassen sich drei Möglichkeiten eines Vergleichs feststellen:[617]

(1) Wettbewerbsvergleich
(2) Branchenübergreifender Vergleich
(3) Kundenorientierter Vergleich.

Der **Wettbewerbsvergleich** relativiert die eigenen Potenziale an den Potenzialen der direkten Konkurrenz. I.d.R. werden die Hauptkonkurrenten als Vergleichsmaßstab herangezogen. Bewertet werden z.B. Budgets oder Ressourcenausstattungen verschiedener Funktionsbereiche. Ob ein Budget oder eine Ressourcenausstattung als hoch oder niedrig bzw. gering eingeschätzt wird und damit eine Bewertung als Stärke oder Schwäche vorgenommen wird, ist neben den absoluten Größen auch davon abhängig, inwieweit die entsprechenden Potenziale ausgeschöpft werden. So kann eine im Wettbewerbsvergleich höhere Ressourcenausstattung z.B. im Bereich Forschung und Entwicklung (FuE) erst dann als Stärke interpretiert werden, wenn der Wettbewerber über eine geringere Ausstattung verfügt oder die Potenziale nur unzureichend ausschöpft. Auch ist die Höhe des FuE-Budgets davon abhängig, welche Strategie ein Unternehmen verfolgt. Hier stehen die Innovationsstrategie oder die Folgerstrategie zur Alternative.[618] Bei letzterer wird dem FuE-Budget keine hohe Bedeutung zukommen. Diese Überlegungen werden unterstützt durch Vergleiche der eigenen Wertschöpfungsschwerpunkte mit denen der Wettbewerber.[619] Mit Hilfe der Ermittlung der Struktur der Wertketten der Wettbewerber können Hinweise gewonnen werden, ob die Wettbewerber ihre Tätigkeiten nach ähnlichen Grundsätzen wie das eigene Unternehmen gestalten. Auch lassen sich Rückschlüsse ziehen, durch welche Schwerpunkte bei den Wertaktivitäten die Wettbewerber einen Wettbewerbsvorteil erzielen. Diese Informationen können sowohl durch grobe Schätzungen ermittelt werden als auch auf quantitativen Informationen über die Wettbewerber beruhen.

---

[617] Vgl. Welge/Al-Laham (2003), S. 279.
[618] Vgl. ausführlich Ausführungen von Baum hier in Kap. D.I.
[619] Vgl. Esser (1994), S. 143 ff.

Ein **branchenübergreifender Vergleich** relativiert die eigenen Potenziale an so genannten „Best-Practice-Unternehmen" (Benchmarking). Das eigene Unternehmen wird mit einem oder mehreren ausgewählten Referenzunternehmen verglichen. Ziel ist es, eigene Schwächen zu erkennen und die Stärken der anderen zu übernehmen, um selber besser zu werden. Hierfür ist es notwendig, die Unterschiede zu anderen Unternehmen offenzulegen, die Ursachen für diese Unterschiede herauszufinden und letztendlich Möglichkeiten zu Verbesserung aufzuzeigen.[620] Es entsteht so ein Bild über die Leistungsfähigkeit des eigenen Unternehmens und die des Vergleichspartners. Die Differenz zwischen den Leistungsfähigkeiten der Unternehmen ist die so genannte Leistungslücke. Um diese zu schließen, werden wettbewerbsorientierte und realisierbare Zielvorgaben ermittelt. Allerdings sind diese Zielvorgaben nur zu realisieren, wenn auch die Gründe für die höhere Leistungsfähigkeit erkannt werden und hieraus Anregungen für das eigene Unternehmen entstehen. *Karlöf* und *Östblom* sprechen in diesem Zusammenhang vom so genannten Benchlearning.[621]

Systematisches Benchmarking läuft in vier Phasen ab: Planungs-, Erhebungs-, Analyse- und Umsetzungsphase.[622] Im Ergebnis lassen sich Anregungen für unternehmensweite Verbesserungen finden, die letztendlich dazu führen, dass Leistungslücken im Vergleich zu anderen geschlossen und Effizienzen im Unternehmen erhöht werden können.

Ein **kundenorientierter Vergleich** relativiert die eigenen Potenziale an den Anforderungen der Kunden. Hierzu muss das Unternehmen die Anforderungen der Kunden an die eigene Leistung kennen. Kundenanforderungen werden erkannt, indem das Unternehmen die kaufentscheidenden Faktoren der Kunden ermittelt und diese in die Gestaltung der unternehmenseigenen Wertkette einarbeitet. Damit wird die eigene Wertkette auf die Kundenanforderungen abgestimmt. *Esser* schlägt hierfür folgende Vorgehensweise vor:[623]

(1) Abgrenzung des relevanten Marktes und Marktsegmentierung
(2) Ermittlung der kaufentscheidenden Faktoren und Bildung einer Rangfolge
(3) Gegenüberstellung von Kaufkriterien und Wertaktivitäten
(4) Ableitung von strategischem Handlungsbedarf

1.3.3.3. Stärken-Schwächen-Profil als Ergebnis der Unternehmensanalyse
Ergebnis der Unternehmensanalyse ist sowohl die Identifizierung von Stärken im Unternehmen als auch eine Auflistung aller Schwächen. Abgebildet werden diese

---
[620] Vgl. Bichler/Gerster/Reuter (1994), S. 37.
[621] Vgl. Karlöf/Östblom (1994), S. 193 ff.
[622] Vgl. Welge/Al-Laham (2003), S. 282 ff. und die dort angegebene Literatur.
[623] Vgl. Esser (1994), S. 145 ff.

mit Hilfe eines **Stärken-Schwächen-Profil**s (siehe Abbildung C.IV.19). Ein so genanntes *Punktwert-Modell* stellt die methodische Basis des Profils dar. Die Ausprägungen der einzelnen Indikatoren des strategischen Leistungspotenzials werden in Punktwerte transformiert und durch Addition zu einem Gesamtwert zusammengefügt. Aus der Ausprägung der Gesamtwerte aller Indikatoren ergibt sich das strategische Stärken-Schwächen-Profil.

Kritische Erfolgsfaktoren (Leistungspotentiale)	Beurteilung			Bemerkungen
	Schlecht 10 9 8 7 6 5 4	Mittel 3 2 1 0 1 2 3	Gut 4 5 6 7 8 9 10	
Produktlinie X				
Absatzmärkte (Marktanteile)				
Marketingkonzept				
Finanzsituation				
Forschung und Entwicklung				
Produktion				
Versorgung mit Rohstoffen und Energie				
Standort				
Kostensituation, Differenzierung				
Qualität der Führungskräfte				
Führungssysteme				
Steigerungspotential der Produktivität				

⦻——⦻ Untersuchte strategische Geschäftseinheit
○- - - -○ Stärkstes Konkurrenzunternehmen

Abb. C.IV.19: Stärken-Schwächen-Profil[624]

Das Profil liefert dem Management Informationen über strategische Stärken, Schwächen und Basisanforderungen.[625] *Strategische Stärken* begründen einen

---
[624] In Anlehnung an Bea/Haas (2005), S. 118; Welge/Al-Laham (2003), S. 290.
[625] Vgl. Welge/Al-Laham (2003), S. 288.

Wettbewerbsvorteil und sind so geannte Schlüsselkompetenzen, auf denen die Strategieformulierung aufbaut. *Strategische Schwächen* stellen fehlende Ressourcen und Kompetenzen dar, die mit Hilfe geeigneter Strategien zu beseitigen sind. Hierfür kommen beispielsweise der Erwerb dieser fehlenden Potenziale durch Akquisitionen und Kooperationen in Betracht oder die verstärkte Entwicklung eigener Potenziale im Leistungs- und Führungsbereich.[626] *Basisanforderungen* stellen solche Ressourcen und Kompetenzen dar, die sich weder durch hohe noch durch niedrige Ausprägungen auszeichnen. Werden diese Potenziale durch geeignete Strategien gefördert, können sie zu Quellen neuer strategischer Wettbewerbsvorteile werden.

Hervorzuheben ist jedoch, dass eine Stärken-Schwächen-Betrachtung eine weitgehend subjektive Wertung vorhandener Potenziale darstellt. Innerhalb des Managements gilt es, den Prozess der Erstellung eines Stärken-Schwächen-Profils transparent und vergleichbar zu machen und damit letztendlich zu versachlichen.[627]

1.3.3.4. Empirische Befunde
Nach der Studie von *Al-Laham*[628] greifen die meisten Unternehmen im Rahmen der strategischen Analyse auf Kennzahlen und Informationen aus dem Rechnungswesen zurück. Allerdings werden diese Informationen aufgrund ihrer Vergangenheitsorientierung und ihres fehlenden Strategiebezugs als wenig geeignet für die strategische Planung bewertet.

Auch werden strategierelevante Informationen schwerpunktmäßig nur funktionsbereichsbezogen ermittelt. Wertschöpfungsbezogene Informationen werden dagegen kaum erfasst. Obwohl die wertorientierte Perspektive sehr ausführlich in der Literatur diskutiert wird, ist ihre Anwendung in der Praxis nur eingeschränkt festzustellen.

1.3.4. Strategieformulierung und -bewertung

1.3.4.1. Formulierung der strategischen Ausgangslage (SWOT-Betrachtung) als Grundprinzip der Strategieformulierung
Die Ergebnisse der Analysefelder Umwelt und Unternehmen sind zusammenzuführen und einem Vergleich zu unterziehen. Trifft eine Umweltentwicklung z.B. auf eine Stärke eines Unternehmens, so stellt sie eine Chance dar, die das Unternehmen

---

[626] Vgl. Bea/Haas (2005), S. 121, 176 ff., 427 ff., 503 ff.
[627] Vgl. u.a. Welge/Al-Laham (2003), S. 288; Ulrich (1990), S. 62.
[628] Vgl. Al-Laham (1997), S. 128.

zu ihrem Vorteil ausnutzen soll. Aufgrund der vorhandenen Potenziale sollte dies dem Unternehmen besser als seinen Wettbewerbern gelingen.

Die wichtigsten Einflussfaktoren aus Umwelt und Unternehmen werden komprimiert und im Überblick mit Hilfe der so genannten **SWOT-Analyse** abgebildet.[629] Im Ergebnis wird eine Vielzahl strategischer Optionen aufgezeigt. SWOT steht für **S**trenghts (Stärken) und **W**eaknesses (Schwächen) sowie **O**pportunities (Chancen) und **T**hreats (Gefahren). Dargestellt werden die Ergebnisse in einer zweidimensionalen Matrix, indem die Achsen jeweils in ein positiv und negativ besetztes Feld unterteilt werden. Im Ergebnis werden die Felder der beiden Achsen miteinander in Beziehung gesetzt und es entsteht eine Vier-Felder-Betrachtung (siehe Abbildung C.IV.20). Mit dieser werden Anregungen für strategische Optionen generiert.

Unternehmens- faktoren \ Umwelt- faktoren	Chancen (Opportunities) (O)	Bedrohungen (Threats) (T)
Stärken (Strengths) (S)	**SO-Strategien:** *Idealfall* - Wahrnehmung der Chancen mit Hilfe der Stärken - Wachstumsstrategie durch Nutzung von Marktentwicklungen, Generierung neuer Produkte und Dienstleistungen	**ST-Strategien:** - Einsatz der Stärken zur Begegnung der Umweltbedrohungen
Schwächen (Weaknesses) (W)	**WO-Strategien:** - Abbau der Schwächen zwecks Aufgreifen von Umweltchancen - Entwicklung der Schwächen zu Stärken	**WT-Strategien:** *extrem ungünstige Konstellation; existenzbedrohend* - Minimierung der Schwächen bei gleichzeitigem Ausweichen der Umweltrisiken

Abb. C.IV.20: SWOT-Analyse
Quelle: in Anlehnung an Hunger/Wheelen (1998), S. 112

Die Matrix zeigt unterschiedliche Möglichkeiten der Betonung der Stärken und der Vermeidung der Schwächen auf. Prinzipiell ergeben sich vier grundsätzliche strategische Möglichkeiten. Mit Hilfe der SWOT-Analyse wird ein Abgleich zwischen den Einflussfaktoren des Unternehmens und denen seiner Umwelt vorgenommen. Indem sich das Management an dem Prinzip orientiert, sowohl *Stärken und Chancen zu maximieren* als auch *Schwächen und Risiken zu minimieren*, werden erste Überlegungen in Bezug auf strategische Optionen angestellt. Es gilt angesichts knapper Ressourcen finanzieller, personeller und sachlicher Art, nur solche Produkt-Markt-Kombinationen zu fördern, die über ausreichend Erfolgspotenzial

---

[629] Hunger/Wheelen (1998, S. 111 ff.) sprechen von der sog. TOWS-Matrix. Zur SWOT-Analyse für Nonprofit-Organisationen vgl. Eschenbach/Horak (2003)

verfügen. Das Management hat demzufolge Aktivitätsschwerpunkte zu bilden und entsprechend deren Rangfolge eine Verzettelung unternehmerischer Aktivitäten zu vermeiden.

Hohe Priorität wird dabei der Beseitigung von Schwächen bei gleichzeitig risikobehafteter Umweltsituation eingeräumt. Allerdings verhalten sich Unternehmen in einer solchen Situation dabei meist defensiv, d.h. sie können nur versuchen, ihre Situation nicht noch weiter zu verschlechtern.

Generelle Hilfestellung bei diesen Betrachtungen leistet die Portfolio-Technik.[630] Im Verständnis der Wertschöpfung bedeutet Konzentration der Kräfte Orientierung auf solche Wertschöpfungsaktivitäten, die einen Wettbewerbsvorteil in Form eines Differenzierungs- oder Kostenvorteils ermöglichen. Quelle der Wettbewerbsvorteilsgenerierung sind dabei die Ressourcen eines Unternehmens. Deren Höhe und inhaltliche Ausprägung legen letztendlich den strategischen Spielraum fest.

Darüber hinaus kann die strategische Ausgangslage von Unternehmen und Geschäftseinheiten gedanklich mit der *Lückenanalyse* bestimmt werden (siehe Abbildung C.IV.21). Die Lückenanalyse basiert auf zwei Zukunftsprojektionen, nämlich auf
- der gewünschten Zielentwicklung (Zielwerte, Sollwerte) und
- der prognostizierten Zielentwicklung auf Basis der Vergangenheitswerte.

Die Differenz zwischen gewünschter und prognostizierter Entwicklung wird als strategische Lücke bezeichnet (oder auch als Problemlücke, Entwicklungslücke, ungedeckte Lücke). Diese Lücke ergibt sich zwischen dem vorhanden extrapolierten Geschäft (Basisgeschäft) und der Entwicklungsgrenze (als *operative Lücke* wird diejenige Differenz bezeichnet, die sich durch bekannte Korrekturmaßnahmen auf Basis des bestehenden Geschäftes schließen lässt). Die *strategische Lücke* soll durch die nachfolgende Strategiebildung geschlossen werden.

Welche Strategieüberlegungen im Detail aufgegriffen werden müssen, thematisieren die nachfolgenden Ausführungen. Hierbei ist zu berücksichtigen, dass es eine Vielzahl von konkreten Strategiemöglichkeiten infolge der verschiedensten Einteilungs- und Klassifizierungsversuche in der Literatur gibt. Die Einteilungsproblematik wird zusätzlich noch dadurch erschwert, dass Strategien nicht überschneidungsfrei sind und es daher auch teilweise zu Wiederholungen kommen kann. Darüber hinaus gibt es aber auch neue Entwicklungen und neue Sichtweisen auf die Strategieproblematik, so dass es auch in Zukunft immer wieder neue Strategien und damit auch neue Klassifizierungen geben wird.

---

[630] Eine ausführliche Erläuterung der Portfolio-Technik erfolgt in Kap. C.IV.1.3.4.2.2.

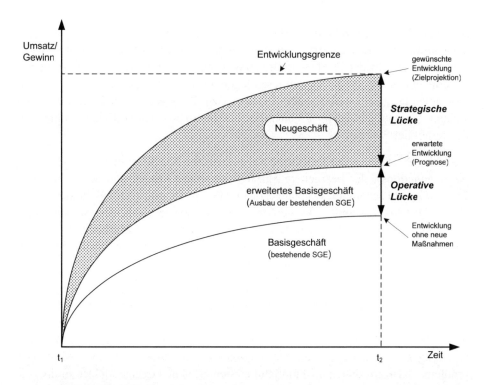

Abb. C.IV.21: Ziellückenanalyse

1.3.4.2. Strategieformulierung auf Unternehmensgesamtebene

Die **Unternehmensgesamtstrategie** legt fest, in welchen Geschäftsfeldern ein Unternehmen tätig sein will. Ist ein Unternehmen in mehreren Geschäftsfeldern aktiv (diversifiziertes Unternehmen), so ist aufzuzeigen, wie durch Festlegung und Gestaltung (Konfiguration) der Geschäftsfelder, Koordination der gesamten Unternehmensaktivitäten und Interaktion (Wechselbeziehung) mit wichtigen Anspruchsgruppen Wert geschaffen werden kann.[631] Dementsprechend lassen sich eine geschäftsfeld-, geschäftseinheiten- und anspruchsorientierte[632] Gesamtstrategie formulieren. Die folgenden Ausführungen beschäftigen sich mit den beiden ersten Betrachtungen, während bei letzterer auf Kapitel C.III.4.1.1. und C.III.4.1.3.2. verwiesen wird.

---

[631] Vgl. Müller-Stewens/Lechner (2005), S. 277.

[632] Im Rahmen der anspruchsgruppenorientierten Gesamtstrategie geht es um die Bestimmung des Verhältnisses zu den wichtigsten Anspruchsgruppen eines Unternehmens. Durch das Management ist festzulegen, in welchen Formen der Umgang z.B. zu Regierungen, Gewerkschaften oder institutionellen Anlegern gepflegt werden soll. Verhaltensweisen reichen dabei von offenen Drohungen bis verständnisorientierter Kommunikation.

1.3.4.2.1. Geschäftsfeldorientierte Gesamtstrategien

Strategische Geschäftsfelder (SGF) stellen eine Segmentierung der Unternehmensumwelt dar, sie definieren den so genannten relevanten Markt (außenbezogene Abgrenzung). Mit der Festlegung der strategischen Felder wird der Umfang eines Unternehmens abgegrenzt. Es gilt festzulegen, in welchen Geschäftsfeldern ein Unternehmen tätig sein will. Darüber hinaus ist zu überlegen, ob und wie die ausgewählten Geschäftsfelder im Rahmen der unternehmerischen Aktivitäten miteinander kombiniert werden.

Nach *Abell*[633] können zur **Definition des relevanten Marktes** die angebotene *Leistung* (Functions), der bearbeitete *Markt* (Customer Groups) und die verwendete *Technologie* (Technologies) herangezogen werden. Es gilt, Geschäftsfelder in Bezug auf Produkte, Kunden, Technologien u.a. so abzugrenzen, dass sie sich markant voneinander unterscheiden. Je ausdifferenzierter sich ein Markt darstellt, umso größer sind die Möglichkeiten für ein Unternehmen, der Unterschiedlichkeit von Bedürfnis- und Wettbewerbssituationen begegnen zu können.

Unternehmen werden sich generell mit der Überlegung des Einstiegs in neue Geschäftsfelder auseinandersetzen, wenn eine Konzentration auf das bisherige Geschäftsfeld keine Wachstumsmöglichkeiten mehr zulässt. Lässt eine Konzentration der Geschäftstätigkeit im traditionellen Geschäftsfeld auch durch gezielte Marktbearbeitung kein Wachstum mehr zu und zeichnen sich des Weiteren Auslastungsprobleme der Kapazitäten ab, empfiehlt es sich, in neue Geschäftsfelder zu diversifizieren. In Anlehnung an die *Ansoff*sche **Produkt-Markt-Matrix**[634] können vier unterschiedliche Typen von **Wachstumsstrategien** zur Ausweitung des Geschäftsvolumens identifiziert werden (siehe Abbildung C.IV.22).

	Gegenwärtige Produkte	Zukünftige (neue) Produkte
Gegenwärtige Märkte	Marktdurchdringungs-strategien	Produktentwicklungs-strategien
Zukünftige (neue) Märkte	Marktentwicklungs-strategien	Diversifizierung

Abb. C.IV.22: Produkt-Markt-Matrix
Quelle: Ansoff (1965), S. 109

Ausgehend von dem augenblicklichen Zustand des Unternehmens kann eine betriebliche Vergrößerung zunächst auf dem Wege der *Marktdurchdringung* (auch Marktpenetration) mit einer Intensivierung des laufenden Geschäfts z.B. durch verstärkte Werbung vorgenommen werden. Die Strategie der *Marktentwicklung* bedeutet die Erschließung neuer Absatzgebiete oder neuer Kundengruppen für das vorhandene Produktprogramm. Ein neues Arbeitsgebiet wird durch die *Produkt-*

---

[633] Vgl. Abell (1980).
[634] Vgl. Ansoff (1965).

entwicklung aufgenommen, d.h. die Einführung neuer Produkte auf dem bestehenden Markt des vorhandenen Programms. Als schwierigster Fall ist die *Diversifizierung*, also die Entwicklung neuer Produkte und ihr Absatz auf bisher nicht belieferten Märkten anzusehen. Mit ihr geht es um die Bestimmung der Richtung, in die der Eintritt eines Unternehmens in ein neues Geschäftsfeld erfolgen soll. Wenn dabei das bestehende Produktprogramm um ähnliche Produkte ergänzt wird, liegt die *horizontale Diversifizierung*[635] vor; eine Ausdehnung des Programms in vor- oder nachgelagerte Wertschöpfungsstufen stellt die *vertikale Diversifizierung* dar und ein völlig abweichendes Programm die so genannte *laterale oder anorganische Diversifizierung*.[636]

Mit der Diversifizierung in neue Geschäftsfelder ist grundsätzlich zu überlegen, ob viele strategische Geschäftsfelder oder besser eher weniger Geschäftsfelder bearbeitet werden sollen. Dieses Spannungsverhältnis zwischen *Fein- und Grobsegmentierung* beruht einerseits auf der Bedürfnis- und Wettbewerbssituation im Markt (Diversität)[637] und andererseits auf der Vielfalt der Ressourcenbeziehungen, Marktverflechtungen und innerbetrieblichen Leistungsverflechtungen (Konnektivität).[638] Bei hoher Unterschiedlichkeit von Bedürfnis- und Wettbewerbssituation werden tendenziell eine größere Anzahl an kleinen Geschäftsfeldern bearbeitet werden, währenddem ausgeprägte Ressourcen-, Marktinterdependenzen und innerbetriebliche Leistungsverflechtungen im Unternehmen dazu führen, eher weniger Geschäftsfelder zu bearbeiten.

Ist lediglich eine **Stabilisierung** der gegenwärtigen Unternehmenssituation möglich und erwünscht, kann dies durch *Normal-* oder *Haltestrategien* erfolgen. Voraussetzung hierfür ist, dass die Normalentwicklung zu keinen erheblichen Ziellücken führt und eine Veränderung der Unternehmenssituation durch das Management nicht angestrebt wird. Treten Ertrags- und Liquiditätslücken auf, sind diese durch Konsolidierungsstrategien zu schließen.

Schrumpfungsstrategien (oder Desinvestitionsstrategien, Ausstiegsstrategien) werden meist zur Abwehr anhaltender Verluste oder als Rückzug aus verlustbringenden Geschäften zur Existenzsicherung durchgeführt. Der Rückzug aus vorherigen Diversifizierungsbereichen (z.B. Aufgabe ganzer Geschäftsbereiche) ist die so genannte Entdiversifizierung.

---

[635] Vgl. Müller-Stewens/Lechner (2005), S. 280 ff.; Steinmann/Schreyögg (2005), S. 236 ff.; Welge/Al-Laham (2003), S. 324 f.; Ansoff (1965).
[636] Vgl. Müller-Stewens/Lechner und die dort angegebene Literatur (2005), S. 283 f.
[637] Vgl. Link (1999).
[638] Vgl. Link (1999).

1.3.4.2.2. Geschäftseinheitenorientierte Gesamtstrategie

Ist ein Unternehmen in mehreren strategischen Geschäftsfeldern tätig, sind diese Aktivitäten intern zu koordinieren. Diese interne Koordination erfolgt überwiegend durch so genannte **strategische Geschäftseinheiten** (SGE)[639] (innenbezogene Abgrenzung), welche die interne Organisationsform für strategische Fragestellungen darstellen. Diese Einheiten sollen relativ autonom ihr strategisches Feld planerisch bearbeiten, teilweise unabhängig von der bestehenden Organisationsstruktur. Damit können strategische Geschäftseinheiten lediglich planungsrelevante Konstrukte sein, die von der tatsächlichen Aufbauorganisation abweichen. Nach *Steinmann/Schreyögg* „handelt es sich dabei um eine die bisherige Organisationsstruktur überlagernde ‚Sekundärorganisation', die die jeweils gültige Aufteilung der unternehmerischen Aktivitäten in strategische Marktfelder genau widerspiegeln soll."[640] Unternehmen können Geschäftseinheiten aber auch als Organisationseinheiten real bestehen lassen. Diese einzelnen Geschäftseinheiten werden dann von einer übergeordneten Zentrale geführt. Hierbei muss aber ein Mehrwert der Zentrale erkennbar sein, denn ansonsten könnten die strategischen Geschäftseinheiten unabhängig am Markt operieren und wären nicht in ihren Handlungsmöglichkeiten durch eine Zentrale beschränkt und müssten zudem nicht noch auferlegte Verwaltungskosten erwirtschaften.

Aufgabe der Unternehmensgesamtstrategie ist es nun, anzugeben wie

(1) die Geschäftseinheiten zu steuern sind

(2) wie deren Marktposition zu unterstützen und zu verstärken ist.[641]

Ziel ist es dabei, eine ausgewogene Struktur aller Geschäftseinheiten eines Unternehmens anzustreben. Als instrumentelle Unterstützung kann das Management den Portfolioansatz nutzen, eines der am weitesten verbreiteten Konzepte der Strategieentwicklung.

Die **Portfolio-Methode**[642] ist für Unternehmen mit einem *differenzierten Produktionsprogramm* ebenso als Instrument zur Bestimmung der strategischen Ausgangssituation (*Ist-Portfolio*) im Rahmen der Analyse wie auch bei der Strategiedefinition (*Prognose-* und *Ziel-Porfolio*) einsetzbar. Im Rahmen der Analyse besteht die Aufgabe, die strategische Geschäftseinheit bzw. das Unternehmen entsprechend den in Frage stehenden Dimensionen zu **positionieren**.

---

[639] Weitere Detailausführungen siehe Kap. C.IV.1.3.4.3.
[640] Steinmann/Schreyögg (1997), S. 227.
[641] Vgl. Müller-Stewens/Lechner (2005), S. 277; auch Staehle (1999), S. 766 ff.
[642] Begriff und Grundgedanke des „Portfolio" sind abgeleitet vom Wertpapier-Portefeuille. Ein optimales Wertpapierportefeuille (oder -portfolio) besteht aus einer **ausgewogenen Mischung** des Wertpapierbündels, das die Ziele Rendite – Sicherheit – Verfügbarkeit unter Beachtung der persönlichen Interessenlage erfüllt. Zur Anwendung des Portfoliomanagements in Nonprofit-Organisationen siehe Eschenbach/Horak (2003).

Ziel der Portfoliotechnik ist generell die Erzielung einer aus Sicht des Gesamtunternehmens optimalen Mischung der strategischen Geschäftseinheiten (Ausgewogenheit des Produktionsprogramms), die ein möglichst gutes Gesamtergebnis gewährleistet. Ein Unternehmen sollte strategische Geschäftseinheiten haben, die es ihm ermöglichen, dass finanzielle Mittel zum Aufbau und zur Unterstützung anderer erfolgversprechender Produkt-Markt-Kombinationen zufließen.

Die Portfolio-Methode besteht mittlerweile aus einer *Vielzahl unterschiedlicher Techniken*. Der Grundgedanke liegt in der **Kombination strategischer Erfolgsfaktoren**, die auf *zwei Hauptvariablen* verdichtet und in einer *(zweidimensionalen) Matrixdarstellung, der Portfolio-Matrix, gegenübergestellt werden*. Die Hauptvariablen, die sich auf die strategischen Geschäftseinheiten und das Unternehmen einschließlich der zu verfolgenden Strategien auswirken, sind:

(1) ein **interner, weitgehend beeinflussbarer Erfolgsfaktor** (*Unternehmensfaktor* mit Stärken und Schwächen) auf der Unternehmensachse (meist Abszisse)
(2) ein **externer, weitgehend nicht beeinflussbarer Faktor** (*Umweltfaktor* mit Chancen und Risiken) auf der Umweltachse (meist Ordinate).

Die verschiedenen Modelle unterscheiden sich in der *Art* der herangezogenen Faktoren (Einzelfaktoren oder Faktorenbündel) und in der *Anzahl* der Intensitätsgrade zur Darstellung ihrer Ausprägungen.

Gegen die Portfolio-Techniken richtet sich eine Reihe von Kritikpunkten (wie unzulässige Vereinfachungen, subjektive Einordnungen). Als Strukturierungshilfen für die strategischen Geschäftseinheiten, als leichtverständliche Hilfsmittel für die Darstellung strategischer Einzel- und Gesamtprobleme oder als Möglichkeit einer komprimierten Gesamtsicht des Unternehmens haben sie dennoch ihre Bedeutung.

Das **Marktwachstum-Marktanteil-Portfolio** der *Boston Consulting Group* (auch als *BCG*-Portfolio oder Boston-Matrix oder 4-Felder-Matrix bezeichnet) ist der bekannteste Portfolioansatz. Diese Technik wurde Ende der 1960er/Anfang der 1970er Jahre entwickelt. Die **gedankliche Basis** ist neben der *Lebenszyklus-Konzeption* der *Erfahrungskurven-Effekt*.[643] Im BCG-Portfolio werden folgende **Erfolgsfaktoren**, die sich auf Geschäftseinheiten und Unternehmen auswirken und auf den Cash flow oder die Rendite beziehen, gegenübergestellt:

- die unbeeinflussbare und zukunftsbezogene **Marktwachtumsrate** als Umweltfaktor, mit den Dimensionen *hoch* und *niedrig* (Ordinate)

---

[643] Der Erfahrungskurveneffekt besagt: Je höher der relative Marktanteil, umso höher sind die kumulierten Produktionsmengen, umso größer ist das Kostensenkungspotenzial, also die Realisierung von Kostenvorteilen gegenüber der Konkurrenz. Das Ziel ist also, auf einem wachsenden Markt mit einem hohen relativen Marktanteil tätig zu sein.

- den beeinflussbaren und gegenwartsbezogenen **relativen Marktanteil**[644], skaliert in *niedrig* und *hoch*, als betrieblicher Faktor (Abszisse).

In der so aufgebauten Matrix werden die strategischen Geschäftseinheiten des Unternehmens (und gegebenenfalls auch der stärksten Konkurrenz) entsprechend ihrer Situation *positioniert* (wobei durch unterschiedlichen Kreisumfang je nach Umsatzhöhe einer SGE eine maßstabgetreue Abbildung erfolgen kann; siehe Abbildung C.IV.23).

Entsprechend der Abfolge des Lebenszyklus strategischer Geschäftseinheiten können vorgefunden werden:
- in der Einführungsphase im Feld „niedriger relativer Marktanteil/hohes Marktwachstum" **Nachwuchs-Produkte** (Questionmarks oder Fragezeichenprodukte, das sind Produkte, deren Entwicklung noch nicht klar ist)
- im Feld „hoch/hoch" (Wachstumsphase) **Star-Produkte** (stars)
- im Feld „hoch/niedrig" (Reifephase) **Cash-Produkte** (cash cows oder Melkkühe)
- im Feld „niedrig/niedrig" (Sättigungs-, Degenerationsphase) **Problem-Produkte** (poor dogs, arme Hunde oder Sorgenkinder).

Dargestellt werden sollen in der *BCG*-Matrix die Auswirkungen auf die **Cashflow**-Entwicklung (Cash flow definiert als Finanzkraft oder als Einnahmenüberschuss der Periode oder als bare Erträge abzüglich bare Aufwendungen). So generieren Nachwuchs-Produkte keinen Cash flow, bei Star- und Problem-Produkten beläuft sich der Cahs flow i.d.R. auf Null, lediglich Cash-Produkte erwirtschaften Einnahmeüberschüsse, die verteilt werden können. Die Mittelüberschüsse der Cash cows werden von den Star- und von einigen Questionmark-Produkten verbraucht.

Die **Kritik** richtet sich gegen die realitätsferne starke Vereinfachung auf zwei Ausprägungen, die nur zu vier Feldern führt; vor allem aber gegen die Reduzierung auf zwei Erfolgsfaktoren. Die Marktwachstumsrate gilt nicht unbedingt als Indiz für die Attraktivität eines Marktes. Außerdem befindet sich ein Markt häufig auch in Stagnations- oder Schrumpfungssituationen; die Matrix wäre dann nicht anwendbar. Auch der Marktanteil hat nicht immer eine Aussagekraft für die Stellung des Produktes im Wettbewerb. Dennoch haben gerade die Einfachheit dieses Konzeptes und die (werbewirksamen) plastischen Begriffe zu seiner Verbreitung geführt. Außerdem ist dieses Konzept als wohl erste Portfoliotechnik Basis für Weiterentwicklungen und Verbesserungen geworden.

---

[644] Der *relative Marktanteil* kann errechnet werden aus dem Umsatz der eigenen SGE, dividiert durch den entsprechenden Umsatz des stärksten Konkurrenten oder auch: Marktanteil der eigenen SGE, dividiert durch entsprechenden Marktanteil des Konkurrenten (der hier nicht gefragte *absolute* Marktanteil ist der Quotient aus Eigenumsatz und Branchenumsatz).

Strategieformulierung und -bewertung

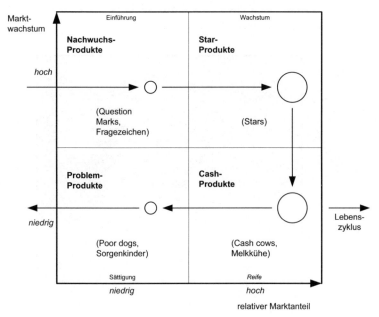

Abb. C.IV.23: Marktwachstum-Marktanteil-Portfolio

Das **Marktattraktivität-Wettbewerbsvorteil-Portfolio** oder die 9-Felder-Matrix stammt von der Beratungsgesellschaft *McKinsey* und von *General Electric*. Dieser verbesserte Portfolioansatz stellt nicht mehr Einzelerfolgsfaktoren gegenüber; vielmehr werden hier sowohl für den Umweltfaktor als auch für den Unternehmensfaktor **Faktorenbündel** herangezogen, die sich je aus mehreren unterschiedlichen Einzelfaktoren zusammensetzen. Folgende **Erfolgsfaktorenbündel** werden in ihren Auswirkungen auf die Strategien untersucht (siehe Abbildung C.IV.25):

- das Umweltfaktorenbündel **Marktattraktivität** (mit der Skalierung hoch/mittel/niedrig; Ordinate)
- das Unternehmensfaktorenbündel **relativer Wettbewerbsvorteil** (mit der Skalierung hoch/mittel/niedrig; Abszisse).

Durch die je drei Dimensionen entstehen neun Felder, in denen die Positionierungen vorgenommen werden können. Diese neun Felder können hinsichtlich der Cash-flow-Entwicklung in **drei Zonen** unterschieden werden (siehe auch Abbildung C.IV.24): *Zone der Mittelbindung* (hier positionierte SGE benötigen aus Wettbewerbsgründen mehr Mittel, als durch diese freigesetzt werden), *Zone der Mittelfreisetzung* (die hier positionierten SGE können den SGE der Mittelbindungszone Mittel zur Verfügung stellen) und *selektive Zone* (die Positionierung auf der die beiden vorgenannten Zonen trennenden Diagonalen lässt keine eindeutige Aussage über Mittelbindung oder Mittelfreisetzung zu).[645]

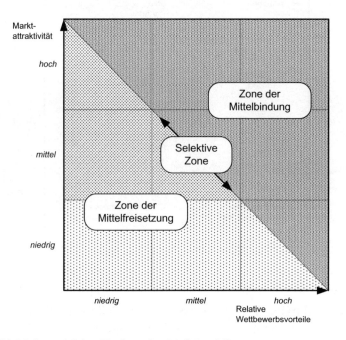

Abb. C.IV.24: Marktattraktivität-Wettbewerbsvorteil-Portfolio

Die Wahl der beiden **Faktorenbündel** zeichnet sich dadurch aus, dass sie durch eine *Vielzahl möglicher Erfolgsfaktoren* konkretisiert werden können. Damit ist nach einer *Einzelanalyse* unterschiedlicher Dimensionen von Marktwachstum und Wettbewerbsvorteil ein *Gesamturteil je Dimension* zu fällen, um die strategischen Geschäftseinheiten entsprechend zu positionieren.

Die **Vorgehensweise bei der Positionierung** ist wie folgt: Bewertung der Ausprägungen der Dimensionskriterien (etwa durch Vergabe von Punktwerten je Erfolgsfaktor) mit für die SGE verantwortlichen Fachleuten aus divisionalen oder funktionalen Bereichen, mit möglichst auch neutralen Mitarbeitern (etwa aus zentralen Stabsstellen). Bei fehlender Übereinstimmung erfolgt eine repräsentative Bewertung per Durchschnittsbildung oder eine Entscheidung durch höhere Instanz. Die einzelnen Dimensionen je Faktorenbündel können als *gleichrangig* (gleichgewichtig) oder auch als *differenziert* angesehen und mit der Nutzwertanalyse (siehe Kapitel C.III.1.4.1.3.4.) aufbereitet werden:

(1) Bei **Gleichrangigkeit** der Dimensionen werden die Ausprägungen der Erfolgsfaktoren durch Vergabe von Punkten bewertet und die Punktwerte für die gleichrangigen Dimensionen zu einem Gesamtwert je Faktorenbündel addiert.

(2) Bei **Unterschiedlichkeit** der Dimensionen müssen diese in ihrem Verhältnis zueinander gewichtet werden (Summe der Gewichte z.B. 100 Punkte); die (unterschiedlichen) Punktwerte

---

[645] Vgl. Hinterhuber (2004a), S. 147 f.

für die Dimensionen werden mit ihrem jeweiligen Gewicht multipliziert und die gewichteten Punktwerte zu einem Gesamtwert je Faktorenbündel addiert.

Dimensionen der Marktattraktivität	Dimensionen der relativen Wettbewerbsvorteile

1. Marktwachstum
2. Marktgröße
3. Marktqualität
  - Branchenrentabilität
  - Stellung im Markt-Lebenszyklus
  - Preispolitischer Spielraum
  - Preiselastizität
  - Technologisches Niveau/Innovationspotenzial
  - Investitionsintensität
  - Wettbewerbsverhalten
  - Anzahl und Struktur potenzieller Abnehmer
  - Verhandlungsstärke/Kaufverhalten der Abnehmer
  - Eintrittsbarrieren für neue Anbieter
  - Bedrohung durch Ersatzprodukte
  - Wettbewerbsklima
  - U.a.
4. Energie- und Rohstoffversorgung
  - Störungsanfälligkeit
  - Energie- und Rohstoffverteuerungsrisiken
  - Alternative Versorgungsmöglichkeiten
  - Verhandlungsstärke und Verhalten der Lieferanten
  - U.a.
5. Umweltsituation
  - Konjunkturabhängigkeit
  - Arbeitnehmerverhalten
  - Verhandlungsstärke der Kunden
  - Inflationstendenzen
  - Gesetzgebungsabhängigkeit
  - Handelshemmnisse
  - Umweltschutzmaßnahmen
  - U.a.
	1. Relative Marktposition
	  - Marktanteil und Marktanteilsentwicklung
	  - Größe und Finanzkraft des Unternehmens
	  - Wachstumsrate des Unternehmens
	  - Rentabilität, Deckungsbeitrag
	  - Marktrisiko
	  - Marketingpotenzial
	  - Vertriebsorganisation
	  - Ausmaß der Differenzierung/Kostenführerschaft
	  - Unabhängigkeitsgrad vom Wettbewerb
	  - U.a.
	2. Relatives Produktionspotenzial
	  - Prozesswirtschaftlichkeit: Kostenvorteile, Innovationsfähigkeit, Lizenzen, Patente usw.
	  - Hardware: marktbezogenes Kapazitätsvolumen, Standortvorteile, Produktivität usw.
	  - Energie- und Rohstoffversorgung: marktbezogene Versorgungsbedingungen, Kostensituation usw.
	3. Relatives Forschungs- und Entwicklungspotenzial
	  - Forschungs- und Entwicklungsstand
	  - Innovationspotenzial und Innovationskontinuität
	  - U.a.
	4. relative Qualität der Führungskräfte
	  - Professionalität, Urteilsfähigkeit des Managements
	  - Innovationsklima
	  - Qualität der Führungssysteme
	  - U.a.

Abb. C.IV.25: Dimensionen des Marktattraktivität-Wettbewerbsvorteil-Portfolios
Quelle: In Anlehnung an Hinterhuber (2004a), S. 151 ff., 158 f.

In der **kritischen** Auseinandersetzung mit dieser Portfolio-Technik wird unter anderem hinterfragt, ob unterschiedliche Geschäftseinheiten mit denselben Kriterien gewichtet werden können, wie die Gewichtung der Ausprägungen von Marktattraktivität und Wettbewerbsvorteil vorgenommen wird, ob die Erfolgsfaktoren selbst richtig gewählt sind. Dennoch sind die hohe Anschaulichkeit und der Kommunikationswert der Technik wie auch die Vielzahl der erfassten Einzelfaktoren positiv zu bewerten.

1.3.4.3. Strategieformulierung auf Geschäftseinheitenebene

Die Geschäftseinheitenstrategie (Geschäftsbereichsstrategie) bestimmt, in welcher Form der Wettbewerb in einem jeweiligen Geschäftsfeld geführt werden soll. Auch hier steht die Frage im Mittelpunkt, wie dieses Strategiekonzept zur Erzielung von Wettbewerbsvorteilen beiträgt. Als Ziel verfolgt die Strategieformulierung auf Geschäftsbereichsebene[646]

(1) eine Platzierung der SGE so, dass deren strategische Stärken eine bestmögliche Abwehr gegenüber dem Wettbewerb bieten,
(2) eine Verbesserung der Position der SGE durch Beeinflussung des Kräftegleichgewichts im Wettbewerb nach erfolgreicher Implementierung der Strategie und
(3) eine Auswahl der Strategie, die an die Veränderungen der Wettbewerbssituation angepasst ist.

Steht der Wettbewerb im Mittelpunkt der Strategieoption, richtet sich diese ausschließlich an den Konkurrenten aus. Mit den Strategieüberlegungen wird darüber entschieden, wie der Wettbewerb mit dem Konkurrenten bestritten werden soll.[647] Denkbar wäre aber auch eine Ausrichtung am Kunden, indem mit Hilfe der Geschäftseinheitenstrategie Auskunft darüber gegeben wird, wie die Geschäftseinheit Nutzen für den Kunden stiften will und letztendlich dadurch eine vorteilhafte Wettbewerbsposition erreicht.[648] Diese Überlegungen werden von den folgenden Ausführungen aufgegriffen. Im Einzelnen werden alternative Strategieoptionen auf Geschäftseinheitenebenen vorgestellt, die sich *marktorientiert am Kunden* und *wettbewerbsorientiert am Konkurrenten* ausrichten. Aufgrund ihrer spezifischen Bedeutung in Theorie und Praxis sowie ihrer Aktualität werden die so genannten *generischen Wettbewerbsstrategien* und die *hybriden Strategien* in eigenständigen Abschnitten betrachtet.

1.3.4.3.1. Marktorientierter Focus

Aufgabe der **Marktstrategie** ist es festzulegen, welche *Stellung* die einzelnen strategischen Geschäftseinheiten *gegenüber den einzelnen Marktsegmenten* und damit den Zielgruppen einnehmen sollen. Werden die Kunden als eine Anspruchsgruppe in die Strategieformulierung eingebunden, so ist hierbei explizit die Frage nach dem „Wie?" der Nutzenstiftung für den Kunden zu berücksichtigen. An Optionen lassen sich hier vier Dimensionen erfassen:[649]

(1) *Variation* der Marktstrategie stellt die Frage nach erforderlichen Veränderungen der Marktstrategie,

---

[646] Vgl. Porter (1999), S. 64 f.
[647] Vgl. Steinmann/Schreyögg (2005), S. 168.
[648] Vgl. Müller-Stewens/Lechner (2005), S. 253.
[649] Vgl. Müller-Stewens/Lechner (2005), S. 257.

(2) *Substanz* der Marktstrategie betrachtet die Frage, welcher Nutzen geboten werden soll,
(3) *Feld* der Marktstrategie thematisiert die Bearbeitung der Marktsegmente und Zielgruppen,
(4) *Stil* der Marktstrategie berücksichtigt die Wahl des Verhaltens.

Variation und Substanz thematisieren die *Stoßrichtung der Marktstrategie*. Im Rahmen der **Variation** geht es um die Marktposition der Geschäftseinheit und die Überlegung, ob Veränderungen vorzunehmen sind. Aus Sicht des Kunden betrachtet, kauft dieser ein Produkt, wenn die wahrgenommenen Produkteigenschaften seinen Nutzenerwartungen am besten entsprechen. Diese subjektive Wahrnehmung des Kunden basiert auf Faktoren wie Qualitäts-, Preis-, Image-, Innovations-, Zeit- und Flexibilitätsorientierung. Bemüht sich ein Unternehmen um eine aktive Gestaltung und Steuerung seiner Marktleistung in seinem von ihm als relevant erachteten Markt, wird dies mit dem Begriff der *Positionierung* umschrieben. Prinzipiell hat das Unternehmen die Möglichkeit der Beibehaltung, Umpositionierung oder Neupositionierung seiner Marktposition. In Abhängigkeit dieser Möglichkeiten sind die Schwerpunkte der unternehmerischen Aktivitäten zu setzen. So werden z.B. bei einer Umpositionierung weiterhin die traditionellen Marktsegmente angesprochen. Durch Variation der Marktstrategie sind jedoch auch an den Randbereichen neue Zielgruppen zu finden. Dabei ist allerdings zu berücksichtigen, dass einerseits die bisherigen Kernzielgruppen nicht verloren gehen und andererseits die Veränderungen so signifikant sind, dass neue Randzielgruppen sich auch angesprochen fühlen.

Mit der Überlegung zur **Substanz** der Marktstrategie wird das Überdenken des Kundennutzens angesprochen. Der Kundennutzen wird von zwei Einflussgrößen betrachtet, den subjektiv wahrgenommen Leistungsmerkmalen und dem dazu gehörenden Preis. Entsprechend dieser Sichtweisen lassen sich zwei Strategieoptionen formulieren: Die *Präferenzstrategie* versucht, Kunden für die strategische Geschäftseinheit zu gewinnen, indem sie Präferenzen bei den Kunden aufbaut. Präferenzen können im Grund- oder Zusatznutzen eines Produkts liegen und äußern sich in Qualitäts- und Differenzierungsüberlegungen, die einen höheren Preis rechtfertigen, den der Kunde auch bereit ist, zu bezahlen. Mit der *Preis-Mengen-Strategie* werden dagegen dem Kunden Angebote offeriert, die gegenüber den Angeboten der Wettbewerber einen Preisvorteil bieten. Diese Strategie ist erfolgreich, wenn der mit Abstand wichtigste Kaufgrund im Markt der Preis ist. Bei den Leistungsmerkmalen sind dagegen kaum Unterschiede zwischen den Wettbewerbern festzustellen. Allerdings ist eine Preis-Mengen-Strategie oft nur Unternehmen vorbehalten, die über Kostenvorteile aus Größeneffekten oder dauerhaft standortbedingte und nicht imitierbare Kostenvorteile verfügen.

Mit Hilfe des **Produkt-Lebenszyklus-Modells** (siehe Abbildung C.IV.26) lassen sich Konsequenzen für die Angebote einer Geschäftseinheit umfassend analysieren. Dieses Modell wird sowohl in der Analyse als auch bei der Strategieformulierung herangezogen. Es handelt sich um ein *zeitraumbezogenes Marktreaktionsmodell*, bei dem unterstellt wird, dass ein Produkt (eine Produktgruppe) sich (in Analogie zum organischen Leben) nach einer bestimmten „Gesetzesmäßigkeit" entwickelt.[650]

In seinem **Marktzyklus** (Umsatzphase) durchläuft das Produkt die Phasen der Einführung, des Wachstums, der Reife und der Sättigung (oder Schrumpfung, Degeneration). Auch die der Marktperiode vorhergehende **Entwicklungsperiode** (Entstehungszyklus) ab der Entstehung der Produktidee kann mit einbezogen werden. Kontrastiert wird dieser Phasenablauf häufig mit einer Gewinn/Kosten- oder einer Cash flow-Betrachtung.

Das Konzept des Produktlebenszyklus ist wegen seiner offensichtlichen Vereinfachungen nicht unumstritten, wenn auch die generelle Existenz der Lebenszyklen von Produkten unstrittig ist. Insbesondere die als naturgesetzlich unterstellte Abfolge der Phasen wird durch den Entscheidungsspielraum eines Unternehmens häufig aufgehoben oder verändert. Die Wettbewerbssituation eines Unternehmens, seine Konjunktursituation wird überhaupt nicht erfasst; vielmehr ist die „Zeit" alleinige unabhängige Variable, d.h. der Lebenslauf eines Produktes wird nur zeitabhängig gesehen. Fraglich ist weiter, wann ein neues Produkt vorliegt. Dennoch können diesem einfachen Konzept sein Beschreibungscharakter sowie Anregungsmöglichkeiten für Produktentscheidungen nicht abgesprochen werden.

Feld und Stil stellen eine Bearbeitungsform des Marktes dar. *Feld* der Marktstrategie thematisiert die Bearbeitung der *Marktsegmente und Zielgruppen*. Dem vorangestellt ist die Einteilung und Auswahl von Marktsegmenten und Zielgruppen. Auf der Ebene der Geschäftseinheit gilt es, die Anzahl der zu bearbeitenden Segmente festzulegen und damit den Grad der Marktabdeckung zu bestimmen. Eine Geschäftseinheit kann sich auf ein *Single-Segment*, *Multi-Segment* oder den *Gesamtmarkt* ausrichten.[651] Vorteil der Konzentration auf ein Segment stellt die Bündelung aller Aktivitäten dar, als Nachteil stellen sich aber starke Risiken infolge der hohen Abhängigkeit heraus. Werden mehrere Segmente bedient, können Abhängigkeiten ausgeglichen werden, allerdings entstehen höhere Koordinationskosten. Wird der Gesamtmarkt angesprochen, sind keine Abhängigkeiten zu verzeichnen, allerdings besteht die Gefahr, die Kundensegmente zu undifferenziert anzusprechen. Die Segmentbetrachtung ist auch auf das *geografische Feld* gerichtet. Hierbei geht es um die Frage, lokal oder global, national oder international ausgerichtet zu sein.[652]

---

[650] Das Lebenszykluskonzept wird auch auf die Beschreibung der Entwicklung von Märkten und Branchen übertragen (z.B. werden folgende Marktphasen unterschieden: Experimentierphase, Expansionsphase, Ausreifungsphase, Stagnations-/Rückbildungsphase).
[651] Vgl. Müller-Stewens/Lechner (2005), S. 257.
[652] Vgl. ausführlich Müller-Stewens/Lechner (2005), S. 259.

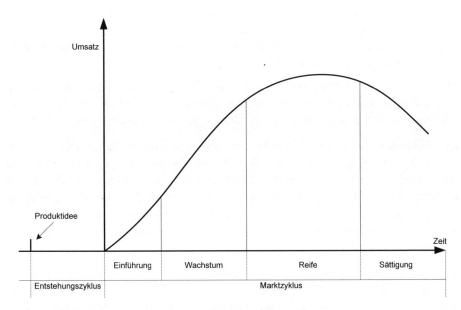

Abb. C.IV.26: Idealtypische Darstellung des Produkt-Lebenszyklus

Der *Stil* als Bearbeitungsform des Marktes thematisiert das Verhalten einer Geschäftseinheit gegenüber ausgewählten Marktsegmenten und Zielgruppen. Im Detail sind Maßnahmen zu Produkt, Preis, Distribution und Kommunikation (Marketing-Mix) und deren zeitliche Aufeinanderfolge zu bedenken.[653] Auch ist die Reaktion der Wettbewerber auf unmittelbare Verhaltensweisen der Geschäftseinheit gegenüber den Kunden zu berücksichtigen. Diese Aspekte werden im nächsten Abschnitt detaillierter betrachtet.

1.3.4.3.2. Wettbewerbsorientierter Focus

Im Rahmen der wettbewerbsorientierten Betrachtung geht es um die *Positionierung gegenüber den Konkurrenten*. Nach *Porter* beschreibt eine **Wettbewerbsstrategie** Maßnahmen, die der strategischen Geschäftseinheit eine vorteilhafte Position im Wettbewerb verschaffen.[654] Optionen für Wettbewerbsstrategien sind:[655]

(1) *Ort des Wettbewerbs* stellt die Frage nach regionalen Überlegungen und die der Bearbeitung eines Teil- (Nische) oder Kernmarktes in den Mittelpunkt,

(2) *Schwerpunkt des Wettbewerbs* klärt die Stoßrichtung im Sinne einer Kostenführerschafts- oder Differenzierungsstrategie,

---

[653] Vgl. Meffert (1998); Becker (1993).
[654] Vgl. Porter (1999), S. 181 ff.
[655] Vgl. Müller-Stewens/Lechner (2005), S. 262 f.; Steinmann/Schreyögg (2005), S. 221 ff.

(3) *Regeln des Wettbewerbs* thematisieren die Anpassung oder Veränderung der im Markt herrschenden Spielregeln und
(4) *Taktiken des Wettbewerbs* befassen sich mit der Überlegung, welche Maßnahmen strukturell und zeitlich durchzuführen sind.

Mit dem **Ort des Wettbewerbs** ist die Ausrichtung der Geschäftseinheit auf ein Segment oder viele Segmente des Marktes gemeint. Segment bezieht sich dabei auf eine bestimmte Kundengruppe, eine Produktgruppe oder eine abgegrenzte Region.

Der **Schwerpunkt des Wettbewerbs** klärt die Stoßrichtung des Wettbewerbs im Sinne einer *Kostenführerschafts-* oder *Differenzierungsstrategie*. Entweder wird über geringere Kosten oder über eine Differenzierung der Leistung der Wettbewerb im Markt geführt. *Porter* prägt Mitte der 1980er Jahre für diese beiden grundlegenden Richtungen den Begriff der generischen Wettbewerbsstrategien.[656] Aufgrund ihrer Bedeutung werden diese Strategien im nachfolgenden Kapitel ausführlicher erläutert.

Regeln und Taktiken sprechen das Verhalten der Geschäftseinheiten am Markt an. **Regeln** i.a. sind Vorschriften, die einen generellen Handlungsspielraum durch Ordnungen, Systeme und Organisationsstrukturen abgrenzen. Regeln können formell oder informell formuliert sein. Im Rahmen strategischer Belange geht es um die *Spielregeln in einer Branche*. Für die Geschäftseinheit steht die Frage, ob sie sich diesen im Markt vorherrschenden Spielregeln anpasst oder sie innovativ neu gestaltet. *Müller-Stewens/Lechner* unterscheiden zwischen Regelmachern, Regelnehmern und Regelbrechern.[657] *Regelmacher* sind die dominierenden Unternehmen einer Branche. Sie haben letztendlich die Spielregeln prägend gestaltet und beherrschen sie umfassend. *Regelnehmer* orientieren sich an dem Verhalten der dominierenden Unternehmen, sie passen sich der vorherrschenden Branchenlogik an. *Regelbrecher* sind nun solche Unternehmen, die mit unkonventionellen Geschäftsideen die in der Branche herrschende Logik der gesamten Wertschöpfungskette in Frage stellen. Gelingt es diesen Unternehmen, ihre revolutionären Ideen durchzusetzen, prägen sie neue Spielregeln. Als Beispiel kann hier der Vergleich der Spielregeln im traditionellen und Online-Buchhandel herangezogen werden. Hat sich der traditionelle Buchhandel einer Preisbindung unterworfen, bietet der Online-Buchhandel bis zu 40 % Discounts an. Der Kunde kann im traditionellen Buchhandel zwischen bis zu 150.000 Titeln an sechs Tagen in der Zeit von 9.00-20.00 Uhr wählen und sich bei Fragen unmittelbar an den Fachhändler zwecks Beratung wenden. Im Online-Buchhandel stehen dem Kunden bis zu 4,5 Mio. Titel rund um die Uhr zur Auswahl, die er sich direkt von zu Hause aus bestellen kann. Bei Beratungsbedarf kann der Kunde auf Empfehlungen, Kontakte zu Autoren oder anderen gleichgesinnten Lesern zurückgreifen.

---

[656] Vgl. Porter (2000), S. 37 ff.
[657] Vgl. Müller-Stewens/Lechner (2005), S. 273.

Taktiken beziehen sich auf konkrete Verhaltensoptionen im Rahmen grundlegend etablierter Spielregeln in einer Branche. Im Detail geht es um die Kombination von einzelnen Maßnahmen und deren zeitlicher Reihenfolge. Unterschieden wird prinzipiell zwischen ***offensiven*** und ***defensiven Varianten***.[658] An *offensiven Strategievarianten* werden unterschieden:[659]

(1) Der *Frontalangriff*, bei dem die Geschäftsaktivitäten der Wettbewerber an vielen Punkten gleichzeitig unter Druck gesetzt werden. Ziel ist eine starke Belastung des Wettbewerbers, um einen Einbruch an einer oder mehreren Stellen zu erreichen.
(2) Der *Flankenangriff*, bei dem sich ein Unternehmen auf die Marktsegmente konzentriert, die vom Wettbewerber nicht unbedingt verteidigt werden, wo er Schwächen aufweist oder wo er noch nicht vertreten ist.
(3) Die *Umgehungsstrategie*, die eine direkte Konfrontation vermeidet.
(4) Der *„Blitzkrieg"* (Guerilla-Attacke), bei dem (oft kleinere) Unternehmen in einem überraschenden Angriff regional begrenzt größere Wettbewerber attackieren, die nur wenige Ressourcen im betroffenen Marktsegment einsetzen.

Die *defensive Strategievariante* legt den Schwerpunkt auf die Verteidigung der bestehenden Wettbewerbsposition. Hier geht es in erster Linie um die Festigung und Erhöhung von Markteintritts- und Mobilitätsbarrieren in einer Branche. Im Einzelnen lassen sich mehrere defensive Varianten feststellen: die *Festungsstrategie*, die *Flankenabsicherung*, die *Konfrontationsstrategie* und der *Rückzug*.[660]

Marktstrategie in den Dimensionen	Variation	Alt.............................Neu
	Substanz	Präferenzen......................Kosten
	Feld	Rückzug..............................Diversifikation
	Stil	Alt.............................Neu
Wettbewerbsstrategie in den Dimensionen	Schwerpunkt	Differenzierung..........................Kostenführerschaft
	Ort/Umfang	Branchenweit..........................Segmentspezifisch
	Taktik	Defensiv..........................Offensiv
	Regeln	Anpassen..........................Verändern

Abb. C.IV.27: Optionenrahmen der Positionierung auf Ebene der strategischen Geschäftseinheiten
Quelle: Müller-Stewens/Lechner (2005), S. 274

Die einzelnen Dimensionen der Wettbewerbsstrategie zusammenfassend betrachtet, gestatten eine differenziertere Erfassung der strategischen Aktivitäten von Unternehmen in einer Branche. Mit relativ wenig Aufwand bei der Informationsbeschaffung lässt sich ein Überblick über das Verhalten der Wettbewerber schaffen. Darüber hinaus lässt sich entlang der Dimensionen auch für die einzelnen Geschäftseinheiten eine Wettbewerbsstrategie entwickeln, indem Entscheidungen über die angestrebte Position im Wettbewerb und den Weg dorthin getroffen werden. Hierbei ist zu berücksichtigen, dass die einzelnen Dimensionen miteinander

---

[658] Vgl. Müller-Stewens/Lechner (2005), S. 270.
[659] Vgl. Thompson/Strickland (1992).
[660] Vgl. ausführlich Müller-Stewens/Lechner (2005), S. 271 f.

verflochten sind und sich dementsprechend auch überlappen können. Abbildung C.IV.27 stellt den Positionsrahmen zusammenfassend mit den Betrachtungen zur Marktstrategie dar.[661]

1.3.4.3.3. Generische Wettbewerbsstrategien

Als generische Wettbewerbsstrategien[662] werden nach *Porter* die **Strategie der Kostenführerschaft** und die **Strategie der Differenzierung** bezeichnet.

Mit der **Strategie der Kostenführerschaft** wird versucht, einen Wettbewerbsvorteil durch einen relativen Kostenvorsprung zu den Konkurrenten zu erzielen. Dies kann dadurch gelingen, dass die angebotene Leistung billiger entwickelt, produziert oder am Markt vertrieben wird als die Wettbewerber dazu in der Lage sind. Erreicht wird dies, indem entweder einzelne Wertschöpfungsaktivitäten kostengünstiger ausgeführt werden oder das ganze Wertschöpfungssystem einzigartig gestaltet wird. Somit können Kostenminimierungen in erster Linie durch Kapazitätserweiterungen erreicht werden. Darüber hinaus sind aber auch Kostensenkungen in Forschung und Entwicklung, Vertrieb und Verwaltung zu realisieren. Erfolgreich ist die Strategie der Kostenführerschaft insbesondere bei standardisierten Produkten oder Dienstleistungen, da hier eine große Transparenz der Preise besteht. Methodische Basis der Strategie der Kostenführerschaft ist dabei das *Konzept der Erfahrungskurve*.[663]

Wesentlich für die Strategie der Kostenführerschaft ist die Durchführung einer strategischen Kostenanalyse, in deren Ergebnis den Kostenkategorien Wertaktivitäten zugeordnet werden. Anschließend ist zu analysieren, von welchen Faktoren die Höhe der Kosten abhängt.[664] Die Ausprägung der Kostentreiber in jeder einzelnen Wertaktivität und im Vergleich zur Konkurrenz bestimmt die strategische Kostenposition der Geschäftseinheit. Kostenvorteile ergeben sich nun dadurch, dass die Kostentreiber mit erheblichem Anteil an den Gesamtkosten zu kontrollieren und durch Maßnahmen wie z.B. Änderung der Beschaffungspolitik, Betriebsgrößenerweiterung, Standortverlagerung zu beeinflussen sind. Darüber hinaus kann die Wertkette aber auch durch rationellere Fertigungs- oder Distributionsverfahren so umstrukturiert werden, dass ein Kostenvorteil entsteht. Der Einsatz solcher kostengünstiger Produkt- und Verfahrenstechnologien kann aber infolge der Spezialisierung zu mangelnder Anpassungsbereitschaft der Geschäftseinheit an veränderte

---

[661] Positionierungsprofile können auch mit entsprechenden Softwareprogrammen unterstützt werden. Siehe z.B. das Programm der Firma THINK TOOLS (www.thinktools.com).
[662] Vgl. Porter (2000), S. 37 ff.
[663] Vgl. Kap. C.IV.1.3.1.4. sowie noch ausführlicher Welge/Al-Laham (2003), S. 384 ff., Hax/Majluf (1991), Kap. 6.
[664] Vgl. ausführlich Porter (2000), S. 103 ff.; 106 ff. Im Überblick Welge/Al-Laham (2003), S. 385 ff.

Marktbedürfnisse führen. Auch ist zu berücksichtigen, dass technologische Veränderungen den aufgebauten Kostenvorsprung wieder zunichte machen, so dass letztendlich nur temporär Wettbewerbsvorteile erzielt werden, wenn nicht laufend in neueste Produktionstechnologien investiert wird.

Die *Strategie der Differenzierung* zielt darauf ab, einen einzigartigen Nutzen für den Kunden zu stiften. Die Produkt- und Dienstleistungseigenschaften sollen sich vom Angebot des Konkurrenten markant unterscheiden. Indem der Kunde diese Merkmalsunterscheidung als wichtig beurteilt (Kundenloyalität), ist er auch dazu bereit, hierfür eine Preisprämie zu zahlen. Differenzierungsmöglichkeiten bieten sich sowohl beim Grund- als auch Zusatznutzen an. Beim Grundnutzen lässt sich eine Differenzierung über die Qualität der Leistung oder innovative Technologien erzielen, Differenzierungen beim Zusatznutzen können entstehen durch zusätzliche Funktionen, Kundendienst, Design oder Image.

Zur Analyse von Differenzierungsquellen bietet sich wiederum die Wertkette an. Ein Differenzierungsvorteil lässt sich erreichen, indem entweder die Quellen des Differenzierungsvorteils ausgebaut werden oder aber die gesamte Wertkette umstrukturiert wird.

1.3.4.3.4. Hybride Wettbewerbsstrategien

Hybride Strategien setzen Maßnahmen aus verschiedenen Strategierichtungen zusammen. Sie kombinieren insb. die Strategien der *Porter*-Terminologie der Kostenführerschaft und Differenzierung miteinander.[665] Nach *Porter* muss sich ein Unternehmen prinzipiell für eine dieser Strategien entscheiden, da es sich sonst „Zwischen den Stühlen" (stuck in the middle) befindet.[666] Er begründet diese Aussage damit, dass sich Unternehmen bei Verfolgung dieser Strategien auf völlig unterschiedlichen Marktanteilspositionen befinden und diese in der Regel einander widersprechende Maßnahmen erfordern.

Seit einigen Jahrzehnten wird in einer Reihe von Studien[667] der Frage nachgegangen, inwieweit diese Sichtweise zutreffend ist, d.h. ob Kosten- und Differenzierungsvorteile kombiniert verfolgt werden können. Nach diesen Untersuchungen wird zum einen die Existenz hybrider Strategien bestätigt und zum anderen der Nachweis erbracht, dass dieser Strategietyp auch positive Erfolgsauswirkungen gemessen am ROI erbringt. Nach *Fleck* können hybride Strategien danach unter-

---

[665] Vgl. Fleck (1995).
[666] Vgl. Porter (1999), S. 78 f.
[667] Vgl. Überblick über empirische Studien zur Existenz hybrider Strategien Fleck (1995), S. 32; eine Zusammenfassung ist zu finden bei Welge/Al-Laham (2003), S. 401.

schieden werden, inwieweit die Ziele Kostenführerschaft und Differenzierung *sequentiell* (nacheinander) oder *simultan* (gleichzeitig) verfolgt werden.[668]

Sequentielle hybride Strategien verwirklichen Kostenführerschaft und Differenzierung *zeitlich* hintereinander. Zuerst werden eine Kostenführerschafts- und anschließend eine Differenzierungsstrategie verfolgt (und umgekehrt). Verfolgung der Kostenführerschaft heißt Kostenminimierung in allen Wertschöpfungsbereichen, Verfolgung der Differenzierung bedeutet Nutzenmaximierung für den Nachfrager. Wenn ein Unternehmen diese Vorgehensweise verfolgen will, erfordert dies die Entwicklung der Fähigkeit, je nach Wettbewerbssituation den Schwerpunkt zwischen der Verringerung der Herstellkosten und der Schaffung eines anerkannten Produkt-/Dienstleistungswertes zu setzen.

Die Verfolgung der jeweiligen Strategie und des Strategiewechsels ist in Abhängigkeit der Wettbewerbsphase, in der sich ein Unternehmen befindet, zu entscheiden. Zu berücksichtigen ist, dass beim Strategiewechsel aber der bis dahin erreichte Wettbewerbsvorteil des Unternehmens erhalten bleibt. Entscheidend für diese Strategie ist somit die zeitliche Abfolge des Strategiewechsels (strategy shift). Hierbei lassen sich zwei Ansatzpunkte für einen Strategiewechsel feststellen. Ein Unternehmen hat zunächst als Differenzierer einen Produktstandard am Markt definiert, auf dessen Basis er dann durch Standardisierungsaktivitäten auf die Kostenführerschaftsstrategie wechselt.[669] Hat sich ein Unternehmen dagegen zunächst erfolgreich als Kostenführer etabliert, kann es anschließend zur Differenzierung wechseln, indem das Unternehmen Nutzenvorteile für Kunden entwickelt, die diese am Markt honorieren. Für beide Strategiewechsel ist es notwendig, genügend Kapital zur Finanzierung der notwendigen Kompetenzen bzw. Kapazitäten zu haben.

Simultane hybride Strategien realisieren *gleichzeitig* Kosten- und Differenzierungsvorteile. *Fleck* hat zur Analyse simultaner hybrider Strategien einen Bezugsrahmen entwickelt, mit dessen Hilfe sich Ansatzpunkte zur gleichzeitigen Erhöhung des Differenzierungsgrades und zur Verbesserung der Kostenposition finden lassen.[670] Als Differenzierungsstrategien kommen Innovations-, Varietäts- und Qualifikationsstrategien in Frage. Mit jeder Differenzierungsstrategie lassen sich nach *Fleck* Mengen-, Kosten- und Preiseffekte als Ergebnis der Kostenstrategie nachweisen, die der Literatur entsprechend eine Begründung für eine praktische Machbarkeit der simultanen hybriden Strategien darstellen. Allerdings setzt die Verfolgung einer solchen hybriden Strategie gleich hohe und zeitgleiche Investitionen in den Aufbau von Differenzierungs- und Kostenführerkompetenz voraus.

---

[668] Vgl. Fleck (1995), S. 60 ff.
[669] Zur methodischen Argumentation vgl. Gilbert/Strebel (1987); verkürzt Welge/Al-Laham (2003), S. 399 f.
[670] Vgl. Fleck (1995), S. 98.

Die *Varietätsstrategie*, die einer horizontalen Differenzierung entspricht, betrifft Änderungen der Merkmalsausprägungen von Produkten. Dadurch, dass kundenindividuellere Leistungen im Markt angeboten werden, erhöhen die angebotenen Produktvarianten das Marktpotenzial, was sich wiederum in höheren Absatzmengen widerspiegelt. Im Rahmen der Ausdehnung des Produktspektrums werden auch Verbund- oder Synergieeffekte (economies of scope) erzielt, die zu einer Kostensenkung führen. Begründet wird die Senkung der durchschnittlichen Stückkosten durch eine Nutzung gemeinsamer Ressourcen über die gesamte Wertschöpfungskette.

Die *Qualitätsstrategie* im Sinne einer vertikalen Differenzierung zielt darauf ab, generell eine bessere Leistung, d.h. höhere Produktmerkmalsausprägungen im Markt anzubieten. Infolge dessen erhöht sich die Rendite des Unternehmens dadurch, dass höhere Preise für höheren Produktnutzen am Markt erzielt werden können. Den Nachweis hierzu erbringt die PIMS-Studie[671]. Begleitet wird eine Qualitätsstrategie häufig durch die Einführung eines umfassenden Qualitätsmanagementsystems in Unternehmen. Eine Installation eines solchen Qualitätssicherungssystems führt i.d.R. zu einer Kostensenkung, da Qualität über den gesamten Wertschöpfungsprozess erzielt wird und nicht erst am Ende durch Qualitätskontrollen messbar gemacht wird. Durch Installation eines kontinuierlichen Verbesserungsprozesses werden praktisch über das Auftreten von Lern- und Qualitätsvorteilen Kostensenkungen erzielt.

Mit der *Innovationsstrategie* als laterale Differenzierungsstrategie werden neue Nutzenkomponenten generiert, die einem Unternehmen einen Differenzierungsvorteil durch einen Innovationsvorsprung ermöglichen. Diese Einzigartigkeit im Angebot führt zu einer Hochpreisforderung durch den Innovator. Imitatoren werden angelockt und positionieren sich im Markt mit standardisierten Folgerprodukten (Me-too-Produkte), die in Massenproduktionen kostengünstig hergestellt werden können. Entscheidend bei dieser Strategie ist der Zeitvorteil, den Unternehmen durch Verkürzung ihrer Forschungs- und Entwicklungszeiträume realisieren können. Verkürzte Forschungs- und Entwicklungszeiten führen zu frühen Markteintritten und letztendlich zu einer Kostensenkung.

Als praktisches Beispiel für die Funktionsweise einer simultanen hybriden Strategie soll die **kundenindividuelle Massenproduktion (mass customization)**[672] herangezogen werden. Nach *Piller* ist diese „die Produktion von Gütern und Leistungen bei einem relativ großen Absatzmarkt, welche die unterschiedlichen Bedürfnisse jedes einzelnen Nachfragers dieser Produkte treffen, zu Kosten, die ungefähr denen einer massenhaften Führung vergleichbarer Standardgüter entsprechen."[673] Entsprechend dieser Definition setzt die Differenzierungsoption an der Fertigung der Produkte an. So werden die Produkte für den Kunden attraktiver, z.B. durch ein breiteres Produktspektrum, bessere Qualität, höheren Funktionsumfang, und es steigt auch die Kundenbindung. Höhere Attraktivität der Produkte und höhere Kundenbindung lassen eine Umsatzsteigerung erwarten. Damit steht den zusätzlichen Kosten der Differenzierung ein höheres Mengenvolumen gegenüber, welches wiederum auch Kostensenkungspotenziale mit sich bringt durch z.B. die eingesetzte Technologie und der Ausnutzung von Größen-, Lern- und Verbundeffekten. Am Beispiel von *Levi Strauss & Co. Inc.* erläutert *Piller* die Problematik

---

[671] Vgl. Buzell/Gale (1989).
[672] Vgl. Piller (1998).
[673] Piller (1998), S. 65, 98.

ausführlicher. Mit dem *Konzept der individuellen Damenjeans* (ursprünglich „Personal Pair Program" mittlerweile umbenannt in „Original Spin Program") reagierte Levis auf den 1995 stagnierenden Jeansmarkt in den USA. Das Unternehmen entwickelte ein Konzept, mit dem für Kundinnen eine individuelle Jeans im Hinblick auf Maße (Taille, Hüfte, Schritt- und Gesäßnaht), Stoff- und Farbwünsche (2 Designs, 6 Farben, 2 Hosenschläge) passgenau hergestellt werden kann. Nach Erfassung der individuellen Kundenwünsche und Körpermaße werden die Daten zur nächsten Produktionsstätte per Datentransfer übermittelt und mit spezieller Steuerungssoftware erstellen Schnitt- und Nähroboter die Jeans. Der Vorteil dieser Herstellungsweise (einer Kombination aus individueller Vorfertigung und standardisierter Endfertigung) gegenüber Standardjeans liegt in der Reduktion des Modorisikos und der Reduktion der Lagerbestände sowie einer hohen Werbewirksamkeit. Die Kosten der kundenindividuellen Massenproduktion konnten durch einen Mehrpreis von ca. 10-20 % über dem Verkaufspreis von Standardjeans gedeckt werden. Mit dem Konzept der individuellen Damenjeans gelang es Levis, in einem stagnierenden Markt Umsatzzuwachs zu verzeichnen.

1.3.4.4. Strategieformulierung auf Funktionsbereichsebene

Für einen abgegrenzten Produkt-Markt-Bereich sind mit Hilfe der Geschäftsbereichsstrategien Wege formuliert worden, wie Wettbewerbsvorteile erlangt werden können. Was dies für Konsequenzen für die Funktionsbereiche hat, ist im Rahmen funktionaler Strategien auszuarbeiten. Allerdings ist diese Fragestellung in der Literatur eher als eine abgeleitete kurzfristige Planung interpretiert und schwerpunktmäßig von den funktionalen Betriebswirtschaftslehren ausgearbeitet worden.[674] In der Gegenwart werden die strategischen Potenziale der Funktionsbereiche jedoch auch in der Literatur immer stärker berücksichtigt. Strategien in den Funktionsbereichen können nicht isoliert geplant werden, da eine Reihe von Wechselwirkungen (Interdependenzen) zwischen den Funktionsbereichen besteht. Ausschlaggebend ist im Allgemeinen die langfristige Absatzplanung, die den Umfang der Produktionspläne bestimmt und damit den Rahmen für das langfristige Beschaffungsprogramm absteckt.

Eine ausführliche Diskussion der Inhalte strategischer Funktionsbereichsplanungen sowie weiterführende Literatur ist bei *Welge/Al-Laham* 2003 zu finden. Eine Diskussion dieser Aspekte wird hier nicht weiter fortgeführt.[675]

---

[674] Vgl. Welge/Al-Laham (2003), S. 408 f.; Steinmann/Schreyögg (2005), S. 171.

[675] Allerdings werden in Kap. C.IV.1.3.5.1. im Rahmen der Diskussion von Aspekten der Strategieverwirklichung einige Fragen der kurzfristigen Funkionsbereichsplanungen aufgegriffen. Siehe u.a. Abbildung C.IV.30.

Mit der Formulierung von Funktionsbereichsstrategien ist der Prozess der Strategieformulierung abgeschlossen. Im nächsten Schritt gilt es, sich mit Strategiebewertungsaspekten auseinanderzusetzen und sich letztendlich für Unternehmensgesamt-, Geschäftseinheiten- und Funktionsbereichsstrategie zu entscheiden.

1.3.4.5. Bewertung und Auswahl der Strategie

In der Bewertung[676] werden alle Informationen aus den vorangegangenen Prozessphasen zu einem Gesamtbild zusammengefügt. Ziel hierbei ist die möglichst vollständige Ermittlung qualitativer und quantitativer Auswirkungen einer Strategie. Allerdings besteht hierbei das Problem, dass die Strategiewahl sowohl infolge unscharfer Zielsetzungen als auch unsicherer Entscheidungssituationen sich wenig spezifizieren lässt. *Welge/Al-Laham* sehen in der *internen Durchführbarkeit* und *Konsistenz* wesentliche allgemeine Anforderungen an Strategieinhalte.[677] Das Kriterium der internen Durchführbarkeit geht dabei der Frage nach, ob ausreichend finanzielle, sachliche und personelle Ressourcen im Unternehmen den Funktionsbereichen zur Verfügung stehen. Konsistenz der Strategie bedeutet die Widerspruchsfreiheit zwischen der Strategie und den damit verbundenen Maßnahmen. Diese **strategische Stimmigkeit**, das Zusammenpassen der einzelnen Bausteine wird im strategischen Management auch mit dem Begriff des **Fit** umschrieben (siehe Kapitel C.II.3).[678]

Das Prinzip der strategischen Stimmigkeit erweist sich deshalb als wichtig, weil aus unstimmigen Strategien und Strategiekomponenten Ineffizienzen für die Unternehmensentwicklung erwachsen. Es entstehen ansonsten Reibungsverluste und Ressourcenineffizienzen.[679] Darüber hinaus unterliegt der Bewertungsprozess häufig noch Verzerrungen infolge individueller, subjektiver und politischer Bewertungsvorgänge im Unternehmen. Die Strategieauswahl kann so zugunsten persönlich favorisierter Alternativen durch den Entscheidungsträger, zugunsten etablierter Geschäfte mit bekannten Chancen und Risiken und zum Nachteil innovativer Strategien erfolgen.[680] *Wilde* entwickelte für die Bewertung strategierelevanter Entscheidungen eine grundlegende Systematik, die die Bewertung zu einem nachprüfbaren, objektivierten Prozess gestaltet. Nach dieser Systematik lassen sich drei Gruppen strategierelevanter Bewertungsmethoden klassifizieren:[681]

---

[676] Vgl. zur Strategiebewertung z.B. Welge/Al-Laham (2003), S. 492 ff.; Rosen (1995), S. 98 ff.; Steinmann/Schreyögg (2005), S. 263 ff.; Wilde (1989), S. 55 ff.
[677] Vgl. Welge/Al-Laham (2003), S. 493 ff.
[678] Ausführungen zum Fit-Gedanken finden sich bei Bea/Haas (2005); S. 16-21.
[679] Vgl. Scholz (1987), S. 67.
[680] Vgl. Welge/Al-Laham (2003), S. 496 f.; Wilde (1989), S. 140.
[681] Vgl. Wilde (1989), S. 161 ff.

(1) Methoden zur Dokumentation und Prüfung von Erfolgsfaktoren
(2) Methoden zur Berücksichtigung von Wirkungsrelationen
(3) Methoden zur Berücksichtigung von Wirkungsrelationen und Strategiefolgen.

Mit Hilfe von Checklisten und Strategieprofilen lassen sich Kataloge aufstellen, die der Reihenfolge nach prüfen, ob bei den Strategiealternativen eine Erfüllung der Kriterien vorliegt oder nicht. Die Erstellung von Strategieprofilen ermöglicht gegenüber den Checklisten ein differenziertes Bild der zu bewertenden Strategien, da die Erfüllung der Anforderungskriterien mit Hilfe von Bewertungen (z.B. ausgezeichnet, sehr gut, gut, mittel, schlecht, sehr schlecht) gemessen werden kann. Werden die erfolgsfaktorenbezogenen Einzelbewertungen miteinander zu einer umfassenden Gesamtaussage verknüpft, können Wirkungsrelationen berücksichtigt werden. Nutzwertanalysen haben hier die höchste praktische Relevanz erhalten.[682] Allerdings erfasst die Nutzwertanalyse die Erfolgspotenziale einer Strategie lediglich abstrakt mit einer Indexzahl und nicht konkret. Methoden, die Erfolgspotenziale durch Quantifizierung in Bezug auf Gewinn oder Rentabilität vergleichbar und damit bewertbar machen, berücksichtigen Strategiefolgen. Hierzu zählen z.B. Investitionsverfahren und Simulationsmodelle.

Nach *Bea/Haas* stehen einer Bewertung von Strategien zwei Kategorien von Lösungsverfahren zur Verfügung: die typologische Vorgehensweise, in deren Ergebnis so genannte Normstrategien formuliert werden und die Nutzung von Planungsmodellen.[683]

Typologische Verfahren sind so genannte qualitative Verfahren, die für bestimmte Situationen und Zielkonstellationen Strategien empfehlen. Zu nennen sind hier z.B. Normstrategien, die im Ergebnis von Portfolio-Varianten gewonnen werden (siehe zu spezifischen Normstrategien Kapitel C.IV.1.3.4.2.2.). Aufgrund der bisherigen Erfahrung wird unterstellt, dass diese so genannten *Normstrategien* allgemeingültige Quasi-Gesetzmäßigkeiten darstellen.[684] Zwar geben die Normstrategien eine grobe Entwicklungsrichtung für eine strategische Geschäftseinheit an, aber der dem Erfolg zugrunde liegende Sachverhalt wird nicht berücksichtigt.

Steinmann/Schreyögg schlagen darüber hinaus zur qualitativen Bewertung *Kriterienkataloge* vor, die im Sinne einer *Checkliste* eine Grobprüfung erlauben. Für sie sind die *Ressourcenabdeckung (Profilabdeckung)*, die *Machbarkeit* und die *ethische Vertretbarkeit* zentrale Beurteilungskriterien der Strategiealternativen.[685]

---

[682] Vgl. Welge/Al-Laham (2003), S. 497; Hentze/Brose/Kammel (1993), S. 75 ff.; Koch (1982), S. 98; Zangemeister (1976).
[683] Vgl. Bea/Haas (2005), S. 190
[684] Vgl. Bea/Haas (2005), S. 190 f., Steinmann/Schreyögg (2005), S. 220.
[685] Vgl. Steinmann/Schreyögg (2005), S. 263.

Planungsmodelle sind so genannte quantitative Verfahren, die Techniken zur Abbildung des Entscheidungsproblems und Rechenverfahren für die Abwicklung der einzelnen Schritte des Lösungsprozesses liefern.[686] Planungsmodelle stellen dem Management also Lösungsverfahren zur Verfügung. Diese Lösungsverfahren bilden das Entscheidungsproblem als Modell ab und somit kann mit Hilfe eines Lösungsalgorithmus bei den analytischen Modellen oder durch ein strukturiertes Vorgehen bei den heuristischen Modellen eine Strategiewahl getroffen werden.

Analytische Modelle sind dadurch gekennzeichnet, dass sie durch einen systematisierten Rechenweg (Algorithmus) die optimale Lösung eines Entscheidungsproblems ermitteln. Unterschieden wird zwischen Total- und Partialmodellen.

Totalmodelle erfassen die Entscheidungssituation eines gesamten Unternehmens. Mit Hilfe eines Simulationsmodells werden die Wirkungen unterschiedlicher Strategien auf ein Ziel analysiert.

Partialmodelle bilden dagegen nur Einzelprobleme in einem Unternehmen ab. An Techniken im Hinblick auf eine Bewertung von Strategien im Sinne eines Optimums lässt sich die Kapitalwertmethode für Shareholder-orientierte Unternehmen und die Nutzwertanalyse für Stakeholder-orientierte Unternehmen nennen.

Heuristische Modelle liefern i.d.R. nicht die optimale Lösung eines Entscheidungsproblems, sie zeigen lediglich eine Näherungslösung. An Techniken lassen sich heuristische Regeln und Dialogmodelle unterscheiden.

Heuristische Regeln stellen Verhaltensregeln dar, die bei ähnlichen Entscheidungsproblemen in der Vergangenheit zu befriedigenden Ergebnissen geführt haben. Die PIMS-Studie zeigt z.B. in ihren Analyseergebnissen, welcher ROI durch eine bestimmte Strategie im Durchschnitt erzielt worden ist.[687] Sie kombiniert darüber hinaus auch Strategien im Hinblick darauf, eine Zielerfüllung in optimaler Weise in Aussicht zu stellen.

Dialogmodelle sind entscheidungsunterstützende Modelle, bei denen eine Kombination von modellierten Rechengängen und Kalkülen des Entscheidungsträgers vorgenommen wird. Hierzu zählen Führungsinformationssysteme und Expertensysteme. Führungsinformationssysteme stellen empirisch gewonnene Informationen in einer Datenbank und Berechnungsmethoden in einer Methodenbank zur Verfügung. Mit Hilfe von Daten- und Methodenbanken lassen sich so genannte wenn-dann-Fragen beantworten. Z.B. kann die Frage verfolgt werden, welche Zielwirksamkeit eine Strategie über die Discounted Cash Flow (DCF)-Betrachtung aufweist. Anhand der Ergebnisse können Anhaltspunkte für die tatsächliche Strategieentscheidung gewonnen werden.[688]

Expertensysteme beinhalten zusätzlich noch das Wissen von Experten, welches dem Anwender zur Verfügung gestellt wird.[689] Das Wissen wird aus den Erfahrungen mit dem Einsatz von Strategien in der Vergangenheit gebildet.[690]

---

[686] Vgl. Bea/Haas (2005), S. 191 f.
[687] Vgl. Abell/Hammond (1979), S. 277 ff.
[688] Vgl. Baum/Coenenberg/Günther (1999), S. 296 f.; Rappaport (1999).
[689] Vgl. Zahn (1997).
[690] Vgl. im Überblick Bea/Haas (2005), S. 280 ff., 350 ff.

1.3.4.6. Empirische Befunde
Empirische Befunde zur Strategiebewertung sind der Studie von *Al-Laham* aus dem Jahr 1997 zu entnehmen.[691] In Bezug auf die oben dargelegten Kriterien der Strategiebewertung kommt die Studie zu dem Ergebnis, dass zahlreiche Unternehmen sich in der Strategiebewertung an monetären Zielen orientieren.[692] Diesen Zielen wird in der Praxis sogar eine herausragende Bedeutung zugesprochen. Diese Sichtweise steht allerdings konträr mit der auf theoretischer Ebene. Aus theoretischer Sicht werden für eine Strategiebewertung monetäre Ziele eher als ungeeignet angesehen. Begründet wird dies damit, dass für den Aufbau von Erfolgspotenzialen i.d.R. längere Zeiträume benötigt werden, die erwartenden Rückflüsse aufgrund des langen Zeithorizonts und der damit unsicheren Prognosemöglichkeiten der Investitionen dementsprechend schwierig quantifizierbar sind. Empfohlen wird deshalb eine stärkere Orientierung an markt- und wettbewerbsbezogenen Kriterien. Nach den Befunden von *Al-Laham* erlangt diese Sichtweise keine Relevanz für die Praxis in den Unternehmen.

Dagegen prüfen Unternehmen bereits in der Strategiebewertungsphase umfangreich, ob die gewählte Strategie mit den eigenen Stärken und Schwächen (den eigenen internen Potenzialen) umsetzbar ist, bevor sie diese endgültig zur Implementierung freigeben. Damit wird das Kriterium der internen Durchführbarkeit von Strategien sowohl in Theorie als auch Praxis in gleichgewichtiger Bedeutung gesehen.

An Instrumenten zur Bewertung von Strategien setzen Unternehmen schwerpunktmäßig Investitionsrechenverfahren, Checklisten und Strategieprofile ein. Eher in geringem Umfang werden Simulationsmodelle, Nutzwertanalysen und PIMS-Analysen genutzt.[693] Die Dominanz der Investitionsrechenverfahren lässt sich dahingehend begründen, dass Unternehmen ihre Strategien als eine langfristige Investition betrachten und deshalb auch in erster Linie Investitionsrechenverfahren zur Entscheidungsunterstützung heranziehen. In der Anwendung dominieren weiterhin so genannte relativ einfach Methoden, komplexere Verfahren treten dagegen in den Hintergrund.

1.3.5. Verwirklichung der Strategie (Strategieimplementierung)
Die Phase der Strategieimplementierung umfasst alle Aufgaben, die zur Verwirklichung einer Strategie erforderlich sind. Im Detail befasst sich die Implementierung mit der **Umsetzung** und **Durchsetzung** strategischer Pläne in konkretes Handeln im

---

[691] Vgl. Al-Laham (1997); im Überblick vgl. Welge/Al-Laham (2003), S. 90 ff., S. 518 ff.
[692] Vgl. Al-Laham (1997), S. 170.
[693] Vgl. Al-Laham (1997), S. 173.

Unternehmen.[694] Die Implementierung wird als zentrale Phase im Strategieprozess bezeichnet. Nur wenn es gelingt, Strategien effizient zu implementieren, ist Strategieentwicklung erfolgreich. Gelingt ein Transfer der erarbeiteten strategischen Maßnahmen nicht, führt dies zu einer erheblichen Verunsicherung der am Strategieprozess beteiligten Mitarbeiter.

Strategieimplementierung ist ein komplexer mehrstufiger Veränderungsprozess, der sich i.d.R. über mehrere Jahre erstreckt. Ähnlich wie das Prozessmodell der Strategieentwicklung lässt sich die Implementierung auch mit Hilfe eines Phasenkonzepts methodisch betrachten. Die Strategieimplementierung wird in der Literatur in die Teilphasen der *Implementierungsplanung, -realisation* und *-kontrolle* gegliedert, deren spezifisches Aufgabenspektrum den Inhalten des Strategieentwicklungsprozesses folgt.[695]

1.3.5.1. Umsetzung strategischer Maßnahmenprogramme

Mit der Verwendung des Begriffs der **Umsetzung** von Strategiemaßnahmen wird das **sachorientiert**e Aufgabenspektrum betont. Im Detail handelt es sich um die Zerlegung einer Strategie in Einzelmaßnahmen. Im Unternehmen werden Regeln aufgestellt und Mechanismen formuliert und etabliert, die z.B. die Konkretisierung der Strategie in operative Maßnahmen, die Budgetierung und Ressourcenallokation sowie die Abstimmung der Strategie mit den anderen Management-Funktionen betreffen.

Eine Strategiekonkretisierung findet statt, indem die Strategie stufenweise in bereichs- und abteilungsbezogene operative Maßnahmenprogramme umgesetzt wird. Es gilt, detaillierte Formulierungen oder Überarbeitungen von Teilstrategien in den funktionalen Bereichen vorzunehmen.[696] Nachdem die Teilstrategien präzisiert wurden, werden mittel- und kurzfristige Maßnahmen abgeleitet. Letztendlich soll eine Stimmigkeit (Fit) zwischen der Strategie und allen relevanten Erfolgsfaktoren im Unternehmen hergestellt werden. Als relevante Erfolgsfaktoren können insbesondere die Organisationsstruktur, die Unternehmenskultur sowie die Personal- und Führungskräfte genannt werden.[697] Welche inhaltlichen Fragestellungen hierbei zu berücksichtigen sind, fasst Abbildung C.IV.28 im Überblick zusammen.

---

[694] Vgl. Kolks (1990), S. 79 ff.
[695] Vgl. ausführlich Kolks (1990), S. 256 ff.; auch Feucht (1996).
[696] Vgl. Welge/Al-Laham (2003), S. 534; Hinterhuber (2004b), passim; Scholz (1987), S. 203.
[697] Vgl. Welge/Al-Laham (2003), S. 534; Al-Laham (1997), S. 177 ff.

Erfolgsfaktoren der Strategieimplementierung	Inhaltliche Fragestellungen
Organisationsstruktur	Prüfen der Stimmigkeit von Strategie und Struktur im Hinblick auf Anpassungsnotwendigkeiten nach den Kriterien stark, gering, weder unterstützend bzw. behindernd
Unternehmenskultur	Erfassung und Abstimmung der Ist- und Soll-Kultur Indikatoren zur Erfassung der Ist-Kultur: Geschichten, Symbole, Clans Ableitung der Soll-Kultur aus dem Anforderungsprofil der Strategie unter Beachtung der begrenzten Gestaltbarkeit der Kultur
Personal- und Führungskräfte	Bestimmung des quantitativen und qualitativen Personalbedarfs im Hinblick auf die Strategieanforderung Abbau von Widerständen Identifizierung und Auswahl derjenigen Führungskräfte, die zur Verwirklichung der Strategie aufgrund ihrer Qualifikation beitragen

Abb. C.IV.28: Erfolgsfaktoren der Strategieimplementierung
Quelle: In Anlehnung an Welge/Al-Laham (2003), S. 536 ff. sowie die dort zitierte Literatur

Strategien werden in einem ersten Schritt in mittelfristige[698] Programme bzw. Projekte überführt. Hierbei wird das Ziel verfolgt, aus den Strategien mittelfristige Maßnahmen zu entwickeln. Der Planungshorizont beträgt dabei meist fünf Jahre. Im Detail sollen die Auswirkungen der Strategien für die Funktionsbereiche sowohl in zeitlicher als auch sachlicher Hinsicht konkretisiert werden. Idealtypisch umfasst der Ablauf der Planung eine ähnliche Schrittfolge wie der allgemeine Planungs- und Entscheidungsprozess. Zuerst sind die mittelfristigen Ziele zu bestimmen, die durch die Programme und Projekte erreicht werden sollen. Damit werden die mit der Strategie zu verfolgenden Schwerpunkte im Unternehmen abgeleitet. Anschließend werden basierend auf den Zielen Maßnahmen entwickelt, die die jeweilige Strategie stufenweise konkretisieren. In erster Linie gilt es hier, Investitionen in Form von Einzelinvestitionen und Investitionsprogrammen zu planen. Darüber hinaus erfolgt aber auch eine mitarbeiterbezogene Planung in Bezug auf die Entwicklung, Bewertung und Erhaltung des Mitarbeiterstamms. Zeitlich und sachlich sind alle Maßnahmen zu terminieren, Verantwortlichkeiten und Zuständigkeiten festzulegen. Dabei ist zu berücksichtigen, dass diese Zuordnung nicht immer an die traditionelle Funktionsgliederung des Unternehmens gebunden ist, sondern ebenso eine Kooperation mehrerer Geschäftsbereiche denkbar ist. Im letzten Planungsschritt müssen eine Abschätzung des Ressourcenbedarfs der Programme in finanzieller, sachlicher und personeller Hinsicht durchgeführt und eine Ressourcenverteilung vorgenommen werden. Die Ressourcenverteilung entsprechend den

---

[698] Häufig wird auch der Begriff der taktischen Planung verwendet. Die mittelfristige Programm- und Projektplanung selbst wird oft auch als mittelfristige Aktionsplanung bezeichnet.

strategiebedingten Prioritäten ist dabei von entscheidender Bedeutung für den Erfolg der Strategieumsetzung.

Einen „Ansatz zur Umsetzung einer Strategie in spezifische Ziele und Kennzahlen und zur Überwachung der Umsetzung"[699] haben *Kaplan/Norton* mit ihrem Konzept der Balanced Scorecard entwickelt. Mit diesem Anspruch nimmt die Balanced Scorecard eine Mittlerfunktion zwischen strategischer und operativer Ebene ein.

Das Konzept der **Balanced Scorecard** (BSC)[700] übersetzt die Vision und Strategie eines Unternehmens/einer Geschäftseinheit in spezifische Ziele und Kennzahlen. Diese sollen „eine Balance zwischen den Messgrößen der Ergebnisse vergangener Tätigkeiten und den Kennzahlen, welche zukünftige Leistungen antreiben"[701], sein. Dementsprechend ordnen *Kaplan/Norton* die Kennzahlen vier grundsätzlichen Perspektiven zu, die den finanziellen Erfolg des Unternehmens/einer Geschäftseinheit und die ihnen zugrunde liegenden strategischen Erfolgsfaktoren widerspiegeln (vgl. Abbildung C.IV.29).

Jede strategische Geschäftseinheit ist aus diesen vier Perspektiven heraus zu bewerten. Um z.B. eine hohe Wertsteigerung (Shareholder Value) zu erreichen (finanzielle Perspektive), bedarf es der entsprechenden Mitarbeiterfähigkeiten (Lern- und Entwicklungsperspektive). Diese finden ihren Ausdruck in einer hohen Prozess-Qualität und geringen Prozessdurchlaufzeiten (interne Geschäftsprozessperspektive). Prozess-Qualität und geringe Durchlaufzeiten führen zu einer zeitgerechten Versorgung der Kunden mit den nachgefragten Leistungen, was wiederum zu einer hohen Kundenbindung beiträgt (Kundenperspektive).

Pro Perspektive gilt es, die Unternehmensvision und Strategie in konkrete Aktivitäten zu übersetzen. Dementsprechend müssen pro Perspektive die strategischen Ziele abgeleitet und miteinander in Beziehung gesetzt werden. Anschließend gilt es, Variablen zu identifizieren, die als ursächlich (kausal) zur Erreichung der Ziele betrachtet werden. Diese so genannten Treiber oder kritischen Erfolgsfaktoren werden mit Hilfe von Messgrößen beurteilt. Messgrößen für die *finanzielle Perspektive* können je nach Lebenszyklusphase einer Geschäftseinheit unterschiedlich ausgeprägt sein. Dominieren in der Wachstumsphase Umsatzziele, gewinnen in der Reifephase eher Deckungsbeitragsziele oder Kapitalrenditen an Bedeutung.

---

[699] Kaplan/Norton (1997), S. 36.
[700] Vgl. ausführlich Kaplan/Norton (1997); im Überblick Welge/Al-Laham (2003), S. 562 ff. Ein Beispiel ist zu finden bei Eisenberg/Schulte (2006), S. 88-95, die das strategische Vorgehen der Führung der deutschen Fußballnationalmannschaft anhand der BSC veranschaulichen.
[701] Kaplan/Norton (1997), S. 10.

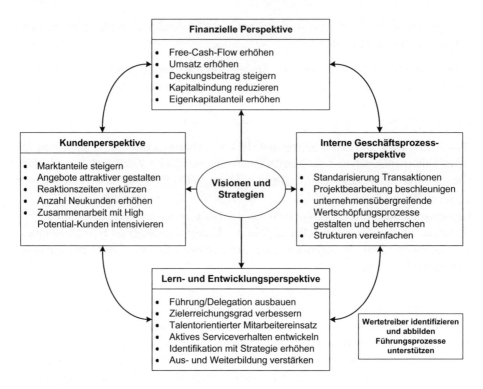

Abb. C.IV.29: Die vier Perspektiven der Balanced Scorecard
Quelle: Kaplan/Norton (1997), S. 9

Kennzahlen der *Kundenperspektive* sind solche, die den ökonomischen Erfolg der Kundenorientierung eines Unternehmens zum Ausdruck bringen. Kundenorientierung basiert auf der Befriedigung von Kundennutzen und äußert sich in der Anzahl der Kunden, die ein Unternehmen in einem Markt bedient (Marktanteil). Dies wiederum führt dazu, dass Kunden mit der Unternehmensleistung zufrieden sind (Kundenzufriedenheit) und eine dauerhafte Beziehung eingehen (Kundenbindung). Kundenzufriedenheit und -bindung beruht i.d.R. auf den vom Unternehmen angebotenen Produkteigenschaften, der Schnelligkeit der Leistungsbereitstellung, einer Beratung oder der Qualität. Ob die Kundenbindung auch für das Unternehmen einen Erfolg darstellt, wird mit der Kundenrentabilität gemessen. Diese misst den Nettogewinn eines Kunden oder Kundensegments unter Berücksichtigung der entstandenen einmaligen Ausgaben für diese Kunden.

Die *interne Prozessperspektive* befasst sich mit den Geschäftsprozessen und soll in erster Linie diejenigen Prozesse identifizieren, die für das Erreichen von Kundenzufriedenheit kritisch sind. Neben der Kundenzufriedenheit gilt es aber auch, Prozesse im Hinblick auf die Anteilseignerzufriedenheit zu beleuchten. Nach *Kaplan/Norton* sollen Innovations-, Betriebs- und Serviceprozesse im Vordergrund der Betrachtung stehen.[702] An Kennzahlen haben z.B. die Neuproduktrate, Entwicklungszeiten, Durchlaufzeiten, Fehlerrate und Reklamationszeiten Bedeutung.

---

[702] Vgl. Kaplan/Norton (1997), S. 87 ff., 93.

Verwirklichung der Strategie (Strategieimplementierung)

Die *Lern- und Entwicklungsperspektive* zielt auf die Durchsetzung der Strategie ab. Personalbezogene Kennzahlen sind Mitarbeiterzufriedenheit, Personaltreue und Mitarbeiterproduktivität. Diese Kennzahlen sollen Informationen über die Qualifikation, die Motivation und Innovationsfähigkeit der Mitarbeiter liefern.

Die Balanced Scorecard ist heute ein Konzept, welches großes Anwenderinteresse erfahren hat. Trotz konzeptioneller Mängel nutzen Unternehmen das Konzept in den verschiedensten Variationen. An konzeptionellen Mängeln hebt die Literatur[703] insbesondere die Focussierung auf Kennzahlen als alleiniges Steuerungsinstrument der Unternehmensführung ab. Kultur, Mitarbeiterführung oder Serviceorientierung als Erfolgsfaktoren werden dagegen nicht als Steuerungsgrößen erfasst. Auch wird bemängelt, dass die Balanced Scorecard ein vergangenheitsorientiertes Konzept darstellt, da die Wirksamkeit strategiebezogener Maßnahmen auf der Basis vergangenheitsorientierter Vergleiche beurteilt wird. Darüber hinaus sind Widerstände und Implementierungsbarrieren bei der Anwendung des Konzepts festzustellen. In erster Linie scheinen diese Schwierigkeiten darauf zurückzuführen zu sein, dass häufig eine zu geringe Kommunikation des Managements mit den nachgelagerten Ebenen im Unternehmen stattfindet.

Trotz dieser Einschränkungen sind die Erfahrungen in der Unternehmenspraxis mit der Balanced Scorecard insgesamt positiv, da die Strategie transparent, handhabbar und operational definierbar wird.[704]

Eine weitere Konkretisierung der formulierten Maßnahmen wird häufig in einem so genannten **Business Plan** abgebildet.[705] Dieser besteht aus Absatz-, Umsatz-, Produktions-, Personal-, Beschaffungs- und Finanzierungsplänen. Aus diesen Plänen heraus wird dann das Budget für die nächste Planperiode bestimmt, welches die Strategie in ausschließlich monetären Größen zum Ausdruck bringt.[706] Im Rahmen eines solchen Zerlegungsprozesses zeigt es sich sehr schnell, ob die intendierte Strategie realisierbar ist oder sich im Rahmen der Spezifikation des strategischen Planes Im-plementierungsbarrieren ergeben.[707]

Sind mittelfristige Ziele und Maßnahmen abgeleitet worden, sind die Maßnahmen in ein mittelfristiges Budget zu überführen. Das **mittelfristige Budget** legt die zur Strategieumsetzung erforderlichen finanziellen, sachlichen und personellen Ressourcen auf der mittelfristigen Ebene fest. Im Wesentlichen werden die mittelfristigen Kosten den mittelfristigen Erlösen im Budgetzeitraum gegenübergestellt. Damit wird aufgezeigt, was in genereller, wenig spezifizierter Form an Aktivitäten notwendig ist, um die Strategie realisieren zu können. Zur kurzfristigen Steuerung

---

[703] Vgl. z.B. Bruhn (1998), S. 163 ff.; Weber (1998), S. 187.
[704] Vgl. Zimmermann/Jöhnk (2000), S. 601 ff.; Weber/Schäffer (1999).
[705] Vgl. auch Bea/Haas (2005), S. 66, 200.
[706] Siehe auch u.a. Egger/Winterheller (2004); Malik (2001).
[707] Vgl. auch Mintzberg (1978), (1987).

der täglichen Entscheidungen können diese Informationen allerdings nicht verwendet werden, hierfür muss eine operative Budgetierung der Maßnahmen erfolgen.

Ausgangspunkt der **mittelfristigen Budgetierung** ist die Festlegung des Produktprogramms, mit welchem die Strategie umgesetzt werden soll. Anschließend ist zu fragen, welcher Mittelüberschuss aus dem Basisgeschäft des Produktprogramms in der Planungsperiode erwirtschaftet werden kann. Darüber hinaus ist das *Budget der strategiebedingten Aktivitäten* zu ermitteln. Hierzu sind die Kosten, die sich aus der Strategie ergeben, zu schätzen. Im Detail kann es sich dabei handeln um

- Investitionen in das Anlagevermögen
- Investitionen in das Umlaufvermögen und
- Entwicklungskosten.

Wird der Ressourcenverbrauch der strategiebedingten Aktivitäten den generierten Ressourcen aus dem Basisgeschäft gegenübergestellt, lässt sich feststellen, ob eine zusätzliche Mittelbeschaffung aus externen oder internen Quellen notwendig ist. Dementsprechend ist das Budget ein Instrument für den produktiven Einsatz der Schlüsselressourcen eines Unternehmens. Mit ihm lassen sich alle Tätigkeiten eines Bereichs vorauslaufend koordinieren. Verändern sich die Umstände und Annahmen, auf denen das Budget aufbaut, wesentlich, ist dies gleichzeitig ein Indikator für Planrevisionen.

Eine detaillierte Planung von Zielen und Maßnahmen in den einzelnen Funktionsbereichen wird durch die **kurzfristige Funktionsbereichsplanung** vorgenommen. Hierfür werden Jahrespläne erarbeitet, die den Entscheidungsträgern die notwendigen Vorgaben im Hinblick auf Ziele, Aktionen und Ressourcen für die kurzfristige Steuerung des Unternehmens zur Verfügung stellen. Dabei ist zu beachten, dass die einzelnen Funktionspläne zu koordinieren sind und zu einem Gesamtplan zusammengefügt werden.[708] Welche Entscheidungstatbestände innerhalb der kurzfristigen Funktionsbereichsplanung anfallen, wird im Folgenden im Überblick in Abbildung C.IV.30 abgebildet.

Eine Quantifizierung der Maßnahmen der kurzfristigen Funktionsbereichspläne erfolgt durch die *kurzfristige (operative) Budgetierung*. **Budget**s sind meist rein finanziell ausgerichtet. Sie bilden die mengenmäßigen Beziehungen lediglich monetär ab. Sie informieren dabei detailgenau über wertmäßige, in Geldeinheiten ausgedrückte Umsätze und Kosten und bilden das Unternehmensgeschehen für dasFolgejahr ab. Sind Korrekturen der Geldgrößen erforderlich, müssen auch die dahinter stehenden mengenmäßigen Zusammenhänge erändert werden. Für die Erstellung des Budgets für das bestehende Geschäft (so genanntes *Operating Budget*) empfiehlt es sich, von der Frage auszugehen, mit welchem Minimum an Ressourceneinsatz das laufende Geschäft erfolgreich weiter betrieben werden kann.

---

[708] Vgl. Hahn (1996); Koch (1982); siehe auch Egger/Winterheller (2004).

Kurzfristige Beschaffungsplanung[709]	• Abgeleitete Planung, die sich an Zahlen der Produktions- und Lagerplanung sowie an Anforderungen der Beschaffungsstrategie orientiert • Ziel: Erreichen des beschaffungswirtschaftlichen Optimums, d.h. Bereitstellung aller benötigter Güter in der erforderlichen Menge und Güte, zur rechten Zeit, am rechten Ort und zu geringen Kosten • Entscheidungsbereiche: Beschaffungsprogramm (Bestimmung der Beschaffungsmenge durch Verfahren der Materialbedarfsermittlung, Einhaltung von Beschaffungsprinzipien (Einzelbeschaffung im Bedarfsfall, Vorratshaltung, fertigungssynchrone Beschaffung); Beschaffungspreis/Konditionen (Beschaffungsmarktforschung, Lieferantenanalyse, Zahlungsbedingungen); Beschaffungswege (direkter/indirekter Bezug, Lieferantenauswahl); Beschaffungskommunikation
Kurzfristige Produktionsplanung[710]	• Produktionsprogramm- (Festlegung der Produktionsmengen unter Erlös- und Kostenaspekten) und Produktionsprozessplanung (in Abhängigkeit vom Produktionsprozesstyp Festlegung der Reihenfolge- und Ablaufplanung, Losgrößenplanung) • Hilfsmittel: PPS-Systeme
Kurzfristige Forschungs- und Entwicklungsplanung[711]	• Planung von FuE-Projekten • Hilfsmittel: Projektplanung mit detaillierter Problemdefinition und Zielvorgabe im Lasten- und Pflichtenheft, Festlegen von Meilensteinen • Managementinstrumente: Kreativitätstechniken, Projektplanung, Netzplantechnik
Kurzfristige Marketingplanung[712]	• Planung des Marketing-Mix: Produkt-, Preis-, Distributions- und Kommunikationspolitik simultan • Managementtechniken: Produktlebenszyklus, Preis-Absatz-Funktionen

Abb. C.IV.30: Überblick über wesentliche Inhalte kurzfristiger Funktionsbereichsplanungen

Darüber hinaus sind nur diejenigen Budgetpositionen detailliert zu berücksichtigen, die entscheidenden Einfluss auf das Geschehen im Unternehmen haben. I.d.R. kann hier die 20:80-Regel herangezogen werden: welches sind die 20 % an wirklich erfolgsentscheidenden Positionen. Sollen dagegen neue Geschäftsentwicklungen geplant und budgetiert werden, für die keine Erfahrungswerte vorliegen, ist ein weiteres Budget, das so genannte *Opportunity Budget*, zu erstellen. Hier gilt es zu klären, ob die Ressourcen für die richtigen Chancen eingesetzt werden und welches

---

[709] Vgl. u.a. Kupsch/Lindner (1991); Pekayvaz (1985); Arnold (1982); Winand/Welters (1982); Grochla (1981); Grochla/Schönbohm (1980).
[710] Vgl. u.a. Kern (1992); Zäpfel (1989); Wildemann (1989); Zahn (1988).
[711] Vgl. u.a. Brockhoff (1994); Trommsdorf (1990); Riekhof (1994); D'Little (1988); Servatius (1988); Sommerlatte/Deschamps (1986); Zahn (1986); Arbeitskreis (1986).
[712] Vgl. u.a. Homburg/Krohner (2003); Bruhn (2002); Nieschlag/Dichtl/Hörschgen (2002); Kotler/Bliemel (2001); Meffert (2000)

Maximum an Ressourcen diesen Chancen zugeordnet werden soll, damit diese genutzt werden können und auch Erfolg haben.[713]

Budgets geben allerdings i.d.R. keine Auskunft über Ursachen für bestimmte Umsatz- oder Kostenentwicklungen. Mit ihnen lässt sich lediglich eine Abweichung zum Planwert feststellen. Warum es zu diesen Abweichungen gekommen ist, lässt sich meist nur schwer ermitteln. Dennoch ist es für Informations- und Entscheidungszwecke notwendig, im Budget Vergleiche und Differenzen auszuweisen. Hierbei handelt es sich um *Vergleiche zu Vorperioden*, zu *Ergebnissen*, zu vergleichbaren *anderen Unternehmensteilen*, zu *Benchmarks* sowie zu *anderen Budgetpositionen*.[714] Treten Differenzen auf, sind diese mit Erläuterungen und Kommentaren zu erklären. Beruhen der Mehrverbrauch oder die Mehrausgaben auf veränderten Sortiments- oder Materialstrukturen, haben sich Qualitäten und Preise, Losgrößen und Chargen, die Auftragsstruktur oder das Bestellverhalten der Kunden geändert. Dabei sind sowohl negative als auch positive Abweichungen zu analysieren. Negative Abweichungen deuten auf Schwächen im Unternehmen oder Risiken im Unternehmensumfeld hin, positive Abweichungen verweisen dagegen auf Stärken und Chancen. Werden letztere verstärkt berücksichtigt, kann mit einem überproportionalen Ergebnis gerechnet werden.

Das Budget ist das zentrale Instrument für die Umsetzung von Plänen in spezifische Maßnahmen.[715] Im Rahmen der Budgetierung wird die erwartete und gewollte Unternehmensentwicklung in einer zukünftigen Planungsperiode vollständig mengen- und wertmäßig zusammengefasst. Es werden geplante und erwartete Aufwands- und Ertragsbewegungen zusammengestellt. Darüber hinaus erfolgt die Ermittlung von Vorgabewerten des Erfolgs und der Liquidität sowie der sie bestimmenden Faktoren. Neben der wertmäßigen Betrachtung empfiehlt *Malik*[716] auch eine Darstellung der Prozentsätze der Budgetpositionen untereinander sowie im Zeitvergleich und deren Veränderungen. Der Zeitvergleich soll nicht nur zur Vorperiode stattfinden, sondern vielmehr mit Hilfe gleitender Durchschnitte z.B. über einen Zeitraum von 36 oder 48 Monaten. Dadurch lassen sich Trends feststellen, die wesentliche Informationen zur Beurteilungen von Entwicklungen liefern.

Durchgeführt wird die Budgetierung i.d.R. einmal im Jahr. Meist erfolgt sie auch als Top-down-Prozess. Im Rahmen von aufwändigen Verhandlungen zwischen den Hierarchiestufen des Unternehmens wird ein Unternehmensplan für einen Zeithorizont von einem Jahr festgelegt. Hierbei ist auch festzustellen, dass die Planung durch einen Fortschreibungscharakter der Zahlen der Vergangenheit geprägt ist. Es werden oft nur Maßnahmen zur Strategieumsetzung durch das Management als

---

[713] Vgl. auch Malik (2001), S. 356 f.
[714] Vgl. Malik (2001), S. 350
[715] Welge/Al-Laham (2003), S. 596 f.; siehe zur Budgetierung auch Egger/Winterheller (2004).
[716] Vgl. Malik (2001), S. 351 f.

geeignet angesehen, die darauf abzielen, kleine Verbesserungen für einzelne Bereiche herbeizuführen.

Das Ergebnis der Funktionsbereichsplanung drückt sich in einem klar strukturierten und zeitlich abgestimmten Durchführungszeitplan aus. Einzelne Maßnahmen werden unter Angabe der Verantwortlichen dokumentiert. Darüber hinaus sollten die kurzfristigen Funktionsbereichspläne der Strategie und den mittelfristigen Maßnahmen zugeordnet werden können. *Al-Laham* kommt in einer Untersuchung[717] zu dem Ergebnis, dass die Mehrzahl der von ihm befragten Unternehmen eine mittelfristige Planung durchführt. An Hauptaktivitäten und damit Aufgabenschwerpunkten lassen sich die Planung mittelfristiger Ziele und die Planung mittelfristiger Maßnahmen nennen. Dabei sind die Planungen tendenziell wenig detailliert und weisen eine geringe Vollständigkeit auf. Lediglich die ressourcenbezogenen Aufgaben werden differenzierter konkretisiert. Begründen lässt sich dies mit der hohen Bedeutung ressourcenrelevanter Fragestellungen. Die übrigen Planungsaspekte werden laut Studie zwar durchgeführt, aber eher als unwichtig beurteilt und dementsprechend nur grob geplant.

Al-Laham kommt in seiner Untersuchung weiterhin zu dem Ergebnis, dass eine kurzfristige Planung von nahezu allen befragten Unternehmen durchgeführt wird.[718] Die Hauptaktivitäten dieser Planung sind die Budgetierung und die Festlegung des Ressourcenbedarfs. Diese Planungen werden auch regelmäßig in den Unternehmen durchgeführt. Hervorgehobene Berücksichtigung erfahren die ressourcenbezogenen Aktivitäten. Darüber hinaus zeigt sich, dass diejenigen Teilplanungs-aufgaben mit hoher Bedeutung für das Unternehmen detaillierter in Bezug auf Zeitpunkte, Wechselwirkung (Interdependenz) und Ermittlung der Reihenfolgestruktur geplant werden. Teilaufgaben, die eine geringere Bedeutung aus Unternehmenssicht aufweisen, werden dementsprechend weniger detailliert und vollständig geplant.

Die Ergebnisse der Untersuchung zur operativen Planung bestätigen die in der traditionellen Planungstheorie vorgenommenen Überlegungen damit nicht. Wird in der Theorie der operativen Planung der höchste Detailliertheitsgrad zugesprochen und diese letztendlich aufgrund ihrer Detailliertheit für die kurzfristige Steuerung des Unternehmens als geeignet angesehen, widersprechen die Ergebnisse von *Al-Laham* diesen traditionellen Erkenntnissen. *Welge/Al-Laham* bewerten dieses Ergebnis in ihrer Interpretation als überraschend.[719] Werden allerdings Berichte der Praxis in Bezug auf Planungsverfahren und -ergebnisse betrachtet, deutet sich schon seit mehreren Jahren

---

[717] Vgl. Al-Laham (1997), S. 200. Nach Horváth (2003), S. 12 ist allerdings zu bemerken, dass der Stand der empirischen Erkenntnisse über Planung nicht befriedigend ist. In der Literatur liegt wenig und Widersprüchliches vor. Neben der Studie von Al-Laham (1997) sind u.a. Ausführungen zur Planungsarbeit in Unternehmen von Gleich (2001); Horváth/Mayer (1999); Weber/Goeldel/Schäffer (1997); Hahn (1996); Hahn/Taylor (1990) zu nennen.

[718] Vgl. Al-Laham (1997), S. 203.

[719] Vgl. Welge/Al-Laham (2003), S. 625 ff.

eine gewisse Zurückhaltung der Praxis gegenüber den Ergebnissen der Planung an.[720] So weist *Bea* bereits 1988 auf Phänomene der Divergenz zwischen Theorie und Wirklichkeit bei der Planung in Unternehmen und auf eine starke Präferenz für die Anwendung einfacher Planungstechniken hin.[721]

Die Ausführungen zeigen, dass im Zuge der Strategieimplementierung eine Reihe von sachorientierten Faktoren an die Strategie anzupassen ist. Darüber hinaus sind jedoch noch zahlreiche verhaltensorientierte Aufgaben zu berücksichtigen, die in den weiteren Ausführungen ausführlich betrachtet werden.

1.3.5.2. Durchsetzung strategischer Maßnahmenprogramme
Der Begriff der **Durchsetzung** betont die ***verhaltensorientiert*en** Aufgaben im Rahmen der Strategierealisierung. Im Detail muss die Akzeptanz und Förderung der gewählten Strategie bei den Mitarbeitern auf allen Unternehmensebenen durchgesetzt werden. Durch Information, Kommunikation und Konsensschaffung sowie Schulung ist die gewählte Strategie den Mitarbeitern zu vermitteln. Voraussetzung hierfür ist der Aufbau von Führungskompetenz und die Initiierung eines kontinuierlichen Veränderungsprozesses im Unternehmen. Hiermit sollen festgefahrene Verhaltensweisen, Machtstrukturen und Widerstände aufgebrochen und beseitigt werden.

Durch frühzeitige Information der Mitarbeiter kennen diese die Ziele und wesentlichen Inhalte der Strategie und haben dadurch die Gelegenheit, sich mit diesen auseinanderzusetzen. Bewährte Entscheidungsmuster und Handlungen werden bereits frühzeitig hinterfragt und führen zur Feststellung eines spezifischen Lern- und Fortbildungsbedarfes in Bezug auf strategiebezogene Qualifikationen. Somit können Unsicherheit und Ungewissheit abgebaut werden und die Bereitschaft sowie Fähigkeit, die Strategie mitzutragen und umzusetzen, wird gefördert.

Mit der Realisierung von Strategiemaßnahmen einher geht oft auch eine Veränderung bestehender Machtstrukturen. Im Verlaufe der Strategieumsetzung können zahlreiche Konflikte auftreten. Zu nennen sind hier Ziel-, Verteilungs- und Durchsetzungskonflikte.[722] Zielkonflikte sind zu verzeichnen, wenn z.B. Bereichsziele nicht mit den strategischen Zielen übereinstimmen. Verteilungskonflikte beruhen auf Ressortegoismen und entstehen i.d.R. bei Budgetvergaben. Durchsetzungskonflikte sind oft persönlichkeitsbezogen. Wie stark das Ausmaß von Konflikten bei der Strategieimplementierung letztendlich ist, ist abhängig von der Vorgehensweise bei der Implementierung. So unterscheiden *Bourgeois/Brodwin* fünf Modelle, die

---

[720] Vgl. z.B. Pack/Dörr (2004); Schäffer/Weber/Willauer (2003); Strack/Bacher/Engelbrecht (2002); Gleich/Kopp (2001); Gleich (2001); Weber/Goeldel/Schäffer (1997).
[721] Vgl. Bea (1988), S. 73 ff.
[722] Vgl. Kolks (1990), S. 121.

jeweils einen Implementierungsstil typologisieren:[723] Führer-, Veränderungs-, Partizipations-, Kultur- und Konvergenzmodell. Strategien können dementsprechend auf sehr unterschiedliche Weise umgesetzt werden. Offen bleibt allerdings, welche der Typologien die am erfolgversprechendste ist.

Mit diesen Ausführungen sind die wesentlichen Aufgabenbereiche der Strategieimplementierung beschrieben. Gleichzeitig ist auch der Strategieentwicklungsprozess nahezu abgeschlossen. Ob die gefundenen Ergebnisse auch tatsächlich den Anforderungen im Unternehmen entsprechen, soll die strategische Kontrolle klären. Dabei wird die strategische Kontrolle heute nicht mehr als ein Soll-Ist-Vergleich in der Schlussphase des Strategieentwicklungsprozesses verstanden, sondern als ein die Planung begleitender kontinuierlicher Prozess.[724]

1.3.6. Strategische Kontrolle als Steuerungsinstrument für Strategien

Kontrolle als Bestandteil des generellen Managementprozesses wird in der heutigen Sichtweise im Strategieentwicklungsprozess die gleiche Bedeutung beigemessen wie den übrigen Management-Funktionen Unternehmensphilosophie und -kultur, Strategieentwicklung, Organisation und Personalführung.[725] Allerdings haben sich die Ansprüche an die Management-Funktionen verändert. So kann z.B. Planung nicht alle Probleme der betrieblichen Steuerung vorwegnehmen, da sowohl Unternehmensumwelt als auch Unternehmen in ihrer Komplexität und Dynamik nicht vollständig erfassbar und prognostizierbar sind. Dementsprechend ist es Aufgabe der Planung, die relevanten Entscheidungs- und Veränderungsparameter aus Umwelt und Unternehmen aufzugreifen, also zu selektieren. Hierbei besteht jedoch das Risiko, wesentliche Aspekte in den Entwicklungen nicht beachtet zu haben. Der strategischen Kontrolle wird nun die Aufgabe zugeschrieben, das mit der Planung verbundene Selektionsrisiko zu kompensieren. Sie soll den Planungsprozess kritisch begleiten und absichern, um Bedrohungen rechtzeitig aufdecken und Kurskorrekturen einleiten zu können. Damit wird die strategische Kontrolle zu einer eigenständigen Management-Funktion, die ein eigenes Steuerungspotenzial besitzt. Als Definition lässt sich festhalten, dass

> **strategische Kontrolle** ein die Planung begleitender kontinuierlicher Prozess ist, der aus der strategischen Prämissenkontrolle, der Planfortschrittskontrolle, der strategischen Überwachung[726] und der Kontrolle der strategischen Potenziale[727]

---

[723] Vgl. Bourgeois/Brodwin (1984), S. 242 ff. als Originalquelle sowie im Überblick Welge/Al-Laham (2003), S. 549 ff.
[724] Vgl. Bea/Haas (2005), S. 230 f.
[725] Vgl. Bea/Haas (2005), S. 230; Bea/Scheurer (1994), S. 2146; Schreyögg/Steinmann (1985), S. 391 ff.; Lorange (1984); Zettelmeyer (1984).
[726] Vgl. Schreyögg/Steinmann (1985), S. 391 ff.

besteht. Aufgabe ist es, Abweichungen zwischen Plangrößen und Vergleichsgrößen zu ermitteln und zu überprüfen, ob die strategische Planung mit ihren Annahmen richtig ist und im Unternehmen auch vollzogen wird.

Die *strategische Prämissenkontrolle* hat die Aufgabe, die im Rahmen des strategischen Managementprozesses gesetzten Prämissen zur Strategiefindung laufend auf ihre Gültigkeit hin zu überprüfen. Diese Prämissen sind im Planungsprozess sukzessive gesetzt worden, um aus der komplexen Umwelt weniger komplexe und relativ eindeutige Entscheidungssituationen zu formulieren. Solche Annahmen beziehen sich z.B. auf Absatzzahlen, technische Entwicklungen, Wechselkurse, Lohnabschlüsse, Gesetzesvorgaben. Da durch die Setzung der Annahmen die Zahl der Alternativen eingeschränkt wird, ist eine Gültigkeitsprüfung der gemachten Prämissen unumgänglich. Aus diesem Grund begleitet die Prämissenkontrolle den strategischen Planungsprozess durchgängig.

Die *Planfortschrittskontrolle* (strategische Durchführungskontrolle) bezieht sich auf die Implementierung der Strategie und soll feststellen, ob Abweichungen von definierten strategischen Zwischenzielen (so genannte milestones, Meilensteine) vorliegen, die eine Gefährdung des strategischen Kurses erwarten lassen. Mit der Formulierung von Zwischenzielen soll letztendlich die Zielerreichung transparent und kontrollierbar gemacht werden.

Wesentliche Problemstellung der Durchführungskontrolle ist die Formulierung von Meilensteinen. Einige Zwischenziele wie z.B. die Erhöhung des Marktanteils lassen sich relativ leicht in ihrer Erreichbarkeit feststellen, schwieriger ist dagegen die Ermittlung und Realisierung qualitativer Ziele wie z.B. Qualitätsführerschaft oder Personalentwicklungsstrategie.

Die *strategische Überwachung* hat die Aufgabe, Kontrolle global und ungerichtet durchzuführen, um vernachlässigte und unvorhergesehene Entwicklungen zu überwachen. Diese ausgeblendeten Entwicklungen können aber gerade aufgrund der schnellen Änderungen der Rahmenbedingungen als Entscheidungsmöglichkeiten relevant werden. Deshalb weisen *Schreyögg/Steinmann* der strategischen Überwachung die entscheidende Bedeutung zu. Ihr obliegt die Aufgabe, die Richtung der Planung letztendlich überhaupt in Frage zu stellen und möglicherweise eine Richtungsänderung einzuleiten. Eine Richtungsänderung selbst ist aber nach *Bea/Haas*[728] nur dann möglich, wenn das Unternehmen auf entsprechende Handlungspotenziale zurückgreifen kann.

In der *Kontrolle der strategischen Potenziale* sehen *Bea/Haas* dementsprechend ein wesentliches weiteres Element einer strategischen Kontrollkonzeption. Mit der Überwachung der Potenziale, hierzu zählen z.B. die Technologie, das Personal und

---

[727] Vgl. Bea/Haas (2005), S. 234 ff.
[728] Vgl. Bea/Haas (2005), S. 237.

die Produktion, ist gewährleistet, dass die Entwicklungsfähigkeit eines Unternehmens aufrechterhalten bleibt. Erst dann, wenn ein Unternehmen aufgrund seiner Kompetenzen und Fähigkeiten in der Lage ist, Veränderungen in der Unternehmensumwelt wahrzunehmen und auf diese zu reagieren, entwickelt es sich weiter. Problematisch ist allerdings die Messbarkeit des strategischen Erfolgs anzusehen. Obwohl hierzu in der Literatur Vorschläge vorliegen,[729] werden diese als unbefriedigend betrachtet, da häufig Maßzahlen aus dem Rechnungswesen dominieren.

Zur Wiederholung

1. Erläutern Sie anhand der Beziehungen zwischen Unternehmen und Umwelt die Frage der Beherrschbarkeit dieser Beziehungen.
2. Wo dürften die Schwerpunkte der Planung im Zeichen von Verkäufermärkten und von Käufermärkten liegen?
3. Arbeiten Sie den Unterschied zwischen strategischem Management und strategischer Planung anhand der Sachverhalte Marketing, Umwelt, Unternehmenskultur heraus.
4. Erläutern Sie den Begriff der Strategie? Gehen Sie dabei zunächst vom allgemeinen Begriffsverständnis aus, um dann anschließend im Sinne einer spezifischen Denkhaltung weitere Strategiebegrifflichkeiten darzustellen!
5. Was ist das Ziel einer Strategieformulierung?
6. Warum sollte als Strategie eines Unternehmens nicht (nur) das geplante Maßnahmenbündel zur Erreichung langfristiger Ziele aufgefasst werden?
7. Erläutern Sie die wesentlichen Inhalte dreier theoretischer Sichtweisen der Strategieentwicklung!
8. Erläutern Sie in kurzen Ausführungen den wesentlichen Inhalt der einzelnen Phasen des Strategieentwicklungsprozesses in der Reihenfolge seiner methodischen Abarbeitung!
9. Erläutern Sie Zweck und Aufgaben der Strategieentwicklung unter Verwendung der Begriffe Fit und Erfolgspotenziale.
10. Was sind strategische Erfolgsfaktoren?
11. Wie dürfte die strategische Planung in einem Mehrproduktunternehmen in unterschiedlichen Märkten verlaufen? Erläutern Sie in diesem Zusammenhang „Strategische Geschäftseinheiten".
12. Erläutern Sie Ablauf, Vorgehensweise und gewünschte Ergebnisse der externen Analyse.
13. Skizzieren Sie das Konzept der Zielhierarchie (Zielpyramide) und das der Strategiepyramide! Nennen Sie für die einzelnen Zielebenen <u>drei</u> spezifische Zielformulierungen und ergänzen Sie diese fortführend mit Beispielen für Strategieformulierungen!
14. Welche Bedeutung haben Ziele für die Strategien eines Unternehmens?
15. Stellen Sie die wesentlichen Inhalte und Vorgehensweisen der traditionellen Umweltanalyse und der Stakeholder-Analyse dar! Erläutern Sie, worin der Unterschied zwischen beiden Betrachtungen besteht!
16. Welche Gefahren resultieren aus dem Stakeholder-Ansatz?

---

[729] Zu nennen sind hier Konzepte, die unter dem Stichwort „Performance Measurement" thematisiert werden.

17. Sind die Analysegebiete der Konkurrenz und der Branche identisch? Welche Strukturierungsmöglichkeiten sind Ihnen für diese Analyse bekannt?
18. Was sind strategische Gruppen?
19. Beschreiben Sie die Trichterdarstellung der Szenario-Technik.
20. Die Gesellschaft steht vor gravierenden und immer dynamischeren Veränderungen. Was heute als modern und zeitgemäß gilt, ist morgen bereits veraltet. Die Veränderungsdynamik wird in den kommenden Jahren und Jahrzehnten noch weiter zunehmen. Insbesondere die technologischen Veränderungen lassen gewaltige Fortschritte in allen gesellschaftlichen Bereichen erahnen. Erstellen Sie mit Hilfe der Szenariotechnik ein plausibles Zukunftsbild von Unternehmungen. Welche Einflüsse lassen sich aus der Unternehmensumwelt auf die Unternehmensorganisation identifizieren und welche Entwicklungen lassen sich auf das Jahr 2015 projizieren? Stellen Sie wesentliche Teilaspekte alternativer Entwicklungen gegenüber. Beschäftigen Sie sich auch mit Trendbruchereignissen.
21. Welche Konsequenzen sind aus dem Phänomen der schwachen Signale (*Ansoff*) für die strategische Planung zu ziehen?
22. Begründen Sie das Arbeiten mit „relativen" Größen im Rahmen der internen Analyse.
23. Wie könnten die internen betrieblichen Untersuchungsbereiche zu Analysezwecken strukturiert werden?
24. Erläutern Sie den Aufbau der Wertschöpfungskette!
25. Erläutern Sie am Beispiel des ressourcenorientierten Ansatzes, wie ein Unternehmen Wettbewerbsvorteile generieren kann! Hierbei sollten Sie auf die Definition von Wettbewerbsvorteilen eingehen und begründen, warum Unternehmen danach streben. Darüber hinaus sollten Sie am Beispiel eines spezifischen Managementinstruments die Sichtweise und das Vorgehen des ressourcenorientierten Ansatzes aufzeigen!
26. Erläutern Sie die Zusammenhänge zwischen Ressourcen, Umwelt, Erfolgspotenzialen und Wettbewerbsvorteilen!
27. Dürfte der Produktlebenszyklus eine annähernd realistische Modellvorstellung sein?
28. Beschreiben Sie das Erfahrungskurvenkonzept und seine strategische Bedeutung.
29. Wie lässt sich eine mögliche Marktinstabilität im Rahmen des Boston-Effektes begründen?
30. Skizzieren Sie den generellen Aufbau der Portfolio-Technik, und kritisieren Sie diese Technik anhand des Aufbaus.
31. Beschreiben Sie die Felder der Boston-Matrix mit Hilfe der Produktlebenszyklus-Konzeption.
32. Wie lassen sich die drei Zonen der 9-Felder-Matrix von *McKinsey* begründen?
33. Welche Probleme ergeben sich aus der Verwendung von Faktorenbündeln in der 9-Felder-Matrix?
34. Welche unterschiedlichen strategischen Zielsetzungen sind mit der Betrachtung der strategischen Geschäftseinheiten und der Betrachtung des Gesamtunternehmens verbunden? Lässt sich auf diese Betrachtung auch die Ziellückenanalyse anwenden?
35. Welche Geschäftsfeldstrategien werden nach *Porter* unterschieden?
36. Erläutern Sie die Produkt-Markt-Matrix im Hinblick auf betriebliche Wachstumsziele.
37. Beschreiben Sie den Begriff der Normstrategie. Welche Normstrategien können bei der 4-Felder-Matrix, welche bei der 9-Felder-Matrix unterschieden werden?
38. Wie erfolgt eine Strategieauswahl? Mit Hilfe welcher Kriterien lassen sich Strategien bewerten?

39. Welche zwei grundsätzlichen Führungsaspekte sind im Rahmen der Strategieimplementierung zu berücksichtigen? Erläutern Sie kurz die wesentlichen Inhalte dieser Führungsaspekte. Spezifizieren Sie anschließend Ihre Ausführungen am Beispiel des dargestellten 7-S-Ansatzes von *McKinsey*!
40. Welche Inhalte werden mit dem Begriff der Umsetzung von Strategiemaßnahmen betont?
41. Skizzieren Sie Erfolgsfaktoren der Strategieimplementierung!
42. Was sind die wesentlichen Inhalte einer mittel- und kurzfristigen Funktionsbereichsplanung?
43. Ordnen Sie die mittelfristige Programm- und Projektplanung in den Strategieumsetzungsprozess ein!
44. Erläutern Sie die Inhalte einer Balanced Scorecard!
45. Was bedeutet Budgetierung?
46. Erläutern Sie Aspekte der Durchsetzung bei der Strategieimplementierung!
47. Welche Aufgaben hat die strategische Kontrolle zu erfüllen?
48. Beschreiben Sie den strategischen Kontrollprozess!

2. Organisation

2.1. Einleitung

„Die **Arbeitsteilung** dürfte die produktiven Kräfte der Arbeit mehr als alles andere fördern und verbessern."[730] Was *Adam Smith* vor über 200 Jahren konstatierte, hat von seiner Aktualität nichts verloren: Arbeitsteilung ist ein konstitutives Merkmal moderner Gesellschaften.[731] Sie durchdringt alle Ebenen einer Gesellschaft, sie findet sich in Familien, sie führt zur Ausbildung mannigfaltiger Branchen, sie spiegelt sich in den verschiedenen Ebenen politischen Handelns.

Arbeitsteilung ermöglicht die Konzentration auf bestimmte Tätigkeiten, wodurch Spezialisierungsvorteile u.a. durch Lerneffekte generiert werden, die letztlich in der Realisierung von wirtschaftlichen Vorteilen münden sollen.[732]

Gleichzeitig erzeugt Arbeitsteilung Interdependenzen und Komplexität.[733] Die separierten Tätigkeiten müssen wieder zusammengeführt werden, damit aus „Stückwerk" eine in sich stimmige Gesamtlösung entstehen kann. Der „Umgang" mit der Arbeitsteilung ist mit Ressourcenverbrauch verbunden – im einfachsten Falle Zeit – und steht damit dem Produktivitätsgewinn aus der Arbeitsteilung entgegen.

Dieser **Dualismus** aus **Arbeitsteilung und** Steuerung bzw. **Koordination** der arbeitsteiligen Tätigkeiten stellt das **Grundproblem organisatorischer Gestaltung** dar. Die konkrete Ausgestaltung in einem Unternehmen mag damit vordergründig als triviales Optimierungsproblem erscheinen. Tatsächlich hat sich Organisation jedoch zu einem Teilgebiet der Managementlehre entwickelt, welches zum einen durch verschiedenste Wissenschaftsdisziplinen unter einem jeweils anderen Betrachtungsinteresse bearbeitet wird. Neben der Betriebswirtschaft sind insbesondere Soziologie, Psychologie, Politologie und Ingenieurwissenschaften zu nennen.[734] Zum anderen hat das Fach durch noch darzulegende Entwicklungen ca. seit den 1980er Jahren eine Renaissance erlebt. Schlagworte wie Prozessorientierung, Business Reengineering, Netzwerkorganisation, Lean Management oder die lernende Organisation stehen für diese Entwicklung – auch wenn nicht jedes neue Konzept die in es gesetzten, z.T. überhöhten Erwartungen erfüllt hat. Dennoch wird Organi-

---

[730] Smith (1776), S. 9.
[731] Vgl. Picot/Dietl/Franck (2005), S. 1 ff.
[732] Vgl. beispielhaft Bea/Göbel (2006), S. 299 f.; Alewell (2004) Sp. 40; Macharzina (2003), S. 415 f.
[733] Vgl. Schreyögg (1999), S. 154.
[734] Vgl. Picot/Dietl/Franck (2005), S. 23.

sation wieder als einer der wichtigsten strategischen Erfolgsfaktoren und als eine Daueraufgabe und Kerntätigkeit der Unternehmensführung angesehen.[735]

Der erwähnte Dualismus, ein positiver wirtschaftlicher Effekt aus der Arbeitsteilung, ein negativer Effekt aus der Notwendigkeit der Steuerung und Koordination der Arbeitsteilung, stellt sich tatsächlich allerdings komplexer dar als oben suggeriert. Denn auch die Effekte der Arbeitsteilung (Spezialisierung) selbst sind nicht ausschließlich positiv, sondern janusgesichtig: Den positiven Lerneffekten stehen zwei – nicht ganz trennscharfe – Problembereiche gegenüber:

Erstens das vielfach beschriebene Problem, dass eine zu weit getriebene Arbeitsteilung, insbesondere im Produktionsbereich, negative **Motivationseffekte** auslösen kann, die zu Desinteresse an und Entfremdung von der Arbeit, zu erhöhten Fehlzeiten und erhöhter Fluktuation, kurz zu Produktivitätsverlusten führen können.[736]

Zweitens die Tatsache, dass unabhängig von inhaltlichen Charakteristika der Arbeit die einzelnen arbeitsteiligen Prozesse letztlich immer von einzelnen Mitgliedern[737] des Unternehmens ausgeführt werden. Das führt zu der Frage, ob jedes Mitglied mit seinem Tun die Unternehmensziele unabhängig von seinen **persönlichen Interessen** verfolgt. Die Realität wird dadurch geprägt sein, dass Mitglieder einerseits die Unternehmensziele unterstützen, gleichzeitig immer aber auch ihre persönlichen Interessen im Blickfeld haben.[738]

Das erste Problem der negativen Motivationseffekte aufgrund zu starker Arbeitsteilung betrifft primär den Produktionsbereich, das zweite Problem der Divergenz von Unternehmens- und persönlichen Interessen dagegen primär das Management. Beide zeigen aber eines deutlich auf: **Unternehmen müssen** bei ihrem Handeln nicht nur die vordergründige Sachlogik ihres Handelns bedenken, sondern die **Auswirkungen des Verhaltens** und der Art und Weise der Motivation **der Unternehmensmitglieder in ihre Entscheidungen einbeziehen**.

Das eher technische Dualproblem von Arbeitsteilung und dem Umgang mit derselben beinhaltet somit implizit ein weiteres Problem, welches im Rahmen der Gesamtoptimierung der organisatorischen Gestalt zu berücksichtigen ist: Das Verhalten der Mitglieder, welches durch ihre Motivation, ihre Fähigkeiten, bestehende Verhaltensnormen und das situative Umfeld determiniert wird und welches auch in der so genannten **informellen Organisation** eines Unternehmens seinen Ausdruck

---

[735] Vgl. aktuell Vahs (2005), S. 390 f.; v. Werder (2004), Sp. 1099; zusätzlich Arbeitskreis Organisation (1996), S. 622 ff. und Frese/v. Werder (1994), S. 4.
[736] Vgl. überblicksartig Alewell (2004), Sp. 42.
[737] Selbst beim Vorliegen von Teamstrukturen wird jede Tätigkeit in aller Regel von *einem* Mitglied ausgeführt, auch wenn diese in enger Interdependenz mit anderen Mitgliedern erfolgt.
[738] Vgl. hierzu v. Werder (2004), Sp. 1093 ff.; unter Verweis auf March/Simon (1958), S. 6 f. und Williamson (1996), S. 49.

findet. Diese erschüttert gewissermaßen das „Ordnungsmonopol" der **formellen Organisation**.[739] *Picot/Dietl/Franck* sprechen von einer **faktischen Struktur**, die neben die formelle Struktur rückt und die sich im tatsächlichen Handeln der Mitglieder widerspiegelt.[740] Sie ist damit die letztlich relevante Struktur.

Zusammenfassend lässt sich das **Organisationsproblem** damit wie in Abbildung C.IV.31 darstellen.

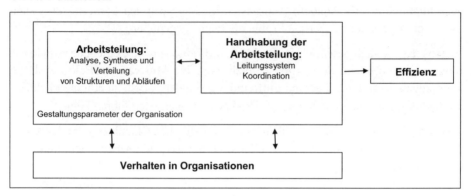

Abb. C.IV.31: Das Organisationsproblem

Auf die angeführten einzelnen Gestaltungsparameter wird in Kapitel C.IV.3.3.2. näher eingegangen.

So sinnvoll die Einbeziehung des Verhaltens in Organisationen auch ist, so ergibt sich hieraus ein weiteres Problem: Mit der an **sachrationalen Aspekten** orientierten Optimierung der Arbeitsteilung auf der einen Seite und dem **Verhalten von Menschen** in einer Organisation auf der anderen Seite stoßen zwei Themenkreise aufeinander, die typischerweise von sehr unterschiedlichen Professionen bearbeitet werden. Während die sachlichen Aspekte früher als Ingenieurwissenschaft angesehen wurden und auch heute noch von „nüchternen" Ökonomen bearbeitet werden, ist das Verhalten von Menschen eine klassische Domäne der Psychologie und Soziologie.[741] Beide Seiten arbeiten typischerweise nicht reibungslos zusammen: Techniker und Ökonomen haben häufig wenig Verständnis für die so genannten weichen Faktoren, Soziologen und Psychologen sind dagegen oft die wirtschaftlichen Aspekte der Gesamtsicht fremd.[742] Das Ergebnis ist häufig nicht ein Miteinander im Ringen um die beste Gesamtlösung, sondern ein Gegeneinander oder bestenfalls ein Nebeneinander, was die Realisierung eines Gesamtoptimums sehr unwahrscheinlich werden lässt.

---

[739] Luhmann (1995), S. 30.
[740] Vgl. Picot/Dietl/Franck (2005), S. 24 f.
[741] Vgl. hierzu die Literaturhinweise in C.IV.3.2., insbesondere zum Scientific Management und zur Human Relations-Bewegung.
[742] Vgl. Vahs (2005), S. 389.

Diese unterschiedlichen Sichtweisen spiegeln sich auch im Verständnis des Organisationsbegriffes wider. Es stehen sich heute, vereinfacht zusammengefasst, zwei Begriffsverständnisse gegenüber, die tendenziell jeweils den obigen Professionen zugeordnet werden können. Auf Seiten der traditionellen Ökonomie das **funktionale bzw. instrumentale Begriffsverständnis**, auf Seiten der Soziologie das **institutionelle Begriffsverständnis**:

In der deutschen Betriebswirtschaftslehre war jahrzehntelang das Verständnis von Organisation als einer Funktion bzw. einem Instrument der Unternehmensführung vorherrschend. Exemplarisch kann die Definition von *Kosiol* angeführt werden: Er versteht unter Organisation die „integrative Strukturierung von Ganzheiten oder Gefügesystemen"[743], die auf längere Sicht gelten soll.

Es gibt unzählige weitere Definitionen, die hier nicht ausgeführt werden, da sie sich alle zu einem Satz verdichten lassen: „Das Unternehmen *hat* eine Organisation."

Das institutionelle Begriffsverständnis, welches im angloamerikanischen Raum vorherrschend ist,[744] lässt sich analog in einem Satz verdichten: „Das Unternehmen *ist* eine Organisation." Der Fokus des Begriffes ist damit ungleich breiter als beim instrumentalen Begriffsverständnis. Nicht allein die bestehenden Regeln zur Schaffung einer Ordnung, sondern das gesamte soziale Gebilde mit all seinen zwischenmenschlichen Prozessen ist Untersuchungsgegenstand. Vahs spricht von einem „zielgerichteten sozialen System, in dem Menschen mit eigenen Wertvorstellungen und Zielen tätig sind."[745] Letztere Definition lässt den Bezug zur Soziologie unmittelbar deutlich werden.

Während insgesamt eine zunehmende Bereitschaft zur Berücksichtigung von Verhaltensaspekten in der organisatorischen Gestaltung eindeutig festzustellen ist, ist die Frage, welches Begriffsverständnis in der deutschsprachigen Betriebswirtschaftslehre dominiert, nicht eindeutig zu beantworten.[746]

Der Logik dieses Lehrbuches entsprechend, welches Organisation als eine Management-Funktion ausweist, wird im Folgenden das funktionale bzw. instrumentale Begriffsverständnis zugrunde gelegt: Das Unternehmen *hat* eine Organisation. Dies bedeutet jedoch keinesfalls, dass damit das Verhalten der Mitglieder außer acht gelassen werden soll. Faktisch ist es nämlich bereits zu einer Annäherung des instrumentalen Verständnisses hin zum institutionellen Verständnis in der Weise gekommen, dass nicht nur die dauerhaften formellen Regeln, die formelle Organisation, als Instrument zur Zielerreichung angesehen wird, sondern auch die informelle Organisation, die ja ein wesentlicher Bestandteil der Institution Organi-

---

[743] Vgl. Kosiol (1976), S. 21.
[744] Vgl. Macharzina (2003), S. 413.
[745] Kieser/Kubicek (1992), S. 4; Vahs (2005), S. 17.
[746] Vgl. beispielhaft Schreyögg (1999), S. 11; Vahs (2005), S. 17; Bühner (2004), S. 4.

sation ist. Der hier verwendete instrumentale Organisationsbegriff beinhaltet auch die Handhabung solcher Verhaltensweisen und Erscheinungen, die nicht formellen Regeln entstammen.[747]

> Unter **Organisation** wird im Folgenden die zielorientierte Strukturierung des unternehmerischen Gesamtgefüges verstanden, welche sowohl durch aktive Gestaltung von Regeln als auch durch den zielorientierten Umgang mit informellen Erscheinungen erfolgen kann.

Bevor abschließend auf den weiteren Aufbau des Kapitels C.IV.2. eingegangen wird, ist auf ein weiteres Element des in Abbildung C.IV.31 dargestellten Organisationsproblems einzugehen: die **Effizienz**. Sie misst den Beitrag **der Organisation** zur Erreichung des Leistungsziels des Unternehmens. Aus zweierlei Gründen ist die exakte Messung der organisatorischen Effizienz schwierig:

Zum einen handelt es sich bei der Gesamtwürdigung der sachrationalen Argumente der Arbeitsteilung auf der einen Seite (so genannte Konfigurationseffizienz) und der verhaltensorientierten Argumente auf der anderen Seite (so genannte Motivationseffizienz) um ein Optimierungsproblem, welches keiner eindeutigen Lösung zugeführt werden kann.[748]

Zum anderen stellt sich bereits die **Messung** jedes der beiden Argumente für sich allein schwierig dar.[749] Zwar existieren Kriterien dafür, welche Anforderungen die aus den Ausprägungen der Parameter resultierenden Organisationskonzepte erfüllen sollen. Diese lassen sich in externe und interne Anforderungen unterscheiden:[750]

(a) externe Anforderungen:

- Markt- und Wettbewerbsorientierung (Kundennähe, Serviceorientierung etc.)
- Flexibilität
- Innovationsfähigkeit

(b) interne Anforderungen:

- Führungsprozess-Effizienz (Entscheidungsfindung, Informationsfluss etc.)
- Leistungsprozess-Effizienz (fehlerfreie, schnelle und flexible Prozesse)
- Humanressourcen-Effizienz (Motivation, Nutzung der Mitarbeiterfähigkeiten)
- Sachressourcen-Effizienz (optimale Nutzung finanzieller und materieller Ressourcen).

Der Zielerreichungsgrad kann für die Mehrzahl dieser Anforderungen jedoch nicht exakt gemessen werden. Darüber hinaus ist auch eine Messung des Einflusses dieser

---

[747] Vgl. Bea/Göbel (2006), S. 5; Macharzina (2003), S. 413.
[748] Vgl. Mellewigt (2004), Sp. 1363.
[749] Vgl. Walgenbach/Beck (2004), Sp. 843 ff. zur Messung von Organisationsstrukturen.
[750] Vgl. Thom/Wenger (2002) und Krüger (1993), S. 13 ff. Eine Liste mit ähnlichen Anforderungen findet sich bei Bea/Göbel (2006), S. 15 ff.

Kriterien auf die Erreichung des Leistungsziels des Unternehmens – die genannten Kriterien sind ja nur Unterziele zur Realisierung des Gesamtunternehmensziels – nicht exakt möglich, da der Beitrag der Organisation nicht von anderen Einflussfaktoren auf den Unternehmenserfolg (z.B. Marketing oder die Qualität der Produkte) isoliert werden kann. Eine Vorteilhaftigkeit bestimmter Organisationsgestaltungen gegenüber anderen lässt sich daher nicht eindeutig nachweisen.[751]

Nach diesen Vorbemerkungen sei nun die weitere Vorgehensweise skizziert:

Im Fokus steht die Organisationsgestaltung. In Kapitel C.IV.2.3. werden die Grundlagen organisatorischer Gestaltung erläutert, in den Kapiteln C.IV.2.4. und C.IV.2.5. traditionelle und moderne Organisationskonzepte vorgestellt. In Kapitel C.IV.2.6. wird schließlich der Aspekt des Verhaltens in Organisationen (Organizational Behavior) gesondert angesprochen, welcher einige Berührungspunkte mit dem Kapitel Personalführung aufweist.

Ein wichtiges und mittlerweile eigenständiges Forschungsgebiet der Organisationslehre stellt der organisatorische Wandel dar, für den sich mittlerweile die Bezeichnung Change Management durchgesetzt hat. Da dieses Thema in Kapitel D.III. gesondert behandelt wird, erfolgen an dieser Stelle keine näheren Erläuterungen hierzu.

Mit der Organisationsgestaltung wird das normative Wissenschaftsziel verfolgt.[752] Voraussetzung für die Abgabe von Empfehlungen ist ein Erklärungsmuster für die zugrunde liegenden Beziehungszusammenhänge. Der Verfolgung des normativen Wissenschaftsziels sollte somit die Befassung mit dem theoretischen Wissenschaftsziel vorausgehen. Im folgenden Kapitel C.IV.2.2. werden daher die wichtigsten organisationstheoretischen Ansätze benannt.

Einen zusammenfassenden Überblick über den Aufbau des Kapitels Organisation bietet Abbildung C.IV.32 Nähere Erläuterungen zu den einzelnen Themen finden sich in den entsprechenden Kapiteln, wobei der hier gegebene Rahmen hinsichtlich des Kapitels Organizational Behavior nur einen Überblick über ausgewählte Aspekte zulässt.

---

[751] Zur Problematik der Effizienzmessung vgl. Bea/Göbel (2006), S. 17 f.; Vahs (2005), S. 14; Bühner (2004), S. 12 ff., v. Werder (2004), Sp. 1089 u. 1092 ff. und Thom (1990), S. 250 ff. Anders die Unterscheidung der Effizienzvariablen bei Witte (1987), Sp. 1656, vgl. Kap. C.III.2.6.1.

[752] Eine überblicksartige Erläuterung der drei Wissenschaftsziele findet sich bei Bea/Haas (2005) S. 22 ff.

Organisation

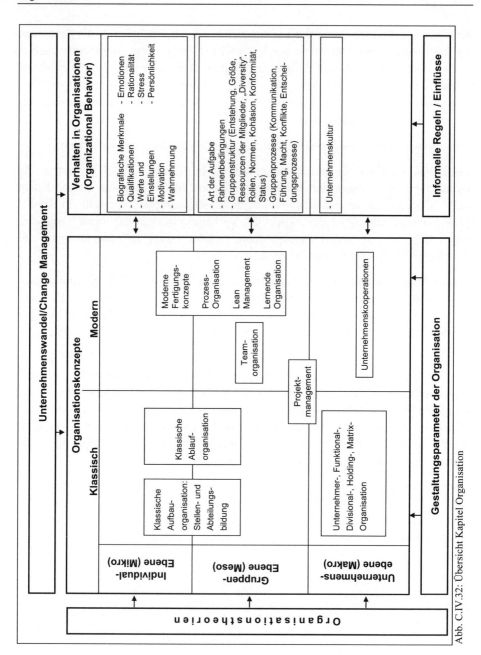

Abb. C.IV.32: Übersicht Kapitel Organisation

2.2. Organisationstheorien

Organisationstheorie ist ein sehr **heterogenes Forschungsgebiet**.[753] Eine einheitliche Theorie war und ist nicht in Sicht. Dies hängt ursächlich mit dem im Vergleich mit den übrigen Management-Funktionen deutlich vielfältigeren Charakter des Forschungsobjektes zusammen. Organisation kann aus vielerlei Blickwinkeln betrachtet werden, es finden sich mathematisch geprägte Ansätze neben psychologisch orientierten, heuristische Analysen arbeitsteiliger Entscheidungsprozesse neben An-sätzen, die naturwissenschaftliche Phänomene auf das System Unternehmen übertragen. Die adressierten Phänomene erstrecken sich u.a. von der Produktionsoptimierung über Emotionen, Konflikte und individuelle Nutzenmaximierung bis hin zu unternehmensübergreifenden Netzwerken und der Auflösung des Unternehmens im klassischen Sinn. Einige Ansätze setzen am Individuum an, andere an der Gruppe, wieder andere betrachten die Makrostruktur des Unternehmens.[754]

Gemein ist allen Theorien, dass sie Funktionsweise und Wandel von Organisationen verstehen und erklären möchten. Daher sollte bei der Nutzung der Theorien in der organisatorischen Gestaltung auch **keine Beschränkung auf nur einen Ansatz** erfolgen. Es sollte stattdessen eine pragmatische Würdigung und Anwendung der breiten Erkenntnisvielfalt erfolgen. So kann bei vielen organisatorischen Gestaltungsproblemen gleichzeitig auf mehrere Theorien zurückgegriffen werden.

Eine auch nur überblicksartige Erläuterung der wichtigsten Organisationstheorien würde allerdings den zur Verfügung stehenden Rahmen sprengen. Daher können hier nur in Abbildung C.IV.33 die wesentlichen Theorien inkl. jeweiliger Literaturhinweise (wichtige Vertreter und Zusammenfassungen) aufgeführt werden (soweit klar zuordenbar, in chronologischer Reihenfolge).

Auch wenn sich bei strenger Interpretation manche der dargestellten Ansätze widersprechen,[755] so soll hier an Stelle einer Darstellung der einzelnen Organisationstheorien in Abbildung C.IV.34 der Versuch unternommen werden, ein sich aus den einzelnen Theorien speisendes Gesamtbild von Implikationen bzw. Empfehlungen für die Organisationsgestaltung abzuleiten, welches aufzeigt, dass die Theorien bei entsprechender Interpretation durchaus ergänzenden Charakter haben.

---

[753] Die Literatur zu Organisationstheorien ist vielfältig. Einschlägig ist Kieser/Ebers (Hrsg.) (2006). Zur weiteren Basisliteratur gehören Bea/Göbel (2006), S. 32 ff.; Picot/Dietl/Franck (2005), S. 23 ff.; Schreyögg (2004), Sp. 1069 ff.; Schreyögg (1999), S. 29 ff.; Grochla (1978).

[754] Vgl. Schreyögg/v. Werder (2004), Sp. 973 f.

[755] Beispielsweise Scientific Management und Human Relations in ihrem Menschenbild sowie Fayol und der Kontingenz-Ansatz in der Frage, ob es *die* eine richtige Unternehmensführung gibt.

Ansatz	Ausgewählte Literaturhinweise
Bürokratie-Ansatz	Weber (1972), Zusammenfassungen bei Kieser (2006), S. 63 ff.; Bea/Göbel (2006), S. 60 ff.; Bühner (2004), S. 103 f.; Schreyögg (1999), S. 32 ff.
Scientific Management	Taylor (1913); Zusammenfassungen bei Kieser (2006), S. 93 ff.; Bea/Göbel (2006), S. 72 ff.; Vahs (2005), S. 26 ff.; Bühner (2004), S. 104 ff.; Schreyögg (1999), S. 39 ff.
Administrativer Ansatz	Fayol (1929); Zusammenfassungen bei Vahs (2005), S. 29; Macharzina (2003), S. 46 ff.; Schreyögg (1999), S. 36 ff.
Human Relations-Ansatz	Roethlisberger/Dickson (1939/1975), Maslow (1954); Zusammenfassungen bei Kieser (2006), S. 133 ff.; Bea/Göbel (2006), S. 82 ff.; Vahs (2005), S. 31 ff.; Macharzina (2003), S. 51 ff.; Schreyögg (1999), S. 43 ff.
Strukturtechnischer Ansatz	Kosiol (1959) und (1976); Nordsieck (1934); eine Zusammenfassung findet sich bei Bea/Göbel (2006), S. 94 ff.
Human-Ressourcen-Ansatz	Argyris (1975), S. 215 ff.; McGregor (1960/1973); Zusammenfassungen bei Schreyögg (2004), Sp. 1074 f.; Schreyögg (1999), S. 52 ff., 221 ff.
Kontingenz-Ansatz	Lawrence/Lorsch (1967); Pugh et al. (1968), S. 65 ff.; Burns/Stalker (1961); Zusammenfassungen bei Kieser (2006), S. 215 ff.; Bea/Göbel (2006), S. 104 ff.; Vahs (2005), S. 40 ff.; Bühner (2004), S. 107 ff.; Macharzina (2003), S. 72 ff./S. 390 ff.; Schreyögg (1999), S. 55 ff./S. 326 ff.; Kieser/Kubicek (1992), S. 1 ff.
Präskriptive Entscheidungstheorie	Marschak (1955), S 127 ff.; Hax (1965); Laux/Liermann (2005); Zusammenfassungen bei Bea/Göbel (2006), S. 123 ff.; Schreyögg (2004), Sp. 1076 ff. und Schreyögg (1999), S. 67 ff.
Deskriptive Entscheidungstheorie	Cyert/March (1963/1995) und Simon (1945); Zusammenfassungen bei Berger/Bernhard-Mehlich (2006), S. 169 ff.; Bea/Göbel (2006), S. 123 ff.; Schreyögg (2004), Sp. 1076 ff. und (1999), S. 67 ff.).
Neue Institutionenökonomik:	Für einen Überblick zu den verschiedenen Ansätzen der Neuen Institutionenökonomik vgl. Ebers/Gotsch (2006), S. 247 ff.; Bea/Göbel (2006), S. 143 ff.; Picot/Dietl/Franck (2005), S. 31 ff.; Macharzina (2003), S. 54 ff.; Göbel (2002), Schreyögg (1999), S. 72 ff.
-- Transaktionskostenansatz	Coase (1937), S. 386 ff.; Williamson (1983); ebenso die Literaturhinweise für den Überblick zur Neuen Institutionenökonomik.
-- Principal-Agent-Ansatz	Jensen/Meckling (1976), S. 305 ff.; ebenso die Literaturhinweise für den Überblick zur Neuen Institutionenökonomik.
-- Property-Rights-Ansatz	Alchian/Demsetz (1973), S. 16 ff. und Furubotn/Pejovich (1972), S. 1137 ff.; ebenso die Literaturhinweise für den Überblick zur Neuen Institutionenökonomik.
Systemtheoretischer Ansatz	Wichtigster betriebswirtschaftlicher Vertreter im deutschsprachigen Raum sind Ulrich (1970); Bleicher (2004) und die St. Galler Schule. Für einen Überblick vgl. Vahs (2005), S. 35 ff.; Macharzina (2003), S. 70 ff.; Schreyögg (1999), S. 90 ff.
Selbstorganisations-Ansatz	Probst (1987); von Hayek (1980); Göbel (1998); Jung (1985). Zusammenfassungen bei Bea/Göbel (2006), S. 203 ff.; Göbel (2004), Sp. 1312 ff.; Macharzina (2003), S. 84 ff.
Symbolisch-interpretativer Ansatz	Zu den Vertretern gehören neben vielen anderen Berger/Luckmann (1999) und Weick (2002), im Hinblick auf die Fokussierung der Unternehmenskultur Schein (1986), Peters /Waterman (1982) und Deal/Kennedy (1982). Zusammenfassungen bei Bea/Göbel (2006), S. 189 ff.; Schreyögg (2004), Sp. 1082 ff. und (1999), S. 84 ff.

Abb. C.IV.33: Organisationstheorien und ausgewählte Literaturhinweise

Dabei wird nur jeweils *eine* – aus Sicht der Verfasser – wichtige Implikation aus jeder Theorie abgeleitet. Auf eine vollständige Darstellung aller jeweiligen Implikationen wird bewusst verzichtet. Es soll in erster Linie die Bedeutung *aller* angeführten Organisationstheorien für die Organisationsgestaltung unterstrichen werden. Bereits die getroffene Auswahl an Implikationen verdeutlicht die Vielfalt der Aspekte, die im Rahmen der Organisationsgestaltung zu berücksichtigen sind.

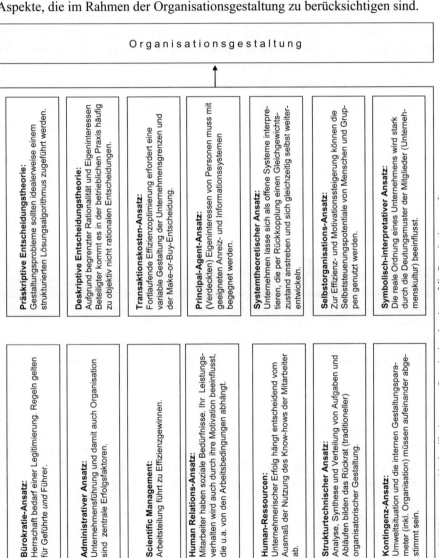

Abb. C.IV.34: Ausgewählte Implikationen von Organisationstheorien auf die Organisationsgestaltung

2.3. Grundlagen der Organisationsgestaltung

2.3.1. Überblick

Referenzpunkt der organisatorischen Gestaltung ist die **Gesamtaufgabe** bzw. der Gesamtprozess des Unternehmens.

Um die Erfüllung der Gesamtaufgabe sicherzustellen, stehen verschiedene Ordnungsinstrumente, hier als **Gestaltungsparameter** bezeichnet, zur Verfügung. Es hat sich bezüglich der Benennung und Abgrenzung dieser einzelnen Gestaltungsparameter keine allgemein akzeptierte Vorgehensweise etabliert.

Die hier verwendete Einteilung der Gestaltungsparameter wurde bereits in Abbildung C.IV.31 dargestellt. Sie unterscheidet auf einer ersten Ebene zwischen den Gestaltungsparametern, die zur Ausgestaltung der Arbeitsteilung im Unternehmen führen, und den Gestaltungsparametern, die das Unternehmen in die Lage versetzen, trotz der Unterteilung der Gesamtaufgabe in einzelne Aufgabenpakete die Gesamtaufgabe zu erfüllen („Handhabung der Arbeitsteilung").

Zu den Gestaltungsparametern der **Arbeitsteilung**[756] gehören in Anlehnung an den strukturtechnischen Ansatz[757]

- die **Aufgaben-/Arbeitsanalyse**: Zerlegung von größeren Aufgabenkomplexen in kleinere Teileinheiten (Elementaraufgaben, Arbeitsschritte).
- die **Aufgaben-/Arbeitssynthese und -verteilung**: Integration/Abstimmung von Elementaraufgaben/Arbeitsschritten zu Aufgabenkomplexen, die Organisationseinheiten zugeordnet werden.

Zu den Gestaltungsparametern für die **Handhabung der Arbeitsteilung** gehören

- das **Leitungssystem**: Festlegung, wer welche Entscheidungen treffen und wer wem Weisungen erteilen darf
- die **Koordination**: laufende Abstimmung zwischen Aufgabenträgern durch Auswahl und Nutzung geeigneter Koordinationsinstrumente.

Auf jeden dieser Gestaltungsparameter wird noch detailliert einzugehen sein. Dabei sei bereits hier angemerkt, dass es sich bei der Aufspaltung der Gesamtgestaltung in diese Einzelparameter um eine gedankliche Trennung handelt. Die Einzelparameter stehen in enger Beziehung zueinander und überlappen sich teilweise. Die ge-

---

[756] Häufig wird die Arbeitsteilung alleine dem Gestaltungsparameter Analyse zugeordnet, wohingegen die Synthese als Arbeitsvereinigung interpretiert wird. Hier wird dagegen die Arbeitsteilung in einem weiteren Sinn interpretiert, der sowohl den Vorgang der Aufgabenteilung als auch den Vorgang der Zusammenführung und Zuordnung zu Aufgabenträgern einschließt, da die tatsächliche Realisierung der Arbeitsteilung im betrieblichen Geschehen auch diesen zweiten Schritt erfordert.

[757] Vgl. dazu die in Kap. C.IV.2.2. angegebene Literatur. Die Begriffe Aufgabenanalyse, Aufgabensynthese, etc. wurden von Kosiol eingeführt und haben sich fest etabliert.

trennte Darstellung ist dennoch sinnvoll, um die Gesamtproblematik leichter durchdringen zu können.

Im Rahmen des der Einzelwürdigung der Parameter vorangestellten Überblicks ist auf die Unterscheidung der Begrifflichkeiten Aufgaben- und Arbeitsanalyse (bzw. -synthese) einzugehen. Hiermit werden zwei unterschiedliche Aspekte der organisatorischen Gestaltung angesprochen: zum einen das Strukturgefüge des Unternehmens, zum anderen die sich im Unternehmen vollziehenden Arbeitsabläufe.

Mit der Aufgabenanalyse und -synthese wird das Unternehmen in arbeitsteilige Einheiten gegliedert, denen Aufgaben und Kompetenzen zugeordnet werden. Das Ergebnis ist die so genannte **Aufbauorganisation**, die sich im **Organigramm** des Unternehmens widerspiegelt. Die Aufbauorganisation ist statischer Natur. Sie selbst führt noch nicht zur Realisierung des Leistungsziels, sie ist „lediglich" ein Instrument zur Schaffung von Potenzialen.[758]

Bei der Arbeitsanalyse und -synthese geht es dagegen um das prozessuale Geschehen, um die raum-zeitliche Rhythmisierung der einzelnen Arbeitsgänge, sowohl auf der Ebene des einzelnen Mitarbeiters (Abfolge seiner einzelnen Arbeitsschritte) als auch auf der Ebene der Abstimmung zwischen Mitarbeitern, deren Tätigkeiten ineinandergreifen. Das Ergebnis ist die so genannte **Ablauforganisation**. Sie ist im Gegensatz zur Aufbauorganisation dynamischer Natur, gleichsam „in der Ablauforganisation" kommt es zur Realisierung des Leistungsziels (z.B. Autos bauen), hier werden die in der Aufbauorganisation geschaffenen Potenziale genutzt.[759]

Aufbau- und Ablauforganisation bilden gemeinsam die Organisation des Unternehmens. Den Gesamtzusammenhang zwischen Gesamtaufgabe, Aufbau-, Ablauf- und Gesamtorganisation verdeutlicht Abbildung C.IV.35.

Von besonderem Interesse ist das **Verhältnis von Aufbau- und Ablauforganisation**. Es ist offensichtlich, dass beide in enger Verbindung zueinander stehen: Für die raum-zeitliche Rhythmisierung der einzelnen Arbeitsgänge ist es von elementarer Bedeutung, wer für welche Aufgabe dauerhaft zuständig ist. Umgekehrt ist der Strukturaufbau ohne Kenntnis der Abläufe nicht sinnvoll zu gestalten.

Neue Organisationskonzepte wie die Prozessorganisation sehen denn auch Struktur und Ablauf nicht mehr getrennt, sondern versuchen, sie „gemeinsam zu denken".[760]

---

[758] Vgl. Frost (2004), Sp. 49.
[759] Vgl. Bühner (2004), S. 11; Frost (2004), Sp. 45 ff.; v. Werder (2004), Sp. 1090; Kosiol (1976), S. 32.
[760] Vgl. Schreyögg (1999), S. 120.

Organisation

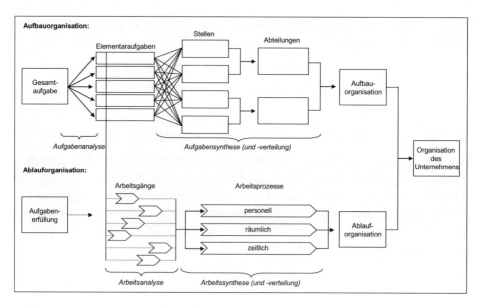

Abb. C.IV.35: Aufgabe, Aufbau- und Ablauforganisation
Quelle: Bleicher (1991), S. 49 (leicht modifiziert)

In der traditionellen Betriebswirtschaftslehre wird dagegen der Aufbauorganisation eine sehr viel größere Bedeutung zugesprochen als der Ablauforganisation. Die Ablauforganisation wird lediglich als Fortführung der Aufbauorganisation gesehen, sie wird ihr logisch nachgelagert behandelt. Die Analyse der Arbeitsabläufe beginnt erst, nachdem die Struktur des Unternehmens gebildet ist.

In aller Regel werden die beiden Gestaltungsparameter Analyse und Synthese sowohl der Aufbau- und als auch der Ablauforganisation zugeordnet.[761] Die weiteren Gestaltungsparameter der Organisation – in der hier verfolgten Systematik Leitungssystem und Koordination – werden dagegen häufig allein der Aufbauorganisation zugewiesen.[762] Da aber die Festlegung, wer welche Entscheidungen treffen darf und wer wem Weisungen erteilen darf (Leitungssystem) sowie der Einsatz unterschiedlicher Koordinationsinstrumente nicht allein die Struktur eines Unternehmens, sondern ebenso die Abläufe in diesen Strukturen beeinflussen, soll dieser Vorgehensweise hier nicht gefolgt werden. Abbildung C.IV.36 gibt einen Überblick über den Zusammenhang zwischen den Gestaltungsparametern auf der einen Seite und der Aufbau- bzw. Ablauforganisation auf der anderen Seite. Dieser Überblick bildet die Basis für das weitere detaillierte Eingehen auf die Gestaltungsparameter.

---

[761] Vgl. z.B. Bühner (2004), S. 12.
[762] Vgl. z.B. Bea/Göbel (2006), S. 299 ff.; Vahs (2004), S. 94 ff.; Walgenbach/Beck (2004), Sp. 844. Beispielsweise bei Reiß (2004), Sp. 689 wird Koordination dagegen Aufbau- und Ablauforganisation zugeordnet.

Gestaltungsparameter der Organisation	Aufbauorganisation	Ablauforganisation
Analyse	Zerlegung der Gesamtaufgabe in Elementaraufgaben	Zerlegung der Elementaraufgabe (Arbeitsgang) in einzelne Arbeitsstufen
Synthese und Verteilung	Zusammenfassung der Elementaraufgaben zu sinnvollen Aufgabenkomplexen, die dann Organisationseinheiten und Personen zugeordnet werden.	Zuordnung der Arbeitsstufen/-gänge zu Personen Räumliche Anordnung der Arbeitsstufen/-gänge Abstimmung der Arbeitsgänge einzelner Personen zu übergreifenden Arbeitsprozessen
Leitungssystem	Regelungen zu Entscheidungs- und Weisungsbefugnis und Anwendung im betrieblichen Ablauf	
Koordination	Laufende Abstimmung zwischen Aufgabenträgern durch Auswahl und Nutzung geeigneter Koordinationsinstrumente	

Abb. C.IV.36: Zusammenhang von Gestaltungsparametern und Aufbau- bzw. Ablauforganisation

2.3.2. *Gestaltungsparameter und Aufbauorganisation*

2.3.2.1. *Aufgabenanalyse*

Sofern es sich bei einem Unternehmen nicht um ein Ein-Personen-Unternehmen handelt, wird die Gesamtaufgabe in Arbeitsteilung verrichtet.

Arbeitsteilung ist definiert als die „Zuordnung von Aufgaben eines übergeordneten Aufgabenkomplexes auf mindestens zwei ... Aufgabenträger."[763]

Sie kann weiter unterteilt werden in Mengenteilung und Artenteilung. Mengenteilung liegt vor, wenn eine gleichartige Tätigkeit von verschiedenen Aufgabenträgern verrichtet wird (Bsp.: Kundenbetreuung nach Buchstaben getrennt). Artenteilung liegt vor, wenn die Aufgabe in inhaltlich nicht gleichartige Teilaufgaben zerlegt wird. Artenteilung ist identisch mit Spezialisierung, welche hier als Arbeitsteilung i.e.S. verstanden werden soll und im Fokus der weiteren Betrachtung steht.

Die Gesamtaufgabe wird nach klassischem Verständnis in kleinere Teilaufgaben bis hin zu den so genannten **Elementaraufgaben** zerlegt. Ausgangspunkt der Analyse kann allerdings auch eine Teilaufgabe des Unternehmens sein, wenn nämlich die Gesamtaufgabe bereits analysiert wurde und lediglich ein neuer Teilbereich oder ähnliches zu analysieren ist. Die Elementaraufgaben haben eine solche

---

[763] Alewell (2004), Sp. 38. Zur weiteren Unterteilung der Arbeitsteilung vgl. ebd. Sp. 38 f. und Picot/Dietl/Franck (2005), S. 228.

Disaggregationsstufe erreicht, dass sie einer Person zugeordnet werden können.[764] Die Elementaraufgabe ist wiederum Ausgangspunkt der Arbeitsanalyse im Rahmen der Ablauforganisation. Mit *Kosiol* haben sich fünf Kriterien durchgesetzt, die bei der Zerlegung der Aufgabe Anwendung finden:[765]

(1) Verrichtung
Hierbei handelt es sich um die konkrete Aktivität, die zur Erfüllung der Aufgabe verrichtet wird. Auf oberster Unternehmensebene kann beispielsweise die Gesamtaufgabe in die Teilaufgaben Beschaffung, Produktion, Absatz etc. zerlegt werden.

(2) Objekt
Jede Verrichtung erfolgt an einem bestimmten Objekt. Orientiert man sich auf oberster Unternehmensebene bei der Zerlegung am Objekt, kommt es zu einer Gliederung entsprechend dem Produktprogramm, beispielsweise in die (immer noch sehr großen) Teilaufgaben PkW-Bau, LkW-Bau und Motorrad-Bau.

(3) Rang
Im Kern geht es hierbei um die Wertigkeit einer Aufgabe im Sinne der Frage, ob die Aufgabe ausführenden oder Entscheidungscharakter hat, das Kriterium ist somit nicht überschneidungsfrei zur Verrichtung. Die getrennte Aufführung kann aber dadurch gerechtfertigt werden, dass dieses Kriterium zur Entstehung der Hierarchie führt und daher von der Trennung unterschiedlicher, aber gleichwertiger Verrichtungen separiert werden sollte. Die klassische Arbeit am Fließband ist eine rein ausführende Tätigkeit, die Aufgabe der Unternehmensführung eines großen Unternehmens hat reinen Entscheidungscharakter.

(4) Phase
Die Aufgabe wird beim Phasenkriterium in die logisch aufeinanderfolgenden Schritte Planung, Entscheidung, Durchsetzung und Kontrolle unterteilt. Planung und Kontrolle werden in der Tradition *Taylors*[766] von der Ausführungsaufgabe getrennt und gesonderten Einheiten zugeordnet. Diese befinden sich i.d.R. auf einer höheren Hierarchieebene als die Ausführungsaufgabe. Folglich ist eine enge Verwandtschaft mit dem Rangkriterium und damit auch mit dem Verrichtungskriterium festzuhalten.

(5) Zweckbeziehung
Im Mittelpunkt steht die Frage, ob eine Tätigkeit in einem direkten Bezug zur Leistungserstellung steht oder ob sie lediglich unterstützenden Charakter hat, wie dies beispielsweise bei Verwaltungsaufgaben der Fall ist. Auch hier ist eine inhaltliche Überschneidung mit den anderen Kriterien, insbesondere dem Verrichtungskriterium, offensichtlich.

Im Ergebnis kristallisieren sich damit die ersten drei Kriterien als die für die Aufgabenanalyse entscheidenden heraus, wobei Verrichtung und Objekt zu einer **horizontalen Unterteilung der Aufgabe** führen (unterschiedliche, aber gleichwertige Aufgaben, z.B. Sachbearbeitung Vertrieb und Sachbearbeitung Buchhaltung), das Rangkriterium dagegen zu einer **vertikalen Unterteilung** (nicht-gleichwertige Aufgaben, z.B. Sachbearbeitung und Abteilungsleitung). Diese Rangunterscheidung

---

[764] Vgl. Vahs (2005), S. 48, Macharzina (2003), S. 463; Kosiol (1978), S. 69.
[765] Vgl. Kosiol (1976), S. 45 ff.; ebenso Macharzina (2003), S. 415; Schreyögg (1999), S. 113 ff.; bei Picot/Dietl/Franck (2005), S. 229 findet sich statt der Zweckbeziehung das Kriterium Arbeitsmittel.
[766] Vgl. Kap. C.IV.2.2. und die dort angegebene Literatur zu Scientific Management.

wird i.d.R. nachgelagert zur Aufgabenanalyse durchgeführt, so dass **Verrichtung und Objekt die wichtigsten Kriterien der Aufgabenanalyse** darstellen.

Bei der Zerlegung der Gesamtaufgabe kann und wird in aller Regel nicht nur auf eines dieser Kriterien zurückgegriffen, sie kommen vielmehr beide zur Anwendung[767], wie Abbildung C.IV.37 beispielhaft verdeutlicht.

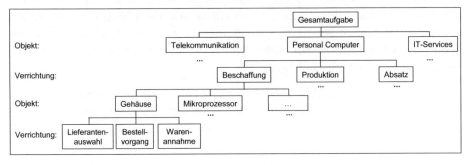

Abb. C.IV.37: Zerlegung der Gesamtaufgabe nach Objekt und Verrichtung

Einen Überblick über die Bestandteile der Arbeitsteilung im oben definierten Sinne liefert Abbildung C.IV.38. Die Bestandteile der Synthese sind mit denen der Analyse identisch.

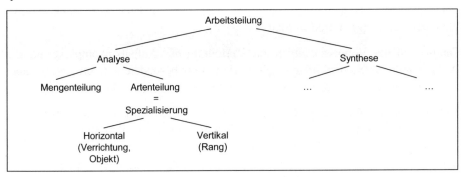

Abb. C.IV.38: Bestandteile der Arbeitsteilung

2.3.2.2. Aufgabensynthese

Ergebnis der Aufgabenanalyse ist eine Vielzahl von Kleinaufgaben. Diese müssen nun wieder zu sinnvollen Aufgabenkomplexen zusammengeführt und anschließend in die Verantwortung von Personen oder größeren Organisationseinheiten gelegt werden. Dabei besteht ein offensichtlicher Zusammenhang zwischen Aufgabenanalyse und Aufgabensynthese: Je stärker die Gesamtaufgabe zergliedert wurde, um so größer ist der Aufwand für die Synthese.

---

[767] Vgl. Bühner (2004), S. 23.

Die Tatsache, dass die Gesamtaufgabe zunächst aufgeteilt wird, nur um sie anschließend wieder zusammenzusetzen, mag zunächst erstaunen. Der entscheidende Unterschied zwischen Ausgangspunkt und Ergebnis des Analyse-Synthese-Verteilungsprozesses liegt darin, dass die Gesamtaufgabe zunächst einen monolithischen Block darstellt, wohingegen im Endergebnis eine klare Zuordnung jedes Teils der Gesamtaufgabe zu einem Aufgabenträger steht. Dieses Ergebnis entsteht gleichwohl erst durch den Vorgang der **Synthese und Verteilung**, der Vorgang der Analyse ist tatsächlich „nur" eine – allerdings sehr wichtige - Vorarbeit für den **eigentlichen organisatorischen Akt**, nämlich die Zusammenführung von Aufgabenkomplexen und Aufgabenträgern.[768]

Im Einzelfall kann einem Aufgabenträger exakt eine der in der Analyse ermittelten Elementaraufgaben zugeordnet werden. In diesem Fall würde der Synthesevorgang obsolet.[769] In allen sonstigen Fällen müssen aber Elementaraufgaben zusammengeführt werden, bevor die Zuordnung zu Aufgabenträgern erfolgt. Für diese Synthese stehen die gleichen Kriterien zur Verfügung wie bei der Aufgabenanalyse: Verrichtung, Objekt und Rang. Auch kann hier die Unterscheidung von Mengen- und Artenteilung genutzt werden, nur im umgekehrten Sinne dergestalt, dass nun Aufgaben nach diesen Kriterien zusammengesetzt statt zerlegt werden. Artenteilung in der Synthese bedeutet, dass Aufgabenkomplexe gebildet werden, die sich inhaltlich unterscheiden, Mengenteilung dagegen, dass verschiedene Aufgabenkomplexe gleichen Inhalts geschaffen werden.

Damit sind die Voraussetzungen zur Verteilung der Aufgabenkomplexe auf die Aufgabenträger (Stellenbildung) geschaffen. Von besonderem Interesse ist dabei zunächst die Frage, zu welchen Effekten Arten- und Mengenteilung führen:

Die Antwort für die Mengenteilung ist einfach. Wenn Aufgabenkomplexe mehrmals gebildet werden können, verringert dies die Abhängigkeit vom einzelnen Aufgabenträger und verleiht dem Unternehmen eine größere Stabilität, da die Erfüllung der Gesamtaufgabe beim Ausfall eines Aufgabenträgers weniger gefährdet ist.[770] Voraussetzung dafür ist freilich, dass eine entsprechend große Nachfrage nach Erbringung dieser Aufgabe besteht.

Die Antwort für die Artenteilung ist sehr viel schwieriger. Es geht um die Beurteilung der Vor- und Nachteile, die sich aus einer starken Artenteilung (Spezialisierung) ergeben. Die Antwort ist zum einen Kern des Disputs zwischen den klassischen Organisationstheorien (insbesondere Scientific Management) und der Human Relations-Bewegung[771] und wohl eine der umstrittensten Fragen der Organisations-

---

[768] Bühner (2004), S. 12; Schreyögg (1999), S. 123.
[769] Vgl. Picot/Dietl/Franck (2005), S. 229.
[770] Vgl. Alewell (2004), Sp. 41.
[771] Vgl. die Literaturhinweise im Kap. C.IV.2.2.

lehre überhaupt, zum anderen auch Ausgangspunkt für moderne Organisationskonzepte wie die Prozessorganisation.

Als **Vorteile einer starken Arbeitsteilung** (hoher Spezialisierungsgrad, d.h. geringer Umfang der Aufgabe einer Person) werden gesehen:[772]

- **höhere Wirtschaftlichkeit** durch
    - starke **Lerneffekte**: höhere Geschicklichkeit und Sachkenntnis
    - kurze Einarbeitungszeit
    - geringe Lohnkosten
- **klare Abgrenzung von Verantwortlichkeiten**.

Für die Realisierung von Lerneffekten bei hoher Spezialisierung spricht vieles. Hinsichtlich der kurzen Einarbeitungszeit und der geringen Lohnkosten ist anzumerken, dass diese Thesen ausschließlich für den so genannten Blue Collar-Bereich (Arbeiter) Gültigkeit beanspruchen kann. Im so genannten White Collar-Bereich (höhere Angestellte) wird eher das Gegenteil der Fall sein: Ausgewiesene Experten für ein eng umrissenes Fachgebiet erzielen als wichtige Wissensträger häufig ein höheres Gehalt als breit aufgestellte Generalisten.

Die klare Abgrenzung von Verantwortung ist dergestalt zu verstehen, dass jede Person weiß, welche klar abgegrenzte Aufgabe in ihrem Verantwortungsbereich liegt, und insbesondere, welche Aufgaben nicht in ihrem Verantwortungsbereich liegen. Es wird zu zeigen sein, dass es sich hierbei um einen strittigen Vorteil handelt.

Als **Nachteile einer starken Arbeitsteilung** werden gesehen:[773]

- wirtschaftliche Nachteile:
    - durch Interdependenzen **höhere Koordinationskosten** bzw. höhere Störanfälligkeit[774]
    - höhere Fehlzeiten und Fluktuation
    - Inflexibilität[775]

---

[772] Vgl. Picot/Dietl/Franck (2005), S. 2; Vahs (2005), S. 66 f.; Alewell (2004), Sp. 40; Bühner (2004), S. 121 f.; Macharzina (2003), S. 416.

[773] Vgl. Picot/Dietl/Franck (2005), S. 2; Vahs (2005), S. 66 f.; Alewell (2004), Sp. 40; Bühner (2004), S. 121 f.; Macharzina (2003), S. 416, zusätzlich Mellewigt (2004), Sp. 1362.

[774] Höhere Koordinationskosten ergeben sich aus der Tatsache, dass sich die Zahl notwendiger Abstimmungen vervielfacht, wenn eine Aufgabe beispielsweise nicht nur von 2, sondern von 20 Personen arbeitsteilig erledigt wird. Erfolgt die Koordination fehlerhaft, führt dies zu Störungen der Abläufe.

[775] Inflexibilität wird durch die enge Qualifikation der Mitarbeiter verursacht, die nur in einem engen Aufgabenbereich einsetzbar sind. Sie sind weit weniger in der Lage, im Bedarfsfall andere Kollegen kurzfristig zu ersetzen als breiter eingesetzte und damit qualifizierte Arbeitskräfte.

- Nichtbeachtung von Abhängigkeiten zwischen Aufgabenbereichen, isolierte Optimierung des eigenen Arbeitsbereichs ohne Rücksicht auf andere Bereiche.[776]

- soziale Nachteile: **Monotonie** und **Entfremdung von der Arbeit** mit den Folgen von Arbeitsunzufriedenheit und einer verringerten Leistungsbereitschaft (wodurch der Zusammenhang mit den wirtschaftlichen Nachteilen hergestellt ist).

Unter der Annahme, dass bei steigender Arbeitsteilung zunächst die Vorteile, später aber die Nachteile überwiegen, handelt es sich bei der Bestimmung des richtigen Spezialisierungsgrads um ein Optimierungsproblem (siehe Abbildung C.IV.39). Vor- und Nacheile müssen so in Balance gebracht werden, dass ein Nutzenoptimum entsteht.

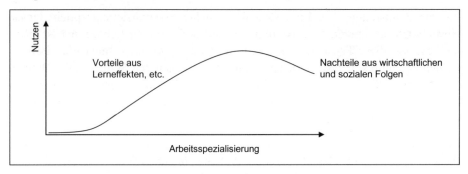

Abb. C.IV.39: Grad der Arbeitsteilung als Optimierungsproblem

Zwei Faktoren sind dafür verantwortlich, dass diese Optimierung sehr viel schwieriger ist als die Abbildung es erscheinen lässt: Zum einen ist das richtige Ausmaß an Arbeitsteilung von jedem einzelnen Unternehmen individuell für seinen situativen Kontext zu bestimmen. Zum anderen ergeben sich die bereits erwähnten Messprobleme. Der Anspruch einer rechenmäßigen Optimierung ist daher eher theoretischer Natur und als Hinweis zu verstehen, dass gegenläufige Effekte abgewogen werden müssen.

Eine wichtige Ergänzung hinsichtlich der Frage, wie stark die Vorteile eines hohen Spezialisierungsgrades tatsächlich realisiert werden können, liefern *Picot/Dietl/Franck*:[777] Als zusätzliches Merkmal zur Charakterisierung einer Aufgabe führen sie u.a. deren Veränderlichkeit ein. Diese hängt von der Dynamik des Umfeldes ab. Die These ist, dass die mit der Spezialisierung angestrebten Vorteile, insbesondere die Lerneffekte, um so höher sind, je weniger veränderlich die Aufgabe ist. Dies leuchtet unmittelbar ein. Lerneffekte können nur dann auftreten, wenn die

---

[776] Als Beispiel für die Problematik der isolierten Optimierung des eigenen Arbeitsbereichs sei eine F&E-Abteilung angeführt, die ein Produkt ohne enge Rücksprache mit dem Produktionsbereich entwickelt mit der Folge, dass das Produkt technisch zwar hervorragend, in der Produktion aber extrem aufwendig und daher unwirtschaftlich ist.

[777] Vgl. Picot/Dietl/Franck (2005), S. 226 f.

betroffenen Mitarbeiter ihre Tätigkeit über einen längeren Zeitraum hin ausführen können. Diesbezügliche Veränderungen sind ein Grund, warum neuere Organisationskonzepte von starker Arbeitsteilung abrücken.

2.3.2.3. Aufgabenverteilung

Sind durch Analyse und Synthese Aufgabenkomplexe mit dem gewünschten Spezialisierungsgrad gebildet, so sind diese auf Aufgabenträger bzw. Organisationseinheiten zu verteilen.

2.3.2.3.1 Stellenbildung

Die kleinste Organisationseinheit ist die Stelle.

Eine **Stelle** ist definiert als dauerhafte „Zuordnung von (Teil-)Aufgaben und gegebenenfalls von Sachmitteln auf einen einzelnen menschlichen Aufgabenträger."[778]

Sie ist begrifflich abzugrenzen vom Arbeitsplatz, der den Ort der Aufgabenerfüllung darstellt.

Die **Stellenbildung** erfolgt grundsätzlich „ad rem", d.h. aufgabenbezogen und personenunabhängig.[779] Es wird vom späteren konkreten Aufgabenträger abstrahiert und statt dessen von einer fiktiven Durchschnittsperson mit Normalleistung ausgegangen. Der Vorteil liegt darin, dass die Stelle von einem Personenwechsel unabhängig ist und nicht jeweils neu zugeschnitten werden muss.

Alternativ ist die Bildung auch „ad personam" möglich, d.h. es erfolgt eine Anpassung der Stellenaufgaben an die Person, die die Stelle ausfüllen soll. Hierdurch kann besser auf die Fähigkeiten und Neigungen der Person eingegangen und können damit die Human-Ressourcen besser genutzt werden. Da hiermit ein größerer Aufwand verbunden ist, erfolgt die Stellenbildung „ad personam" vorwiegend in den höheren Hierarchieebenen eines Unternehmens.

Ein weiterer Aspekt, der bei der Stellenbildung berücksichtigt werden kann, ist das Ausmaß der Interdependenz zu anderen Stellen. Für eine möglichst geringe Interdependenz zwischen Stellen sprechen drei Gründe:[780]

- Der Koordinationsaufwand kann minimiert werden.
- Es ist ein weitgehend selbstbestimmtes Arbeiten möglich.
- Sowohl positive Leistungen als auch Fehler können eindeutiger zugeordnet werden.

---

[778] Bühner (2004), S. 61.
[779] Vgl. hierzu und im Folgenden Bühner (2004), S. 69 ff.; Mellewigt (2004), Sp. 1356 ff.; Schreyögg (1999), S. 124; Krüger (1993), S. 45 ff.; Kosiol (1976), S. 80 ff.
[780] Vgl. Picot/Dietl/Franck (2005), S. 230; Bühner (2004), S. 71.

Die beiden letzten Punkte führen zu einem weiteren Prinzip, welches bei der Bildung von Stellen zu beachten ist: das organisatorische **Kongruenzprinzip**.[781] Dieses besagt, dass eine Übereinstimmung von Aufgabe, Kompetenz (im Sinne von Befugnis) und Verantwortung dergestalt gegeben sein muss, dass ein Stelleninhaber für sein Handeln einstehen muss, dass er hierzu aber auch über die notwendigen Befugnisse verfügen muss, um dieser Verantwortung gerecht werden zu können.

Alle wesentlichen Informationen zu einer Stelle können in einer **Stellenbeschreibung** zusammengefasst werden.[782] Diese beinhaltet

- Stellenbezeichnung und Dienstrang
- Unterstellung, Überstellung, Stellvertretung
- Ziel der Stelle
- Aufgaben, Kompetenzen und Verantwortlichkeiten
- Anforderungen an den Stelleninhaber.

Die Stelle ist die kleinste Organisationseinheit eines Unternehmens. Sie kann jedoch sowohl hinsichtlich ihrer eigenen Ausgestaltung als auch hinsichtlich ihrer Beziehung zu anderen Stellen sehr unterschiedliche Formen annehmen. Daher ist eine weitere Differenzierung notwendig. Einen Überblick über Formen von Stellen und Stellenmehrheiten (mehrköpfige Organisationseinheiten) bietet Abbildung C.IV.40.

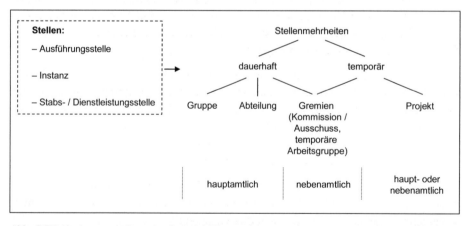

Abb. C.IV.40: Arten von Organisationseinheiten

Jede Stelle in den Organisationseinheiten mit mehreren Stellen kann einer der drei angeführten Arten von Stellen zugeordnet werden.

---

[781] Vgl. Ulrich (1949), S. 113 ff.
[782] Vgl. Bühner (2004), S. 45 ff. und ausführlich Schwarz (1988).

2.3.2.3.2. Arten von Stellen

Stellen unterscheiden sich – abgesehen von den unterschiedlichen inhaltlichen Tätigkeiten – hinsichtlich der Kompetenzen (im Sinne von Befugnisse), die mit ihnen verbunden sind.[783] Vereinfacht lassen sich folgende Kompetenzen unterscheiden:

- Leitungskompetenz (Entscheidung, Weisung)
- Ausführungskompetenz
- Mitsprachekompetenz

In der betrieblichen Realität kommt es in aller Regel zu einer gewissen Durchmischung dieser Kompetenzen dergestalt, dass eine Stelle nicht ausschließlich über eine der drei Kompetenzen verfügt. So sind z.B. Entscheidungsvorbereitung, Informationsbeschaffung und -verarbeitung, Verwaltungstätigkeiten u.a.m. Tätigkeiten, die auch von Führungskräften durchgeführt werden, obgleich diese Tätigkeitern (mehr oder weniger eindeutig) Ausführungtätigkeiten darstellen. Idealtypisch kann aber jede der drei Kompetenzen einer spezifischen Stellenart zugeordnet werden.

(1) Ausführungsstelle

Die klassische Ausführungsstelle besitzt keine Leitungs- und Mitsprachekompetenz, sondern allein Ausführungskompetenz.[784] Sie ist auf der untersten Hierarchieebene angesiedelt und kann daher niemand Weisungen erteilen. Sie handelt vielmehr auf Weisung anderer. Ihre Entscheidungskompetenz betrifft allein den eigenen Arbeitsbereich (z.B. Vorgehensweise), auch diese Kompetenz kann jedoch durch Vorgaben eingeschränkt sein. Sie führt Ausgaben aus, die unmittelbar mit der betrieblichen Leistungserstellung in Verbindung stehen.

Die Bandbreite der „Güte" von Ausführungsstellen ist dennoch sehr groß: Die Spanne reicht vom Fließbandarbeiter ohne fundierte Qualifikation und ohne jeglichen Entscheidungsspielraum über den „normalen" Verwaltungsangestellten bis hin zum hochqualifizierten Mitarbeiter eines Forschungslabors, der noch keine Führungsposition innehat.

(2) Instanz

Eine Instanz verfügt über Leitungskompetenz, hat somit Entscheidungs- und Weisungsrecht gegenüber den ihr zugeordneten Mitarbeitern (vgl. Abteilung).[785] Dies schließt i.d.R. die fachliche *und* die disziplinarische Leitungskompetenz ein, die grundsätzlich auch getrennt sein können. Das **fachliche Weisungsrecht** umfasst die Art und Weise der Aufgabenerfüllung, das **disziplinarische Weisungsrecht** umfasst sämtliche personalbezogenen Maßnahmen wie Einstellung, Beurteilung,

---

[783] Vgl. hierzu Hill/Fehlbaum/Ulrich (1994), S. 125.
[784] Vgl. Bea/Göbel (2006), S. 273; Vahs (2005), S. 75 f.
[785] Vgl. hierzu Bea/Göbel (2006), S. 272 f.; Vahs (2005), S. 71 ff.; Bühner (2004); S. 64 ff.; Schreyögg (1999), S. 125.

Gehaltsfindung, Weiterbildung, Urlaubsgenehmigung, Beförderung und Entlassung.[786] Die der Instanz unterstellten Mitarbeiter haben diese Befugnisse zu akzeptieren, sie leiten sich aus dem so genannten **Direktionsrecht des Arbeitgebers** ab, welches den Arbeitnehmer verpflichtet, Anordnungen des Arbeitgebers im Rahmen des Arbeitsverhältnisses Folge zu leisten. Dem Weisungsrecht steht die Verantwortung für die Handlungsergebnisse der Mitarbeiter und die **Fürsorgepflicht** für den Mitarbeiter gegenüber.

Zur genaueren Einordnung einer Instanz in die Hierarchie des Unternehmens werden üblicherweise die folgenden Ebenen unterschieden (siehe Kapitel B.II):

– Obere/Oberste Instanzen – **Top Management:**
 Das Top Management ist für die echten, nicht delegierbaren Führungsentscheidungen zuständig.[787]

– Mittlere Instanzen – **Mittleres Management:**
 Dieses hat eine Mittlerfunktion zwischen Top Management und den unteren Instanzen inne. Dies bedeutet insbesondere, die Unternehmensziele für die operativen Einheiten zu konkretisieren, Maßnahmen zur Zielerreichung aufzuzeigen und diese durch Bereitstellung entsprechender Ressourcen auch zu ermöglichen. Als typisches Beispiel für eine Position im mittleren Management kann die Hauptabteilungsleitung genannt werden.

– Untere Instanzen – **Lower Management**:
 Dieses ist bereits in erheblichem Maße ausführend tätig, d.h. die Grenze zwischen Leitungs- und Ausführungskompetenz ist nicht mehr ganz trennscharf. Typisches Beispiel ist die Gruppenleitung.

Anzumerken bleibt, dass eine derartige Dreiteilung nur in solchen Unternehmen sinnvoll ist, die über eine entsprechende Anzahl an Hierarchieebenen verfügen.

Die kurze Beschreibung der Aufgaben der verschiedenen Management-Ebenen macht deutlich, dass das, was oben schon angedeutet wurde, dass nämlich die Zuordnung von Leitungs- und Ausführungskompetenz zu Instanzen und Ausführunsstellen nicht ganz trennscharf ist, im Hinblick auf die verschiedenen Instanzenebenen konkretisiert werden kann: Der Anteil der Tätigkeiten mit Ausführungscharakter an der Gesamttätigkeit von Führungskräften nimmt in Richtung der unteren Managementebenen tendenziell zu (siehe Abbildung C.IV.41).

Sowohl bei der Instanz als auch bei der Ausführungsstelle handelt es sich um so genannte **Linienstellen**. Dies bedeutet, dass diese Stellen unmittelbar in die Erfüllung der Kernaufgabe eingebunden sind, sie haben einen direkten Bezug zu den primären Wertschöpfungsaktivitäten. Dies unterscheidet sie von der dritten Art von Stelle: der Stabs- oder Dienstleistungsstelle.

---

[786] Einige dieser Entscheidungen werden nicht alleine von der Instanz, sondern in Abstimmung mit dem Personalbereich getroffen.

Gestaltungsparameter und Aufbauorganisation

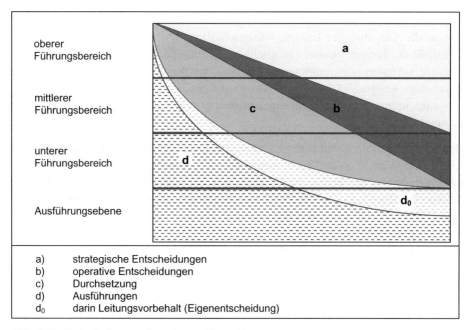

Abb. C.IV.41: Aufgabenverteilung in der Hierarchie
Quelle: Seidel/Redel (1987), S.6.

(3) Stabs- und Dienstleistungsstelle

Stäbe sind nicht direkt an der Durchführung der primären Wertschöpfungsaktivitäten beteiligt, weder in Entscheidungs- noch in Ausführungsposition.[788] Sie agieren als Unterstützungsorgan für eine bestimmte Instanz, an die sie fest gebunden sind. Meist sind Instanzen, die über einen Stab verfügen, in den oberen Managementebenen angesiedelt, grundsätzlich ist die Einrichtung von Stäben aber auf allen Hierarchieebenen möglich.

Grundsätzlich ist es Aufgabe der Instanzen, Entscheidungen zu treffen. Eine fundierte Entscheidung erfordert nach der Problemdefinition und vor der Entscheidung die Beschaffung relevanter Informationen und die (Vor)Bewertung der Alternativen. Hierbei können zwei Probleme auftreten: Erstens kann insbesondere eine obere Instanz nicht über alle inhaltlichen Details des von ihr verantworteten Unternehmensbereiches informiert sein (fehlende Fachkompetenz). Zweitens fehlt ihr häufig die Zeit hierzu, selbst wenn sie fachlich dazu in der Lage wäre.

---

[787] Hierzu gehören Grundsatzentscheidungen wie die Festlegung der Unternehmensziele, die Unternehmensorganisation, die Koordinierung der großen Teilbereiche des Unternehmens, die Besetzung der oberen Führungspositionen sowie sonstige außergewöhnliche Maßnahmen wie Akquisition und Krisenmanagement. Vgl. Gutenberg (1983), S. 133 ff.

[788] Vgl. hierzu Bea/Göbel (2006), S. 274 ff.; Vahs (2005), S. 76 ff.; Neuwirth (2004), Sp. 1349 ff.; Bühner (2004), S. 67 ff. und S. 133 ff.; Schreyögg (1999), S. 148 ff.

Beide Probleme können durch den Stab gelöst werden. Er übernimmt an Stelle der Instanz die Aufgaben der Informationsbeschaffung und der Alternativenbewertung und berät die Instanz bei der Entscheidung. Stäbe, die die Instanz in quantitativer Hinsicht entlasten (Zeitproblem der Instanz), werden **Stabsgeneralisten** genannt. Klassisches Beispiel ist der Vorstandsassistent. Stäbe, die die Instanz in qualitativer Hinsicht entlasten, werden **Stabsspezialisten** genannt. Die Rechtsabteilung ist ein Beispiel hierfür.

Die enge Verzahnung von Instanz und zugeordnetem Stab führt zum aus Sicht der Kritiker größten Problem der Einrichtung von Stäben. Obgleich formal völlig machtlos, besitzt der Stab – entsprechendes Geschick vorausgesetzt – eine große **informelle Macht**, zum einen als direkte Einflussmacht gegenüber seiner Instanz, zum anderen als indirekte Gestaltungsmacht, die er anstelle der Instanz gegenüber nachgeordneten Einheiten ausüben kann. Da insbesondere die Einflussmacht gegenüber der Instanz informeller Natur ist, ist sie nicht transparent und kann kaum kontrolliert werden. Im Extremfall kann diese Macht so weit reichen, dass auch die Entscheidung faktisch nicht von der Instanz, sondern dem Stab gefällt wird.

Letztlich hängt die Macht des Stabes davon ab, ob die Instanz willens ist, ihm diese zu übertragen. Anzumerken bleibt weiterhin, dass längst nicht alle Stäbe einen derartigen Einfluss erlangen. In nicht wenigen Fällen sind sie faktisch ebenso machtlos wie es ihrer formalen Stellung entspricht. Die einzige Form von Macht besteht dann – ein mehrköpfiges Stabsteam vorausgesetzt – in der Leitungsbefugnis der Stabsleitung gegenüber den eigenen Mitarbeitern.

Ein weiterer, häufig diskutierter Aspekt ist das **Verhältnis von Stab und Linie**. Dieses ist sowohl aufgrund von Vorurteilen als auch aufgrund der Aufgabenstellung konfliktbehaftet. Stäbe sind i.d.R. mit jungen, akademisch ausgebildeten, karriereorientierten Mitarbeitern besetzt, die noch über wenig praktische Erfahrung verfügen. Dies führt „in der Linie" immer wieder zu dem harschen Urteil, dass es sich bei Stäben um praxisfremde Theoretiker und einen überflüssigen Wasserkopf handele.[789] Dieses mag im Einzelfall berechtigt sein, oft steckt allerdings auch Kalkül dahinter: Es gehört auch zu den Aufgaben von Stäben, Veränderungen anzustoßen, de facto tritt der Stab häufig als Kritiker nachgeordneter Linieneinheiten auf. Indem er eingefahrene Strukturen in Frage stellt, kann das Handeln des Stabes von der Linie somit als Bedrohung empfunden werden. Die Kritik am Stab ist manchmal folglich eine offensive Reaktion der Linie auf diese latente Bedrohung.

Trotz der beschriebenen potenziellen Probleme und Gefahren werden Stäbe mehrheitlich nach wie vor als für die Funktionsfähigkeit zumindest größerer Unternehmen wichtig und unverzichtbar angesehen.[790]

---

[789] Vgl. Krüger (1993), S. 50 f.
[790] Vgl. beispielhaft Frese (2000), S. 348.

Dienstleistungsstellen sind ebenso wie der Stab unterstützende Einheiten, sie unterscheiden sich von letzterem dadurch, dass sie nicht *einer* Instanz zugeordnet sind, sondern für verschiedene Linienstellen Dienstleistungen erbringen. Trotz dieses Unterscheidungsmerkmals ist die Abgrenzung zwischen beiden ist nicht einheitlich geregelt. Hier erfolgt eine Unterscheidung dergestalt, dass Zentralbereiche wie Controlling, Planung, Personal, Recht etc. zu den Stabsstellen gezählt werden, wohingegen unter Dienstleistungsstellen solche Einheiten verstanden werden, die auf die Steuerung und Koordination des Unternehmens keinen direkten Einfluss ausüben. Beispiele sind der Sicherheitsdienst, Gebäude- und Fuhrparkmanagement sowie die EDV-Abteilung.

2.3.2.3.3. Stellenmehrheiten
Die drei oben beschriebenen Arten von Stellen bilden die Elemente, aus denen sich sämtliche mehrköpfigen Organisationseinheiten zusammensetzen. Bei diesen kann zwischen dauerhaften und nur temporär bestehenden Einheiten unterschieden werden (siehe Abbildung C.IV.40).

(1) Abteilungen
Die Abteilung steht hier stellvertretend für entsprechend größere oder kleinere Organisationseinheiten wie Unter-Abteilung, Hauptabteilungen und Direktionsbereiche. Mehrere Stellen oder Unter-Abteilungen bilden eine Abteilung, mehrere Abteilungen eine Hauptabteilung etc. Das hieraus entstehende Gefüge ist die Rahmenstruktur des Unternehmens, die **Organigramm** genannt wird.

Eine Abteilung entsteht durch die dauerhafte Zusammenfassung mehrerer Stellen unter einer Instanz.[791] (Dieses Prinzip gilt ebenso für Stabs- und Dienstleistungsabteilungen.). Die Instanz besitzt sowohl im Innenverhältnis gegenüber den Stelleninhabern (Direktionsrecht) als auch im Außenverhältnis die Leitungsbefugnis.[792]

Sinn ist die Schaffung jeweils relativ abgeschlossener Verantwortungsbereiche, um die Abstimmung zwischen den Stelleninhabern zu erleichtern.[793] Sinnvollerweise ist die Abteilungsgrenze dergestalt gezogen, dass das Ausmaß der notwendigen Abstimmung zwischen den Stellen einer Abteilung deutlich größer ist als zu Stellen außerhalb der Abteilung (Homogenitätsprinzip).

Für die Abteilungsbildung bieten sich die bekannten Kriterium einer Aufgabe an, insbesondere Verrichtung und Objekt. Die Objektorientierung kann sich in einer

---

[791] Vgl. Bea/Göbel (2006), S. 276; Picot/Dietl/Franck (2005), S. 230 f.; Vahs (2005), S. 96; Bühner (2004), S. 82; Mellewigt (2004), Sp. 1358; Schreyögg (1999), S. 125; Bleicher (1991), S. 112; Seidel (1980), Sp. 42 ff.

[792] Vgl. Bühner (2004), S. 64. Zur Außenvertretung siehe C.III.2.10.

[793] Vgl. Mellewigt (2004), Sp. 1358.

Produkt-, einer Kundengruppen- (z.B. Geschäftskunden, Privatkunden) oder einer regionalen Orientierung (z.B. Vertriebsbüro Nord-Württemberg) niederschlagen.[794]

(2) Gruppe
Der hier im Fokus stehende Gruppenbegriff ist nicht mit einer Gruppe im Sinne von Unter-Abteilung zu verwechseln. Gemeint ist vielmehr eine besondere Form der Zusammenarbeit: Gruppen unterscheiden sich von Abteilungen dergestalt, dass es bei der Abteilung ein klares Hierarchieverhältnis zwischen übergeordneter Instanz und zugeordneten Mitarbeitern gibt, wohingegen in der Gruppe mehrere Personen gleichberechtigt an einer gemeinsamen Aufgabe arbeiten.[795] Sie spielen insbesondere bei den neueren Organisationskonzepten eine wichtige Rolle (**teilautonome Arbeitsgruppe**). Da sie dort ausführlich behandelt werden, soll an dieser Stelle nicht im Detail auf sie eingegangen werden.

(3) Gremien
Gremien dienen als Oberbegriff für verschiedene Formen nebenamtlicher Tätigkeiten, sie werden auch als **Kommission, Kollegien** oder **Ausschuss** bezeichnet.[796] Sie befassen sich i.d.R. mit Sonderaufgaben, die keine kontinuierliche Zusammenarbeit, sondern lediglich ein regel- oder unregelmäßiges Zusammentreffen erfordern. Die Gremien selbst zeichnen sich durch eine nur gering ausgeprägte hierarchische Struktur aus, die neben einem Vorsitzenden, der sich auch nur als Koordinator verstehen kann, in aller Regel keine weitere Abstufung ausweist. Gleichwohl können die Mitglieder in ihrer hauptamtlichen Tätigkeit unterschiedlichen Hierarchieebenen angehören. Meist kommen sie aus unterschiedlichen Bereichen des Unternehmens.

Gremien können, je nach Charakter der Aufgabe, sowohl dauerhaft als auch zeitlich befristet eingerichtet sein.

Beispiele für dauerhafte Gremien sind ein Abteilungsleiter-Ausschuss (regelmäßiger Austausch von Aufgabenträgern gleicher Hierarchieebene), ein Investitionsausschuss (Koordination Investitionsbedarf, ggf. inkl. Entscheidung, Mitglieder auch unterschiedlicher Hierarchieebenen) und ein Ausschuss für besondere Personalangelegenheiten (häufig Untergremium eines Aufsichtsrates).

Beispiele (aus der Politik) für zeitlich befristete Gremien sind Untersuchungsausschüsse oder eingesetzte Regierungskommissionen zur Erarbeitung bestimmter Konzepte (z.B. Renten- oder Gesundheitsreform).

---

[794] Vgl. Kieser/Walgenbach (2003), S. 87 ff.
[795] Vgl. Bühner (2004), S. 84.
[796] Vgl. hierzu Bea/Göbel (2006), S. 279 ff. mit einem Verweis auf Mag (1992), Sp. 252; Vahs (2005), S. 88 ff.; siehe auch Redel (1982).

(4) Projekt
Ein Projekt ist ein Vorhaben, bei dem Mitarbeiter aus unterschiedlichen Unternehmensbereichen eine zeitliche befristete, neuartige und damit komplexe Aufgabe zielorientiert bearbeiten. Aufgrund der Abgegrenztheit der Aufgabe zu den sonstigen (Routine-)Aufgaben der Organisation erfolgt die Durchführung mittels einer spezifischen, hierarchischen Projektorganisation. Die Bearbeitung durch die Projektmitglieder kann haupt- oder nebenamtlich erfolgen.[797]

Da die Projektorganisation als eigenständiges Organisationskonzept in Kapitel C.IV.2.4.1.6. erläutert wird, soll an dieser Stelle nicht im Detail auf sie eingegangen werden.

Mit der Aufgabenanalyse, der Aufgabensynthese und der Verteilung der Aufgabenkomplexe auf die erläuterten Stellen und Organisationseinheiten sind wesentliche Voraussetzungen für die Implementierung arbeitsteiliger Prozesse im Unternehmen geschaffen.

2.3.2.4. Leitungssystem
Die Arbeitsteilung führt aber auch zur Notwendigkeit, die separierten Teile wieder zusammenzufügen. Es müssen Abstimmungsmechanismen für die Zusammenarbeit zwischen den gebildeten Organisationseinheiten festgelegt werden, sowohl in vertikaler als auch in horizontaler Hinsicht.
Hierbei können zweierlei Aspekte unterschieden werden:

- Zum einen die Klärung der Fragen „Wer darf was entscheiden?" bzw. „Wer darf wem Weisungen erteilen?" Dieser Aspekt soll im Folgenden unter dem Begriff „Gestaltungsparameter **Leitungssystem**" behandelt werden.

- Zum anderen die Frage, welche Möglichkeiten – neben der Weisung des Vorgesetzten – bestehen um sicherzustellen, dass Mitarbeiter jeweils über die Informationen verfügen, die sie zur Bewältigung ihrer Aufgabe benötigen. Dies schließt Möglichkeiten zur Abstimmung mit anderen Mitarbeitern, deren Tätigkeit eine Schnittstelle zur eigenen Aufgabe hat, mit ein. Dieser Aspekt soll im Folgenden unter dem Begriff „Gestaltungsparameter **Koordination**" behandelt werden.

Beide Aspekte sind nicht gänzlich trennscharf. So stellt auch die Weisung eine Form der Koordination dar. Letztlich kann jede Form der Handhabung der Arbeitsteilung als Koordination bezeichnet werden. Auch wenn die getroffene Zweiteilung sich in ihrer Grundstruktur an gängiger Praxis orientiert, kann sie als willkürlich bezeichnet werden. Dies wird jedoch in Kauf genommen, da der Ansatz pragmatisch und sinnvoll erscheint.

---

[797] Für einen Überblick vgl. Marr/Steiner (2004), Sp. 1196 ff.; ausführlich bei Madauss (2006); Pfetzing/Rohde (2001).

Weiterhin sei angemerkt, dass das Leitungssystem nicht völlig vom Vorgang der Aufgabensynthese und –verteilung getrennt werden kann. Bereits dort werden Aufgaben dahingehend unterschieden, ob sie Ausführungs- oder Entscheidungscharakter haben. Das Leitungssystem geht aber deutlich weiter, indem es detaillierte Regeln aufstellt, wie das Zusammenspiel der Organisationseinheiten auf Basis der unterschiedlichen Aufgaben erfolgen soll.

2.3.2.4.1. Delegation
Um unmittelbare und vollständige Kontrolle über ein Unternehmen zu besitzen, müsste die Unternehmensleitung theoretisch sämtliche zu treffenden Entscheidungen an sich ziehen. Diese Situation ergibt sich bei einem Ein-Personen-Unternehmen automatisch, es herrscht vollkommene **Zentralisation**.[798] In jedem deutlich größeren Unternehmen kommt es dagegen zur so genannten Delegation. Diese bedeutet *„das Abgeben von Aufgaben bzw. Kompetenzen (Befugnissen) an nachgeordnete Stellen".*[799] Die Delegation im Unternehmen stellt das Pendant zum Subsidiaritätsprinzip im öffentlichen Sektor dar, eine Aufgabe einschließlich. der zugehörigen Befugnis soll der niedrigsten Hierarchieebene zugewiesen werden, die zur Erledigung dieser Aufgabe noch in der Lage ist.[800]

Für diese vertikale Kompetenzumverteilung[801] hin zu nachgeordneten Einheiten (starke Delegation entspricht **Dezentralisation**) sprechen verschiedene Gründe:[802]

- **Vermeidung der Überlastung übergeordneter Instanzen:**
  Eine Zentralisierung aller Entscheidungen auf oberen Instanzenebenen würde diese zeitlich (und fachlich) überlasten mit der Folge, dass sie sich nicht mehr auf die grundlegenden Unternehmensentscheidungen konzentrieren könnten.
- **Entscheidung dort, wo das Problemverständnis am größten ist:**
  I.d.R. ist das Verständnis für ein Problem und die richtige Problemlösung dort, wo es auftritt, am höchsten.[803]
- **Realisierung größerer Flexibilität/Schnelligkeit:**
  Diese ist eine unmittelbare Folge davon, dass die Entscheidung dort getroffen wird, wo das Problem auftritt. Bsp.: Der Vertriebsmitarbeiter kann über eine Kulanzmaßnahme direkt vor

---

[798] Vgl. Drumm (2004), Sp. 179.
[799] Ulrich (1969), Sp. 433. Schwache Delegation ist mit Zentralisation gleichzusetzen, starke mit Dezentralisation.
[800] Vgl. Bea/Göbel (2006), S. 305; Picot/Dietl/Franck (2005), S. 234.
[801] Vgl. v. Werder (2004), Sp. 1089.
[802] Vgl. Bea/Göbel (2006), S. 306; Bühner (2004), S. 124, Drumm (2004), Sp. 181. Siehe auch die Darstellung zur Hierarchiebildung in Kap. B.III.2.
[803] Diese Annahme bezieht sich v.a. auf Probleme der täglichen Erfahrungswelt von Mitarbeitern. Damit ist nicht gemeint, dass ein Fließbandarbeiter die Investitionsentscheidung für ein bestimmtes Produktionssystem treffen sollte, nur weil er an diesem System arbeitet. Ihm fehlen dazu die notwendigen Kenntnisse, dem Subsidiaritätsprinzip wäre daher nicht Genüge getan.

Ort beim Kunden entscheiden und muss nicht bei übergeordneten Einheiten um Erlaubnis fragen.
- **Motivation der Delegationsempfänger:**
Das Job Characteristic Modell (siehe Kapitel C.III.2.4.2.2.) zeigt auf, dass, ein entsprechendes Wachstumsbedürfnis vorausgesetzt, die Motivation von Mitarbeitern steigt, wenn ihr Entscheidungsspielraum steigt.
- **Einsparen von Leitungspositionen:**
Durch das Verlagern von Entscheidungen auf niedrigere Hierarchieebenen können Positionen auf höheren Hierarchieebenen mit entsprechend positivem Kosteneffekt eingespart werden.
- **Förderung de Führungsnachwuchses:**
Junge Nachwuchskräfte werden frühzeitig an die Übernahme von Verantwortung, die mit der Delegation ebenso verbunden ist, herangeführt.

Trotz dieser Vorteile findet der Prozess der Dezentralisation von Entscheidungsbefugnissen in der Praxis nicht in unbegrenzter Form statt. Der Grund liegt darin, dass hierfür ein Preis zu zahlen ist und weitere Probleme auftreten können:[804]

- **Erhöhte Koordinations- und Kontrollanforderungen:**
Dies ist der unmittelbare Preis der Dezentralisierung. Wird eine Entscheidung nicht zentral von einer Instanz getroffen, sondern an mehrere nachgeordnete Einheiten delegiert, so müssen sich diese Einheiten untereinander abstimmen und muss die übergeordnete Instanz im Nachgang sowohl die Konsistenz der Teilentscheidungen kontrollieren als auch die Frage, ob die Entscheidung im Sinne der übergeordneten Instanzen ist. Sie kann dies auch unterlassen, dann jedoch mit dem Risiko einer Fehlentwicklung.
- **Existenz geeigneter Delegationsempfänger:**
Durch die Delegation steigen die Anforderungen an die nachgeordneten Einheiten. Diese müssen fähig sein, diesen Anforderungen gerecht zu werden, und willens, die mit den Befugnissen verbundene Verantwortung zu übernehmen.[805] Dies verdeutlicht die Janusgesichtigkeit der Delegation: Erweisen sich die Delegationsempfänger als geeignet, entsteht Motivation, sind sie es nicht, scheitert die Delegation.
- **Demotivation von Instanzen:**
Die Übertragung von Entscheidungsbefugnissen auf nachgeordnete Einheiten bedeutet im Umkehrschluss, dass obere Instanzen Entscheidungsbefugnisse abgeben müssen. Dies kann von diesen als Macht- und Statusverlust interpretiert werden und zu Demotivation führen.

Gesucht ist somit derjenige Delegationsgrad, der für ein Unternehmen in seinem spezifischen Kontext zu einem subjektiv günstigen Verhältnis von Chancen und Risiken führt. Objektiv berechnet und damit valide optimiert werden kann der Delegationsgrad nicht.[806]

---

[804] Vgl. Bea/Göbel (2006), S. 306; Bühner (2004), S. 123 f., Drumm (2004), Sp. 181.
[805] Siehe Kongruenzprinzip in Kap. C.IV.2.3.2.3.1.
[806] Vgl. die Anmerkungen von Bea/Göbel (2006), S. 305 zum Delegationswertkonzept von Laux/Liermann (2005), S. 217 ff.

2.3.2.4.2. Weisungsbefugnis

Von der Verteilung der Entscheidungsbefugnisse, die durch die Delegation geregelt wird, ist die Weisungsbefugnis abzugrenzen. Sie regelt nicht, wer welche Entscheidung treffen darf, sondern wer wem Weisungen erteilen darf.

In einer hierarchischen Organisation erteilen höher angesiedelte Stellen niederer angesiedelten Stellen Weisungen, dies bedarf keiner weiteren Klärung. Hinsichtlich der Frage, von wie vielen Vorgesetzten eine nachgeordnete Stelle Weisungen erhalten kann, sind jedoch zwei Formen von so genannten Liniensystemen zu unterscheiden (Der Linienbegriff zielt auf die vertikalen Linien in einem Organigramm ab, welche die Weisungsbeziehungen wiedergeben.):

(1) Einliniensystem

Hier gilt das Prinzip der Einheit der Auftragserteilung.[807] Dies bedeutet, dass jeder Mitarbeiter nur *einen* Vorgesetzten hat.

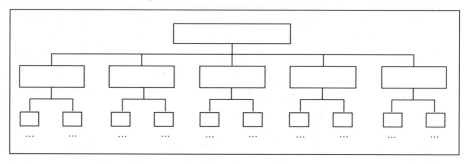

Abb. C.IV.42: Das Einliniensystem

Hiermit sind folgende **Vorteile** verbunden:

- **Eindeutige Zuständigkeiten**, durchgängige Weisungsketten
- **Einfache, überschaubare Struktur**.

Dem stehen folgende **Nachteile** gegenüber:

- **Lange Kommunikationswege und damit Entscheidungsprozesse:**
  Abstimmungsprobleme zwischen Mitarbeitern verschiedener Einheiten müssen immer über den nächsten gemeinsamen Vorgesetzten entschieden werden. Dies führt zu mitunter extrem langen Dienstwegen, die häufig erst in der Unternehmensleitung enden mit der Folge langer Entscheidungsprozesse.
- **Überlastung der oberen Instanzen:**
  Die übergeordneten Einheiten werden hierdurch sehr stark in Anspruch genommen. In Verbindung mit der Erledigung ihrer „eigentlichen" Aufgaben führt dies schnell zu Überlastung.

Die Problematik wird etwas durch die so genannte Fayol'sche Brücke abgeschwächt. Diese besagt, dass im Ausnahmefall auch eine Direktabstimmung zwischen zwei

---

[807] Zum Einliniensystem vgl. Picot/Dietl/Franck (2005), S. 235 ff.; Vahs (2005), S. 110 ff.; Bühner (2004), S. 124 ff.; Macharzina (2003), S. 417 f.; Schreyögg (1999), S. 157 ff.

Einheiten erfolgen darf. Diese ist aber auf Informationsübertragung begrenzt, zudem ist die zuständige Instanz nachträglich zu informieren.

Um die geschilderten Nachteile weiter zu mildern, wurde das **Stabliniensystem** als Variante des Einliniensystems entwickelt. Den Instanzen, die durch die „nach oben" gerichteten Abstimmungsprobleme besonders belastet sind, werden Stäbe zur Seite gestellt, die die Instanz sowohl quantitativ als auch qualitativ entlasten.

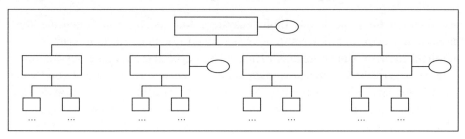

Abb. C.IV.43: Das Stabliniensystem

Da sich das Stabliniensystem ansonsten nicht vom Einliniensystem unterscheidet, kann eine gesonderte Beurteilung unterbleiben. Zusätzlich zu berücksichtigen sind die mit der Einrichtung von Stäben verbundenen Gefahren, insbesondere die informelle Macht der Stäbe.[808]

(2) Mehrliniensystem

Das Mehrliniensystem geht auf das so genannte Funktionsmeistersystem von Taylor zurück.[809] Dieses zeichnet sich dadurch aus, dass Mitarbeiter mehrere (mindestens zwei) Vorgesetzte haben, von denen sie Weisungen erhalten. Jeder der Vorgesetzten ist für ein bestimmtes Gebiet weisungsbefugt.

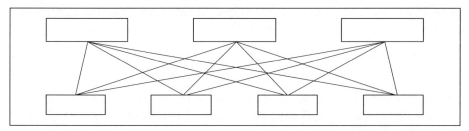

Abb. C.IV.44: Das Mehrliniensystem

Vor- und Nachteile des Mehrliniensystems verhalten sich spiegelbildlich zu denen des Einliniensystems.

---

[808] Siehe Kap. C.IV.2.3.2.3.2.
[809] Zum Mehrliniensystem vgl. Picot/Dietl/Franck (2005), S. 235 ff.; Vahs (2005), S. 110 ff.; Bühner (2004), S. 124 ff.; Macharzina (2003), S. 417 f.; Schreyögg (1999), S. 157 ff.

In seiner Extremform mit einer Vielzahl von Vorgesetzten findet das Mehrliniensystem heute keine **Anwendung** mehr. Nach wie vor praktiziert wird das Mehrliniensystem mit zwei Vorgesetzten in folgender Form:

- Trennung von fachlicher und disziplinarischer Weisungsbefugnis
- Matrixorganisation
- Projektnebentätigkeit (Aufteilung der Arbeitskraft zwischen angestammter Einheit und Projekt).

Mehrheitlich findet heute das Einliniensystem Anwendung. Ein Grund dafür ist, dass die mit dem Mehrliniensystem verbundenen Nachteile (insb. unklare Verantwortlichkeiten) fast unvermeidlich sind, wohingegen die Nachteile des Einliniensystems beherrschbar gemacht werden können. Neben der Einrichtung von Stäben ist insbesondere an das Instrument der Delegation zu denken. Durch konsequente Dezentralisierung kann der Überlastung oberer Instanzen und langwierigen Abstimmungsprozessen entgegengewirkt werden. Schließlich führt in diesem System auch die informelle Organisation zu einer positiven Stabilisierung[810] dergestalt, dass in der betrieblichen Realität auf den langwierigen offiziellen Dienstweg häufig zugunsten einer direkten Klärung verzichtet wird und dass dies auch in aller Regel akzeptiert wird.

2.3.2.4.3. Leitungsspanne

Entscheidungs- und Weisungsbefugnis sind die beiden wesentlichen Elemente des Leitungssystems. In Verbindung mit beiden steht ein Aspekt, der aufgrund seiner großen Bedeutung für die betriebliche Praxis gesondert behandelt wird: die Leitungsspanne. Diese ist definiert als die *„Anzahl der einer Instanz direkt unterstellten Mitarbeiter."*[811] Ihre Ausgestaltung ist wichtig für den Charakter der Zusammenarbeit von Instanz und zugeordneten Mitarbeitern und ein wesentliches Element der Gestalt des Organigramms.

Es ist zu unterscheiden zwischen strukturellen Auswirkungen der Leitungsspanne und Einflussfaktoren auf dieselbe.

Strukturell besteht ein direkter Zusammenhang zwischen Leitungsspanne und Anzahl der Hierarchieebenen (**Leitungstiefe**) eines Unternehmens. Dies verdeutlicht Abbildung C.IV.45.

Je kleiner die Leitungsspanne ist, um so größer ist, bei gleicher Anzahl an Ausführungsstellen, die Anzahl der Hierarchieebenen.[812] Leitungsspanne und Leitungstiefe bestimmen gemeinsam die äußere Gestalt des Organigramms. Eine dritte Kenn-

---

[810] Siehe hierzu C.IV.2.1.
[811] Vahs (2005), S. 99.
[812] Vgl. Schreyögg (1999), S. 159 ff.

ziffer ist die **Leitungsintensität**. Sie ist definiert als das Verhältnis aus leitenden und unterstützenden Stellen zu den direkten Ausführungsstellen.[813]

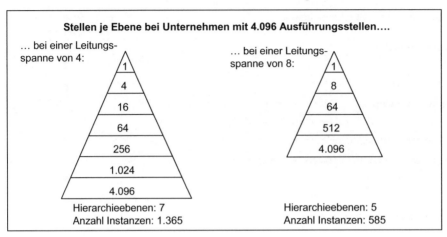

Abb. C.IV.45: Einfluss der Leitungsspanne auf Hierarchieebenen und Instanzen

Bei einer großen Leitungsspanne wird aufgrund der dann geringeren Anzahl an Führungsebenen von einer **flachen Hierarchie**, bei einer kleinen Leitungsspanne analog von einer **steilen Hierarchie** gesprochen. Allerdings muss die Leitungsspanne nicht in allen Bereichen des Unternehmens gleich groß sein, sie kann zwischen unterschiedlichen Bereichen, z.B. Produktion und Marketing, stark variieren.[814] Die Aussage über eine flache oder steile Hierarchie ist eine Tendenzaussage, welchen Weg ein Unternehmen grundsätzlich bevorzugt.

Dies führt zu der Frage, welche Faktoren die Leitungsspanne beeinflussen. Eine Übersicht über Determinanten der Leitungsspanne gibt Abbildung C.IV.46.

Je komplexer eine Aufgabe ist, umso mehr Aufmerksamkeit muss der Vorgesetzte jedem Mitarbeiter widmen, was die Zahl der von ihm steuerbaren Mitarbeiter einschränkt. Ebenso führt eine direktive Führung, bei der der Vorgesetzte seine Mitarbeiter sehr genau überwacht, zu einer solchen Beschränkung.

Gleichartige Aufgaben von Mitarbeitern erleichtern dagegen die Überwachung, da die Steuerung jedes Mitarbeiters nach ähnlichem Muster verlaufen kann. Kooperative Führung im Sinne einer Selbstkontrolle der Mitarbeiter entlastet den Vorgesetzten ebenso, was die mögliche Leitungsspanne erhöht. Auch Delegation und hohe Fachkompetenz von Mitarbeitern führen zu einer Entlastung des Vorgesetzten. Die Mitarbeiter erledigen viele Aufgaben selbst, der Vorgesetzte kann daher mehr

---

[813] Vgl. Vahs (2005), S. 103, Schreyögg (1999), S. 162 f.; Kieser/Kubicek (1992), S. 153.
[814] Vgl. Vahs (2005), S. 102.

Mitarbeiter steuern. Management-Informationssysteme schließlich erleichtern die Überwachung und haben somit einen analogen Effekt.

Determinanten der Leitungsspanne	Wirkung auf die Leitungsspanne
Aufgabenmerkmale:	
Komplexität	⬇
Gleichartigkeit	⬆
Führungsprinzip:	
Demokratische Führung (eher Selbstkontrolle)	⬆
Autoritäre Führung (eher Weisung und Kontrolle)	⬇
Organisatorische und personelle Maßnahmen:	
Starke Delegation	⬆
Einsatz von Management-Informationssystemen	⬆
Hohe Fachkompetenz der Mitarbeiter	⬆
⬆ = tendenziell größere Leitungsspanne ⬇ = tendenziell kleinere Leitungsspanne	

Abb. C.IV.46: Determinanten der Leitungsspanne
Quelle: In Anlehnung an Vahs (2005), S. 101

Klassischerweise wurden v.a. wegen der Bevorzugung „straffer" Führung und enger Kontrolle (direktive Führung) kleinere Leitungsspannen von durchschnittlich sechs Mitarbeitern bevorzugt, mittlerweile ist ein **Trend zu größeren Leitungsspannen** festzustellen. Leitungsspannen von bis zu 80, die dabei genannt werden, sind aber als krasse Ausnahme anzusehen.[815] Wesentliche Gründe für diesen Wandel sind:[816]

- Im Zuge des gesellschaftlichen Wandels wird der direktive Führungsstil immer weniger akzeptiert.

- Es wird versucht, durch Delegation und damit die Schaffung von Freiräumen die Kreativität und das Know-how der Mitarbeiter besser zu nutzen und die Abläufe schneller und flexibler zu gestalten.

- Es werden kürzere Kommunikations- und Entscheidungswege angestrebt. Größere Leitungsspannen leisten einen Beitrag hierzu, da sie zu flacheren Hierarchien führen.

- Größere Leitungsspannen führen durch die Abflachung der Hierarchie zur Einsparung von Führungspersonal und ermöglichen somit Kostensenkungen.

Der Trend hin zu mehr Delegation und größeren Leitungsspannen bedeutet aber auch, dass Koordination nicht mehr allein über das Instrument der persönlichen Weisung erfolgen kann. Damit rücken alternative Formen der Koordination ins Blickfeld.

---

[815] Vgl. Schreyögg (1999), S. 159.
[816] Vgl. Vahs (2005), S. 100, Schreyögg (1999), S. 161, 165.

2.3.2.5. Koordination

2.3.2.5.1. Überblick

Arbeitsteilung erzeugt **Schnittstellen**. An Schnittstellen werden die Verantwortung für den laufenden Prozess und Informationen übertragen. Sie stellen in organisatorischer, informationeller, technischer als auch in persönlicher Hinsicht (im Sinne von Konflikten beim Auftreten von Störungen) einen kritischen Faktor im Prozessablauf dar.[817] Je höher der Grad der Arbeitsteilung ist, um so höher ist der Koordinationsbedarf, verstanden als Notwendigkeit der laufenden Abstimmung zwischen Aufgabenträgern durch Auswahl und Nutzung geeigneter **Koordinationsinstrumente**.

Die durch Arbeitsteilung realisierten Vorteile sind somit mit dem Koordinationsaufwand abzuwägen. Um den Koordinationsaufwand zu senken, können zwei Maßnahmenbündel ergriffen werden:

- Nutzung geeigneter Koordinationsinstrumente, um die Schnittstellenproblematik abzumildern.
- Reduktion der Schnittstellen durch Reduktion der Arbeitsteilung.

Das zweite Maßnahmenbündel wird in neueren Organisationskonzepten angewendet (siehe Kapitel C.IV.2.5.). Zu einer völligen Aufgabe der Arbeitsteilung wird es jedoch nie kommen. Die Nutzung geeigneter Koordinationsinstrumente bleibt somit von elementarer Bedeutung.

Koordinationsinstrumente können verschiedenen Ebenen zugeordnet werden. Im weiten Sinne umfassen sie auch die menschlichen Grundnormen, die Sprache und die Existenz von Geld. Ohne diese Basis könnte unternehmerisches Handeln nicht stattfinden. Gleichwohl hat ein Unternehmen auf diese „Koordinationsinstrumente" keinen Einfluss. In etwas eingeschränktem Maße gilt dies auch für das Rechtssystem und die Gesetze. Sie werden hier gemeinsam als Koordinationsinstrumente i.w.S. interpretiert, deren Existenz anerkannt wird, die jedoch nicht weiter untersucht werden, da sie sich der Gestaltung durch das Unternehmen weitestgehend entziehen.

Ebenso als Koordinationsinstrumente können infrastrukturelle Maßnahmen interpretiert werden, die Koordinationsprozesse erleichtern. Hierzu gehören sämtliche IuK-Technologien, beispielsweise aber auch – obgleich umstritten – Großraumbüros.[818] Auch diese werden als Koordinationsinstrumente i.w.S., in diesem Fall als Unterstützungsinstrumente, interpretiert.

Als Koordinationsinstrumente i.e.S. werden dagegen diejenigen angesehen, bei welchen durch menschliches Handeln im Unternehmen eine Abstimmung zwischen

---

[817] Vgl. Brockhoff/Hauschildt (1993), S. 396 ff.; Krüger (1993), S. 127.
[818] Eine ausführliche Liste derartiger Instrumente findet sich bei Reiß (2004), Sp. 691 ff.

Aufgabenträgern erfolgt. Nur diese sollen weiter untersucht werden. In Anlehnung an *Bea/Göbel* werden hierzu gezählt:

- Instrumente der Fremdkoordination:
  persönliche Weisung, Programme, Formalisierung, Pläne
- Instrumente der Selbstkoordination:
  Selbstabstimmung, interne Märkte, Unternehmenskultur, Professionalisierung.

Einen Überblick über die verschiedenen Formen von Koordinationsinstrumenten bietet Abbildung C.IV.47.[819]

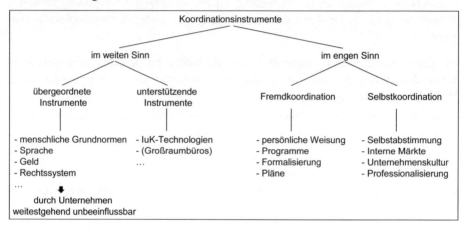

Abb. C.IV.47: Überblick Koordinationsinstrumente

2.3.2.5.2. Instrumente der Fremdkoordination

Zu den Instrumenten der Fremdkoordination werden jene gezählt, bei denen die Abstimmung durch einen aktiven Eingriff übergeordneter Einheiten erfolgt.

(1) Persönliche Weisung

Die persönliche Weisung ist *das* klassische Koordinationsinstrument. Es ergibt sich unmittelbar aus der Logik eines auf Über-/Unterordnung aufbauenden Leitungssystems. Es ist äußerst flexibel und situativ einsetzbar und daher unverzichtbar. Die jeweilige Effizienz hängt stark von der individuellen Konstellation der Weisungsbeziehung ab: Ist der Weisungsgeber in der Lage, die Weisung motivierend statt demotivierend auszugestalten und ist der Weisungsempfänger bereit, die persönliche Autorität des Weisungsgebers zu akzeptieren? Letzteres ist nicht im formalen Sinne zu verstehen (dazu verpflichtet ihn das Direktionsrecht des Arbeitgebers), sondern dergestalt, dass er der Aufgabe mit vollem Engagement und gerne nachkommt.

---

[819] Zu den gesamten Koordinationsinstrumenten i.e.S. vgl. auch Bea/Göbel (2006), S. 309 ff.; Vahs (2005), S. 115 ff.; Kieser/Walgenbach (2003), S. 108 ff.; Schanz (1994), S. 71 ff.; Kieser/Kubicek (1992), S. 103 ff.

Unabhängig vom „individuellen Gelingen" der persönlichen Weisung ist sie als alleiniges Instrument der Koordination ungeeignet, da sie schnell zu einer Überlastung der Instanz führt.[820] Weiterhin ist sie bei starker Delegation und großer Leitungsspanne ganz bewusst nicht das Mittel der Wahl.

(2) Programme
Programme stellen insbesondere in größeren Unternehmen ein häufig verwendetes Koordinationsinstrument dar.[821] Es erfolgt eine verbindlich festgelegte **Verhaltensstandardisierung**, die nicht allein das Ziel, sondern auch die Art und Weise der Zielerreichung vorgibt. Hierdurch kann der Einsatz der persönlichen Weisung erheblich reduziert werden. Beispiele sind die dezidierte Vorgabe der Vorgehensweise bei einer Operation im Krankenhaus und die Zubereitung der Lebensmittel bei Schnellrestaurant-Ketten wie McDonald's (sekundengenaue Vorgabe von Fetttemperatur und Garzeit).

Bei Programmen handelt es sich um eine Ex-ante-Koordination. Der aufwendige Vorgang der Programmerstellung erfolgt lange vor der eigentlichen Anwendung. Programme garantieren durch die immer gleiche Vorgehensweise Lerneffekte, grenzen Verantwortlichkeiten klar ab und entlasten den Vorgesetzten, der sich i.d.R. in den Einzelfall nicht mehr einschalten muss. Die sinnvolle Anwendbarkeit endet allerdings dort, wo die Ist-Situation von der antizipierten abweicht. Würde ein Arzt die Operationsroutine trotz auftretender Komplikationen einfach fortsetzen, könnte dies fatale Folgen haben.

Das Erstellen von Programmen macht daher nur in solchen Fällen Sinn, in denen keine allzu häufigen Einzelfallabweichungen auftreten und in denen das gesamte Umfeld stabil ist. Programme sind ein statisches Instrument. Weiterhin engen sie durch die Vorgaben naturgemäß den Entscheidungsspielraum der ausführenden Stellen extrem ein, was potenziell negative Motivationseffekte auslösen kann (weniger beim Operateur denn beim McDonald's-Mitarbeiter). Ein Übermaß an Programmierung führt schließlich leicht zu bürokratischen Zuständen. Das Zerrbild einer bürokratischen Behörde, in der alle Vorgänge ohne Rücksicht auf individuell gelagerte Einzelfälle schematisch abgearbeitet werden, mag zum durchaus zwiespältigen Ruf dieses Instruments beigetragen haben – der in dieser Pauschalität nicht berechtigt ist.

---

[820] Vgl. Schreyögg (1999), S. 166.
[821] Zu Programmen vgl. Picot/Dietl/Franck (2005), S, 243 f.; Vahs (2005), S. 117 f.; Schreyögg (1999), S. 167 ff.

(3) Formalisierung

Die Formalisierung kommt in ihrer Wirkung Programmen nahe.[822] Zur Vereinfachung von Steuerung und Kontrolle sowie zur Erhöhung der Transparenz werden Vorgänge schriftlich erfasst. Hierbei kann unterschieden werden zwischen[823]

- **Strukturformalisierung:**
  Organigramme, Stellenbeschreibungen etc. werden schriftlich erfasst.
- **Informationsflussformalisierung:**
  Vorgänge, die sich auf einen Einzelfall beziehen (Mitteilung, Protokoll, Aktennotiz), werden schriftlich niedergelegt.
- **Leistungsdokumentation:**
  Schriftliche Leistungserfassungen (Personalbeurteilung, Arbeitszeitkarten etc.) werden erstellt.

Im Gegensatz zur klassischen Programmierung erfolgt keine explizite Vorgabe allgemeingültiger Verhaltensrichtlinien. Durch die formale Erfassung der (Einzel)Vorgänge wie auch durch das explizite Niederschreiben von Strukturen entsteht jedoch ein starker Druck, sich akribisch an die Vorgaben zu halten, so dass im Ergebnis eine ähnliche Wirkung wie bei der Programmierung erzielt wird. Gleiches gilt für die Vor- und Nachteile: Auf der einen Seite Transparenz und klare Verantwortlichkeiten, auf der anderen Seite eine Einengung von Freiräumen und Kreativität, da jedes Abweichen vom schriftlich Dokumentierten als Verstoß interpretiert und geahndet werden kann.

(4) Pläne

Pläne stellen im Gegensatz zur Programmierung keine Verhaltens-, sondern eine **Ergebnisstandardisierung** dar.[824] Organisationseinheiten erhalten „lediglich" eine Zielvorgabe für eine bestimmte Periode, in aller Regel 1 Jahr oder weniger. Diese Zielvorgabe sollte Bestandteil eines übergeordneten Zielsystems sein: Das Gesamtziel des Unternehmens für die Planperiode wird vertikal und horizontal auf jeder Ebene auf Teilziele herunter gebrochen, bis Ziele für einzelne Einheiten entstehen. Durch die Aufteilung des Gesamtziels auf die Teilziele und deren Abstimmung aufeinander wird die Koordination der Einzelaktivitäten sichergestellt. Erfüllt jede Einheit ihr Teilziel, wird das Gesamtziel erreicht.

Die Vorgabe eines Soll-Wertes erfordert die **Kontrolle** des Ist-Zustandes. Die Zielvorgabe sollte messbar sein, die Fortschrittskontrolle auch unterjährig erfolgen, um ggf. steuernd eingreifen zu können. Sind durch externe oder interne Veränderungen Anpassungen der Zielvorgaben notwendig, so ist dies grundsätzlich möglich. Pläne sind somit für dynamische Umwelten geeigneter als Programme.

---

[822] Zu Formalisierung vgl. Vahs (2005), S. 118 ff.; Macharzina (2003), S. 419 f.
[823] Vgl. Pugh et al. (1968), S. 65 ff.
[824] Zu Plänen vgl. Bea/Göbel (2006), S. 314; Picot/Dietl/Franck (2005), S. 244 f.; Vahs (2005), S. 118.

Auch hinsichtlich der Motivationswirkung können Pläne positiv beurteilt werden. Die Einheiten verfügen über mehr Spielraum bei der Art und Weise der Aufgabenerledigung. Die Koordination mittels Plänen ist auch zentraler Bestandteil des Führungskonzeptes **Management by Objectives**. Hier wird nicht nur für Abteilungen, sondern auch für einzelne Mitarbeiter ein Ziel vereinbart, idealerweise gemeinsam mit dem Mitarbeiter. Seine Leistungsbeurteilung und – sofern vorhanden – auch sein variabler Gehaltsbestandteil hängen dann vom individuellen Zielerreichungsgrad ab. Pläne können somit gezielt als Anreizinstrument eingesetzt werden, sowohl für größere Organisationseinheiten als auch für einzelne Mitarbeiter. Zu beachten ist, dass der Mitarbeiter über die notwendigen Befugnisse verfügen muss, um seine Aufgabe auch eigenverantwortlich durchführen zu können (Kongruenzprinzip).

2.3.2.5.3. Instrumente der Selbstkoordination
Zu den Instrumenten der Selbstkoordination werden jene gezählt, bei denen die Abstimmung durch die Mitarbeiter selbst oder ohne direkten Eingriff einer Person erfolgt.

(1) Selbstabstimmung
Die Selbstabstimmung steht in direktem Gegensatz zur persönlichen Weisung, da bei ihr kein Eingriff durch eine vertikal übergeordnete Einheit erfolgt, sondern eine Abstimmung horizontal direkt zwischen den Beteiligten. Die Nähe zum **Selbstorganisations-Ansatz** ist evident.[825] Dieser postuliert, dass eine alleinige Ausrichtung an der Fremdorganisation/-koordination nicht (mehr) zielführend ist, da zentrale, straffe, auf Dauerhaftigkeit angelegte Regeln in einer zunehmend dynamischen und komplexen Umwelt an Wirksamkeit verlieren.

Hinsichtlich der Selbstorganisations-Potenziale in Unternehmen werden zwei Formen der Ordnungsbildung unterschieden: autogene und autonome Selbstorganisation.

Bei der **autogenen Selbstorganisation** wird angenommen, dass die Ordnung nicht durch gestaltendes Eingreifen, sondern durch Eigendynamik im Unternehmen entsteht. Auf fremdkoordinatorische Eingriffe wird vollständig verzichtet. Die Weiterentwicklung in Unternehmen erfolgt nicht durch rationale, zentrale Steuerung, sondern durch einen freien und nicht prognostizierbaren sozialen Lernprozess der Unternehmensmitglieder – in der Hoffnung, dass sich in diesem Prozess die beste Variante durchsetzt. Da sich in einem solchen „freien Klima" aber auch dysfunktionale Routinen entwickeln können, sind ebenso Selektionsmechanismen und Mechanismen zum Erhalt bewahrenswürdiger Lösungen notwendig.

---

[825] Vgl. hierzu und im Folgenden Göbel (2004), Sp. 1312 ff.; ferner die Literaturhinweise im Kap. C.IV.2.2.

Die Anwendung der autogenen Selbstorganisation in Unternehmen wird einerseits als Chance gesehen, gleichsam „überpersönliche selbstorganisierende Kräfte"[826] zu nutzen, andererseits widerspricht sie fundamental der Vorstellung von rationalen Planungs- und Entscheidungsprozessen und entlässt damit das Management zu einem Gutteil aus seiner Verantwortung. Das weitgehende Verlassen auf Selbstabstimmungsprozesse erscheint keine realistische Annahme für klassische Unternehmen, möglich ist dies für „partnerships" wie kleinere Steuerberaterbüros und Anwaltskanzleien. In größeren Unternehmen wird der Anwendungsbereich insbesondere im Einfluss auf das „nicht-formale" Geschehen, welches in der informellen Organisation seinen Ausdruck findet, gesehen.

Der Ansatz der **autonomen Selbstorganisation** ist weniger radikal. Die Fremdorganisation durch den Eingriff übergeordneter Einheiten wird nicht vollständig in Frage gestellt. Es wird den Mitarbeitern aber ein deutlich höherer Autonomiegrad als in klassischen Konzepten eingeräumt (Empowerment). Grundsätzlich verfügt jede Person über autonome Selbstorganisationspotenziale, die im Rahmen ihrer Tätigkeit entsprechende Handlungsspielräume besitzt. Darüber hinaus kommt es aber auch zu einer Übertragung von Befugnissen auf Personenmehrheiten, die ihren Abstimmungsbedarf durch Selbstabstimmung ohne Eingriff einer übergeordneten Instanz lösen sollen.

Dies kann selbstverständlich in klassischen Abteilungen zwischen Kollegen oder in nebenamtlichen und diskontinuierlich zusammenkommenden Gremien erfolgen, charakteristisch ist die autonome Selbstorganisation für hauptamtliche Dauerarbeitsgruppen (teilautonome Arbeitsgruppe, siehe Kapitel C.IV.2.5.3.). In allen genannten, insbesondere aber in letzterem Fall wird der Selbstabstimmung mittels autonomer Selbstorganisation nicht nur eine Rolle als Lückenbüßer für den Fall zugeordnet, dass die Gestaltung mittels Fremdorganisation zu aufwendig ist. Sie soll vielmehr gezielt gefördert werden, da verschiedene Vorteile mit ihr verbunden werden:[827]

- **Größere Flexibilität**: Bei einer direkten Abstimmung auf Ausführungsebene kann schneller und flexibler auf Störereignisse reagiert werden als bei Einschaltung übergeordneter Einheiten.
- **Bessere Ausnutzung der Humanressourcen**: Innerhalb der selbstorganisierenden Gruppe kann jeder durch entsprechende Arbeitszuordnung seine Fähigkeiten optimal einbringen.
- **Höhere Motivation**: Durch die Selbstbestimmung der Arbeit wird ihr Charakter ganzheitlicher und anspruchsvoller. In Anlehnung an die Human Relations Bewegung erwächst hieraus Motivation.
- **Humanisierung der Arbeit**: Die entstehende Form der Arbeitsorganisation wird ebenso als humaner angesehen.

---

[826] von Hayek (1980), S. 79.
[827] Vgl. Göbel (2004), Sp. 1312 ff.; Jung (1985), S. 46 ff.

– **Höhere Effizienz**: Während der Human Relations-Ansatz in erster Linie diesen Humanisierungsaspekt fokussierte, wird hier davon ausgegangen, dass aus den anderen genannten Vorteile auch ökonomische Vorteilhaftigkeit im Sinne einer höheren Effizienz erwächst.

Mit dem intensiven Einsatz autonomer Selbstorganisation verändert sich der Charakter der Aufbau- und Ablauforganisation. Es kommt zum Abbau von steilen Hierarchien und von Vorschriften sowie zu einer verringerten Arbeitsteilung. Es werden Gruppen gleichberechtigter Mitglieder geschaffen, die sich innerhalb des ihnen vorgegebenen Rahmens nach eigenem Ermessen abstimmen können.

Diese Maßnahmen sind Bestandteil zweier moderner Organisationskonzepte, der **Prozessorganisation** und der Einrichtung **teilautonomer Arbeitsgruppen**. Diese Konzepte können somit als Wegbereiter für die Anwendung autonomer Selbstorganisation angesehen werden.

Für beide Formen der Selbstorganisation gilt, dass sie auf einem **positiven Menschenbild** basieren. Sowohl autogene als auch autonome Selbstorganisation erfordert die Bereitschaft der Mitarbeiter zu Initiative, Verantwortungsübernahme und persönlicher Weiterentwicklung. Inwieweit diese vorliegt, kann nur im Einzelfall entschieden werden. Ferner sei darauf hingewiesen, dass eine „ungezügelte" Selbstorganisation unweigerlich zu Kontrollkosten führen wird und die Freiräume auch zu Konflikten zwischen den Beteiligten und zu Effizienzverlusten führen können.

(2) Interne Märkte
Der Preismechanismus hat auf freien Märkten eine Koordinations- und eine Motivationseffekt.[828] Durch den sich bildenden Marktpreis werden Angebots- und nachgefragte Menge koordiniert. Für den Anbieter bietet sich die Möglichkeit, bei entsprechend niedrigen Kosten ein Einkommen zu erzielen, welches Motivation für einen Verbleib im Markt ist.

Auch wenn der Preismechanismus klassischerweise bei Transaktionen zwischen unabhängigen Marktpartnern Anwendung findet, können er und damit beide Effekte auch innerhalb von Unternehmen genutzt werden. Organisationseinheiten, die innerhalb eines Unternehmens in einer Kunden-Lieferanten-Beziehung stehen, koordinieren sich über einen festzulegenden **Verrechnungspreis** für das zu liefernde Gut.

Durch die Einführung derartiger „Markttransaktionen" können Ineffizienzen aufgedeckt werden: Eine unproduktive Einheit kann ihre überhöhten Kosten nicht mehr „einfach weiterreichen", sondern muss ihren Preis und damit implizit auch ihre Kosten aufdecken. Sie könnte zwar grundsätzlich ihre Güter unter Kosten an die anderen internen Einheiten verkaufen. Wenn den Verantwortlichen jedoch gleichzeitig die Ergebnisverantwortung für ihren Bereich übertragen wird (Schaffung

---

[828] Zu internen Märkten vgl. Bea/Göbel (2006), S. 317 ff.; Kieser/Walgenbach (2003), S. 122 ff.; Neus (1997), S. 38 ff.

eines **Profit Center**), haben sie eine hohe Motivation, die Effizienz der Einheit zu erhöhen.

Interne Märkte in Verbindung mit der Einführung von Profit Centers können somit über die Koordination hinaus die Transparenz, die Motivation und die Effizienz erhöhen. Darüber hinaus ändert sich der Charakter der Beziehung zur abnehmenden Einheit. Nunmehr Kunde statt „schlichter Abnehmer" hat sie ein Anrecht auf eine qualitativ hochwertige Lieferung – neben die Effizienz- kann somit zusätzlich die Qualitätsverbesserung treten.

(3) Unternehmenskultur
Mit Unternehmenskultur werden die gewachsenen Werte und Normen, die das Handeln der Mitglieder des Unternehmens prägen, bezeichnet. Eine starke Kultur führt zu einem Zusammengehörigkeitsgefühl der Mitarbeiter, die sich emotional den gleichen Werten und Zielen verbunden sehen, wodurch sich **ähnliche Verhaltensmuster** entwickeln. Kommunikation und Koordination der Aufgabenträger untereinander werden erleichtert, viele Abstimmungen erübrigen sich, da sie konkludent vorgenommen werden.

Im Gegensatz zu den oben erläuterten Koordinationsinstrumenten wirkt die Unternehmenskultur unbewusst, der Prozess findet unmerklich, wie von selbst statt. Dies hat u.a. den Vorteil, dass das Instrument auch in schlecht antizipierbaren Situationen zum Einsatz kommen kann, in denen andere Instrumente wie Pläne und Programme aufgrund ihres notwendigen zeitlichen Vorlaufs ungeeignet sind.

Da die Unternehmenskultur an anderer Stelle ausführlich behandelt wird (siehe Kapitel C.II.2.), wird hier auf die dortigen Erläuterungen verwiesen.

(4) Professionalisierung
Mit Professionalisierung wird der Erwerb fundierten Fachwissens bezeichnet.[829] Die Koordinationswirkung tritt über eine Standardisierung der Fähigkeiten und Kenntnisse von Mitarbeitern ein. Standardisierung ist in diesem Zusammenhang nicht als Schematisierung misszuverstehen. Es geht vielmehr um einen **gemeinsamen Grundstock an Wissen,** der spezifische Fachausdrücke mit einschließt.

Eine solche Professionalisierung wird zunächst durch die Hochschulausbildung von Mitarbeitern sichergestellt. So können Unternehmen davon ausgehen, dass alle an deutschen Hochschulen ausgebildeten Ingenieure und ebenso alle Betriebswirtschafts-Absolventen jeweils über einen Grundfundus an identischem Know-how und an Fachsprache verfügen, der die Verständigung im Unternehmen und das Arbeiten an gemeinsamen Aufgaben maßgeblich erleichtert.

Einige Unternehmen vertrauen nicht allein auf die Professionalisierung, die die Mitarbeiter vor Eintritt in das Unternehmen durchlaufen haben, sondern legen Wert

---

[829] Zu Professionalisierung vgl. Bea/Göbel (2006), S. 321 ff.

auf die unternehmensspezifische Ausbildung eines gemeinsamen Fundus an Kenntnissen und Methodenwissen. Dies ist beispielsweise bei Unternehmensberatungen wichtig, um einen einheitlichen Kundenauftritt zu gewährleisten.

Nach erfolgter Professionalisierung der Mitarbeiter wirkt diese, ebenso wie die Unternehmenskultur, über das Verhalten der Mitarbeiter in konkreten Arbeitssituationen. Auch sie ist flexibel einsetzbar und kann in schlecht antizipierbaren Situationen zum Einsatz kommen.

Zum Abschluss der Erläuterung dieser Koordinationsinstrumente ist noch einmal zu betonen, dass die meisten dieser Instrumente nicht als konfliktär anzusehen sind, sondern sich im Gegenteil ergänzen können. So wird kaum ein Unternehmen auf persönliche Weisungen, Formen der Verhaltensstandardisierung und Pläne im Sinne von Zielvorgaben verzichten können, ebenso wenig auf die Standardisierung von Fähigkeiten als Instrument der Selbstkoordination. Von den Varianten der Selbstabstimmung wird zumindest die informelle Organisation passiv von jedem Unternehmen genutzt.

Wesentliche Unterschiede gibt es dagegen bei der jeweiligen Gewichtung dieser Instrumente. Diese Gewichtung hat wiederum maßgeblichen Einfluss auf die Gesamtgestalt der Organisation eines Unternehmens.

2.3.3. Gestaltungsparameter und Ablauforganisation

Im hier beschriebenen klassischen Organisationsverständnis ist die Ablauforganisation der Aufbauorganisation logisch nachgelagert. In der raum-zeitlichen Abfolge des konkreten Arbeitsgeschehens werden die durch die Aufbauorganisation zur Verfügung gestellten Potenziale (Menschen und Sachmittel) zum Einsatz gebracht, es erfolgt der **Aufgabenvollzug**.

Während sich die Aufbauorganisation im Rahmen der Zerlegung der Gesamtaufgabe naturgemäß mit allen Tätigkeiten im Unternehmen befasst, fokussiert die klassische Ablauforganisation stark den operativen **Produktionsbereich**.

Wesentliches Ziel ist die **Minimierung der Kosten** unter der Nebenbedingung, die vorgegebenen **Qualitätsanforderungen** zu erfüllen. Als weitere Ziele werden die Stärkung der Motivation und die Erhöhung der Flexibilität genannt[830] – letzteres wird dann bedeutend, wenn das Umfeld einen häufigen Wechsel im Produktionsprogramm erfordert. Die Motivation wird eher in den modernen, ablauforientierten Konzepten thematisiert als in der klassischen Lehre der Ablauforganisation.

---

[830] Vgl. Bea/Göbel (2006), S. 344. Die Nennung der Motivation als Ziel bezieht sich dort auch primär auf die Prozessorganisation und nicht auf die klassische Ablauforganisation.

Als Unterziele des Effizienzzieles sind zu sehen:[831]
- Minimierung des Ressourceneinsatzes (Mensch, Maschine, Einsatzgüter)
- Hohe Kapazitätsauslastung
- Hohe Termintreue
- Kurze Durchlaufzeiten
- Minimierung der Lagerbestände.

Für die Gestaltung der Ablauforganisation des Unternehmens sind die gleichen Parameter relevant wie für die Aufbauorganisation: Analyse, Synthese, Leitungssystem und Koordination.[832] Die obigen Ausführungen zu den beiden letzteren bedürfen keiner weiteren Ergänzung, die Entscheidungen zu Leitungssystem und Koordinationsinstrumenten werden ja erst in den betrieblichen Abläufen gleichsam „zum Leben erweckt". Im Gegensatz hierzu sind hinsichtlich Analyse und Synthese weitere Schritte notwendig, um die organisatorische Gestaltung abzuschließen. Daher wird im Weiteren ausschließlich auf die Gestaltungsparameter Arbeitsanalyse und Arbeitssynthese eingegangen.

(1) Arbeitsanalyse
Die Arbeitsanalyse ist die Fortführung der Aufgabenanalyse, sie setzt an den Teilaufgaben an, die einzelnen Stellen zugeordnet wurden (Elementaraufgaben).[833] In der Arbeitsanalyse wird eine solche **Elementaraufgabe** als **Arbeitsgang** bezeichnet:[834] eine Folge von Verrichtungen, die von einer Person ausgeführt werden.

Für die weitere Analyse eines solchen Arbeitsganges kommen grundsätzlich die gleichen Kriterien zur Anwendung wie bei der Aufgabenanalyse:[835] Verrichtung, Objekt, Rang, Phase und Zweckbeziehung. Da sich die klassische Ablauforganisation jedoch stark auf die Realisationsebene des Produktionsbereiches konzentriert, können die Kriterien Rang (Ausführungsebene), Phase (Realisation) und Zweckbeziehung (direkter Bezug zur Leistungserstellung) als gegeben angenommen werden. Im Kern dreht sich die Arbeitsanalyse um die Verrichtung an Objekten im Rahmen eines Arbeitsganges. Bei der weiteren Zerlegung des Arbeitsganges in so genannte Arbeitsstufen bis hin zu einzelnen Griffelementen[836] geht es darum, optimale Bewegungsabläufe zu ermitteln, ebenso soll die Ergonomie der Maschinen verbessert werden und die Zeitdauer jedes Griffelementes ermittelt werden.

---

[831] Vgl. Bühner (2004), S. 237.
[832] Hinsichtlich Analyse und Synthese besteht hierüber weitgehend Einigkeit (vgl. beispielhaft Bühner (2004), S. 12). In Kap. C.IV.2.3.1. wurde erläutert, warum hier auch Leitungssystem und Koordination als Parameter der Ablauforganisation interpretiert werden.
[833] Vgl. Vahs (2005), S. 52; Bühner (2004), S. 21; Frost (2004), Sp. 49.
[834] Vgl. Vahs (2005), S. 52.
[835] Vgl. Kosiol (1976).
[836] Vgl. Nordsieck (1955), S. 145.

Details der Analyse von Arbeitsabläufen sind weniger im Fokus des Faches Organisation, sondern werden vielmehr in der Produktions- und Fertigungswirtschaft behandelt.[837] Auf eine detaillierte Analyse wird daher verzichtet.

(2) Arbeitssynthese
Analog zum Vorgehen bei der Aufgabensynthese müssen die gebildeten Teilelemente wieder zusammengeführt und – was bei der Ablauforganisation besonders wichtig ist – miteinander verzahnt werden.[838] Dabei kommen wiederum die bekannten Kriterien zum Einsatz. Im Mittelpunkt steht aber die raum-zeitliche Verkettung der Tätigkeiten, einmal auf der Ebene eines einzelnen Aufgabenträgers (Verkettung von Griffelementen und Arbeitsstufen zu einem abgestimmten Arbeitsgang), einmal auf der übergeordneten Ebene zwischen den Aufgabenträgern. *Kosiol* unterscheidet dabei die personale, räumliche und zeitliche Synthese, wobei diese nicht unabhängig voneinander sind.[839]

Bei der **personalen Synthese** wird abschließend festgelegt, welche Arbeitsstufen zu einem Arbeitsgang zusammengefasst und damit einer Person zugeordnet werden. Gleichzeitig muss das so genannte normale Arbeitspensum festgelegt werden: Es ist zu entscheiden, wie häufig der Stelleninhaber den Arbeitsgang in einer Zeiteinheit wiederholen kann. Dies hängt selbstverständlich vom Umfang des Arbeitsganges ab. Der Umfang des Arbeitsganges hat elementaren Einfluss auf den Charakter der Arbeit. Eine extreme Verkürzung führt zur Taylor'schen Fließbandarbeit.[840]

Mit der **zeitlichen Synthese** kann die Arbeitsfolge zwischen den einzelnen Personen aufeinander abgestimmt werden. Durch die Einführung eines abgestimmten Arbeitstaktes können Zwischenlager und Durchlaufzeiten minimiert werden, ein durchgehender Arbeitsprozess entsteht.

Mit der **räumlichen Synthese** kann die räumliche Anordnung und Ausstattung der Arbeitsplätze so optimiert werden, dass die innerbetrieblichen Transportwege minimiert werden.

Ziel ist es, das komplexe betriebliche Geschehen durch diese inhaltliche, zeitliche und räumliche Synchronisation weitestgehend beherrschbar zu machen. Die Ergebnisse werden in Ablaufdiagrammen und Prozessbeschreibungen detailliert erfasst.

Nicht immer kann jedoch eine solche Synthese vollständig durchgeführt werden und dauerhaft gültig sein. Implizite Annahme hierfür ist, dass die einzelnen Arbeitsgänge und damit die übergeordneten Arbeitsprozesse über einen längeren Zeitraum

---

[837] Vgl. beispielhaft Schweitzer (1994), S. 573 ff.
[838] Zur Arbeitssynthese vgl. Vahs (2005), S. 55 ff.; Frost (2004), Sp. 49 f.; auch Bea/Göbel (2006), S. 352 ff.
[839] Vgl. Kosiol (1976), S. 212 ff.
[840] Vgl. die Literaturhinweise zum Scientific Management im Kap. C.IV.2.2.

unverändert bleiben. Voraussetzung hierfür ist ein stabiles Produktionsprogramm, d.h. Art und Menge der hergestellten Produkte sind konstant. Im Idealfall handelt es sich um ein einziges Produkt, welches im perfekt austarierten Arbeitstakt hergestellt wird.

Häufig kommt es jedoch zur parallelen Produktion unterschiedlicher Produkte, die jeweils unterschiedliche Fertigungsverfahren und unterschiedliche Arbeitsgänge erfordern und zu bestimmten Terminen fertiggestellt sein müssen. Damit ist eine gleichmäßige Auslastung der Kapazitäten ebenso wenig gesichert wie die rechtzeitige Fertigstellung der Produkte. Es werden dann Methoden benötigt, die idealerweise parallel eine optimale Auslastung der Produktionskapazitäten und eine Sicherstellung der gewünschten Fertigstellungstermine ermöglichen. In der betrieblichen Realität geht man häufig dergestalt vor, dass man den Produktionsprozess zunächst in seiner Grundstruktur und seinem zeitlichen Ablauf erfasst, um herauszufinden, an welchen Stellen Engpässe auftreten können. Das bekannteste Verfahren zur Durchführung dieser Analyse ist die **Netzplantechnik**.[841] Für eine analytische Lösung der Problematik können Verfahren wie die Lineare Programmierung angewendet werden, die jedoch auf Grund ihrer Komplexität selten zur Anwendung kommen. Die neuere Entwicklung ist von computergestützten Verfahren geprägt, so genannten Produktionsplanungs- und Steuerungs-Systemen (PPS). Diese führen das Optimierungsproblem unter Berücksichtigung der Nebenbedingungen einer rechnergestützten Lösung zu.

In kleineren Unternehmen kommen dagegen häufig keine dieser Methoden zur Anwendung, sondern so genannte heuristische Regeln. Hierbei handelt es sich um eine Art „Faustregel", nach der verfahren werden soll, so beispielsweise, dass bei Engpässen immer der Auftrag mit dem frühesten Liefertermin höchste Priorität hat.

2.4. Klassische Organisationskonzepte
Die in Kapitel C.IV.2.3. vorgestellten Parameter stellen gewissermaßen das Handwerkszeug dar, mit dem die Organisation eines Unternehmens modelliert wird. Im Laufe der Zeit haben sich hierbei einige **Grundmodelle** entwickelt, sowohl für die Aufbau- als auch für die Ablauforganisation.

In Abbildung C.IV.32 wurden drei Ebenen der Modellbildung unterschieden: **Individual- (Mikro), Gruppen- (Meso) und Unternehmensebene (Makro)**. Stellen- und Abteilungsbildung auf Seiten der Aufbauorganisation sind der Mikro- und Mesoebene zuzuordnen.[842] Sie bilden die Basis der organisatorischen Gestaltung. Im Weiteren werden verschiedene aufbauorganisatorische Modelle für die *Makro-*

---

[841] Eine ausführliche Abhandlung findet sich z.B. bei Altrogge (1994).
[842] Vgl. Schreyögg/v. Werder (2004), Sp. 974.

ebene vorgestellt. Diese umfassen die Rahmenstruktur des Unternehmens inkl. zumindest der obersten Gliederungsebene. Die zu erläuternden ablauforganisatorischen Modelle mit ihrem Fokus auf dem Produktionsbereich sind dagegen auf der Mesoebene angesiedelt.

Hierbei finden nicht immer alle Gestaltungsparameter gleichermaßen Anwendung. Im Vordergrund der aufbauorganisatorischen Makromodelle stehen die Gestaltungsparameter der Arbeitsteilung (Ergebnis von Analyse und Synthese) sowie des Leitungssystems (insbesondere Weisungsbefugnis und Leitungsspanne).[843] Im Fokus der ablauforganisatorischen Mesomodelle steht insbesondere die Form der räumlichen Synthese.[844]

Alle Modelle/Konzepte sollen verschiedenen **Anforderungen** gerecht werden. Diese wurden bereits im Rahmen der Erläuterung der Messproblematik der Organisationseffizienz erläutert (siehe Kapitel C.IV.2.1.). Zu den externen Anforderungen gehören Kundennähe und Flexibilität, zu den internen die effiziente Gestaltung aller Prozesse (Führung, Leistung), was die optimale Nutzung der Mitarbeiterfähigkeiten einschließt.

2.4.1. Klassische Konzepte der Aufbauorganisation

Eine optimale Erfüllung aller Anforderungen kann von keinem Konzept geleistet werden. So stehen beispielsweise die Ziele Flexibilität und Effizienzgewinn durch Spezialisierung in einem konfliktären Verhältnis. Die verschiedenen aufbauorganisatorischen Konzepte unterscheiden sich letztlich dadurch, dass sie **jeweils verschiedenen Anforderungen die höchste Priorität einräumen** und sich entsprechend an ihnen ausrichten.

Die nachfolgenden Konzepte stellen Grundtypen dar. In der betrieblichen Realität kommt es häufig nicht zu einer dogmatischen 1:1 – Übernahme. Stattdessen sind sie als Orientierungshilfen zu sehen, die einer situativen Anpassung unterliegen.[845]

Im Mittelpunkt der Betrachtung stehen Organisationskonzepte für mittlere und große Unternehmen, da das Organisationsproblem hier ungleich komplexer ist als in einem Kleinunternehmen. Es ist aber zu betonen, dass ungeachtet dieser Fokussierung Kleinunternehmen sowohl zahlenmäßig als auch in ihrer gesamtwirtschaft-

---

[843] Vgl. Macharzina (2003), S. 420.
[844] Die räumliche Synthese hat allerdings wiederum unmittelbare Auswirkungen auf die personale und zeitliche Synthese.
[845] Vgl. Macharzina (2003), S. 420.

lichen Bedeutung von sehr großer Bedeutung sind.[846] Aus diesem Grund beginnt die Betrachtung mit einer Skizzierung der so genannten Unternehmer-Organisation.

2.4.1.1. Unternehmer-Organisation

Die Unternehmer-Organisation stellt, abgesehen vom Ein-Personen-Unternehmen, die einfachste Form eines Organisationskonzepts dar. Die Organisation ist gleichsam um den Unternehmer herumgebaut, der in direktem Kontakt mit seinen Mitarbeitern steht. Beispielhaft kann ein Handwerksbetrieb mit 6 Mitarbeitern genannt werden.

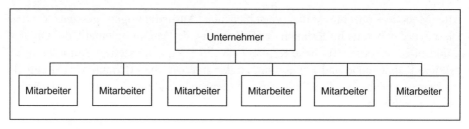

Abb. C.IV.48: Unternehmer-Organisation

Auf der Arbeitsebene ist der Spezialisierungsgrad in aller Regel gering. Formale Leitungsstrukturen bestehen kaum. Die unternehmensrelevanten Entscheidungen sind vollständig zentralisiert. Wichtigstes Koordinationsinstrument ist die persönliche Weisung.

Die Unternehmer-Organisation zeichnet sich durch hohe Flexibilität und weitgehend ganzheitliche Arbeitsinhalte aus. Als Nachteile sind die starke Abhängigkeit von der Unternehmerperson (bei Ausfall Existenzgefährdung des Unternehmens) sowie die fehlenden Aufstiegschancen für Mitarbeiter zu sehen. Die Anwendung ist auf eine überschaubare Zahl von Mitarbeitern begrenzt.

2.4.1.2. Funktionale Organisation

Die Funktionale Organisation stellt die für Industriebetriebe älteste Organisationsform dar.[847] Sie ist dadurch gekennzeichnet, dass auf der Ebene unterhalb der Unternehmensleitung (2. Ebene) die Aufgaben nach Verrichtungen (lat. = functio)

---

[846] Ein kurzer geschichtlicher Abriss zur historischen Entwicklung von Organisationsmodellen findet sich bei Kocka (2004), Sp. 1060 ff.

[847] Wie alle im weiteren dargestellten klassischen Organisationsmodelle wird auch die Funktionale Organisation in beinahe jedem Organisationslehrbuch beschrieben. Zum folgenden vgl. Picot/Dietl/Franck (2005), S. 280 ff.; Vahs (2005), S. 142 ff.; Bühner (2004), S. 127 ff.; Hamel (2004), Sp. 324 ff.; Schreyögg (1999), S. 130 f.

entsprechend dem Realgüterstrom gegliedert sind. Sofern es sich um eine mehrköpfige Unternehmensleitung handelt, ist sie in aller Regel ebenso strukturiert.

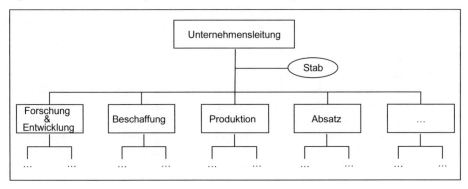

Abb. C.IV.49: Funktionale Organisation

Ausgangspunkt der Entwicklung von der Unternehmer- zur Funktionalen Organisation ist meist die Trennung von kaufmännischem und technischem Bereich, der dann im Zeitablauf eine weitere Differenzierung folgt.[848]

Auf der 3. Ebene kann ein weiteres Mal die Verrichtungsorientierung zur Anwendung kommen (Beispiel Beschaffung: Einkauf, Logistik, Lager), ebenso aber auch die Objektorientierung (Beispiel Produktion: PkW, LkW, Motorrad). Das jeweils geeignete Gliederungskriterium ist bis hinunter zur untersten Ebene unternehmensspezifisch festzulegen.

Der wichtigste **Vorteil** der Funktionalen Organisation liegt in der Realisierung von **Größen- und Spezialisierungsvorteilen**.[849] Durch die Zusammenlegung ähnlicher Verrichtungen können Synergie- und Fixkostendegressionseffekte erzielt werden, innerhalb der einzelnen Einheiten kommt es bei Nutzung des hohen Spezialisierungspotenzials zu Kostenreduzierungen durch Lern- und Übungseffekte. Diese Vorteile sind umso größer, je homogener das Produktprogramm ist.[850] Ferner ist **die Struktur einfach und gut überschaubar**. Es können klar abgrenzbare und damit gut kontrollierbare Einheiten geschaffen werden.

Diese Vorteile sind so gewichtig, dass die Funktionale Organisation zur am häufigsten realisierten Organisationsform in der Wirtschaft wurde.[851]

---

[848] Vgl. Vahs (2005), S 143.
[849] Vgl. zu den Vor- und Nachteilen: Picot/Dietl/Franck (2005), S. 280; Vahs (2005), S. 144 ff.; Bühner (2004), S. 128; Hamel (2004), Sp. 328; Schreyögg (1999), S. 130.
[850] So können bei Herstellung nur *eines* großvolumigen Produktes Spezialmaschinen für jeden Arbeitsgang genutzt werden, bei vielen kleinvolumigen Produkten ist dies nicht möglich.
[851] Vgl. Bühner (2004), S. 128.

Den Vorteilen stehen allerdings gewichtige **Nachteile** gegenüber:

- **Hoher Koordinationsbedarf:**
  Die gebildeten Einheiten auf der 2. Ebene sind stark interdependent. Die notwendige Abstimmung (über den Dienstweg des nächsten Vorgesetzten) führt daher zu einem hohen Koordinationsbedarf. Gleiches gilt aufgrund der starken Arbeitsteilung für die Binnenkoordination dieser verrichtungsorientierten Einheiten.

- **Überlastung der Führungsspitze:**
  Da viele Entscheidungen bereichsübergreifend zu treffen sind – ein Produkt durchläuft i.d.R. alle Bereiche des Unternehmens – kommt es zu einer weitgehenden Zentralisierung der Entscheidungen (so genannter Kamineffekt).[852] In Verbindung mit dem für die Funktionale Organisation charakteristischen Einliniensystem führt dies zu einer starken Beanspruchung der oberen Instanzen., was zu einer Vernachlässigung der strategischen Aufgaben führen kann. Zu deren Entlastung können Stäbe eingerichtet werden (siehe Abbildung C.IV.49). Eine völlige Entlastung ist jedoch nicht möglich, da die Entscheidungen weiterhin von den Instanzen zu treffen sind. Als Nebeneffekt kommt es zu einer Verlangsamung der Entscheidungsprozesse und zu einer Einschränkung der Flexibilität.

- **Geringe Marktorientierung/keine Erfolgszurechnung:**
  Da keine der Einheiten die Gesamtverantwortung für ein Produkt innehat, besteht die Gefahr einer kollektiven Verantwortungslosigkeit hinsichtlich des Markterfolges. Da dieser keiner Einheit allein zuzurechnen ist, ist auch keine ertrags-, sondern allein eine kostenorientierte Steuerung der Einheiten möglich. Ein hieraus resultierender Nebeneffekt kann ein starker Ressortegoismus sein (eigene Kostenoptimierung ohne Rücksicht auf den Gesamt-Kosten-Nutzen-Effekt).

- **Eingeschränkte Führungskräfteentwicklung:**
  Da Gesamtverantwortung auch für einzelne Produkte erst auf Unternehmensleitungsebene besteht, können Nachwuchskräfte nicht schrittweise an diese Verantwortung herangeführt werden, sondern können sie jeweils nur innerhalb eines oder für einen Funktionsbereich übernehmen. Dort können die geschilderten Interdependenzen nicht vollständig erfahren werden.

- **Nichteignung für heterogene Produktprogramme:**
  Die geschilderten Größen- und Spezialisierungsvorteile lösen sich mit zunehmendem Diversifikationsgrad der Produkte auf, da dann die Funktionserfüllung jeweils unterschiedlich gestaltet werden muss. Je mehr Fertigungsprozesse zu bewerkstelligen sind, umso weniger können Spezialisierungs- und Degressionseffekte innerhalb jedes Prozesses optimiert werden. Zusätzlich steigen die Koordinationskosten sprunghaft an.

Im Ergebnis ist die Funktionale Organisation ein **geeignetes Organisationskonzept für Unternehmen mit relativ homogenem Produktionsprogramm in stabilen Märkten**. In dynamischen Märkten oder bei heterogenem Produktprogramm können ihre Vorteile dagegen nicht ausreichend zum Tragen kommen. Da kleine und mittlere Unternehmen meist ein homogenes Produktprogramm besitzen und die größenbedingten Abstimmungsprobleme noch nicht die Effizienzvorteile aufzehren, ist die Funktionale Organisation dort noch heute weit verbreitet. In großen Unternehmen hat sie dagegen an Bedeutung verloren.

---

[852] Vgl. Picot/Dietl/Franck (2005), S. 283

2.4.1.3. Divisionale Organisation

Die Divisionale Organisation, auch Geschäftsbereichs-, Sparten- oder Objektorientierte Organisation genannt, kam erstmals in den 1920er Jahren bei DuPont und General Motors zum Einsatz.[853] Beweggrund waren zum damaligen Zeitpunkt v.a. die nicht mehr beherrschbaren Führungs- und Koordinationsprobleme der Funktionalen Organisation aufgrund des Wachstums der Unternehmen.

In den 1960/70er Jahren hat sich die Divisionale Organisation im Zuge verstärkter Diversifikation und Internationalisierung der Unternehmen sowie einer größeren Marktdynamik, die flexiblere, marktnahe Strukturen erforderte, zur dominanten Organisationsform großer Unternehmen entwickelt.[854] Für *Bleicher* ist sie „das Organisationsmodell der zweiten Hälfte des zwanzigsten Jahrhunderts."[855]

Bei der Divisionalen Organisation kommt es auf der 2. Hierarchieebene (bei mehrköpfiger Unternehmensleitung ggf. auch auf der 1. Ebene) zu einer **Zentralisierung** nicht von Verrichtungen, sondern **von Objekten**. Dies können **Kundengruppen** (Privat- und Geschäftskunden), Regionen (Geschäftsbereiche Europa, Asien etc.) oder Produktgruppen sein. Die Orientierung an **Regionen** ist v.a. bei internationaler Ausrichtung relevant, wenn die Märkte so unterschiedlich sind, dass sie eine getrennte Angehung erfordern. Aufgrund eines Trends zur Homogenisierung der Märkte ist die Bedeutung der reinen Regionen-Orientierung aber eher abnehmend.[856] Die **häufigste Variante** der Divisionalen Organisationen ist die Orientierung an **Produktgruppen**.

In einer Division werden solche Objekte zentralisiert, zwischen denen im betrieblichen Ablauf große Abhängigkeiten bestehen. Im Umkehrschluss sollten die Abhängigkeiten zu den anderen Divisionen möglichst gering sein.[857] Auf der nächsten Ebene einer Division kann erneut (bei sehr großen Unternehmen) eine Gliederung nach Objekten erfolgen, sonst erfolgt eine Verrichtungsorientierung. Faktisch kommt es zur Bildung mehrerer **Unternehmen im Unternehmen**, jedes mit den betrieblichen Grundfunktionen (Produktion, Absatz etc.) ausgestattet. Damit werden **Verrichtungsstrukturen parallel implementiert**. Dies ist nur dann sinnvoll, wenn die gebildeten Einheiten eine ausreichende Größe haben, um diese Ressourcen effizient zu nutzen.

---

[853] Vgl. zum folgenden Picot/Dietl/Franck (2005), S. 301 ff.; Vahs (2005), S. 148 ff.; Bühner (2004), S. 141 ff.; Meckl (2004), Sp. 1253 ff.; Schewe (2004), Sp. 1333 ff.; Schreyögg (1999), S. 132 ff.

[854] Vgl. Vahs (2005), S. 149 f., Macharzina (2003), S. 423.

[855] Bleicher (1991), S. 436.

[856] Näheres zur Regionalorganisation vgl. Meckl (2004), Sp. 1253 ff. Die regionale Dimension findet allerdings vermehrt Anwendung in der Matrixorganisation.

[857] Vgl. Schewe (2004), Sp. 1337.

Organisation

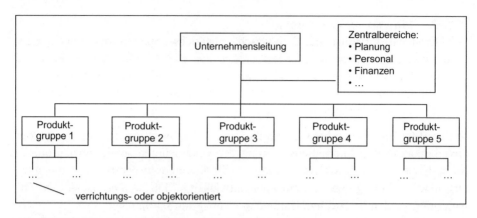

Abb. C.IV.50: Divisionale Organisation (Bsp. Produktgruppe)

Grundgedanke der Divisionalen Organisation ist die **Dezentralisierung operativer Entscheidungen** bei gleichzeitiger **Zentralisierung strategischer Entscheidungen**.[858]

Die operativen Befugnisse werden an die Leitung der Divisionen delegiert, die ihre Einheiten aufgrund der geringen Interdependenzen mit den anderen Divisionen weitgehend autonom führen können. Hierdurch soll Motivation zu flexiblem, unternehmerischem Handeln entstehen.

Aufgrund der Freiheiten der Divisionen werden Mechanismen benötigt, die sicherstellen, dass deren Handeln den Interessen des Gesamtunternehmens nicht zuwiderläuft. Diese unternehmensweite Koordination und Kontrolle wird u.a. durch zentrale Planungs- und Controllingeinheiten sichergestellt. Gleichzeitig ist es sinnvoll bzw. notwendig, bestimmte Leistungen aufgrund von Größenvorteilen (Beschaffung) oder aufgrund der Nichtteilbarkeit der Aufgabe (Steuern, Jahresabschluss etc.) zentral zu organisieren. Zur Erfüllung all dieser Aufgaben werden **Zentralbereiche** installiert.[859]

Diese funktional[860] orientierten Unterstützungsorgane der Gesamtunternehmensleitung, die je nach Begriffsverständnis als Stabs- oder Dienstleistungseinheiten anzusehen sind,[861] besitzen zur Durchführung ihrer Aufgaben häufig gewisse Weisungsrechte und begrenzen damit die Autonomie der Divisionen. Das Ausmaß der Autonomiebegrenzung kann stark variieren.[862] So können im einen Extremfall

---

[858] Vgl. Picot/Dietl/Franck (2005), S. 301.
[859] Zu weiteren möglichen Zentralbereichen zählen Public Relations, EDV und Recht.
[860] Durch die funktionale Orientierung wird neben der Objektorientierung der Divisionen eine zweite Dimension genutzt. Faktisch kommt es damit zur Ausgestaltung einer (unechten) Matrixstruktur, siehe C.IV.2.4.1.5.
[861] Siehe C.IV.2.3.2.3.2.
[862] Vgl. Vahs (2005), S. 160, Bühner (2004), S. 148; Schreyögg (1999), S. 134.

Vorgaben lediglich hinsichtlich des Aufbaus abzuliefernder Berichte gegeben werden, im anderen Extremfall kann eine Beschneidung fast aller Freiräume erfolgen (Genehmigung und strenge Kontrolle aller wesentlichen Aktivitäten durch Zentralbereiche), was im Hinblick auf die erhoffte Motivationswirkung kontraproduktiv ist. Richtschnur für die „Einmischung" der „kontrollierenden" Zentralbereiche sollte die Frage der strategischen Relevanz der betreffenden Frage sein.

Für diejenigen Stelleninhaber in den Divisionen, die in einer direkten Berichtspflicht zu einer oder mehreren Zentralbereichen stehen, kommt es zu einer **Mehrfachunterstellung**. Während die disziplinarische Weisungsbefugnis in aller Regel beim Divisionsvorgesetzten verbleibt, liegt die fachliche Weisungsbefugnis zumindest teilweise in den Zentralbereichen. Ein Beispiel ist der Abteilungsleiter Finanzen einer Division, der zum einen dem Divisionsleiter, zum anderen dem Leiter des Zentralbereiches Finanzen unterstellt ist. Die Divisionale Organisationen beinhaltet damit Elemente des Mehrliniensystems – wobei zu betonen ist, dass dies nur für eine begrenzte Anzahl von Stellen gilt.

Zu den originären **Aufgaben der Unternehmensleitung**, die im Regelfall nicht in die Divisionen delegiert werden sollten, gehören in einer Divisionalen Organisation:[863]

- Strategische Führung (grundlegende Wettbewerbsstrategie, Ausgestaltung Leitungssystem etc.)
- Investitionsentscheidungen, Finanzplanung und Kontrolle
- Personelle Besetzung der oberen Führungspositionen.

Die **Vorteile** der Divisionalen Organisation verhalten sich im Wesentlichen spiegelbildlich zu den Nachteilen der Funktionalen Organisation:[864]

- **Förderung von Motivation, flexibler Marktreaktion und unternehmerischem Verhalten:**
  Dies wird durch Dezentralisierung von Verantwortung und transparente Erfolgszurechnung ermöglicht.
- **Gute Möglichkeiten der Nachwuchskräfteentwicklung:**
  Führungskräfte können in kleineren Divisionen an die Übernahme größerer Verantwortung herangeführt werden. Für Nachwuchskräfte bieten sich zudem mehr Möglichkeiten, da die Divisionale Organisation vergleichsweise viele Führungskräfte benötigt.[865]
- **Entlastung der Unternehmensleitung:**
  Durch die Delegation der operativen Verantwortung in die Divisionen kann sich die Unternehmensleitung auf strategische Aufgaben konzentrieren.
- **Anpassungsfähige Struktur:**
  Neue Bereiche können problemlos als Division angegliedert werden, abzustoßende Divisionen ebenso problemlos abgetrennt werden. Zudem können in den verschiedenen Divisionen

---

[863] Vgl. Picot/Dietl/Franck (2005), S. 306f.; Vahs (2005), S. 156.
[864] Vgl. für Vor- und Nachteile die Literaturangaben eingangs des Kap. C.IV.2.4.1.3.
[865] Vgl. Schewe (2004), Sp. 1340.

jeweils unterschiedliche Strukturkonzepte zum Einsatz kommen, z.B. flexible Strukturen in einem dynamischen Marktumfeld, effizienzorientierte Strukturen in stabilen Märkten.

Dem stehen wiederum verschiedene **Nachteile** gegenüber:

- **Verzicht auf Größen- und Spezialisierungsvorteile:**
  Die Parallelisierung von Aktivitäten in den Divisionen lässt Effizienzvorteile aus der möglichen Zusammenführung der Aktivitäten ungenutzt. Dies ist der Preis, der für die Abkehr von der Funktionalen Organisation zu zahlen ist. Er kann vermindert werden, indem einzelne Aktivitäten, die für die Autonomie der Divisionen nicht entscheidend sind, in Zentralbereichen zusammengefasst werden (z.B. Beschaffung).
- **Höhere Kosten durch hohen Führungskräftebedarf:**
  Was aus Sicht von Nachwuchskräften attraktiv ist, eine hohe Anzahl von Führungspositionen in den Divisionen (wegen Vervielfachung der Funktionsbereiche) und Zentralbereichen, führt für das Unternehmen zu höheren Personalkosten.
- **Spartenegoismus:**
  Die Beurteilung der Divisions-Leitung anhand ihrer Ergebnisse ermuntert diese zur Optimierung ihrer eigenen Einheit auch auf Kosten anderer Divisionen bzw. des Gesamtunternehmens.
- **„Reibereien" Zentralbereiche – Divisionen:**
  Zu den Aufgaben der Zentralbereiche gehört die Eindämmung dieses Spartenegoismus. Aufgrund der unterschiedlichen Sichtweise – Gesamt- vs. Divisionssicht – ist die Zusammenarbeit zwischen beiden Bereichen allerdings grundsätzlich konfliktbehaftet. Diese Konflikte können produktiver, aber auch destruktiver Natur sein.

Eine grundlegende Kritik richtet sich nicht unmittelbar gegen die Divisionale Organisation, sondern vielmehr gegen die Diversifikation des Unternehmens hin zu einem heterogenen Produktprogramm. Diese Strategie war ja wesentlicher Entstehungsgrund der Divisionalisierung. Wesentliches Motiv der Diversifikation ist die Risikostreuung. Die Sinnhaftigkeit dieses Motivs wird von Kapitalmarktvertretern häufig angezweifelt unter Hinweis auf empirische Untersuchungen, die die Ineffizienz einer solchen Strategie belegen.[866] Die Zusammenführung von unverbundenen Produkten in einem Unternehmen wird gegenüber der Konzentration auf ein homogenes Produktprogramm vom Kapitalmarkt als inferiore Wahl angesehen.

Im Ergebnis ist die Divisionale Organisation für mittlere sowie insbesondere große und sehr große Mehrproduktunternehmen in einem dynamischen Marktumfeld ein geeignetes Organisationskonzept.

2.4.1.4. Holding-Organisation

Die Holding-Organisation knüpft an das Konzept der Divisionalen Organisation an.[867] Im Unterschied zu dieser handelt es sich bei den objektorientierten Subeinheiten der Holding-Organisation aber um **rechtlich selbständige Unternehmen**

---

[866] Vgl. Jensen/Ruback (1983), S. 5 ff.

(Holding-Gesellschaften). Die Anteile an diesen Unternehmen werden von der **Muttergesellschaft**, der **Holding**, gehalten. Der Anteil muss nicht 100 % betragen, er kann auch darunter liegen.

Die Gesamtheit aus Holding-Gesellschaften und Holding (inkl. unterstützenden Zentralbereichen) wird als **Konzern** bezeichnet.

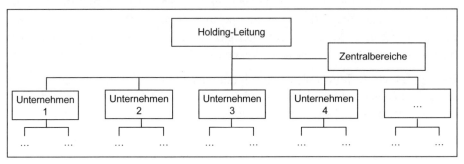

Abb. C.IV.51: Holding-Organisation, Konzern

Es können verschiedene Grundformen unterschieden werden, wobei die Übergänge in der betrieblichen Praxis als fließend anzusehen sind:[868]

(1) Finanzholding
Die Finanzholding schaltet sich nicht inhaltlich in die Geschäftsführung der Holding-Gesellschaften ein, die folglich über eine sehr große Selbständigkeit verfügen. Die loseste Form der Finanz-Holding liegt vor, wenn diese als reine Finanzverwaltungsgesellschaft agiert und alleine die Bündelungsfunktion der Kapitalanteile übernimmt. Ein Motiv können steuerliche Gründe sein. In diesem Fall sind die Zentralbereiche nur rudimentär ausgebildet.

Ebenso möglich ist, dass die Finanz-Holding Finanzziele vorgibt und die Spitze der Holding-Gesellschaften personell besetzt. Liegt eine noch weitergehende „Einmischung" vor, erfolgt der Übergang zur Management-Holding.

(2) Managementholding
Die Managementholding wird auch als Holding i.e.S. bezeichnet. **Die Muttergesellschaft** trägt die Gesamtverantwortung und zeichnet sich für **alle grundlegenden Entscheidungen** verantwortlich. Hierzu gehören:[869]

– Definition von Zielen und Gesamtstrategie des Konzerns (Produkte, Technologien, Märkte)
– Konzernweite Liquiditäts- und Erfolgsplanung

---

[867] Zur Holding vgl. Vahs (2005), S. 169 ff.; Macharzina (2003), S. 426 ff.; Bühner (1992), S. 1 ff.; Bleicher (1991), S. 655 ff.
[868] Vgl. Keller (1993), S. 55 ff.
[869] Vgl. Vahs (2005), S. 172 ff.; Macharzina (2003), S. 427 f.

- Konzernweite Optimierung der Ressourcenallokation (Sach- und Humanressourcen), Realisierung von Synergieeffekten
- Kauf und Verkauf von Unternehmen(steilen)
- Personelle Besetzung der oberen Führungspositionen.

Die **Holding-Gesellschaften** sind für die Formulierung der **Bereichsstrategien** (Produktion, Absatz etc.), die Erarbeitung und Überwachung der **operativen Pläne und Budgets** zuständig. Sie haben die operative Geschäftsführung inkl. Ergebnisverantwortung inne. Ähnlich wie bei der Divisionalen Organisation erfolgt die Koordination zwischen strategischer und operativer Ebene über die Zentralbereiche.

Da es sich nicht rechtlich, aber faktisch um eine ähnliche Ausgestaltungsform wie bei der Divisionalen Organisation handelt, sind auch die **Vor- und Nachteile** ähnlich gelagert, sie sollen daher nicht wiederholt werden. Dreierlei ist anzumerken:

Kauf und Eingliederung bzw. Verkauf und Ausgliederung von Unternehmen sind in der Holding-Organisation noch problemloser abzuwickeln, da sich die Holding-Gesellschaften als legale Einheiten bereits „in juristisch handelbarer Form" befinden. Sie ist somit extrem **anpassungsfähig**.

Durch die Schaffung rechtlich selbständiger Einheiten ist die Rolle der Leiter der Tochtergesellschaften als **eigenverantwortliche Unternehmer** vordergründig noch weiter gestärkt. Als Leiter eines Unternehmens sind sie gewissermaßen sogar verpflichtet, einen gewissen Egoismus zugunsten der eigenen Holding-Gesellschaft gegenüber der Mutter- und den Schwestergesellschaften zu pflegen. Um den damit verbundenen Fliehkräften zu begegnen, agiert die Holding mit den Zentralbereichen häufig noch stärker in die Tochtergesellschaften hinein als oben beschrieben. So kann es zu einer „Einmischung" auch in die Bereichsstrategien und einer engen Kontrolle auch der operativen Geschäfte kommen. Den Leitern der operativen Gesellschaften sind insofern die Hände gebunden, als sie jederzeit durch die Holding abgesetzt werden können. Die Gefahr dauerhafter Reibereien zwischen Mutter- und Tochtergesellschaft ist somit als noch größer anzusehen als bei den entsprechenden Einheiten der Divisionalen Organisation.

Die **Transparenz** und damit die Erfolgszuordnung sind noch größer, da jede Gesellschaft eigene Bilanzen und Jahresabschlüsse zu erstellen hat. Gleichwohl kommt es faktisch nicht nur in Einzelfällen zu Quersubventionierungen, die diese vordergründige Transparenz eintrüben und darüber hinaus negative Motivationseffekte bei den betroffenen Gesellschaften auslösen können.[870]

(3) Operative Holding
Die operative Holding, auch Stammhauskonzern genannt, stellt keine Holding-Organisation in Reinform dar. Bei ihr ist der Konzern nicht allein über die Holding-Gesellschaften operativ aktiv, vielmehr ist die Holding selbst der dominante

---

[870] Vgl. Bea/Göbel (2006), S. 394.

Produktionsbetrieb.[871] Bei den Holding-Gesellschaften handelt es sich meist um Vertriebsgesellschaften, die rechtlich zwar eigenständig, faktisch aber eher ausführend tätig sind.

2.4.1.5. Matrix-Organisation

Die Matrix-Organisation wurde in den 1950/60er Jahren in vielen Industriebetrieben eingeführt.[872] Bei ihr kommt es auf der 2. Hierarchieebene (bei mehrköpfiger Unternehmensleitung ggf. auch auf der 1. Ebene) zur parallelen Anwendung von zwei (oder mehr) Gliederungsdimensionen. Es handelt sich um ein **mehrdimensionales Organisationskonzept**.

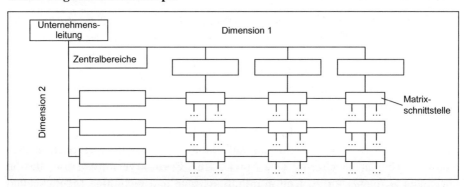

Abb. C.IV.52: Grundmodell der Matrix-Organisation

Die Grundidee liegt darin, die jeweiligen Vorteile von Funktionaler und Divisionaler Organisation in einem Organisationsmodell zu verbinden. I.d.R. ist daher eine Dimension funktional, die andere Dimension entweder produkt-, kunden- oder regionen-orientiert ausgerichtet. Grundsätzlich ist aber jede **Kombination von zwei Dimensionen** möglich. Kommen mehr als zwei Dimensionen zur Anwendung, spricht man von einer **Tensor-Organisation**. Dies kann bei international agierenden Unternehmen sinnvoll sein, die dann z.B. parallel die Dimensionen Funktion, Produktgruppe und Region verwenden.[873]

Kennzeichnend für die Matrix ist, dass die der mehrdimensionalen Ebene nachgelagerte Hierarchieebene, die so genannte Matrixschnittstelle, gleichzeitig zwei vorgesetzte Instanzen hat. Es erfolgt eine Abkehr vom Einlinien- zum **Mehrliniensystem**. Häufig sind die der Matrixschnittstelle nachgelagerten Organisationseinheiten

---

[871] Vgl. Vahs (2005), S. 170.
[872] Zur Matrix-Organisation vgl. Vahs (2005), S. 162 ff.; Bühner (2004), S. 163 ff.; Thommen/Richter (2004), Sp. 828 ff.; Macharzina (2003), S. 424 ff.; Schreyögg (1999), S. 176 ff.; Schanz (1994), S. 121 ff.; Bleicher (1991), S. 566 ff.
[873] Vgl. Schreyögg (1999), S. 188, Bleicher (1991), S. 593 ff.

dann wieder nur einer Instanz zugeordnet[874] (siehe Abbildung C.IV.52), so dass es im Ergebnis zu einer Verbindung von Ein- und Mehrliniensystem kommt.

Es kann zwischen einer echten und einer unechten Matrix unterschieden werden. Bei der **echten Matrix** steht der Gedanke des gleichberechtigten und stetigen Dialogs zwischen den gebildeten Dimensionen im Mittelpunkt. Hiervon sind solche Organisationskonzepte als **unechte Matrix** abzugrenzen, bei denen es zur klaren Dominanz einer der Dimensionen gegenüber der anderen kommt oder bei denen es zwar faktisch zu einem Aufeinandertreffen verschiedener Dimensionen kommt, jedoch nicht unter dem Leitgedanken der Matrix. Beispiel hierfür ist die Divisionale Organisation, bei der den objektorientierten Divisionen die funktionsorientierten Zentralbereiche gegenüberstehen.[875]

Zu den Aufgaben der **Unternehmensleitung** gehört es, mit Unterstützung der Zentralbereiche die Matrixeinheiten zu koordinieren, ein Klima der Zusammenarbeit zu fördern, die Macht zwischen den Dimensionen auszubalancieren und im Konfliktfall zu schlichten. Die Unternehmensleitung kann sich aus den Verantwortlichen der Zentralbereiche und/oder den Dimensions-Verantwortlichen oder aus Dritten zusammensetzen.[876]

Neben der Nutzung von **Größen und Spezialisierungsvorteilen** auf Funktionsebene – es existiert dann z.B. eine Gesamtverantwortlichkeit für F&E oder für Produktion – können gleichzeitig eine **Markt- und Produktverantwortung** für die jeweiligen Bereiche, **kurze Kommunikationswege** und vielfältige Möglichkeiten der **Personalentwicklung** realisiert werden, was bei eindimensionalen Organisationskonzepten (funktional, divisional) nicht parallel möglich ist. Der Zwang zur Abstimmung zwischen den Verantwortlichen der verschiedenen Dimensionen (inkl. der Matrixschnittstelle als Ort des Aufeinandertreffens der Dimensionen) wird von den Verfechtern der Matrix nicht als störend, sondern als Möglichkeit empfunden, **konstruktiv um die beste Lösung zu ringen**, bei der beide Seiten zur Erweiterung ihrer eigenen Perspektive im Sinne einer Gesamtschau auf das Problem gezwungen werden.[877]

Was auf der einen Seite als Vorteil angesehen wird, kann auf der anderen Seite als größter **Nachteil** der Matrixorganisation angesehen werden. Die geteilte Verantwortung führt zur **Institutionalisierung von Konflikten**.[878] Diese Konfliktanfälligkeit stellt – bei unklarer Kompetenzabgrenzung in gesteigertem Maße – hohe

---

[874] Vgl. Schreyögg (1999), S. 184.
[875] Vgl. auch Bühner (2004), S 165 ff.
[876] Vgl. Vahs (2005). S. 165, Schreyögg (1999), S. 181 f.; Bleicher (1991), S. 572.
[877] Vgl. Bühner (2004), S. 164; Thommen/Richter (2004), Sp. 832, Schreyögg (1999), S. 181 ff.
[878] Vgl. hierzu und zu den Begleiterscheinungen Vahs (2005), S. 164; Bühner (2004), S. 168; Thommen/Richter (2004), Sp. 832 f., Macharzina (2003), S. 424; Schreyögg (1999), S. 184.

fachliche, insbesondere aber soziale Anforderungen sowohl an die beiden übergeordneten Instanzen als auch an die Matrixschnittstelle, die als Diener zweier Herren fortwährend potenziellen Loyalitätskonflikten ausgesetzt ist, was zu großen persönlichen Belastungen führen kann.

Begleiterscheinung dieser Konflikte können **erhöhte Koordinationskosten** in Gestalt der Implementierung bürokratischer Deeskalationsverfahren und **Entscheidungsverzögerungen** sein. Im Ergebnis kann es zu **„faulen" Kompromissen** oder bei Misserfolg zur **Abwälzung der Verantwortung** auf die jeweils andere Instanz kommen. Ferner ist auf den **erhöhten Bedarf an Führungskräften** hinzuweisen.[879]

Die geschilderten Nachteile bzw. Gefahren führen – nach anfänglicher Euphorie – zu einer heute meist sehr kritischen Beurteilung der Matrix-Organisation.[880] Mitunter scheinen dabei allerdings die Gefahren gegenüber den Chancen zu sehr in den Vordergrund zu treten. Sofern für die erfolgreiche Steuerung eines Unternehmens tatsächlich zwei Dimensionen erfolgskritisch sind, stellt die Matrix eine interessante Alternative dar. Über den Erfolg entscheidet dann letztlich die **Kooperationsbereitschaft** der beteiligten Personen.[881]

2.4.1.6. Sekundär-Organisation
Die oben dargestellten Organisationskonzepte stellen die so genannte Primärorganisation dar. Diese sollte so ausgestaltet sein, dass vor dem Hintergrund der jeweiligen Unternehmenssituation die Kernaufgaben effizient ausgeführt werden können. „Die Aufgaben der Sekundärorganisation bestehen (dagegen) in der schnittstellenübergreifenden Koordination und in der Bearbeitung von innovativen oder selten auftretenden Spezialaufgaben."[882]

2.4.1.6.1. Ergänzung eindimensionaler Organisationsmodelle
Die Fokussierung auf eine bestimmte Dimension bei Funktionaler und Divisionaler Organisation ermöglicht jeweils die Realisierung verschiedener Vorteile. Gleichzeitig geraten zwangsläufig diejenigen Aufgaben, die sich nicht in die fokussierte Dimension einfügen, in den Hintergrund. Um auch diese Aufgaben adäquat lösen

---

[879] Vgl. Macharzina (2003), S. 424.
[880] Vgl. Thommen/Richter (2004), Sp. 831 ff.; Macharzina (2003), S. 424; Reiß (1994), S. 152 ff.
[881] Vgl. Schreyögg (1999), S. 189.
[882] Bea/Göbel (2006), S. 400; zur Sekundärorganisation vgl. auch Vahs (2005), S. 138 f. und S. 176 ff.; Bühner (2004), S. 202 ff.

zu können, bedarf die gewählte Primärorganisation einer Ergänzung.[883] Je nach gewähltem Primärorganisationstyp können zwei typische Fälle unterschieden werden:

(1) Produktmanagement
Bei der Funktionalen Organisation besitzt keine Organisationseinheit die Gesamtverantwortung für ein Produkt. Dieses Defizit kann durch die Ergänzung der Primärorganisation um ein Produktmanagement ausgeglichen werden. Dieses soll als **funktionsübergreifende Querschnittsfunktion** ein marktgerechtes Zusammenwirken aller Funktionsbereiche sicherstellen. Dabei sind verschiedene Ausgestaltungsformen möglich:

Eigens eingerichtete Produktmanagement-Stellen können entweder als Stabsstellen bei der Unternehmens- oder Vertriebsleitung **(Stabs-Produktmanagement)** oder als Linienstellen innerhalb des Vertriebes eingerichtet werden **(Linien-Produktmanagement)**. Ebenso kann diese Aufgabe durch einen Ausschuss, der sich aus Vertretern der verschiedenen Funktionsbereiche zusammensetzt, wahrgenommen werden, in diesem Fall wird auf einen spezialisierten Experten verzichtet **(Produktausschuss)**.

Abhängig von der Ausgestaltung verfügt das Produktmanagement über unterschiedliche Kompetenzen, um seiner Koordinationsaufgabe gerecht zu werden. Diese können von einem schlichten Informationsrecht über ein Mitsprache- und Mitwirkungsrecht bis hin zu einem fachgebundenen Weisungs- und Entscheidungsrecht reichen. Je geringer die formalen Rechte des Produktmanagements, um so mehr hängt seine Durchsetzungsfähigkeit von der persönlichen Autorität des jeweiligen Stelleninhabers ab.[884]

(2) Account Management
Ganz analog besteht insbesondere bei der Divisionalen Organisation die Problematik, dass es zwar Verantwortliche für einzelne Produktgruppen gibt, nicht jedoch *einen* Ansprechpartner für Kunden, die sich für mehrere Produkte des Unternehmens interessieren. (Bei der Funktionalen Organisation kann diese Aufgabe durch den Vertrieb wahrgenommen werden.) Um den Kunden einen solchen Service („One face to the customer") zu ermöglichen, kann ein spezielles Kundenmanagement, heute meist als Account Management bezeichnet, eingerichtet werden. Die konkrete organisatorische Ausgestaltung kann auf verschiedene Weise erfolgen, faktisch handelt es sich im Grunde um die Einrichtung eines weiteren Zentralbereichs.

Sowohl bei der Ergänzung der Funktionalen Organisation um ein Produktmanagement als auch bei der Ergänzung der Divisionalen Organisation um ein Account Management handelt es sich um eine faktische **Annäherung an die Matrix-**

---

[883] Vgl. Schulte-Zurhausen (2005), S. 301.
[884] Vgl. Bühner (2004), S. 203.

Organisation.[885] Im Rahmen der Erläuterung derselben wurde hiefür der Begriff der unechten Matrix verwendet. Die letztendliche Notwendigkeit, sich um verschiedene Aufgabendimensionen gleichzeitig kümmern zu müssen, kann zum Anlass genommen werden, die teilweise starke Kritik an der Matrix-Organisation, welche dieser Notwendigkeit am konsequentesten Rechnung trägt, etwas zu relativieren.

2.4.1.6.2. Projektorganisation/-management
Eine wichtige Ergänzung nicht allein von eindimensionalen, sondern von beinahe jeder Form der Primärorganisation stellt die Projektorganisation dar.[886]

Ein **Projekt** liegt vor, wenn eine einmalige, risikobehaftete Aufgabe unter zeitlichen, finanziellen, personellen und anderen Begrenzungen i.d.R. interdisziplinär und unter Nutzung einer projektspezifischen Organisation bearbeitet wird.

Unter **Projektmanagement** versteht man heute die „Gesamtheit von Führungsaufgaben, -organisation, -techniken und -mittel für die Abwicklung eines Projektes".[887]

Projektmanagement beinhaltet somit verschiedene Bausteine. Zum einen muss das Projekt selbst in die Unternehmensorganisation eingegliedert werden (**äußere Projektorganisation**), zum anderen muss die Projektaufgabe strukturiert werden (**innere Projektorganisation**). Beide, innere und äußere Projektorganisation werden nachfolgend skizziert.

Das typische **Phasenmodell** des Projektmanagements als Bestandteil der inneren Projektorganisation umfasst vier Phasen:

Phase 1 (**Projektdefinition**) ist dem eigentlichen Projekt vorgeschaltet. Instanzen im Unternehmen identifizieren eine Aufgabe mit Projektcharakter. Gemeinsam mit dem vorgesehen Projektleiter oder alleine durch diesen erfolgt eine grobe Vorplanung des Projektes. Dies beinhaltet die Identifikation von Teilaufgaben, die Grobabschätzung von Aufwand und Risiko, die Planung der Projektorganisation und des Personalbedarfs inkl. der Zusammenstellung des Projektteams, welche in dieser Phase aber noch nicht abgeschlossen werden muss. Sind die Projektinitiatoren (Auftraggeber) von der Sinnhaftigkeit des Projektes weiter überzeugt, bilden sie bei größeren und wichtigen Projekten ein offizielles Kontrollgremium, den so genannten Lenkungsausschuss. Die Mitglieder dieses Lenkungsausschusses bilden im Weiteren die Verbindung zwischen der Primärorganisation des Unternehmens und

---

[885] Vgl. auch Schulte-Zurhausen (2005), S. 309 ff.
[886] Vgl. zum gesamten Projektmanagement ausführlich Madauss (2006), Pfetzing/Rohde (2001); überblicksartig Marr/Steiner (2004), Sp. 1196 ff.; überblicksartig zur Projektorganisation vgl. z.B. Bühner (2004), S. 215 ff.
[887] DIN 66901, zitiert nach Marr/Steiner (2004), Sp. 1198.

dem Projekt. In ihrer Verantwortung liegt ferner die Bereitstellung der für das Projekt notwendigen Ressourcen und die Sicherstellung der Akzeptanz der Projektergebnisse im Unternehmen.[888] Der Lenkungsausschuss erteilt auch den Projektauftrag an den nunmehr offiziell benannten Projektleiter, der dann die Verantwortung für Fortgang und Ergebnisse des Projektes trägt.[889]

Abb. C.IV.53: Phasenmodell Projektmanagement
Quelle: In Anlehnung an Marr/Steiner (2004), Sp. 1199 f.

In Phase 2 (**Projektplanung**) erfolgt nach Auftragserteilung die detaillierte Planung des Projektes. Wichtigste Hilfsmittel sind der Projektstrukturplan und der Projekt(fein)ablaufplan (beide Bestandteil der inneren Projektorganisation). Im Projektstrukturplan wird die Projektaufgabe in einzelne Arbeitspakete zerlegt, im Projekt(fein)ablaufplan werden die gebildeten Arbeitspakete zeitlich-logisch gegliedert.

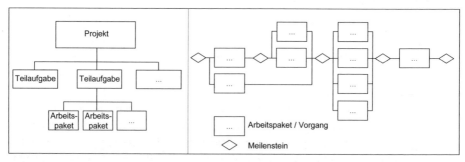

Abb. C.IV.54: Projektstruktur- und Projekt(fein)ablaufplan

---

[888] Vgl. Bühner (2004), S. 222.
[889] Im sog. Lastenheft (siehe Abbildung C.IV.53, Phase 1) werden von den Auftraggebern Inhalt und Zweck des Projektes festgehalten. Im sog. Pflichtenheft hält die Projektleitung fest, wie die Anforderungen des Lastenheftes umgesetzt werden sollen.

Zur Erfassung der Ablaufplanung können **Hilfsmittel** wie Balkendiagramme oder Netzpläne zum Einsatz kommen. Zur Erarbeitung, Darstellung, Analyse, Steuerung und Kontrolle der gesamten Aufgaben und Abläufe eines Projektes werden mittlerweile häufig spezifische Projektmanagement-Softwareprogramme eingesetzt. Spätestens am Ende der Projektplanungsphase müssen alle weiteren Positionen des Projektteams (Teilprojektleiter, Projektmitarbeiter) vollständig benannt sein.

In Phase 3 (**Projektdurchführung**) kommt es zur eigentlichen Realisierung der Projektaufgabe. Neben der laufenden Steuerung und Kontrolle des Projektfortschrittes (u.a. anhand vordefinierter Zwischenziele, den so genannten Meilensteinen) muss der Projektleiter den Projektauftraggebern bzw. dem Lenkungsausschuss Bericht erstatten.

Nach erfolgreichem Projektende erfolgt in Phase 4 (**Projektabschluss**) die offizielle Abnahme des Projektergebnisses durch die Auftraggeber. Sie sind dann für die Sicherstellung der Akzeptanz dieser Ergebnisse im Unternehmen verantwortlich. Das Projektteam sollte den Projektablauf und Ursachen aufgetretener Probleme analysieren, um diese Erkenntnisse in zukünftigen Projekten zu nutzen.

Hinsichtlich der Form der Einbindung des Projektes in die Unternehmensorganisation (**äußere Projektorganisation**) werden drei idealtypische Formen unterschieden, die in der Realität häufig in etwas abgewandelter oder in Mischform umgesetzt werden:[890]

(1) Reine Projektorganisation:
Bei der reinen Projektorganisation[891] wird für die Dauer des Projektes eine eigene Organisationseinheit eingesetzt. Die Projektmitarbeiter werden aus ihren bisherigen Bereichen ausgegliedert und für die Dauer des Projektes dem Projektleiter direkt unterstellt. Dem Projektleiter wird die volle Weisungs- und Entscheidungsbefugnis über die benötigten personellen und materiellen Ressourcen zugesprochen, die Entscheidungsrechte der bislang für diese Ressourcen zuständigen Instanzen werden für die Projektdauer außer Kraft gesetzt.[892]

Für den Projektleiter handelt es sich bei dieser Organisationsform um die „angenehmste" Variante, da er die größtmögliche Kontrolle besitzt. Diese Alternative ist allerdings nur dann sinnvoll, wenn von jedem beteiligten Mitarbeiter die volle Arbeitskraft benötigt wird. Ist dies nicht der Fall, ist die Lösung ineffizient, da die Mitarbeiter ja von ihren sonstigen Tätigkeiten befreit sind. Dieser Umstand führt

---

[890] Vgl. Marr/Steiner (2004), Sp. 1205.
[891] Vgl. Picot/Dietl/Franck (2005), S. 297 ff.; Bühner (2004), S. 218; Marr/Steiner (2004), Sp. 1205; Schreyögg (1999), S. 191.
[892] Die disziplinarische Weisungsbefugnis bleibt allerdings häufig formal beim bisherigen Linienvorgesetzten, um die Wiedereingliederung der Mitarbeiter nach dem Projekt zu erleichtern.

weiterhin dazu, dass nach Projektende die Wiedereingliederung der Mitarbeiter in die Primärorganisation am problematischsten ist, was zu entsprechenden Unsicherheiten bei den betroffenen Personen führen wird. Diese Lösung wird daher meist nur bei mehrjährigen Projekten realisiert.

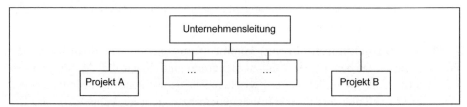

Abb. C.IV.55: Reine Projektorganisation

(2) Matrix-Projektorganisation:
Bei der Matrix-Projektorganisation[893] kommt es zur Schaffung einer gegenüber der dauerhaften Primärorganisations-Dimension gleichberechtigten temporären Projektorganisationseinheit. Die projektspezifische Kompetenz liegt beim Projektleiter, die funktionsgebundene und die disziplinarische Weisungsbefugnis verbleiben bei der Primärorganisations-Instanz. Die Aufgabenteilung erfolgt meist dergestalt, dass der Projektleiter primär für Planung und Kontrolle zuständig ist, während die Instanzen der Primärorganisation die Durchführung verantworten.

Vorteilhaft ist die effiziente Nutzung der Ressourcen. Sofern sie im Projekt nicht benötigt werden, können sie parallel in der Primärorganisation genutzt werden. Die Mitarbeiter werden nicht aus ihrer angestammten Tätigkeit „gerissen". Hinsichtlich der Nachteile sei auf die Ausführungen zur Matrix-Organisation verwiesen.

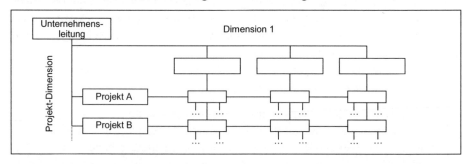

Abb. C.IV.56: Matrix-Projektorganisation

---

[893] Vgl. Picot/Dietl/Franck (2005), S. 297 ff.; Bühner (2004), S. 218; Marr/Steiner (2004), Sp. 1205.

(3) Stabs-Projektorganisation:
Bei der Stabs-Projektorganisation[894] besitzt der Projektleiter, der i.d.R. einem Stab zugeordnet ist, keinerlei formale Weisungsbefugnis. Er koordiniert die beteiligten Mitarbeiter, die weiterhin in ihren Linienpositionen verbleiben. Dort erfolgt auch die eigentliche Projektarbeit. Als Stabsmitglied kann der Projektleiter formal keine eigenständigen Entscheidungen treffen, die Kompetenz hierfür liegt bei den übergeordneten Instanzen. Zur erfolgreichen Führung des Projektes ist er auf die Unterstützung der übergeordneten Instanzen und auf seine eigene persönliche und fachliche Autorität angewiesen.

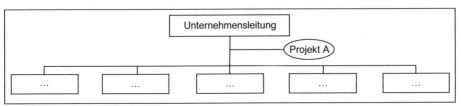

Abb. C.IV.57: Stabs-Projektorganisation

Die Position des Projektleiters ist bei dieser Organisationsform am schwächsten, wodurch der Projekterfolg gefährdet werden kann. Gleichzeitig wird „das laufende Geschäft" weniger gestört als bei den anderen Formen. Brachliegende Ressourcen wie bei der Projektorganisation sind nicht zu befürchten.

Insgesamt steigt in vielen Branchen die Bedeutung intensiver Formen der Projektarbeit an, u.a. weil die temporäre Zusammenfassung verschiedener Spezialisten in einer gemeinsamen Arbeitsumgebung schneller zu Ergebnissen führt. So erfolgt im Automobilbau die Entwicklung eines neuen Modells immer häufiger in Projektform,[895] wobei entweder die reine Projektorganisation oder die Matrix-Projektorganisation zur Anwendung kommt, bei letzterer i.d.R. mit einem Kompetenzübergewicht der Projektdimension gegenüber der Primärdimension.

2.4.2. Klassische Konzepte der Ablauforganisation
In den beiden klassischen Konzepten der Ablauforganisation werden die Abläufe innerhalb der im Rahmen der Aufbauorganisation gebildeten **Produktionsbereiche** beschrieben. Zentrales Unterscheidungsmerkmal ist die Form der räumlichen Synthese.

---

[894] Vgl. Picot/Dietl/Franck (2005), S. 297 ff.; Bühner (2004), S. 218; Marr/Steiner (2004), Sp. 1205.
[895] Vgl. Bühner (2004), S. 220 und die dort angegebene Literatur.

2.4.2.1. Werkstattfertigung

Bei der Werkstattfertigung[896] werden Arbeitsplätze und Sachmittel mit gleichartigen Verrichtungen zu Werkstätten zusammengefasst. Die zu bearbeitenden Objekte (Produkte) werden zu den verschiedenen Verrichtungen transportiert, es besteht somit **Verrichtungszentralisation** und Objektdezentralisation. Die einzelnen Verrichtungen sind durch Zwischenlager entkoppelt, der Materialfluss ist nicht stetig. Da in einer Werkstatt verschiedene Produkte bearbeitet werden können, ist der Grad der Stellenspezialisierung relativ gering, die Qualifikation zur Bearbeitung verschiedener Produkte erfordert häufig Facharbeiter.

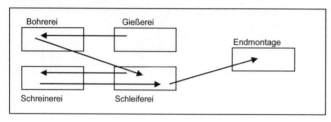

Abb. C.IV.58: Werkstattfertigung (Durchlauf *eines* Produktes)

Die Werkstattfertigung ist sehr **flexibel**, Produktänderungen können leicht umgesetzt werden, da weder einzelne Stellen noch Werkstätten produktorientiert sind. Aufgrund des geringen Spezialisierungsgrades ist die Kapitalbindung relativ gering, die Tätigkeit des einzelnen Mitarbeiters vergleichsweise **abwechslungsreich**. Sie verfügen meist über gewisse Entscheidungsspielräume hinsichtlich der Durchführung ihrer Tätigkeit.

Zentraler Nachteil ist eine **niedrige Produktivität**: Durch den geringen Spezialisierungsgrad sind die Lerneffekte begrenzt, in Verbindung mit den nichtproduktspezifischen Maschinen führt dies zu höheren variablen Kosten. Bei der Bearbeitung unterschiedlicher Objekte entstehen Rüstkosten. Transport- und Lagerkosten sowie durch den unsteten Materialfluss verursachte Leerzeiten wirken ebenso kostensteigernd. Sollen Leer- und Rüstkosten minimiert werden, erfordert dies eine vom jeweiligen Auftragsmix abhängige ständige Fertigungsablaufplanung. Die Durchlaufzeiten sind hoch, sollen sie minimiert werden, geht dies zu Lasten der Kapazitätsauslastung.[897]

Aufgrund der beschriebenen Stärken und Schwächen ist die Werkstattfertigung insbesondere für die **Einzel- und Serienfertigung** geeignet.

---

[896] Vgl. Bea/Göbel (2006), S. 358 ff.; Picot/Dietl/Franck (2005), S. 325 ff.; Bühner (2004), S. 237 ff.; Kieser/Kubicek (1992), S. 308 ff.

[897] Gutenberg (1983), S. 214, spricht diesbezüglich vom „Dilemma der Ablaufplanung".

2.4.2.2. Fließfertigung

Bei der Fließfertigung[898] orientiert sich die Organisation am Produktionsablauf einzelner Produkte. Arbeitsplätze und Sachmittel mit unterschiedlichen Verrichtungen werden in der Reihenfolge der Bearbeitung eines zu fertigenden Produktes angeordnet. Die Verrichtungen kommen zum Objekt, es besteht **Objektzentralisation** und Verrichtungsdezentralisation.

Bei der so genannten Reihenfertigung sind die einzelnen Arbeitsschritte nicht zeitlich aufeinander abgestimmt. Dies ermöglicht eine begrenzte Produktvariation, führt jedoch zu Zwischenlagern. Eine etwas größere Flexibilität wird mit einer geringeren Produktivität bezahlt.

Bei der Fließfertigung i.e.S. kommt es zu einem unterbrechungsfreien, „getakteten" Fluss des Produktes durch den Fertigungsprozess mittels mechanischen Transports der Produkte – man spricht häufig auch von Fließbandfertigung. Die einzelnen Arbeitsgänge sind auf die vorgegebene Taktzeit abgestimmt. Der gesamte Produktionsprozess ist auf die Fertigung *eines* spezifischen Produkts hin optimiert.

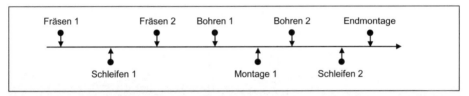

Abb. C.IV.59: Fließfertigung (für *ein* Produkt)

Durch die Fokussierung der Tätigkeit eines Mitarbeiters auf *einen* Arbeitsgang an *einem* Produkt liegt eine hohe Spezialisierung mit hohen Lerneffekten vor, die Anforderungen an den einzelnen Mitarbeiter sind gering, was den Einsatz ungelernter, billiger Arbeitskräfte ermöglicht. In Verbindung mit den hochspezialisierten Anlagen führt dies zu einer **hohen Produktivität**. Die Durchlaufzeiten sind aufgrund der Taktung und des Verzichts auf Zwischenlager niedrig. Nach einmaliger Konfiguration des Fertigungsprozesses muss dieser nicht mehr angepasst werden, solange das Produktionsprogramm unverändert bleibt.

Diesen Vorteilen stehen verschiedene Nachteile gegenüber: Klassische Fließfertigung ist **inflexibel** gegenüber Produktänderungen, da dies eine komplette Neuausrichtung der Fertigungsstraße notwendig macht. Die für jeden Arbeitsgang bereitstehenden Spezialmaschinen führen zu hohen Fixkosten. Kennzeichnend für diese Fertigungsorganisation ist schließlich die **monotone, anspruchslose Tätigkeit** des einzelnen Arbeiters, die sich häufig auf wenige, sich fortlaufend wiederholende Handgriffe beschränkt. Entscheidungsspielräume bestehen nicht, die eigentlichen

---

[898] Vgl. Bea/Göbel (2006), S. 358 ff; Picot/Dietl/Franck (2005), S. 330 ff.; Bühner (2004), S. 251 ff.; Kieser/Kubicek (1992), S. 308 ff.

Entscheidungen (Logistik, Materialwirtschaft etc.) sind von der Produktion getrennt und werden in unterstützenden Abteilungen getroffen.

Aufgrund der beschriebenen Stärken und Schwächen ist die Fließfertigung insbesondere für die stabile **Massenfertigung** homogener Güter geeignet.

2.5. Neuere Organisationskonzepte

2.5.1. Überblick

Bei den „neueren Organisationskonzepten" ist nicht zweifelsfrei festgelegt, welche Konzepte hierzu zu zählen sind und welche nicht. Im Folgenden stehen jene Entwicklungen im Blickpunkt, die sich ca. seit den 1980er Jahren ereignet haben und noch von aktueller Bedeutung sind (siehe Abbildung C.IV.60).

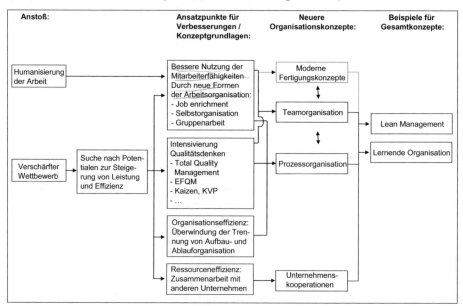

Abb. C.IV.60: Übersicht Entwicklung neuere Organisationskonzepte

Wesentliche Triebfeder der Entwicklung neuer Konzepte war der **verschärfte weltweite Wettbewerb**, der die Unternehmen zwingt, nach neuen Potenzialen zur Verbesserung von Leistung und Effizienz zu suchen. Hieraus hat sich eine Fülle von Entwicklungen ergeben. Nicht jede dieser Entwicklungen wird im Folgenden als eigenständiges Konzept interpretiert. Stattdessen soll zwischen einzelnen so genannten Ansatzpunkten für Verbesserungen bzw. Konzeptgrundlagen unterschieden werden, die wiederum die Basis für die Herausbildung dreier wesentlicher Konzepte bilden: **Prozessorganisation**, **Teamorganisation** und **Unternehmens-**

kooperationen. Moderne Fertigungskonzepte sind ebenso Ergebnis dieser Entwicklungen, sie werden hier allerdings aufgrund ihres rein fertigungstechnischen Fokus nicht als ebenso vollwertige Organisationskonzepte wie die genannten interpretiert. Als Beispiele für so genannte Gesamtkonzepte, die sich gleichzeitig mehrerer neuerer Organisationskonzepte bedienen, können **Lean Management** und die **lernende Organisation** angeführt werden.

Die vorgenommene Einteilung ist nicht als die einzig mögliche, sondern als *eine* pragmatische Lösung zu verstehen. Näher erläutert werden nachfolgend die drei neueren Organisationskonzepte, moderne Fertigungskonzepte sowie die beiden genannten Gesamtansätze. Vorab wird auf die Grundlagen bzw. Ansatzpunkte der neueren Konzepte eingegangen.

2.5.2. Ansatzpunkte der neueren Organisationskonzepte

Die zahllosen singulären Ansätze sind hier zu vier Bausteinen zusammengefasst, die als Ansatzpunkte bzw. Grundlagen der neueren Organisationskonzepte zu verstehen sind. Auch diese Unterteilung ist nicht gänzlich trennscharf, sondern erneut eine pragmatische Vorgehensweise.

(1) Bessere Nutzung der Mitarbeiterfähigkeiten durch neue Formen der Arbeitsorganisation

Mit neuen Formen der Arbeitsorganisation wird sowohl das Ziel einer Humanisierung der Arbeit als auch das Ziel der Steigerung von Leistung und Effizienz verfolgt. Zentrales Motiv ist wohl eher das letztere,[899] beide Ziele sind hier allerdings als komplementär zu sehen. Sowohl bei Prozess- und Teamorganisation als auch bei modernen Fertigungskonzepten werden verschiedene Ansätze zur Anreicherung der Arbeit im Sinne einer Erweiterung des Handlungsspielraums der Mitarbeiter verfolgt.[900] Hierzu gehören Job Rotation (Arbeitsplatzwechsel auf ähnlichem Niveau), Job Enlargement (Erweiterung der Tätigkeit auf ähnlichem Niveau) und insb. **Job Enrichment**, welches durch die Ergänzung ausführender Tätigkeiten um Entscheidungs- und Kontrollbefugnisse gekennzeichnet ist und damit bereits Elemente der autonomen **Selbstorganisation**[901] beinhaltet. In noch stärkerem Maße kommt diese zum Tragen, wenn die Arbeitsanreicherung auf **Gruppenebene** in so genannten teilautonomen Arbeitsgruppen erfolgt.

(2) Intensivierung Qualitätsdenken

Ein zweiter Ansatzpunkt zur Verbesserung der Leistungsfähigkeit ist die Intensivierung des Qualitätsgedankens. Ursprünglich allein auf das physische Endprodukt

---

[899] Vgl. Vahs (2005), S. 86 f.
[900] Vgl. hierzu auch Schreyögg (1999), S. 237 ff.
[901] Siehe Ausführungen zu Selbstabstimmung in Kap. C.IV.2.3.2.5.3.

bezogen, hat sich das Qualitätsverständnis mittlerweile grundlegend gewandelt. Vorherrschend sind heute ganzheitliche Ansätze, die nicht allein das Produkt oder den Produktionsprozess, sondern alle Unternehmensbereiche umfassen. **Total Quality Management** (TQM), **Kaizen** oder **Kontinuierlicher Verbesserungs-Prozess** (KVP) sind einige Ansätze im Rahmen dieser Entwicklung. In Gestalt der European Foundation for Quality Management (**EFQM**) hat sich eine eigene Organisation mit dem Ziel gegründet, durch Fokussierung des Qualitätsgedankens die Wettbewerbsfähigkeit europäischer Unternehmen zu verbessern.[902] In Gestalt der 1987 eingeführten **DIN ISO 9000ff.** existiert ein internationales Regelwerk zur Evaluation des Qualitätsmanagementsystems eines Unternehmens.[903] Das Thema hat sich mittlerweile zu einem eigenständigen Management-Gebiet entwickelt – stellvertretend als ein Urvater sei *Deming* genannt[904] – und wird daher hier nicht vertieft. Als Ansatzpunkt zur Leistungssteigerung findet es sich sowohl in Prozess- und Teamorganisation als auch in den modernen Fertigungskonzepten wieder.[905]

(3) Überwindung der Trennung von Aufbau- und Ablauforganisation
Bei den klassischen Organisationskonzepten erfolgt die Ausgestaltung der Aufbauorganisation ohne explizite Berücksichtigung der sich innerhalb dieser Strukturen ereignenden Abläufe. Die Realisierung einer optimalen Organisationseffizienz ist bei dieser Vorgehensweise nur im Ausnahmefall möglich,[906] da es im Regelfall zur Bildung überflüssiger Schnittstellen mit der Folge erhöhter Fehleranfälligkeit und Koordinationskosten kommt. Die Überwindung dieser Trennung von Aufbau- und Ablauforganisation ist zentrales Ziel der Prozessorganisation.

(4) Zusammenarbeit mit anderen Unternehmen
Die Globalisierung des Wettbewerbs bei gleichzeitiger Verkürzung von Produktlebenszyklen führt dazu, dass immer mehr Unternehmen nicht mehr über ausreichende Ressourcen verfügen, um im Wettbewerb bestehen zu können. Als Lösung – neben der effizienteren Nutzung der eigenen Ressourcen (Ziel der anderen neuen Konzepte) – bietet es sich an, Teile der bislang eigenen Wertschöpfungskette an Partner abzugeben oder einzelne Aktivitäten gemeinsam in einer Unternehmenskooperation auszuführen.

---

[902] Vgl. European Foundation for Quality Management (1994). EFQM vergibt den sog. European Quality Award, entsprechende internationale Auszeichnungen sind der Malcolm Baldridge National Quality Award oder der Deming-Preis (vgl. Bühner (2004), S. 290).
[903] Vgl. z.B. DIN Deutsches Institut für Normung (1998), S. 7 ff.
[904] Vgl. Deming (1982).
[905] Was nicht den Umkehrschluss zulässt, dass Qualität bei Unternehmenskooperationen keinerlei Ziel darstellt. Das Thema steht dort aber weniger explizit im Blickpunkt.
[906] Vgl. Schreyögg (1999), S. 120.

2.5.3. Prozessorganisation

Ein **Prozess** ist eine zeitlich und **räumlich zusammenhängende Menge von Aktivitäten**.[907]

Schon *Nordsieck* hatte in den 1930er-Jahren darauf aufmerksam gemacht, dass die Gestalt der im Unternehmen ablaufenden Prozesse bei der Aufgabengliederung berücksichtigt werden solle.[908] Dieser Gedanke wurde jedoch lange nicht praktisch umgesetzt. Im klassischen Analyse-Synthese-Konzept steht die Erhöhung der Produktivität durch Arbeitsteilung im Vordergrund, die „Prozesse werden ... erst nachträglich in die bestehende Aufbauorganisation ‚hineinorganisiert'".[909] Zusammenhängende Abläufe werden – besonders ausgeprägt in der Funktionalen Organisation – auf verschiedene Organisationseinheiten verteilt.

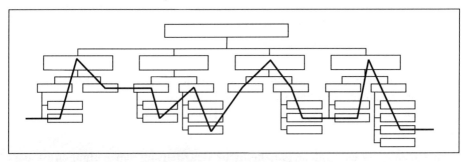

Abb. C.IV.61: Beispiel für Prozessablauf in Funktionaler Organisation
Quelle: Picot/Dietl/Franck (2005), S. 288

Dies ist sinnvoll, solange die Spezialisierungsvorteile die entstehenden Zeitverzögerungen und Koordinationskosten übersteigen. Mit zunehmender Marktdynamik gewinnen jedoch die Nachteile an Bedeutung.[910]

Grundidee der Prozessorganisation ist daher, in diesen Fällen nicht die einzelne funktionale Aufgabe, sondern die zeitlich-logische Abfolge der Arbeitsgänge – die Prozesse – zum primären Gestaltungskriterium zu machen. Struktur und Prozess werden in einem gedacht bzw. es erfolgt eine völlige Umkehr der klassischen Vorgehensweise dergestalt, dass die **Aufbauorganisation der Ablauforganisation nachgeordnet** wird. Bei der Stellen- und Abteilungsbildung stehen die Erfordernisse des Prozessablaufs im Vordergrund.[911] Die Betrachtung der Abläufe schließt im Gegensatz zur traditionellen Ablauforganisation nicht nur den Fertigungs-,

---

[907] Zur Prozessorganisation einschlägig ist Gaitanides (1983), überblicksartig vgl. Picot/Dietl/ Franck (2005), S, 285 ff.; Vahs (2005), S. 203 ff.; Gaitanides (2004), Sp. 1208 ff.
[908] Vgl. Picot/Franck (1996), S. 13 ff.
[909] Vahs (2005), S. 203.
[910] Vgl. Picot/Dietl/Franck (2005), S. 285.
[911] Vgl. Vahs (2005), S. 218; Gaitanides (2004), Sp. 1208 ff.; Schreyögg (1999), S. 120.

sondern auch den Verwaltungsbereich mit ein. Die Prozessbetrachtung umfasst damit das gesamte Aufgabenspektrum des Unternehmens, der Gesamtprozess in Hinsicht auf einen Kunden umfasst z.B. so unterschiedliche Aktivitäten wie Auftragsannahme, Produktion, Buchhaltung, Auslieferung und Kundendienst.

Ziel ist es, einen solchen Gesamtprozess weitestgehend einer **einheitlichen Verantwortung** zuzuordnen.[912] Hierdurch erhofft man sich[913]

- **mehr Flexibilität** (umständliche Abstimmungsprozesse bei Problemen entfallen),
- **schnellere Abläufe**,
- **mehr Kundenorientierung** und Innovationskraft (aufgrund gebündelter Verantwortung),
- ein **höheres Qualitätsbewusstsein** (aufgrund gebündelter Verantwortung),
- **sinkende Kosten** durch weniger Komplexität/Schnittstellen, geringere Koordinationskosten und Verzicht auf unnötige Aktivitäten,
- eine **erhöhte Motivation** durch mehr Autonomie, die ein ganzheitliches, selbstbestimmtes Arbeiten ermöglicht.

Übersteigen die einzelnen Aktivitäten eines (Gesamt)Prozesses die Kapazitäten einer Person, was häufig der Fall ist, kann die Verantwortung alternativ einer Gruppe übertragen werden. Zwischen Prozess- und **Teamorganisation** bestehen somit enge Verbindungen.

Voraussetzung für eine solche **ganzheitliche Bearbeitung von Aufgaben** ist, dass die verantwortlichen Personen /Gruppen über ausreichende Befugnisse verfügen. Eine konsequente, reine Prozessorientierung muss daher mit einer umfassenden **Delegation von Weisungs- und Entscheidungsrechten** hin zu den Prozessverantwortlichen einhergehen. Traditionelle Managementaufgaben werden Mitarbeitern übertragen, was neben einer Abflachung der Unternehmenshierarchien auch zu einem veränderten Rollenverständnis der Mitarbeiter führt.[914] Detaillierte Kontrolle wird durch „**Empowerment**" des einzelnen oder der Gruppe ersetzt, der Freiheitsgrad des Arbeitens erhöht sich, dadurch allerdings auch die **Anforderungen** und die **Verantwortung**. So muss ein für einen Prozess zuständiger Mitarbeiter ein **ungleich breiteres Tätigkeitsspektrum** abdecken (Job Enlargement/Enrichment) als bei einer funktional spezialisierten Tätigkeit.

Eine solche, *reine* Prozessorientierung impliziert die vollständige Überführung der bisherigen **Primärorganisation** in eine **Prozessorganisation**.[915] Auf diese Weise

---

[912] Erleichtert wird eine solche integrierte Verantwortung durch neue IuK-Technologien, die dezentralen Datenzugriff ermöglichen (vgl. Picot/Dietl/Franck (2005), S. 289 und Gaitanides (2004), Sp. 1214).
[913] Vgl. Vahs (2005), S. 218 ff.; Gaitanides (2004), Sp. 1211 f.
[914] Vgl. Picot/Dietl/Franck (2005), S. 296; Gaitanides (2004), Sp. 1214; Hammer/Champy (1996), S. 96 ff.
[915] Vgl. hierzu Picot/Dietl/Franck (2005), S. 292 f.; Vahs (2005), S. 225 f.

wird die Grundidee der Prozessorganisation am konsequentesten umgesetzt. Die zentralen Prozesse werden jeweils ganzheitlich von einer eigens hierfür gebildeten Organisationseinheit ausgeführt. In der Regel wird es sich dabei um eine Personenmehrheit handeln, die sich idealerweise – um flexibel und autonom agieren zu können – als Gruppe weitgehend selbst organisiert. Grundsätzlich kann ein Prozess aber auch durchgehend von nur einer Person betreut werden.[916]

Abbildung C.IV.62 verdeutlicht noch einmal die grundlegende Umorientierung bei der reinen Prozessorganisation:

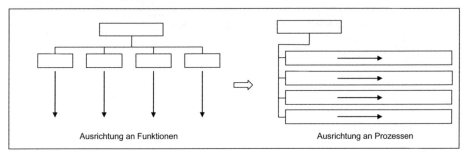

Abb. C.IV.62: Von der Funktions- zur Prozessorientierung

Durch eine solche Vorgehensweise kann die ganzheitliche Bearbeitung von zusammenhängenden Aufgaben realisiert werden, sie ist mit einer signifikanten Abschwächung der horizontalen und vertikalen Arbeitsteilung verbunden.

Das von *Hammer/Champy* propagierte **Business Reengineering** entspricht im Wesentlichen dieser Form der Umgestaltung hin zur Orientierung an den kritischen Prozessen. Gefordert wird ein fundamentales Überdenken des alten Primats der Spezialisierung hin zu einer ganzheitlichen Sicht. Die notwendigen Änderungen sollen schnell und radikal umgesetzt werden. Es werden Quantensprünge hinsichtlich möglicher Produktivitätssteigerungen in Aussicht gestellt.[917]

Da viele Unternehmen vor der Radikalität dieser Vorgehensweise zurückschrecken, stellt sich die Frage, ob es auch einen **„sanfteren Weg"** gibt, die Vorteile eines Abbaus der Schnittstellenproblematik zu realisieren.

Eine Möglichkeit besteht darin, die **Integration** der Aufgaben nicht auf der Ausführungsebene, sondern **allein auf der Planungs- bzw. Führungsebene** anzusiedeln. Hierdurch können bereits Vorteile einer ganzheitlichen Sichtweise realisiert werden, ohne auf die Spezialisierungsvorteile auf Ausführungsebene zu verzich-

---

[916] Ein Beispiel hierfür wäre eine Maßschneiderei, bei der die Funktionen Entwurf, Produktion und Verkauf nicht getrennt sind, sondern jeder Kunde von einem Mitarbeiter alleinverantwortlich betreut wird, der nicht allein nur den Kundenkontakt innehat, sondern nach Maßgabe des Kunden auch das Kleidungsstück entwirft und näht.

[917] Vgl. Hammer/Champy (1996), Vahs (2005), S. 256; Schreyögg (1999), S. 199 ff.

ten.[918] Gleichzeitig muss keine umfassende Delegation von Weisungs- und Entscheidungsrechten auf Mitarbeiter und Gruppen erfolgen, was für manches Unternehmen ebenfalls eine Barriere darstellen mag.

In eine ähnliche Richtung zielt die Implementierung der **Prozessorganisation** nicht als Primär-, sondern **als Sekundärorganisation**.[919] Hier bleibt die funktionale Struktur erhalten, sie wird jedoch durch die Prozessstruktur überlagert. Die funktionsübergreifenden Prozesse werden jeweils von einem Prozessmanager betreut. Im Ergebnis entsteht eine Matrix.

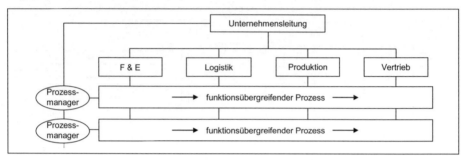

Abb. C.IV.63: Prozessorientierung als Sekundärorganisation
Quelle: In Anlehnung an Vahs (2005), S. 225

Selbstverständlich sind diese „sanfteren Wege" mit einer gewissen **Verwässerung** der intendierten Wirkungen der Prozessorganisation verbunden.

Die **Beurteilung der Prozessorganisation** ist durchaus heterogen. *Gaitanides* spricht von einer „Metapher für Modernität in Wirtschaft und Verwaltung", für *Hammer/Champy* ist Business Reengineering ein „Manifest für die Wirtschaftsrevolution", durch welches „die heutigen Unternehmen eine wahrhafte Renaissance einleiten können."[920] Häufig angeführtes Beispiel für das Potenzial des Business Reengineerings ist die Umgestaltung des Kreditgewährungsprozesses der IBM Credit Corporation:[921] Ursprünglich war der Prozess in sechs Teilaufgaben zergliedert, die jeweils von einem spezialisierten Mitarbeiter erledigt wurden. Durch die Weitergabe des Formulars und die dadurch entstehenden Liegezeiten dauerte der Prozess durchschnittlich sechs Tage. Der Prozess wurde derart umgestellt, dass jeder Kreditantrag komplett von einem Generalisten betreut wurde. Hierdurch konnte die Bearbeitungszeit auf wenige Stunden reduziert werden.

---

[918] Vgl. Picot/Dietl/Franck (2005), S. 288.
[919] Vgl. Picot/Dietl/Franck (2005), S. 293; Scholz/Vrohlings (1994), S. 28 f.
[920] Gaitanides (2004), Sp. 1212, Hammer/Champy (1996), letztere zitiert nach Bea/Göbel (2006), S. 424.
[921] Vgl. Hammer/Champy (1996), S. 53 ff.

Prozessorganisation **reduziert Schnittstellen** und verringert damit den Koordinationsaufwand und die Gefahr von Fehlern und Doppelarbeiten. Gleichzeitig kann sie durch erhöhte Eigenverantwortung **motivationsfördernd** wirken.[922] (Die weiteren – nicht notwendigerweise immer realisierbaren – Vorteile decken sich mit o.g. Zielen.)

Bedingung für eine Produktivitätsverbesserung ist allerdings, dass die erzielten Vorteile nicht durch den **Verzicht auf Spezialisierungsvorteile** überkompensiert werden. Dies wird eher der Fall sein, wenn die verschiedenen, von einem Mitarbeiter zu übernehmenden Tätigkeiten jeweils nicht zu komplex sind, weil dann die Spezialisierungsvorteile in Gestalt von Lerneffekten, auf die bei der Prozessorganisation durch das verbreiterte Tätigkeitsspektrum jedes einzelnen verzichtet wird, geringer ausfallen. Besteht eine Gesamtaufgabe aus verschiedenen hochkomplexen Teilaufgaben, ist ein Abbau der Spezialisierung nicht sinnvoll, da die Durchführung aller Teilaufgaben durch *einen* Mitarbeiter unweigerlich zu einem Qualitätsverlust bei der Erfüllung jeder Teilaufgabe führen würde. Der Koordinationsaufwand und die Schnittstellen müssen dann hingenommen werden.[923] Alternativ bietet sich in derartigen Fällen die oben als „sanfter Weg" beschriebene Variante der Prozessorientierung an.

Weiterhin ist bei Einführung der Prozessorganisation als Primärorganisation zu beachten, dass die Vorteile nur dann realisiert werden können, wenn die gestiegenen Anforderungen und das Mehr an Verantwortung **von den Mitarbeitern angenommen und gewünscht** wird.

Ebenso ist darauf hinzuweisen, dass die Verbesserungspotenziale der Prozessorganisation bei den Unternehmen am höchsten sind, die bislang funktional aufgestellt sind. Bei Unternehmen, die bereits objektorientiert strukturiert sind (Divisionale Organisation), liegt Verbesserungspotenzial noch innerhalb jeder einzelnen Division, der erste Schritt zum Abbau von Schnittstellen ist dort durch die Objektorientierung aber bereits erfolgt.

Insgesamt hat sich die Prozessorganisation zu **einem der meistbeachteten Organisationskonzepte** der letzten Jahrzehnte entwickelt, ihr wird eine zunehmende Bedeutung in alle Branchen zugesprochen. Gleichzeitig ist die **„Erfolgsquote"** bei radikaler Umsetzung des Konzeptes durchaus **gemischt**. Mögliche Gründe hierfür sind eine Unterschätzung von Spezialisierungsvorteilen sowie eine Überforderung der Mitarbeiter.[924] Dies könnte als Argument für weniger radikale Implementierungsformen der Prozessorganisation interpretiert werden.

---

[922] Vgl. Vahs (2005), S. 206 f.
[923] Vgl. Picot/Dietl/Franck (2005), S. 294 und S. 297, Schreyögg (1999), S. 202.
[924] Vgl. Vahs (2005), S. 205 und 256; Schreyögg (1999), S. 202.

2.5.4. Teamorganisation

Ein **Team** ist hier definiert als eine Einheit von mindestens drei[925] Personen, die – eingegliedert in eine Organisation – eine Aufgabe über einen längeren Zeitraum in direkter Interaktion in gemeinsamer Verantwortung relativ autonom bearbeiten. I.d.R. bilden sich dabei gewisse Verhaltensnormen und ein Wir-Gefühl aus.[926] Bei Teams i.e.S. werden wichtige Entscheidungen nicht von Einzelpersonen (einem Vorgesetzten), sondern vom Team getroffen. An die Stelle ausgeprägter Fremdkontrolle tritt eine wechselseitige Kontrolle innerhalb des Teams.

Gelegentlich wird zwischen **Gruppen** und **Teams** unterschieden. Teams gelten dann als Gruppen mit hoher Kohäsion und folglich als eine Unterform der Gruppe. Im Folgenden wird auf diese Unterscheidung verzichtet und werden beide **Begriffe synonym verwendet**.[927]

Der Einsatz von Gruppen wurde bereits von den Vertretern des Human Relations- und des Human-Ressourcen-Ansatzes propagiert. In den letzten Jahren werden sie wieder verstärkt eingesetzt. Dem Einsatz können verschiedene, sich nicht ausschließende **Motive** zugrunde liegen:[928]

– **Humanisierung der Arbeit:**
  Der partizipative Grundansatz ermöglicht Freiräume, soziale Interaktion und gilt als motivationsfördernd.
– **Komplexität/Umfang der Aufgabe:**
  Beim Einsatz der Prozessorganisation sollen Prozesse möglichst schnittstellenfrei bearbeitet werden. Übersteigt der Prozess die Kapazität eines Mitarbeiters und/oder erfordert er verschiedene, komplexe Fähigkeiten, kann die Verantwortung auf ein Team übertragen werden. **Teamorganisation** kann somit als logische **Konsequenz der Prozessorganisation** angesehen werden.
– **Leistungs-/Effizienzsteigerung:**
  Durch die höhere Motivation der Mitarbeiter, eine größere Flexibilität, eine Aufgabenverteilung in der Gruppe entsprechend der jeweiligen Eignung und Lerneffekte zwischen den Teammitgliedern erhoffen sich Unternehmen Leistungs- und Effizienzgewinne nicht nur bei anspruchsvollen, sondern auch bei einfacheren Aufgaben.

Um diese Produktivitätsgewinne zu realisieren, sind zwei Interaktionsebenen erfolgreich zu gestalten.[929] Zum einen die **technisch-rationale Ebene**, die die formalen Arbeitsbeziehungen und –abläufe sowie die Koordination umfasst, zum ande-

---

[925] Zwei Personen werden nicht als Team interpretiert, da hier die Vielschichtigkeit der Gruppeninteraktion (Koalitionen, etc.) nicht gegeben ist.
[926] Vgl. Antoni (2004), Sp. 380; Högl (2004), Sp. 1401 f.; Wiendieck (2004), Sp. 389.
[927] Zur Teamorganisation vgl. Picot/Dietl/Franck (2005), S. 356 ff.; Vahs (2005), S. 80 ff.; Antoni (2004), Sp. 380 ff.; Bühner (2004), S. 86 f. und S. 269 ff.; Högl (2004), Sp. 1401 ff.; Schreyögg (1999), S. 243 ff.
[928] Vgl. Picot/Dietl/Franck (2005), S. 358; Högl (2004), Sp. 1404.
[929] Vgl. auch Wiendieck (2004), Sp. 390.

ren die **sozial-dynamische Ebene**, bei der die emotionsgesteuerten Abläufe im Team im Fokus stehen. Beide sind nicht trennscharf zu separieren, nur durch eine Gesamtoptimierung von **Konfigurationseffizienz** (technisch-rationale Ebene) und **Motivationseffizienz** (technisch-rationale und sozial-dynamische Ebene) kann eine sinnvolle Lösung realisiert werden. An dieser Stelle werden v.a. die primär sachorientierten Aspekte der Teamorganisation erläutert, die primär verhaltensorientierten Aspekte von Teams stehen im Fokus der Organizational Behavior-Forschung, die gesondert erläutert wird (siehe Kapitel C.IV.2.6.).

Vor einer Beschreibung verschiedener Teamorganisationsmodelle sind diese zunächst **von sonstigen „Stellenmehrheiten"** (siehe Kapitel C.IV.2.3.2.3) **abzugrenzen**: Projekte und Abteilungen werden hier nicht zu den Teamorganisationsmodellen gezählt, da bei ihnen zwar auch eine Gesamtaufgabe bearbeitet wird, jedoch der partizipative Grundansatz und die *gemeinsame* Bearbeitung nicht im Vordergrund stehen; es wird in aller Regel arbeitsteilig vorgegangen. Gremien wie Kommissionen und Ausschüsse könnten aufgrund ihrer geringen hierarchischen Orientierung zu den Gruppen gezählt werden. Wegen des diskontinuierlichen, nebenamtlichen Charakters ihrer Tätigkeit und ihrer Fokussierung auf Sonderaufgaben wird davon aber Abstand genommen. Im weiteren Fokus steht aufgrund ihrer großen aktuellen Bedeutung die so genannte teilautonome Arbeitsgruppe. In Abgrenzung hierzu werden ebenso Fertigungsteams japanischer Prägung beleuchtet.

Teilautonome Arbeitsgruppen[930] stellen den Kern dessen dar, was heute unter dem Begriff der Teamorganisation subsumiert wird (eingangs als Team i.e.S. bezeichnet). Die Arbeitsweise ist durch Job Rotation, Job Enlargement und Job Enrichment geprägt:

Jeder Mitarbeiter sollte in der Lage sein, verschiedene Tätigkeiten zu verrichten, um die Flexibilität der Gruppe zu erhöhen. Gleichzeitig wird typischerweise das Tätigkeitsfeld jedes Mitarbeiters erweitert, d.h. der Grad an Arbeitsteilung gesenkt. Ferner erhält die Gruppe relativ **weitreichende Entscheidungs- und Kontrollbefugnisse**, die klassischerweise bei einer übergeordneten Instanz angesiedelt sind. Hierzu gehören Befugnisse hinsichtlich der Gestaltung der Arbeitsinhalte, der Aufgabenverteilung innerhalb der Gruppe und sonstiger organisatorischer Fragen wie z.B. Urlaubsplanung. Ebenso wird die Kernaufgabe der Gruppe um **Nebenaufgaben** wie Instandhaltung der Maschinen (Ausnahme: komplexe Störungen) und vor- bzw. nachgelagerte Tätigkeiten wie Materialdisposition und Qualitätskontrolle erweitert.

Idealerweise stellt die Gruppe ein komplettes (Teil)Produkt her, um ihr eine möglichst **hohe Autonomie** zu ermöglichen. Denn jede Schnittstelle mit anderen Einheiten engt durch die damit verbundenen Abstimmungsnotwendigkeiten die Unab-

---

[930] Vgl. Antoni (2004), Sp. 382; auch Vahs (2005), S. 86 f.; Bühner (2004), S. 269 ff.; Schreyögg (1999), S. 243 ff.

hängigkeit der Gruppe etwas ein (wobei in der betrieblichen Praxis kaum jemals ein Zustand ganz ohne Abhängigkeiten realisiert werden dürfte). Diese (Teil)Autonomie, die insbesondere durch die Einführung der **Prozessorganisation** befördert werden kann, ist für die Teamorganisation **aus mehrerlei Gründen vorteilhaft**:

- Sie fördert die **Ganzheitlichkeit der Aufgabe**. Diese wiederum wirkt sich positiv auf die Motivation und Zufriedenheit der Aufgabenträger aus.
- Sie fördert das **Verantwortungsgefühl der Gruppe** für ihre Arbeitsergebnisse. Da sie Entscheidungsgewalt über ihr eigenes Tun hat, kann ihr sowohl der Erfolg als auch der Misserfolg ihrer Arbeit zugerechnet werden.
- Hierdurch wird die **Kontrolle** der Gruppe für das Unternehmen **erleichtert**. Die Gruppe kann für die ihr übertragene Verantwortung auch in die Pflicht genommen werden. Da die *Ergebnisse* der Gruppe als Maßstab für die Güte ihrer Arbeit verwendet werden können, muss die *Vorgehensweise* nicht bewertet und damit auch nicht kontrolliert werden. Diese Kontrolle erfolgt durch die Gruppe selbst.

Die der teilautonomen Arbeitsgruppe zugestandenen Entscheidungsbefugnisse in Verbindung mit der Möglichkeit, die Fremdkontrolle nur schwach auszugestalten, führt dazu, dass diese Arbeitsform derzeit wohl als das **wichtigste Einsatzgebiet der** (autonomen) **Selbstorganisation** angesehen werden kann. Die Entscheidungsprozesse in der Gruppe sind nicht hierarchisch vorgegeben, sondern werden von der Gruppe selbst gestaltet. Die Koordination nach innen und außen erfolgt i.d.R. durch einen gewählten Gruppensprecher.[931]

Einschränkend ist anzumerken, dass es sich bei der Entscheidungsautonomie keinesfalls um eine absolute Autonomie im Sine eines Freibriefes handelt, sondern um eine relative Autonomie. Diese endet spätestens dort, wo die Autonomie anderer Gruppen oder die Interessen des Gesamtunternehmens berührt werden. Auch ist der **Autonomiegrad nicht immer gleich stark ausgeprägt**, sondern kann im Einzelfall sehr unterschiedlich sein. Um den Grad der einer Gruppe zugestandenen Eigenverantwortung zu bestimmen, können verschiedene Kriterien angewendet werden.[932] Zum einen kann das Ausmaß der Übertragung zusätzlicher Aufgaben (Logistik, Qualität, Instandhaltung etc.) herangezogen werden, zum anderen der Grad der Entscheidungsbefugnisse, z.B. hinsichtlich der Arbeitsgestaltung und -verteilung, der Budgetverantwortung oder der Frage, ob und inwieweit die Gruppe selbst entscheidet, wer Mitglied der Gruppe sein „darf". Die Grenze, ab welchem Autonomiegrad hinsichtlich dieser Aspekte von einer wirklich teilautonomen Arbeitsgruppe gesprochen werden kann, ist als fließend anzusehen.

Teilautonome Arbeitsgruppen können grundsätzlich in allen Bereichen des Unternehmens zum Einsatz kommen. Besonders sinnvoll sind sie dort, wo starke Abhän-

---

[931] Vgl. Antoni (2004), Sp. 383.
[932] Vgl. Frieling/Freiboth (1997), S. 124.

gigkeiten zwischen den Tätigkeiten der Aufgabenträger bestehen.[933] Dies kann nach Einführung der Prozessorganisation bei vielerlei funktionsübergreifenden und nunmehr zusammengeführten Aktivitäten der Fall sein. Innerhalb einzelner Funktionsbereiche sind sie in der Fertigung am stärksten verbreitet, sie kommen aber auch häufig im F&E-Bereich zum Einsatz.

Europäischer **Pionier** beim Einsatz teilautonomer Arbeitsgruppen war **Volvo**.[934] 1974 wurde im Werk Kalmar die Gruppenmontage eingeführt, sich selbst steuernden Gruppen wurden ganzheitliche Aufgaben inkl. diverser Nebenaufgaben. zugeordnet. Die Arbeitsintervalle jedes Gruppenmitglieds betrugen 30 Minuten statt vormals 30 Sekunden. 1987 wurde das Konzept im Werk Uddevalla weiterentwickelt. Gruppen von ca. 10 Mitarbeitern wurde nach dem Werkstattinsel-Konzept (siehe Kapitel C.IV.2.5.4.) die Verantwortung für die komplette Endmontage eines Autos übertragen. Das durchschnittliche Arbeitsintervall betrug nun ein bis zwei Stunden.

Die Motivation Volvos lag insbesondere in der Humanisierung der Arbeitsbedingungen, gleichwohl wurde auch von deutlichen Produktivitätssteigerungen berichtet. Eine abschließende Bewertung ist schwierig, da es wegen einer verfehlten Modellpolitik zu zwischenzeitlichen Werksschließungen kam. Die Realisierung der teilautonomen Arbeitsgruppen nach dem fast revolutionären schwedischen Vorbild fand jedoch zunächst kaum Nachahmer.

Einen anderen Weg als Volvo hatten schon in den 1950er Jahren japanische Unternehmen, allen voran **Toyota** eingeschlagen.[935] Auch die **Fertigungsteams japanischer Prägung** bestehen aus ca. 10 Mitgliedern und haben ein erweitertes Aufgabenspektrum, welches beispielsweise Qualitätssicherung und kleinere Instandhaltungsarbeiten beinhaltet. Ebenso ist die Arbeitseinteilung weitgehend in die Verantwortung der Gruppe gelegt und muss jedes Mitglied mindestens drei verschiedene Arbeitsstationen beherrschen. Ferner wird die Gruppe von einem Meister geführt, der u.a. für Ausbildung, Lohneinstufung, Überwachung und permanente Verbesserung (Steuerung betriebliches Vorschlagwesen) der Arbeitsabläufe zuständig ist.

Der grundlegende Unterschied gegenüber den teilautonomen Arbeitsgruppen besteht jedoch darin, dass die Fertigungsteams japanischer Prägung die tayloristische, starke Arbeitsteilung beibehalten. Der Arbeitstakt einer Position am Fließband beträgt lediglich eine Minute, die einzelnen Tätigkeiten sind somit hochspezialisiert.

---

[933] Vgl. Schreyögg (1999), S. 247.
[934] Vgl. Bühner (2004), S. 284; Schreyögg (1999), S. 243 ff.
[935] Vgl. Antoni (2004), Sp. 382 f.; Schreyögg (1999), S. 247 ff.

Diese Fertigungsteams haben sich in der japanischen Automobilindustrie zum Standard entwickelt, derzeit arbeiten ca. 70 % der Automobilarbeiter in derartigen Gruppen.[936]

Ein **Vergleich des skandinavischen und des japanischen Modells** ergibt, dass skandinavischen Gruppen sehr viel größere Handlungsspielräume eingeräumt werden. Japanische Teams arbeiten unter größerem Zeit- und Leistungsdruck und verrichten monotonere Arbeit. Verfechter des japanischen Modells grenzen sich scharf vom skandinavischen Modell ab und sehen in diesem „Sozialromantik" ohne ausreichende Produktivität. Die vielzitierte **MIT-Studie zur Automobilindustrie**[937] bescheinigt dem japanischen Modell höhere Produktivitäts- und Qualitätswerte, Verfechter des skandinavischen Modells bezweifeln dagegen aufgrund verschiedener methodischer Mängel die Aussagekraft dieser und ähnlicher Studien.

Maßgeblich initiiert durch die in der MIT-Studie publizierten Methoden japanischer Unternehmen, haben in den 1990er Jahren auch **europäische** und amerikanische **Unternehmen** verstärkt Teamorganisationsmodelle eingeführt. Der Grad der Arbeitsteilung liegt dabei meist zwischen dem schwedischen und dem japanischen Modell, jedoch deutlich unter dem Niveau klassischer Fließbandarbeit. Neueste Entwicklungen deuten allerdings auf eine Rückkehr zu kürzeren, inhaltsärmeren Arbeitstakten nach japanischem Muster und zur Einengung des Entscheidungsspielraums der Gruppen hin.[938]

Eine **abschließende Würdigung** von Teamorganisation im Allgemeinen und teilautonomen Arbeitsgruppen im Besonderen führt zu keinem eindeutigen Ergebnis. Methodisch anspruchsvolle Untersuchungen haben bislang uneinheitliche, ja sogar widersprüchliche Befunde ergeben.[939] Die objektive Beurteilung wird dadurch erschwert, dass Pro- und Contra-Meinungsäußerungen auf beiden Seiten offensichtlich auch „weltanschaulich" geprägt sind, da die Thematik neben der Produktivitätsfrage auch den Aspekt der Arbeitshumanisierung umfasst – ein Allheilmittel für fast alle Probleme unternehmerischen Handelns, wie von einzelnen Verfechtern euphorisch unterstellt, stellt die Teamorganisation mit Sicherheit nicht dar.[940]

---

[936] Vgl. Schreyögg (1999), S. 248.
[937] Vgl. Womack/Jones/Roos (1992). So hatte die Studie (ca. 1985-1990) ergeben, dass die Endmontage eines Autos in Japan 16,6 Stunden dauert, in Europa 36,2. Je Auto entstehen in Japan 0,6 Fehler, in Europa 0,97.
[938] So verkürzt DaimlerChrysler bei neuen Modellgenerationen den Arbeitstakt der Gruppenmitglieder und führt stärkere hierarchische Elemente in die Gruppen ein (vgl. Pretzlaff (2006), S. 13).
[939] Vgl. Antoni (2004), Sp. 383.
[940] Vgl. Staehle (1999), S. 266. Das Zitat bezieht sich auf Staehle als Kritiker der euphorischen Haltung Dritter.

Auf die erhofften Vorteile wurde oben in Gestalt der Erläuterung der Motive bereits eingegangen. Hinsichtlich der Leistungs- und Effizienzsteigerungen wird von deutlichen Produktivitätsanstiegen sowie sinkenden Fehlzeiten und Fluktuationsraten berichtet.[941]

Andere Untersuchungen sprechen dagegen von zuweilen sogar steigenden Fehlzeiten und Fluktuationsraten aufgrund steigender Belastungen der Mitarbeiter.[942] Diese können sowohl fachlich als auch sozial begründet sein: Durch den Abbau der Spezialisierung und die Anreicherung der Arbeit mit Planungs- und Kontrollaufgaben **steigen die fachlichen Anforderungen**.[943] Weiterhin erhöht sich der **Zeitbedarf** für Entscheidungsprozesse, und es wird, bei Ausweitung des individuellen Arbeitsumfangs, **auf Spezialisierungsvorteile verzichtet**.[944] In verhaltensorientierter Hinsicht kann das enge und formal hierarchiefreie, selbstorganisierte Zusammenarbeiten im Team **Gruppendruck, Spannungen** und einige weitere Probleme wie z.B. das **Zurückschrauben der Anstrengung** von Gruppenmitgliedern generieren.[945]

Abschließend kann festgehalten werden, dass Gruppenarbeit in den letzten Jahren von immer mehr Unternehmen eingesetzt wird, allein aufgrund der verstärkten Prozessorientierung mit der Zusammenführung zusammenhängender Aufgaben in einem Team dürfte ihre Bedeutung weiter gegeben sein. Gleichwohl sollte sie nicht, wie teilweise geschehen, als Allheilmittel für fast alle betrieblichen Probleme angesehen werden. Die **Sinnhaftigkeit des Einsatzes** hängt in hohem Maße von der **jeweiligen Aufgabe** und von der **Eignung der betroffenen Mitarbeiter** hierfür ab.[946]

2.5.5. Moderne Fertigungskonzepte

Wie die teilautonomen Arbeitsgruppen in der Fertigung gezeigt haben, bestehen zwischen Teamorganisation und modernen Fertigungskonzepten enge Beziehungen. Da letztere aber nicht notwendigerweise teamorientiert organisiert sein müssen, werden die wesentlichen Entwicklungen hier in einem eigenen Abschnitt skizziert.

Der Produktionsbereich stand längere Zeit nicht im Fokus der Organisationsforschung. Klassische Werkstatt- und Fließbandfertigung waren die grundlegenden Organisationsformen. Insbesondere durch die MIT-Studie zur Überlegenheit japa-

---

[941] Vgl. Bühner (2004), S. 273.
[942] Vgl. Antoni (2004), Sp. 383.
[943] Vgl. Bühner (2004), S. 273.
[944] Vgl. Picot/Dietl/Franck (2005), S. 358 f.; Högl (2004), Sp. 1406.
[945] Vgl. Vahs (2005), S. 80 ff.; Högl (2004), Sp. 1406 und den Überblick in Kap. C.IV.2.6.
[946] Vgl. Antoni (2004), Sp. 387; Staehle (1999), S. 265 f. und S. 285 ff.

nischer Produktionskonzepte kam es ab 1990 zu einer „Wiederentdeckung" der Produktion als Objekt organisatorischer Gestaltung.[947] Vielerlei Schlagwörter wie **Lean Production, Computer Integrated Manufacturing** (CIM)[948] und **Just-in-Time-Produktion (JiT)/Kanban**[949] stehen für diese Entwicklung, letztere stellen allerdings nur Einzelelemente eine Produktionsgesamtkonzeptes dar.

Die Notwendigkeit für ein geändertes Gesamtkonzept ergibt sich aus dem Wettbewerb, der **gleichzeitig Effizienz und Flexibilität** fordert. Ersteres ist die Schwäche der Werkstattfertigung, letzteres die der klassischen Fließfertigung.[950] Den neuen Anforderungen wird mit dreierlei, sich nicht ausschließenden Reaktionen begegnet:[951]

(1) Modulbauweise
Grundidee ist, die Massenfertigung dergestalt zu flexibilisieren, dass zwar nicht die Produktion selbst, wohl aber das Endprodukt variabler wird, indem dieses aus verschiedenen, kombinierbaren Standardmodulen zusammengesetzt wird. Diese Standardmodule werden in herkömmlicher Fließfertigung gefertigt, die Variabilität entsteht allein in der Endmontage. So können in der Automobilindustrie verschiedene Plattformen mit verschiedenen Motoren und Karosserien kombiniert werden mit der Folge einer deutlich erhöhten Produktvielfalt. Ein Nebeneffekt ist, dass Standardmodule, v.a., wenn sie für den Kunden nicht sichtbar sind, in verschiedenen Produkten und z.T. über mehrere Produktgenerationen eingesetzt werden können mit der Folge signifikanter Kosteneinsparungen durch Skalen- und Lerneffekte.[952]

(2) Fertigungsgerechte Konstruktion
Durch eine frühzeitige Zusammenarbeit von Entwicklungs- und Produktionsbereich kann eine fertigungsgerechte Konstruktion mit häufig großen Einsparungen sichergestellt werden, z.B. durch Reduktion der Anzahl der Komponenten oder der Vereinfachung der Arbeitsabläufe.

(3) Einsatz numerisch gesteuerter Maschinen
Diese zeichnen sich dadurch aus, dass sie, je nach Auftragslage, ohne großen Umrüstaufwand (Neuaufspielen von Software) unterschiedliche Objekte bearbeiten können.[953] Durch ihren Einsatz kann einerseits die Werkstattfertigung automatisiert, andererseits die Fließfertigung flexibilisiert werden. Durch die Aneinanderreihung mehrerer dieser Maschinen in Verbindung mit einer Transporteinrichtung und einer vollautomatischen Prozesssteuerung entsteht ein so genanntes **flexibles**

---

[947] Vgl. Picot/Dietl/Franck (2005), S. 323.

[948] Integrierter Rechnereinsatz in allen Funktionen von Auftragseingang über Entwicklung und Produktion bis zum Rechnungs- und Mahnwesen, vgl. Bühner (2004), S. 310 ff.

[949] JiT: Produktion auf Abruf, d.h. zeitpunktgenaue Lieferung mit dem Ziel der Senkung des Materialbestandes, vgl. Bühner (2004), S. 325 ff. Innerbetrieblich häufig umgesetzt nach dem Kanban-Prinzip: Die verbrauchende Stelle bestellt in Gestalt „leerer Materialbehälter" (Informations- und Materialträger in einem) bedarfsgerecht Material bei der vorgelagerten Stelle, hierdurch Dezentralisierung der Materialversorgung/-steuerung (Koordination durch viele kleine Regelkreise), vgl. Picot/Dietl/Franck (2005), S. 353 ff.

[950] Vgl. Bea/Göbel (2006), S. 360 f.; Picot/Dietl/Franck (2005), S. 340.

[951] Vgl. Kieser/Kubicek (1992), S. 322 ff.

[952] Vgl. Picot/Dietl/Franck (2005), S. 337 f.

[953] Vgl. Bea/Göbel (2006), S. 361 f.; Picot/Dietl/Franck (2005), S. 340 ff.; Bühner (2004), S. 275 ff. und 300 ff.

Fertigungssystem, welches „äußerlich" die Gestalt der klassischen Fließfertigung aufweist, aber deutlich flexibler ist.

Diese neuartigen Fertigungstechnologien können **mit Teamorganisationskonzepten**, v.a. mit der teilautonomen Arbeitsgruppe **kombiniert** werden. Geschieht dies am flexiblen Fertigungssystem als **moderner Fließbandvariante**, dann verantwortet ein Team einen bestimmten Bandabschnitt. Verfügt ein solches Team als räumliche Einheit über alle zur Bearbeitung eines Produkt(bauteil)es erforderlichen Maschinen und stellt damit gleichsam eine multifunktionale Werkstatt dar (Die Fertigung darf dann nicht zu viele Arbeitsschritte umfassen.), spricht man von **Inselfertigung**.[954]

2.5.6. Unternehmenskooperationen

In Mittelpunkt der klassischen Organisationslehre stehen Aufbau- und Ablauforganisation eines Unternehmens, dessen Grenzen als *gegeben und eindeutig* angesehen wurden.[955] Diese Grenze ist in den letzten Jahren durchlässiger geworden.[956] Wesentliche Ursache hierfür sind **Umweltveränderungen**, die zu einer strukturellen Reaktion geführt haben. Zu den wesentlichen Umweltveränderungen gehören:[957]

- die **Verkürzung von Produktlebenszyklen**, die z.B. dazu führt, dass ein Automobilunternehmen eine Produktgeneration nicht mehr alle 10 Jahre, sondern alle 5 Jahre komplett erneuern muss.

- eine **Globalisierung vieler Märkte** mit der Folge, dass auch das einzelne Unternehmen, um wettbewerbsfähig zu bleiben, seine Aktivitäten globalisieren muss.

- eine **Auflösung von Branchengrenzen** mit der Folge, dass Unternehmen Know-how in für sie neuen Themengebieten aufbauen müssen. Ein Beispiel hierfür ist das Zusammenwachsen von Telekommunikation, Computerindustrie, Unterhaltungselektronik und Inhalteanbietern zur Multimedia-Branche.

- ein **steigender Kostendruck** durch zunehmende Konkurrenz insbesondere asiatischer Anbieter.

So verschieden die Veränderungen sind, sie haben eines gemeinsam: Unternehmen benötigen, um unter diesen Bedingungen bestehen zu können, mehr Ressourcen bzw. müssen ihre Ressourcen gezielter einsetzen. Können diese intern nicht mehr bereitgestellt werden, muss auf **externe Ressourcen** zurückgegriffen werden.

---

[954] Die Grenzen zwischen dem, was hier als moderne Fließfertigung, und dem, was als Inselfertigung bezeichnet wird, können durchaus fließend sein. Grundsätzlich kann auch ein (autonomes) Team am Fließband als Fertigungsinsel bezeichnet werden. Ein weiteres mögliches Unterscheidungskriterium ist die Frage, ob das Team einem vorgegebenen Arbeitstakt unterliegt.

[955] Vgl. Reichwald (2004), Sp. 998.

[956] Zu Unternehmenskooperationen vgl. Bea/Göbel (2006), S. 441 ff.; Bea/Haas (2005), S 426 ff.; Picot/Dietl/Francke (2005), S. 173 ff.; Hoffmann (2004), Sp. 11 ff.; Reichwald (2004), Sp. 998 ff.; Staber (2004), Sp. 932 ff.; Sydow (2004), Sp. 1541 ff.; Bruck (1996), S. 9 ff.

[957] Vgl. Bea/Haas (2005), S. 429; Bruck (1996), S. 15 ff.

Sofern die Ressourcenknappheit nicht finanzieller Art ist, sondern allein in einem Know-how-Defizit oder einem Mangel an Größe und Marktmacht besteht, ist die **Akquisition** anderer Unternehmen eine Lösungsalternative.[958] Stehen diese finanziellen Ressourcen nicht zur Verfügung oder sollen die sonstigen Gefahren einer Akquisition vermieden werden – zu nennen sind v.a. Inflexibilität im Sinne von Irreversibilität des Kaufs, eine Demotivationswirkung bei den übernommenen Mitarbeitern (v.a. bei feindlicher Übernahme) sowie inkompatible Unternehmenskulturen –, stellen Unternehmenskooperationen eine weitere Alternative dar.

> Eine **Kooperation** ist eine i.d.R. vertraglich vereinbarte, zeitlich begrenzte oder widerrufbare Zusammenarbeit von mindestens zwei rechtlich selbständigen Unternehmen, welche unter teilweiser Aufgabe der wirtschaftlichen Unabhängigkeit auf bestimmten Teilgebieten ihre Potenziale bündeln bzw. abstimmen mit dem Ziel, hierdurch Vorteile zu erlangen.

Die enge Zusammenarbeit mit externen Partnern führt zu einer **Neudefinition des Umgangs mit** (Teilen) **der Umwelt**. Die klare Trennung zwischen „freundlicher" Inwelt und „feindlicher" Umwelt wird abgelöst durch fließende Übergänge. Die rechtlichen Unternehmensgrenzen bleiben bestehen, die faktischen verschwimmen. Kooperationen stellen eine **Strukturalternative zwischen Markt und Hierarchie** dar. Mit dem Fokus auf der Neugestaltung der Beziehung zur Umwelt stellen Unternehmenskooperationen keinen Ersatz, sondern eine **Ergänzung interner Organisationskonzepte** dar.

Im Einzelnen können folgende **Ziele** verfolgt werden:[959]

- **Zugang zu Ressourcen und Know-how**
- Bei Zusammenführung von Ressourcen/Know-how Realisierung von **Synergieeffekten**
- **Kosten- und Risikosenkung** (Teilen der Investitionen, Realisieren von Skaleneffekten)
- Realisierung von **Zeitvorteilen** (schnellere Produktentwicklung durch größeren Ressourcenpool)
- **Zugang zu Märkten** bzw. Sicherung der Akzeptanz durch lokale Partner, ebenso **Erhöhung der Marktmacht**.

Diese Ziele könnten zwar z.T. auch durch eine Akquisition erreicht werden, mit der Kooperation können jedoch die Nachteile der Akquisition weitgehend vermieden werden. Gleichwohl sind mit der Kooperation andere Nachteile bzw. **Risiken** verbunden:[960]

- Da die Unternehmen gleichzeitig abhängig und unabhängig und ggf. sogar Wettbewerber sind, entsteht ein Spannungsverhältnis, welches auch als **Paradoxon der Kooperation**

---

[958] Vgl. hierzu und im Folgenden Bea/Haas (2005), S. 429 ff.; Bruck (1996), S. 29 ff.
[959] Vgl. Hoffmann (2004), Sp. 16 f., auch Picot/Dietl/Franck (2005), S. 173 ff.
[960] Vgl. Bea/Haas (2005), S. 431 und S. 434; Sydow (2004), Sp. 1542; ausführlich bei Bruck (1996), S. 37 ff.

bezeichnet wird. Ohne Vertrauen kann keine fruchtbare Zusammenarbeit entstehen, ein einseitiges Zuviel an Vertrauen kann vom weniger offenen Partner jedoch ausgenutzt werden, es kann z.B. zu einem übermäßigen Abfluss von Know-how kommen.

- Die Partner begeben sich im von der Kooperation betroffenen Bereich in eine Abhängigkeit vom Partner. Stellt dieser die vereinbarten Ressourcen nicht wie vereinbart zur Verfügung, ist der eigene Geschäftserfolg gefährdet. Eine Kooperation führt immer auch zu einem (partiellen) **Kontrollverlust**.

- Die **Organisation der Zusammenarbeit** zwischen Unternehmen ist komplizierter als die innerhalb einer Rechtseinheit, zum einen, da hierarchische Weisung als Koordinationsinstrument entfällt, zum anderen aufgrund der raum-zeitlichen Distanz der Partner. Letztere wird allerdings durch die Einsatzmöglichkeiten moderner IuK-Technologien abgeschwächt.[961]

Die Kooperation stellt somit keine risikolose Alternative dar. Durch die mit der Wettbewerbsdynamisierung verbundene Notwendigkeit zur Flexibilität hat sie jedoch gegenüber der Alternative Akquisition **stark an Bedeutung gewonnen**.[962]

Kooperationen können hinsichtlich verschiedener Kriterien **kategorisiert** werden, z.B. nach ihrer **Bindungsintensität**: Diese kann von einer stillschweigenden oder mündlichen Absprache (Kartell) über die Vertragsform bis hin zur Gründung eines Gemeinschaftsunternehmens (**Joint Venture**) reichen. Ebenso kann zwischen Kooperationen, die nur einen Funktionsbereich fokussieren, und multifunktionalen Kooperationen unterschieden werden. Am wichtigsten ist die Unterscheidung in horizontale, vertikale und laterale Kooperationen. Die Partner in **horizontalen Kooperationen** befinden sich auf der gleichen Wertschöpfungsstufe, die bei **vertikalen Kooperationen** auf vor- bzw. nachgelagerten Wertschöpfungsstufen, die bei (selteneren) **lateralen Kooperationen** in keiner direkten Beziehung. Eine Sonderform stellen zwischenbetriebliche **Netzwerke** dar: Bei diesen arbeiten eine größere Anzahl von Unternehmen eng zusammen.

Anzumerken ist, dass das hier verwendete Begriffsverständnis keine Allgemeingültigkeit besitzt. Nach wie vor kommt es in Theorie und Praxis zu uneinheitlichen Begriffsverwendungen. So werden z.B. die Begriffe Netzwerk, (strategische) Allianz oder Joint Venture häufig synonym zum Kooperationsbegriff verwendet.

(1) Horizontale Kooperationen
Für horizontale Kooperationen gilt das Paradoxon der Kooperation in besonderem Maße, da die Unternehmen – auf der gleichen Wertschöpfungsstufe stehend – häufig in einem Konkurrenzverhältnis stehen. Die Zusammenarbeit ist daher besonders fragil. Grundsätzlich ist zwar davon auszugehen, dass die Partner aufgrund ihrer Abhängigkeit den Erfolg der Kooperation anstreben. Je ungleicher das Ausmaß der Abhängigkeit ist, um so größer ist jedoch die Gefahr, dass sich ein Partner unter

---

[961] Vgl. Reichwald (2004), Sp. 1004.
[962] Vgl. Bea/Haas (2005), S. 431; Picot/Dietl/Franck (2005), S. 173; Hoffmann (2004), Sp. 12; Sydow (2004), Sp. 1542.

Inkaufnahme des Risikos eines Scheiterns der Kooperation zum Schaden des anderen unkooperativ verhält.

Sowohl hinsichtlich der Bindungsintensität als auch hinsichtlich der Aufgabenaufteilung sind verschiedenste Ausgestaltungsformen möglich:

Beispiele für eine **gemeinsame Aufgabenerfüllung** sind Arbeitsgemeinschaften/Konsortien zur Durchführung von Großprojekten (z.B. Bau), die dauerhaft angelegte Zusammenarbeit von Fluggesellschaften (z.B. Star Alliance) oder Forschungskooperationen wie die Zusammenarbeit von DaimlerChrysler, BMW und General Motors zur Entwicklung von Hybridantrieben.[963] Eine **Funktionsspezialisierung** liegt z.B. vor, wenn ein Partner für Entwicklung und Produktion zuständig ist und der andere für den Vertrieb in einem Land, in dem der produzierende Partner über keinen Marktzugang verfügt. Die Abhängigkeit vom Partner ist bei der Funktionsspezialisierung am größten, da man sich hinsichtlich eines Teils der Wertschöpfungskette vollständig in dessen Hände begibt.

(2) Vertikale Kooperationen
Vertikale Kooperationen umfassen alle intensiven Formen der Zusammenarbeit zwischen einem Lieferanten und einem Abnehmer. Grenzt man zwischenbetriebliche Netzwerke von der vertikalen Kooperation ab, dann ist die wesentliche Ausgestaltungsform der langfristige Liefervertrag:

Langfristige Lieferverträge sind nicht völlig neu, eine neue Qualität hat das Thema durch die schon zitierte MIT-Studie[964] zur Überlegenheit japanischer Fertigungsmethoden gewonnen. Dort wurde die sehr enge Zusammenarbeit japanischer Automobilunternehmen mit ihren Lieferanten als ein wichtiger Erfolgsfaktor angesehen.

Für Fremdbezug statt Eigenfertigung eines Gutes kann zum einen die Begrenztheit der eigenen materiellen und personellen Ressourcen sprechen, zum anderen die Tatsache, dass der Lieferant durch Spezialisierung niedrigere Produktionskosten realisieren kann. Aus Sicht des Abnehmers ist es wünschenswert, sich selbst auf einige wenige Kernkompetenzen konzentrieren zu können (**Verringerung der Wertschöpfungstiefe**) und von Lieferanten maßgeschneiderte Module, auf deren Entwicklung er Einfluss nehmen kann, zum jeweils genau richtigen Zeitpunkt (Just in Time) liefern zu lassen.

---

[963] Bei letzteren ist zu beachten, dass die Ergebnisse der Kooperation nicht exklusiv sind, sondern allen Partnern zur Verfügung stehen. Dies stellt einen Nachteil gegenüber der Akquisition dar, nicht aber gegenüber der Autonomie-Alternative (Verzicht auf Akquisition *und* Kooperation). Die Unfähigkeit, alleine die gewünschten Ergebnisse zu erzielen, ist ja gerade Anlass zum Eingehen einer Kooperation.

[964] Vgl. Womack/Jones/Roos (1992).

Die Verwirklichung dieses Wunsches durch Lieferanten ist auf Basis einer klassischen marktbasierten Zusammenarbeit aber nicht möglich. Die notwendigen Abstimmungen würden vor jedem erneuten Vertragsabschluss zu **Transaktionskosten**[965] in einer Höhe führen, die die **Spezialisierungsvorteile** zunichte machen würden. Zudem würde sich der Lieferant durch die **Spezifität** der Lieferung, die ihm große Vorleistungen abverlangt, in große Abhängigkeit vom Abnehmer begeben.

Beide Probleme können durch die Vereinbarung einer langfristigen Zusammenarbeit gelöst werden. Durch die einmalige und dann dauerhaft gültige Regelung der Eckpunkte der Zusammenarbeit werden die Transaktionskosten gesenkt, durch die **Planungssicherheit**, die dem Lieferanten durch die Langfristigkeit der Vereinbarung – i.d.R. mehrere Jahre – gegeben wird, ist er bereit, sich auf die spezifischen Wünsche des Abnehmers einzulassen und notwendige Investitionen zu tätigen.

Die Intensität einer solchen Zusammenarbeit führt gleichzeitig dazu, dass sich die **Anzahl an Lieferanten**, mit denen ein Abnehmer zusammenarbeitet, verringert. Viele marktbasierte Lieferantenbeziehungen werden durch einige vertikale Kooperationen ersetzt, der Lieferant wird zum Systemlieferant.[966] Verfährt er mit seinen Lieferanten in analoger Weise, entsteht ein zwischenbetriebliches Netzwerk.[967]

Im Ergebnis entsteht eine Form der Zusammenarbeit, die sowohl durch Merkmale, die typischerweise innerbetrieblichen Charakter haben (vertrauensvoller, loyaler Umgang), als auch durch Merkmale einer marktlichen Zusammenarbeit (rechtliche Selbständigkeit, keine direkten Weisungsbeziehungen etc.) geprägt ist.[968] Da Lieferant und Abnehmer zwar jeweils eigene Interessen haben, aber keine direkten Konkurrenten am Markt sind, ist die **Vertrauensbildung** einfacher als bei der horizontalen Kooperation. **Ungleiche Machtverhältnisse** zwischen Lieferant und Abnehmer wie sie z.B. häufig zwischen Automobilunternehmen und deren Zulieferern gegeben sind, führen real allerdings auch zu „Kooperationen", die in ihrer Ausgestaltung nicht dem freien Willen beider Partner entsprechen – der Lieferant muss die Vorgaben des Abnehmers akzeptieren, will er diesen als Kunden nicht verlieren.

(3) Zwischenbetriebliche Netzwerke
Ein zwischenbetriebliches Netzwerk (im Weiteren vereinfacht als Netzwerk bezeichnet) entsteht durch die Zusammenarbeit einer größeren Anzahl rechtlich selb-

---

[965] Anbahnungs-, Verhandlungs- sowie Überwachungskosten. Vgl. hierzu die Literaturhinweise zum Transaktionskostenansatz im Kap. C.IV.2.2.
[966] Systemlieferanten zeichnen sich dadurch aus, dass sie den Abnehmer mit ganzen, aus einzelnen Komponenten vormontierten, Modulen beliefern, eigene F&E-Leistungen erbringen und die Gesamtverantwortung für ihr Systemmodul tragen.
[967] Vgl. Bea/Göbel (2006), S. 446 f.
[968] Vgl. Bea/Göbel (2006), S. 445.

ständiger Unternehmen.[969] Es kann horizontale, laterale und vertikale Beziehungen zwischen den Unternehmen beinhalten. Häufig fungiert ein führendes Unternehmen als Koordinator einer größeren Anzahl wirtschaftlich abhängiger Zulieferer, die, vor allem, wenn sie als Systemlieferanten fungieren, wiederum selbst Kooperationen mit ihren Sub-Lieferanten eingehen können.

Eine Sonderausprägung stellen **regionale Netzwerke** dar,[970] bei denen wiederum zwei Unterformen unterschieden werden können:

Die erste Variante besteht aus einer Vielzahl räumlich konzentrierter Kleinunternehmen (Handwerk), häufig hochmotivierte Familienbetriebe ohne „Overheadkosten", die sich um den das Netzwerk koordinierenden Abnehmer scharen und sich jeweils auf wenige Produktionsschritte des Produktionsprozesses spezialisieren. Hierdurch können Flexibilitäts- und Verbundvorteile realisiert werden. Die theoretisch hohen Transaktionskosten werden durch die räumliche Nähe und durch das auf einem gemeinsamen sozialen Milieu basierende Vertrauen gesenkt. Man kann daher von einem **„Kleinbetriebs-Netzwerk"** sprechen. Häufig genanntes Beispiel ist die Textilindustrie in Norditalien mit Benetton als einem koordinierenden Abnehmer.

Die zweite Variante besteht aus einer Ansammlung von Unternehmen, die z.T. in einer Liefer-, z.T in direkter Konkurrenzbeziehung zueinander stehen und folglich sowohl horizontale als auch vertikale Kooperationen eingehen können. Durch die regionale Nähe können sie darüber hinaus auf örtliche gesellschaftliche Institutionen wie Hochschulen zugreifen. Sowohl der Austausch untereinander als auch die Konkurrenzsituation erzeugen ein leistungsförderndes Klima. In der Regel handelt es sich um technologie-orientierte Unternehmen, man kann daher auch von **Technologie-Clustern** sprechen. Berühmtestes Beispiel ist das Silicon Valley, dessen dynamisches Wachstum u.a. auf die Nähe zur weltberühmten Stanford University zurückzuführen ist.

Eine sowohl als vertikale als auch als Netzwerk-Kooperation interpretierbare Form der Zusammenarbeit stellt das **Franchising-Konzept** dar.[971] Der **Franchise-Geber** erteilt den Franchise-Nehmern gegen Entgelt eine Lizenz zur Nutzung des Markennamens und des Geschäftssystems und verfügt über hierarchieähnliche Kompetenzen zur Sicherung eines einheitlichen Markenauftritts (Geschäftsausstattung, Produkt- und Preispolitik). Er ist für die Produktion der Ware und für Werbung zuständig, wodurch Verbundvorteile realisiert werden können. Der **Franchise-Nehmer** ist rechtlich selbständig und stärker motiviert als ein angestellter Leiter

---

[969] Vgl. Sydow (2006); Staber (2004), Sp. 932 ff.
[970] Vgl. Bea/Göbel (2006), S. 448 f; Picot/Dietl/Franck (2005), S. 191 ff.; Staber (2004), Sp. 933 ff.
[971] Vgl. Bea/Göbel (2006), S. 447; Picot/Dietl/Franck (2005), S. 187 ff.

einer vergleichbaren Filiale, da ihm die Gewinne aus seinem Unternehmen (das faktisch eine Filiale des Franchise-Gebers ist), zustehen. Er profitiert von der Reputation des Markennamens, muss allerdings für die genannten Leistungen den Franchise-Geber bezahlen. Darüber hinaus muss er die Anfangsinvestitionen (zumindest teilweise) tragen, was dem Franchise-Geber wiederum eine schnelle Expansion ermöglicht. Bei ausgewogener Ausgestaltung entsteht eine „Win-Win-Situation". Beispiele für Franchise-Unternehmen sind OBI-Baumärkte, McDonald's und Benetton (welches somit sowohl auf Produktions- als auch auf der Absatzseite Netzwerk-basiert arbeitet).

(4) Laterale Kooperationen
Laterale Kooperationen[972] als Zusammenarbeit von Unternehmen, die weder in einem Konkurrenz- noch in einem Lieferverhältnis stehen, sind seltener als die anderen Kooperationsformen, da die Anknüpfungspunkte geringer sind. Sie können z.B. entstehen, wenn Unternehmen im Zuge des Auflösens von Branchengrenzen oder im Zuge einer Diversifikation Know-how in ihnen bislang fremden Bereichen benötigen. Ein Beispiel wäre die Kooperation eines Versandhändlers und eines Internet-Providers zur Realisierung einer internet-basierten Versandhandelsplattform.

2.5.7. Lean Management
Lean Management[973] kann insofern als Beispiel eines neueren organisatorischen **Gesamtkonzeptes** interpretiert werden, als es auf sämtliche neueren Organisationskonzepte – Prozess- und Teamorganisation (inkl. Selbstorganisation), moderne Fertigungskonzepte sowie Unternehmenskooperationen – zurückgreift.

Grundlage ist erneut die schon mehrfach zitierte MIT-Studie, aus der von *Womack/Jones/Roos* ein Unternehmensführungskonzept abgeleitet wurde. Beim Lean Management werden die Methoden der Lean Production auf das ganze Unternehmen angewendet.

Zu den **Zielen** des Lean Management gehören eine größere Marktnähe, erhöhte Kundenzufriedenheit, eine Optimierung des menschlichen Arbeitseinsatzes, die laufende Verbesserung von Produkt und Produktionsprozessen sowie eine generelle Verschlankung der Gemeinkostenbereiche. Diese sollen durch verschiedene **Maßnahmen** realisiert werden:[974]

---

[972] Vgl. Bea/Göbel (2006), S. 453; Sydow (2004), Sp. 1546.
[973] Vgl. Womack/Jones/Roos (1992). Kurzdarstellungen finden sich u.a. bei Picot/Dietl/Franck (2005), S. 362 ff.; Vahs (2005), S. 253 ff. und Macharzina (2003), S. 920 ff.
[974] Vgl. Picot/Dietl/Franck (2005), S. 363 ff.; Vahs (2005), S. 255; Macharzina (2003), S. 924.

- Im Produktionsbereich kommt es zur Aufgabenintegration durch Anwendung der **Teamorganisation** in Verbindung mit **Job Enrichment** (auf Basis autonomer Selbstorganisation),[975] allerdings in der „japanischen Variante" mit sehr kleinen Arbeitstakten.[976]
- Um Ressourcen einzusparen und Entwicklungen zu parallelisieren, erfolgt eine Konzentration auf Kerntätigkeiten. Dienstleistungen werden ausgelagert, die eigene **Fertigungstiefe** durch Verlagerung ganzer Produktmodule auf einige Systemlieferanten **verringert**, mit denen sehr **eng und langfristig kooperiert** wird und die die volle Verantwortung für ihre Module sowie ihre Sub-Lieferanten tragen (**Netzwerk**).
- Zur Minimierung von Beständen gilt das Prinzip der zeitlich bedarfsgerechten Lieferung, sowohl innerhalb des Unternehmens (**Kanban**) als auch im Lieferanten-Abnehmer-Verhältnis (**Just-in-Time**).
- Innerhalb des eigenen Unternehmens als auch gegenüber den Netzwerkpartnern der ersten Ebene besteht das **Prinzip schneller und umfassender Information und Kommunikation**. Die Systemlieferanten werden direkt in das Produktionsinformationssystem eingebunden, die eigenen Mitarbeiter durch Anzeigen über den Bändern über den aktuellen Produktionsstand informiert.
- Im Zuge einer **ganzheitlichen Optimierung der Prozesse** basiert alles Handeln auf einem **umfassenden Qualitätsverständnis (TQM)** und dem **permanenten Streben nach Verbesserung (Kaizen)**. Kosten- und qualitätsgerechtes Verhalten soll nicht nachträglich erprüft, sondern unmittelbar produziert werden. So sind japanische Fertigungsteams gehalten, bei Problemen das gesamte Fertigungsband anzuhalten, um den Fehler und dessen Ursache direkt zu beheben und spätere Nachbesserungen zu vermeiden – der damit verbundene Druck, fehlerfrei zu arbeiten, wird bewusst erzeugt.
- In allen Unternehmensbereichen erfolgt eine **Reduktion von Hierarchieebenen** (Senkung Gemeinkosten) durch **Delegation von Verantwortung**. Identifikation mit dem Unternehmen und **Eigeninitiative** werden gefördert und gefordert. Letztere manifestiert sich v.a. im **Betrieblichen Vorschlagwesen**.
- Institutionalisierung der Markt- und Kundenorientierung durch **Target Costing**.[977]

Das umfassende Bündel verschiedener Maßnahmen verdeutlicht, dass es sich beim Lean Management nicht um *ein* revolutionäres Konzept handelt, sondern vielmehr um die **konsequente Bündelung innovativer Einzelansätze**.[978] Lean Management hat in der Folge in vielen Industrienationen den Anstoß zur grundlegenden Veränderungen der Aufbau- und Ablauforganisation von Unternehmen und auch öffentlichen Einrichtungen gegeben.[979] **Kritische Stimmen** merken an, dass Lean Management in Japan „mit einer gnadenlosen Leistungsüberwachung und einem daraus

---

[975] Vgl. Womack/Jones/Roos (1992), S. 61, S. 103 f.
[976] Vgl. die Erläuterungen zur teilautonomen Arbeitsgruppe im Kap. C.IV.2.5.4.
[977] Nach Festlegung der Produktmerkmale wird durch Kundenbefragung ermittelt, welchen Preis Kunden für ein derartiges Produkt zu zahlen bereit wären. Nur wenn eine Produktion unter der nach Abzug der Gewinnspanne liegenden Kostenobergrenze möglich ist, wird die Entwicklung fortgesetzt.
[978] Vgl. Picot/Dietl/Franck (2005), S. 363; Macharzina (2003), S. 923 f.
[979] Vgl. Vahs (2005), S. 255.

resultierenden scharfen Arbeitstempo einhergeht" und daher „zu hinterfragen ist, ob der Erfolg der japanischen Unternehmen auf dem konzeptionellen Mehrwert des Lean Management oder auf einem rücksichtslosen Raubbau der Arbeitskraft japanischer Arbeitnehmer beruht".[980] Um Enttäuschungen und Probleme zu vermeiden, sind bei der Übernahme des Konzeptes in jedem Fall kulturelle Landesspezifika zu berücksichtigen.[981]

2.5.8. Lernende Organisation

Der Begriff der lernenden Organisation[982] wird hier weit gefasst in dem Sinne, dass er stellvertretend für verschiedene Konzepte steht, die sich stark mit den zukünftigen Anforderungen an Unternehmen und sonstige Organisationen auseinandersetzen. Um den Anforderungen eines immer dynamischeren und globaleren Wettbewerbsumfeldes gerecht zu werden, soll eine Organisation gleichzeitig ein **Höchstmaß an Effizienz, Innovationskraft und Flexibilität** aufweisen.[983]

Als ein Schlüssel hierfür wird die Förderung von Lernprozessen angesehen. Dies umfasst zunächst die Lernprozesse jedes einzelnen Mitarbeiters. Es wird aber darüber hinaus angestrebt, dass auch ein kollektives, organisatorisches Lernen dergestalt stattfindet, dass die organisatorische Wissensbasis grundsätzlich unabhängig von einzelnen Personen wird, sondern sich das angesammelte Wissen in den formellen und informellen Prozessen und Routinen einer Organisation niederschlägt und somit gleichsam kollektiv gespeichert wird.[984]

Neben der Unterscheidung von **individuellem und kollektivem Lernen** kann nach *Argyris/Schön* [985] weiter zwischen verschiedenen **Lernebenen** unterschieden werden: Beim so genannten **Single-Loop-Learning** handelt es sich um ein Anpassungslernen innerhalb der bisherigen Normen, Standards und Routinen, Grundüberzeugungen müssen nicht hinterfragt werden. Beim so genannten **Double-Loop-Learning** stehen die bisherigen Grundüberzeugungen selbst zur Disposition. Neue Standards müssen akzeptiert und verinnerlicht werden, was auch das „Entlernen" bisherigen Wissens beinhaltet. Das so genannte **Deutero-Learning** beinhaltet die Reflexion über den eigenen Lernprozess, das Lernverhalten wird analysiert, im Fokus steht somit das Lernen des Lernens.

---

[980] Macharzina (2003), S. 924 f.
[981] Vgl. Vahs (2005), S. 255.
[982] Vgl. Bea/Göbel (2006), S. 437 ff.; Vahs (2005), S. 392 ff.; Berthoin Antal/Dierkes (2004), Sp. 732 ff.; Macharzina (2003), S. 445 ff.; Schreyögg (1999), S. 529 ff.; Argyris/Schön (1978). Zu den Einzelkonzepten siehe die jeweiligen Angaben weiter unten.
[983] Vgl. Vahs (2005), S. 502.
[984] Vgl. Berthoin Antal/Dierkes (2004), Sp. 735.
[985] Vgl. Argyris/Schön (1978), S. 18 ff.

Grundannahme ist nun, dass das für stabile Umwelten geeignete Single-Loop-Learning immer weniger ausreichend ist, sondern dass die fortlaufenden Umwälzungen in und um Unternehmen von denselben und ihren Mitarbeitern die Bereitschaft zum offenen Umgang mit Neuem und damit die Bereitschaft zum Double-Loop-Learning erfordern.[986]

Um dies und die Kollektivierung des Erlernten sicherzustellen, müssen drei Bedingungen erfüllt sein:[987]

(1) Dauerhafte Forcierung der Lernprozesse
Die Mitarbeiter müssen den Willen und die Möglichkeit haben, das Lernen nicht als einmalige, sondern als permanente Aufgabe zu verstehen.

(2) Kollektivierung individuellen Wissens
Mitarbeiter müssen bereit sein, ihr Wissen Kollegen und damit der Organisation zur Verfügung zu stellen. Ein wesentliches Hindernis dabei ist, wenn Mitarbeiter nach dem Motto „Wissen ist Macht" verfahren und ihr Wissen nur sehr dosiert zur Verfügung stellen – eine Einstellung, die zwar häufig heftig kritisiert, aus individueller Sicht aber leider oft durchaus rational sein kann, wenn Unternehmen dem nicht durch entsprechende Anreizsysteme entgegenwirken.

(3) Sicherstellung der Verwendung des vorhandenen Wissens:
In der Organisation vorhandenes Wissen muss von den Mitarbeitern auch angenommen und verwendet werden.

Der Erfüllung dieser Bedingungen können technische, strukturelle und personelle[988] Hindernisse im Weg stehen. Die Gesamtthematik von Generierung, Verteilung, Speicherung und Nutzung von Wissen ist Gegenstand des **Wissensmanagements**, welches in einem gesonderten Abschnitt dieses Buches (siehe Kapitel D.II.) behandelt wird.

Wird ein solch organisationales Lernen konsequent realisiert, erwächst eine **lernende Organisation**.[989] Diese kann somit zunächst als ein **anzustrebender Zustand** interpretiert werden. Gleichwohl kann die Realisierung dieses Zustands durch bestimmte **organisatorische Maßnahmen** gefördert werden (zu denen auch die Prozess- und Teamorganisation inkl. Selbstorganisation sowie Unternehmenskooperationen gehören), die wiederum in verschiedenen Organisationskonzepten zusammengeführt werden:[990]

Die **modulare Organisation** baut sich aus relativ kleinen, überschaubaren, ergebnisverantwortlichen Einheiten auf, die jeweils für die ganzheitliche Abwicklung eines Prozesses verantwortlich sind. Die prozessbasierte Orientierung an Objekten

---

[986] Vgl. Schreyögg (1999), S. 547.
[987] Vgl. Bea/Göbel (2006), S. 438.
[988] Neben der Einstellung „Wissen ist Macht", die die Wissensabgabe verhindern kann, gehören auch eine gewisse „Bequemlichkeit" oder die Angst, im Lernprozess zu versagen, zu den persönlichen Hindernissen. Vgl. hierzu auch Schein (2002), S. 72 ff.
[989] Vgl. Vahs (2005), S. 399.
[990] Für einen Überblick vgl. Vahs (2005), S. 504 ff.

erfolgt auf allen Ebenen, ein Modul kann die Tätigkeit einer Person, eines Teams, eines Geschäftsbereiches oder des Gesamtunternehmens, welches dann ein Modul eines übergeordneten Netzwerkes darstellt, umfassen. Die Mindestgröße eines Moduls ergibt sich aus den Prozessschritten für ein klar definierbares Zwischen- oder Endprodukt. Ist die erforderliche Modulgröße nicht mehr von einem Team beherrschbar, müssen Teilmodule gebildet werden. Ziel ist die eindeutige Zuordnung von Verantwortung, die Motivation der Mitarbeiter sowie die flexible Kombination von Kompetenzen durch eine problembezogene Verknüpfung der Module.[991]

Die **fraktale Organisation** entsteht bei konsequenter Anwendung der Modularisierung und ist dieser damit ähnlich. Das Unternehmen besteht aus weitgehend selbständig agierenden Einheiten mit jeweils eindeutig beschreibbaren Zielen.[992]

Die **vernetzte Organisation** fokussiert die unternehmensübergreifende Zusammenarbeit. Zwischen selbständigen Einheiten entstehen komplexe Beziehungsgeflechte, die traditionellen Unternehmensgrenzen werden fließend (vgl. auch regionale Netzwerke).[993]

Die **grenzenlose Organisation** propagiert ebenso die Erhöhung der Durchlässigkeit der Unternehmensgrenzen, die sich nicht an formalen Kriterien, sondern an den situativen Erfordernissen orientieren soll.[994]

Die **virtuelle Organisation** verneint mehr oder weniger die Sinnhaftigkeit jeglicher dauerhafter Strukturen. Bei innerbetrieblicher Anwendung kommt es zu einer permanenten projekt- bzw. problemspezifischen Neukonfiguration der personellen Ressourcen. Bei überbetrieblicher Anwendung bilden einzelne Unternehmen projektspezifisch unter starker Nutzung modernen IuK-Technologien ein standortübergreifendes Netzwerk, in das jedes Unternehmen seine spezifische Kernkompetenz einbringt. Eine Hierarchie zwischen den Beteiligten besteht nicht, nach Durchführung des Projektes endet die Zusammenarbeit, jedes Unternehmen sucht sich für sein nächstes Projekt wiederum neue, passende Partner.[995]

Die Modelle unterscheiden sich z.T. in ihrem Schwerpunkt, letztlich weisen sie aber – aufbauend auf den Elementen von Prozess- und Team- bzw. Selbstorganisation sowie Kooperationen – eine Reihe von **Gemeinsamkeiten** auf:[996]

– Weitgehende **Verlagerung von Kompetenzen und Verantwortung** in sich **selbst organisierende, überschaubare Einheiten**.

---

[991] Vgl. Picot/Neuburger (2004), Sp. 897 ff.
[992] Vgl. ausführlich Warnecke (1997).
[993] Vgl. ausführlich Sydow (2006).
[994] Vgl. ausführlich Picot/Reichwald/Wigand (1997).
[995] Vgl. Bea/Göbel (2009), S. 454 ff.; Vahs (2005), S. 508 ff.; Macharzina (2003), S. 445 ff.; Scholz (1996), S. 204 ff.
[996] Vgl. Vahs (2005), S. 258 ff. und S. 501 ff.; Schreyögg (1999), S. 273 ff., S. 552 ff.

- **Anti-strukturelle Grundhaltung**; lose, flexible und hierarchiefreie Kopplungen zwischen den sich selbst vernetzenden Einheiten; **flexible Unternehmensgrenzen**.
- Weitgehender **Verzicht auf zentrale Steuerung**.
- Hohe Bedeutung von **informeller Kommunikation** und **modernen IuK-Technologien** zur Sicherung der Koordination zwischen den polyzentrischen Einheiten.

Es bleibt abzuwarten, ob derartige Organisationskonzepte die Forderung nach Effizienz, Innovationskraft und Flexibilität gleichzeitig erfüllen können. Zum Teil ist zwischen den theoretischen Konstrukten und der **organisationalen Wirklichkeit** noch eine beträchtliche Diskrepanz festzustellen. Hierfür scheinen zwei Gründe maßgeblich zu sein:

Erstens fokussieren die genannten Konzepte v.a. Innovationskraft und Flexibilität. Hinsichtlich der Effizienz besteht wohl eher die Hoffnung, dass sich diese aus dem kreativen Handeln der vernetzten Einheiten ergibt. Für eine effiziente Aufgabenerledigung ist aber ein Mindestmaß an zumindest temporär stabilen Strukturen und Abläufen notwendig. Insbesondere innerhalb des Unternehmens muss daher die **Balance von Stabilität und Flexibilität** besonders beachtet werden.[997]

Zweitens muss hinterfragt werden, ob die beschriebenen und im Erfolgsfall zu einer lernenden Organisation führenden organisatorischen Konzepte mit ihrer geforderten Flexibilität dem **Bedürfnis** einer Vielzahl von Mitarbeitern **nach Sicherheit** entsprechen.[998] Das den Ansätzen implizit zugrunde liegende **Menschenbild** eines extrem anpassungsfähigen und eigenverantwortlichen Mitarbeiters ist in dieser Pauschalität ein sehr optimistisches.

2.6. Organizational Behavior – Das Verhalten in Organisationen

In den vorherigen Kapiteln wurde neben der eher sachlich-rationalen Gesamtschau auf das Organisationsproblem auch der Verhaltensaspekt organisatorischen Handelns – v.a. in Gestalt des Themas Motivation - nicht außer Acht gelassen. Es ist unmittelbar einsichtig, dass das Verhalten der Mitglieder in einem Unternehmen (Organizational Behavior, OB) bereits bei Annahme einer vollständigen realen Gültigkeit der formellen Organisation von großer Bedeutung ist und eine explizite Beschäftigung hiermit rechtfertigt. OB gewinnt aber dadurch weiter an Bedeutung, dass das Verhalten der Mitglieder nicht allein den Alltag in einer *gegebenen* Organisation bestimmt, es verändert vielmehr die Organisation dergestalt, dass die gegebene, formelle Organisation um eine informelle Organisation ergänzt wird.

---

[997] Vgl. Vahs (2005), S. 399 f.; S. 503 f.; Schreyögg (1999), S. 554.
[998] Vgl. Vahs (2005), S. 259.

Unter **informeller Organisation** versteht man „soziale Prozesse und Strukturen, die eher spontan und ungeplant aus dem Handeln der Organisationsmitglieder erwachsen."[999]

Aus dem Zusammentreffen von **formeller und informeller Organisation** ergibt sich die letztlich allein maßgebliche **faktische Organisation**.[1000] Da sich das Verhalten der Mitglieder als Basis der informellen Organisation nicht vollständig steuern lässt, ist auch diese nur **begrenzt steuerbar**.[1001] Damit ist das alleinige Ordnungsmonopol der formellen Organisation bzw. ihrer Gestalter erschüttert.[1002] Aus diesem Grund wurde die informelle Organisation lange als Störquelle betrachtet und zu unterdrücken versucht bzw. ignoriert.[1003] Mittlerweile hat sich die Erkenntnis durchgesetzt, dass es nicht sinnvoll ist, reale Phänomene zu ignorieren, nur weil sie nicht geplant sind. Ganz im Gegenteil wird die informelle Organisation heute als ein **unverzichtbares Korrektiv** für die dysfunktionalen Wirkungen der formellen Organisation angesehen, welches diese sogar stabilisiert, indem sie Lücken im System der formellen Regeln schließt, die Anpassungsfähigkeit des Unternehmens erhöht und durch die soziale Integration der Mitglieder deren individuelle und Gruppenbedürfnisse befriedigt.[1004] In **neueren Organisationskonzepten** wird sie als „unregulierte Freiheitszone" in Gestalt des gezielten Einsatzes von Selbstorganisation (durch Teamorganisation und/oder Job Enrichment) bewusst eingesetzt und genutzt.[1005] Immer öfter wird sie sogar als bedeutsamer als die formelle Organisation angesehen. Zur Verdeutlichung der Bedeutung der informellen Organisation wird häufig das Bild eines Eisbergs verwendet: Der über Wasser befindliche, kleinere Teil des Eisbergs ist die formelle Organisation, der unter Wasser befindliche, aber größere Teil des Bergs ist die informelle Organisation.[1006]

Auch wenn heute die positiven Wirkungen der informellen Organisation betont werden, so sei aber dennoch angemerkt, dass diese Wirkungen keinesfalls immer positiv sein müssen, sie können auch dysfunktional sein und sinnvolle Regeln der formellen Organisation unterlaufen.[1007]

---

[999] Lang (2004), Sp. 497 f.

[1000] Vgl. Picot/Dietl/Franck (2005), S. 24 f.

[1001] Vgl. Bühner (2004), S. 6 f.; Lang (2004), Sp. 498; Schreyögg (1999), S. 412.

[1002] Vgl. Luhmann (1995), S. 30.

[1003] Vgl. Bühner (2004). S. 6 f.; Schreyögg (1999), S. 15. Letzterer verwendet das Bild von Arbeitern/Angestellten, die sich – unerlaubterweise – Freiräume im vorgegeben Rahmen der „Welt der Herren" schufen.

[1004] Vgl. Vahs (2005) S. 108 und 122 ff.; Lang (2004), Sp. 499 und 501 f.; Schreyögg (1999), S. 15 und S. 411 f.

[1005] Vgl. Lang (2004), Sp. 498 u. 502.

[1006] Vgl. Vahs (2005), S. 108.

[1007] Vgl. Vahs (2005), S. 124; Schreyögg (1999), S. 414.

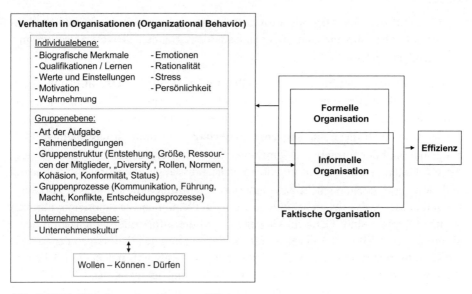

Abb. C.IV.64: Verhalten – Organisation – Effizienz

Abbildung C.IV.64 verdeutlicht noch einmal die Bedeutung des Verhaltens in Organisationen: Das Verhalten der Mitglieder hat zum einen unmittelbare Auswirkungen auf die Arbeitsergebnisse von Individuen und Gruppen, zum anderen erwachsen aus der Gesamtheit des Verhaltens der Mitglieder, mit beeinflusst durch die bestehende organisatorische Realität, die informellen Regeln und Strukturen, die informelle Organisation. Durch deren Verflechtung mit der formellen Organisation (was deren partiellen Ersatz mit einschließt) ergibt sich die für die Effizienz entscheidende faktische Organisation, die wiederum das weitere Verhalten der Mitglieder beeinflusst.

Anzumerken ist, dass die Unterscheidung von formeller und informeller Organisation in der Praxis nicht immer trivial ist. Obige Definition von informeller Organisation als „eher spontane und ungeplante Prozesse und Strukturen" lässt einen Interpretationsspielraum: Gehört beispielsweise eine zunächst aus der Not geborene Verfahrensweise, die sich bewährt hat und dann von Mitarbeitern mit dem Wissen der Vorgesetzten dauerhaft angewendet wird, zu den formellen oder informellen Regeln? Man könnte aus der Existenz dieser „Grauzone" mit einiger Berechtigung die Konsequenz ziehen, die Unterscheidung von formeller und informeller Organisation aufzugeben. Dem wird hier allerdings nicht gefolgt, da die Unterscheidung trotz der Unschärfe dem intuitiven Empfinden der Existenz eines solchen Unterschiedes entspricht und auch didaktisch sinnvoll erscheint.

Ungeachtet dieser Definitionsfrage bleibt festzuhalten, dass das Verständnis des Verhaltens von Mitgliedern in Organisationen einen zentralen Erfolgsfaktor darstellt. Unter dem Begriff **Organizational Behavior** hat es sich zu einem **eigenständigen Forschungsgebiet** entwickelt, welches für die Betriebswirtschaft wichtig ist, dessen zentrale Bezugspunkte aber in der Psychologie, Soziologie und Sozialpsychologie sowie der Anthropologie und den politischen Wissenschaften zu finden sind.[1008]

Organizational Behavior wird hier definiert als ein Forschungsgebiet, welches untersucht, wie sich Menschen in einer Organisation verhalten und wie dieses Verhalten erklärt sowie mit dem Ziel einer Erhöhung der Leistungsfähigkeit des Unternehmens beeinflusst werden kann.[1009]

Dieses Verhalten zeichnet sich im Idealfall durch Hilfsbereitschaft gegenüber Anderen, Verantwortungsbewusstsein, hohe Belastbarkeit und überdurchschnittliches Engagement aus. Zusammengefasst wird es unter dem Begriff des **Organizational Citizenship Behavior**.[1010] Es ergibt sich aus dem Dreiklang „**Wollen – Können – Dürfen**":[1011] das Wollen umfasst v.a. die Motivation, das Können sowohl die individuellen Fähigkeiten als auch die situativen Umstände (fördernd oder hemmend), das Dürfen die geltenden Regeln und Normen.

Grundlage zum Verständnis des Verhaltens in Unternehmen ist die Individualebene, da sich dieses aus einzelnen Menschen zusammensetzt. Gleichzeitig ergeben sich beim Verhalten von Menschen auf Gruppen- und Unternehmensebene Eigenheiten, die sich nicht alleine mit der Analyse individuellen Verhaltens erklären lassen. Aus diesem Grund erfolgt die Betrachtung des Verhaltens i.d.R. auf den drei Ebenen Individuum, Gruppe und Unternehmen.[1012] Abbildung C.IV.64 zeigt auf, welche Aspekte der jeweiligen Ebene zuzuordnen sind.

Wie bereits in der Einleitung erwähnt, handelt es sich beim Organizational Behavior mit den genannten Einzelthemen um ein solch breites und tiefes Forschungsgebiet, dass jeder Versuch einer adäquaten Darstellung den hier zur Verfügung stehenden Rahmen sprengen würde. Zur weiteren Befassung mit dem Thema wird daher auf die entsprechende Literatur verwiesen, beispielhaft seien *Robbins* und *Staehle* genannt.[1013]

Von dieser notwendigen Beschränkung gibt es Ausnahmen dergestalt, dass einige Themen zwar nicht an dieser Stelle, aber an anderer Stelle des Buches behandelt werden: das Thema Macht in Kapitel B.III.3.1., das Thema Unternehmenskultur als Bestandteil des Ordnungsrahmens der Managementlehre in Kapitel C.II.2., die Themen Führung, Motivation und Kommunikation in Kapitel C.III.2.

[1008] Vgl. Robbins (2001), S. 28 ff.; Staehle (1999), S. 153.
[1009] In Anlehnung an Robbins (2001), S. 25 und Staehle (1999), S. 152.
[1010] Vgl. Conrad (2004), Sp. 1101 ff.
[1011] Siehe auch Kap. C.III.2.4.2.
[1012] Vgl. Staehle (1999), S. 151, S. 161 ff.
[1013] Vgl. Robbins (2001); Staehle (1999), S. 149 ff.

Zur Wiederholung

1. Welche positiven und negativen Effekte sind mit Arbeitsteilung verbunden? Welche Probleme ergeben sich hieraus?
2. Warum ist es notwendig, bei der Gestaltung der Organisation auch das Verhalten der Mitarbeiter in die Betrachtung mit einzubeziehen? Welche Probleme ergeben sich hieraus?
3. Erläutern Sie das institutionelle und das funktionale Begriffsverständnis von Organisation.
4. Welche Anforderungen sollte ein Organisationskonzept erfüllen? Welche Probleme ergeben sich bei der Messung des Erfüllungsgrads dieser Anforderungen?
5. Warum gibt es nicht nur *eine* Organisationstheorie?
6. Welches sind die Gestaltungsparameter der Organisation?
7. Was versteht man unter Aufbau- und Ablauforganisation? In welchem Verhältnis stehen beide im traditionellen Verständnis? Was hat sich hieran bei den neuen Organisationskonzepten geändert?
8. Nach welchen Kriterien kann eine Aufgabe zerlegt werden? Worauf ist dabei zu achten?
9. Im Rahmen der Arbeitsteilung werden Arten- und Mengenteilung unterschieden. Grenzen Sie beide voneinander ab.
10. Erläutern Sie im Zusammenhang mit der Stellenbildung die Begriffe „ad rem" und „ad personam".
11. Nennen und erläutern Sie die unterschiedlichen Arten von Stellen.
12. „Wer Macht ausüben möchte, darf nicht im Stab arbeiten." Nehmen Sie Stellung zu dieser These.
13. Worin unterscheiden sich Abteilungen und Gruppen?
14. Erläutern Sie überblicksartig die Teilkomponenten des Leitungssystems eines Unternehmens.
15. Was sind die Vor- und Nachteile eines hohen Maßes an Delegation?
16. Findet das Mehrliniensystem heute noch Anwendung?
17. Was versteht man unter Leitungsspanne? Wann ist eine hohe, wann eine niedrige Leitungsspanne sinnvoll?
18. Was sind Koordinationsinstrumente im weiten Sinn bzw. im engen Sinn? Welche gibt es?
19. Gibt es bessere und schlechtere Koordinationsinstrumente? Ist es sinnvoll, nur ein bestimmtes Koordinationsinstrument zu nutzen? Begründen Sie Ihre Antwort.
20. Was sind die Ziele der Ablauforganisation?
21. Erläutern Sie, was unter personaler, zeitlicher und räumlicher Synthese zu verstehen ist.
22. Wie sind die Gestaltungsparameter der Organisation bei der Unternehmer-Organisation ausgeprägt?
23. Vergleichen Sie Funktionale und Divisionale Organisation anhand geeigneter Kriterien.
24. Warum benötigt eine Divisionale Organisation Zentralbereiche?
25. Warum ist die Autonomie der Leiter von Tochtergesellschaften einer Holding faktisch weit geringer als aus formaler Sicht?
26. Handelt es sich bei der Matrix-Organisation aus Ihrer Sicht um ein sinnvolles Organisationskonzept? Begründen Sie Ihre Meinung.

27. Was ist unter der äußeren, was unter der inneren Projektorganisation zu verstehen? Erläutern Sie die typischen Phasen eines Projektes.
28. Wann ist Werkstattfertigung sinnvoll, wann Fließfertigung?
29. Was war der Anstoß zur Entwicklung neuerer Organisationskonzepte? Wo liegen die Ansatzpunkte für Verbesserungen?
30. Was ist der Grundgedanke der Prozessorganisation? Was ist unter der reinen Umsetzung des Konzeptes und was unter dem „sanfteren Weg" der Einführung zu verstehen? Welchen Weg halten Sie für sinnvoller?
31. Welche Vorteile erhofft man sich von Teamorganisation? Was halten Sie von diesem Organisationskonzept? Begründen Sie Ihre Meinung.
32. Was ist eine teilautonome Arbeitsgruppe? Worin bestehen die wesentlichen Unterschiede der „Volvo-Variante" und den Fertigungsteams japanischer Prägung?
33. Welche neuen Wege werden in der Fertigung gegangen, um Effizienz und Flexibilität zu vereinen?
34. Warum erfreuen sich Kooperationen zunehmender Beliebtheit? Welche Formen können unterschieden werden?
35. Worin liegt die besondere Problematik horizontaler Kooperationen?
36. Erläutern Sie die verschiedenen Formen von Netzwerken.
37. Was sind die wesentlichen Elemente des Lean Management? Warum handelt es sich um kein wirklich revolutionäres Konzept?
38. Worin liegen die Gemeinsamkeiten von Konzepten wie modulare, fraktale, vernetzte oder virtuelle Organisation? Worin könnten Probleme bei der Umsetzung bestehen? Wie sehen Sie die Bedeutung dieser Konzepte für die Zukunft?
39. Welche Einzelaspekte umfasst das Verhalten in Organisationen? In welcher Beziehung stehen Organizational Behavior und die faktische Organisation?

Teil D

Besondere Handlungsfelder des Managements

I. Technologie- und Innovationsmanagement
von Birgit Baum

Aus unternehmerischer Sicht bieten Neuerungen von Produkten und Prozessen die Möglichkeit, neue Märkte zu erobern oder auf bestehenden Märkten kostengünstigere oder qualitativ höherwertige Leistungen anbieten zu können. Innovationen kommen aber nicht von selbst zustande. Sie sind Bestandteil eines gezielten strategischen Managements und stellen hohe Anforderungen an Führung und Führungskräfte. Innovationsprojekte müssen bewusst eingeführt und begleitet werden. Sie sind interdisziplinär anzulegen und erfordern eine besondere Unternehmenskultur. Bekannte Innovationshemmnisse stellen interne Defizite wie ein schlechtes Innovationsklima, ausgedrückt durch fehlende Anreize, unzureichende Teamstrukturen etc., aber auch z.B. eine mangelnde Kapitalausstattung oder langwierige Genehmigungsverfahren dar.

Die nachfolgenden Ausführungen beinhalten nach der begrifflichen Einführung einige wesentliche Aspekte der strategischen Technologie- und Innovationsplanung. Aufgrund der hier geforderten Beschränkungen im Seitenumfang sei für weitere Aspekte wie die der innovationsfreundlichen Unternehmenskultur und innovationsfördernder organisatorischer Bedingungen z.B. auf die Ausführungen von *Springer* oder *Horsch*[1014] verwiesen, für die Besonderheiten von Innovationsmanagement bei KMU auf das Jahrbuch der KMU-Forschung[1015], zu Besonderheiten früher Innovationsphasen *Herstatt/Verworn*[1016], für den Umgang mit Widerstand und das Promotorenmodell z.B. auf die Ausführungen von *Hauschildt*[1017]. Detaillierte Ausführungen zu Kooperationen und Netzwerken finden sich z.B. bei *Gerybadze*[1018]. Einen aspektreichen Überblick vermittelt der Sammelband von *Albers/Gassmann*.[1019]

1. Begriffliche Abgrenzungen

1.1. Innovation und Innovationsmanagement
Bereits seit Anfang des letzten Jahrhunderts wird die Innovationsthematik wissenschaftlich bearbeitet. So hat *Schumpeter* in seiner Theorie der wirtschaftlichen

---

[1014] Springer (2004); Horsch (2003).
[1015] Meyer (2001).
[1016] Herstatt/Verworn (2003).
[1017] Hauschildt (2004).
[1018] Gerybadze (2004).
[1019] Albers/Gassmann (2005).

Entwicklung bereits 1931 die Basis der Innovationsforschung gelegt, allerdings den Begriff „Innovation" erst 1939 erwähnt.[1020]

Definitionen zu Innovation und Innovationsmanagement finden sich reichlich in der einschlägigen Literatur. Die Herkunft des Wortes Innovation wird – mit Bezug auf „novus" (neu) – auf das lateinische „innovatio" Neuerung, Erneuerung, Neueinführung, Neuheit zurückgeführt. Nachfolgend sind exemplarisch einige Definitionen aufgeführt:

„Aus betriebswirtschaftlicher Sicht sind **Innovationen** von Unternehmen mit der Absicht der Verbesserung des eigenen wirtschaftlichen Erfolgs am Markt oder intern im Unternehmen eingeführte qualitative Neuerungen."[1021]

„Innovationen sind im Ergebnis qualitativ neuartige Produkte oder Verfahren, die sich gegenüber dem vorangehenden Zustand merklich – wie immer das zu bestimmen ist – unterscheiden."[1022]

„Aus betriebswirtschaftlicher Sicht ist *Innovation* die *Durchsetzung neuer technischer, wirtschaftlicher, organisatorischer und sozialer Problemlösungen im Unternehmen*. Sie ist darauf gerichtet, *Unternehmensziele auf neuartige Weise zu erfüllen*."[1023]

Hauschildt gliedert die vorhandenen definitorischen Ansätze nach folgenden Aspekten:[1024]

- Innovationen als neuartige Produkte oder Prozesse der Tatsache und dem Ausmaß der Neuartigkeit nach
- Innovation als neuartige Produkte oder Prozesse der Erstmaligkeit nach
- Innovation als neuartige Produkte oder Prozesse der Wahrnehmung nach
- Innovation als neuartige Kombination von Zweck und Mitteln
- Innovation als Verwertung neuartiger Produkte oder Prozesse
- Innovation als Prozess
- Innovation als neuartige Dienstleistungen jenseits industrieller Produkte und Prozesse.

Insgesamt handelt es bei Innovationen immer um etwas wirklich Neues. Es wird eine Änderung der Art, nicht nur dem Grade nach vollzogen. Hier werden nicht nur

---

[1020] Die Ausführungen von Schumpeter (1931) finden sich z.B. in Hauschildt (2004), S. 9, und ähnlich in Tintelnot (1999), S. 1.

[1021] Gerpott (2005), S. 37.

[1022] Hauschildt (2004), S. 7.

[1023] Als Problem wird hier „eine ungeklärte bzw. widerspruchsvolle Situation, die durch eine qualitativ und quantitativ bestimmbare Differenz zwischen einem vorhandenen Ist-Zustand und einem notwendigen oder wünschenswerten Soll-Zustand (Ziel) charakterisiert wird", bezeichnet (Pleschak/Sabisch 1996, S. 1); ähnlich auch Tintelnot (1999), S. 1.

[1024] Vgl. Hauschildt (2004), S. 4 ff.

graduelle Verbesserungen vorgenommen und es geht um mehr als ein technisches Problem.[1025]

Zum Verständnis des Begriffs **„Innovationsmanagement"** sind nachfolgend wiederum exemplarische Definitionen aufgeführt.

Innovationsmanagement ist laut *Hauschildt* die **„dispositive Gestaltung von Innovationsprozessen."**[1026] *Pleschak/Sabisch* lehnen sich für ihre Definition an den Managementprozess an: „Das Innovationsmanagement umfasst einen Komplex strategischer, taktischer und operativer Aufgaben zur Planung, Organisation und Kontrolle von Innovationsprozessen sowie zur Schaffung der dazu erforderlichen internen bzw. zur Nutzung der vorhandenen externen Rahmenbedingungen."[1027] Marktorientiert definiert *Tintelnot*: „Innovationsmanagement ist die gezielte Planung, Umsetzung und Kontrolle (Steuerung) des Innovationsprozesses, der Geschäftsideen zum Markterfolg führt."[1028]

Im Weiteren wird der Definition von *Pleschak/Sabisch* gefolgt, wobei „Planung, Organisation und Kontrolle" im Verständnis dieses Buches mit „Planung, Entscheidung, Durchsetzung und Kontrolle" gleichzusetzen ist.

1.2. Innovationsmanagement = Technologiemanagement?

Da vor allem neuere Quellen Technologie- und Innovationsmanagement gemeinsam behandeln, stellt sich die Frage nach Unterschieden und Gemeinsamkeiten.[1029] *Hauschildt* beschreibt in diesem Zusammenhang, dass sich Technologiemanagement „als Teil des strategischen Managements mit der ‚Aufrechterhaltung der technologischen Wettbewerbsfähigkeit'[1030], d.h. mit konzeptionellen Fragen zur Rolle der Technologie im Unternehmen, etwa:

– Technologieportfolios, Konzentration auf Schlüsseltechnologie, Technologieverknüpfungen,
– Sicherung der Technologiepotenziale durch Patentierung und Personalpolitik,
– systematische technologische Konkurrenzbeobachtung,

[1025] Vgl. Hamel (1996), S. 323 ff., zit. nach Hauschildt (2004), S. 3.
[1026] Hauschildt (2004), S. 30.
[1027] Pleschak/Sabisch (1996), S. 44.
[1028] Tintelnot (1999), S. 2.
[1029] Gerpott grenzt die Begriffe Technologie und Technik wie folgt ab:
„Danach bezeichnet **Technologie i.e.S.** allgemein wissenschaftlich fundierte Erkenntnisse über Ziel-/Mittelbeziehungen, die bei der Lösung praktischer Probleme von Unternehmen angewendet werden können.... Von der Technologie als Wissenschaft von der oder Wissen über die Technik wird **Technik** selbst zumeist als in Produkten oder Verfahren materialisierte und auf die Lösung bestimmter praktischer Probleme ausgerichteter Anwendung von Technologie(n) abgegrenzt." (Gerpott, 2005, S. 17 f.)
[1030] Grefermann/Röthlingshöfer (1974), S. 10.

- Technologieprognosen, Technologiebewertungen, Technologiefolgenabschätzung,
- Ausgliederung von technologischen Vorleistungen auf Lieferanten, technologische Allianzen usw.,
- eigenständige Verwertung von technologischen Wissen"[1031]

befasst.

Er weist weiter darauf hin, dass sich Technologiemanagement nicht nur auf neuartige Technologien, sondern auch auf die strategische Erhaltung der vorhandenen bezieht. Innovationsmanagement hingegen hat aus seiner Sicht besonders das Problem des Bruchs mit überkommenen Technologien zu meistern. Im Gegensatz zum Innovationsmanagement fehlt dem Technologiemanagement die Ausrichtung auf konkrete Innovationsprozesse.

Einen umfassenden Ansatz in Anlehnung an das St. Galler Management-Modell[1032] beschreibt *Tschirky*: „According to this view technology and innovation management can be conceived of as an integrated function of general management which is focused on the design, direction and development of the technology and innovation potenzial and directed towards the normative, strategic and operational objectives of an enterprise."[1033]

Gerpott setzt den Begriff des „Technologie- und Innovationsmanagement" (i. f. TIM) synonym mit „technologiebezogenes Innovationsmanagement". Dieses umfasst „die Planung, Organisation, Führung und Kontrolle, also kurz die dispositive Gestaltung, derjenigen arbeitsteilig bewältigten Aktivitäten und Prozesse eines Unternehmens, bei denen es primär geht um

- die **Bereitstellung** neuer Technologien für das Unternehmen
- die Durchsetzung des **Einsatzes** dieser Technologien in Produkten und/oder Prozessen des Unternehmens und
- die **Verwertung** neuer Technologien, die durch das Unternehmen erarbeitet wurden, auch durch unternehmensexterne Institutionen.

Ziel des TIM ist die Realisierung einer Technologieposition des eigenen Unternehmens, die über einen längeren Zeitraum (= **nachhaltig**) und in erheblichem Ausmaß (= **signifikant**) zur Sicherung und Verbesserung der **wirtschaftlichen Erfolgsposition** (= realisiertes Erfolgsniveau) des Unternehmens beiträgt."[1034]

Dieses Ziel ist nur dann erreichbar, wenn „überhaupt in einer Branche
- sich technologische Innovationen auf das wirtschaftliche Erfolgsniveau der Unternehmen maßgeblich auswirken, d.h. als so genannter *Erfolgsfaktor (...)* einzustufen sind, *und*
- für *einzelne* Unternehmen die Möglichkeit besteht, *systematisch* durch eigene Anstrengungen die Entstehungswahrscheinlichkeit innovativer Produkte und Prozesse zu verändern, *und*

[1031] Hauschildt (2004), S. 31 f.
[1032] Siehe Bleicher (2004).
[1033] Tschirky (2003), S. 48.
[1034] Gerpott (2005), S. 57 f. (Schriftgrößenwechsel nicht im Original).

– die von einzelnen Unternehmen hervorgebrachten Produkt- und Prozessneuerungen nicht innerhalb kurzer Zeit bei den meisten Wettbewerbern ebenfalls verfügbar sind.

Sind diese drei Bedingungen erfüllt, dann eröffnen technologische Innovationen dem einzelnen Unternehmen Möglichkeiten zur nachhaltigen und signifikanten Erfolgsverbesserung (= **Erfolgspotenziale**) und stellen eine für das strategische Management besonders wichtige (= kritische) *Erfolgsfaktorart* dar."[1035]

Im Weiteren liegt der Fokus der Darstellungen aufgrund der Relevanz für hoch entwickelte Industrienationen, insbesondere für den Standort Deutschland, im besonderen Masse auf technologischen Innovationen.

2. Wie „neu" ist „neu"?

Mit den begrifflichen Darlegungen im vorhergehenden Abschnitt drängt sich die Frage auf, wie „neu" denn „neu" ist und was eigentlich „neu" sein muss? *Hauschildt* teilt „neu" auf in verschiedene Aspekte, an die sich die nachfolgende Betrachtung in weiten Zügen anschließt:[1036]

(a) Neu der Art nach

Innovationen lösen vorhandene Produkte oder Verfahren ab, sind also destruktive Prozesse. Durch die „schöpferische Zerstörung" wird an die Stelle des Alten etwas Neues gesetzt. Das Ausmaß des Fortschrittes kann dabei zur Beurteilung herangezogen werden. Dieses wird jedoch nur unzureichend durch Patentanmeldungen ermittelt, da sie keine Bedingung für Innovationen darstellen. Das Vorliegen neuer Zweck-Mittel-Kombinationen hingegen wird als Grundlage für die unternehmerische Denkweise genommen.

Üblicherweise werden v.a. Produktinnovationen und Prozessinnovationen betrachtet, die als die so genannten „technischen Innovationen" bezeichnet werden.

Dabei sind **Prozessinnovationen** neuartige Faktorkombinationen mit dem Ziel, kostengünstiger, hochwertiger, sicherer oder schneller zu produzieren. Ziel ist also die Steigerung der Effizienz, diese Innovationen sind i.d.R. innerbetrieblich orientiert – es sei denn, die Prozesse sollen am Markt verwertet werden.

Produktinnovationen gehen darüber hinaus. Sie offerieren eine Leistung, die es dem Benutzer erlaubt, neue Zwecke zu erfüllen oder vorhandene Zwecke in einer völlig neuartigen Weise zu erfüllen. Ziel dieser Innovationen ist somit das Erreichen von Effektivität (ggf. in Verbindung auch mit Effizienz). Produktinnovationen werden am Markt angeboten und ziehen i.d.R. größere Durchsetzungsprobleme nach sich, da sie einerseits weniger gut beherrschbar sind und andererseits auf

---

[1035] Gerpott (2005), S. 58.
[1036] Siehe Hauschildt (2004), S. 8-25.

bürokratische Machtmittel, wie sie bei der unternehmensinternen Durchsetzung von Prozessinnovationen zum Einsatz kommen können, verzichtet werden muss. Innovationen können wie folgt unterschieden werden:

- **technische Innovationen** → Produkte, Prozesse, technisches Wissen
- **organisationale Innovationen** → Strukturen, Kulturen, Systeme
- **geschäftsbezogene Innovationen** → Erneuerung der Branchenstruktur, der Marktstrukturen und –grenzen, der Spielregeln

aber auch:
- **soziale Innovationen** → neue Sozialtechnologien, politische Innovationen, neue Lebensstile etc.

Relevant ist der marktliche Verwertungs- oder der innerbetriebliche Nutzungsaspekt.

(b) Neu dem Grade nach

Eine Reihe dichotomer Einstufungen wie „radikal versus inkremental"[1037], „diskontinuierlich versus kontinuierlich" wird benutzt, um den Grad der Neuheit zu beschreiben. Aber auch Abstufungen in Kardinalskalen oder mehrstufigen Ordinalskalen lassen sich finden. *Hauschildt* erwähnt zudem den technik-spezifischen Ansatz, bei dem versucht wird, den Grad der Veränderung auf viele technische Einzelaspekte, wie technische Unterschiede gegenüber existierenden Produkten oder Verfahren, zurückzuführen. Auch multidimensionale Ansätze lassen sich in größerer Zahl finden.

Das Spektrum von radikalen bis inkrementalen Innovationen wird aus der Abbildung D.I.1 erkennbar, wo der Neuheitsgrad einer Innovation für das betrachtete Unternehmen der Neuheit für den Markt gegenübergestellt wird.

Den größten Neuheitsgrad weisen die so genannten **radikalen Innovationen** auf. Aufgrund des hohen Neuheitsgrads durch neue Märkte und/oder Schrittmachertechnologien werden einschneidende und komplex-interdependente Veränderungen im Unternehmen bewirkt. Mit ihnen ist ein hohes wirtschaftliches Risiko verbunden. Die Marktchancen sind umso größer, je stärker die radikalen Innovationen bedürfnis- und technologieinduziert sind. Sind diese erfolgreich, so kann ein großer Wissens- und Erfahrungsvorsprung zur Konkurrenz erzielt und für eine gewisse Zeit eine Monopolstellung erwirkt werden. Der Markt kann abgeschöpft, und neben hohen Umsätzen bzw. Gewinnen kann auch ein Imagezuwachs erreicht werden.[1038]

[1037] Hauschildt (2004), S. 15, verweist hier auf eine Charakterisierung von Leifer et al. (2000), S. 19 f.

[1038] Vgl. Vahs/Burmester (1998), S. 81.

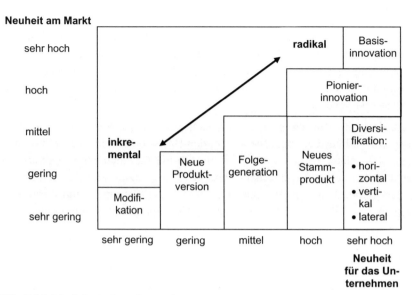

Abb. D.I.1: Neuheitsgrad von Innovationen
Quelle: Seibert (1998), S. 108

Bei **Basisinnovationen** handelt es sich um solche Innovationen, die am Markt und in der Technologie völlig neuartig sind und eine Reihe von Folgeinnovationen generieren.

Oft führen sie zu neuen Branchen oder Wirtschaftszweigen (Beispiel: Dampfmaschine oder Computer). Basisinnovationen entstehen meist erst nach einer längeren Zeit aus Grundlagenforschungsprojekten heraus. Bei **Pionierinnovationen** werden Produkte oder Verfahren am Markt eingeführt, die eine neue Funktion erfüllen (Beispiel: Airbag oder ESP). **Diversifikation** liegt vor, wenn das bisherige Produkt-Markt-Spektrum verlassen wird und neue Produkte auf neuen Märkten angeboten werden. Damit ist aber nicht notwendig einer hoher Neuheitsgrad am Markt verknüpft. **Horizontale Diversifikation** findet auf der gleichen Produktions- oder Wirtschaftsstufe statt (Beispiel: PKW-Hersteller produziert auch LKW oder Motorräder), **vertikale Diversifikation** in den vor- oder nachgelagerten Stufen (Beispiel: PKW-Hersteller produziert auch Reifen). **Laterale Diversifikation** liegt dann vor, wenn kein direkter Zusammenhang zum bisherigen Produktprogramm besteht (Beispiel: PKW-Hersteller produziert neu auch Handys).

Häufiger kommen Innovationsprojekte in Unternehmen in den bereits existierenden Produkt-Markt-Bereichen vor. Hierzu gehört die Entwicklung eines **neuen Stammproduktes** (Beispiel Smart durch Mercedes); dies erfordert in der Regel Produkt- und Prozessinnovationen. Die Entwicklung einer **Folgegeneration** (Beispiel Golf IV → Golf V) ist meist mit einem für den Kunden deutlich wahrnehmbaren Fortschritt verbunden. Technologie, Design und Komponenten zeigen aber eine klare Linie zu der bisherigen Produktgeneration auf. Eine **neue Produktversion** fügt zu den bestehenden Versionen neue Merkmale und Funktionen hinzu (z.B. Cabrio-Version). Den geringsten Innovationsgehalt weist die **Produktmodifikation** (Relaunch) auf. Hier wird oft vor allem das „Styling" eines Produktes geändert, aber es können auch andere Komponenten eingebaut, effizientere Prozesse genutzt oder zusätzliche Funktionen zur Verbesserung des Produktes ergänzt sein (Beispiel: ESP beim A-Klasse Mercedes).

Inkrementale Innovationen erfolgen in bestehenden oder nahen Märkten und auf bekannten Anwendungsgebieten. Sie verwenden Basis- oder Schlüsseltechnologien und lassen sich relativ risikolos durchführen. Ob die inkrementalen Innovationen als Innovation betrachtet werden, hängt von der Einschätzung der Kunden ab, die insbesondere durch neue Bauteile oder Funktionen geprägt wird. Sind diese nicht vorhanden, werden Kunden die Veränderung eher als eine Marketingmaßnahme einschätzen.

(c) Neu für wen?
Eine Innovation kann aus Sicht einzelner Experten oder der Führungskräfte eines Unternehmens neu sein. Sie kann aber auch neu sein für die Branche (und damit für das Unternehmen und seine wichtigsten Wettbewerber), für die Nation (dies bildet auch die Basis der Patentierungspraxis) bis hin zu neu für die Menschheit.

(d) Wo beginnt, wo endet die Neuerung?
Der Prozess ist idealtypisch folgendermaßen einteilbar: Idee/Initiative, Entdeckung/Beobachtung, Forschung, Entwicklung, ggf. Erfindung (= Invention), Verwertungsanlauf und laufende Verwertung. Einigkeit herrscht dabei, dass Innovation alles von der Idee bis zur Einführung des neuen Produktes in den Markt bzw. des neuen Verfahrens in die Fertigung (= Verwertungsanlauf) umfasst. Mit dem Übergang in die laufende Routine endet das Innovationsmanagement und beginnt die Zuständigkeit der primärorganisatorischen (funktionalen und/oder objektorientierten) Führungsbereiche.

3. Der Prozesscharakter von Innovationen

Innovationen entstehen in einem Prozess, der durch mehr oder weniger umfangreiche Aktivitäten, die in einem logischen und oft auch zeitlichen Zusammenhang stehen, gekennzeichnet ist. Er reicht von der Ideenfindung bis zur praktischen Nutzung – bei technischen Innovationen in Form der Markteinführung des neuen Produktes oder der Einführung des neuen Verfahrens in der Produktion.

Bewährt zur Beschreibung des Innovationsprozesses hat sich das von *Thom* bereits in den 80er Jahren entwickelte **Dreiphasenmodell**, das die Ideengenerierung, Ideenakzeptierung und Ideenrealisierung unterscheidet (siehe Abbildung D.I.2).

Phasen von Innovationsprozessen		
Hauptphasen		
1 Ideengenerierung	2 Ideenakzeptierung	3 Ideenrealisierung
Spezifizierung der Hauptphasen		
1.1 Suchfeldbestimmung 1.2 Ideenfindung 1.3 Ideenvorschlag	2.1 Prüfung der Ideen 2.2 Erstellen von Realisierungsplänen 2.3 Entscheidung für einen zu realisierenden Plan	3.1 Konkrete Verwirklichung der neuen Idee 3.2 Absatz der neuen Idee an Adressat 3.3 Akzeptanzkontrolle

Abb. D.I.2: 3-Phasen-Modell des Innovationsprozesses (in Anlehnung an Thom, 1980, S. 53)

Weitere Darstellungen des Innovationsprozesses sind nicht grundsätzlich anders, sondern unterscheiden sich nur in ihrem Detaillierungsgrad und ihrer Schwerpunktsetzung.

So ergänzt *Brockhoff* die Möglichkeit, Innovationsprozesse abzubrechen, wenn die Idee verworfen wurde oder auch wegen eines technischen oder ökonomischen Misserfolgs im Zuge des Prozesses.[1039] *Witt* unterscheidet sehr differenziert innerhalb der Phasen und ergänzt zudem die parallele Phase der technischen Entwicklung und der Entwicklung des Marketing-Konzeptes).[1040] *Pleschak/Sabisch* erweitern das Phasenmodell um Rückkopplungen zwischen den Phasen, da reale Prozesse nicht linear ablaufen, sondern durch parallel laufende Teilprozesse, nichtlineare zeitliche Abläufe, vielfältige Rückkopplungen und zahlreiche Vernetzungen mit den Innovationsprozessen bei Kunden und Zulieferern gekennzeichnet sind.[1041]

Gerpott unterscheidet zwischen einer Abgrenzung des Innovationsprozesses im engeren und im weiteren Sinne (siehe Abbildung D.I.3).

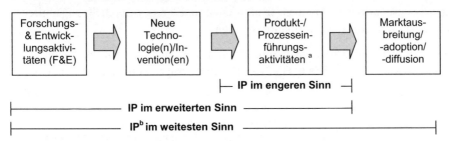

a) Vorbereitung der Produkteinführung auf dem Absatzmarkt bzw. der Prozesseinführung im Unternehmen.
b) IP = Innovationsprozess

Abb. D.I.3: Unterschiedliche Abgrenzungen von betriebswirtschaftlichen Innovationsprozessen
Quelle: Gerpott (2005), S. 49.

[1039] Vgl. Brockhoff (1994), S. 29.

[1040] Vgl. Witt (1996), S. 10.

[1041] Vgl. Pleschak/Sabisch (1996), S. 24 ff.

4. Die technologie- und innovationsorientierte strategische Planung

Strategisches Management beinhaltet im ersten Schritt der strategischen Planung eine externe und interne Analyse (siehe Kapitel C.IV.1.3.2. und C.IV.1.3.3.). Dies gilt analog für die strategische Planung im Technologie- und Innovationsmanagement.

4.1. Die technologie- und innovationsorientierte Umweltanalyse

„Planung als Aktivität des Technologiemanagement setzt *Informationen über potenzielle technologische Entwicklungen in der Umwelt eines Unternehmens* voraus. Nur so können eigene Aktivitäten hinsichtlich ihrer potenziellen Beiträge zur Unternehmensentwicklung abgeschätzt werden."[1042] Nach *Gerpott* bilden in der technologie- und innovationsorientierten Umweltanalyse die **Technologiefrüherkennung und -prognose** sowie die **technologische Konkurrentenanalyse** die wichtigen Bestandteile[1043].

Technologiefrüherkennung und -prognose dient dazu, technologierelevante schwache Signale im Unternehmensumfeld aufzunehmen und zu interpretieren. Die neuen Technologien werden auf ihre Weiterentwicklungspotenziale hin betrachtet und bekannte Technologien hinsichtlich ihrer Grenzen. Zudem werden Substitutionspotenziale zwischen Technologien untersucht und zu erwartende Brüche in der Entwicklung von Technologien, also technologische Diskontinuitäten, ermittelt.[1044] Die Informationen stammen von innovativen Kunden und Zulieferern ebenso wie von wissenschaftlich führenden Institutionen oder aus öffentlich zugänglichen F&E-nahen schriftlichen Informationsquellen.

Zur Beurteilung zukünftiger technologiebedingter Chancen und Risiken sind Technologieprognosen erforderlich. Hier werden Vorhersagen getroffen im Hinblick auf

– „Terminierte Ereignisse in einem Technologiefeld (z.B. Jahr der erstmaligen Verfügbarkeit eines kommerziell brauchbaren Kernfusionsreaktors)
– Ausprägungen von Leistungsindikatoren einer Technologie im Zeitablauf
– Ausprägungen von Indikatoren der Akzeptanz einer Technologie bzw. der auf ihr basierenden Produkte oder Prozesse durch die Mitglieder der Gruppe der potenziellen Technologienutzer oder/und -käufer."[1045]

[1042] Albers/Brockhoff/Hauschildt (2001), S. 31.

[1043] Vgl. Gerpott (2005), S. 101 ff. Zu den Informationen für das strategische Technologiemanagement sei auch auf die Ausführungen in Albers/Brockhoff/Hauschildt (2001), Kap. 3.1.3 bis 3.1.5 verwiesen.

[1044] Zu einer ausführlichen Betrachtung von technologie- und innovationsorientierter Umwelt- und Unternehmensanalyse sei auf Gerpott (2005), Kap. 4 verwiesen.

[1045] Gerpott (2005), S. 108 f.

Bekannte quantitative Methoden der Technologieprognose sind Trendextrapolationen von Zeitreihendaten mittels exponentieller Glättung oder Regressionsanalyse, Modellsimulationen oder Kosten-Nutzen-Analysen. Qualitative, häufig eingesetzte Methoden sind z.B. die Relevanzbaummethode, die Szenario-Technik oder die Delphi-Methode.

Zwei weitere Modelle haben sich besonders bewährt: die **S-Kurve und der Technologielebenszyklus** (zum Modell des Produktlebenszyklus siehe Kapitel C.IV.1.3.4.3.1.). Den verschiedenen Lebenszyklusmodellen werden grundsätzlich folgende Annahmen zugrunde gelegt:

- „Das jeder Technologie inhärente Lösungsprinzip nähert sich im Zeitablauf einer Leistungsgrenze.
- Neue Technologien zeichnen sich aufgrund von Anlaufproblemen zunächst durch einen geringen Leistungszuwachs pro Zeit- und Ressourceneinheit aus, der aber nach Vorliegen einer ‚kritischen Wissensmasse' rasch zunimmt.
- Die Leistungsfortschrittsrate einer Technologie nimmt bei Annäherung an ihre Leistungsgrenze zunehmend ab.
- Bei Annäherung einer Technologie an ihre Leistungsgrenze steigt die Wahrscheinlichkeit des Auftretens einer neuen, auf einem anderen Lösungsprinzip basierenden Technologie, die mittelfristig deutlich leistungsfähiger ist als die alte Technologie ..."[1046]

Häufig diskutiert und verwendet wird die in Abbildung D.I.4 wiedergegebene Darstellung der so genannten **S-Kurve**, die von der Unternehmensberatung *McKinsey* entwickelt und verbreitet wurde. Dabei wird der kumulierte F&E-Aufwand der Leistungsfähigkeit der Technologie gegenübergestellt. Die Entwicklung des Leistungsniveaus einer Technologie wird S-förmig abgebildet. Dieses Modell ergänzt die Möglichkeit diskontinuierlicher Technologiesprünge bzw. das Aufkommen innovativer Substitutionstechnologien. Schwierigkeiten bei der Nutzung dieses Modells bestehen in der

- „Abgrenzung von Technologien
- Vorgehensweise bei der Bildung eines summarischen Leistungsfähigkeitsindexes für verschiedene Technologien
- Zuordnung von F&E-Aufwendungen auf Technologieleistungskriterien
- Bestimmung des optimalen Zeitpunktes für eine Ressourcenverlagerung von einer alten auf eine neue Technologie
- Prognose des im Einzelfall gültigen S-Kurvenverlaufs bzw. solcher Technologien, für die eine S-Kurvenform nicht zutrifft."[1047]

[1046] Gerpott (2005), S. 114.
[1047] Gerpott (2005), S. 117

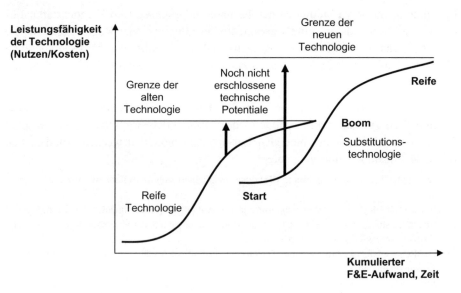

Abb. D.I.4: S-Kurven-Konzept der technologischen Entwicklung
Quelle: Seibert (1998), S. 122

Das ergänzende Modell des Technologielebenszyklus stammt von der Beratungsgesellschaft *Arthur D. Little*. Die Entwicklung des Leistungsniveaus einer Technologie lässt sich in vier Phasen untergliedern, deren Merkmale in Abbildung D.I.5 wiedergegeben sind.

Gerpott beschreibt als Probleme der Modelle, dass „(1) keine *inhaltliche* Begründung für das als quasi-allgemeingültig postulierte S-förmige Verlaufsmuster gegeben wird, (2) keine Hilfestellung bei der Bestimmung einer angemessenen logistischen Kurvenverlaufsfunktion für die Prognose der Entwicklung einer konkreten Technologie geleistet wird."[1048] Trotz aller Grenzen in der Nutzung der Lebenszyklusmodelle leisten diese eine „*grobe(n) Sensibilisierungshilfe* für

- Grenzen der Weiterentwickelbarkeit von Technologien und damit verbundene Veränderungen in der F&E-Produktivität
- die Notwendigkeit der frühzeitigen Erwägung von Technologiewechseln und eines damit verknüpften (1) Kompetenzaufbaus bei neuen Technologien … sowie (2) Abbaus des Ressourceneinsatzes für die Verbesserung alter Technologien
- typische, aber nicht generell vorzufindende Entwicklungsverläufe der Leistungsfähigkeit von Technologien
- die durch F&E-Anstrengungen in einem Technologiefeld zu erwartenden Leistungsfortschritte
- die Möglichkeiten und Grenzen einer Erringung von strategischen Wettbewerbsvorteilen durch Technologie-/F&E-Einsatz für ein Unternehmen/Geschäftsfeld in Abhängigkeit vom Reifegrad der Technologien in der eigenen Branche."[1049]

[1048] Gerpott (2005), S. 116 (Nummerierung durch die Verf.).

[1049] Gerpott (2005), S. 118 f.

Technologietyp	Schrittmacher-technologie	Schlüssel-technologie	Basis-technologie	Reife Technologie
Leistungsfähigkeit der Technologie				
Technisches Risiko	Sehr hoch	Mittel	Niedrig	Sehr niedrig
Breite der Einsatzgebiete	Unbekannt	Stark zunehmend	Hoch, stabil	Abnehmend
Know-how-Verfügbarkeit	Sehr beschränkt (Wissenschaftler)	Zunehmend (F&E-Personal)	Mittel (Lizenzen)	Hoch (Fachliteratur)
Dauerhaftigkeit des Wettbewerbsvorsprungs	Hoch	Mittel	Gering	Sehr gering
F&E-Umfang	Beobachtung, Selektive F&E	F&E-Schwerpunkt	Reduzierte F&E	Vernachlässigbar
Vorherrschende Innovationsrichtung	Techn. Durchbruch, Standardisierung	Neue Produkte und Anwendungen	Neue Prozesse, Automatisierung	Kleine Prozessverbesserungen
Phase im Markt-Lebenszyklus		Einführung	Wachstum	Sättigung

Abb. D.I.5: Lebenszyklusphasen und strategische Relevanz von Technologien
Quelle: Seibert (1998), S. 123[1050]

Die **technologische Konkurrentenanalyse** umfasst die „Beschaffung, Speicherung, Auswertung und Anwendung von Informationen über technologische Innovationsaktivitäten von ... relevanten Wettbewerbern."[1051] Hier handelt es sich um einzelne Anbieter von Produkten, bei denen ein gegenwärtig oder zukünftig hohes Substitutionspotenzial für die eigenen Produkte ermittelt wurde. Insofern kommen zunächst alle „Unternehmen in Frage, die aus Käufersicht funktional gegen die Leistungen des eigenen Unternehmens austauschbare Güter vermarkten oder eine solche Vermarktung planen (könnten)."[1052]

[1050] *Gerybadze* ergänzt das Modell um eine der Schrittmachertechnologie vorgelagerte **Embryonische Strategie**, die sich bereits am Horizont abzeichnet, noch erhebliche Grundlagenforschung erfordert und mit hohen Risiken einhergeht. (Gerybadze, 2004, S. 131)

[1051] Gerpott (2005), S. 135.

[1052] Gerpott (2005), S. 136.

Von Interesse sind dabei drei Kategorien: die **technologiebezogenen Absichten** der Wettbewerber (z.B. Ankündigungen von Neuprodukten, Merkmalen zukünftiger Produktgenerationen, F&E-Zielen/-Schwerpunkten, Reaktionen auf Innovationen anderer Unternehmen), die **technologiebezogenen Aktivitäten** der Wettbewerber (wie F&E-Potenzial, externe Technologiebeschaffung, externe Technologieverwertung, F&E-Projektinhalte) und die **technologiebezogenen Ergebnisse** der Wettbewerber (Prototypen, Nullserien, Patente, Publikationen, Lizenzvergabe oder -erhalt).

4.2. Die technologie- und innovationsorientierte Unternehmensanalyse

Der internen Analyse, also der technologie- und innovationsorientierten Unternehmensanalyse, liegen drei *Leitfragen* zugrunde: Über welche internen technologischen Innovationsressourcen und externen Technologiequellen verfügt das Unternehmen? Wie technologisch innovativ war das Unternehmen bisher (a) bei seinen vermarkteten Outputs und (b) bei seinen internen Geschäftsprozessen? Wie gut ist die Stimmigkeit („Fit") zwischen den derzeitigen Unternehmens- und Wettbewerbsstrategien und den technologischen Innovationsfähigkeiten des Unternehmens?

Anhand der Technologiepositionsbewertung wird dabei festgelegt, welche Verfügbarkeit von Ressourcen und welches Leistungsniveau im Unternehmen vorhanden sind. Die Innovationspositionsbewertung hingegen ermittelt, wieweit die Kultur des Unternehmens als innovationsfördernd einzustufen ist.

Die **Technologiepositionsbewertung** umfasst nach Gerpott vier Schritte:[1053]

1. *Definition der für die Analyse relevanten Technologien und Organisationseinheiten* (sowohl für die aktuell vorhandenen Technologien als auch für die Technologien, die potenziell für die Zukunft von erheblicher Bedeutung sind)
2. *Festlegung der Bewertungsträger* (kann vom Stab Planung über ein internes Team bis zum Einbezug externer Berater reichen)
3. *Inventarisierung der technologischen Innovationsressourcen, -aktivitäten und -ergebnisse* (hier sollten die F&E-Aktivitäten/-Ergebnisse, das F&E-Personal, die Organisation und das Anlagevermögen analysiert werden)
4. *Bewertung der Technologiepositionen des Geschäftsfeldes oder gesamten Unternehmens* (hier gilt es, Stärken-Schwächen-Profile für jede Technologie zu erstellen; zudem können die Erfahrungskurven für einzelne Technologien, technologieorientierte Wertkettenanalysen und Technologie-Akzeptanzanalysen innerhalb des eigenen Unternehmens erstellt werden).

In besonderem Maße sollten die Kernkompetenztechnologien untersucht werden. Hierbei handelt es sich um Technologien, die geschäftsfeldübergreifend anwendbar sind, eine hohe wettbewerbsstrategische Relevanz aufweisen (also vom Kunden wahrgenommen werden, für aktuelle und potenzielle Kunden wichtig sind und einen erheblichen Beitrag zur Abgrenzung vom Wettbewerber leisten), schwer zu

---
[1053] Siehe Gerpott (2005), S. 143 ff.

imitieren sind, eine hohe Dauerhaftigkeit und nur eine geringe Substituierbarkeit aufweisen.

Bei der **Innovationspositionsbewertung** wird die Innovationsbereitschaft und -fähigkeit der Mitarbeiter untersucht,[1054] die entscheidend von der Unternehmenskultur abhängt. Dabei gelten organische Kulturen – zumindest in einem dynamischen Technologie- und Wettbewerbsumfeld – als eher innovationsfördernd. Folgende Hauptmerkmale konnten als innovationsbegünstigend ermittelt werden:

- *hohe Systemoffenheit* (offenes Informations- und Kommunikationsverhalten)
- *offener, stark informal geprägter interner innovationsbezogener Kommunikationsstil*
- *positive Einstellung zur Teamarbeit und zu Konflikten in der Zusammenarbeit*
- *begrenzter Organisationsgrad*
- *Betonung von zwischenmenschlichem Vertrauen und der Bedeutung der „human resources" für den Erfolg*
- *Belohnung von erfolgreichen Innovatoren bei gleichzeitiger Toleranz gegenüber Fehlern und Misserfolgen*
- *bewusstes Fördern von Lernerfahrungen der Mitarbeiter.*

Auch Phänomene wie das Not-Invented-Here-Syndrom[1055], das Status-Quo-Syndrom (jegliche Veränderung wird abgelehnt), Selbstüberschätzung und Überperfektionierung sind innovationsfeindlich. Diese können durch Beobachtungen, Interviews, Befragungen und Dokumentenanalysen erkannt werden.

4.3. Strategische Rolle von Technologien und Bestimmung der relativen Technologieposition

Anhand der Bestimmung der strategischen Rolle von Technologien wird ermittelt, welche Technologie einen sehr starken Einfluss auf die Erfüllung eines kritischen Erfolgsfaktors bzw. eines Leistungsmerkmals hat. Hat **eine Technologie** einen **starken Einfluss auf mehrere** solcher, handelt es sich um eine **Schlüsseltechnologie**. Alle anderen Technologien sind noch nicht wettbewerbswirksame Schrittmachertechnologien oder Basistechnologien, die keinen nennenswerten Einfluss auf die Erfolgsfaktoren oder Leistungsmerkmale haben.[1056] Zu prüfen ist dann weiter, ob diese Technologie auch für die **Erfüllung von Anforderungen „morgen"** oder **„übermorgen"** geeignet ist. So zeigt sich, welche der Technologien ein echtes **Nutzenpotenzial** aufweisen.

[1054] Siehe Gerpott (2005), S. 149 ff.

[1055] Siehe hierzu Hauschildt (2004), S. 99, 173, unter Bezug auf Mehrwald (1999).

[1056] Zur ausführlichen Darstellung möglicher Schwierigkeiten sei auf Gerybadze (2004), S. 134 f. verwiesen.

Für die Beurteilung ist zudem die Bestimmung der relativen Technologieposition hilfreich, die es ermöglicht, wichtige Technologien in ihrer Relevanz und in ihrer Bewertung im Hinblick auf die Wettbewerber einzuschätzen (siehe Abbildung D.I.6). Die Gesamtbeurteilung in einem Segment wird dann später zur Formulierung generischer Technologiestrategien herangezogen.

Technologien	Gewichtungsfaktor	Score des Unternehmens	Bewertung der Wettbewerber					Relative Technologieposition		
			W1	W2	W3	...	Wk	schwach	mittel	stark
Schlüssel-Technologien o o o	(3-5)									
Schrittmacher-Technologien o o o	(2-4)									
Basis-Technologien o o o	(1-3)									
Technologieposition für • Schlüssel-T. • Schrittmacher-T. • Basis-Technologien										
Bewertung insgesamt										

Abb. D.I.6: Bestimmung der relativen Technologieposition
Quelle: Gerybadze (2004), S. 137

Damit ist der erste Teil der strategischen Technologieplanung erarbeitet: die technologie- und innovationsorientierte Umweltanalyse und die technologie- und innovationsorientierte Unternehmensanalyse.

4.4. Technologie-Portfolio-Betrachtungen

Eine Möglichkeit der Integration von Umwelt- und Unternehmensanalyse ist die Erstellung eines Technologie-Portfolios (siehe zur Portfolio-Technik auch Kapitel C.IV.1.3.4.2.2.).

Im **Technologie-Portfolio** soll die Ist-Situation sämtlicher von einem Unternehmen(steilbereich) bearbeiteten Technologiefelder abgebildet und für jedes Technologiefeld Hinweise auf zu erwartende oder angestrebte Zukunftssituationen und die damit verbundene Stoßrichtung für das F&E-Programm gegeben werden.

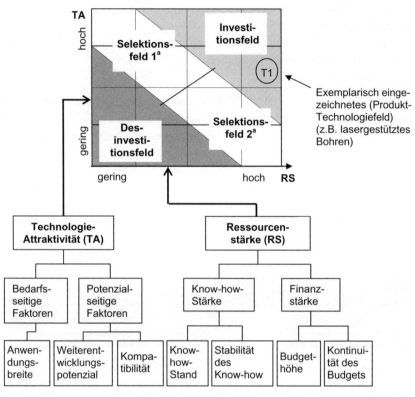

a) Normstrategieoption für Selektionsfeld 1: Offensive Aufholjagd; Normstrategieoption für Selektionsfeld 2: Defensives Halten des Leistungsvorsprungs gegenüber Wettbewerbern

Abb. D.I.7: Technologie-Portfolio mit Subkriterien und Normstrategien
Quelle: Gerpott (2005), S. 157, in Anlehnung an Pfeiffer/Weiß (1995), S. 674

Gerpott verweist hierzu auf das Modell von *Pfeiffer* mit den folgenden beiden Dimensionen (siehe auch Abbildung D.I.7):[1057]

- **Ressourcenstärke**, welche den technologischen und wirtschaftlichen Beherrschungsgrad eines Technologiefeldes durch das Unternehmen relativ zu den wichtigsten Konkurrenten erfasst (= **technologische Stärken und Schwächen**)
- **Technologieattraktivität**, welche die technologischen und wirtschaftlichen Vorteile widerspiegelt, die bei Ausschöpfung der technologie-immanenten Weiterentwicklungspotenziale erzielt werden (= **technologische Chancen und Risiken**).

[1057] Siehe Gerpott (2005), S. 156.ff, unter Verweis auf Pfeiffer et al. (1991), Pfeiffer/Weiß (1995), Pfeiffer/Dögl (1999).

Die Flächen des in Abbildung D.I.7 dargestellten Technologie-Portfolios werden den drei Normstrategien Investieren, Selektieren und Desinvestieren zugeordnet.

5. Zusammenhang der Unternehmensstrategie mit Innovations- und Technologiestrategien

Technologiestrategien müssen an der Unternehmensstrategie und an den Strategien der Geschäftsbereiche oder Geschäftssparten orientiert sein (siehe Kapitel C.IV. 1.3.4.2. und C.IV.1.3.4.3.).

Gerybadze weist besonders darauf hin, dass das strategische Management von Technologien mit der Unternehmensstrategie, der Markt- und Produktposition und dem Wissen über das unternehmerische Umfeld abgestimmt sein muss. Strategisches Management und Technologie- und Innovationsmanagement müssen eng verkoppelt sein, um die geforderte Durchgängigkeit des Prozesses sicherzustellen. Die Wirksamkeit des strategischen Managements von Technologien und Wissen ist abhängig von einer möglichst simultanen und unverzerrten Unterstützung durch das strategische Management.[1058] Daraus ergibt sich der in Abbildung D.I.8 dargestellte Zusammenhang.

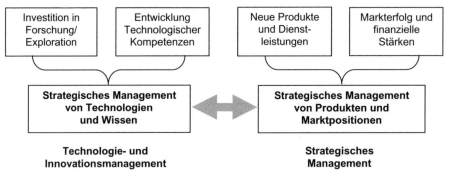

Abb. D.I.8: Strategisches Management von Technologien als zentrales Element eines durchgängigen Strategieprozesses
Quelle: Gerybadze (2004), S. 105

Zunächst werden die übergeordneten strategischen Prioritäten und die Geschäftsstrategie ermittelt sowie die Geschäftsprozesse und Erfolgsfaktoren analysiert. Danach kann die systematische Bewertung von Technologien und Kompetenzen erfolgen. Eine kohärente Strategieverfolgung ist erst möglich, wenn abgegrenzte Kundengruppen, autonome Leistungsprozesse und eigene Technologien erkennbar sind; i.d.R. wird dies bei den strategischen Geschäftseinheiten sein. Dabei werden

---

[1058] Siehe Gerybadze (2004), S. 104 f. *Gerybadze* setzt das Management von Technologien gleich mit dem strategischen Management von Wissen und Kompetenzen.

hier unter Geschäftseinheiten solche verstanden, die strategische Gruppen mit ähnlichen Technologien beinhalten (zum Verständnis von Geschäftseinheiten in der strategischen Planung siehe Kapitel C.IV.1.3.4.2.2.).

6. Generische Technologiestrategien

Aufbauend auf der relativen Technologieposition ist die **generische Technologiestrategie** abzuleiten, d.h. die generelle „**Stoßrichtung für die Umsetzung neuer Technologien in erfolgreiche Geschäfte.**"[1059] Unter **generischen Strategien** werden solche verstanden, zwischen denen in Abhängigkeit von Markt- und Wettbewerbscharakteristiken und internen Ressourcenpotenzialen das jeweilige Unternehmen auswählen kann.[1060]

Die Technologiestrategie soll aber auch grundsätzliche Fragen zur Entwicklungstiefe und zu Schwerpunkten bei Technologieprojekten beantworten. Abschätzungen des Ressourcenbedarfs und die Bewertung des Technologieportfolios sollen vorgenommen und nicht zuletzt auch die Finanzierbarkeit der Entwicklungsprogramme geklärt werden. Die Wahl der generischen Technologiestrategie ist dabei dominiert durch die Lebenszyklus- bzw. Reifephase einer Industrie oder eines Geschäftsfeldes, die relative Technologieposition des Unternehmens oder der Geschäftseinheit sowie die relative Wettbewerbsposition. Aus folgenden generischen Technologiestrategien können die Unternehmen typischerweise wählen:

- **Strategie der technologischen Führerschaft**
  Diese Strategie empfiehlt sich bei starker Technologieposition und starker Wettbewerbsposition. Technologische Trends in der Branche sind vom Unternehmen beeinflussbar; es übernimmt die Rolle des Innovationsführers. Meist wird im Vergleich zur Branche viel in F&E investiert und das Kapital auf eine größere Zahl von technologischen Suchfeldern verteilt.
- **Strategie der technologischen Präsenz**
  Die technologische Präsenz bildet den „schnellen Zweiten" ab. Hier wird bei allen Technologien die Position behauptet, möglichst bei gleichzeitiger Profilierung in einem Spezialgebiet. F&E-Mittel werden so eingesetzt, dass man mit den maßgeblichen Wettbewerbern gerade mithalten kann.
- **Strategie der technologischen Nischenverfolgung**
  Es wird eine technologisch führende Position nur bei solchen Technologien angestrebt, die in besonders vorteilhafter Weise die Erfolgsfaktoren eines kleinen Teilsegmentes eines Marktes erfüllen. Die F&E wird gebündelt auf technologische Kompetenzen, die einen spezifischen Wert für das Marktsegment erfüllen. Durch die klare Spezifizierung kann das Unternehmen dort eine Vorreiterfunktion einnehmen.
- **Strategie der Rationalisierung bzw. des Rückzugs**
  Rationalisierung und Rückzug werden bei deutlichen Defiziten verfolgt. Die eigene Technologieentwicklung dient der Überlebenssicherung und kurzfristigen Verbesserung der

---

[1059] Gerybadze (2004), S. 139 (Hervorhebung durch die Verf.).

[1060] Siehe Gerybadze (2004), S. 139 ff., unter Verweis auf Porter (1983, 1985) und Mintzberg (1994).

Kosten- und Wettbewerbsposition. Falls F&E vorhanden ist, wird sie nur minimal sein und der Überwindung von Schwächen bei Basis- und Schlüsseltechnologien dienen.

Verfügt ein Unternehmen über eine schwache Technologieposition, so kann eine Änderung oft nicht aus eigener Kraft vorgenommen werden. In diesem Fall sind die Strategien der *technologischen Akquisition* oder des *technologischen Joint-Venture* mögliche Vorgehensweisen.

Anhand der Technologiestrategie werden fünf „Teilelemente der Unternehmensstrategie"[1061] präzisiert: Dabei handelt es sich zunächst um die Auswahl der wichtigsten Technologiefelder, die zur Unterstützung zukünftig wichtiger Produkte und Geschäftsfelder beherrscht werden müssen. Weiter wird das angestrebte Kompetenzniveau und die Technologieposition pro Technologiefeld festgelegt. Es werden weiter Entscheidungen über die generischen Technologiestrategien und zum zeitlichen Innovationsverhalten getroffen. Zudem werden die Beschaffung und die Nutzung von Technologien sowie geeignete technologische Kooperationsstrategien festgelegt. Schließlich werden die F&E-Strategie und die F&E-Ressourcenallokation einschließlich der F&E-Investitionsplanung, der F&E-Organisation und des F&E-Portfolios bestimmt.

7. Formulierung und Implementierung der Technologiestrategie

Ausgehend von der Unternehmensstrategie wird die Innovations- bzw. Technologiestrategie abgeleitet. Folgende **vier Dimensionen** können für die **Gestaltung einer Technologiestrategie** herangezogen werden:[1062]

(1) **Offensive vs. Defensive Strategie** (das Spektrum reicht von defensiver Vorgehensweise als „late follower" bis zum offensivem Vorgehen als „prime mover")
(2) Spektrum **technologischer Kompetenz** (dieses reicht von Präsenz in wenigen, ausgewählten Technologien bis hin zu starker Präsenz in allen Technologien)
(3) **Technologische Beschaffungsstrategie** (hier reicht das Spektrum vom kompletten Kauf –„buy"– bis zu vollständigem Eigenaufbau –„build"–)
(4) **Technologische Nutzungsstrategie** (vom kompletten Verkauf –„sell"– der Ergebnisse bis zu vollständiger eigener Nutzung der Technologien –„keep"–).

[1061] Gerybadze (2004), S. 143. Ähnlich auch die Darstellung bei *Gerpott* (mit Verweis auf weitere Literatur): „Technologische Produkt- oder Prozessinnovationsstrategien eines Unternehmen(steils) erfordern Entscheidungen zu vier Fragestellungen ... :
(1) Welche Technologiefelder sollen mit welcher Kompetenzbreite und –tiefe bzw. welchen Ressourcen von dem Unternehmen abgedeckt werden (unabhängig davon, ob die technologiebezogenen Aktivitäten unternehmensintern oder -extern realisiert werden)? (2) Wie soll die Entwicklung und Vermarktung technologischer Innovationen in zeitlicher Hinsicht gestaltet werden? (3) Aus welchen Quellen soll das Unternehmen (Wissen für) technologische Innovationen beschaffen? (4) Wie soll das Unternehmen eigene technologische Innovationsleistungen, über den bloßen ‚indirekten' Verkauf dieser Leistungen in den Produkten des Unternehmens hinaus, verwerten?" (Gerpott, 2005, S. 167; Nummerierung durch die Verf.).
[1062] Siehe Gerybadze (2004), S. 157.

„Technologische Kompetenzen binden Kapital, knappe Talente und Managementkapazität. Sie sollten gezielt nur dort ausgebaut und gepflegt werden, wo die generische Technologiestrategie eines Unternehmens bzw. einer Geschäftseinheit die Beherrschung dieser Kompetenz nahe legt und wo die Managementkompetenz und die Ressourcen vorhanden sind, technologische Stärken auch in Markterfolge ‚umzumünzen'".[1063]

Für die Technologietypen können folgende Empfehlungen gegeben werden:[1064]

Bei einer **Strategie technologischer Führerschaft**, bei der eine aktive Beeinflussung der technologischen Trends erfolgen soll, ist es sinnvoll, die Schlüsseltechnologiebereiche stark zu besetzen. Ein erheblicher Teil (z.B. 40 %) der F&E-Aufwendungen sollte dorthin gelenkt werden. Auch bei Schrittmachertechnologien sollte das Unternehmen stark sein (z.B. 30 % der F&E-Aufwendungen) und mit den führenden Wettbewerbern mithalten können. Ein kleiner Teil (z.B. 10 %) sollte für langfristige und risikoreiche Vorhaben, wie etwa die embryonischen Technologien, aufgewendet werden. Schließlich benötigen Unternehmen einen Teil der F&E-Aufwendungen für Know-how-Pflege im Bereich der Basistechnologien (z.B. 20 %).

Bei einer **Strategie der technologischen Präsenz**, bei der das Mithalten im Vordergrund steht (Strategie des „schnellen Zweiten") ist eine mittlere bis starke Position für die einzelnen Know-how-Gebiete sinnvoll. Hier kann eine F&E-Aufwandsverteilung 20 % für Schrittmachertechnologien, 50 % für Schlüsseltechnologien und 30 % für Basistechnologien ausreichend sein.

Wird die **Strategie der technologischen Nische** verfolgt, sollte nur für ausgewählte Technologien eine Spitzenposition angestrebt und für die restlichen Technologien zumindest eine mittlere Position erzielt werden (z.B. Verteilung 20 % Schrittmacher-, 50 % Schlüssel- und 30 % Basistechnologien). Dazu sollten erhebliche Mittel in die der F&E nachgelagerten Wertschöpfungsstufen investiert werden, um Umsetzungskompetenz in Produktion und Marketing/Vertrieb zu demonstrieren.

Hat das Unternehmen eine starke Marktpräsenz, die aber durch technologische Schwächen gefährdet ist, so bieten sich Eigenentwicklungen nur dort an, wo schnell technologische Defizite überwunden werden können. Durch die **Akquisition** von Firmen oder Teams können weiter Kompetenzen erworben werden, oder es kann auf diese Weise der gezielte Aufbau einer Innovationskultur erfolgen.

Defensiv angelegte Technologiestrategien gehen mit schwachen bis mittleren Technologiepositionen einher. Beim **Joint Venture** gilt dies für Schlüssel-, Schrittmacher- und Basistechnologien gleichermaßen; dabei werden die Mittel

---

[1063] Gerybadze (2004), S. 158.
[1064] Siehe Gerybadze (2004), S. 163 ff.

auf bestimmte Kompetenzfelder konzentriert. Komplementäre Stufen werden auf Partner verlagert. Bei der **technologischen Rationalisierung** hingegen wird auf die Schrittmachertechnologie ganz verzichtet und eine mittlere Position bei Schlüssel- und Basistechnologien angestrebt. Nur eng und kurzfristig angelegte F&E-Programme werden bearbeitet. Beim **technologischen Rückzug** reduzieren die Unternehmen ihre Entwicklungsanstrengungen und beschränken sich auf einige Kerngebiete der Basistechnologien.

Im Zusammenhang mit Make-or-Buy-Überlegungen gilt: Je mehr die Technologiestrategie den offensiven, innovationsorientierten Charakter verliert, desto stärker wird der Optionsraum eingeschränkt. Die eher defensiven Strategien gehen mit einer vollständigen Konzentration auf die Technologien der Gegenwart einher. Zukunftsoptionen werden nur ausgesprochen verhalten angegangen, d.h. Schrittmachertechnologien bleiben weitgehend ausgeklammert, und Embryonische Technologien werden überhaupt nicht berücksichtigt.

Zur Wiederholung

1. Definieren Sie den Begriff Innovation.
2. Fassen Sie die verschiedenen Aspekte des Begriffs „neu" kurz zusammen.
3. Beschreiben Sie das Dreiphasenmodell des Innovationsprozesses nach Thom.
4. Erläutern Sie das Modell des Technologielebenszyklus.
5. Erläutern Sie den Zusammenhang zwischen der Unternehmensstrategie und der Innovations- und Technologiestrategie.
6. Beschreiben Sie, wie eine Technologiestrategie formuliert werden kann.

II. Wissensmanagement
von Rolf Franken

1. Wissen und Handeln von Unternehmen

Unternehmen sind handelnde Einheiten, denen wir in unserem Gesellschaftssystem sogar eine eigene Rechtspersönlichkeit zuerkennen. Dieses Handeln kann mehr oder weniger intelligent sein. Es basiert – ähnlich wie bei einem Menschen – auf dem Wissen des Unternehmens. Da es Aufgabe des Managements ist, das Handeln des Unternehmens in die gewünschten Bahnen zu lenken, muss es sich zwangsläufig mit dem Wissen des Unternehmens auseinandersetzen.

Das Wissen eines Unternehmens kann in verschiedenen Objekten repräsentiert sein: in den Köpfen der Mitarbeiter; in Datenverarbeitungssystemen; in Handbüchern, Dokumenten, Zeichnungen u.ä.; es kann auch in Maschinen und Werkzeugen gespeichert sein, die auf intelligente Art und Weise Leistungen erbringen (die ein Konstrukteur ihnen vermittelt hat), und in ihrer Anwendung nur noch einfache Bedienungsanweisungen benötigen. Für das Handeln des Unternehmens ist es wichtig, dass einerseits alles Wissen, welches benötigt werden könnte, auch an der Stelle vorhanden ist, die für das Unternehmen handelt. Andererseits muss sich auch das Unternehmen weiterentwickeln; es muss neues Wissen aufnehmen oder selbst generieren.

Da das Wissen des Unternehmens an sehr vielen verteilten Stellen repräsentiert sein kann, wollen wir von dem **Wissenssystem** eines Unternehmens reden. Die Elemente des Systems sind die einzelnen Wissensträger und die Beziehungen zwischen ihnen (Kommunikationsbeziehungen in einem sehr weiten Sinne).

Der Auseinandersetzung mit dem Wissenssystem und seiner Gestaltung liegen einige wichtige Vermutungen zugrunde:

- **Inkongruenz zwischen Wissens- und Handlungssystem**
  Wenn das Unternehmen wüsste, was es weiß, könnte es viel besser handeln. Leider aber weiß die Handlungseinheit, die eine bestimmte Aufgabe erfüllt, häufig nicht, wo sie das dazu brauchbare Wissen im Unternehmen finden kann, oder sie nutzt das Wissen aus irgendwelchen Gründen nicht. So kommt es zu – aus Unternehmenssicht – suboptimalem Handeln.
  Die Verteilung des Wissens im Wissenssystem ist nicht kongruent zum Aufgabensystem des Unternehmens. Nicht immer verfügt derjenige, der im Namen des Unternehmens eine bestimmte Aufgabe erfüllen soll, auch über das dazu erforderliche Wissen.
  Verschärfend ist sogar festzustellen: Die Verantwortlichen für ein bestimmtes Handeln des Unternehmens wissen häufig nicht einmal, dass das Unternehmen das erforderliche Wissen überhaupt besitzt.

- **Unternehmen verfügen über eine große Menge impliziten Wissens** (siehe auch Kapitel D.II.2.3.)**, welches sie nicht nutzen können**
  Da das Wissen an verschiedenen Stellen gespeichert und verwaltet wird, kommt es außerdem zu widersprüchlichen Inhalten, nicht aufeinander abgestimmten Bezeichnungen und damit uneinheitlichem Sprachgebrauch oder auch unterschiedlichen Bewertungen von Wissenseinheiten.
- **Inkonsistenz des Wissenssystems von Unternehmen**
  Der Zustand, der bei Menschen zu Entscheidungsunfähigkeit führt, kann bei einem Unternehmen sehr leicht eintreten: Das Wissenssystem kann viel sich widersprechendes oder zumindest nicht aufeinander abgestimmtes Wissen enthalten, da die einzelnen Wissensträger auf unterschiedlichen Wegen zu ihrem Wissen gekommen sind und eine Abstimmung nicht immer stattfindet.
  Durch die Spezialisierung der Handlungseinheiten verfügen diese über spezifisches, nicht immer aufeinander abgestimmtes Wissen, wie es für ein koordiniertes Handeln erforderlich wäre. Das Einzelwissen ist nicht konsistent: Es gibt Meinungs-, Prozess- und Bewertungskonflikte.

Hinzu kommen weitere Fragen mit Problemgehalt: Wie geht man mit dem vorhandenen Wissen im Unternehmen um? Wie nutzt man es? Wie kommuniziert man es? Wie beschafft man neues Wissen? Es gibt also bestimmte **Funktionen für den Umgang mit Wissen**, die gestaltet werden müssen.

Alle geschilderten Probleme fokussieren den Umgang mit existentem Wissen. Wenn man zusätzlich noch berücksichtigt, dass sich das Unternehmen als intelligente Einheit auch durch Schaffung neuen Wissens weiterentwickeln muss, wird die Notwendigkeit zu einer Auseinandersetzung mit dem Wissenssystem offensichtlich.

Die Gestaltung des Wissenssystems und der Funktionen des Umgangs mit dem Wissen eines Unternehmens zum Zwecke der Unterstützung des Managements bezeichnen wir als **Wissensmanagement**.

2. Wissen

2.1. Verständnis von Wissen

Die Auseinandersetzung mit dem Wissensmanagement erfordert zunächst eine nähere Betrachtung des Begriffs „Wissen". Die Entwicklung der Kognitionswissenschaften der Neurobiologie ebenso wie der Informatik hat unser Bild von den Abläufen menschlicher Denkprozesse in den letzten Jahren stark verändert und viele traditionell unterdrückte Aspekte, z.B. die Rolle der Emotionen, neu gewichtet. Das derzeit diskutierte Modell geht von folgenden Denkmustern aus:

Wissen ist die Repräsentation der Welt in Form von mentalen Mustern (Schemata), die die Fähigkeiten zum Handeln (das Handlungspotenzial) eines Menschen oder eines Unternehmens bestimmt.

Das Wissen ist in unserem Gedächtnis repräsentiert. „Das Gedächtnis stellt ein hochdynamisches System dar, dessen vorrangige Aufgabe es ist, unser Verhalten zu steuern und Verhaltensplanung zu ermöglichen."[1065] Wissen ist also kein statisches Element. Wissen entsteht und verändert sich ständig in der Auseinandersetzung der Handlungseinheit mit ihrer Umwelt und mit sich selbst.

Das Gehirn selbst ist ein verteiltes System aus vielen Einheiten mit unterschiedlichen Funktionen und Inhalten, die alle stark miteinander verbunden sind und deren Organisationsprinzip als Heterarchie angesehen werden kann, d.h. die Bedeutung der einzelnen Einheiten ist situativ bestimmt und verändert sich im Zeitablauf. Einige für den Umgang mit Wissen besonders wichtige Komponenten sollen im Folgenden kurz umrissen werden.

2.2. Beschreibendes, prozessuales und wertendes Wissen

Eine der wichtigsten Unterscheidungen ist die zwischen beschreibendem, prozessualem und wertendem Wissen.

Beschreibendes Wissen[1066] gibt die Welt in Form von mentalen Mustern, bei kommunizierbarem, kollektivem Wissen in Symbolen bzw. einer Sprache, wieder. Durch das beschreibende Wissen wird unsere Vorstellung von dem, was ist und was sein könnte, geprägt.

Prozessuales Wissen befähigt uns, die Welt zu verändern. Es ermöglicht uns, Tätigkeiten auszuführen, die zu einer Veränderung dessen führen, was ist. Zu dem prozessualen Wissen gehören alle motorischen Fähigkeiten wie laufen, schreiben, aber auch noch komplexere Vorgänge wie Auto fahren oder Klavier spielen. Wir können prozessuales Wissen nur sehr begrenzt sprachlich erfassen, trotzdem können wir es durch Nachahmen lernen.

Wertendes Wissen (Emotionen) gibt uns an, welchen Zustand der Welt und wie stark wir ihn anstreben. Es ist der Motor unseres Handelns.[1067] Dazu gehören beispielsweise Bewertungen, Einstellungen, Präferenzen, Motive oder Ziele.

Über die Rolle der drei Wissensformen beim Entstehen unseres Handelns gibt es derzeit sehr unterschiedliche Auffassungen. Insbesondere der Einfluss des wertenden Wissens ist einer der provokanten Diskussionspunkte, die durch die Neurowis-

---

[1065] Roth (2003), S. 306.

[1066] In der Kognitionswissenschaft und dem Gebiet der Künstlichen Intelligenz werden – weitgehend äquivalent - auch Bezeichnungen wie deskriptiv, deklarativ oder propositional benutzt.

[1067] Vgl. z.B. Meynhardt (2003).

senschaften aktuell besonders in den Vordergrund gestellt werden.[1068] Zumeist wird dies noch mit dem Zusammenspiel von bewussten und unbewussten Prozessen verbunden.

2.3. Implizites und explizites Wissen
Neben der Klassifizierung in beschreibendes, prozessuales und wertendes Wissen ist für das Wissensmanagement die Unterscheidung von explizitem und implizitem Wissen von besonderer Bedeutung.

In unserem Gehirn laufen zwei verschiedene Prozesstypen ab:

Kontrollierte oder **explizite Prozesse**
- hängen stark von der Bereitstellung kognitiver Ressourcen (Arbeitsgedächtnis) ab
- benötigen Aufmerksamkeit und Bewusstsein
- laufen langsam (Sekunden bis Minuten) und mühevoll ab
- benötigen intensiven Zugriff auf das Langzeitgedächtnis
- sind störanfällig und zeigen wenig Übungseffekte
- sind schnell veränderbar
- sind sprachlich berichtbar.[1069]

Automatisierte oder **implizite Prozesse**
- sind unabhängig von der Begrenzung kognitiver Ressourcen
- sind der willentlichen Kontrolle weitgehend entzogen
- benötigen keine Aufmerksamkeit und kein Bewusstsein
- laufen schnell und mühelos ab
- haben geringe Fehleranfälligkeit
- verbessern sich durch Übung
- sind schwer veränderbar, wenn sie einmal eingeübt sind
- sind in ihren Details sprachlich nicht berichtbar.[1070]

Entsprechend dieser Unterscheidung der Prozesse wollen wir Wissen als explizit oder implizit kennzeichnen, wenn es zu seiner Verarbeitung explizite bzw. implizite Prozesse benötigt.

Für Unternehmen ist die Unterscheidung von implizitem und explizitem Wissen besonders interessant, da kollektives implizites Wissen jenes Wissen ist, dass einfach da ist, eingesetzt wird und funktioniert, ohne dass es laufend hinterfragt wird.

[1068] Die Neurowissenschaften verankern das wertende Wissen im limbischen System des menschlichen Gehirns und differenzieren es noch einmal in körperliche Bedürfnisse, Affekte und Emotionen. „Das limbische System hat gegenüber dem rationalen corticalen System das erste und das letzte Wort. Das erste beim Entstehen unserer Wünsche und Zielvorstellungen, das letzte bei der Entscheidung darüber, ob das, was sich Vernunft und Verstand ausgedacht haben, jetzt und so und nicht anders getan werden soll.", Roth (2003a), S. 162.

[1069] Vgl. Roth (2003), S. 238.

[1070] Vgl. Roth (2003), S. 237.

Implizites Wissen prägt also alle Standardprozesse. Erst wenn man Änderungen anstrebt, wird es explizit gemacht und diskutiert.

In der Betriebswirtschaftslehre ist diese Unterscheidung trotzdem lange Zeit nicht beachtet worden. Ältere Abhandlungen benutzen daher häufig die engere Definition von Wissen: Wissen ist die symbolische Repräsentation der Welt, die das Handeln eines Menschen oder allgemeiner einer Handlungseinheit bestimmt.

Symbole sind Einheiten eines Symbolsystems, welches der Repräsentation der Welt in einem bestimmten Medium dient, z.B. in

- Sprache (gesprochen, geschrieben)
- Bildern/Film
- standardisierten Geräuschen.

Herbert Simon ging sogar so weit, generell die Entwicklung und Nutzung von Symbolsystemen als notwendige und hinreichende Bedingung für intelligentes Handeln anzusehen.[1071]

Es gibt jedoch Wissen, welches wir lernen und lehren können und welches trotzdem nicht vollständig symbolisch repräsentierbar ist. Dazu gehört vor allem das prozessuale Wissen wie Auto fahren, Klavier spielen, Menschen führen.

Formales, symbolisch repräsentiertes Wissen hat für uns viele Vorteile:

- Wir können uns damit eine von uns unabhängige Form des Gedächtnisses schaffen (z.B. den Knoten im Taschentuch als Erinnerungshilfe oder ein Buch).
- Wir können Zeichen zur Kommunikation mit anderen verwenden, denen wir den Umgang mit den Zeichen vermittelt haben.
- Wir können die Zeichen zur Simulation und Antizipation der Welt benutzen.

3. Funktionen des Wissensmanagements

3.1. Überblick

Die Gestaltung des Wissenssystems erfordert die Gestaltung aller Funktionen im Umgang mit dem Wissen in Unternehmen. Welche Funktionen dies sind, wird in der Literatur sehr unterschiedlich gesehen[1072]. Die in Abbildung D.II.1 wiedergegebenen drei Beispiele sind relativ ähnlich und sollen für den eigenen Ansatz als Vorlage dienen:

[1071] Vgl. Simon (1990), S. 20.

[1072] Für einen weitergehenden Vergleich siehe Holsapple/Joshi (2003) S. 102 ff.

Probst; Raub; Romhardt (1997)	Wissensidentifikation Wissenserwerb Wissensentwicklung Wissens(ver)teilung Wissensnutzung Wissensbewahrung	Wissensbewertung Wissensziele bilden
Choo (1997)	Information Needs Information Acquisition Information Organisation and Storage Information Distribution Information Use	
Alavi (1997)	Acquisition Indexing Filtering Linking (classification, cataloging, integrating...) Distributing Application (use)	

Abb. D.II.1: Funktionen des Wissensmanagements

Das Konzept von *Probst/Raub/Romhard* ist das in Deutschland wohl bekannteste.[1073] Es führt zwei Ebenen des Wissensmanagements ein, den eigentlichen Umgang mit dem Wissen – Identifikation, Erwerb, Entwicklung, (Ver-)Teilung, Nutzung und Bewahrung – und die Controllingebene zur Weiterentwicklung des Systems. *Chun Wei Choo* betrachtet relativ ähnliche Funktionen, die er noch weiter unterteilt.[1074] Zum Beispiel umfasst „information use" bei ihm: Sense making (incl. information interpretation), Knowledge creation (incl. information transformation) und Decision Making (incl. information processing) Die Einteilung von *Alavi* ist dagegen stärker datenverarbeitungsorientiert.[1075]

Generell können die betrachteten Funktionsklassifikationen nur als eine Einteilung der obersten Ebene angesehen werden. Darunter folgt jeweils eine weitere Differenzierung – mit sehr unterschiedlichen Zuordnungen.

Wir wollen uns hier eine eigene Klassifikation, orientiert am Bild einer wissensverarbeitenden Einheit (Mensch), vorstellen und dabei vier Funktionsgruppen der Wissensverarbeitung unterscheiden (siehe Abbildung D.II.2).

Zentrale Funktionen sind die Wissensorganisation und die Wissenslogistik. Sie umfassen auf der einen Seite alle Aufgaben der Speicherung, Eingabe, Kommissionierung und nutzungsgerechten Ausgabe und auf der anderen Seite die Aufarbeitung, Sinngebung und Bewertung des Wissens. Die Wissensaufnahme ist ebenso wie die Wissensgenerierung eine Funktion, die für neues Wissen sorgt. Die Wissensnutzung

---

[1073] Vgl. Probst/Raub/Romhardt (2003).

[1074] Vgl. Choo (1997).

[1075] Zitiert bei Holsapple/Joshi (2003) S. 103.

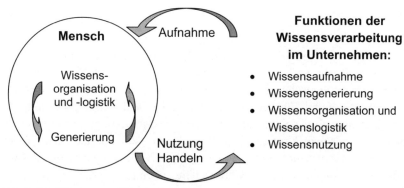

Abb. D.II.2: Wissensverarbeitungsfunktionen

hat im Unternehmen eine doppelte Perspektive: Wie integrieren Handlungseinheiten das verfügbare Wissen von Anderen in ihr eigenes Handeln, und wie weit stellen sie ihr Wissen Anderen zur Verfügung?

3.2. Wissensaufnahme

Unternehmen und Individuen nehmen Wissen auf, interpretieren es vor dem Hintergrund ihres Vorwissens und leiten daraus ihre Konsequenzen für den Umgang mit dem Wissen und dessen Einsatz bei der Planung zukünftigen Handelns ab. *Chun Wei Choo* bezeichnet diesen Prozess als „environmental scanning" und unterscheidet *vier Formen der Wissensaufnahme*, je nach dem, ob sich das Unternehmen dabei aktiv oder passiv verhält und ob die Umwelt als analysierbar oder nicht analysierbar betrachtet wird:[1076]

1. *bedingte Wahrnehmung* (passives Verhalten und analysierbare Umwelt)
   Aufnahme von Wissen aufgrund von Routinen

2. *ungerichtete Wahrnehmung* (passives Verhalten und nicht analysierbare Umwelt)
   Aufnahme von Wissen ohne spezifischen Zweck

3. *Entdeckung* (aktives Verhalten und analysierbare Umwelt)
   Aktives Suchen und Auswerten von Wissen für Unternehmenszwecke wie strategische Planung

4. *Wissenskonstruktion* (aktives Verhalten und nicht analysierbare Umwelt)
   Gestaltung und Test von neuen Weltbildern durch „learning by doing".

Die Welt ist für eine Handlungseinheit analysierbar, wenn das aufgenommene Wissen aufgrund des Vorwissens der Handlungseinheit in bestehende Schemata und Strukturen eingeordnet werden kann und damit zu einer eindeutigen Interpretation und zu eindeutigen Konsequenzen für die Planung von Handlungen führt. Diese

---

[1076] Vgl. Choo (1998), S. 72 und 83.

Definition kennzeichnet einen wichtigen Aspekt der Wissensaufnahme, der in der Praxis zu vielen Problemen führt.

Eigene Untersuchungen haben ergeben, dass kleine und mittlere Unternehmen in ihrer Wahrnehmung sehr stark von ihrem Vorwissen geprägt sind. Sie haben spezifische Defizite im strategischen Denken. Bei technisch orientierten Unternehmen fehlt häufig ein Verständnis für betriebswirtschaftliche Denkweisen. Dies führt dazu, dass vorhandene Erfolgspotenziale nicht gesehen oder wichtige Entscheidungen nach ökonomisch falschen Kriterien getroffen werden. Veränderungen im Wahrnehmungsprozess herbeizuführen ist ein langwieriger Aufklärungsprozess, der von den betroffenen Unternehmen ein schwieriges Umdenken erfordert.

Mit der Problematik, dass bestehende Denkmuster die Wahrnehmung von Handlungseinheiten erheblich beeinflussen, beschäftigt sich besonders die kognitive Strategieforschung. Gerade strategische Entscheidungen erfordern bis zu einem gewissen Grade eine Lösung von bestehenden Mustern.[1077]

Das aktive Suchen von Wissen ist aufgrund der Vielfalt des Informationsangebotes immer mehr zu einer Spezialistenfunktion geworden. Große Unternehmen oder Unternehmensberatungen beschäftigen Suchspezialisten für Analysen ihrer Umwelt. Wer heutzutage im Bereich der strategischen Planung arbeiten möchte, muss über die vielen Möglichkeiten der Wissensbeschaffung über das Internet und den Aufbau von Suchstrategien informiert sein.

3.3. Wissensorganisation und Wissenslogistik

Wissensorganisation und Wissenslogistik sind zwei Funktionen, die die wesentlichen Abläufe im Gedächtnis umfassen. Sie laufen eigentlich untrennbar parallel und beschreiben die gleichen Prozesse aus verschiedener Sicht.

Wissenslogistik ist – wie schon der Begriff andeutet – die mehr technische Sicht auf die Funktion und beschreibt damit insbesondere die Teilfunktionen, für die bei formalisiertem Wissen eine technische Unterstützung möglich ist. Wissensorganisation umfasst Teilfunktionen wie die Kontextualisierung, Sinngebung, Bewertung des Wissens, die also weitgehend nicht automatisierbar sind. Die Wissenslogistik hat die Aufgabe, das Wissen von seinen Quellen zu seinen Nutzern zu bringen und dabei ein Gedächtnis[1078] zu bilden, das eine häufige Nutzung ermöglicht (siehe zu den folgenden Ausführungen auch Abbildung D.II.3).

[1077] Vgl. zu kognitiven Ansätzen im strategischen Management Lüer (1998) und Hoffmann-Ripken (2003).

[1078] Es gibt eine Vielzahl von Theorien zum Thema „Unternehmensgedächtnis", auf die hier aus Platzgründen nicht näher eingegangen werden kann. Vgl. als ausführlichen Überblick dazu Lehner (2000).

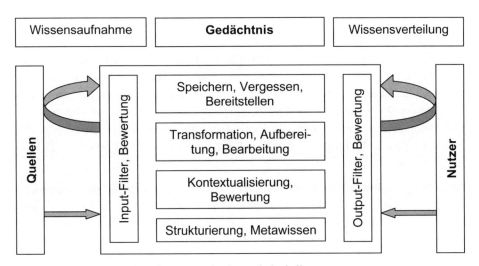

Abb. D.II.3: Funktionen der Wissensorganisation und –logistik

Zu den **Quellen** gehören das Unternehmen selbst, da es in vielen Prozessen Wissen produziert („Wissensgenerierung"), aber auch die vom Unternehmen wahrgenommene Umwelt und vor allem die Wissenslieferanten, die aktiv oder auf Nachfrage dem Unternehmen Wissen anbieten („Wissensaufnahme").

Eine wichtige Funktion erfüllen die **Inputfilter**. Sie dienen der Qualitätssicherung der Information und bewerten deren Relevanz. Die Kriterien für Qualität und Relevanz können durch verschiedene Instrumente bestimmt werden und unterliegen einem ständigen Anpassungsprozess.

Generell gibt es keine ungefilterten, neutralen Informationen, die nicht durch Input- und Outputfilter von Sender und Empfänger vorgeprägt sind. Der Unterschied ergibt sich praktisch nur durch die im Verfahren zugeordnete Relevanz und Vertrauenswürdigkeit.

Die Beurteilung von Informationsquellen ist stark kulturell geprägt und abhängig von der eigenen Situation; beispielsweise werden in der westlichen Kultur bei unstrukturierten Problemsituationen menschliche Informationsquellen bevorzugt. Das Vertrauen in eine Person absorbiert die sachliche Unsicherheit. Bei strukturierten Problemsituationen werden dagegen gedruckte Informationsquellen im Allgemeinen als verlässlicher, genauer und breiter als menschliche Quellen angesehen, insbesondere wenn sie ein Beurteilergremium (Referenten) durchlaufen haben. Dies gilt auch für Radio und Fernsehen. Das Internet hat allgemein einen schlechteren Ruf, wenngleich es viele Institutionen gibt, die sich um die Qualität kümmern.[1079]

[1079] Eine Suche nach „Criteria for evaluation of Internet Information Resources" lieferte 871 verschiedene Treffer mit Hinweisen und Richtlinien.

Das Gegenstück zu den Inputfiltern sind die **Outputfilter**. Sie werden technisch umgesetzt durch Zugriffsrechte. Persönlich regeln wir „Zugriff" durch unser Weitergabeverhalten und sozial durch Teilnahmeregelungen. Aber nicht nur der prinzipielle Zugang zu Wissen ist ausschlaggebend, auch die Form der Präsentation spielt eine wichtige Rolle. Der Sender in einer Kommunikationsbeziehung versucht durch die Form der Weitergabe die Akzeptanz und Verständlichkeit zu beeinflussen. Kommunikation läuft immer auf der semantischen und der pragmatischen Ebene.[1080] Eine besondere Rolle für den Sender spielt die Rückmeldung in Form einer Bewertung des gelieferten Wissens.

Verteilungsmodelle regeln Form und Inhalt des Nutzerzugriffs auf das gespeicherte Wissen. Sie können aktiv oder passiv sein. Bei aktiven Modellen (Push-Konzepte) bekommt der Nutzer die Information unaufgefordert, bei passiven Modellen (Pull-Konzepte) muss der Nutzer die Information abfragen. Mischformen sind z.B. Verhandlungsmodelle, bei denen Anbieter und Nachfrager den Wissensbedarf „aushandeln", oder Workflowsysteme, die arbeitsprozessbezogenes Wissen direkt weitergeben und ein Angebot für Zusatzwissen auf Anfrage unterbreiten. Die Kommunikation selbst kann durch verschiedene Maßnahmen (Verschlüsselung, elektronisches Wasserzeichen u.ä.) besonders gesichert werden.

Die **Aktivitäten innerhalb des Gedächtnisses** gehen weit über die reine Speicherung hinaus. Das Wissen wird aufbereitet, in bestimmte Kontexte integriert und damit zu in sich schlüssigen Gesamtbildern von der Welt transformiert. Es wird dabei bewertet (relativ, im Kontext), strukturiert (also mit Metawissen versehen) und schließlich für eine potenzielle Nutzung aufbereitet. Diese Prozesse, die als Wissensintegration oder Sinngebung bezeichnet werden, erfordern weitgehend eine menschliche Gestaltung und sind deshalb nur begrenzt formalisierbar und automatisierbar. Sie bestimmen jedoch wesentlich die zukünftige Nutzung des Wissens, denn Menschen denken in Beispielen aus analogen Situationen.

Es ist also wichtig, die richtigen Bezüge zwischen vergangenen Situationen, Handlungsweisen und der Bewertung ihrer Ergebnisse herzustellen, um sie in analogen aktuellen Situationen erinnern zu können. Das gilt auch für Gruppen und Unternehmen. Es hat dazu geführt, dass spezielle Techniken für Unternehmen (Story Telling) entwickelt wurden, um das kollektive Gedächtnis zu unterstützen.[1081] Die Bedeutung von und der Umgang mit mentalen Modellen ist der wesentliche Untersuchungsgegenstand einer derzeit entstehenden Theorie des Kognitiven Managements.[1082]

[1080] Vgl. z.B. Franken (2004), S. 147 ff.

[1081] Vgl. z.B. Reinmann-Rothmeier/Erlach/Neubauer (2000).

[1082] Vgl. z.B. Eden/Spender (1998).

Bei alledem ist zu bedenken: „Das Gedächtnis stellt ein hochdynamisches System dar, dessen vorrangige Aufgabe es ist, unser Verhalten zu steuern und Verhaltensplanung zu ermöglichen."[1083] Es ist keine stabile Ablage, sondern ein sich inhaltlich änderndes Konstrukt.

Eine wichtige Form der Bewertung von Wissen ist auch das Vergessen. Vergessen kann erfolgen aufgrund einer zeitlichen Bewertung, nach einer Verarbeitung in einem globaleren Kontext oder zur Herstellung einer konsistenten aktuellen Weltsicht. Dinge, die nicht in unser aktuelles Weltbild passen, vergessen wir. Die Herstellung eines konsistenten Weltbildes ist eine wichtige Voraussetzung für die Verhaltensplanung und -steuerung. Erst dadurch wird es möglich, Entscheidungen zu treffen. Dies gilt auch für die kollektiv akzeptierbaren Entscheidungen in Unternehmen, wobei Regeln über die gemeinschaftliche Erstellung konsistenter Wissenssysteme von großer Bedeutung sind.

Mechanismen und Systeme zur Gestaltung, Entwicklung und Nutzung des Unternehmensgedächtnisses sind ein wesentlicher Bestandteil von Wissensmanagementsystemen.

3.4. Wissensgenerierung

Die Entwicklung neuen Wissens ist Gegenstand sehr unterschiedlicher betriebswirtschaftlicher Theorien. Den klassischen Ansatz liefert das Innovationsmanagement, welches sich mit den strukturellen und personellen Voraussetzungen für das Entstehen von Innovationen ebenso auseinandersetzt wie mit dem Prozess der Umsetzung und den Instrumenten, die dabei eingesetzt werden (siehe hierzu Kapitel D.I.).

Im Umfeld des Wissensmanagements haben sich vor allem *Nonaka* und *Takeuchi* dem Thema der Generierung und Implementierung von Innovationen gewidmet.[1084]

3.5. Wissensnutzung

Das Problem „Wissensnutzung" hat mehrere, eng miteinander verbundene Dimensionen. Es geht zwar letztlich immer um das Verhalten von Menschen, trotzdem ist zu unterscheiden zwischen

– *individueller Wissensnutzung* (Motor und Hemmnisse liegen beim Individuum) und

---

[1083] Roth (2003), S. 306.
[1084] Siehe z.B. Nonaka/Takeuchi (1995).

- *organisatorischer Wissensnutzung* (Motor und Hemmnisse liegen in den organisatorischen Strukturen).

Weiterhin ist Nutzung nicht nur ein Nehmen und Benutzen, sondern auch ein Geben und ein Ignorieren von Wissen. Seitdem die Wissensgesellschaft das Stadium der Sammler und Jäger verlassen hat und wir mit einem Informationsüberangebot leben müssen, ist es genauso wichtig, Wissen aufzunehmen und zu benutzen, wie es bewusst zu ignorieren und Zeit zu sparen. Es besteht das Problem: Wie gehen wir mit Wissen um?

Das individuelle Verhalten ist von einer Vielzahl von Einflussfaktoren abhängig: von der Problemcharakteristik (Komplexität, Dynamik, mit der Lösung verbundenes Risiko) über den Bezug zur Informationsquelle bis hin zu Persönlichkeitseigenschaften (Professionalität, Risikoverhalten, Interessen). Eine Handlungseinheit kann im Allgemeinen ihren Wissensbedarf, der sich zudem mit der Arbeit am Problem ändert, nicht selbst einschätzen. Wissensbedarf und -nutzung können nur als ständiger Lernprozess aufgefasst und analysiert werden.

In Unternehmen kommen weitere Faktoren hinzu. Die Wissensnutzung von Unternehmen umfasst nicht nur das individuelle Verhalten, sondern auch den Umgang mit den inneren Strukturen und Regeln. Ein großes Problem im Rahmen des Wissensmanagements ist die Wissensteilung.[1085]

4. Gestaltungsdimensionen von Wissenssystemen

Zur Gestaltung des Wissensmanagements wird in Unternehmen eine Vielzahl von Systemen als Instrumente eingesetzt. Häufig sind in großen Unternehmen sogar mehrere Systeme der gleichen Art parallel im Einsatz. Bei der Gestaltung von Wissenssystemen (des Wissens, seiner Verteilung auf die Wissensträger und des Umgangs mit dem Wissen) sind parallel mehrere Gestaltungsdimensionen oder -perspektiven zu betrachten.

4.1. Dimension „Wissen": Formalisierung und Strukturierung des Wissens

Die Gestaltung des Wissenssystems hängt wesentlich davon ab, wie das Wissen, dessen Verteilung und Nutzung gestaltet werden soll, repräsentiert ist. Das Wissen in Unternehmen kann pragmatisch in Bezug auf die Gestaltbarkeit wie in Abbildungen D.II.4 klassifiziert werden.[1086]

[1085] Siehe hierzu etwa Seidel (2003).
[1086] Vgl. Franken (2002), S. 25 ff.

Abb. D.II.4: Formen der Wissensrepräsentation in Unternehmen

Von besonderer Bedeutung ist das **formalisierte Wissen**, d.h. Wissen, welches in einem Symbolsystem (z.b. einer Sprache oder standardisierten Bildern) ausgedrückt ist. Durch die Formalisierung wird das Wissen teilweise von seinem ursprünglichen Träger sowie von Raum und Zeit gelöst und sein Austausch über materielle Hilfsmittel, wie die Informations- und Kommunikationstechnologie oder Bücher und Dokumente, ermöglicht. Für die maschinelle Verarbeitung ist besonders wichtig, wie weit dieses Wissen **strukturiert** ist, d.h. wie weit es durch Metawissen (Wissen über das Wissen) mit bestimmten semantischen Inhalten verbunden werden kann.

Ein Beispiel für strukturiertes Wissen sind Datenbanken. Eine Datenbank kann logisch als eine große Tabelle betrachtet werden. Die einzelnen Spalten erfassen bestimmte, gleich bleibende Inhalte (siehe Abbildung D.II.5).

Name	PLZ	Ort	Straße	Tel.
FH Köln	50678	Köln	Claudiusstr. 1	0221-8275-0

Abb. D.II.5: Strukturiertes Wissen: Beispiel einer Kundendatei

Jede Zeile der Tabelle beinhaltet die Beschreibung einer Institution oder einer Person. Die Merkmale der Institution können über die Spaltenüberschriften interpretiert und verarbeitet werden. Eine ähnliche Möglichkeit gibt es in unstrukturierten Dokumenten oder Bildern nicht. Um sie verarbeitbar zu machen, muss eine Sprache gefunden werden, die auch eine Maschine lernen kann und über die wir mit dem Computer kommunizieren können. Solche sprachlichen Konstrukte werden als Ontologien bezeichnet.

Ontologien sind (subjektive) Repräsentationen eines Weltausschnittes auf der Basis einer Metasprache, die ein semantisches Verstehen zwischen den Nutzern der Metasprache unterstützt.[1087] Ontologien können in verschieden leistungsfähigen

---

[1087] Vgl. zur Definition des Begriffes „Ontologie" Zelewski (2002; 1999).

Sprachen gebildet sein. Sie können als gemeinschaftliches Konstrukt einer Sprachgemeinschaft Verständigung durch die Absprache der Interpretation der Sprache herstellen oder als Kommunikationsmedium zur interaktiven Konstruktion von Bedeutung benutzt werden. Ontologiesprachen – in der Reihenfolge ihrer Komplexität – sind z.B.

- Wörterbücher (Elemente: Begriffe; z.B. Schlagwortkataloge)
- Hierarchische Begriffsstrukturen (Elemente: Begriffe und hierarchische Beziehungen; z.B. Thesaurus, Taxonomie)
- Semantische Netze (Elemente: Begriffe und Beziehungen)
- Objektorientierte Begriffsysteme (Elemente: Objekte mit Eigenschaften und Verhaltensweisen, Beziehungen)
- Objektsysteme mit Regeln.

Die verschiedenen Ontologien dienen in technischen Systemen vor allem dazu, Texte in Dokumenten-Management-Systemen zugänglich oder andere unstrukturierte Wissensartefakte verwaltbar zu machen. Sie ermöglichen als kollektive Ontologien die Navigation und Suche nach Wissensartefakten. Der Ansatz, individuelle Ontologien zuzulassen und über spezifische Kommunikationsprozesse einen Wissensaustausch und Lernprozesse zu ermöglichen, steht technisch noch am Anfang.

Im Gegensatz zu formalisiertem Wissen ist **personelles Wissen** keiner direkten automatischen Verarbeitung zugänglich. Personelles Wissen existiert in den Köpfen der Menschen in einem Unternehmen. Zugangsprinzip zu diesem Wissen ist die Kommunikation zwischen Menschen. Es ist nur über den Menschen gestaltbar, z.B. über Personalentwicklungsmaßnahmen, Kommunikationshilfen („Gelbe Seiten" i.S. von internen Expertenverzeichnissen) oder ähnliche Hilfsmittel. Die Formalisierung personellen Wissens ist ein wichtiges Instrument zur Wissenserhaltung im Unternehmen.

Am schwierigsten zugänglich ist **kollektives Wissen**. Kollektives Wissen existiert zum einen als kulturelles, von allen Mitgliedern der Gemeinschaft geteiltes Wissen, welches trotzdem häufig unbewusst ist. Andererseits existiert es als kollektives Wissen im engeren Sinne, d.h. als Wissen, welches zwar das Unternehmen als Ganzes besitzt, das aber keinem einzelnen Individuum zugänglich ist. Als Beispiel hierfür können Prozesse angesehen werden, die im Unternehmen ablaufen, die aber niemand als Ganzes beschreiben kann. Erst durch die Formalisierung wird dieses Wissen überhaupt zugänglich.

Je nach Wissenstyp ist auch der Umgang mit dem Wissen sehr unterschiedlich.

4.2. Dimension „Organisation des Wissens": Wissens(ver)teilung und Kommunikation

Die Wissensverteilung ist vor allem bei formalisiertem Wissen durch den Einsatz informationstechnischer Hilfsmittel gestaltbar. Dabei kann zwischen zentralen und dezentralen Wissenssystemen unterschieden werden.

Zentrale Wissenssysteme sammeln das Wissen an einem zentralen Punkt (zumeist einem Computer) und nutzen es von da aus für die zu unterstützenden Funktionen. Alle Funktionalitäten, Ablagesysteme, Sprachsysteme usw. werden zentral definiert und gelten für alle Nutzer des Systems gleichermaßen. Die Ablage wird z.B. durch eine zentrale, kollektive Ontologie gestaltet. Beispiele für technische zentrale Systeme sind Dokumenten-Management-Systeme, Data Warehouses u.ä.

Dezentrale Systeme belassen das Wissen dort wo es ist und unterstützen stattdessen die Kommunikation zwischen den beteiligten Einheiten. Ein Beispiel dafür sind Peer-to-peer (p2p)-Systeme. „p2p" ist ein Kommunikations- und Interaktionsmodell, bei dem gleichberechtigte Handlungseinheiten die Generierung, Verwaltung und Verbreitung von Wissen ohne zentral organisierte Struktur selbst realisieren. Jeder Teilnehmer ist Geber und Nehmer zugleich. Die Regeln des Austausches werden von den Teilnehmern gemeinsam bestimmt und kontrolliert. p2p-Systeme gibt es im sozialen Bereich als „Communities" oder im Internet in Form von Tauschbörsen.

Zentrales Problem beider Systeme ist die Regelung bzw. das menschliche Verhalten in Bezug auf den Zugriff und die Zur-Verfügung-Stellung von Wissen. Technische Systeme ermöglichen im Allgemeinen Regelungen über die Zugriffsrechte von Nutzern auf das in ihnen gespeicherte Wissen. Schwieriger ist es, Menschen dazu zu bringen, ihr Wissen anderen zur Verfügung zu stellen oder sogar in ein technisches System einzustellen.

4.3. Dimension „Technik": Die Rolle der Informations- und Kommunikationstechnologie

Informations- und kommunikationstechnische Systeme spielen bei der Gestaltung des Wissenssystems von Unternehmen eine dominierende Rolle. Die technische Entwicklung hat lange Zeit die Diskussion um das Wissensmanagement dominiert und war wesentlich am Entstehen des Themas beteiligt. Im Bereich Informatik sind viele neue Ideen und Programme entstanden, die den Umgang mit Wissen stark beeinflusst haben und noch weiter beeinflussen werden. Die einzelnen entstandenen Funktionen sind meistens noch sehr isoliert und nicht zu einem geschlossenen Ganzen integriert. Je nach Repräsentationsform des Wissens gibt es bestimmte Grundtechnologien und auf ihnen aufbauend spezifische Algorithmen für einzelne Funktionen des Wissensmanagements. Zu den Haupttechnologien gehören:

(1) bei formalisiertem und strukturiertem Wissen

- *Data Warehouses*
  In einem Data Warehouse werden verschiedene strukturierte Informationen zusammengefasst und unterschiedlichen Nutzern für ihre Fragen intelligent zur Verfügung gestellt. Die Ziele der Einführung waren vor allem eine Schnittstellenminimierung, die Abstimmung und Vereinheitlichung der Datenbasis und eine verbesserte Analysefähigkeit durch Anreicherung mit Metadaten und Schaffung einer einheitlichen Zeitdimension.

- Eine darauf aufbauende spezielle Funktionalität ist vor allem das *Data Mining*. Data Mining sind Prozesse oder Methoden zur Aufdeckung von bisher unbekannten Strukturen, Gesetzmäßigkeiten und/oder Regeln in einer großen Menge von Ausgangsdaten mit Hilfe formalisierter Verfahren aus dem Bereich der Statistik und darüber hinausgehender neuer Verfahren. Ein Beispiel ist die Aufdeckung von Gesetzmäßigkeiten im Kundenverhalten aus den vorhandenen Informationen über die Einkäufe der Kunden (Kassenzettel).

(2) bei formalisiertem und größtenteils unstrukturiertem Wissen

- *Dokumenten Management Systeme (DMS)*
  DMS sind zentrale Ablagesysteme für Dokumente jeder Art mit den Zielen, sie einer großen Anzahl von Nutzern zugänglich zu machen, den Nutzern Hilfen beim Auffinden der Dokumente zu liefern und die gemeinsame Bearbeitung von Dokumenten zu ermöglichen.

- *Content Management Systeme (CMS)*
  CMS sind eine Variante von DMS, die hauptsächlich auf die Publikation von Texten in Netzen ausgerichtet sind. Sie definieren Strukturen für die Intra- oder Internetpräsentation bestimmter Informationen und liefern Verwaltungssysteme für die Publikation in diesen Strukturen.

- Darauf aufbauende bzw. darin integrierte Funktionalitäten sind vor allem die große Anzahl unterschiedlicher Suchalgorithmen und die Strukturierungsansätze der Dokumente über das Einbringen von Metainformationen oder die Analyse der Texte. Dazu gehört das Arbeiten mit Ontologien.

(3) bei personellem Wissen

Personelles Wissen allein ist nur über menschliche Kommunikation zugänglich. Technische Unterstützungssysteme müssen also bei begleitendem formalisiertem Wissen oder der Unterstützung von Funktionen der Kooperation von Individuen ansetzen.

- *Systeme zur Unterstützung von Communities*
  Systeme zur Unterstützung von Communities werden derzeit von vielen großen Unternehmen entwickelt und/oder eingesetzt. Die Basis sind Dokumenten-Management-Systeme (DMS), verbunden mit einer Verwaltung von Experten-

verzeichnissen (Gelbe Seiten). Sie sollen den Austausch von Wissen und das Finden von kompetenten Kommunikationspartnern unterstützen.

- *Groupware*
  Groupware bezeichnet eine Klasse von Programmen, die vor allem verteilte, kollektive Arbeitsprozesse unterstützen.
- *Kommunikationsnetze*
  Kommunikationsnetze sind die Grundlage aller Systeme. Ihre Einführung hat die inner- und überbetriebliche Kommunikation grundlegend verändert.

(4) bei kollektivem Wissen

Technische Systeme zur Unterstützung des kollektiven Wissens unterstützen vor allem die Erfassung (Formalisierung) und Analyse des kollektiven Wissens und die Teilautomatisierung von Prozessen. Ein Hilfsmittel zu Erfassung von Prozessen ist z.B. ARIS[1088]. Hilfsmittel zur Bildung von kulturellem Wissen sind beispielsweise Ontologien, deren Konstruktion durch graphische Hilfsmittel technisch unterstützt wird (z.B. Protege[1089]).

- *Workflow Management Systeme*
  Workflow Management Systeme unterstützen den Ablauf von Informationsbearbeitungsprozessen, indem sie die Weitergabe von Wissen in klar strukturierten Prozessen übernehmen und zusätzliche Hilfen integrieren.

Im Außenverhältnis unterstützt die Informations- und Kommunikationstechnologie auch die Wissensbeschaffung, indem sie diese teilweise automatisiert.

4.4. Dimension „Mensch": Das menschliche Verhalten als Erfolgsfaktor

Eine Lektion, die viele Unternehmen bei der Einführung neuer Technologien zur Verbesserung ihres Wissenssystems lernen mussten, war: Ohne die Motivation der betroffenen Menschen läuft gar nichts. Formalisiertes Wissen kann zwar mit ausgefeilten Methoden analysiert werden, neue Ideen bringt das aber nicht. Hervorragend gestaltete Dokumenten-Management-Systeme können zur Verbesserung des Wissensaustauschs installiert werden, bringen aber keinen Vorteil, wenn sie niemand nutzt. Gesucht werden Ansätze, um Mensch und technisches System zusammenzubringen. Dieses Problem geht weit über das normale Führungsproblem, mehr Arbeitsleistung von einem Menschen zu bekommen, hinaus. Es geht nicht um mehr Arbeit, sondern um die Kreativität des Menschen. Es geht um seine Gedanken und Ideen, und die sind bekanntlich frei.

[1088] ARIS steht für „Architektur integrierter Informationssysteme". Das ARIS-Toolset wurde an der Universität Saarbrücken entwickelt und wird von der Firma *IDS-Scheer* vertrieben.

[1089] Protege ist ein Ontologieeditor, der an der *Stanford University* entwickelt wurde. Siehe http://protege.stanford.edu.

Dennoch wurde eine Vielzahl von Methoden für eine *extrinsische Motivation* zur Teilnahme am Wissensaustausch entwickelt. Für ökonomisch denkende Menschen steht zunächst der Faktor „monetäre Belohnung" im Vordergrund. Dies ist das gewohnte Prinzip, etwa beim betrieblichen Vorschlagswesen. Es wird belohnt gemäß dem Ertragspotenzial des Verbesserungsvorschlages für das Unternehmen. Dieser Maßstab lässt sich aber beim Wissensaustausch nicht anwenden, da nicht jede Information einzeln für das Unternehmen bewertet werden kann.

Alternative Bewertungsverfahren setzen bei marktähnlichen Konzepten an. Die einfachste Form ist zunächst die aus dem Internethandel bekannte Punktbewertung. Die Nutzer bewerten Wissen, das sie schriftlich oder mündlich bekommen haben, durch die Vergabe von Punkten. Die Punkte bilden den Bewertungsmaßstab. Die Mengenkomponente wird durch die Anzahl der Nachfragen (Downloads, Konsultationen) erfasst. Aus beiden zusammen kann ein Bewertungsmaßstab für die Inputleistung eines Teilnehmers errechnet werden. Die eigentliche Belohnung richtet sich dann nach den erreichten Punkten.

Um Angebot und Nachfrage zu bewerten, ist der Aufbau eines Marktes mit einer fiktiven Währung möglich. Dies erfordert jedoch komplizierte Regelsysteme für den Marktmechanismus und die Preisbildung.[1090] Außerdem ist zu überlegen, ob dies nicht zu falschen Effekten führt, denn man möchte doch sowohl das Angebot an Wissen wie auch dessen Nachfrage fördern. Die Mitglieder des Unternehmens sollen das vorhandene Wissen optimal nutzen.

Weiterhin wird diskutiert, ob eine finanzielle Belohnung der richtige Ansatz ist. Gerade in Kreisen der „Wissensaktivisten" gibt es viele Menschen, die weniger vom Geld als von einem eigenen inneren Sendungsbewusstsein angetrieben werden. Für sie ist häufig ein Dazugehören zu einem besonderen Expertenkreis mehr Belohnung als ein paar Euro als Gratifikation am Ende des Jahres. Die Wissensökonomie lebt von Reputation als Währung, nicht vom Geld. Ein interessantes Beispiel dafür ist die Entstehung und Entwicklung der Wikipedia-Enzyklopädie, an der sich eine große Anzahl von Aktivisten rund um den Globus beteiligt – ohne Bezahlung.

Menschen müssen schon etwas davon haben, wenn sie sich für die Wissensgenerierung und den Wissensaustausch im Sinne des Unternehmens engagieren sollen. Sie müssen erkennen, dass dies in ihrem eigenen Sinne und im Sinne des Unternehmens einen Vorteil bedeutet. Was sie tun, muss einen Bezug zu ihren Aufgaben haben. Wenn dies erreicht wird, entsteht eine *intrinsische Motivation* zur Beteiligung am Wissenssystem. Als geeignete Basis hierfür ist aber eher eine entsprechende Wissenskultur im Unternehmen als ein isoliertes Beurteilungssystem anzusehen.

[1090] Vgl. z.B. den ausführlich ausgearbeiteten Ansatz von Schmidt (2000).

Zur Wiederholung

1. Erläutern Sie den Begriff „Wissen"
2. Beschreiben Sie die verschiedenen Arten des Wissens.
3. Beschreiben Sie zwei Beispiele für implizites Wissen.
4. Erläutern Sie kurz die Funktionen der Wissensverarbeitung.
5. Welche Rolle spielt die Informations- und Kommunikationstechnologie im Rahmen des Wissensmanagements?
6. Wie können Mitarbeiter dazu gebracht werden, ihr Wissen im Unternehmen zu teilen?

III. Change Management
von Susanne Rank

1. Nichts ist verlässlicher als der Wandel

Veränderungen sind die alltäglichen Herausforderungen des Managements im Unternehmen. Sie beginnen bei der Einstellung eines neuen Mitarbeiters und reichen bis hin zur vollständigen Ausgliederung ganzer Unternehmensbereiche. In seiner Entwicklung durchläuft jedes Unternehmen verschiedene Phasen, um wirtschaftlich erfolgreich zu sein. *Bleicher* definierte sechs Phasen.[1091] Diese gehen von der Pionierphase zur Markterschließung über die Diversifikation bis zur Akquisition, Kooperation und Restrukturierung. Veränderungen gehören somit zum Alltag aller Unternehmen in jeder Branche und Größenordnung. Änderungen sind von dauerhafter Natur.

Im Zuge der Globalisierung wird die Welt geographisch betrachtet kleiner und virtuell. Durch die Technologisierung mittels Datenverarbeitung werden Informationen schneller ausgetauscht und automatisch verarbeitet. Zudem entwickelt sich der Trend von der Informationsgesellschaft hin zur kundenzentrierten Dienstleistungsgesellschaft. Arbeitsmarktstrukturen werden beeinflusst durch den demographischen Wandel, insbesondere aufgrund des steigenden Durchschnittsalters in den westlichen Industriegesellschaften. Die Bedürfnisse der Menschen werden individueller, die Anzahl der Single-Haushalte nimmt zu. Diese Trends des dritten Jahrtausends stellen auch für Unternehmen neue Herausforderungen dar. Durch geänderte Kundenwünsche entstehen neue Märkte mit schnellerer Dynamik. Kürzere Produktlebenszyklen zwingen die Forschungs- und Entwicklungsabteilung eines Unternehmens, die Produktstrategien in kürzeren Zeitabständen anzupassen, um einen Vorsprung vor der Konkurrenz zu erreichen bzw. zu halten. Bisherige Anforderungen am Arbeitsplatz werden von neueren, komplexeren (z.B. Computerkenntnisse, Sprachen, interkulturelle Kompetenzen) abgelöst. *Bleicher* verweist auf eine Zeitschere[1092]: Bei zunehmender Dynamik sinkt die verfügbare Reaktionszeit. Gleichzeitig benötigen die Manager aber bei wachsender Komplexität mehr Reaktionszeit.

Die Bedeutung, die Change Management (CM) als ein geplantes und gesteuertes Vorgehen für die Planung, Umsetzung, Stabilisierung und Kontrolle des Wandels im Unternehmen hat, nimmt zu.

[1091] Vgl. Bleicher (2001), S. 517
[1092] Vgl. Bleicher (2001), S. 39

2. Anlässe zur Veränderung

Die Herausforderung besteht darin, dass das Management für die gestiegenen Anforderungen des Wettbewerbs sensibilisiert wird und die Notwendigkeit von proaktivem Wandel erkennt.[1093] Die aktuellen Herausforderungen können nach *Krüger* wie folgt beschrieben werden: Der strategische Wettbewerbsvorteil „Zeit" wird durch die *„economies of speed"* dargestellt, z.B. die Schnelligkeit der Beschaffung im Unternehmen, die sich in der Zuverlässigkeit und Pünktlichkeit der Lieferzeiten niederschlägt. Ein weiterer Aspekt sind die *„economies of scope"*. Diese beschreiben die Verbund- und Spezialisierungsvorteile eines Unternehmens, während die *„economies of scale"* als Kosten- und Größenvorteile gesehen werden, die es zu erreichen gilt. Zudem können Unternehmen so genannte *„economies of innovation"* nutzen, indem sie sich durch gezielte Innovationen Wettbewerbsvorteile gegenüber der Konkurrenz verschaffen.[1094]

Die Anlässe für einen Wandelbedarf hat *Vahs* nach externen und internen unterschieden.[1095] Die externen Anlässe bestimmen die Unternehmensentwicklung und verändern die Unternehmensstrategie. Darunter fallen z.B. der Konkurrenzdruck oder Veränderungen der Kundenanforderungen durch neue Trends im Konsumentenverhalten.[1096]

Die internen Anlässe bestimmen sich z.B. aus einer Neuausrichtung der Unternehmensstrategie, aus dem Kostendruck zur Erhöhung der Profitabilität oder auch aus den Fehlentscheidungen des Managements in der Vergangenheit. *Vahs* definiert vier Felder, aus denen sich der Veränderungsbedarf des Unternehmens ergibt:[1097]

(a) Strategie
Hierbei geht es um den Auf- bzw. Ausbau der strategischen Wettbewerbsvorteile durch Nutzung der im Unternehmen vorhandenen Erfolgspotenziale. Die Strategie kann als Anpassungsstrategie (reaktiv) oder als Innovationsstrategie (proaktiv) eingesetzt werden. Die Strategieänderung wird nach *Krüger* auch als Reorientierung bezeichnet.[1098]

(b) Unternehmenskultur
Unter Kultur werden die im Unternehmen gelebten und nach außen geltenden Werte, Normen und Einstellungen verstanden (siehe zur Unterehmenskultur Kapitel C.II.2.). Unternehmenswerte bilden das Fundament, um eine Strategieänderung im Denken und Verhalten der Mitarbeiter zu verankern und deren Veränderungsbereitschaft aufrechtzuerhalten. Nach *Krüger* sind Remodellierung oder Reframing alternative Bezeichnungen hierfür.[1099]

[1093] Vgl. Vahs (2005), S. 249.
[1094] Vgl. Krüger (2002), S. 42.
[1095] Vgl. Vahs (2005) S. 295 ff.
[1096] Vgl. Popcorn (2002).
[1097] Vgl. Vahs (2005), S. 295 ff.
[1098] Krüger (2002), S. 42.
[1099] Krüger (2002), S. 42.

(c) Technologie
Die Veränderungen der Technologie stehen in engem Zusammenhang mit der Organisation, die sich daran anpassen muss. Eine erhöhte Nachfrage nach einem bestimmten Produkt kann eine Branche dazu zwingen, die Fertigungstechnologie derart zu verändern, dass dasselbe Produkt anstatt in Einzelfertigung in einer automatisierten Fließfertigung produziert wird. Diese Technologie umfasst die Fertigungsverfahren und -methoden, verwendete Werkzeuge und -stoffe sowie die Informationstechnologie (IT). Die IT unterstützt das Unternehmen durch den gezielten Einsatz von Hard- und Software in seiner Informationsverarbeitung.

d) Organisation
Unter Organisation wird die gesamte Ablauf- und Aufbauorganisation des Unternehmens verstanden. Darunter fallen auch alle Änderungen der Geschäftsprozesse. Eine Veränderung der Organisation ist z.B. die Einführung von Profit-Centern oder auch der Umbau von einer divisionalen zu einer prozessorientierten Organisation.

Im Sinne eines systematischen Vorgehens des CM wird zunächst die **Ablauforganisation** optimiert, um Kosten, Durchlaufzeiten und Doppelarbeiten zu minimieren.[1100] Im Anschluss kann in enger Verzahnung die **Aufbauorganisation** angepasst oder sogar neu definiert werden.

Aus den nun fünf Veränderungsfeldern (Strategie, Unternehmenskultur, Technologie, Ablauf- und Aufbauorganisation) lässt sich der Veränderungsbedarf im Unternehmen ableiten. Um die Geschäftsziele zu erreichen, z.B. neue Produkte für den Markt zu entwickeln, ist es von entscheidender Bedeutung, in welcher Reihenfolge der Veränderungsprozess angegangen wird. Aus der neu definierten Strategie lassen sich Änderungen in der Ablauforganisation ableiten, die wiederum eine Anpassung der Aufbauorganisation bedingen und somit eine Aufbauorganisation entlang der Wertschöpfungskette definieren. Aufgrund der neuen Aufbauorganisation kann eine Anpassung der Unternehmenskultur notwendig sein. Somit ergibt sich für die Ermittlung des Veränderungsbedarfs die folgende Reihenfolge:

1. Strategie
2. Ablauforganisation (Prozesse)
3. Technologie
4. Aufbauorganisation
5. Unternehmenskultur.

Einschränkend ist jedoch darauf hinzuweisen, dass die Reihenfolge von 2. bis 5. auch systemisch betrachtet werden sollte: In der Realität sind komplexe Wechselwirkungen untereinander gegeben (siehe die Ausführungen zum Fit-Ansatz in Kapitel C.II.3.). Dies bedeutet, zu Beginn eine Reihenfolge des CM-Vorgehens zu definieren, aber immer wieder die Wechselwirkungen zu analysieren. Damit entsteht Komplexität, welche *die* Herausforderung der Veränderung bedeutet.

Bevor jedoch erläutert wird, wie die Veränderung im Unternehmen umgesetzt werden kann, ist das CM mit seinen Zielen und Erfolgsfaktoren zu definieren.

[1100] Vgl. Die Überlegungen zum Business Reengineering bei Hammer/Champy (1996).

3. Ziele und Erfolgsfaktoren des Change Managements

Das CM ist eine Methode für den proaktiven Umgang mit Wandel. Notwendige Veränderungen sollen durch den gezielten Einsatz des CM besser planbar, steuerbar und damit erfolgreicher zu realisieren sein. Dabei werden die Veränderungen betrachtet, die sich aus dem Wandel in Strategie, Prozessen, Technologie, Organisation und Unternehmenskultur – also aus den fünf Veränderungsfeldern – ergeben.

Ein Beispiel ist die europaweite Einführung eines neuen Kundenmanagements bei einem deutschen Hersteller für Gartengeräte. Neue Kunden sollen akquiriert und langfristig gebunden werden (Customer Relationship Management). Dies erfordert Veränderungen in der Kundenstrategie, den Prozessen von der Akquise bis zur Auftragsabwicklung, in der Handhabung der Arbeitsschritte mit Software-Unterstützung am Computer und in der Organisationsstruktur („front vs. back office").

3.1. Ziele des Change Managements

Ziel des CM ist es, in allen fünf genannten Veränderungsfeldern den Wandel ganzheitlich effektiv und effizient zu planen, umzusetzen, zu kontrollieren und zu stabilisieren. Die *Effizienz* bezieht sich auf die Dauer und die Kosten von der Planung bis zur Stabilisierung und der Kontrolle der Veränderung. Die *Effektivität* des CM-Vorgehens bezieht sich auf zwei Komponenten. Erstens sollen durch den Wandel die zuvor definierten Geschäftsziele, wie z.B. höhere Anzahl zufriedener Kunden und mehr Kundenaufträge in kürzerer Zeit, erreicht werden. Zweitens sollen die Akzeptanz und Identifikation der Führungskräfte und Mitarbeiter mit dem Wandel (Veränderungsbereitschaft und „Commitment to Change") gestärkt werden, um somit eine verlässliche Basis für die bevorstehenden Veränderungen zu schaffen.

„Commitment to Change" mit seinen drei Facetten ist die Identifikation und Verpflichtung gegenüber dem Unternehmen und seiner Veränderung.[1101] Ein Mitarbeiter fühlt sich seinem Unternehmen und dem Wandel emotional verpflichtet (*affective commitment*, z.B. „Es war mir wichtig, dass diese Veränderung umgesetzt wurde./Bei dieser Veränderung hatte ich ein gutes Gefühl."), aber auch den Normen (*normative commitment*, z.B. „Ich fühlte mich verpflichtet, auf diese Veränderung hinzuarbeiten./Es wäre nicht richtig gewesen, mich gegen diese Veränderung zu stellen."). Letztlich kalkuliert er Nutzen und Risiko, die sich für ihn aus der Veränderung ergeben, wenn er sich mit großen Engagement einsetzt oder auch widersetzt (*calculative commitment*, z.B. „Um mich dieser Veränderung zu widersetzen, stand für mich zu viel auf dem Spiel./Es wäre für mich zu kostspielig gewesen, mich dieser Veränderung zu widersetzen.").

Eine Veränderung kann zwar ohne die Führungskräfte und Mitarbeiter geplant und umgesetzt werden, allerdings wird dadurch nicht erreicht, dass sich diese beiden Personengruppen mit der Veränderung identifizieren und sich verpflichten, aktiv zur Zielerreichung beizutragen. Durch die Methode des CM sind die betroffenen Menschen so einzubinden, dass ein hohes Maß an Akzeptanz seitens der Führungskräfte und Mitarbeiter während des Veränderungsprozesses erreicht wird.

[1101] Vgl. Herscovitch/Meyer (2002) S. 477.

Der Wandel ist häufig mit Verunsicherung bei den Mitarbeitern, kurzfristig sinkender Produktivität und einer Verlangsamung des Veränderungsprozesses verbunden. Durch gesteigerte Akzeptanz (statt Widerstand) können die Produktivitätseinbußen auf Seiten der Mitarbeiter schneller ausgeglichen werden.

3.2. Change Management und Organisationsentwicklung

Change Management (CM) ist die Planung, Implementierung, Kontrolle und Stabilisierung der Veränderungen in Strategien, Prozessen, Organisation und Kultur mit dem Ziel, die Effektivität und Effizienz des Veränderungsprozesses zu maximieren.

Es stellt sich hier die Frage, wie sich der Ansatz des CM vom Ansatz der Organisationsentwicklung (OE) unterscheidet. Gibt es einen Unterschied oder ist es doch nur „alter Wein in neuen Schläuchen"?

Das Ziel der OE ist die soziale Effizienzverbesserung des Unternehmens. Als wichtige Voraussetzung wird auch bei der OE die aktive Einbindung der Mitarbeiter gesehen. Drei organisatorische Ebenen werden dabei betrachtet, um Einstellungen und Verhalten der Mitarbeiter im Organisationsentwicklungsprozess zu ändern: die Individual-, die Gruppen- und die Unternehmensebene.[1102] Daraus ergibt sich, dass beim CM und bei der OE die Einflussfaktoren des Erfolgs – die Beteiligung der Mitarbeiter und die Ebenen, auf denen der Wandel stattfindet – identisch sind. Beide Ansätze beziehen sich nicht nur auf den Wandel einer Organisationsstruktur, vielmehr ist eine ganzheitliche Betrachtung aller fünf Veränderungsfelder (Strategie, Prozesse, Technologie, Organisation und Unternehmenskultur) wichtig. Auch beanspruchen beide Ansätze für sich, Veränderungen im Unternehmen kontinuierlich und langfristig auf dem Fundament einer klaren Vision Schritt für Schritt umzusetzen.

Im Unterschied zu den eben genannten Gemeinsamkeiten zwischen CM und OE definieren *Oswick et al.* die OE als kurzfristige Begleitung von Veränderungen und CM als langfristige Unterstützung der Unternehmensentwicklung.[1103] In der Praxis wird CM hingegen als geplantes Vorgehen für einen Veränderungsprozess definiert, welches in Form eines Projektes umgesetzt wird.

Die Deutsche Industrienorm (DIN) 69901 versteht unter *Projekt* ein Vorhaben, das „durch die Einmaligkeit der Bedingungen in ihrer Gesamtheit gekennzeichnet ist". Ein Projekt lässt sich somit klar von Routinearbeiten abgrenzen. Neben der Einmaligkeit sind weitere Merkmale eines Projektes die zeitlich begrenzte Dauer mit vorbestimmtem Anfangs- und Endzeitpunkt, die tendenziell hohe Komplexität und das Erfordernis interdisziplinärer Zusammenarbeit.

[1102] Vgl. Robbins (2001) S. 37 ff.
[1103] Vgl. Oswick et al. (2005), S. 384.

Immer mehr Unternehmen gehen aber dazu über, aus einer Reihe von zeitlich begrenzten Veränderungsprojekten strategische Programme zu definieren, um dem kontinuierlichen Wandel gerecht zu werden. Ein Veränderungsprojekt baut dann auf das andere auf. Darüber hinaus werden in Großunternehmen interne Change-Management-Teams geschaffen. Ein solches CM-Team ist, z.B. als Teil einer Inhouse-Consulting-Abteilung, verantwortlich für die kontinuierliche Gestaltung und Lenkung der Veränderungen innerhalb der Unternehmensentwicklung.[1104] CM als dauerhaftes und planmäßiges Vorgehen unterstützt, wie diese Praxisbeispiele zeigen, damit die Interpretation von *Oswick* et al. i.S. einer langfristigen Unterstützung der Unternehmensentwicklung.

In der Praxis haben Organisationsentwickler ihre professionelle Herkunft meist in der Personalabteilung. Change Manager hingegen kommen aus dem Bereich des Business Reengineerings. Je nach Herkunft des Gründers dieser Abteilung wird diese Abteilung in der Praxis unterschiedlich als „CM-Beratung" oder „Organisationsentwicklung" bezeichnet – beispielhaft nachvollziehbar bei dem Unternehmen SAP mit einem CM-Team oder bei ABB sowie BMW mit einer OE-Abteilung. Ob eine kontinuierliche Unternehmensentwicklung unterstützt wird, hängt somit von dem Selbstverständnis bei Gründung der CM- oder OE-Abteilung ab.

3.3. Erfolgsfaktoren des Change Managements

Aus aktuellen Studien[1105], in denen Geschäftsführer zu den Erfolgsfaktoren des Change Managements befragt wurden, gehen folgende Faktoren hervor:

- Realistische und klare Vision/Zielsetzung und ihre Kommunikation
- Implementierung von KPI[1106]
- Professionelles Projektmanagement
- Commitment und Glaubwürdigkeit des Managements
- Sponsoring durch Top Management
- Effektives Stakeholder Management
- Fokus auf Veränderungen in der Unternehmenskultur und den Fähigkeiten der Mitarbeiter
- Fairer Kontakt und Involvement (Einbindung) der Mitarbeiter
- Gute Trainingsprogramme

[1104] Vgl. Niedereichholz (2000), S. 15 und S. 87
[1105] Siehe Capgemini (2004); PricewaterhouseCoopers (2003)
[1106] Key Performance Indicators (KPI) sind Kennzahlen mit quantitativen Indikatoren, um die Zielerreichung zu messen.

- Kommunikation innerhalb des Projektes und mit anderen Projekten
- Aufbau einer Teamstruktur.

Aus diesen Ergebnissen können **fünf wichtige Handlungsfelder für das CM** abgeleitet werden:

1. Umfassende Ausgangsanalyse, klare Zielsetzung mit KPI und Erfolgskontrolle
2. Planung eines Projektes für die Veränderung mit professionellem Projektmanagement
3. Einbindung aller Managementebenen als glaubwürdige Vorbilder des Wandels
4. Planung der Konzepte für geänderte Prozesse, Organisationsstruktur, Aufgaben und Anforderungsprofile unter Beachtung der Unternehmenskultur und Qualifikationen der Mitarbeiter
5. Kommunikations- und Einbindungskonzept, bezogen auf das Projektteam und das gesamte Unternehmen
6. Trainingskonzept.

Um ausgehend von den angesprochenen Handlungsfeldern die Aufgaben des CM konkretisieren zu können, ist zunächst die Psychologie der Veränderung zu erläutern.

4. Psychologie der Veränderung

Die Psychologie der Veränderungbeschreibt und erklärt, wie der Mensch als Individuum, als Teil eines Teams und als Mitglied eines Unternehmens Veränderungen aufnimmt, kognitiv wie emotional verarbeitet, sich eine Meinung bildet und daraufhin handelt. Dabei lassen sich, wie bereits in Kapitel 3 erläutert, nach *Robbins* drei Ebenen unterscheiden[1107]: der Mensch als

1. Individuum
2. Teil des Teams
3. Mitglied des Unternehmens (Organisation im institutionellen Sinne).

Um später analysieren zu können, wie sich die Veränderung im Unternehmen auf diesen drei Ebenen des menschlichen Erlebens und Verhaltens auswirkt, werden im Folgenden die Wechselwirkungen verschiedener Parameter diskutiert (z.B. Einstellung, Emotionen, Commitment zum Wandel, Teamdynamik, Teamrollen, Wertekultur des Unternehmens).

[1107] Vgl. Robbins (2001), S. 37 ff.

4.1. Individuum

Ein Individuum, z.B. ein Manager, nimmt die Veränderung im Kontext seines Unternehmens wahr. Sowohl nonverbale Signale wie Gestik oder Mimik als auch verbale Äußerungen des Geschäftsführers in seiner Führungsfunktion beeinflussen seine Wahrnehmung und Verarbeitung der bevorstehenden Veränderung. Informationen, die er aufnimmt, werden gefiltert. So fällt der Manager sein Urteil, ob er Befürworter oder Gegner des neuen Veränderungsprozesses ist.[1108] Dieser Wahrnehmungs- und Einstellungsprozess hängt zudem von seiner Voreinstellung zu bisherigen Veränderungen im Unternehmen oder seiner Veränderungsbereitschaft ab. Inwieweit er sich mit Detailinformationen über die Veränderung auseinandersetzt, steht auch in einem engen Zusammenhang mit seiner Motivation, sich genau zu informieren und akkurat zu urteilen. Ist er hoch motiviert, wird seine Einstellung zur Veränderung langfristig stabil bleiben.

Wird er sich aber auch aktiv für die Veränderung einsetzen und als Vorbild für seine Mitarbeiter fungieren? Sozialpsychologische Studien zeigen, dass eine positive Einstellung nicht zwingend zu proaktivem Handeln führt (geringer Zusammenhang zwischen Einstellung und Verhalten).[1109] Nur dann, wenn der Manager Befürworter ist und sich dem Wandel verpflichtet fühlt, wird er sich aktiv am Wandel beteiligen und mögliche Veränderungen mit seinen Mitarbeitern diskutieren.[1110]

Emotionen spielen bei der Verarbeitung von Veränderung eine wichtige Rolle. Alle Varianten, beeinflusst von der Persönlichkeit des Individuums, sind als Reaktion auf eine Veränderung möglich: vom Aufbrausen, lauten Beschweren, nicht enden wollenden Redefluss bis hin zum Schweigen, aber auch zur Panik. Die menschlichen Reaktionen hängen stark von den Konsequenzen ab, die sich aus der Veränderung für den Einzelnen ergeben. Es mag z.B. der Umzug in ein neues Gebäude mit einem weiteren Weg zur Kantine als „geringe" Veränderung für den Mitarbeiter betrachtet werden, da die Auswirkungen auf die Tätigkeit des Mitarbeiters minimal sind. Wenn aber jemand zwanzig Jahre im gleichen Gebäude sein Büro hatte und dem Mittagessen eine hohe Bedeutung beimisst, kann dies für ihn eine „große" Veränderung bedeuten. Hierbei wird deutlich, wie die individuelle Bewertung der Veränderung und ihrer Folgen die Einstellung (Befürworter, Neutraler, Opponent) beeinflusst.

Die Emotionskurve in Abbildung D.III.1 stellt dar, wie ein Individuum emotional auf Veränderungen reagiert. Die emotionale Reaktion ist von genereller Natur und hängt nicht von dem Kontext ab, in dem das Individuum die Veränderung erlebt, z.B. im beruflichen oder privaten Kontext. Allerdings sind die Amplitude der Emotionen und damit der Einfluss auf die Arbeitsleistung davon abhängig, wie schwer-

---

[1108] Siehe Eagly/Chaiken (1993), S. 305 ff.
[1109] Vgl. Aronson/Wilson/Akert (2004), S. 254 ff.
[1110] Vgl. Herscovitch/Meyer (2002), S. 482 ff.

wiegend das Individuum die Auswirkungen der Veränderung für sich selbst bewertet. Emotionen beanspruchen die individuelle Aufmerksamkeit des Menschen. Erst nach einiger Zeit ist das Engagement des Mitarbeiters wieder auf dem Niveau der bisherigen Leistung. Diese Zeitspanne kann durch professionelle Interventionen im Rahmen eines CM-Vorgehens durch den Manager verkürzt werden.

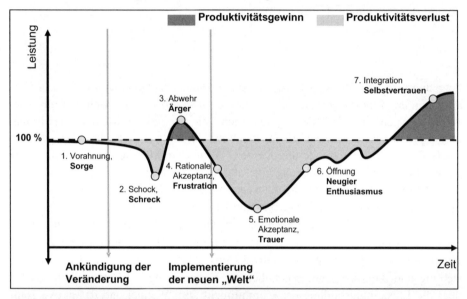

Abbildung D.III.1: Emotionale Reaktionen auf Veränderungen
Quelle: Roth (2000), S. 16

Entlang dieser Kurve kündigt sich die Veränderung meist nonverbal an. Aus dem Auftreten oder Handeln der Unternehmensleitung wird geschlossen, dass sich etwas verändern wird. Sorge stellt sich bei den Mitarbeitern ein. Dann wird die Veränderung offiziell von der Geschäftsführung verkündet. Häufig sind Mitarbeiter geschockt und verstehen nicht, warum sich etwas verändern muss. Wie heftig die emotionale Reaktion der Mitarbeiter ausfällt, hängt davon ab, wie stark die Mitarbeiter von dem Wandel persönlich betroffen sind. Meist wollen die Mitarbeiter jetzt beweisen, dass z.B. der Standort nicht aufgelöst werden muss, und engagieren sich für kurze Zeit überdurchschnittlich. Diese Leistungssteigerung ist genährt von ihrem Ärger, dass dieser Wandel ihrer Meinung nach nicht notwendig ist. Langsam kommt die Erkenntnis (rationale Akzeptanz), dass die Veränderung im Unternehmen nicht aufzuhalten ist. Die Frustration unter den Mitarbeitern steigt. Im Tal der Tränen wird vielen Mitarbeitern klar, dass „lieb gewonnene Rituale", wie der alljährliche kostenlose Betriebsausflug, entfallen werden, aber auch, dass es unter ihnen Gewinner und Verlierer der Veränderung geben wird. Jeder stellt sich die persönliche Frage, auf welcher Seite er sich selbst wiederfindet. Emotional wird die Veränderung nun akzeptiert. Allerdings bedeutet dies noch nicht, dass der Blick der meisten Mitarbeiter bereits freudig in die Zukunft gerichtet ist. Leistungseinbußen können auftreten. Im Zuge der Umsetzung öffnen sich mehr und mehr Mitglieder des Unternehmens für die Veränderung. Mit wachsender Neugierde wird auch die Bereitschaft geweckt, selbst aktiv mitzuwirken. Darüber hinaus kommt es auf die Persönlichkeit der Mitarbeiter und deren innere Überzeugung an, ob sie bereit sind, sich selbst aktiv durch die Veränderung zu steuern und nicht als Opfer der Veränderung zu bewerten („self efficacy").[1111]

4.2. Team

Angenommen, ein Manager bildet mit seinen Manager-Kollegen und seinem Vorgesetzten ein Team. Dann beeinflusst die Tatsache, ob sich die Mehrheit im Team für oder gegen eine Veränderung ausspricht, die persönliche Meinung des Managers. Spricht sich eine Mehrheit für die Veränderung aus, wird der Manager eher ein Befürworter der Veränderung werden. Wenn eine Mehrheit im Team dagegen ist, wird auch er die Veränderung eher ablehnen. Andererseits hat auch eine Minderheit Einfluss auf die Meinung der Teammitglieder. Wenn sich die Minderheit im Team aus akzeptierten Kollegen zusammensetzt, die die Veränderung ablehnen, wird der Manager diese auch ablehnen.[1112] Die Teamdynamik wirkt sich auf die Einstellungsbildung aus. Wer welche Teamrolle, z.B. Meinungsführer,[1113] einnimmt sowie die Phase der Teamentwicklung entscheiden ebenfalls über die Einstellung und die Akzeptanz gegenüber der Veränderung.[1114] Letztendlich werden über die Einstellungsbildung das Commitment zum Wandel und das aktive Handeln des Einzelnen oder des gesamten Teams beeinflusst.

4.3. Unternehmen (Organisation im institutionellen Sinne)

Wer in einer Organisationseinheit Macht durch seinen formellen Status, z.B. in Form einer Führungsrolle, oder informellen Einfluss als Meinungsbildner durch seine lange Betriebszugehörigkeit hat, steuert die Team- und damit auch die Unternehmensdynamik. Diese Dynamik kann die Einstellungsbildung des Teams oder des Organisationsbereiches beeinflussen und zu Akzeptanz oder auch zu Widerstand gegenüber der Veränderung führen. Ein weiterer Parameter in diesem Prozess ist, wie verpflichtet sich Mitarbeiter zu dem Unternehmen als Ganzes fühlen und damit auch zu den anstehenden Veränderungen.

[1111] Vgl. Wanberg/Banas (2000), S.136 ff.
[1112] Siehe Rank (1997) S. 37 ff.
[1113] Vgl. Aronson/Wilson/Akert (2004), S. 321 ff.;
[1114] Zu den vier Phasen einer Teamentwicklung: Forming, Storming, Norming und Performing siehe Forgas (1987), S. 266.

Unternehmen mit starken Wertekulturen[1115] bilden das Fundament für eine starke Identifikation und Verpflichtung gegenüber dem Unternehmen („organisational commitment") sowie auch bezüglich Veränderungen („commitment to change").[1116] Zudem belegen empirische Studien, dass Unternehmen wirtschaftlich erfolgreicher sind, wenn sie in ihre Unternehmens- oder Wertekultur investieren und diese auch glaubwürdig leben. Nach dem „Great place to work"-Konzept[1117] basiert die Wertekultur in Unternehmen auf dem zentralen Wert *Vertrauen*. Hierbei können folgende Dimensionen unterschieden werden: *Glaubwürdigkeit, Respekt, Fairness und Stolz auf das Unternehmen und die Kameradschaft untereinander*. In der Studie von *Smithey-Fulmer/Gerhart/Scott* bestätigte sich, dass US-Unternehmen, die in Vertrauen investieren (operationalisiert über die vier Dimensionen des „Great place to work"-Modells) wirtschaftlich erfolgreicher waren als die US-Unternehmen, die diese Werte nicht „lebten".[1118]

Herrmann/Peetz/Schönborn zeigen für deutsche Unternehmen, dass starke Wertekulturen den wirtschaftlichen Unternehmenserfolg steigern. Dimensionen starker Wertekulturen umfassen dabei folgende Dimensionen: klare Vision, Verbundenheit mit Tradition, erfahrene Mitarbeiter, Freiraum für Kreativität, Wissen als wichtiges Kapital, Handeln nach ethischen Prinzipien, Selbstachtung, Selbstverwirklichung in der Arbeit, Herausforderung durch komplexe Aufgaben, Eigeninitiative der Mitarbeiter, Chancengleichheit.[1119]

In die gleiche Richtung gehen die Ergebnisse einer Studie zu CM im Mittelstand.[1120] Die befragten mittelständischen Geschäftsführer verbinden ein aktives CM-Vorgehen mit einer Investition in die Werte ihrer Unternehmenskultur. Des Weiteren ergab sich aus der Umfrage, dass die Befragten einen Zusammenhang zwischen ihrem Geschäftserfolg (z.B. Umsatz oder Rendite) und der Unternehmenskultur sehen.

Zusammenfassend lässt sich folgern, dass dem Manager, dessen Organisationseinheit von der Veränderung betroffen ist, als „Kapitän im Wandel" eine Schlüsselrolle zukommt, die ihn alle Parameter der Veränderung überblicken lässt und gegebenenfalls Möglichkeiten zur Regulierung bietet. Je nach Anlass und Auswirkung der Veränderung empfehlen sich unterschiedliche Implementierungsstrategien, um die Veränderung auf Individual-, Team- oder Unternehmensebene umzusetzen.

[1115] Siehe dazu Hermann/Peetz/Schönborn (2004), S. 32.
[1116] Vgl. Herscovitch/Meyer (2002), S. 482.
[1117] Vgl. Great Place to Work Institute (2005).
[1118] Vgl. Smithey-Fulmer/Gerhart/Scott (2003), S. 982 ff.
[1119] Vgl. Herrmann/Peetz/Schönborn (2004), S. 32.
[1120] Siehe Specht (2005), S. 52.

5. Phasen der Veränderung und Implementierungsstrategien

Lewin beschrieb in seiner Feldtheorie ein Kräftefeld.[1121] Darin postuliert er, dass jedem Wandel Kräfte innewohnen, die ihn vorantreiben („driving forces") oder behindern („restraining forces"). Das Kräftefeld ist das Unternehmen, in dem sich die Kräfte als Energie auf- und abbauen. Sie resultieren aus dem Verhalten des Individuums sowie der Interaktion im Team und in der Organisationseinheit. Jedes Unternehmen muss im Sinne einer erfolgreichen Unternehmensentwicklung mit seinen Organisationseinheiten eine Balance zwischen fortlaufender Instabilität und Starrheit erzeugen. *Lewin* definierte **drei Phasen des Veränderungsprozesses** für Individuen und Gruppen:

Auftauen ⇨ *Ändern* ⇨ *Einfrieren.*

Der Phasenablauf ist als Kernprozess der Veränderung zu betrachten; wie die Menschen als Einzelne oder im Team die Veränderung in ihren Gedanken, Emotionen und in ihrem Handeln erleben. In der Phase des *Auftauens* wird die Bereitschaft für den Wandel erzeugt. Barrieren sind zu überwinden und fördernde Kräfte so zu aktivieren, dass der Widerstand im Unternehmen minimiert wird. In der Phase des *Änderns* liefert die Organisationsentwicklung die Methode der Beteiligungsstrategie („Betroffene zu Beteiligten machen").[1122] Über das Handeln kann die Einstellung eines Individuums erfolgreich geändert werden. Die Mitarbeiter werden angehört, zur Ausarbeitung bestimmter Konzepte eingebunden, oder ihnen wird die Verantwortung als Teilprojektleiter übertragen. Dadurch werden sie an dem Veränderungsprojekt beteiligt und akzeptieren die Veränderung schneller. Die Beteiligung der Mitarbeiter ist allerdings von dem Anlass der Veränderung, dem Zeithorizont und damit von der Dringlichkeit des Handlungsbedarfs abhängig. In der Phase des *Einfrierens* geht es nicht um ein Erstarren, sondern um ein Abschließen der Veränderung. Da das Unternehmen nicht von seiner Außenwelt (z.B. Kunden, Konkurrenten) abgeschottet ist und Veränderungsbedarf von außen weiterhin entstehen wird, ist den Mitarbeitern zu kommunizieren, dass auf die abgeschlossene Veränderung weitere Veränderungen aufbauen werden.

Die Vision ist daher ein zentraler Bestandteil des Change Managements, um Veränderungsbereitschaft in Unternehmen zu erzeugen und für die Umsetzung der Veränderung Energie freizusetzen.[1123] Abhängig von den Zielen und dem Anlass der Veränderung wird eine passende Strategie zur Umsetzung gewählt. Diese Implementierungsstrategie ist auch unter Berücksichtigung des Wettbewerbs am Markt, des Zeithorizonts für die Umsetzung und des Beteiligungsgrads der verschiedenen Ebenen bzw. Stakeholder des Unternehmens zu wählen.

[1121] Vgl. Lewin (1982), S. 249 ff.
[1122] Vgl. Comelli (1985), S. 150.
[1123] Vgl. Kotter/Cohen (2002), S. 23.

Vahs unterscheidet für die Implementierungsstrategie zwei Modi, den Wandel 1. und den Wandel 2. Ordnung.[1124] Der *Wandel 1. Ordnung* ist ein kontinuierlicher, gradualer Wandel, wie z.B. die Einführung neuer Führungsleitlinien im Unternehmen. Die Komplexität und Intensität dieser Veränderung (Auswirkung auf den einzelnen Mitarbeiter) ist niedriger. Das gleiche gilt für die Angst der Mitarbeiter vor diesen Veränderungen.

Wird dagegen eine komplexe Veränderung wie eine Fusion zweier Unternehmen durchgeführt (z.B. die Fusion der beiden Konzerne Daimler-Benz AG und Chrysler Corporation), steigt die Intensität mit den persönlichen Auswirkungen für jeden Mitarbeiter. Zudem erhöht sich die Angst der Mitarbeiter, z.B. vor dem Verlust des Arbeitsplatzes. Um die Phase der Verunsicherung kurz zu halten, wird dieser *Wandel 2. Ordnung* radikal durchgeführt und wird auch als „Top down-" oder „Bombenwurf-Strategie" bezeichnet. Im Folgenden werden die **vier Implementierungsstrategien** *„Top down", "Bottom up", „Center out"* und *„Multiple nucleus"* kurz mit ihren Vor- und Nachteilen erläutert. Diese werden unterschieden, um je nach Anlass der Veränderung die drei Phasen des Wandels von *Lewin* erfolgreich zu durchlaufen.[1125] In Abbildung D.III.2 kennzeichnet der Pfeil den Start des Wandels in der jeweiligen Hierarchieebene des Unternehmens. *„Bottom up", „Center out"* und *„Multiple nucleus"* sind Implementierungsstrategien, die auf eine hohe Beteiligung der Betroffenen setzen, um langfristig deren Akzeptanz zu erzielen. Allerdings ist der Zeitbedarf für diese Implementierungsstrategien durch Maßnahmen zur Beteiligung höher. Oft werden diese eingesetzt, wenn ein kontinuierlicher, gradualer Wandel (*Wandel 1. Ordnung*) ansteht und genügend Zeit für die Implementierung vorhanden ist.

Werden die Vor- und Nachteile aller Implementierungsstrategien abgewogen, ist in der Praxis eine Kombination notwendig, wie z.B. die Wellenstrategie, um erfolgreich Veränderungen zu gestalten. Die Wellenstrategie sieht z.B. bei der Einführung neuer Prozesse im Produktionsbereich die folgende Umsetzungsstrategie vor: Es wird zuerst in einer Einheit ein *Pilotversuch* durchgeführt. Sowohl die Implementierungsstrategien *„Top down"* als auch *„Bottom up"* kommen zum Zuge. Das Rahmenkonzept, mit den nun geltenden Standardarbeitsabläufen, wird „top down" von der Produktionsleitung vorgegeben. Jedoch sind die Mitarbeiter während der Pilotphase eingebunden und geben „bottom up" ihr Feedback zur effizienteren Gestaltung der Arbeitsabläufe. Dieses Feedback kann zu Anpassungen in den Prozessen führen.

[1124] Vgl. Vahs (2005), S. 327 ff.
[1125] Vgl. Vahs (2005), S. 324; Comelli (1985), S. 109 ff.

Change Management

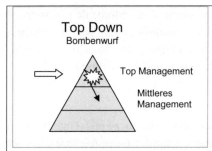

- *Top down*
  Merkmale: wenig Zeitbedarf, geringe Beteiligung, daher Widerstand; Sanktionen für Widerstand notwendig, sichtbare Führung mit Vorbild und Vision notwendig
  Bsp.: Globale Reorganisation unter hohem Wettbewerbs- und Zeitdruck

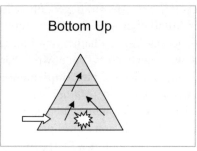

- *Bottom up*
  Merkmale: hoher Beteiligungsgrad, hohe Akzeptanz, aber hoher Zeitbedarf, mittleres Management in einer Sandwichposition von unten und oben
  Bsp: Erfassung der Unternehmenswerte

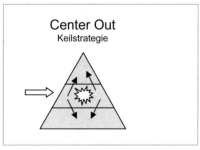

- *Center Out*
  Merkmale: Aktivierung des mittleren Managements, Druck aus der Mitte, hoher Zeitbedarf, hoher Beteiligungsgrad
  Bsp.: Einführung von Projektorganisation/-management oder Personalentwicklungskonzept

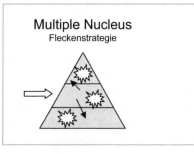

- *Multiple Nucleus*
  Merkmale: Energetisierung aller Ebenen durch Beteiligung; Vorbilder und Koordination notwendig, hoher Zeitbedarf; für Netzwerkorganisationen mit flachen Hierarchien geeignet
  Bsp.: Umsetzung einer Vision auf allen Ebenen

Abbildung D.III.2: Implementierungsstrategien
Quelle: Vahs, 2005, S. 324

Durch die „Bottom up"-Strategie werden die Mitarbeiter im Sinne des Phasenkonzeptes von *Lewin* dazu ermutigt, die veränderten Arbeitsabläufe zu akzeptieren und ihr Verhalten zu ändern.

Das Drei-Phasen-Konzept von *Lewin* (Auftauen, Ändern, Einfrieren) ist noch um den Projektmanagement-Ansatz zu ergänzen, um dem Anspruch der Praxistauglichkeit gerecht zu werden. Das *Project Management Institute (PMI)* definiert ein internationales Projekt-Management-Vorgehen, um Projekte strukturiert und standardisiert mit Erfolg zu planen, zu steuern, durchzuführen und zu kontrollieren.[1126]

Dabei werden folgende Projektphasen unterschieden: *Initiierung, Planung, Ausführung, Kontrolle* und *Abschluss*. Laut der CM-Umfragen von *Capgemini*[1127] (siehe Kapitel D.III.3.3.) sind herausragende Erfolgsfaktoren des CM eine umfassende Ausgangsanalyse, eine klare Zielsetzung, eine Festlegung der KPI sowie deren Erfolgskontrolle.

Die Phasen von *Lewin* lassen sich mit denen des Projektmanagements zu Change-Management-Phasen verknüpfen:[1128]

- Initiierung
- Planung
    - Analyse
    - Konzept
- Implementierung
    - Mobilisierung aller Zielgruppen
    - Transformation der neuen Konzepte (z.B. veränderte Prozesse)
- Kontrolle
- Stabilisierung.

Neben der Methode, eine Veränderung strukturiert zu planen, zu implementieren, zu kontrollieren und zu stabilisieren, ist der entscheidende Faktor des CM das Commitment der beteiligten Menschen. Das Top Management hat sein mittleres Management zu überzeugen und zu mobilisieren, damit dieses seine Führungsverantwortung im Sinne einer „Top down"-Umsetzung übernimmt. Das mittlere Management bindet die von der Veränderung betroffenen Mitarbeiter ein, so dass diese zu Beteiligten werden. Wer außer diesen noch an Bord des Veränderungsprojektes sein sollte, wird im nächsten Kapitel erläutert.

6. Stakeholder der Veränderung

Stakeholder (siehe Kapitel B.III.1.) können in den unterschiedlichen Phasen der Veränderung und in unterschiedlicher Intensität betroffen sein. In der Phase der Initiierung kommt es durch den Auftraggeber, üblicherweise die Geschäftsführung, zu einem Projektauftrag. Die Geschäftsführung hat zuvor den Veränderungsbedarf aus ihrer Unternehmensstrategie abgeleitet und dazu die Veränderungsziele formuliert.

[1126] Project Management Institute (2004), S. 38.

[1127] Capgemini (2004).

[1128] Vgl. Krüger (2002), S. 49.

Der Projektleiter wird aus der Organisationseinheit bestimmt, in der der Wandel stattfinden wird. Die Entscheider (z.B. Geschäftsführer, Fachbereichsleiter) bilden den Lenkungskreis. Das Projektteam wird als temporäre „Projektorganisation" für den Veränderungsprozess im Unternehmen gebildet. Mittleres Management und Mitarbeiter aus den Fachbereichen werden als Projektmitglieder an dem Projekt beteiligt, um ihr Fachwissen in die Analyse des Ist-Zustandes und in die Konzeption des Soll-Zustandes (Prozesse, Technologie, Organisation, Kultur) einzubringen. In der Umsetzung übernehmen sie die Verantwortung für die Implementierung der neuen Konzepte in ihrer Organisationseinheit. Bei bestimmten Veränderungen sind die Phasen Initiierung und Planung vertraulich und geheim. Fusionieren z.B. zwei Unternehmen, muss die Phase der Initiierung, z.B. die Kaufverhandlungen, unter Ausschluss der Öffentlichkeit geschehen.

Ein wichtiger Stakeholder ist auch der Betriebsrat, der von Anfang an mit einbezogen werden sollte, um sein Commitment für die neuen Konzepte und Implementierung des Wandels sicherzustellen sowie dem Betriebverfassungsgesetz in Deutschland Rechnung zu tragen.

In der Phase der Implementierung wird die Veränderung zuerst innerhalb des Unternehmens kommuniziert und erst dann der „Außenwelt" (Lieferanten, Kunden, Öffentlichkeit) mitgeteilt. Wer im Arbeitsalltag spürt, dass sich etwas gravierend verändern wird, ist intensiver und auf seine Veränderung hin abgestimmt einzubinden als der Kunde, der von der Veränderung nicht direkt betroffen ist.

Hierbei spielt die Psychologie der Veränderung eine bedeutsame Rolle: Wie wird die Identifikation und Verpflichtung der Betroffenen oder gar deren aktive Beteiligung erreicht? Für eine Reorganisation in einem globalen Unternehmen mit 10.000 Mitarbeitern und weltweiten Standorten bedarf es eines geplanten CM-Vorgehens, um alle Mitarbeiter anzusprechen. Welche Umsetzungsstrategie ist der adäquate Weg in der Phase der Mobilisierung und Transformation? In „kleinen" Projekten (gemessen an der Anzahl der von der Veränderung betroffenen Organisationseinheiten und den Auswirkungen der Veränderung auf diese) definiert der Projektleiter mit dem Lenkungsausschuss die Implementierungsstrategie. In „großen" Projekten, wie z.B. einer globalen Reorganisation, bedarf es eines Change Managers, der die Psychologie der Veränderung beherrscht. Er definiert mit dem Projektleiter und dem Lenkungsausschuss ein CM-Vorgehen, das auf die Veränderungsziele und die Unternehmenskultur abgestimmt wird. Durch dieses CM-Vorgehen können in CM geschulte Multiplikatoren alle betroffenen Führungskräfte und Mitarbeiter zielgruppenspezifisch ansprechen und gemäß ihrer Organisationskultur einbinden. Ein solcher Multiplikator wird als *Change Agent* bezeichnet. Durch aktive Beteiligung als Change Agent kann sogar in dem stärksten Opponenten ein Sinneswandel hervorgerufen werden, sodass er zu einem wichtigen Promotor der Veränderung wird. Der Change Agent sollte ein von den Kollegen akzeptierter Teamleiter oder Fachexperte mit längerer Betriebszugehörigkeit sein. Er sollte eine Qualifikation in CM vorweisen oder im Bedarfsfall erhalten.

Neben den Change Agents gilt das Augenmerk den Managern der betroffenen Organisationseinheiten. Die Veränderung kann nur erfolgreich sein, wenn die Manager ein sichtbares Vorbild für die Mitarbeiter sind. Zu Beginn der Mobilisierungsphase sind die Manager gezielt darauf vorzubereiten, dass sie für die Umsetzung der Veränderung verantwortlich sind. Ihr Vorgesetzter sollte hierzu mit ihnen Ziele definieren und nach Abschluss des Veränderungsprojektes deren Erreichung messen. Im Rahmen seiner Führungsverantwortung ist der Manager Treiber, Entscheider und Kommunikator im Veränderungsprojekt, der auch dafür Sorge zu tragen hat, dass seine Teammitglieder die Veränderung akzeptieren und sich aktiv an der Umsetzung beteiligen. Der Change Agent unterstützt den Manager als Coach bei der Umsetzung seiner CM-Aufgaben.

7. Arbeitspakete des Change Managements

Die Handlungsfelder, welche aus den Erfolgsfaktoren des CM (vgl. Kapitel D.III.3.3.) abgeleitet wurden, lassen sich zu CM-Arbeitspaketen[1129] zusammenfassen. Folgende CM-Arbeitspakete sind für den CM-Masterplan (Gesamtplan) in der Planungsphase zu definieren, um CM systematisch steuern und umsetzen zu können:

Analyse zur Veränderungsfähigkeit, -bereitschaft, -auswirkung und Kommunikation inklusive Risikoanalyse
– In den Geschäftseinheiten sind die Veränderungsfähigkeit und -bereitschaft der Mitarbeiter, die Auswirkung der Veränderung auf deren Tätigkeit, bestehende Kommunikationsstile/-kanäle sowie Beschleuniger und Risiken für die Veränderung einzuschätzen. Entsprechende Aktionen sind daraufhin zu definieren und zu überprüfen, um Risiken zu minimieren.

Change-Agent-Netzwerk
– Ein Change-Agent-Netzwerk ist zu etablieren. Durch diese Multiplikatoren können alle betroffenen Manager bei der Veränderung in ihren Teams in allen Projektphasen unterstützt, aber auch in ihrer Zielerreichung überprüft werden.
– Die Change Agents adaptieren den CM-Plan mit entsprechenden Arbeitspakten an lokale Gegebenheiten (z.B. Kultur) ihrer Geschäftseinheit.

Sponsor- and Leadership
– Die Geschäftsführung als Sponsor und die Manager der betroffenen Organisationseinheiten als Leader sind einzubeziehen, vorzubereiten und zu unterstützen, damit sie ihre Führungsaufgaben umsetzen und eine sichtbare Vorbildfunktion übernehmen können.

[1129] Ein Arbeitspaket ist eine Bündelung von zusammenhängenden Aufgaben, um ein gegebenes Ziel unter Einhaltung eines Budgets in einem definierten Zeitraum zu erreichen. Die Verantwortung für das Arbeitspaket ist eindeutig einem Projektmitglied zugeordnet.

Kommunikation
- Die Kommunikation (Information und Feedback) ist in Bezug auf alle relevanten Zielgruppen inner- und außerhalb des Unternehmens zu planen und durchzuführen. Das Kommunikationskonzept ist in Abhängigkeit von den Analyseergebnissen zur Auswirkung der Veränderung auf die relevanten Zielgruppen hin zu erstellen.

Organisation Alignment
- Mit dem Top Management des Unternehmens ist ein Konzept auszuarbeiten, wie die bisherige Organisation an die Soll-Prozesse angepasst werden kann. Die neue Ablauf- und Aufbauorganisation ist mit den Change Agents und den Managern zu planen, vorzubereiten und zu implementieren. Eine Beteiligungsstrategie für Mitarbeiter ist begleitend zu definieren und einzuführen.
- Ein Personalmanagement-Konzept ist zu konzipieren und umzusetzen. Die Stellenbeschreibungen sind anzupassen. Ein Transformationsplan für Personalversetzungen sowie eine Anreiz-Strategie für die Change Agents, Manager und Mitarbeiter ist zu definieren und zu implementieren, um diese für den Veränderungsprozess zu motivieren.

Training
- Im Unternehmen sind die von der Veränderung betroffenen Personen und ihr Trainingsbedarf zu ermitteln und ein Trainingskonzept mit Zeitplan zu definieren. Das Trainingsmaterial wird zielgruppenspezifisch erstellt. Die Trainings sind in Abstimmung mit den Kommunikationsaktivitäten durchzuführen.

Change Monitoring
- Ein Change-Monitoring-Konzept mit geeigneten quantitativen und qualitativen Kennzahlen ist für alle CM-Arbeitspakete einschließlich geeigneter Instrumente zur Erhebung der Kennzahlen zu definieren. Die Parameter des Veränderungserlebens (vgl. Kapitel D.III.4., wie z.B. die Akzeptanz, das affektive/normative Commitment to Change, die Bereitschaft zum aktiven Handeln) sowie die Kennzahlen für die Geschäftsziele sind in eine Kennzahlenkarte zu integrieren.
- Zu Beginn, während und zum Ende der Implementierung ist die erfolgreiche Umsetzung der CM-Arbeitspakete, z.B. mittels Umfragen, kontinuierlich zu überprüfen. In der letzten Phase des Veränderungsprojektes, der Kontrolle, erfolgt die endgültige Erfolgsprüfung zum Projektabschluss. Dabei wird festgestellt, ob die Veränderungsziele (Geschäftsziele) erreicht wurden.

Abbildung D.III.3 gibt einen Überblick, wie sich die CM-Arbeitspakete in den Phasenablauf einordnen lassen.

Zusammenfassend haben *Kotter/Cohen* zu allen erläuterten Parametern, Phasen und Arbeitspaketen des CM eine kurze Handlungsanleitung in acht Schritten definiert:[1130]

1. Increase urgency
2. Build the guiding team
3. Get the vision right
4. Communicate for buy-in
5. Empower action

[1130] Siehe Kotter/Cohen (2002), S. 15.

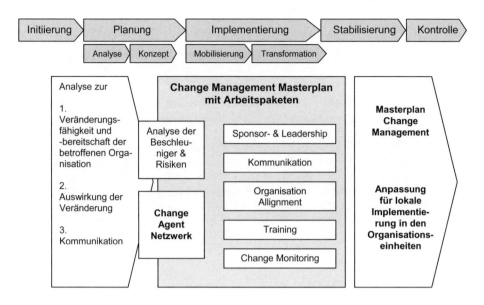

Abbildung D.III.3: Systematisches CM-Vorgehen mit Arbeitspaketen

6. Create short-term wins
7. Don't let up
8. Make the change stick.

Veränderungen sind die alltäglichen Herausforderungen des Managements im Unternehmen. Manager sollten im Rahmen ihrer Führungskräfteausbildung in Change Management geschult werden und lernen, die Ebenen der Psychologie der Veränderung zu verstehen. Die pragmatische Handlungsanleitung von *Kotter/Cohen* kann Managern helfen, die in diesem Beitrag aufgezeigte Komplexität der Veränderungen zu reduzieren, um im Veränderungsprozess entscheidungs- und handlungsfähig zu bleiben.

Zur Wiederholung

1. Beschreiben Sie die Anlässe für Veränderungen im Unternehmen. Unterscheiden Sie hierbei zwischen internen und externen Anlässen.
2. Welche Ziele verfolgt das Change Management?
3. Fassen Sie kurz die Erfolgsfaktoren des Change Managements zusammen.
4. Mit welchen emotionalen Reaktionen im Verlauf eines Änderungsprozesses ist zu rechnen?
5. Stellen Sie einen Zusammenhang her zwischen den vier Implementierungsstrategien für Veränderungen und dem Phasenkonzept von *Lewin*.
6. Geben Sie eine Kurzbeschreibung der Arbeitspakete für das Change Management.

IV. Internationales Management
von Swetlana Franken

Keine anderen Worte werden zurzeit so oft zitiert wie „Globalisierung" und „Internationalisierung". Diese Prozesse – mit ihren positiven und negativen Folgen – sind aus der aktuellen Wirtschaftsentwicklung nicht mehr wegzudenken. Die weltweite Öffnung der Märkte spitzt die Fragen der Ressourcennutzung, Produktionsstandortauswahl und Wertschöpfungskettenoptimierung zu. Um erfolgreich zu sein, müssen sich Volkswirtschaften und Unternehmen diesen Herausforderungen stellen.

Für Unternehmen bedeutet die Internationalisierung eine dynamische Veränderung von Rahmenbedingungen, die neue Optionen aber auch neuartige Probleme mit sich bringt. Exportorientierte Volkswirtschaften wie diejenigen von Deutschland, Österreich und der Schweiz sind von diesen Tendenzen besonders stark betroffen. Das Management von Unternehmen bekommt dadurch eine internationale Ausrichtung, sowohl bei großen (so genannten Global Players) als auch bei kleinen und mittelständischen Unternehmen.

Internationalisierung betrifft alle Bereiche und Funktionen eines Unternehmens und muss folglich systematisch betrachtet werden. Unter der Überschrift „Internationales Management" werden meistens – neben theoretischen Grundlagen – die Auswirkungen der Internationalisierung auf Unternehmensstrategie, Formen des Markteintritts, Folgen für Personalmanagement (aufgrund verschiedener Kulturen) sowie internationale Organisationsstrukturen analysiert.[1131] Entsprechend diesen klassischen Schwerpunkten befasst sich dieses Kapitel mit den Internationalisierungsprozessen in Unternehmen und deren Folgen für das Management. Zunächst werden Bedeutung und theoretische Grundlagen der Internationalisierung dargestellt, danach das Phänomen Kultur als wichtige Determinante des Personalmanagements erläutert und anschließend verschiedene Internationalisierungsstrategien, Markteintrittsformen sowie Auswirkungen der Internationalisierung auf Organisationsstrukturen der Unternehmen beschrieben.

[1131] Vgl. z.B. Kutschker/Schmid (2002); Welge/Holtbrügge (2003).

1. Bedeutung der Internationalisierung

Die Bedeutung internationaler Geschäfte für die Volkswirtschaft der Bundesrepublik Deutschland und die deutschen Unternehmen ist enorm.[1132] Die sowohl 2003 als auch 2004 erreichte Position Deutschlands als Exportweltmeister und die dauerhaft positiven Außenhandelssalden sind die Stärken der deutschen Wirtschaft. Auch aus der Perspektive einzelner Unternehmen spielen internationale Geschäfte eine zunehmend bedeutende Rolle.

Internationale Ausrichtung wird für deutsche Unternehmen immer wichtiger, was nicht zuletzt mit einer schwachen Binnenkonjunktur und wachsender Konkurrenz auf dem heimischen Markt zusammenhängt. Nach Schätzungen sind insgesamt über eine halbe Million deutscher Unternehmen auf Auslandsmärkten aktiv, davon ungefähr 80 Prozent mittelständische Unternehmen[1133], die traditionell die Basis deutscher Wirtschaft bilden.

Viele Großunternehmen der Bundesrepublik können als Global Player bezeichnet werden: sie agieren international, haben wesentliche Marktanteile und Niederlassungen auf verschiedenen Kontinenten sowie multinationale Belegschaften. Es entstehen globale Wertschöpfungsketten, in denen spezifische Vorteile verschiedener Arbeits- und Beschaffungsmärkte, Steuersysteme und anderer Standortbedingungen genutzt werden. Entscheidend für die Konfiguration solcher Wertschöpfungsketten sind die Kernkompetenzen einzelner Regionen und Unternehmen. Im Rahmen eines optimalen Standortmixes bilden sich weltweite Netzwerke aus einzelnen regional verteilten Geschäftsbereichen.

Die mittelständischen Unternehmen werden bedauerlicherweise in der Literatur über Internationalisierung häufig vernachlässigt: Ihre internationalen Aktivitäten sind weniger spektakulär und vielfältig. Es ist bemerkenswert, dass die Auslandsquote bei mittelständischen Unternehmen kontinuierlich steigt – die Exportquote beträgt beispielsweise im Bereich Elektrotechnik fast 80 Prozent, in der Feinmechanik und Optik über 72 Prozent.[1134]

Die Sicherung von internationalen Wettbewerbsvorteilen entwickelt sich zur zentralen Aufgabe der Unternehmensführung – Internationalisierung wird zu einer Überlebensstrategie. Die Internationalisierung bietet allerdings nicht nur Entwicklungspotenziale für die Unternehmen, sondern stellt neue Anforderungen an das Management. Die internationale Wettbewerbsfähigkeit von Unternehmen ist nicht nur von der Qualität ihrer Produkte und Dienstleistungen abhängig, sondern auch von ihren Internationalisierungsstrategien und Organisationsstrukturen, ihrer inter-

---

[1132] Wir beschränken uns im Folgenden auf Aussagen für die deutsche Wirtschaft. Tendenziell gelten sie auch für die österreichische und schweizerische, deren Exportquoten noch über der deutschen liegen.

[1133] Vgl. Macharzina/Oesterle (1997), S. 105.

[1134] Vgl. Perlitz (2004), S. 14.

nationalen Kooperationsfähigkeit sowie den international ausgerichteten Marketing- und Personalmanagementkonzepten.

2. Theoretische Grundlagen der Internationalisierung
In diesem Abschnitt werden die theoretischen Grundlagen der Internationalisierung zusammenfassend beschrieben: Begriffe und Motive der Internationalisierung, Internationalisierungsgrad sowie die Auswirkungen der Internationalisierungsprozesse auf einzelne Bereiche des Managements in Unternehmen.

2.1. Begriff der Internationalisierung
Internationalisierung wird in der Literatur unterschiedlich definiert. Die Begriffsbestimmung reicht von unterschiedlichen Formen des Markteintritts (Export, Lizenzvergabe oder Direktinvestitionen im Ausland) über Aktivitäten einzelner Unternehmensbereiche (wie z.B. internationales Marketing) bis zur Gleichsetzung von Internationalisierung mit grenzüberschreitenden Prozessen jeder Art. Die Reduktion der Internationalisierung auf einzelne Markteintrittsformen oder Unternehmensbereiche ist allerdings sehr eng, weil sich Internationalisierung nicht auf einzelne Teilbereiche eines Unternehmens beschränken lässt. Ganzheitliche Ansätze der Internationalisierung berücksichtigen dies. *Dülfer* versteht unter Internationalisierung eines Unternehmens die Aufnahme des Auslandsgeschäfts – sei es durch Export von Erzeugnissen, Technologie sowie Management-Know-how oder durch Direktinvestitionen im Vertriebs- oder Fertigungsbereich.[1135] *Scherm/Süß* definieren Internationalisierung als „die Auf- oder Zunahme grenzüberschreitender Unternehmenstätigkeit".[1136] *Perlitz* beschreibt Internationalisierung als „die Aufnahme oder Verstärkung von Auslandsaktivitäten"[1137] und unterscheidet zwischen passiver (aufgrund unerreichter Unternehmensziele erforderlicher, zur Schließung einer strategischen Lücke eingesetzter) und aktiver (als Bestandteil zur Erreichung höherer Ziele) Internationalisierung.

Im Weiteren sollen als internationale Unternehmenstätigkeit alle grenzüberschreitenden Aktivitäten eines Unternehmens verstanden werden. Die internationalen Aktivitäten können in verschiedenen Formen vorkommen: Warenexporte und -importe, Lizenzvergaben, Technologie- und Know-how-Transfer, Direktinvestitionen etc. Diese praktischen Formen der Internationalisierung variieren je nach Größe des Unternehmens und Fortschritt seiner internationalen Aktivitäten. Auf der einen Seite stehen kleine und mittlere Unternehmen (KMU), die einen Teil ihrer

---

[1135] Vgl. Dülfer (1996), S. 87.

[1136] Scherm/Süß (2001), S. 6.

[1137] Perlitz (2004), S. 63.

Produkte im Ausland absetzen (indirekter oder direkter Export), auf der anderen Seite international agierende *Global Player,* die weltweit Hunderte Milliarden Euro jährlich umsetzen und Hunderttausende von Mitarbeitern beschäftigen. Beispielsweise hat die Siemens AG im Jahre 2004 75 Mrd. Umsatz erzielt, fast 66 Prozent davon im Ausland, und beschäftigt zurzeit 430.000 Mitarbeiter weltweit.

2.2. Internationalisierungsmotive

Die Beweggründe für die Internationalisierung von Unternehmen wurden in zahlreichen Studien und Befragungen untersucht und lassen sich in absatzmarktorientierte, kosten- und ertragsorientierte sowie beschaffungsorientierte Motive klassifizieren.

Aufgrund des verschärften Wettbewerbs mit den aufstrebenden Billiglohnländern Ostasiens und Osteuropas – begünstigt durch die Osterweiterung der EU – und die Liberalisierung des Welthandels, rücken zurzeit die kostenorientierten Motive der Internationalisierung von Unternehmen in den Vordergrund (siehe Abbildung D.IV.1). Zugleich bemühen sich die Unternehmen um günstige Positionen auf den stark wachsenden Verbrauchermärkten dieser Länder.

Neben diesen allgemeinen Trends hat jedes Unternehmen – abhängig von seiner Branche, Rechtsform, Kapitalstruktur, den Eigentumsverhältnissen, Personalressourcen, dem Produktionsprogramm und weiteren Charakteristika – spezifische Internationalisierungsmotive.

Das Ausmaß der Internationalisierung einzelner Unternehmen kann unterschiedlich groß sein: von Exportgeschäften über Vertretungen und Produktionsstandorte in anderen Ländern bis zu weltweit agierenden Konzernen. Folglich unterscheidet man zwischen verschiedenen Graden der Internationalisierung von Unternehmen.

2.3. Internationalisierungsgrad

Allgemein kann der Internationalisierungsgrad als Ausmaß der wirtschaftlichen Verbundenheit eines Unternehmens mit dem Ausland definiert werden. Um diesen Grad messen zu können, werden sowohl quantitative als auch qualitative Kriterien vorgeschlagen.

Zu den einfachen und gängigen Indikatoren des Internationalisierungsgrades zählt der von UNCTAD[1138] entwickelte **Transnationalitäts-Index (TNI)**, der sich aus drei Variablen zusammensetzt: Anteil der ausländischen an den gesamten

---

[1138] Konferenz der Vereinten Nationen für Handel und Entwicklung, kurz Welthandelskonferenz.

Theoretische Grundlagen der Internationalisierung

Motivgruppe	Motive der Internationalisierung
Kosten- und Ertragsorientierung	- Nutzung von Kostenvorteilen im Ausland (niedrigere Lohn- oder Transportkosten, niedrigere Steuern) - Nutzung weltweit verstreuter Informationen und Know-how - Ausgleich von Standortnachteilen - Reduktion der Abhängigkeit von lokalen Lieferanten - Auslastung vorhandener Kapazitäten - Risikostreuung - Unternehmenswachstum (und Nutzung der Größenvorteile) - Verteilung von F&E-Ausgaben durch größere Stückzahlen - Nutzung staatlicher/europäischer Förderprogramme
Absatzmarktorientierung	- Erhöhung des Marktpräsenz - Beschleunigung der Markteinführung - Langfristige Sicherung des Weltmarktanteils - Sicherung des Absatzes bei Verlagerung der Produktion wichtiger inländischer Partner („Kielwasser-Investition" von Zulieferern) - Stabilisierung des Umsatzes des Gesamtunternehmens durch Belieferung verschiedener Märkte mit unterschiedlichen Konjunkturzyklen - Ausgleich von Nachfrageschwankungen/Konjunkturschwäche auf dem Inlandsmarkt - Ausweichen auf Auslandsmärkte mit geringerem Wettbewerbsdruck - Mentale Marktnähe (Ausrichtung des Produktes auf die Zielgruppen im Ausland, Berücksichtigung kultureller Spezifika) - Überwindung von Markteintrittsbarrieren bei der Erschließung neuer Absatzmärkte
Beschaffungsorientierung	- Sicherung der Rohstoffversorgung - Nutzung der vor Ort vorhandenen (günstigeren) Vorleistungen und Vorprodukte - Nutzung des Arbeitskräftepotenzials - Verbesserung der Chancen für weitere Markteintrittsformen (z.B. Gewinnung geeigneter Partner für ein Joint Venture) - Erwerb/Nutzung von Know-how und neuen Technologien

Abb. D.IV.1: Internationalisierungsmotive deutscher Unternehmen

Vermögenswerten, Anteil des Auslandsumsatzes am Gesamtumsatz sowie Anteil der ausländischen Beschäftigten an der Zahl der Gesamtbeschäftigten.

Im jährlich veröffentlichen *World Investment Report* weist die UNCTAD für die 100 größten multinationalen Konzerne diesen Index aus. Der aktuelle UNCTAD-Report 2004 stellt unter 100 Global Playern der Welt 13 deutsche Großunternehmen dar. Spitzenpositionen belegen Bertelsmann mit einem TNI von 63,4 %, Siemens mit 62,3 % und Volkswagen mit 57,1 %.[1139]

Es ist allerdings problematisch, die Internationalität eines Unternehmens anhand lediglich dreier Faktoren zu messen – viele ebenso relevante Größen werden dabei vernachlässigt. Ergänzend können zahlreiche quantitative und qualitative Merkmale der Internationalisierung berücksichtigt werden.

[1139] Wesentlich höhere Internationalisierungsgrade besitzen nordamerikanische Konzerne, z.B. NTL Inc. (USA, Telekommunikationsbranche) mit TNI 99,1 % oder Thomson Corporation (Kanada, Medienbranche) 97,9 %.

Man kann folgende **quantitative** Kriterien definieren: Anzahl der ausländischen Niederlassungen, Anteil der Eigenleistung der ausländischen Niederlassungen am Gesamtumsatz, Anteil der Gewinne ausländischer Niederlassungen am Gesamtgewinn, im Ausland erzielte Marktanteile, Anteil ausländischer Eigentümer, Anteil der ausländischen Mitarbeiter am Gesamtpersonal, Anteil der Ausländer im Top-Management im Mutterunternehmen, Internationalisierung der Rechnungslegung sowie Anteil der ausländischen Buchwerte am Gesamtbuchwert.[1140]

Diese Zahlen spiegeln nur einen Teil der Unternehmensrealität wider. Deswegen vertreten viele Autoren die Meinung, dass auch (oder ausschließlich) die **qualitativen** Kriterien der Internationalisierung verwendet werden sollen: internationale Ausrichtung der Unternehmenspolitik, Ausrichtung der Organisationsstruktur an den internationalen Märkten, die Einstellung (Orientierung) des Top-Managements, Verhältnis zwischen Mutter- und Tochtergesellschaften, Ausrichtung der Qualifikationen und Struktur der Mitarbeiter auf die internationale Geschäftstätigkeit, Maßnahmen für die Auslandsvorbereitung von Mitarbeiter sowie Art und Umfang der Berücksichtigung der Internationalisierung in der Unternehmenskultur/Unternehmensleitbildern.[1141]

Als qualitative Ansätze zur Messung der Internationalisierung können vor allem das EPRG-Konzept von *Perlmutter* (Unterscheidung in ethno-, poly-, regio- und geozentrische Unternehmen) und die Klassifikation in internationale, multinationale, globale und transnationale Unternehmen nach *Bartlett/Ghoshal* genannt werden (siehe Kapitel D.III.4.).

2.4. Einflüsse der Internationalisierung auf die Unternehmensführung

Die Internationalisierung von Unternehmen übt einen starken Einfluss auf alle Geschäftsbereiche aus und kann folglich aus verschiedenen Perspektiven betrachtet werden. Die Entscheidung, Grenzen überschreitend tätig zu werden, zieht eine erhöhte Komplexität des Managements nach sich, die mit der Erschließung von neuen Umwelten und daraus resultierenden neuen Aufgaben zusammenhängt. Die wichtigsten Herausforderungen sind:

- die Konfrontation mit internationalen Kulturräumen: Dabei spielt die Interkulturalität im Internationalisierungsprozess eine doppelte Rolle – als Quelle für Synergieeffekte und als Problemfaktor
- die Konfrontation mit internationalen Politik-, Währungs- und Finanzräumen: Diese Räume können sowohl nationaler Natur (Nationalstaaten) sein, als auch

---

[1140] In Anlehnung an Dülfer (1996), S. 7 und Müller/Kornmeier (2002), S. 110.
[1141] In Anlehnung an Dülfer (1996), S. 7 und Müller/Kornmeier (2002), S. 110.

von internationalen Organisationen geprägt werden (EU mit ihrer gemeinsamen Wirtschafts- und Finanzpolitik, Euro-Wirtschaftsraum, Vereinte Nationen etc.)
- die neuen Wettbewerbsräume, mit verschiedenen Vor- und Nachteilen als Optionen, die geschickt genutzt werden sollen; es geht um Wettbewerber, Lieferanten und Abnehmer auf den Beschaffungs- und Absatzmärkten
    - neue Absatzmärkte bedeuten neue Chancen, erfordern aber auch Anpasssung an die neuen Kundenbedürfnisse und Mentalitäten,
    - neue Beschaffungsmärkte bringen neben Vorteilen bestimmte Ungewissheit bezüglich der Zuverlässigkeit, Qualität und anderen Faktoren mit,
    - neue Produktionsstandorte können vorteilhaft sein, bergen allerdings neue unbekannte Risiken (z.B. Anpassung von Führungs- und Motivationsmethoden),
    - auf neuen Märkten wird das Unternehmen mit neuen Konkurrenten konfrontiert.

Als Folgen ergeben sich neue, mit Internationalisierung verbundene Managementaufgaben, die alle Geschäftsbereiche betreffen. Strategie, Planung und Controlling sollen unter Berücksichtigung der internationalen Ausrichtung der Unternehmenstätigkeit erfolgen. Man braucht ein internationales Marketingmanagement, das sich mit der Anpassung von Produkt-, Preis-, Kommunikations- und Distributionspolitik an neue Märkte beschäftigt. Ein international ausgerichtetes Organisationsmanagement soll sich mit Organisations- und Kooperationsformen im Rahmen der Internationalisierung befassen. Neue Anforderungen werden an das Beschaffungs- und Logistikmanagement gestellt: Die Vorteile neuer Lieferanten und der Infrastruktur sollten genutzt werden. Das Produktionsmanagement bekommt eine internationale Perspektive: Die Wertschöpfungskette soll in einem globalen Unternehmen optimal gestaltet werden, um die Standortvorteile zu nutzen. Auch die Anforderungen an das Finanzmanagement werden durch die Internationalisierung verändert: Kapitalbeschaffung und Kapitalstrukturpolitik sollten an die internationalen Anforderungen angepasst und im internationalem Kontext optimiert werden. Die Rechnungslegung in einem international tätigen Unternehmen verlangt internationale Harmonisierung. Personalmanagement sollte sich mit Besetzungsstrategien, Problemen der Entsendung und entsprechender Vorbereitung der Mitarbeiter sowie mit der Personalarbeit in ausländischen Niederlassungen beschäftigen.

In den folgenden Kapiteln werden die Herausforderungen der Internationalisierung für einige Handlungsfelder des Managements erläutert.

3. Kultur als Determinante der Internationalisierung

Ein international tätiges Unternehmen agiert über die Nationalgrenzen hinweg und wird mit fremden Kulturen konfrontiert. Die so genannte „kulturelle Fremdheit" stellt einen wesentlichen Einflussfaktor für den Unternehmenserfolg dar. Zahlreiche Untersuchungen und Praxisbeispiele beweisen: die Vernachlässigung von kulturellen Unterschieden kann zum Scheitern von internationalen Mergers & Acquisitions sowie von Auslandseinsätzen führen, Verständigung in internationalen Kooperationen erschweren, Ergebnisse von länderübergreifenden Projekten verschlechtern. Mehr als die Hälfte aller internationalen Zusammenschlüsse erfüllten die Erwartungen nicht und scheiterten innerhalb der ersten vier Jahre[1142]. Die Quoten von vorzeitig abgebrochenen Entsendungen deutscher Führungskräfte erreichen bis zu 40 Prozent, fast die Hälfte der Entsandten berichtet über Probleme bei der Personalführung und andere Schwierigkeiten im Zielland.[1143]

Es wäre allerdings einseitig, die Interkulturalität nur als Problem von internationalen Kooperationen zu bezeichnen. Kulturelle Heterogenität kann auch eine Quelle der Synergie sein, wenn das Beste aus verschiedenen Kulturen im gemeinsamen Interesse genutzt wird. Eine Kombination aus verschiedenen Sichtweisen, Erfahrungen und Eigenschaften kann in multikulturellen Teams und internationalen Kooperationen zu kreativen Lösungen und gegenseitiger Bereicherung führen.

Kultur ist nach *Hofstede* ein gruppenspezifisches, kollektives Phänomen von gemeinsam geteilten Werthaltungen, eine „mentale Software", die in einem Sozialisationsprozess kulturell „programmiert" wird.[1144] Mitglieder einer Gesellschaft halten die eigene Nationalkultur für selbstverständlich und handeln unbewusst aufgrund ihrer Werte und Normen. Treffen verschiedene Kulturen aufeinander, dann kommen ihre Unterschiede zum Vorschein.[1145]

Um die Folgen kultureller Fremdheit für die internationale Unternehmenspraxis und speziell für das Personalmanagement zu beschreiben, wird beispielhaft eine der bedeutendsten kulturvergleichenden Studien erläutert, die auf repräsentativen länderübergreifenden Befragungen fußt. *Hofstede* definiert folgende fünf Nationalkulturdimensionen, die Auswirkungen auf die internationale Unternehmenstätigkeit haben:

1. **Machtdistanz (MD)** – die Art und Weise, wie eine Gesellschaft mit der Ungleichheit der Machtverteilung zwischen den Mitgliedern der Gesellschaft umgeht und in welchem Ausmaß die weniger mächtigen Mitglieder von Organisationen und Institutionen ungleiche Machtverteilungen akzeptieren bzw. erwarten. In Nationalkulturen mit großer Machtdistanz – gemessen durch die Indexwerte – herrschen in der Gesellschaft und in den Unternehmen ausgeprägte Hierarchieverhältnisse vor: Die Vorgesetzten geben ihren Mitarbeitern klare Anweisungen, was diese auch erwarten. Der typische Führungsstil ist autoritär bis patriarchalisch.

[1142] Vgl. Thomas/Grosse-Leege (2003), S. 355.

[1143] Vgl. Stahl (1998), S. 2, 168.

[1144] Vgl. Hofstede (2006).

[1145] Zu einer Erörterung der mit kultureller Vielfalt (Diversität) auf der gesellschaftlichen wie organisationalen Ebene verbundenen Herausforderung siehe auch Jung/Schäfer (2003).

In Nationalkulturen mit niedriger Machtdistanz ist die Distanz zwischen Mitarbeiter und Vorgesetztem gering. Ein demokratischer (kooperativer) Führungsstil mit Beteiligung der Mitarbeiter an Entscheidungen und Verantwortung wird bevorzugt, die Abhängigkeiten sind beschränkt. Zu den Ländern mit einer niedrigen Machtdistanz gehören die USA, Österreich, die Schweiz, Deutschland und nordeuropäische Länder (siehe Abbildung D.IV.2 mit Länderbeispielen).

Land/Region	MD	UV	IND	MAS	LO
Arabische Länder	80	68	38	53	k.A.
Brasilien	69	76	38	49	65
Deutschland	35	65	67	66	31
Frankreich	68	86	71	43	39
Indien	77	40	48	56	61
Japan	54	92	46	95	80
Österreich	11	70	55	79	31
Schweden	31	29	71	5	33
Schweiz (deutsch)	26	56	69	72	40
Türkei	66	85	37	45	k.A.
USA	40	46	91	62	29

Abb. D.IV.2: Länderpunktzahlen der fünf Dimensionen von *Hofstede* für ausgewählte Länder[1146]

Folgen für die internationale Unternehmenspraxis: Da deutsche, österreichische und schweizerische Unternehmen tendenziell eine niedrige Machtdistanz haben, können Probleme in der Zusammenarbeit mit Vertretern der Kulturen mit hoher Machtdistanz auftreten. Es ist mit steilen Hierarchien der Kooperationspartner, stark zentralisierten Entscheidungen, ausgeprägten Statussymbolen und Privilegien der Machthabenden zu rechnen. Die Verhandlungen müssen direkt mit Top-Managern oder Inhabern geführt werden, Unterstützung auf der Regierungsebene und andere Beziehungen sind sehr empfehlenswert. Bei der Führung und Motivation in den Tochterunternehmen ist eine Anpassung von Führungsmethoden notwendig: Kooperativer Führungsstil ist weniger geeignet; eine Führungskraft muss direktiv auftreten und klare Machtverhältnisse schaffen.

2. **Unsicherheitsvermeidung (UV)** gibt den Grad an, in dem die Mitglieder einer Kultur sich durch ungewisse oder unbekannte Situationen bedroht fühlen. Kulturen, die Unsicherheiten vermeiden, versuchen durch gesellschaftliche Regelungen solche Situationen zu minimieren. Die Menschen sind generell geschäftiger, unruhiger, emotionaler und von einer herrschenden Meinung überzeugt. Die Bewohner Unsicherheit akzeptierender Länder sind ruhiger, gelassener und aufgeschlossener gegenüber anderen Meinungen.

[1146] Vgl. Hofstede/Hofstede (2006), S. 56, 105, 166, 234, 294.

In den Nationalkulturen mit hohen Werten der Unsicherheitsvermeidung entwickelt sich ein großer Widerstand gegenüber Veränderung, Wettbewerb ist nicht erwünscht und alle Entscheidungen werden schriftlich festgehalten. Es besteht ein Bedürfnis nach Regeln, das auch die Unternehmenspraxis beeinflusst: Neben den Rechten und Pflichten des Arbeitgebers und Arbeitnehmers gibt es viele interne Vorschriften. Hohe Unsicherheitsvermeidung ist für Griechenland, Portugal, lateinamerikanische Länder, Japan, Frankreich, Spanien, Italien und arabische Länder typisch, Deutschland liegt dabei etwa im Mittelfeld.

Bei niedrigen Werten der Unsicherheitsvermeidung gibt es weniger Widerstand gegenüber Veränderungen, weniger schriftliche Regelungen, größere Job-Mobilität und Risikobereitschaft. Regeln werden mit Widerwillen wahrgenommen; es besteht ein Bedürfnis nach flexiblen Strukturen. Dies betrifft vor allem nordeuropäische Länder (Dänemark, Schweden, Norwegen), südasiatische (wie Singapur, Indien, Indonesien, Neuseeland), Großbritannien, Irland, die USA und Kanada.

Folgen für international tätige deutsche, österreichische und schweizerische Unternehmen (Unsicherheitsvermeidung mittelstark) ergeben sich bei Geschäften mit Extremgruppen. Bei stark unsicherheitsvermeidenden Nationalkulturen müssen die Kooperationsentscheidungen eindeutig und präzise sein und schriftlich erfasst werden. Konflikte und abweichende Verhaltensmuster gilt es zu vermeiden. In der Zusammenarbeit mit den Ländern mit schwacher Unsicherheitsvermeidung kann man umgekehrt mit risikofreudigen Investitionen und Innovationen rechnen, mit mehr Toleranz gegenüber anderen Meinungen und Verhaltensweisen. Mündliche Zusagen und Vereinbarungen gelten genauso wie schriftliche.

3. **Individualismus (IND)** versus Kollektivismus. Diese Dimension beschreibt das Ausmaß, in dem Individuen in Gruppen integriert sind, die Ausprägung von „Ich"-Bewusstsein versus Gruppenbewusstsein. Aufgrund der Loyalität gilt in kollektivistischen Gesellschaften die Bewahrung von Harmonie als Tugend. In der individualistischen Gesellschaft wird erwartet, dass jeder offen seine Meinung sagt.

In Nationalkulturen mit einem hohen Individualismuswert ist das Konkurrenzgefühl in Gesellschaft und Unternehmen stark ausgeprägt. Bindungen zwischen einzelnen Personen sind locker, jeder hat für sich selbst zu sorgen. Mitarbeiter in Unternehmen arbeiten nicht mit-, sondern gegeneinander. Folglich ist individuelle Motivation erforderlich. Teamarbeit ist schwer zu organisieren. Zu solchen Ländern gehören: die USA, Großbritannien, Kanada, Italien, nordeuropäische Länder, Frankreich, Schweiz und Deutschland.

In Nationalkulturen mit niedrigen Individualismuswerten steht die Einheit „Gruppe" im Mittelpunkt, die den Menschen Schutz und Sicherheit gibt, aber zugleich ihre Loyalität fordert. Typische Vertreter kollektivistischer Nationalkulturen sind südamerikanische und ostasiatische Länder, aber auch Portugal, Griechenland, Türkei, arabische Länder, Indien und Japan.

Auswirkungen für deutsche, österreichische und schweizerische Unternehmen in internationalen Geschäften zeigen sich vor allem bei der Zusammenarbeit mit ausgeprägten kollektivistischen Kulturen. In diesem Fall ist es wichtig, in der Auslandsniederlassung Teamarbeit zu organisieren, Gruppenaufgaben zu stellen und zu kontrollieren sowie Gruppen als Ganzes zu motivieren. Ein Manager darf nicht die Einzelpersonen kritisieren oder loben. Häufig muss mit Vetternwirtschaft gerechnet werden – es gilt in einer kollektivistischen Gesellschaft als unmoralisch, Familienmitgliedern oder Freunden keine Vorteile einzuräumen.

4. **Maskulinität (MAS)** geht auf verschiedene Verhaltensweisen der Geschlechter zurück: Eine „maskuline" Gesellschaft ist leistungs- und erfolgsbezogen sowie konfliktbereit, aggressiv und konkurrenzorientiert. Die Rollen der Geschlechter werden in der Regel klar abgegrenzt. „Feminine" Kulturen stellen zwischenmenschliche Beziehungen in den Vordergrund, schließen Kompromisse und schätzen Kooperation. Die Rollen der Geschlechter überschneiden sich wesentlich.

In maskulinen Nationalkulturen wird materiellen Aspekten ein hoher Stellenwert zugesprochen, Arbeit wird gegenüber Freizeit höher eingeschätzt. In Unternehmen herrscht Konkurrenz-, Karriere- und Erfolgsorientierung, harte Führungsmethoden können leichter angewendet werden, Frauen in Führungspositionen sind eine Seltenheit. Zu diesen Nationalkulturen zählen Japan, Österreich, Venezuela, Italien, die Schweiz und Mexiko. Auch Großbritannien, Deutschland und die USA sind eher maskulin orientiert.

In femininen Gesellschaften herrschen Kompromiss- und Kooperationsbereitschaft vor, es wird viel Wert auf Teilzeitarbeit, Kinderbetreuungsmöglichkeiten, Freundschaften und ehrenamtliche Tätigkeiten gelegt. Frauen in Führungspositionen werden akzeptiert und gefördert. Nordeuropäische Länder, die Niederlande, Portugal, Thailand und südamerikanische Länder gelten als feminine Kulturen.

In der internationalen Geschäftspraxis deutscher, österreichischer und schweizerischer Unternehmen (tendenziell maskulin) mit femininen und stark maskulin orientierten Gesellschaften sind die Kulturunterschiede zu berücksichtigen. In der Zusammenarbeit mit femininen Ländern ist von harten Verhandlungen abzuraten, Kompromissbereitschaft, Kooperation und menschliche Beziehungen zu den Partnern spielen eine wichtige Rolle. Die Verhandlungen und Führungsmethoden in Bezug auf maskuline Nationalkulturen können härter und leistungsorientiert sein. Es ist empfehlenswert, keine Frauen zu Verhandlungen zu schicken oder als Führungskräfte in Auslandsniederlassungen einzusetzen, da sie weniger akzeptiert werden.

5. **Langfristige** versus kurzfristige **Orientierung (LO).** Die fünfte – nachträglich hinzugefügte – Dimension beschreibt den Grad, in dem eine Gesellschaft eine

zukunftsorientierte Grundhaltung gegenüber einer gegenwartsbezogenen Perspektive aufweist.

In langfristig orientierten Nationalkulturen kommt eine große Ausdauer und Beharrlichkeit im Verfolgen von Zielen zu Tage. Respekt vor am Status orientierten Rangordnungen, eine hohe Sparquote und Investitionstätigkeit sind die Folgen.

Strategische Überlegungen werden gegenüber taktischen und operativen bevorzugt. Die Unternehmensplanung beschränkt sich nicht auf Monate oder die nächstfolgenden Jahre, sondern formuliert Visionen und richtet sich strategisch aus. Langfristige Orientierung ist besonders für ostasiatische Kulturen wie China, Taiwan, Japan, Südkorea, etwas weniger für Brasilien, Indien und Thailand kennzeichnend.

Für die Länder mit einer kurzfristigen Orientierung sind kurzfristige Planung und die Ausrichtung auf das operative Geschäft prägend. Afrikanische Länder, Pakistan, Kanada, Großbritannien und die USA gehören zu den kurzfristig orientierten Ländern. Deutschland, Österreich und die Schweiz liegen bei dieser Dimension im Mittelfeld.

Für international tätige Unternehmen des deutschsprachigen Kulturraums ist bei der Zusammenarbeit mit Kulturen mit einer langfristigen Orientierung zu berücksichtigen, dass strategische Überlegungen gegenüber taktischen und operativen von großer Bedeutung sind. Auch ist es wichtig, Beziehungen und Vertrauen langfristig zu pflegen. Mit den kurzfristig orientierten Partnern muss man umgekehrt die momentanen Vorteile und schnelle Gewinne als Argument benutzen.

Die erläuterten Dimensionen der Kulturunterschiede machen deutlich, dass das Phänomen Kultur sehr komplex und facettenreich ist. Die kulturvergleichende Managementforschung liefert wertvolle Informationen für die Bewältigung von interkulturellen Problemen in der internationalen Unternehmenstätigkeit. Aufgrund der Kenntnis von Kulturunterschieden können Verhandlungsstrategien, Kooperationsformen, Personalmaßnahmen sowie Führungs- und Motivationsmethoden in internationalen Geschäften festgelegt werden.

4. Internationalisierungsstrategien

Der Erfolg eines international tätigen Unternehmens ist in großem Maße von seiner Internationalisierungsstrategie abhängig. Eine Internationalisierungsstrategie kann mithilfe verschiedener Dimensionen beschrieben werden. Zu den wichtigsten gehören: internationale Orientierung, Globalisierung/Standardisierung versus Lokalisierung/Differenzierung und die Form des Eintritts in ausländische Märkte.[1147] Diese Dimensionen werden im Folgenden erläutert.

[1147] Vgl. z.B. Scherm/Süß (2001), S. 121 ff.

4.1. Internationale Orientierung

Die internationale Orientierung geht auf das EPRG-Konzept von *Perlmutter* zurück und wird von der Einstellung des Topmanagements zu dem internationalen Geschäft bzw. der Führung ausländischer Niederlassungen bestimmt. Dieser Ansatz stellt interkulturelle Unterschiede, divergierende Werte der Mutter- und Tochtergesellschaften sowie verschiedene Führungskonzepte in den Mittelpunkt. Die Bestimmungsfaktoren einer Internationalisierungsstrategie werden nur aus der Einstellung von Top-Managern abgeleitet. Darin besteht die Einseitigkeit dieses Ansatzes.

Das **EPRG-Konzept** unterscheidet zwischen der ethnozentrischen, polyzentrischen, geozentrischen und regiozentrischen Orientierung eines international tätigen Unternehmens, von denen wesentliche Elemente des Managements – Koordinationsinstrumente, Kommunikation sowie Nationalität der Führungskräfte – beeinflusst werden:[1148]

- Die **ethnozentrische** Orientierung geht von einer Überlegenheit der Muttergesellschaft gegenüber den Tochtergesellschaften bezüglich aller Strategien und Maßnahmen aus. Entscheidungen werden prinzipiell im Stammhaus getroffen, Schlüsselpositionen in den Tochtergesellschaften mit Managern aus dem Stammland besetzt. Die interkulturelle Übertragbarkeit der Managementtechniken wird nicht in Frage gestellt.

- Eine Dezentralisierung von Entscheidungen in **polyzentrischer** Orientierung basiert auf der Akzeptanz von großen Kulturdifferenzen und benutzt die Vorteile von Entscheidungskompetenzen einzelner Tochtergesellschaften. Damit sind lokale Anpassungen und schnelle Reaktionen in einzelnen Ländern möglich. Das Management der Tochtergesellschaften setzt sich aus Einheimischen zusammen, die die lokalen Besonderheiten am besten kennen.

- Die **geozentrische** Orientierung bedeutet, dass die Überlegenheit des Mutterhauses aufgehoben wird und mehrere Unternehmenseinheiten unter Bedingungen der Standardisierung von Produkten und Prozessen weltweit zusammenarbeiten, um den Gesamterfolg zu maximieren. Dies schafft Voraussetzungen für Größen- und Integrationsvorteile, begrenzt aber die Flexibilität und die Anpassung an lokale Besonderheiten. Entscheidungen werden von den betroffenen Einheiten gefällt, es findet intensive Kommunikation und eine Optimierung der Ressourcenallokation bei weltweiter Arbeitsteilung und Spezialisierung einzelner Unternehmenseinheiten statt.

- Die **regiozentrische** Orientierung ist die Weiterentwicklung des polyzentrischen Konzepts vor dem Hintergrund einer zunehmenden Regionalisierung der Wirtschaft (Bildung von Ländergruppen wie z.B. die EU). Es werden nicht

---

[1148] Wir folgen hier der Darstellung des ERPG-Konzepts von *Perlmutter* in Scherm/Süß (2001), S. 8 f.

mehr die Unterschiede zwischen einzelnen Ländern, sondern zwischen relativ homogenen Ländergruppen betrachtet.

Nach *Perlmutter* sind diese vier Orientierungen nur idealtypische Konstrukte, folglich kann kein reales Unternehmen eindeutig einem Typ zugeordnet werden. Verschiedene Teilbereiche eines Unternehmens können von der grundsätzlichen Unternehmensorientierung abweichen. Als Idealfall kann eine Entwicklung von ethnozentrischer zur geozentrischen Orientierung betrachtet werden.

4.2. Globalisierung/Standardisierung versus Lokalisierung/Differenzierung

Ein international agierendes Unternehmen befindet sich in einem Spannungsfeld zwischen der weltweit orientierten Tätigkeit (Globalisierung), die Vorteile der Standardisierung nutzt, und Berücksichtigung von länderspezifischen Gegebenheiten (Lokalisierung) mit dem Streben nach Differenzierungsvorteilen.

Mit der Standardisierung und Unifikation verfolgt ein Unternehmen primär kostenorientierte Ziele. Vorteile resultieren dabei aus dem Größeneffekt und weltweiter Nutzung von Marken, Ressourcen und Know-how. Die Vorteile der Differenzierung resultieren aus der nationalen Anpassung von Produkten, Marketingmaßnahmen und Unternehmensführungsmethoden (wie z.B. Organisationsformen, Führungsstil).

Eine Strategiematrix im Spannungsfeld Globalisierung – Lokalisierung ergibt sich aus der Typologie von international tätigen Unternehmen nach *Bartlett/Ghoshal*: internationale, multinationale, globale und transnationale Strategie.[1149] Folglich ergeben sich vier Strategietypen (siehe Abbildung D.IV.3). Die Strategiestufen müssen nicht zwingend in der Reihenfolge 1 bis 4 vollzogen werden, bilden dennoch nach *Bartlett/Ghoshal* ein typisches Entwicklungsmuster. Die Strategien haben folgende Besonderheiten:

1. Eine **internationale** Strategie liegt vor, wenn weder Standardisierung noch Differenzierung als Vorteile benutzt werden: Die Entscheidungen werden von der Muttergesellschaft getroffen. Sämtliche Prozesse, Strukturen und Systeme werden von der Mutter- auf die Tochtergesellschaften, die keine Selbständigkeit besitzen, übertragen. Die interkulturellen Unterschiede werden wenig berücksichtigt, was zu weit reichenden Problemen führen kann.

2. Eine **multinationale** Strategie bedeutet Berücksichtigung von Bedingungen und Bedürfnissen der Gastländer und Verzicht auf Standardisierung: Die Tochterunternehmen genießen eine relative Unabhängigkeit, jede Gesellschaft entscheidet für sich allein. Die Führungspositionen sind den Einheimischen vorbehalten, die Kenntnisse über lokale Bedürfnisse, Mentalitäten und Verhaltens-

---

[1149] Vgl. Bartlett/Goshal (1990), zit. nach Scherm/Süß (2001), S. 9 f.

weisen besitzen und deswegen besser führen können. Die nationalen Strategien werden untereinander nicht abgestimmt, Synergien kommen nicht zustande.

3. Eine **globale** Strategie bedeutet das Streben nach globaler Effizienz und Kostenvorteilen. Dafür werden Strukturen und Prozesse standardisiert. Entscheidungen werden zentral getroffen. Damit ist die Standardisierung hoch und die lokale Anpassung niedrig.

4. Eine **transnationale** Strategie versucht die Vorteile der globalen Effizienz mit einer lokalen Anpassung zu kombinieren. Standardisierung und Entscheidungszentralisation werden möglichst reduziert, um nationale Anpassung zu ermöglichen. Die transnationalen Unternehmen können flexibel die Vorteile aller vorangegangenen Stufen nutzen – je nach aktueller Situation, Standort oder Geschäftsbereich. Entscheidungen können nach Bedarf mehr oder weniger zentral getroffen werden. So kann die Beschaffung zentralisiert (global), das Personalwesen je nach Land unterschiedlich (multinational) und die Kundenbetreuung standardisiert (international) organisiert werden.

Abb. D.IV.3: Idealtypische Strategiemuster nach *Bartlett/Ghoshal*
Quelle: in Anlehnung an Welge/Holtbrügge (2003), S. 129

4.3. Formen des Markteintritts

Für ein international tätiges Unternehmen stellt sich die Frage nach der Art und Weise, wie es in einen ausländischen Markt eintreten soll – also der Markteintrittsform.

Man kann grundsätzlich zwischen drei Typen des Markteintritts unterscheiden, die sich in weitere Stufen unterteilen lassen (siehe Abbildung D.IV.4):[1150]

- Das Unternehmen lässt sich auf dem Auslandsmarkt durch Dritte vertreten (Stufen: Export, Lizenzvergabe, Franchising).
- Das Unternehmen kooperiert mit einheimischen Unternehmen (Stufen: Managementvertrag, Kooperation, Joint Venture).
- Das Unternehmen tätigt eine Direktinvestition in eine Tochtergesellschaft (Stufen: Verkaufsniederlassung, Produktionsbetrieb, Tochterunternehmen).

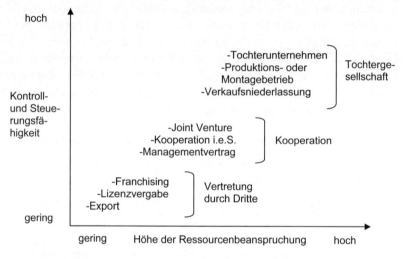

Abb. D.IV.4: Markteintrittsformen eines internationalen Unternehmens
Quelle: Scherm/Süß (2001), S. 134

Bei der Entscheidung für eine Markteintrittsform werden verschiedene Faktoren berücksichtigt, wie Markteintrittsbarrieren (Zölle, Steuern, Export- und Importquoten, Devisenbeschränkungen etc.), landesspezifische Risiken, das Dilemma zwischen Standardisierung und Differenzierung, Produkt- und Technologieeigenschaften sowie die kulturelle Fremdheit des Ziellandes. Zugleich können die dargestellten Formen als Stufen betrachtet werden: Man beginnt mit einem vorsichtigen Export, um die Situation und Chancen abzutasten, und entwickelt sich bei positiven Erfahrungen bis zur Niederlassung oder Tochtergesellschaft. Jede Form hat eigene Vor- und Nachteile: Je geringer der Ressourceneinsatz, desto begrenzter die Kontroll- und Steuerungsfähigkeit der Muttergesellschaft, aber zugleich um so kleiner das Risiko, und umgekehrt.

Vertretung durch Dritte bedeutet, dass ein Unternehmen nicht direkt in Verbindung mit Kunden tritt, sondern sich auf dem Auslandsmarkt durch Dritte vertreten lässt,

---

[1150] Vgl. Scherm/Süß (2001), S. 134.

während vorgelagerte Wertschöpfungsstufen im Mutterland bleiben. Bei dem indirekten Export wird ein Absatzmittler (Handelshäuser, Exportagenturen) benutzt. Das Risiko ist auf ein Minimum beschränkt, man profitiert von der Marktkenntnis und den Kundenbeziehungen des Mittlers. Im Rahmen einer Lizenzvergabe wird dem Lizenznehmer die Berechtigung zur Nutzung von Patenten, Warenzeichen oder Know-how übertragen. Der Lizenzgeber erhält dafür eine Gegenleistung (Gebühren, Kapitalbeteiligung, Lieferungen oder Leistungen). Franchising als Markteintrittsform bedeutet, dass ein Franchise-Nehmer (gegen Gebühr) das Recht und die Verpflichtung übernimmt, bestimmte Produkte unter Verwendung von Name, Marke und Ausstattung auf eigene Rechnung in einem definierten Gebiet zu verkaufen (Beispiel Coca-Cola, McDonald's). Franchising bietet die Möglichkeit eines schnellen und risikoarmen Markteintritts, wobei Marktkenntnis und Kundennähe des ausländischen Partners mit Einfluss- und Kontrollmechanismen des Stammunternehmens kombiniert werden.

Kooperation als Markteintrittsform kann auf einer vertraglichen Vereinbarung und/oder Kapitalbeteiligung basieren. Es geht dabei um mehrere Grundformen. *Managementvertrag*: z.B. Zurverfügungstellung von Management-Know-how zusammen mit personeller Ausstattung ohne Kapitalbeteiligung (Beispiel Hilton-Hotel). *Vertragsfertigung*: Ein Unternehmen im Gastland übernimmt auf vertraglicher Basis bestimmte Stufen der Herstellung eines Produktes, i.d.R. mit einer Abnahmegarantie. Vertragsfertigung ist vor allem aus der Perspektive der Kostensenkung (Arbeitskosten- und Steuervorteile) und Beschaffungsoptimierung (Rohstoffe) interessant. *Kooperation* bedeutet langfristige vertragliche Beziehungen, um Funktionen innerhalb einer Wertschöpfungskette zu teilen, ohne die rechtliche Selbständigkeit aufzugeben. Man profitiert von der Kombination der Kernkompetenzen und Ressourcen der Partner. Als *Joint Venture* wird eine auf Kapitalbeteiligung basierende und vertraglich festgelegte langfristige Zusammenarbeit von zwei oder mehr Unternehmen bezeichnet, die ein selbständiges Gemeinschaftsunternehmen zur Folge hat, dessen Führung, Gewinn und Risiko geteilt werden.

Eine Tochtergesellschaft oder ein selbständiger Markteintritt ohne Partner erfordern eine hundertprozentige Direktinvestition in die Auslandsaktivitäten. Dies kann eine Neugründung oder eine Akquisition (Übernahme) sein. Die Formen der Tochtergesellschaften erstrecken sich von Verkaufsniederlassungen bis zu Unternehmen, die die ganze Wertschöpfungskette umfassen. Eine Neugründung hat den Vorteil einer freien Standortwahl und ermöglicht die Optimierung von Ressourcen. Eine Übernahme hingegen eröffnet die Möglichkeit der Nutzung vorhandener Absatz- und Beschaffungskanäle, Technologien und Organisationsstrukturen. Im Fall einer Tochtergesellschaft ergeben sich die Vorteile aus der Entscheidungsfreiheit und Verfügungsgewalt sowohl auf strategischer als auch auf operativer Ebene, Erhaltung des Know-hows, Überwinden von Handelshemmnissen etc.

Während die Großunternehmen vor allem zu den Formen Joint Venture und Tochtergesellschaft tendieren, konzentrieren sich mittelständische Unternehmen meistens auf Exportaktivitäten (50 %) und Verkaufsniederlassungen (8 %); nur 3,5 % international tätiger KMU haben Produktionsstätten im Ausland.[1151]

5. Internationale Organisationsstrukturen

Abhängig vom Umfang und der Art internationaler Aktivitäten können die Organisationsstrukturen variieren. Im Anfangsstadium der Auslandsaktivitäten reicht eine zusätzliche Exportabteilung. Bei der Zunahme und Ausweitung von internationalen Aktivitäten können selbständige Niederlassungen im Ausland gebildet werden. In diesem Fall kann man zwischen zwei grundsätzlichen Gestaltungsoptionen unterscheiden: *differenzierte* Strukturen (Inlands- und Auslandsaktivitäten bleiben getrennt, die internationalen Aktivitäten werden in einer selbständigen Einheit zusammengefasst) und *integrierte* Strukturen (Inlands- und Auslandsgeschäft werden gemeinsam organisiert).[1152]

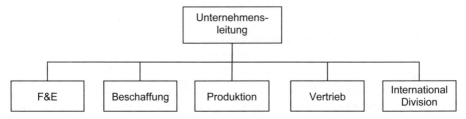

Abb. D.IV.5: Differenzierte Organisationsstruktur mit International Division
Quelle: Welge/Holtbrügge (2003), S. 155

Differenzierte Strukturen sind für Unternehmen mit relativ geringen Auslandsaktivitäten typisch. Es wird eine *International Division* gebildet, die häufig aus einer früheren Exportabteilung hervorgeht. Sie steht neben sonstigen Sparten des Unternehmens (siehe Abbildung D.IV.5).

International Divisions können sich in Status, Verantwortung und Autonomie unterscheiden. Am weitesten verbreitet ist die Gestaltung in Form einer Auslandsholding; dabei werden die gesamten Auslandsaktivitäten in einer rechtlich selbständigen Gesellschaft zusammengefasst und als Profit Center geführt.[1153] Vorteile differenzierter Strukturen sind Spezialisierung und direkte Kommunikation, was sie insbesondere für KMU mit begrenzten Ressourcen und geringen Kenntnissen des Auslandsgeschäftes vorteilhaft macht.

[1151] Vgl. Macharzina/Oesterle (1997), S. 119.

[1152] Vgl. Welge/Holtbrügge (2003), S. 154.

[1153] Vgl. Welge/Holtbrügge (2003), S. 155.

Bei steigendem Internationalisierungsgrad sind *integrierte Organisationsstrukturen* eher geeignet, wobei sie in Form einer integrierten Funktional-, Geschäfts- oder Produktstruktur, Regionalstruktur sowie mehrdimensionaler Strukturen vorkommen können.

Eine *integrierte Funktionalstruktur* ist durch Integration der ausländischen Aktivitäten in die funktionalen Bereiche charakterisiert (siehe Abbildung D.IV.6). Diese Organisation ist vor allem für Unternehmen geeignet, die über einen geringen Diversifikationsgrad verfügen und deren Auslandsaktivitäten relativ unbedeutend sowie in erster Linie auf den Export beschränkt sind (Beispiel Automobilbranche, Mineralölgesellschaften). Die Luftfahrtgesellschaften Lufthansa und Swissair sind weitere Beispiele integrierter Funktionalstrukturen. Allerdings verlieren diese Organisationsstrukturen mittlerweile an Bedeutung.[1154]

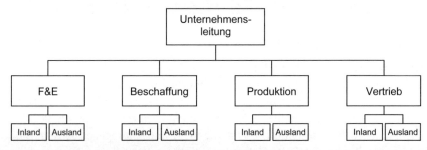

Abb. D.IV.6: Integrierte Funktionalstruktur
Quelle: Welge/Holtbrügge (2003), S. 157

Integrierte Geschäftsbereich- und Produktstrukturen sind in der Praxis besonders verbreitet und zeichnen sich dadurch aus, dass jeder Produkt- oder Geschäftsbereich die weltweite Verantwortung für sein Produkt bzw. seine Produktgruppe hat. Das nötige Know-how wird in den einzelnen Produktsparten gebündelt, die regionalen und funktionalen Aktivitäten werden durch Stäbe koordiniert (siehe Abbildung D.IV.7). Integrierte Produktstrukturen eignen sich bei starker Diversifikation des Unternehmens, verschiedenen Technologien und stark unterschiedlichen Marktstrukturen.[1155] Besonders verbreitet sind integrierte Geschäftsbereich- und Produktstrukturen in den USA (General Electric, Dow Chemical, Texas Instruments) und in Europa (Bosch, Henkel, Wella, Siemens).[1156]

Bei der *integrierten Regionalstruktur* folgt die Organisation dem Gliederungsmerkmal „Raum".[1157] Typisch ist eine Zusammenfassung der gesamten in- und ausländischen Aktivitäten zu regionalen Teilbereichen. Solche Strukturen sind in

---

[1154] Vgl. Kutschker/Schmid (2002), S. 494.

[1155] Vgl. Macharzina/Oesterle (1995), S. 214.

[1156] Vgl. Kutschker/Schmid (2002), S. 499 ff.

[1157] Vgl. Perlitz (2004), S. 604.

Europa relativ selten, kommen aber in den USA häufig vor (z.B. Ford). Diese Form ist für Unternehmen mit einem homogenen und standardisierten Produktprogramm zu empfehlen.[1158] Die Regionalstruktur ermöglicht eine bessere Integration von nationalen und internationalen Märkten, bessere Ressourcenallokation, globale Strategieentwicklung sowie optimale Nutzung des unternehmerischen Know-hows.

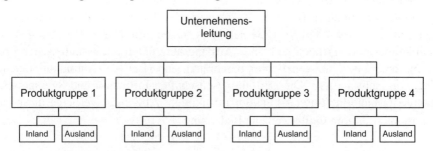

Abb. D.IV.7: Integrierte Produktstruktur
Quelle: Welge/Holtbrügge (2003), S. 158

Neben den beschriebenen eindimensionalen Strukturen sind *mehrdimensionale* Organisationsstrukturen internationaler Unternehmen ziemlich verbreitet. Als Beispiel wird eine zweidimensionale Matrixstruktur dargestellt, bei der gleichzeitig Funktional- und Regionalbereiche gebildet werden (siehe Abbildung D.IV.8), die insbesondere für internationale Unternehmen mit heterogenen Auslandsaktivitäten und verschiedenen lokalen Schwerpunkten geeignet ist.

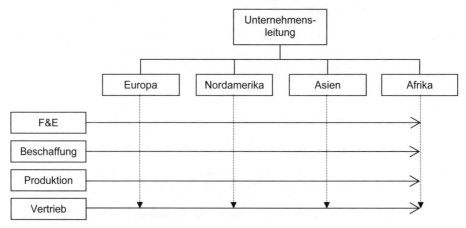

Abb. D.IV.8: Matrixorganisation
Quelle: Welge/Holtbrügge (2003), S. 160

Je weiter die Internationalisierung vorangeschritten ist, desto deutlicher ist die Tendenz zu mehrdimensionalen Strukturen, was mit steigender Komplexität eines

---

[1158] Vgl. Welge/Holtbrügge (2003), S. 159.

diversifizierten Produktprogramms und verschiedenen Nationalmärkten zusammenhängt.[1159] Allerdings weisen mehrdimensionale Organisationsstrukturen wesent-liche Schwierigkeiten in der praktischen Realisierung auf, die ihre begrenzte Verbreitung in der Praxis erklären. Als Beispiele erfolgreicher Implementierung können der US-amerikanische Weltraumkonzern NASA und der europäische Energie- und Industrieanlagenbauer ABB (Asea Brown Boveri) genannt werden. [1160]

Neben diesem eher traditionellen Ansatz spielen auch neuere Organisationsstrukturen eine immer wichtigere Rolle, vor allem Management-Holding und internationale Netzwerkstrukturen. Letztere werden – wegen zunehmender Globalisierung – als dominierende Organisationsstrukturen der Zukunft bezeichnet. Dieser Trend ist das Ergebnis zweier Prozesse: des Verschwindens der National- und Unternehmensgrenzen auf der einen und wachsender Vernetzung verschiedener Wirtschaftsakteure auf der anderen Seite, was für international tätige Konzerne mit Hunderten von Niederlassungen und Beteiligungen, die untereinander (Vor-)Produkte, finanzielle Mittel und Wissen austauschen, von besonderer Bedeutung ist.

Zur Wiederholung

1. Erläutern Sie sechs Internationalisierungsmotive von Unternehmen – jeweils zwei kosten-, absatzmarkt- und beschaffungsmarktorientierte Motive.
2. Erläutern Sie Einflussfaktoren der Internationalisierung auf die Unternehmensführung.
3. Beschreiben Sie die Kulturdimensionen nach *Hofstede*.
4. Welche Wirkungen unterschiedlicher Landeskulturen sind für international tätige Unternehmen zu berücksichtigen? Geben Sie vier Beispiele unter Bezug auf die Kulturdimensionen nach *Hofstede*.
5. Erläutern Sie die internationale, multinationale, globale und transnationale Strategie nach *Bartlett/Ghoshal*.
6. Beschreiben Sie jeweils ein Beispiel für eine ein- und eine mehrdimensionale Organisationsstruktur eines international tätigen Unternehmens.

[1159] Vgl. Welge/Holtbrügge (2003), S. 160.
[1160] Vgl. Kutschker/Schmid (2002), S. 512 f.

Teil E

Management im Widerspruch von Führungsanspruch und Führungsgrenzen

Einige abschließende Anmerkungen

I. Grenzen für Praxis und Theorie des Managements

Angesichts der Komplexität und Dynamik ihres Erfahrungsbereichs ist die anwendungsorientierte Managementlehre mit einem besonderen Widerspruch konfrontiert:

Auf der einen Seite verspüren Führungskräfte immer stärker Unsicherheit sowie Grenzen der Planbarkeit und Durchsetzbarkeit als bestimmende Merkmale ihres Führungsauftrags. In Profit- wie Nonprofit-Unternehmen sind die relevanten wirtschaftlichen, technischen und politisch-gesellschaftlichen Umwelten in einem beschleunigten Wandel und damit die betrieblichen Tätigkeitsfelder (Geschäftsfelder) permanent auf dem Prüfstand. In dieser Situation verstärkt sich der Ruf der Praxis nach einfachen, schnellen Erfolg versprechenden Handlungsrezepten. Das Augenmerk gilt zumeist der *Anpassung an die Veränderungsgeschwindigkeit* der Situation, weitaus seltener der *Anpassung an die Komplexität* der Situation.

Auf der anderen Seite stößt der Versuch der Führungswissenschaft, der Situationskomplexität und -variabilität in ihren Aussagen einigermaßen gerecht zu werden, rasch an Grenzen. Anwendungsorientierte Modelle mit einer Vielzahl von bedingten, d.h. in Abhängigkeit von definierten Situationszuständen gültigen Handlungsempfehlungen, erweisen sich bei näherer Prüfung nicht selten als theoretisch zu sehr vereinfacht und praktisch bereits zu kompliziert.

Bei dieser Sachlage wird die Reflexion über die Gestaltungs- und Lenkungsgrenzen praktischen Managements und den „Umgang" der Theorie mit diesen Grenzen zu einem wichtigen Bestandteil der Managementlehre selbst. Wir wollen mit einigen Gedanken hierzu abschließen.

1. Grenzen des Managements in der sachbezogenen Sicht

Management sieht sich bei der Gestaltung eines „Fit" zwischen Umweltchancen und -risiken einerseits sowie betrieblichen Handlungspotenzialen und -strukturen andererseits mit hoher Komplexität und Unsicherheit (bezüglich Umweltentwicklungen und Zweckmäßigkeit von Lösungen) sowie ständig steigendem Zeitdruck (hinsichtlich der Lösungsfindung und Durchsetzung) konfrontiert. Die Schere zwischen komplexitätsbedingt notwendiger Reaktionszeit und dynamikbedingt verfügbarer Reaktionszeit öffnet sich immer mehr.[1161]

[1161] Siehe Bleicher (2004), S. 44 f.

Zeitmangel scheint dabei ein Phänomen moderner Gesellschaften überhaupt zu sein. Das Aufgreifen dieses Phänomens durch Propagierung eines so genannten „Speed-Managements"[1162] mag das unternehmerische Problembewußtsein schärfen und im Einzelfall (Wettbewerbs-)Vorteile ermöglichen. Insgesamt führt die Umsetzung des Zeitproblems in erhöhte Reaktionsgeschwindigkeit wiederum zu einer Verschärfung des Zeitdrucks (für alle anderen). Ein *Circulus vitiosus* ist in Gang gesetzt.

Neben dem Zeitproblem sei ein zweiter, mindestens ebenso bedeutsamer Aspekt erwähnt: Situationskomplexität erfordert regelmäßig eine adäquate **Mehrdimensionalität** im Führungshandeln. Das offene System Unternehmen, im „Zugriff" unterschiedlicher Anspruchsgruppen und im Einflussfeld komplexer Umwelten, muß nicht nur verschiedenartigen, sondern auch konfliktären Zwecken gerecht zu werden versuchen. Das Management ist damit allzu häufig überfordert. Um entscheidungs- und handlungsfähig zu bleiben, ist es gezwungen, Komplexitätsreduktion durch *Simplifizierung* und *Selektivität*, d.h. Teilabbildung der Wirklichkeit auf der Grundlage spezieller Zwecksetzungen (und damit Ausgrenzung anderer relevanter Sytemzwecke) zu betreiben.[1163] „Rational entscheiden kann man (wenn überhaupt) nur, wenn man **nicht** über alles gleichzeitig entscheidet".[1164] Mit anderen Worten: Rationale Entscheidung, so wie sie dem Menschen zugänglich ist, „verlangt zwingend Verkürzung über die **Problemdefinition**".[1165]

Diese erzwungene Einschränkung führt häufig nicht nur zu einer eher kurzfristigen, an ausschließlich ökonomischen Zwecksetzungen orientierten Problemsicht, sondern paradoxerweise auch zu einer ausgeprägten **Machbarkeitsillusion**. Darin liegt eine nicht zu unterschätzende Gefahr, erscheint doch eine angemessene Abbildung der realen Problemkomplexität, d.h. auch der unterschiedlichen Ansprüche (Zwecksetzungen) an das Managementhandeln, Bedingung für die langfristige Existenzsicherung von Unternehmen. So werden beispielsweise im Zusammenhang mit der Vernachlässigung von Austauschbeziehungen mit der natürlichen Umwelt und der Position von Unternehmen im Netzwerk der Biosphäre, in die sie als Subsystem einbezogen sind, die **Gefahren der Verkürzung eines umfassenden, ganzheitlichen Rationalitätsverständnisses** auf eine spezifische, eindimensionale Zweckrationalität besonders deutlich.[1166] Mit Blick auf die sozial-gesellschaftliche Verankerung von Unternehmen deutet sich bei einer Verkürzung des Rationalitätsverständnisses auf den „Shareholder Value" eine ebensolche Gefahr an.

So sehr mit Blick auf die skizzierten Grenzen eine neue Bescheidenheit des Managements im Sinne der Abkehr von einem „technomorphen", die umfassende Plan-

---

[1162] Siehe z.B. Hirzel (1992).
[1163] Siehe hierzu etwa Seidel/Menn (1988), S. 57 ff.; Steinmann/Schreyögg (2005), S. 140 ff.
[1164] Bretzke (1978), S. 138.
[1165] Seidel/Menn (1988), S. 59.

und Machbarkeit aller Dinge unterstellenden Gestaltungs- und Lenkungsanspruch erforderlich ist,[1167] so sehr ist Management zugleich gefordert, durch Beachtung von Gestaltungs- und Lenkungsregeln, die der Komplexität und Dynamik gerecht werden, seinen Führungsauftrag und seine Führungskompetenz aktiv wahrzunehmen. *Ulrich/Probst* haben im Rahmen ihrer ganzheitlichen Problemlösungsmethode sieben „Lenkungsregeln" entwickelt,[1168] deren Berücksichtigung im Umgang mit komplexen Problemsituationen Bescheidenheit im Machbarkeitsanspruch verbinden kann mit kompetenter Wahrnehmung des Führungsauftrags. Auf der Grundlage von Erkenntnissen aus der systemtheoretischen Analyse zweckorientierter Handlungssysteme zielen die Lenkungsregeln darauf ab, bei grundsätzlicher Stärkung der **Lern- und Selbstorganisationsfähigkeit** von Systemen Gestaltungsmaßnahmen und Lenkungseingriffe so zu wählen, dass die Vernetzung und Eigendynamik der Systeme genutzt und dabei zugleich unkontrollierbare und nur schwer reversible Systemreaktionen vermieden werden. Eine zentrale Herausforderung besteht darin, die Flexibilität und Innovationskraft, die im Mittelpunkt derartiger Konzepte steht, mit der Forderung nach Aufrechterhaltung der Effizienz des Systems in Einklang zu bringen. Erfolgreiches Management ist konsequenterweise nicht durch das Gelingen des „großen Wurfs" definiert, sondern durch den harmonischen, ein Gleichgewicht zwischen Bewahrung und Wandel realisierenden Verlauf **evolutionärer Systementwicklung**.[1169]

2. Grenzen des Managements in der personenbezogenen Sicht

Grenzen des Managements zeigen sich auch in der personenbezogenen Sicht, im Zusammenhang mit der unmittelbaren Lenkung der Systemmitglieder. Einflußnahme auf der Basis simpler Reiz-Reaktionsschemata (z.B. Aussicht auf Gehaltserhöhung bewirkt höheren Leistungseinsatz) ist kein erfolgversprechendes Konzept (mehr). Im Wettbewerb um die körperlichen und geistigen Ressourcen ihrer Mitarbeiter einschließlich deren Potenzial an Zielerreichungsenergie konkurriert das Management mit anderweitigen (betriebsexternen) Engagement- und Selbstverwirklichungsoptionen ihrer gut ausgebildeten, selbstbewussten, kreatives Problemlösungspotenzial aufweisenden Mitarbeiterschaft. Zumindest in den entwickelten Industrie- und Dienstleistungsgesellschaften stehen Unternehmen dabei vor dem Problem, dass mit dem erreichten Wohlstandsniveau eines Großteils der Erwerbsbevölkerung wichtige, vor allem dem materiellen Bereich entstammende Motivationspotenziale in ihrer Bedeutung reduziert und die Möglichkeiten der gezielten Ansprache höherwertiger Bedürfnisse im Sinne *Maslow*s (siehe hierzu Kapitel

---

[1166] Vgl. Seidel/Menn (1988), S. 57 f.

[1167] Vgl. dazu Malik (1989), S. 36 ff; Malik (2003), S. 43 f., 103 ff.

[1168] Ulrich/Probst (1995), S. 210 ff.

[1169] Vgl. Malik (2003), passim, z.B. S. 44 ff., 105 ff.

C.III.2.4.2.2.) sehr viel differenzierter zu beurteilen sind. Viel stärker als auf der materiellen Ebene stehen die Motivierungsprozesse im Zusammenhang mit immateriellen Bedürfnissen im Einflussbereich individueller Werteordnungen und Einstellungen.[1170] Der *„complex man"* entfaltet seine Komplexität erst so richtig nach der Befriedigung physiologischer und Sicherheitsbedürfnisse und der Orientierung hin zu höherwertigen Bedürfnissen. Inzwischen verspüren Manager auf allen Führungsebenen aufgrund des dargelegten Problemdrucks in der sachbezogenen Führungsdimension und der wachsenden Ansprüche an eine **mitarbeitergerechte, d.h. individualisierte Führung** in der personenbezogenen Führungsdimension nicht selten eine persönliche Überforderung oder gar Ohnmacht gegenüber der begründeten Empfehlung, im unmittelbaren Miteinander den individuellen Valenzordnungen, Einstellungen und Erwartungen ihrer Mitarbeiter gerecht zu werden. Dies führt zur *Revitalisierung des Interesses an überindividuell wirksamen Anreizmechanismen* bis hin zur Hoffnung auf die Wirkung charismatischer, visionärer, inspirativer, symbolischer usw. Führerschaft, die üblicherweise auf die Führungskraft an der Spitze des Unternehmens fokussiert. Im Zusammenhang mit dem Konzept „transformativer Führung" haben wir auf diese Entwicklung und die u.E. trügerische Hoffnung, die mit einem solchen Konzept verbunden ist, verwiesen (siehe Kapitel C.III.2.6.3.2.).

Reagiert die Managementlehre auf der sachbezogenen Ebene angesichts des Widerspruchs von Führungsanspruch und Führungsgrenzen zumindest teilweise mit Versuchen konzeptioneller und methodischer Neuorientierung, steht sie auf der personenbezogenen Ebene offensichtlich noch immer in der Gefahr, die Vielzahl der in organisierten Sozialsystemen geforderten Führungsleistungen auf idealisierten Führungspersönlichkeiten aufbauen zu wollen.[1171]

[1170] *Von Rosenstiel* sieht diesbezüglich in der Fähigkeit, personen-, aufgaben- und situationsbezogen angemessen differenzieren zu können eine „Kunst des Führens". Siehe von Rosenstiel (2006), S. 117.

[1171] Zu den historischen Wurzeln der dieser Orientierung zugrundeliegenden „great man theory" siehe Seidel/Jung (1987), Sp. 777.

II. Management als Kunst des Umgangs mit Widersprüchen

Es kann davon ausgegangen werden, dass das Spannungsverhältnis zwischen Steuerungsbedürfnis und Steuerbarkeit, zwischen Führungsanspruch und Führungsgrenzen, weiter zunimmt. Angesichts der Belastung im Sachbezug steht dabei nach unserer Beobachtung eher der Personenbezug, d.h. die Personalführung in der Gefahr des Zuwendungsverlustes. Das ist angesichts der vielfach betonten Bedeutung der „weichen Faktoren" und damit der Humanressourcen für den Unternehmenserfolg eine durchaus existenzielle Gefahr für viele Unternehmen. So plausibel das Argument ist, dass die entscheidenden Unterschiede im Wettbewerb in den Fähigkeiten und Bereitschaften der Mitarbeiter liegen, so bedrückend sind die empirischen Hinweise darauf, dass sich in vielen Unternehmen ein Großteil der Mitarbeiterschaft im Zustand von Unzufriedenheit oder gar innerer Kündigung befindet.[1172] Mit Bezug auf die mitarbeiterseitig beklagten Defizite hinsichtlich persönlicher Leistungsanerkennung, sozio-emotionaler Bindung und Zukunftssicherheit, die sich im Zuge der teilweisen Substituierung stabiler Arbeitsbeziehungen durch netzwerkartige, sich immer wieder neu konfigurierende Kooperationssysteme noch verstärken kann, ist die Kompensationstüchigkeit von Führungskräften[1173] offensichtlich häufig unzureichend.

Insgesamt darf konstatiert werden: Bei dem schwierigen und dauerhaft geforderten Versuch, für die ihm „anvertrauten" sozialen Systeme ein Fließgleichgewicht zu realisieren zwischen dem Bedürfnis nach Stabilität, Erwartbarkeit, Handlungssicherheit einerseits und der Anforderung nach Flexibilität, Offenheit in den Entwicklungspfaden sowie Ideen- und Handlungsvielfalt andererseits, stößt das Management mit den bislang bewährten Handlungsmustern immer häufiger an Grenzen.

Dies berechtigt zur Forderung nach dem Versuch einer Neuorientierung und einem **Einlassen auf Widersprüche und Paradoxien**. Hierbei geht es nicht darum,

– den Steuerungs- und Machbarkeitsanspruch durch den Verzicht auf Steuerung und das bloße Vertrauen auf die Selbstorganisationskräfte im Chaos

---

[1172] Darauf lassen die Ergebnisse einige empirischer Untersuchungen in den letzten Jahren schließen. Verwiesen sei hier z.B. auf die Langzeituntersuchung der Beratungsgesellschaft *Gallup*, deren markante Ergebnisse, veröffentlicht in Coffman/Gonzalez-Molina (2003), auch bei Berücksichtigung untersuchungsmethodischer Schwächen beachtenswert bleiben.

- ausgeprägtes Misstrauen durch blindes Vertrauen
- Standardisierung und Stabilität durch extreme Flexibilisierung und permanenten Veränderungsdrang
- komplexitätsreduzierende Richtlinien und Handlungsmodelle durch Orientierungslosigkeit und ein „Laisser-faire"

zu ersetzen. „Das situationsgerechte Verhalten zwischen solchen gegensätzlichen Anforderungen wird als die hohe Kunst zukunftsweisenden Managements verstanden."[1174] Alles Bemühen der Managementwissenschaft und -lehre um die Bereitstellung von anwendungsbezogenem Führungswissen darf im Sinne dieser Herausforderung bescheidenerweise als die Produktion von Leitplanken, Haltegriffen und Sicherheitsregeln verstanden werden, die ihren Adressaten, den jetzigen und zukünftigen Führungskräften, lediglich einige Orientierung bieten in unsicherem, herausforderndem, führungsbedürftigem Gelände.

[1173] Der Philosoph *Odo Marquard* hat bei einem 1996 gehaltenen Vortrag „Kompensationstüchtigkeit" als besonders wichtige (Unternehmens-)Führungstugend für das Jahr 2005 prognostiziert. Siehe Marquard (2000), S. 55 ff.

[1174] Wunderer (2003), S. 541. Siehe auch die Forderung eines Bruchs mit tradierten Mustern im Management bei Wüthrich/Osmetz/Philipp (2004), S. 10 f.

Literaturverzeichnis

AAKER, David A.: Strategisches Marktmanagement: Wettbewerbsvorteile erkennen; Märkte erschließen; Strategien entwickeln. Wiesbaden 1989

ABELL, Derek F./ Hammond, JOHN S.: Strategic Market Planning. Englewood Cliffs 1979

ABELL, Derek F.: Defining the Business. The Starting Point of Strategic Planning. Englewood Cliffs 1980

ACKOFF, Russel L.: Towards a Behavioural Theory of Communication. In: Management Science, 4 (1957/1958), S. 218-234

ADAM, Dietrich: Planung und Entscheidung. 4. Aufl., Wiesbaden 1996

ADOLPHS, Britta: Stabile und effiziente Geschäftsbeziehungen – Eine Betrachtung von vertikalen Koordinationsstrukturen in der deutschen Automobilindustrie. Lohmar 1997

AEBERHARDT, Kurt: Strategische Analyse. Bern/Berlin/Frankfurt am Main 1996

AGTHE, Klaus: Strategie und Wachstum der Unternehmung. Praxis langfristiger Planung. Baden-Baden 1972

AGTHE, Klaus: Aktuelle Planungsprobleme eines internationalen Unternehmens. In: Zeitschrift für betriebswirtschaftliche Forschung, 28 (1976) 6, S. 352-361

AKADEMIE FÜR FÜHRUNGSKRÄFTE DER WIRTSCHAFT (Hrsg.): Zur Leistung (ver)führen – Leadership und Leistung in deutschen Unternehmen. O.O. 2004

ALBACH, Horst: Allgemeine Betriebswirtschaftslehre. 2. Aufl., Wiesbaden 2000

ALBERS, Sönke / BROCKHOFF, Klaus / HAUSCHILDT, Jürgen (Hrsg.): Technologie- und Innovationsmanagement. Leistungsbilanz des Kieler Graduiertenkollegs. Wiesbaden 2001

ALBERS, Sönke / GASSMANN, Oliver (Hrsg.): Handbuch Technologie- und Innovationsmanagement. Strategie – Umsetzung – Controlling. Wiesbaden 2005

ALCHIAN, Armen A. / DEMSETZ, Harold: The Property rights paradigm. In: Journal of Economic History, 33 (1973), S. 16-27

ALEWELL, Dorothea: Arbeitsteilung und Spezialisierung. In: Handwörterbuch Unternehmensführung und Organisation, 4., völlig neu bearb. Aufl., hrsg. von Georg Schreyögg und Axel v. Werder, Stuttgart 2004, Sp. 37-45

AL-LAHAM, Andreas: Strategieprozesse in deutschen Unternehmungen. Verlauf, Struktur und Effizienz. Wiesbaden 1997

ALTROGGE, Günter: Netzplantechnik. 2. Aufl., München 1994

AMSHOFF, Bernhard: Controlling in deutschen Unternehmungen. 2. Aufl., Wiesbaden 1993

ANSOFF, Igor H.: Corporate Strategy. New York 1965

ANSOFF, Igor H. / DECLERK, Roger P. / HAYES, Robert L.: From strategic planning to strategic management. In: From strategic planning to strategic management, hrsg. von Igor H. Ansoff, Roger P. Declerk, Robert L. Hayes, London et al. 1976, S. 39-78

ANSOFF, Igor H.: Managing surprise and discontinuity – strategic response to weak signals. In: Zeitschrift für betriebswirtschaftliche Forschung, 28 (1976), S. 129-152

ANSOFF, Igor H.: Die Bewältigung von Überraschungen und Diskontinuitäten durch die Unternehmensführung – Strategische Reaktionen auf schwache Signale. In: Planung und Kontrolle, hrsg. von Horst Steinmann, München 1981, S. 233-265

ANTONI, Conny H.: Gruppen und Gruppenarbeit. In: Handwörterbuch der Unternehmensführung und Organisation, 4., völlig neu bearb. Aufl., hrsg. von Georg Schreyögg und Axel v. Werder, Stuttgart 2004, Sp.380-388

ARBEITSKREIS „INTEGRIERTE UNTERNEHMENSPLANUNG": Integrierte Forschungs- und Entwicklungsplanung. In: Zeitschrift für betriebswirtschaftliche Forschung, 38 (1986) 5, S. 351-382

ARBEITSKREIS „ORGANISATION": Organisation im Umbruch. In: Zeitschrift für betriebswirtschaftliche Forschung, 48 (1996), S. 621-665

ARGYRIS, Chris: Personality and Organization. The Conflict between System and the Individual. New York et al. 1957

ARGYRIS, Chris: Das Individuum und die Organisation. In: Organisationstheorie, hrsg. von Klaus Türk, Hamburg 1975, S. 215-233

ARGYRIS, Chris / SCHÖN, Donald A.: Organizational learning: A theory of action perspective. Reading (Mass.) 1978

ARISTOTELES: Politik. O.O. (Rowohlt) 1965

ARNOLD, Ulli: Strategische Beschaffungspolitik. Frankfurt am Main 1982

ARONSON, Elliot / WILSON, Timothy D. / AKERT, Robin M.: Sozialpsychologie. 4. Aufl., München 2004

ARTHUR D. LITTLE (Hrsg.): Innovation als Führungsaufgabe. Frankfurt am Main/New York 1988

ASCHAUER, Erika: Führung. Eine soziologische Analyse anhand kleiner Gruppen. Stuttgart 1970

ATTEMS, Rudolf: Der Zusammenhang zwischen Motivation und Führungsstil. In: Zeitschrift für Unternehmensentwicklung und Industrial Engineering, 28 (1979), S. 147-151

AUER, Alfons: Verantwortete Zeitgenossenschaft. In: Die Welt für morgen. Ethische Herausforderungen im Anspruch der Zukunft, hrsg. von Gerfried W. Hunold und Wilhelm Korff. München 1986, S. 426-437

BADELT, Christoph (Hrsg.): Handbuch der Nonprofit Organisation. Strukturen und Management. Unter Mitarbeit von Werner Bachstein. 2., überarb. und erw. Aufl., Stuttgart 1999

BALES, Robert F.: Instrumentelle und soziale Rollen in problemlösenden Experimentalgruppen. In: Führung - Theorien und Ergebnisse, hrsg. von Michael Kunczik, Düsseldorf/Wien 1972. S. 199-214

BALLWIESER, Wolfgang: Wertorientierte Unternehmensführung: Grundlagen. In: Zeitschrift für betriebswirtschaftliche Forschung, 52 (2000), S. 160-166

BAMBERG, Günter / COENENBERG, Adolf: Betriebswirtschaftliche Entscheidungslehre. 8. Aufl., München 1994

BAMBERGER, Ingolf / WRONA, Thomas: Strategische Unternehmensführung. München 2004

BARNEY, Jay B.: Firm resources and sustained competitive advantage. In: Journal of Management, 17 (1991) 1, S. 99-120

BARNEY, Jay B.: Gaining and Sustaining Competitive Advantage. New York 1997

BARTLETT, Christopher A. / GHOSHAL, Sumantra: Internationale Unternehmensführung. Innovation, globale Effizienz, differenziertes Marketing. Frankfurt am Main/New York, 1990

BARTOL, Kathryn M. / MARTIN, David C.: Management. 3. Aufl., Boston u.a. 1998

BARTSCHER-FINZER, Susanne / MARTIN, Albert: Psychologischer Vertrag und Sozialisation. In: Organizational Behaviour – Verhalten in Organisationen, hrsg. von Albert Martin, Stuttgart 2003, S. 53-76

BASS, Bernard M.: Bass & Stogdill's Handbook of Leadership. Theory, Research, and Managerial Applications. 3. Aufl., New York u.a. 1990

BASS, Bernard M. / RIGGIO, Ronald E.: Transformational Leadership. 2. Aufl., Mahwah, N.J./London 2006

BASSEN, Alexander / KOCH, Maximilian / WICHELS, Daniel: Variable Entlohnungssysteme. In: Finanz Betrieb, 2 (2000), S. 9-17

BAUM, Heinz-Gregor / COENENBERG, Adolf G. / GÜNTHER, Thomas: Strategisches Controlling. 2. Aufl., Stuttgart 1999

BEA, Franz Xaver: Die Planung in Unternehmungen. Theorie und Wirklichkeit. In: Fortbildung, 33 (1988) 3, S. 73-75

BEA, Franz Xaver: Shareholder Value. In: Wirtschaftswissenschaftliches Studium, 26 (1997) 10, S. 541-543

BEA, Franz Xaver: Entscheidungen des Unternehmens. In: Allgemeine Betriebswirtschaftslehre: Bd. 1: Grundfragen. 9., überarb. Aufl., hrsg. von Franz Xaver Bea, Birgit Friedl und Marcell Schweitzer, Stuttgart 2004, S. 311-420

BEA, Franz Xaver / DICHTL, Erwin / SCHWEITZER, Marcell (Hrsg): Allgemeine Betriebswirtschaftslehre: Bd. 2: Unternehmensführung. 8. Aufl., Stuttgart 2002

BEA, Franz Xaver / GÖBEL, Elisabeth: Organisation – Theorie und Gestaltung. 3., neu bearb. Aufl., Stuttgart 2006

BEA, Franz Xaver / HAAS, Jürgen: Strategisches Management. 4., neu bearb. Aufl., Stuttgart 2005

BEA, Franz Xaver / SCHEURER, Steffen: Die Kontrollfunktion des Aufsichtsrates. In: Der Betrieb, 47 (1994) 43, S. 2145-2152

BECKER, Fred G. / FALLGATTER, Michael J.: Unternehmungsführung. Einführung in das strategische Management. Berlin 2002

BECKER, Jochen: Marketingkonzeptionen. Grundlagen des strategischen Marketing-Managements. 5. Aufl, München 1993

BECKER, Manfred: Personalentwicklung. Bildung, Förderung und Organisationsentwicklung in Theorie und Praxis. 4., aktualis. und überarb. Aufl., Stuttgart 2005

BEHRENDS, Thomas: Organisationskultur. In: Organizational Behaviour – Verhalten in Organisationen, hrsg. von Albert Martin, Stuttgart 2003, S. 241-261

BERGER, Peter / LUCKMANN, Thomas: Die gesellschaftliche Konstruktion der Wirklichkeit. Eine Theorie der Wissenssoziologie. 16. Aufl., Frankfurt am Main 1999

BERGER, Ulrike / BERNHARD-MEHLICH, Isolde: Die Verhaltenswissenschaftliche Entscheidungstheorie. In: Organisationstheorien, 6. Aufl., hrsg. von Alfred Kieser und Mark Ebers, Stuttgart 2006, S. 169-214

BERTHEL, Jürgen: Führungskräfteentwicklung. In: Handwörterbuch der Führung, hrsg. von Alfred Kieser, Gerhard Reber und Rolf Wunderer, Stuttgart 1987, Sp. 591-601

BERTHEL, Jürgen: Führungskräfte-Qualifikationen. In: Zeitschrift Führung und Organisation, 61 (1992), S. 206-211 (Teil I), S. 279-286 (Teil II)

BERTHEL, Jürgen / BECKER, Fred G.: Personal-Management. Grundzüge für Konzeptionen betrieblicher Personalarbeit. 7., überarb. und erw. Aufl., Stuttgart 2003

BERTHOIN ANTAL, Ariane / DIERKES, Meinolf: Organisationales Lernen. In: Handwörterbuch der Unternehmensführung und Organisation, hrsg. von Georg Schreyögg und Axel v. Werder, 4., völlig neu bearb. Aufl., Stuttgart 2004, Sp. 732-739

BESSAI, Burghardt: Eine Analyse des Begriffs Management in der deutschsprachigen betriebswirtschaftlichen Literatur. In: Zeitschrift für betriebswirtschaftliche Forschung, 26 (1974), S. 353-362

BICHLER, Klaus / GERSTER, Wolfgang / REUTER, Rupert (Hrsg.): Logistik-Controlling mit Benchmarking: Praxisbeispiele aus Industrie und Handel. Wiesbaden 1994

BIERHOFF, Hans W.: Vertrauen in Führungs- und Kooperationsbeziehungen. In: Handwörterbuch der Führung, 2., neu gest. und erg. Aufl., hrsg. von Alfred Kieser, Gerhard Reber und Rolf Wunderer, Stuttgart 1995, Sp. 2148-2158

BISANI, Fritz: Personalführung. Wiesbaden 1977

BLAKE, Robert R. / MOUTON, Jane S.: The New Managerial Grid. Houston et al. 1978

BLAKE, Robert R. / MOUTON, Jane S.; Lux, Emil: Verhaltensgitter der Führung (Managerial Grid). In: Handwörterbuch der Führung, hrsg. von Alfred Kieser, Gerhard Reber und Rolf Wunderer, Stuttgart 1987, Sp. 2015 – 2028

BLAKE, Robert R. / MOUTON, Jane S.: Verhaltenspsychologie im Betrieb. Der Schlüssel zur Spitzenleistung (The Managerial GRID III. 1984). 4. Aufl., Düsseldorf/Wien 1992

BLANK, Warren; WEITZEL, John R.; GREEN, Stephen G.: A Test of the Situational Leadership Theory. In: Personnel Psychology, 43 (1990), S. 579-597

BLEICHER, Knut / MEYER, Erik: Führung in der Unternehmung. Formen und Modelle. Reinbek bei Hamburg 1976

BLEICHER, Knut: Verantwortung. In: Handwörterbuch der Organisation, 2. Aufl., hrsg. von Erwin Grochla, Stuttgart 1980. Sp. 2283-2292

BLEICHER, Knut: Organisation. Formen und Modelle. Wiesbaden 1981

BLEICHER, Knut: Organisationskulturen und Führungsphilosophien im Wettbewerb. In: Zeitschrift für betriebswirtschaftliche Forschung, 35 (1983), S. 135-146

BLEICHER, Knut: Organisation, Strategien, Strukturen, Kulturen. 2. Aufl., Wiesbaden 1991

BLEICHER, Knut: Kodifizierung und Kommunikation unternehmungspolitischer Konzepte in Leitbildern. In: Die Unternehmung, 46 (1992) 2, S. 59-78

BLEICHER, Knut: Unternehmungskultur und strategische Unternehmensführung. In: Strategische Unternehmensführung, 8. Aufl., hrsg. von Dietger Hahn und Bernhard Taylor, Heidelberg 1999, S. 223-265

BLEICHER, Knut: Das Konzept Integriertes Management. Visionen – Missionen – Programme. 5., rev. und erw. Aufl., Frankfurt 1999

BLEICHER, Knut: Das Konzept Integriertes Management. Visionen - Missionen - Programme. 7., überarb. und erw. Aufl., Frankfurt 2004

BLEICHER, Knut: Integratives ökologisches Management als Herausforderung. In: Bausteine einer nachhaltigkeitsorientierten Betriebswirtschaftslehre. Festschrift zum 70. Geburtstag von Eberhard Seidel, hrsg. von Thomas Göllinger, Marburg 2006, S. 289-294

BLEICHER, Knut / MEYER, Erik: Führung in der Unternehmung. Formen und Modelle. Reinbek bei Hamburg 1976

BOERNER, Sabine / KRAUSE, Diana E. / GEBERT, Diether: In der Kunst „untergehen" – in der Kunst „aufgehen"? Empirische Ergebnisse zur Funktionalität einer direktiv-charismatischen Führung im Orchester. In: Zeitschrift Führung und Organisation, 70 (2001), S. 285-292

BÖVENTER, Edwin von: Externe Effekte. In: Handwörterbuch der Betriebswirtschaft. Teilbd. 1. A-H. 5., völlig neu gest. Aufl., Stuttgart 1993, Sp. 1000-1010

BONSIEP, Wolf: Strategische Steuerung und die Rollen des mittleren Managements. Hamburg 2002

BOURGEOIS, L. Jay / BRODWIN, David R.: Strategic Implementation: Five Approaches to an Elusive Phenomenon. In: Strategic Management Journal, 5 (1984) 3, S. 241-264

BRAUN VON REINERSDORFF, Andrea: Strategische Krankenhausführung. Vom Lean Management zum Balanced Hospital Management. Bern et al. 2002

BRAUNSCHWEIG, Christoph: Unternehmensführung. München/Wien. 1998

BRAVERMAN, Harry: Die Arbeit im modernen Produktionsprozeß (Labor and Monopoly Capital. New York 1974). Frankfurt/New York 1977

BREID, Volker: Erfolgspotentialrechnung. Stuttgart 1994

BREISIG, Thomas / KUBICEK, Herbert: Hierarchie und Führung. In: Handwörterbuch der Führung, hrsg. von Alfred Kieser, Gerhard Reber und Rolf Wunderer, Stuttgart 1987. Sp. 1064-1077

BRETZKE, Wolf-Rüdiger: Die Formulierung von Entscheidungsproblemen als Entscheidungsproblem. In: Die Betriebswirtschaft, 38 (1978), S. 135-143

BRETZKE, Wolf-Rüdiger: Holistische Planung. In: Handwörterbuch der Planung, hrsg. von Norbert Szyperski, Stuttgart 1989, Sp. 649-654

BROCKHOFF, Klaus / HAUSCHILDT, Jürgen: Schnittstellen-Management – Koordination ohne Hierarchie. In: Zeitschrift für Organisation, 6 (1993), S. 396-403

BROCKHOFF, Klaus: Forschung und Entwicklung – Planung und Kontrolle. 4. Aufl., München/Wien 1994

BRODBECK, Felix C. / FRESE, Michael / JAVIDAN, Mansour: Leadership made in Germany: Low on compassion, high on performance. In: Academy of Management Executive, 16 (2002), S. 16-29

BRONNER, Rolf: Planung und Entscheidung. Grundlagen-Methoden-Fallstudien. 2., erw. Aufl., München/Wien 1989

BRUCK, Jürgen: Entwicklung einer Gesamtkonzeption für das Management strategischer Allianzen im F&E-Bereich. Frankfurt am Main et al. 1996

BRUHN, Manfred: Marketing. 5. Aufl., Wiesbaden 2002

BRUHN, Manfred: Balanced Scorecard: Ein ganzheitliches Konzept der Wertorientierten Unternehmensführung? In: Wertorientierte Unternehmensführung, hrsg. von Manfred Bruhn et al., Wiesbaden 1998, S. 145-167

BRUNS-VIETOR, Sabine: Logistik, Organisation und Netzwerke. Eine radikal konstruktivistische Diskussion des Fließsystemansatzes. Frankfurt am Main 2004

BUBER, Martin: Das dialogische Prinzip. 9. Aufl., Gütersloh 2002

BÜHNER, Rolf: Management-Holding – Unternehmensstruktur der Zukunft. 2. Aufl., Landsberg am Lech 1992

BÜHNER, Rolf (Hrsg.): Der Shareholder Value Report. Erfahrungen, Ergebnisse, Entwicklungen. Landsberg am Lech 1994

BÜHNER, Rolf: Kapitalmarktorientierte Unternehmenssteuerung. Grundidee und Varianten des Shareholder Value. In: Wirtschaftswissenschaftliches Studium, 25 (1996) 8, S. 392-395

BÜHNER, Rolf: Betriebswirtschaftliche Organisationslehre. 10. Aufl., München 2004

BURNS, Tom / STALKER, George M.: The Management of Innovation. London 1961

BURNS, Tom: Mechanistic and Organismic Structures. In: Organization Theory. Selected Readings, hrsg. von Derek S. Pugh, Harmondsworth 1971, S. 43-55

BUZELL, Robert D. / GALE, Bradley D.: The PIMS Principles. Linking strategy to Performance. New York 1989

CALDER, Bobby J.: An Attribution Theory of Leadership. In: New Directions in Organizational Behavior, hrsg. von Barry M. Staw und Gerald N. Salancik, Chicago 1977

CAMPHAUSEN, Bernd: Strategisches Management. München/Wien 2003

CANTIN, Françoise / THOM, Norbert: Innerbetriebliche Kommunikation. Konzeptioneller Bezugsrahmen und Ableitung von Effizienzkriterien. In: Zeitschrift Führung und Organisation, 61 (1992), S. 287-292

CAPGEMINI: Change Management Barometer. Offenbach 2004

CARLSON, Sune: Executive Behavior: A Study of the Work Load and the Working Methods of Managing Directors. Stockholm 1951

CHANDLER, Alfred D.: Strategy and Structure. Chapters in the History of Industrial Enterprise. Cambridge, MA 1962

CHARAN, Ram: How Networks Reshape Organizations - For Results. In: Harvard Business Review, (1991) 5. S. 104-115

CHOO, Chun Wei: Organizations as "Information-use Systems": A Process Modell of Information Management. PrimaVera Working Paper 97-17. Universiteit van Amsterdam 1997

CHOO, Chun Wei: Information Management for the Intelligent Organization: The Art of Scanning the Environment. 2. ed., Medford, NJ 1998

CHMIELEWICZ, Klaus: Arbeitnehmerinteressen und Kapitalismuskritik in der Betriebswirtschaftslehre. Reinbek bei Hamburg 1975

CLAESSENS, Dieter: Autorität. In: Handwörterbuch der Führung, hrsg. von Alfred Kieser, Gerhard Reber und Rolf Wunderer, Stuttgart 1987. Sp. 91-96

COASE, Ronald H.: The nature of the firm. In: Economica, 4 (1937), S. 386-405

COENENBERG, Adolf G. / BAUM Heinz-Georg / GÜNTHER, Thomas: Strategisches Controlling. 3., überarb. u. erw. Aufl, Stuttgart 2004

COFFMANN, Curt / GONZALES-MOLINA, Gabriel: Managen nach dem Gallup-Prinzip. Entfesseln Sie das Potenzial Ihrer Mitarbeiter. Frankfurt am Main 2003

COHEN, Michael D. / MARCH, James G. / OLSEN, Johan P.: A Garbage Can Model of Organizational Choice. In: Administrative Science Quarterly, 17 (1972) 1, S. 1-25

COMELLI, Gerhard: Training als Beitrag zur Organisationsentwicklung. München 1985

CONGER, Jay A. / KANUNGO, Rabindra N.: Charismatic Leadership in Organizations. Thousand Oaks/London/New Delhi 1998

CONRAD, Peter: Organizational Citizenship Behavior. In: Handwörterbuch der Unternehmensführung und Organisation, 4., völlig neu bearb. Aufl., hrsg. von Georg Schreyögg und Axel v. Werder, Stuttgart 2004, Sp. 1101-1108

CORSTEN, Hans: Grundlagen der Wettbewerbsstrategie. Stuttgart 1998

CUBE, Felix von / DEHNER, Klaus / SCHNABEL, Andreas: Führen durch Fordern. Die BioLogik des Erfolgs. Ungekürzte Taschenbuchausgabe, München/Zürich 2005

CYERT, Richard M. / MARCH, James G.: Eine verhaltenswissenschaftliche Theorie der Unternehmung. 2. Aufl., Stuttgart 1995 (deutsche Übersetzung von: A Behavioral Theory of the Firm, Englewood Cliffs 1963)

DAMBROWSKI, J. / HIEBER, W.: Activity Based Budgeting (ABB) – Effizienzsteigerung in der Budgetierung. In: Die Kunst des Controlling. Prof. Dr. Peter Horvath zum 60. Geburtstag, hrsg. von Ronald Gleich und Werner Seidenschwarz, München 1997, S. 293-312

DAMICO, James. H., Jr.: A Study of the Relationships among Level of Employee Maturity and Leader Style of Leadership and Effectiveness in an Industrial Setting. Diss. Syracuse University, USA 1976

D'AVENI, Richard A.: Hyperwettbewerb. Strategien für neue Dynamik der Märkte. Frankfurt am Main/New York 1995

DAVENPORT, Thomas H.: Process Innovation. Reengineering Work trough Information technology. Boston 1993

DEAL Terrence E. / KENNEDY Allan A.: Corporate Cultures. The Rites and Rituals of Corporate Life. Reading MA et al. 1982

DELHEES, Karl H.: Führungstheorien – Eigenschaftstheorie. In: Handwörterbuch der Führung, 2., neu gest. und erg. Aufl., hrsg. von Alfred Kieser, Gerhard Reber und Rolf Wunderer, Stuttgart 1995, Sp. 897-906

DEMING, W. Edwards: Quality, Productivity and Competitive Position. Cambridge 1982

DEUTSCHE SHELL GMBH: Shell Pkw-Szenarien: Mehr Autos – weniger Verkehr? August 2001; www.deutsche-shell.de

DIETL, Helmut: Institutionen und Zeit. Tübingen 1993

DILL, Peter: Unternehmenskultur. Grundlagen und Anknüpfungspunkte für ein Kulturmanagement. Bonn 1986

DILL, Peter / HÜGLER, Gert: Unternehmenskultur und Führung betriebswirtschaftlicher Organisationen. Ansatzpunkte für ein kulturbewußtes Management. In: Unternehmenskultur. Perspektiven für Wissenschaft und Praxis, begr. von Edmund Heinen und fortgef. von Matthias Fank, 2., bearb. und erw. Aufl., München/Wien 1997, S. 141-209

DIN DEUTSCHES INSTITUT FÜR NORMUNG: Normensammlung Qualitätsmanagement, DIN EN ISO 9002. In: Qualitätsmanagement und Statistik, hrsg. von DIN Deutsches Institut für Normung, Berlin/Wien/Zürich 1998, S. 7-25

DRUCKER, Peter F.: Was ist Management? Das Beste aus 50 Jahren. Aus dem Amerikanischen von Stephan Gebauer. 2. Aufl., München 2004

DRUMM, Hans Jürgen: Delegation (Zentralisation und Dezentralisation). In: Handwörterbuch der Unternehmensführung und Organisation, 4., völlig neu bearb. Aufl., hrsg. von Georg Schreyögg und Axel v. Werder, Stuttgart 2004, Sp. 179-189

DUDENHÖFFER, Ferdinand: Prognosemethoden für den Pkw-Markt: Das Beispiel Dieselfahrzeuge. In: Das Wirtschaftsstudium, 31 (2002) 8-9, S. 1092-1100

DÜLFER, Eberhard: Organisationskultur. Stuttgart et al. 1988

DÜLFER, Eberhard: Internationales Management in unterschiedlichen Kulturbereichen. München 1996

DUNST, Klaus H.: Portfolio Management. Konzeption für die strategische Unternehmensplanung. Berlin/New York 1979

EAGLY, Alice H. / CHAIKEN, Shelly: The psychology of attitudes. Orlando 1993

EBERS, Mark / GOTSCH, Wilfried: Institutionenökonomische Theorien der Organisation. In: Organisationstheorien, 6. Aufl., hrsg. von Alfred Kieser und Mark Ebers, Stuttgart 2006, S. 247-308

ECKARDSTEIN, Dudo von / SIMSA, Ruth: Entscheidungsmanagement in NPOs. In: Handbuch der Nonprofit Organisation. Strukturen und Management. 2., überarb. u. erw. Aufl., hrsg. von Christoph Badelt, Stuttgart 1999, S. 389-403

EDEN, Colin / SPENDER, J.-C.: Managerial and organizational cognition. Theory, methods and research, London 1998

EGGER, Anton / WINTERHELLER, Manfred: Kurzfristige Unternehmensplanung: Budgetierung. 13. Aufl., Wien 2004

EHRMANN, Harald: Unternehmensplanung. Ludwigshafen 2002

EIFF, Wilfried von: Führung und Motivation in Krankenhäusern. Perspektiven und Empfehlungen für Personalmanagement und Organisation. Stuttgart/Berlin/Köln 2000

EINSIEDLER, Herbert E.: Welche Werthaltungen zeigen erfolgreiche Teamleiter? In: Die Betriebswirtschaft, 47 (1987), S. 589–593

EISENBERG, David / SCHULTE, Klaus: Weltmeister 2006 – Der Weg zum Ziel. In: Zeitschrift Führung und Organisation, 75 (2006) 2, S. 88-95

ENDERLE, Georges: Führungsverantwortung im Unternehmen - Grundsätzliche Überlegungen zu einem zentralen Begriff der Führungsethik. In: Entwicklungspotentiale: Erkennen und Nutzen, hrsg. von René Kemm und Daniel Hirsbrunner, Bern, Stuttgart 1990. S. 103-123

ESCHENBACH, Rolf / HORAK, Christian: Rechnungswesen und Controlling in NPOs. In: Handbuch der Nonprofit Organisation. Strukturen und Management. 2., überarb. und erw. Aufl., hrsg. von Christoph Badelt, Stuttgart 1999, S. 331-355

ESCHENBACH, Rolf / HORAK, Christian (Hrsg.): Führung der Nonprofit Organisation. Bewährte Instrumente im praktischen Einsatz. 2., überarb. und erw. Aufl.., Stuttgart 2003

ESSER, Werner: Die Wertkette als Instrument der strategischen Analyse. In: Strategieentwicklung. Konzepte – Erfahrungen Fallstudien, hrsg. von Hans Christian Riekhof. Stuttgart 1989, S.191-211

ESSER, Werner: Die Wertkette als Instrument der strategischen Analyse. In: Strategieentwicklung. Konzepte – Erfahrungen Fallstudien, hrsg. von Hans Christian Riekhof, 2. Aufl., Stuttgart 1994, S.129-151

EUROPEAN FOUNDATION FOR QUALITY MANAGEMENT (Hrsg.): Self-Assessment based on The European Model for Total Quality Management. Brüssel 1994

EVANS, Martin: Führungstheorien – Weg-Ziel-Theorie. In: Handwörterbuch der Führung, 2., neu gest. und erg. Aufl., hrsg. von Alfred Kieser, Gerhard Reber und Rolf Wunderer, Stuttgart 1995, Sp. 1075-1092

FALK, Rüdiger: Personalwirtschaft für Dienstleistungsbetriebe. Personalmanagement für Betriebe der Gesundheits- und Sozialwirtschaft sowie für Sportvereine und Sportverbände. Aachen 2004

FAYOL, Henri: Allgemeine und industrielle Verwaltung. München/Berlin 1929 (deutsche Übersetzung von: Administration industrielle et générale, Paris 1918)

FEUCHT, Hartmut: Implementierung von Technologiestrategien. Franfurt am Main 1996

FIEDLER, Fred E.: Führungstheorien - Kontingenztheorie. In: Handwörterbuch der Führung, hrsg. von Alfred Kieser, Gerhard Reber und Rolf Wunderer, Stuttgart 1987, Sp. 809-823

FIEDLER, Fred E. / MAI-DALTON, Renate: Führungstheorien – Kontingenztheorie. In: Handwörterbuch der Führung, 2., neu gest. und erg. Aufl., hrsg. von Alfred Kieser, Gerhard Reber und Rolf Wunderer, Stuttgart 1995, Sp. 940-953

FISCHER, Guido: Die Führung von Betrieben. 2., neu bearb. und erw. Aufl., Stuttgart 1966

FISCHER, Lorenz: Kooperative Führung: Mythos, Fiktion oder Perspektive. In: Führung, hrsg. von Gerd Wiendieck und Günter Wiswede, 1990, S. 131-156

FISCHER, Lorenz / WISWEDE, Günter: Grundlagen der Sozialpsychologie. München/Wien 1997

FISCHER, Thomas M.: Kostenmanagement strategischer Erfolgsfaktoren. München 1993

FLECK, Andree: Hybride Wettbewerbsstrategien. Wiesbaden 1995

FORGAS, Joseph P.: Sozialpsychologie. München 1987

FRANKE, Reimund / ZERRES, Michael: Planungstechniken. Instrumente für zukunftsorientierte Unternehmensführung. 4. überarb. u. erw. Aufl., Frankfurt am Main 1994

FRANKEN, Rolf: Knowledge Map des Wissensmanagements. In: Integriertes Knowledge-Management. Repräsentation von Unternehmenswissen. Methoden, Instrumente und Projekte, hrsg. von Rolf Franken und Andreas Gadatsch, Braunschweig/Wiesbaden 2002, S. 20-42

FRANKEN, Swetlana: Verhaltensorientierte Führung. Individuen – Gruppen – Organisationen, Wiesbaden 2004

FREEMAN, R. Edward: Strategic Management. A Stakeholder Approach. Boston u.a. 1984

FRENCH, John R. P. Jr. / RAVEN, Bertram: The Bases of Social Power. In: Group Dynamics. Research and Theory, 2. Aufl., hrsg. von Dorwin Cartwright und Alvin Zander, London 1960, S. 607-623

FRESE, Erich: Unternehmungsführung. Landsberg am Lech 1987

FRESE, Erich: Grundlagen der Organisation. 8. Aufl., Wiesbaden 2000

FRESE, Erich / WERDER, Axel v.: Organisation als strategischer Wettbewerbsfaktor – Organisationstheoretische Analyse gegenwärtiger Umstrukturierungen. In: Organisationsstrategien zur Sicherung der Wettbewerbsfähigkeit, Sonderheft 33 der Zeitschrift für betriebswirtschaftliche Forschung, hrsg. von Erich Frese und Werner Maly, 1994, S. 1-27

FRIELING, Ekkehart / FREIBOTH, Michael: Klassifikation von Gruppenarbeit und Auswirkungen auf subjektive und objektive Merkmale der Arbeitstätigkeit. In: Zeitschrift für Arbeits- und Organisationspsychologie, 41 (1997), S. 120-130

FROST, Jetta: Aufbau- und Ablauforganisation. In: Handwörterbuch der Unternehmensführung und Organisation, 4., völlig neu bearb. Aufl., hrsg. von Georg Schreyögg und Axel v. Werder, Stuttgart 2004, Sp. 45-53

FURUBOTN, Eirik / PEJOVICH, Svetozar: Property rights and economic theory: A survey of recent literature. In: Journal of Economic Literature, 10 (1972), S. 1137-1162

GABELE, Eduard: Werthaltungen von Führungskräften in kleinen und mittleren Unternehmen. In: Märkte, Mitarbeiter, Management. Erfolgreiche Führung kleiner und mittlerer Unternehmen I, hrsg. von Eduard Gabele, Bamberg 1983

GABELE, Eduard: Ziele in mittelständischen Unternehmen Europas - eine empirische Untersuchung. In: Entwicklungspotentiale: Erkennen und Nutzen, hrsg. von René Kemm und Daniel Hirsbrunner, Bern/Stuttgart 1990. S. 89-101

GÄLWEILER, Alois: Unternehmenssicherung und strategische Planung. In: Zeitschrift für betriebswirtschaftliche Forschung, 28 (1976) S. 362-379

GÄLWEILER, Alois: Strategische Unternehmensführung. Frankfurt am Main/New York 1987

GÄLWEILER, Alois: Strategische Unternehmensführung. 2. Aufl., Frankfurt am Main/New York 1990

GAITANIDES, Michael: Prozeßorganisation: Entwicklung, Ansätze und Programme prozessorientierter Organisationsgestaltung. München 1983

GAITANIDES, Michael: Strategie und Struktur. Zur Bedeutung ihres Verhältnisses für die Unternehmungsentwicklung. In: Zeitschrift Führung und Organisation, 54 (1985) 2, S. 115-122

GAITANIDES, Michael: Prozessorganisation. In: Handwörterbuch der Unternehmensführung und Organisation, 4., völlig neu bearb. Aufl., hrsg. von Georg Schreyögg und Axel v. Werder, Stuttgart 2004, Sp. 1208-1218

GEHLEN, Arnold: Urmensch und Spätkultur. Philosophische Ergebnisse und Aussagen. 3., verbesserte Aufl.. Frankfurt am Main 1975

GEIGER, Theodor: Führung. In: Handwörterbuch der Soziologie. Unveränderter Neudruck, hrsg. von Alfred Vierkandt, Stuttgart 1959. S. 136-141

GEISER, Bernd / GLEICH, Ronald: Die Unternehmensplanung steht vor einem neuen Entwicklungsschub. Horváth und Partners Performance Themen 2003

GERPOTT, Torsten J.: Strategisches Technologie- und Innovationsmanagement. 2., überarb. und erw. Aufl., Stuttgart 2005

GERUM, Elmar: Unternehmensordnung. In: Allgemeine Betriebswirtschaftslehre, hrsg. von Franz Xaver Bea, Birgit Friedl und Marcell Schweitzer, Bd. 1: Grundfragen, 9., überarb. Aufl., Stuttgart 2004, S. 224-309

GERUM, Elmar: Corporate Governance, internationaler Vergleich. In: Handwörterbuch Unternehmensführung und Organisation, 4., völlig neu bearb. Aufl., hrsg. von Georg Schreyögg und Axel v. Werder, Stuttgart 2004, Sp. 171-178

GERYBADZE, Alexander: Technologie- und Innovationsmanagement. Strategie, Organisation und Implementierung. München 2004

GESCHKA, Horst / HAMMER, Richard: Die Szenario-Technik in der strategischen Unternehmensplanung. In: Strategische Unternehmungsplanung. Strategische Unternehmungsführung. Stand und Entwicklungstendenzenk, 5., neu bearbeitete und erweiterte Aufl., hrsg. von Dietger Hahn und Bernhard Taylor, Heidelberg 1990, S. 311-336

GILBERT, Dirk U.: Institutionalisierung von Unternehmensethik in internationalen Unternehmen. In: Zeitschrift für betriebswirtschaftliche Forschung, 73 (2003) 1, S. 25-48

GILBERT, Xavier / STREBEL, Paul J.: Outpacing Strategies. In: Journal of Business Strategy, 8 (1987) Summer, S. 28-36

GLEICH, Ronald: Das System des Performance Measurement. München 2001

GLEICH, Ronald / BROKEMPER, Andreas.: In vier Phasen zum Benchmarkingerfolg – dargestellt an einem Beispiel aus dem Maschinenbau. In: Das neue System des Controllers, hrsg. von Peter Horváth, Stuttgart 1997, S. 201-231

GLEICH, Ronald / KOPP, Jens: Ansätze zur Neugestaltung der Planung und Budgetierung. In: Controlling, 13 (2001) 8/9, S. 429-436

GLEICH, Ronald / KOPP, Jens / LEYK, Jörg: Ansätze zur Neugestaltung der Unternehmensplanung. In: Finanz-Betrieb, 5 (2003) 7/8, S. 461-464

GLEICH, Ronald / LEYK, Jörg: Beyong Budgeting - bessere Perfomance durch Abkehr von festen Budgets oder durch adäquate Berücksichtigung der Umweltturbulenz. In: Controller Magazin, 28 (2003) 5, S. 491-494

GLEIßNER, Werner: Wertorientierte Analyse der Unternehmensplanung auf Basis des Risikomanagements. In: Finanz Betrieb 4 (2002) 7/8, S. 417-427

GLEIßNER, Werner / FÜSER, Karsten: Moderne Frühwarn- und Prognosesysteme für Unternehmensplanung und Risikomanagement. In: Der Betrieb, 53 (2000) 19, S. 933-941

GLUCK, Federick: Strategic Choice and Resource Allocation. In: Mc Kinsey Quarterly, (1980), S. 22-34

GÖBEL, Elisabeth: Wirtschaftsethik. In: Wirtschaftswissenschaftliches Studium, 21 (1992) 6, S. 285-290

GÖBEL, Elisabeth: Das Management der sozialen Verantwortung. Berlin 1992

GÖBEL, Elisabeth: Der Stakeholderansatz im Dienste der Frühaufklärung. In: Zeitschrift für Planung, 5 (1995) 6, S. 55-67

GÖBEL, Elisabeth: Theorie und Gestaltung der Selbstorganisation. Berlin 1998

GÖBEL, Elisabeth: Neue Institutionenökonomik. Konzeption und betriebswirtschaftliche Anwendung. Stuttgart 2002

GÖBEL, Elisabeth: Selbstorganisation. In: Handwörterbuch der Unternehmensführung und Organisation, 4., völlig neu bearb. Aufl., hrsg. von Georg Schreyögg und Axel v. Werder, Stuttgart 2004, Sp. 1312-1318

GÖBEL, Elisabeth: Unternehmensethik. Stuttgart 2006

GOMEZ, Peter / PROBST, Gilbert: Die Praxis des ganzheitlichen Problemlösens. Vernetzt denken. Unternehmerisch handeln. Persönlich überzeugen. 3., unveränd. Aufl., Bern/Stuttgart/Wien 1999/2004

GOODSON, Jane R. / MC GEE, Gail W. / CASHMAN, James F.: Situational Leadership Theory: A Test of Leadership Prescriptions. In: GOS, 14 (1989), S. 446-461

GOTTSCHALL, Dietmar / HIRN, Wolfgang: Schlanke Linie. In: Manager Magazin, 1992, 4, S. 203-221

GRANT, Robert: The resourced-based theory of competitive advantage: implications for strategy formulation. In: California Management Review, 33 (1991) S. 114-135

GRANT, Robert: Contemporary Strategy Analysis. 3. Aufl., Cambrigde 1998

GRAUMANN, Mathias: Controlling. Begriff, Elemente, Methoden und Schnittstellen. Düsseldorf 2003

GREAT PLACE TO WORK INSTITUTE: Great place to work. www.greatplacetowork-europe.com. 30.09.2005

GREFERMANN, Klaus / RÖTHLINGSHÖFER, Karl C.: Patentwesen und technischer Fortschritt – Kritische Würdigung der Zusammenhänge in ausgewählten Branchen der Bundesrepublik Deutschland anhand empirischer Untersuchungen. Göttingen 1974

GROCHLA, Erwin: Unternehmungsorganisation. Neue Ansätze und Konzeptionen. Reinbek bei Hamburg 1972

GROCHLA, Erwin: Einführung in die Organisationstheorie. Stuttgart 1978

GROCHLA, Erwin: Beschaffungspolitik. In: Die Führung des Betriebes, hrsg. von v. M. Geist und R. Köhler, Stuttgart 1981, S. 243-259

GROCHLA, Erwin / SCHÖNBOHM, Peter: Beschaffung in der Unternehmung. Stuttgart 1980

GROTE, G.: Auswirkungen eletronischer Kommunikation auf Führungsprozesse. In: Zeitschrift für Arbeits- und Organisationspsychologie, (1994), S. 71-75

GÜNTHER, Thomas: Erfolgswirkung des Controlling. In: Controlling: Selbstverständnis, Instrumente, Perspektiven. In: Zeitschrift für Betriebswirtschaft, Ergänzungsheft 3 (1991a) S. 61-87

GÜNTHER, Thomas: Erfolg durch strategisches Controlling? München 1991b

GÜNTHER, Thomas / OTTERBEIN, Simone: Die Gestaltung der Investor Relations am Beispiel führender deutscher Aktiengesellschaften. In: Zeitschrift für Betriebswirtschaft 66 (1996) 4, S. 389-417

GÜNTHER, Thomas: Unternehmenswertorientiertes Controlling. München 1997

GUTENBERG, Erich: Einführung in die Betriebswirtschaftslehre. Wiesbaden 1958

GUTENBERG, Erich: Unternehmensführung. Organisation und Entscheidungen. Wiesbaden 1962

GUTENBERG, Erich: Grundlagen der Betriebswirtschaftslehre. Erster Bd.: Die Produktion. 18., neu bearb. Aufl., Berlin/Heidelberg/New York 1971

GUTENBERG, Erich: Grundlagen der Betriebswirtschaftslehre, Erster Bd.: Die Produktion, 24. Aufl., Berlin/Heiderlberg/New York 1983

HACKMAN, J. Richard: Work Design. In: Improving Life at Work: Behavioral Science Approaches to Organizational Change, hrsg. von J. Richard Hackman und J. Lloyd Suttle, Santa Monica, Cal. 1977, S. 96-162

HACKMAN, J. Richard / OLDHAM, Greg R.: Development of the Job Diagnostic Survey. In: Journal of Applied Psychology, 69 (1975), S. 159-170

HACKMAN, J. Richard / OLDHAM, Greg R.: Motivation Through the Design of Work. Test of a Theory. In: Organizational Behavior and Human Performance, 16 (1976), S. 250-279

HACKMAN, J. Richard / OLDHAM, Greg R.: Work Redesign. Reading, Mass. 1980

HAHN, Bibi: Erfolgsfaktor Managementpotential. Bewältigung von Wandlungsprozessen durch strategieorientierte Führungskräfteplanung. Wiesbaden 1996

HAHN, Dietger: Planungs- und Kontrollrechnung – PuK. 3., völlig überarb. Aufl., Wiesbaden 1985

HAHN, Dietger: Strategische Unternehmungsführung. Grundkonzept. In: Strategische Unternehmungsplanung. Strategische Unternehmungsführung. Stand und Entwicklungstendenzen, 5. Aufl., hrsg. von Dietger Hahn und Bernhard Taylor, Heidelberg 1990, S. 31-51

HAHN, Dietger: Strategische Führung und Controlling. In: Controlling: Selbstverständnis, Instrumente, Perspektiven. In: Zeitschrift für Betriebswirtschaft Ergänzungsheft 3 (1991) S. 121-146

HAHN, Dietger: Planungs- und Kontrollrechnung (PuK) – Controllingkonzepte. 5. Aufl., Wiesbaden 1996

HAHN, Dietger: Unternehmungsziele im Wandel. In: Strategische Unternehmungsplanung Strategische Unternehmungsführung, hrsg. von Dietger Hahn und Bernhard Taylor, 7. Aufl., Heidelberg 1997, S. 303-323

HAHN, Dietger: Konzepte strategischer Führung. In: Zeitschrift für Betriebswirtschaft 68 (1998) 6, S. 563-579

HAHN, Dietger: Grenzen der Unternehmungsplanung. In: Neugestaltung der Unternehmensplanung. Innovative Konzepte und erfolgreiche Praxislösungen, hrsg. von Peter Horváth und Ronald Gleich, Stuttgart 2003, S. 89-101

HAHN, Dietger / HUNGENBERG, Harald: PuK. Planung und Kontrolle. Planungs- und Kontrollsysteme. Planungs- und Kontrollrechnung – Wertorientierte Controllingkonzepte. 6., vollständig überarb. und erw. Aufl., Wiesbaden 2001

HAHN, Dietger / TAYLOR, Bernhard (Hrsg.): Strategische Unternehmungsplanung. Strategische Unternehmungsführung. Stand und Entwicklungstendenzen. 5. Aufl., Heidelberg 1990

HALL, Richard: A framework linking intangible resources and capabilities to sustainable competitive advantage. In: Strategic Management Journal 14 (1993), S. 607-618

HAMBLETON, R. K. / GUMPERT, R.: The Validity of Hersey and Blanchard's Theory of Leader Effectiveness. In: GOS. 7 (1982), S. 225-242

HAMEL, Gray / PRAHALAD, Coimbatore K.: The core competence and the corporation. In: Harvard Business Review 68 (1990) May-June, S. 79-91 und S. 86

HAMEL, Gray / PRAHALAD, Coimbatore K.: Competing for the Future. Boston 1994

HAMEL, Gray / PRAHALAD, Coimbatore K.: Wettlauf um die Zukunft. Frankfurt am Main 1995

HAMEL, Winfried: Innovative Organisation der finanziellen Unternehmensführung. In: Betriebswirtschaftliche Forschung und Praxis, 48 (1996), S. 323

HAMEL, Wilfried: Funktionale Organisation. In: Handwörterbuch der Unternehmensführung und Organisation, 4., völlig neu bearb. Aufl., hrsg. von Georg Schreyögg und Axel v. Werder, Stuttgart 2004, Sp. 324-332

HAMMER, Michael / CHAMPY, James: Business Reengineering. Die Radikalkur für das Unternehmen, 6. Aufl., Frankfurt am Main et al., 1996

HAMMER, Richard M.: Unternehmensplanung. München 1982

HAMMER, Richard M.: Unternehmensplanung. 3. Aufl., München 1988

HAMMER, Richard M.: Strategische Planung und Frühaufklärung. 2. Aufl., München 1991

HANNAN, Michael T. / FREEMAN, John H.: The population ecology of organizations. In: American Journal of Sociology 82 (1977), S. 929-964

HANNAN, Michael T. / FREEMAN, John H.: Structural inertia and organizational change. In: American Sociological Review, 49 (1984), S. 149-164

HARTMANN, Heinz: Autorität. In: Lexikon zur Soziologie, hrsg. von Werner Fuchs, Opladen 1973. S. 74

HAUBROCK, Manfred / SCHÄR, Walter (Hrsg.): Betriebswirtschaft und Management im Krankenhaus. 3., vollst. überarb. und erw. Aufl., Bern u.a. 2002

HAUSCHILDT, Jürgen: Zielhierarchien in innovativen Entscheidungsprozessen. In: Unternehmungsplanung, hrsg. von Hans Ulrich, Wiesbaden 1975, S. 106-132

HAUSCHILDT, Jürgen: Entscheidungsziele. Zielbildung in innovativen Entscheidungsprozessen. Theoretische Ansätze und empirische Prüfung. Tübingen 1977

HAUSCHILDT, Jürgen: Zielsysteme. In: Handwörterbuch der Organisation, 2. Aufl., hrsg. von Erwin Grochla, Stuttgart 1980, Sp. 2419-2430

HAUSCHILDT, Jürgen: "Ziel-Klarheit" oder "kontrollierte Ziel-Unklarheit" in Entscheidungen? Anlaß zu einigen Bemerkungen über die Rolle der empirischen Forschung im Wechselspiel von Modelltheorie und Anwendung in der Praxis. In: Der praktische Nutzen empirischer Forschung, hrsg. von Eberhard Witte, Tübingen 1981, S. 305-322

HAUSCHILDT, Jürgen / PETERSEN, Knut: Phasen-Theorem und Organisation komplexer Entscheidungsverläufe – Weiterführende Untersuchungen. In. Zeitschrift für betriebswirtschaftliche Forschung, 39 (1987) 12, S. 1043-1067

HAUSCHILDT, Jürgen: Verantwortung. In: Handwörterbuch der Führung, hrsg. von Alfred Kieser, Gerhard Reber und Rolf Wunderer, Stuttgart 1987. Sp. 1995-2004

HAUSCHILDT, Jürgen: Innovationsmanagement. 3. Aufl., München 2004

HAUSOTTER, Andreas: Logistische Beziehungen zwischen Unternehmen: Das Beispiel der Automobilwirtschaft. Wiesbaden 1994

HAX, Arnoldo C. / MAJLUF, Nicolas S.: Strategisches Management – ein integratives Konzept aus dem MIT, Frankfurt/New York 1991

HAX, Herbert.: Die Koordination von Entscheidungen. Köln 1965

HAYAKAWA, Samuel I.: Semantik. Sprache im Denken und Handeln (Language in Thought and Action. New York 1964). 2. Aufl., Darmstadt 1968

HAYEK, Friedrich A. von: Recht, Gesetzgebung und Freiheit. Erster Bd.: Regeln und Ordnung. München 1980

HEBERTINGER, Martin: Wertsteigerungsmaße – Eine kritische Analyse, Frankfurt am Main 2002

HEINEN, Edmund: Das Zielsystem der Unternehmung. Grundlagen betriebswirtschaftlicher Entscheidungen. Wiesbaden 1966

HEINEN, Edmund: Führung als Gegenstand der Betriebswirtschaftslehre. In: Betriebswirtschaftliche Führungslehre. Grundlagen – Strategien – Modelle. Ein entscheidungsorientierter Ansatz. 2., verb. und erw. Aufl., hrsg. von Edmund Heinen, Wiesbaden 1984, S. 17-49

HEINEN, Edmund: Industriebetriebswirtschaftslehre als Entscheidungslehre. In: Industriebetriebslehre. Entscheidungen im Industriebetrieb. 8., durchges. und verb. Aufl., hrsg. von Edmund Heinen, Wiesbaden 1985, S. 3-75

HEINEN, Edmund / FANK, Matthias (Hrsg.): Unternehmenskultur: Perspektiven für Wissenschaft und Praxis. München et al. 1987

HEINEN, Edmund / DILL, Peter: Unternehmenskultur aus betriebswirtschaftlicher Sicht. In: Herausforderung Unternehmenskultur, hrsg. von Hermann Simon, Stuttgart 1990, S. 12-24

HENTZE, Joachim / BROSE, Peter: Unternehmensplanung – Eine Einführung. Bern/Stuttgart 1985

HENTZE, Joachim / MÜLLER, Klaus-Dieter / SCHLICKSUPP, Helmut: Praxis der Managementtechniken. München, Wien 1990

HENTZE, Joachim / BROSE, Peter / KAMMEL, A.: Unternehmungsplanung. 2. Aufl., Bern/Stuttgart 1993

HENTZE, Joachim / GRAF, Andrea / KAMMEL, Andreas / LINDERT, Klaus: Personalführungslehre. Grundlagen, Funktionen und Modelle der Führung. 4., neu bearb. Aufl., Bern/Stuttgart/Wien 2005

HENZLER, Herbert A. (Hrsg.): Handbuch Strategische Führung, Wiesbaden 1988

HERRMANN, Andreas / PEETZ, Sylvia / SCHÖNBORN, Gregor: Werte führen zum Erfolg. In: Personal, 9 (2004), S. 30-34

HERSCOVITCH, Lynne / MEYER, John P.: Commitment to organizational change: Extension of a three component model. In: Journal of Applied Psychology, 87 (2002), S. 474-487

HERSEY, Paul / BLANCHARD, Kenneth H.: Management of Organizational Behavior. Utilizing Human Resources. 5. Aufl., Englewood Cliffs, N.J. 1988

HERSEY, Paul / BLANCHARD, Kenneth, H. / JOHNSON, Dewey E.: Management of Organizational Behavior. Leading Human Resources. 8. Aufl., Upper Saddle River, NJ 2001

HERSTATT, Cornelius / VERWORN, Birgit (Hrsg.): Management der frühen Innovationsphasen. Grundlagen – Methoden – Neue Ansätze. Wiesbaden 2003

HERZBERG, Frederick / MAUSNER, Bernard / SNYDERMAN, Barbara Bloch: The Motivation to Work. 2. Aufl., New York et al. 1967

HEYDER, Bernhard. / WERTHER, Knut: Das PIMS-Konzept. Köln 1996

HILL, Wilhelm / FEHLBAUM, Raymond / ULRICH, Peter: Organisationslehre. Erster Bd.: Ziele, Instrumente und Bedingungen der Organisation sozialer Systeme. 5. Aufl., Bern 1994

HILLMANN, Karl-Heinz: Wertwandel. Ursachen – Tendenzen – Folgen. Würzburg 2003

HINTERHUBER, Hans H.: Wettbewerbsstrategie. 2. Aufl., Berlin/New York 1990

HINTERHUBER, Hans H.: Strategische Unternehmungsführung. Bd. I: Strategisches Denken. Vision – Unternehmenspolitik – Strategie. 7., grundl. neu bearb. Aufl., Berlin/New York 2004 a

HINTERHUBER, Hans H.: Strategische Unternehmungsführung. Bd. II: Strategisches Handeln. Ziele und Rahmenbedingungen für die Funktionsbereiche – Organisation – Umsetzung – Unternehmenskultur – Strategisches Controlling – Leadership. 7., grundl. neu bearb. Aufl., Berlin/New York 2004 b

HIRZEL Leder und Partner (Hrsg.): Speed-Management. Geschwindigkeit zum Wettbewerbsvorteil machen. Wiesbaden 1992

HÖGL, Martin: Teamorganisation. In: Handwörterbuch der Unternehmensführung und Organisation, 4., völlig neu bearb. Aufl., hrsg. von Georg Schreyögg und Axel v. Werder, Stuttgart 2004, Sp. 1401-1408

HOFFMANN, Friedrich: Unternehmungs- und Führungsgrundsätze. Ergebnisse einer empirischen Untersuchung. In: Zeitschrift für betriebswirtschaftliche Forschung, 41 (1989), S. 167-185

HOFFMANN, Jörg: Die Konkurrenz – Erkenntnisse für die strategische Führung und Planung. In: Praxis der strategischen Unternehmensplanung, 2. Aufl., hrsg. von Armin Töpfer und Heik Afheldt, Landsberg am Lech 1987, S. 183-205

HOFFMANN, Werner A.: Strategische Allianz. In: Handwörterbuch der Unternehmensführung und Organisation, 4., völlig neu bearb. Aufl., hrsg. von Georg Schreyögg und Axel v. Werder, Stuttgart 2004, Sp. 11-20

HOFFMANN-RIPKEN, Bettina: Innovationsstrategien. Kognitionstheoretische Perspektive mit Fallbeispielen aus der Medienindustrie. Lohmar/Köln 2003

HOFMANN, Laila Maija: Führungskräfte in Europa. Empirische Analyse zukünftiger Anforderungen. Wiesbaden 2000

HOFMANN, Laila Maija / REGNET, Erika: Führung und Zusammenarbeit in virtuellen Strukturen. In: Führung von Mitarbeitern. Handbuch für erfolgreiches Personalmanagement, hrsg. von Lutz von Rosenstiel, Erika Regnet und Michel E. Domsch, 5., überarb. Aufl., Stuttgart 2003, S. 677-687

HOFMANN, Michael: Einführende und grundsätzliche Überlegungen zum funktionalen Management. In: Funktionale Managementlehre, hrsg. von Michael Hofmann und Lutz von Rosenstiel, Berlin et al. 1988, S. 7-37

HOFSTEDE, Geert et al: Measuring organizational cultures: A qualitative and quantitative study across twenty cases. In: Administrative Science Quarterly, 35 (1990), S. 286-316

HOFSTEDE, Geert / HOFSTEDE, Gert Jan: Lokales Denken, globales Handeln. Interkulturelle Zusammenarbeit und globales Management. 3., vollständig überarb. Aufl., München 2006

HOLSAPPLE, Clyde W. (Hrsg.): Handbook of Knowledge Management. Volume 1: Knowledge Matters, Volume 2: Knowledge Directions. Berlin, Heidelberg et al. 2003

HOLSAPPLE, Clyde W. / JOSHI, K. D.: A Knowledge Management Ontology. In: Holsapple (2003) S. 89 – 124

HOMBURG, Christian/ SÜTTERLIN, Stefan: Strategische Gruppen: Ein Survey. In: Zeitschrift für Betriebswirtschaft, 62 (1992) 6, S. 635-662

HOMBURG, Christian / KROHMER, Harley: Marketingmanagement. Wiesbaden 2003

HOMMELHOFF, Peter / MATTHEUS, Daniela: Management und Recht. In: Handwörterbuch Unternehmensführung und Organisation. 4., völlig neu bearb. Aufl., hrsg. von Georg Schreyögg und Axel v. Werder, Stuttgart 2004, Sp. 780-791

HOPE, Jeremy / FRASER, Robin: Beyond Budgeting. Stuttgart 2003

HOPFENBECK, Waldemar: Allgemeine Betriebswirtschafts- und Managementlehre. – Das Unternehmen im Spannungsfeld zwischen ökonomischen, sozialen und ökologischen Interessen. 2., durchgesehene Aufl., Landsberg am Lech 1989

HORAK, Christian / HEIMERL-WAGNER, Peter: Management von NPOs – Eine Einführung. In: Handbuch der Nonprofit Organisation. Strukturen und Management. 2., überarb. und erw. Aufl., hrsg. von Christoph Badelt, Stuttgart 1999, S. 139-152

HORAK, Christian/ MATUL, Christian/ SCHEUCH, Fritz: Ziele und Strategien von NPOs. In: Handbuch der Nonprofit Organisation. Strukturen und Management. 2., überarb. und erw. Aufl., hrsg. von Christoph Badelt, Stuttgart 1999, S. 153-178

HORSCH, Jürgen: Innovations- und Projektmanagement. Von der strategischen Konzeption bis zur operativen Umsetzung. Wiesbaden 2003

HORVÁTH & PARTNERS (HRSG.): Beyond Budgeting umsetzen. Stuttgart 2004

HORVÁTH, Peter: Controlling. 7., vollst. überarb. Aufl., München 1998

HORVÁTH, Peter: Neugestaltung der Planung – Notwendigkeiten und Lösungsansätze. In: Neugestaltung der Unternehmensplanung, hrsg. von Peter Horváth und Ronald Gleich, Stuttgart 2003, S. 3-17

HORVÁTH, Peter / ARNAOUT, Ali / GLEICH, Ronald / SEIDENSCHWARZ, Werner / STOI, Roman: Neue Instrumente in der deutschen Unternehmenspraxis – Bericht über die Stuttgarter Studie. In: Managementinstrumente und –konzepte. Tagungsband 60. Wissenschaftliche Jahrestagung der Hochschullehrer für Betriebswirtschaft e. V. 1998, hrsg. von Anton Egger, Oskar Grün und Reinhard Moser, Stuttgart 1999, S. 289-328

HORVÁTH, Peter / GLEICH, Ronald (Hrsg.): Neugestaltung der Unternehmensplanung. Stuttgart 2003

HORVÁTH, Peter / MAYER, Reinhold: Prozesskostenrechnung – Konzeption und Entwicklungen. In: Krp, Sonderheft 2 (1993), S. 15-28

HORVÁTH, Peter / SEIDENSCHWARZ, Werner: Controlling. In: Management. Bedingungen, Erfahrungen, Perspektiven, hrsg. von Rüdiger Pieper und Knut Richter, Wiesbaden 1990, S. 116-157

HOWELL, Robert A.: Wachstum statt Budgets. In: Harvard Business Manager, 27 (2005) 6, S. 10-11.

HUB, Hanns: Unternehmensführung. 2., überarb. Aufl., Wiesbaden 1988

HUNGER, J. David / WHEELEN, Thomas L.: Strategic Management. 6. Aufl., New York 1998

IRLE, Martin: Führungsverhalten in organisierten Gruppen. In: Handbuch der Psychologie. Neunter Bd.: Betriebspsychologie. 2., neubearbeitete Aufl., hrsg. von Arthur Mayer und Bernhard Herwig, Göttingen 1970, S. 521-551

JAGO, Arthur G.: Führungstheorien – Vroom/Yetton-Modell. In: Handwörterbuch der Führung, 2., neu gest. und erg. Aufl., hrsg. von Alfred Kieser, Gerhard Reber und Rolf Wunderer, Stuttgart 1995, Sp. 1058-1075

JAGO, Arthur G. / VROOM, Victor H.: Vom Vroom/Yetton- zum Vroom/Jago-Führungsmodell: Neue Überlegungen zur Partizipation in Organisationen. In: Die Betriebswirtschaft, 49 (1989) 1, S. 5-17

JAQUES, Elliott: Plädoyer für die Hierarchie (In Praise of Hierarchy. In: Harvard Business Review, 1990. Nr. 1). In: Hochschulmanagement, 12 (1990) 3. S. 102-109

JENNER, Thomas: Strategieforschung zwischen Content und Process. In: Das Wirtschaftsstudium, 32 (2003) 3, S. 341-346

JENSEN, Michael C. / RUBACK, Richard S.: The market for Corporate Control. The Scientific Evidence. In: Journal of Financial Economics, 11 (1983), S. 5-50

JENSEN, Michael C. / MECKLING, William H.: Theory of the firm. Managerial Behavior, Agency Costs and Ownership Structure. In: Journal of Financial Economics, 3 (1976), S. 305-360

JOST, Peter-J.: Organisation und Motivation – Eine ökonomisch-psychologische Einführung. Wiesbaden 2000

JUNG, Hans: Allgemeine Betriebswirtschaftslehre. 6., unwesentlich veränderte Aufl., München/ Wien 2000

JUNG, Rüdiger H.: Mikroorganisation – Eine Untersuchung der Selbstorganisationsleistungen in betrieblichen Führungssegmenten. Bern/Stuttgart 1985

JUNG, Rüdiger H.: Zur Integration einer ökologischen Orientierung in die betrieblichen Führungsprozesse. Eine normativ-präskriptive Skizze. In: Bausteine einer nachhaltigkeitsorientierten Betriebswirtschaftslehre. Festschrift zum 70. Geburtstag von Eberhard Seidel, hrsg. von Thomas Göllinger, Marburg 2006, S. 301-307

JUNG, Rüdiger H. / KLEINE, Meinolf: Management. Personen – Strukturen – Funktionen – Instrumente. München/Wien 1993

JUNG, Rüdiger H. / SCHÄFER, Helmut M.: Vielfalt gestalten – Managing Diversity. Kulturenvielfalt als Herausforderung für Gesellschaft und Organisationen in Europa. Frankfurt am Main/London 2003

KAHLE, Egbert: Betriebliche Entscheidungen. Lehrbuch zur Einführung in die betriebswirtschaftliche Entscheidungstheorie. 2., erweiterte Aufl., München/Wien 1990

KALTENSTADLER, Wilhelm: Geschichte der Führung - Altertum. In: Handwörterbuch der Führung, hrsg. von Alfred Kieser, Gerhard Reber und Rolf Wunderer, Stuttgart 1987. Sp. 997-1004

KAPLAN, Robert S. / NORTON, D. P.: Balanced Scorecard: Strategien erfolgreich umsetzen. Stuttgart 1997

KARLÖF, Bengt / ÖSTBLOM, Svante: Das Benchmarking Konzept: Wegweiser zur Spitzenleistung in Qualität und Produktivität. München 1994

KASPER, Helmut / MAYRHOFER, Wolfgang / MEYER, Michael: Managerhandeln – nach der systemtheoretisch-konstruktivistischen Wende. In: Die Betriebswirtschaft, 58 (1998), S. 603-621

KATZ, Robert L.: Skills of an Effective Administrator. In: Harvard Business Review, 52 (1974), S. 90-102

KELLER, Thomas: Unternehmungsführung mit Holdingkonzepten. 2. Aufl., Köln 1993

KEPPNER, Charles H. / TREGOE, Benjamin B.: Management-Entscheidungen vorbereiten und richtig treffen. 2. Aufl., München 1970

KERBER, Walter S. J.: Zum Ethos von Führungskräften. Ergebnisse einer empirischen Untersuchung. In: Unternehmensethik, hrsg. von Horst Steinmann und Albert Löhr, Stuttgart 1989, S. 273-283

KERN, Werner: Industrielle Produktionswirtschaft. 5. Aufl., Stuttgart 1992

KERR, Steven / MATHEWS, Charles S.: Führungstheorien – Theorie der Führungssubstitution. In: Handwörterbuch der Führung, 2., neu gest. und erg. Aufl., hrsg. von Alfred Kieser, Gerhard Reber und Rolf Wunderer, Stuttgart 1995, Sp. 1021-1034

KHANDWALLA, Pradip N.: Unsicherheit und die optimale Gestaltung von Organisationen. In: Handwörterbuch der Betriebswirtschaft. 4., völlig neu gest. Aufl., hrsg. von Erwin Grochla und Waldemar Wittmann, Stuttgart 1974, Sp. 354-363

KIESER, Alfred: Autorität im Betrieb. In: Handwörterbuch der Betriebswirtschaft. 4., völlig neu gest. Aufl., hrsg. von Erwin Grochla und Waldemar Wittmann, Stuttgart 1974. Sp. 354-363

KIESER, Alfred: Managementlehre und Taylorismus. In: Organisationstheorien, 6. Aufl., hrsg. von Alfred Kieser und Mark Ebers, Stuttgart 2006, S. 93-132

KIESER, Alfred: Human Relations-Bewegung und Organisationspsychologie. In: Organisationstheorien, 6. Aufl., hrsg. von Alfred Kieser und Mark Ebers, Stuttgart 2006, S. 133-167

KIESER, Alfred: Der Situative Ansatz. In: Organisationstheorien, 6. Aufl., hrsg. von Alfred Kieser und Mark Ebers, Stuttgart 2006, S. 215-245

KIESER, Alfred / EBERS, Mark (Hrsg.): Organisationstheorien. 6. Aufl, Stuttgart 2006

KIESER, Alfred / REBER, Gerhard / WUNDERER, Rolf (Hrsg.): Handwörterbuch der Führung. Stuttgart 1987

KIESER, Alfred / REBER, Gerhard / WUNDERER, Rolf (Hrsg.): Handwörterbuch der Führung. 2., neu gest. und erg. Aufl., Stuttgart 1995

KIESER, Alfred / KUBICEK, Herbert: Organisation. 3. Aufl., Berlin et al. 1992

KIESER, Alfred / WALGENBACH, Peter: Organisation. 4., überarb. u. erw. Aufl., Stuttgart 2003

KIESER, Alfred: Max Webers Analyse der Bürokratie. In: Organisationstheorien, 6. Aufl., hrsg. von Alfred Kieser und Mark Ebers, Stuttgart 2006, S. 63-92

KIRCHNER, Baldur: Dialektik und Ethik – Besser führen mit Fairness und Vertrauen. Wiesbaden 1991

KIRSCH, Werner: Entscheidungsprozesse. Erster Bd.. Verhaltenswissenschaftliche Ansätze der Entscheidungstheorie. Wiesbaden 1970

KIRSCH, Werner: Entscheidungsprozesse. Dritter Bd.. Entscheidungen in Organisationen. Wiesbaden 1971

KIRSCH, Werner / MAAßEN, Hartmut (Hrsg.): Managementsysteme. Planung und Kontrolle. 2. Aufl. München 1990

KIRSCH, Werner: Unternehmenspolitik und strategische Unternehmensführung. München 1990

KIRSCH, Werner (Hrsg.): Beiträge zum Management strategischer Programme. München 1991

KIRSCH, Werner: Wegweiser zur Konstruktion einer evolutionären Theorie der strategischen Führung, 2. überarb. und erw. Fassung, München 1997a

KIRSCH, Werner: Strategisches Management. Herrsching 1997b

KIRSCH, Werner / REGLIN, B.: Umsetzung strategischer Programme: Strategische Steuerung und operative Managementsysteme. In: Beiträge zum Management strategischer Programme, hrsg. von Werner Kirsch, München 1991, S. 647-711

KLAGES, Helmut: Wertorientierungen im Wandel. Rückblick, Gegenwartsanalyse, Prognosen. Frankfurt 1984

KLAUS, Peter: Durch den Strategie-Theorien-Dschungel: Zu einem Strategischen Management Paradigma? In: Die Betriebswirtschaft, 47 (1987) 1, S. 50-68

KLAUSMANN, Walter: Entwicklung der Unternehmensplanung. Gießen 1983

KLEINMANN, Martin / STRAUß, Bernd (Hrsg.): Potentialfeststellung und Personalentwicklung. 2., überarb. und erw. Aufl., Göttingen 2000

KNYPHAUSEN-AUFSEß, Dodo zu: Theorie der strategischen Unternehmensführung: State of the art und neue Perspektiven. Wiesbaden 1995

KOCH, Helmut: Integrierte Unternehmensplanung. Wiesbaden 1982

KOCKA, Jürgen: Organisationsstrukturen, historische Entwicklung von. In: Handwörterbuch der Unternehmensführung und Organisation, 4., völlig neu bearb. Aufl., hrsg. von Georg Schreyögg und Axel v. Werder, Stuttgart 2004, Sp. 1060-1068

KOLKS, Uwe: Strategieimplementierung. Wiesbaden 1990

KOONTZ, Harold / O'DONNELL, Cyril / WEIHRICH, Heinz: Management. 8. Aufl., New York et al. 1984

KOPP, Jens / LEYK, Jörg: Effizient und effektiv planen und budgetieren. In: Beyond Budgeting umsetzen, hrsg. von Horváth und Partners. Stuttgart 2004, S. 1-13

KOREIMANN, Dieter: Management. 7., völlig überarb. u. erw. Aufl. München/Wien 1999

KORNDÖRFER, Wolfgang: Unternehmensführungslehre. Einführung – Entscheidungslogik – Soziale Komponenten. 9., aktual. Aufl., Wiesbaden 1999

KOSIOL, Erich: Grundlagen und Methoden der Organisationsforschung. Berlin 1959

KOSIOL, Erich: Die Unternehmung als wirtschaftliches Aktionszentrum. Einführung in die Betriebswirtschaftslehre. Reinbek bei Hamburg 1972

KOSIOL, Erich: Organisation der Unternehmung. 2. Aufl. Wiesbaden 1976 (Erstaufl. 1962)

KOSIOL, Erich: Aufgabenanalyse und Aufgabensynthese. In: Elemente der organisatorischen Gestaltung, hrsg. von Erwin Grochla, Reinbek bei Hamburg 1978, S. 66-84

KOSLOWSKI, Peter: Wirtschafts- und Unternehmensethik. In: Allgemeine Betriebswirtschaftslehre: Bd. 1: Grundfragen. 9., überarb. Aufl., hrsg. von Franz Xaver Bea, Birgit Friedl und Marcell Schweitzer, Stuttgart 2004, S. 421-460

KOTLER, Philip. / BLIEMEL, Friedhelm.: Marketing-Management. 10. Aufl., Stuttgart 2001

KOTTER, John P. / COHEN, Dan S.: The heart of change. Real-life stories of how people change their organizations. Boston 2002

KRALIJC, Peter: Zukunftsorientierte Beschaffungs- und Versorgungsstrategie als Element der Unternehmensstrategie. In: Handbuch Strategische Führung, hrsg. von Herbert A. Henzler, Wiesbaden 1988, S. 477-498

KRECH, David; CRUTCHFIELD, Richard S.; BALLACHEY, L. Egerton: Individual in Society: A Textbook of Social Psychology, New York et al. 1962

KREIKEBAUM, Hartmut: Strategische Unternehmensplanung, Stuttgart/Berlin/Köln 1991

KREIKEBAUM, Hartmut: Die Ethikkomponente im Umweltmanagement. In: Betriebliches Umweltmanagement im 21. Jahrhundert. Aspekte, Aufgaben, Perspektiven, hrsg. von Eberhard Seidel, Berlin et al. 1999, S. 89-101

KREILKAMP, Edgar: Strategisches Management und Marketing. Berlin 1987

KRÜGER, Wilfried: Grundlagen der Organisationsplanung. Gießen 1983

KRÜGER, Wilfried: Bedeutung und Formen der Hierarchie. In: Die Betriebswirtschaft, 45 (1985), S. 292-307

KRÜGER, Wilfried: Die Erklärung von Unternehmungserfolg. Theoretischer Ansatz und empirische Ergebnisse. In: Die Betriebswirtschaft, 48 (1988) 1, S. 27-43

KRÜGER, Wilfried: Organisation der Unternehmung. 2. Aufl., Stuttgart et al. 1993

KRÜGER, Wilfried:. Excellence in Change Management. Weg zur strategischen Erneuerung. 2. Aufl., Wiesbaden 2002

KRÜGER, Wilfried / HOMP, Christian: Kernkomeptenz-Management. Wiesbaden 1997

KRÜGER, Wilfried / REIßNER, Stefan: Inhaltsmuster der Hierarchie. Eine Exploration anhand der zfo-Führungsprofile. In: Zeitschrift Führung und Organisation. 59 (1990), S. 380-388

KRYSTEK, Ulrich / MÜLLER-STEWENS, Günter: Grundzüge einer strategischen Frühaufklärung. In: Strategische Unternehmungsplanung – Strategische Unternehmungsführung, hrsg. von Dietger Hahn und Bernd Taylor, 5. Aufl., Heidelberg 1990, S. 337-367

KUBICEK, Herbert: Empirische Organisationsforschung. Konzeption und Methodik. Stuttgart 1975

KUBICEK, Herbert: Teil 2: Organisatorische Gestaltungsbedingungen. In: Unternehmungsführung. Bd. 2: Organisation, hrsg. von Martin K. Welge, Stuttgart 1987, S. 67-359

KÜPPER, Hans-Ulrich / WEBER, Jürgen / ZÜND, Andre: Zum Verständnis und Selbstverständnis des Controlling. Thesen zur Konsensbildung. In: Zeitschrift für betriebswirtschaftliche Forschung, 60 (1990) S, 281-293

KUHN, Alfred: Unternehmensführung. 2., völlig neubearbeitete Aufl.. München 1990

KUPSCH, Peter: Unternehmungsziele. Stuttgart/New York 1979

KUPSCH, Peter: Unternehmenziele. In: Allgemeine Betriebswirtschaftslehre. Zweiter Bd.: Führung, hrsg. von Franz Xaver Bea, Erwin Dichtl und Marcell Schweitzer, Stuttgart/New York 1983, S. 1-35

KUPSCH, Peter / LINDNER, Thomas: Materialwirtschaft. In: Industriebetriebslehre, hrsg. von Edmund Heinen, 9. Aufl., Wiesbaden 1991, S. 273-358

KUTSCHKER, Michael / SCHMID, Stefan: Internationales Management. 2. Aufl., München/Wien 2002

LANG, Rainhart: Informelle Organisation. In: Handwörterbuch der Unternehmensführung und Organisation, 4., völlig neu bearb. Aufl., hrsg. von Georg Schreyögg und Axel v. Werder, Stuttgart 2004, Sp. 497-505

LASKE, Stefan / WEISKOPF, Richard: Hierarchie. In: Handwörterbuch der Organisation, 3., völlig neu gest. Aufl., hrsg. von Erich Frese, Stuttgart 1992. Sp. 791-806

LATTMANN, Charles: Die verhaltenswissenschaftlichen Grundlagen der Führung des Mitarbeiters. Bern/Stuttgart 1982

LAUKAMM, Thomas: Strategisches Management von Human-Ressourcen. In: Strategisches Marketing, hrsg. von Hans Raffée und Klaus-Peter Wiedmann, Stuttgart 1985. S. 243-282

LAUX, Helmut / LIERMANN, Felix: Grundlagen der Organisation. Die Steuerung von Entscheidungen als Grundproblem der Betriebswirtschaftslehre. 6. Aufl., Berlin et al. 2005

LAWRENCE, Paul R. / LORSCH, Jay W.: Organization and Environment. Managing differentiation and integration. Boston 1967

LEHNER, Franz: Organizational Memory. Konzepte und Systeme für das organisatorische Lernen und das Wissensmanagement. München 2000

LEIFER, Richard et al.: Radical innovation – How mature companies can outsmart upstarts. Boston, Mass. 2000

LENK, Hans / MARING, Matthias: Verantwortung. In: Handwörterbuch Unternehmensführung und Organisation, 4., völlig neu bearb. Aufl., hrsg. von Georg Schreyögg und Axel v. Werder, Stuttgart 2004, Sp. 1557-1565

LEWIN, Kurt: Feldtheorie. Hrsg. von Carl-Friedrich Graumann. Stuttgart 1982

LEY, Jörg / KOPP, Jens: Innovative Planungs- und Budgetierungskonzepte und ihre Bewertung. In: Beyond Budgeting umsetzen, hrsg. von Horváth und Partners. Stuttgart 2004, S. 15-59

LINDBLOM, Charles. E.: The Science of „Muddling Through". In: Business Strategy, hrsg. Von Igor H. Ansoff, Harmondsworth 1969, S. 41-60

LINK, Christian / ORBÁN, Csaba: Unternehmensplanung – Wertschöpfung oder Pflichtübung? In: krp 46 (2002) 1, S. 11.-17

LINK, Jörg: Organisation der strategischen Unternehmensplanung. Strategische Unternehmensplanung. Strategische Unternehmensführung. 8. Aufl., hrsg. von Dietger Hahn und Bernhard Taylor, Heidelberg 1999, S. 804-829

LOCKE, Edwin A. / LATHAM, Gary P.: A Theory of Goal Setting and Task Performance. Englewood Cliffs 1990

LOCKE, Edwin A. / LATHAM, Gary P.: Building a Practically Useful Theory of Goal Setting and Task Motivation. In: American Psychologist, 57 (2002), S. 705-717

LORANGE, Peter: Strategic Control. In: Competitive Strategic Management, hrsg. von Robert Boyden Lamb, Englewood Cliffs 1984, S. 247-271

LÜER, Christoph Ulrich: Kognition und Strategie. Zur konstruktiven Basis des Strategischen Managements. Wiesbaden 1998

LUHMANN, Niklas: Funktionen und Folgen formaler Organisation. 4. Aufl., Berlin 1995

LUKASCZYK, Karl: Zur Theorie der Führerrollen. In: Psychologische Rundschau, 11 (1960), S. 179-188

LUTHANS, Fred: Organizational Behavior. 10. Aufl., Boston u.a. 2005

LUTHANS, Fred / ROSENKRANTZ, Stuart A.: Führungstheorien – Soziale Lerntheorie. In: Handwörterbuch der Führung, 2., neu gest. und erg. Aufl., hrsg. von Alfred Kieser, Gerhard Reber und Rolf Wunderer, Stuttgart 1995, Sp. 1005-1021

LUX, Emil: Verhaltensgitter der Führung (Managerial Grid): In: Handwörterbuch der Führung, 2., neu gest. und erg. Aufl., hrsg. von Alfred Kieser, Gerhard Reber und Rolf Wunderer, Stuttgart 1995, Sp. 2126-2139

MACHARZINA, Klaus: Unternehmensführung. Das internationale Managementwissen. Konzepte – Methoden – Praxis. 4., grundl. überarb. Aufl., Wiesbaden 2003

MACHARZINA, Klaus / OESTERLE, Michael-Jörg: Internationalisierung und Organisation unter besonderer Berücksichtigung europäischer Entwicklungen. In: Strategisches Euro-Management, hrsg. von Christian Scholz und Joachim Zentes, Stuttgart 1995, S. 203-225

MACHARZINA, Klaus / OESTERLE, Michael-Jörg (Hrsg.): Handbuch Internationales Management. Grundlagen – Instrumente – Perspektiven. Wiesbaden 1997

MADAUSS, Bernd J.: Handbuch Projektmanagement. 7. Aufl., Stuttgart 2006

MAG, Wolfgang: Grundzüge der Entscheidungstheorie. München 1990

MAG, Wolfgang: Die Funktionserweiterung der Unternehmensführung. In: Wirtschaftswissenschaftliches Studium, 21 (1992), S. 60-64

MAG, Wolfgang: Ausschüsse. In: Handwörterbuch der Organisation, 3. Aufl., hrsg. von Erich Frese, Stuttgart 1992, Sp. 252-262

MAG, Wolfgang: Die Modellunterstützung der Unternehmungsplanung. In: Das Wirtschaftsstudium, 24 (1995) 4, S. 323-332

MAGRETTA, Joan: Basic Management. Alles, was man wissen muss. Unter Mitarbeit von Nan Stone. Aus dem Englischen von Martin Bauer. München 2004

MAHONEY, Thomas A. / JERDEE, Thomas H. / CARROLL, Stephen J.: Development of Managerial Performance: A Research Approach. Cincinnati u.a. 1963

MALIK, Fredmund: Strategie des Managements komplexer Systeme. Ein Beitrag zur Management-Kybernetik evolutionärer Systeme. 3. Aufl., Bern/Stuttgart 1989

MALIK, Fredmund: Systemisches Management, Evolution, Selbstorganisation. Grundprobleme, Funktionsmechanismen und Lösungsansätze für komplexe Systeme, 3. Aufl., Bern/Stuttgart/Wien 2003

MALIK, Fredmund: Führen Leisten Leben. 11. Aufl., Stuttgart/München 2001

MANASSE, A. Lorri: Improving Conditions for Principal Effectiveness: Policy Implications of Research. In: The Elementary School Journal. 85 (1985), S. 439-463

MANDL, Christoph: Führung in strukturminimalen Arbeitsformen. In: Führen. Zwischen Hierarchie und ... - Komplexität nutzen – Selbstorganisation wagen, hrsg. von Rudolf Attems et al., Zürich 2001, S. 77-87

MANN, Leon: Sozialpsychologie. Weinheim/Basel 1972

MARCH, James G. / SIMON, Herbert A.: Organizations. New York et al. 1958

MARCH, James G. / SIMON, Herbert A.: Organisation und Individuum. Menschliches Verhalten in Organisationen. Wiesbaden 1976

MARCH, James G.: Eine Chronik der Überlegungen übe Entscheidungsprozesse in Organisationen. In: Entscheidng und Organisation. Kritische und konstruktive Beiträge, Entwicklungen und Perspektiven, hrsg. von James G. March, Wiesbaden 1990, S. 1-23

MARQUARD, Odo: Philosophie des Stattdessen. Stuttgart 2000

MARR, Rainer / STEINER, Karin: Projektmanagement. In: Handwörterbuch der Unternehmensführung und Organisation, 4., völlig neu bearb. Aufl., hrsg. von Georg Schreyögg und Axel v. Werder, Stuttgart 2004, Sp. 1196-1208

MARSCHAK, Jacob: Elements for a theory of teams. In: Management Science, 1 (1955), S. 127-137

MARTIN, Albert: Vertrauen. In: Organizational Behaviour – Verhalten in Organisationen, hrsg. von Albert Martin, Stuttgart 2003, S. 115-137

MATTHES, Winfried: Phasen des Managementprozesses. In: Das Wirtschaftsstudium, 15 (1986) 6, S. 283-290

MASLOW, Abraham H.: Motivation and personality. New York 1954

MASLOW, Abraham H.: Motivation und Persönlichkeit (Motivation and Personality. New York et al. 1954). Olten/Freiburg 1977

MAYRHOFER, Wolfgang / MEYER, Michael: Organisationskultur. In: Handwörterbuch der Unternehmensführung und Organisation, 4., völlig neu bearb. Aufl., hrsg. von Georg Schreyögg und Axel v. Werder, Stuttgart 2004, Sp. 1025-1033

MCGREGOR, Douglas: Der Mensch im Unternehmen. Düsseldorf/Wien 1973 (Original: The human side of enterprise, New York 1960)

MECKL, Reinhard: Regionalorganisation. In: Handwörterbuch der Unternehmensführung und Organisation, 4., völlig neu bearb. Aufl., hrsg. von Georg Schreyögg und Axel v. Werder, Stuttgart 2004, Sp. 1253-1262

MEFFERT, Heribert: Marketing. Grundlagen marktorientierter Unternehmensführung. Konzepte – Instrumente – Praxisbeispiele. Wiesbaden 2000

MEHRWALD, Herwig: Das „Not-Invented-Here"-Syndrom in Forschung und Entwicklung. Wiesbaden 1999

MEINIG, Wolfgang.: Die Zufriedenheit von Zulieferunternehmen der deutschen Automobilindustrie – eine empirische Analyse. Bamberg 1995

MELLEWIGT, Thomas: Stellen- und Abteilungsbildung. In: Handwörterbuch der Unternehmensführung und Organisation, 4., völlig neu bearb. Aufl., hrsg. von Georg Schreyögg und Axel v. Werder, Stuttgart 2004, Sp. 1356-1365

MEYER, Jörn-Axel (Hrsg.): Innovationsmanagement in kleinen und mittleren Unternehmen. München 2001

MEYNHARDT, Timo: Wertwissen: Was Organisationen wirklich bewegt. Diss. St. Gallen 2003

MITCHELL, Terence R.: Führungstheorien – Attributionstheorie. In: Handwörterbuch der Führung, 2., neu gest. und erg. Aufl., hrsg. von Alfred Kieser, Gerhard Reber und Rolf Wunderer, Stuttgart 1995, Sp. 847-861

MINTZBERG, Henry: The Nature of Managerial Work. New York 1973

MINTZBERG, Henry: Patterns in Strategy Formation. In: Management Science, 24 (1978), S. 934-948

MINTZBERG, Henry: The Structuring of Organizations. A Synthesis of the Research. Englewood Cliffs, N.J. 1979

MINTZBERG, Henry: The strategy concept I: five p's for strategy. California Management Review, 30 (1987), S. 11-24

MINTZBERG, Henry: Zwischen Fakt und Fiktion - der schwierige Beruf Manager (The Manager's Job: Folklore and Fact. In: Harvard Business Review, 1990). In: Hochschulmanagement, 12 (1990), S. 86-98

MINTZBERG, Henry: Mintzberg über Management. Führung und Organisation. Mythos und Realität. Wiesbaden 1991

MINTZBERG, Henry: The Rise and Fall of Strategic Planning. Prentice Hall, N.J. 1994

MINTZBERG, Henry / AHLSTRAND, Bruce / LAMPEL, Joseph: Strategy Safari: Eine Reise durch die Wildnis des strategischen Managements. Ueberreuter 1999

MÖLLER, Klaus / STOI, Roman: Quo vadis Controlling? Status Quo und Perspektiven der Controlling-Forschung. In: Controlling, 14 (2002) 10, S. 561-568

MORGAN, Gareth: Images of Organization. Beverly Hills 1986

MUELLER, Robert K.: Betriebliche Netzwerke. Kontra Hierarchie und Bürokratie (Corporate Networking. 1986). Freiburg i.Br. 1988

MÜLLER, Bernhard et al.: Kommunikation in regionalen Innovationsnetzwerken. München/Mering 2002

MÜLLER, Werner R. / HILL, Wilhelm: Personale Aspekte partizipativer Führung. In: Partizipative Führung. Betriebswirtschaftliche und sozialpsychologische Aspekte, hrsg. von Wolfgang Grunwald und Hans-Georg Lilge, Bern, Stuttgart 1980. S. 127-161

MÜLLER-BÖLLING, Detlef: Gründung von Unternehmen, Organisation der. In: Handwörterbuch der Organisation, 3., völlig neu gestaltete Aufl., hrsg. von Erich Frese, Stuttgart 1992

MÜLLER-BÖLING, Detlef / RAMME, Iris: Informations- und Kommunikationstechniken für Führungskräfte. Top-Manager zwischen Technikeuphorie und Tastaturphobie. München, Wien 1990

MÜLLER, Stefan / KORNMEIER, Martin: Strategisches Internationales Management: Internationalisierung der Unternehmenstätigkeit. München 2002

MÜLLER-STEWENS, Günter / LECHNER, Christoph: Strategisches Management. 3., aktualis. Aufl., Stuttgart 2005

NAGEL, Kurt: Die 6 Erfolgsfaktoren des Unternehmens. Landsberg am Lech 1986

NEGT, Oskar: Arbeit und menschliche Würde. 2. Aufl., Göttingen 2002

NEUBAUER, Franz-Friedrich: Das PIMS-Programm und Portfolio-Management. Hrsg. von Dietger Hahn und Bernhard Taylor 1990, S. 283-310

NEUBAUER, Walter: Organisationskultur. Stuttgart 2003

NEUBERGER, Oswald: Motivation und Zufriedenheit. In: Organisationspsychologie, hrsg. von Arthur Mayer, Stuttgart 1978, S. 201-235

NEUBERGER, Oswald: Miteinander arbeiten - miteinander reden! Vom Gespräch in unserer Arbeitswelt. 13. Aufl.. München 1991

NEUBERGER, Oswald: Das Mitarbeitergespräch. Praktische Grundlagen für erfolgreiche Führungsarbeit. 5., durchges. Aufl., Leonberg 2001

NEUBERGER, Oswald: Führen und führen lassen. Ansätze, Ergebnisse und Kritik der Führungsforschung. 6., völlig neu bearb. und erw. Aufl., Stuttgart 2002

NEUS, Werner: Verrechnungspreise – Rekonstruktion des Marktes innerhalb der Unternehmung? In: Die Betriebswirtschaft, 57 (1997), S. 38-47

NIEDEREICHHOLZ, Christel (Hrsg.): Internes Consulting. Grundlagen – Praxisbeispiele – Spezialthemen. München 2000

NIEDERMAIR, Gerhard: Christliche Führungsarbeit im Brennpunkt. Ergebnisse einer Managerbefragung. In: Personal, 48 (1996), S. 383-387

NIESCHLAG, Robert / DICHTL, Erwin / HÖRSCHGEN, Hans.: Marketing. 19. Aufl., Berlin 2002

NONAKA, Ikujiro / TAKEUCHI, Hirotaka: The knowledge creating company: How Japanese companies create the dynamics of innovation. New York 1995

NORDSIECK, Fritz: Grundlagen der Organisationslehre. Stuttgart 1934

NORDSIECK, Fritz: Rationalisierung der Betriebsorganisation. Stuttgart 1955

NUTZINGER, Hans G.: Selbstverwaltungsbetriebe und Genossenschaften, Führung in. In: Handwörterbuch der Führung, hrsg. von Alfred Kieser, Gerhard Reber und Rolf Wunderer, Stuttgart 1987. Sp. 1833-1848

OECHSLER, Walter A.: Personal als Managementfunktion. In: Handwörterbuch Unternehmensführung und Organisation, 4., völlig neu bearb. Aufl., hrsg. von Georg Schreyögg und Axel v. Werder, Stuttgart 2004, Sp. 1123-1133

OLDHAM, Greg R.: Job Design. In: International Review of Industrial and Organizational Psychology, Vol. 11, hrsg. von Cary L. Cooper und Ivan T. Robertson, Chichester u.a. 1996, S. 33-60

OPENS, Manfred / SYDOW, Jörg: Situative Führungstheorien. Ein Vergleich zweier erwartungsvalenz-theoretischer Konzepte. Berlin 1980 (DBW-Depot. 81-1-4)

ORTMANN, Günther / ZIMMER, Marco: Strategisches Management, Recht und Politik. In: Die Betriebswirtschaft, 58 (1998) 6, S. 747-769

OSSADNIK, Wolfgang.: Markt- versus ressourcenorientiertes Management – alternative oder einander ergänzende Konzeptionen einer strategischen Unternehmensführung? In: Die Unternehmung 54 (2000) 4, S. 273-287

OSWICK, Cliff et al.: Looking forwards: Discursive directions in organizational change. In: Journal of Organizational Change Management, 18 (2005), S. 383-390

PACK, Marcus / DÖRR, Uwe: Beyond Budget? Wie die Unternehmensplanung ihren Stellenwert sichern muss. In: CM controller magazin, 29 (2004) 1, S. 4-9

PALLAZO, Bettina: Interkulturelle Unternehmensethik. Deutsche und amerikanische Modelle im Vergleich, Wiesbaden 2001

PEKAYVAZ, Berc: Strategische Planung in der Materialwirtschaft. Frankfurt am Main/New York 1985

PENROSE, Edith: The Theory of the Growth of the Firm. Oxford 1959

PERLITZ, Manfred: Internationales Management. 5. Aufl., Stuttgart 2004

PERLMUTTER, Howard V.: The Tortuous Evolution of the Multinational Corporation. In: Columbia Journal of World Business 4 (1969), S. 9-18

PETERS, Tom / WATERMAN, Robert: In Search of Excellence. Lessons from America's Best-Run Companies, New York et al. 1982

PETERS, Tom / WATERMANN, Robert: Auf der Suche nach Spitzenleistungen. 10. Auflage, Landsberg am Lech 1984

PETTIGREW, Andrew M.: The Management of Strategic Change. Oxford 1987

PFEIFFER, Werner et al.: Technologie-Portfolio zum Management strategischer Zukunftsgeschäftsfelder. 6. Aufl., Göttingen 1991

PFEIFFER, Werner / DÖGL, Rudolf: Das Technologie-Portfolio-Konzept zur Beherrschung der Schnittstelle Technik und Unternehmensstrategie. In: Strategische Unternehmensplanung – Strategische Unternehmensführung. 8. Aufl., hrsg. von Dietger Hahn und Bernd Taylor, Heidelberg 1999

PFEIFFER, Werner / WEIß, Enno: Methoden zur Analyse und Bewertung technologischer Alternativen. In: Handbuch Technologiemanagement, hrsg. von Erich Zahn, Stuttgart 1995, S. 669-673

PFOHL, Markus C.: Prozessorientierte Budgetierung. In: Die Betriebswirtschaft 60 (2000) 2, S. 277-279

PFOHL, Hans-Christian: Planung und Kontrolle. Stuttgart et al. 1981

PICOT, Arnold / LANGE, Bernd: Synoptische vs. inkrementale Gestaltung des strategischen Planungsprozesses. In: Zeitschrift für betriebswirtschaftliche Forschung, 31 (1979), S 569-596

PICOT, Arnold / FRANCK, Egon: Prozessorganisation. Eine Bewertung der neuen Ansätze aus Sicht der Organisationslehre. In: Prozessmanagement und Reengineering. Die Praxis im deutschsprachigen Raum, 2. Aufl., hrsg. von Michael Nippa und Arnold Picot, Frankfurt et. Al 1996, S. 13-38

PICOT, Arnold / REICHWALD, Ralf / WIGAND, Rolf T.: Die grenzenlose Organisation. 2. Aufl., Wiesbaden 1997

PICOT, Arnold / DIETL, Helmut / FRANCK, Egon: Organisation. Eine ökonomische Perspektive, 4. Aufl., Stuttgart 2005

PICOT, Arnold / NEUBURGER, Rahild: Modulare Organisation. In: Handwörterbuch der Unternehmensführung und Organisation, 4., völlig neu bearb. Aufl., hrsg. von Georg Schreyögg und Axel v. Werder, Stuttgart 2004, Sp. 897-905

PILLER, Frank T.: Kundenindividuelle Massenproduktion. München 1998

PLATON: Sämtliche Werke. 3. Phaidon, Politeia. O.O. (Rowohlt) 1958

PLESCHAK, Franz / SABISCH, Helmut: Innovationsmanagement. Stuttgart 1996

POPCORN, Faith: Popcorn report for 2003. New York 2003

PORTER, Michael E.: Wettbewerbsstrategien. Frankfurt 1983

PORTER, Michael E.: Competitive Advantage. Creating and Sustaining Superior Performance. New York 1985

PORTER, Michael E.: Nationale Wettbewerbsvorteile. Wien 1993

PORTER, Michael E.: Wettbewerbsstrategie. Methoden zur Analyse von Branchen und Konkurrenten. 10. Aufl., Frankfurt am Main 1999

PORTER, Michael E.: Wettbewerbsvorteile. Spitzenleistungen erreichen und behaupten. 6. Aufl., Frankfurt am Main 2000

PORTER, Lyman W. / LAWLER III, Edward E.: Managerial Attitudes and Performance. Homewood, Ill. 1968

PORTER, Lyman W. / BIGLEY, Gregory A. / STEERS, Richard M.: Motivation and Work Behavior. 7. Aufl., Boston u.a. 2003

PRETZLAFF, Harry: Daimler plant die Rolle rückwärts am Fließband. In: Stuttgarter Zeitung, Nr. 15 vom 19.01.2006, S. 13

PRICEWATERHOUSECOOPERS (Hrsg.): PwC Mori Report. Frankfurt 2003

PROBST, Gilbert J.: Selbst-Organisation. Ordnungsprozesse in sozialen Systemen aus ganzheitlicher Sicht. Berlin, Hamburg 1987

PROBST, Gilbert J. B. / GOMEZ, Peter (Hrsg.): Vernetztes Denken. Unternehmen ganzheitlich führen. 2. erw. Aufl., Wiesbaden 1991

PROBST, Gilbert J. B. / GOMEZ, Peter: Die Methodik des vernetzten Denkens zur Lösung komplexer Probleme. Hrsg. von Gilbert J. B. Probst und Peter Gomez, Wiesbaden 1991, S. 1-18

PROBST, Gilbert J. B. / BÜCHEL, Bettina S. T.: Organisationales Lernen. Wettbewerbsvorteil der Zukunft. 2., aktual. Aufl., Wiesbaden 1998

PROBST, Gilbert; RAUB, Steffen; ROMHARDT, Kai: Wissen Managen. Wie Unternehmen ihre wertvollste Ressource optimal nutzen. 4. Aufl., Wiesbaden 2003

PROJECT MANAGEMENT INSTITUTE (PMI): A guide to the project management body of knowledge. Newtown Square 2004

PÜMPIN, Cuno: Strategische Führung in der Unternehmenspraxis. Bern 1980

PÜMPIN, Cuno: Produkt-Markt-Strategien. Bern 1981

PUGH, Derek Salman et al.: Dimensions of organization structure. In: Administrative Science Quarterly, 13 (1968), S. 65-105

RANK, Susanne: Die Kompatibilitätshypothese. Verarbeitungsziele beeinflussen die kognitive Verarbeitung von Mehrheits- und Minderheitsargumenten. Aachen 1997

RAPPAPORT, Alfred: Shareholder Value – Ein Handbuch für Manager und Investoren. Stuttgart 1999

REBER, Gerhard / JAGO, G. Arthur: Festgemauert in der Erde ... Eine Studie zur Veränderung oder Stabilität des Führungsverhaltens von Managern in Deutschland, Frankreich, Österreich, Polen, Tschechien und der Schweiz zwischen 1989 und 1996. In: Personal als Strategie. Mit flexiblen und lernbereiten Human-Ressourcen Kernkompetenzen aufbauen, hrsg. von Rüdiger Klimecki und Andreas Remer, Neuwied/Kriftel/Berlin 1997, S. 158-184

REDDIN, William J.: Das 3-D-Programm zur Leistungssteigerung des Managements (Managerial Effectiveness. New York u.a. 1970). München 1977

REDEL, Wolfgang: Kollegienmanagement. Bern/Stuttgart 1982

REICHMANN, Thomas: Controlling. 6., überarb. u. erw. Aufl., München 2001

REICHWALD, Ralf: Organisationsgrenzen. In: Handwörterbuch der Unternehmensführung und Organisation, 4., völlig neu bearb. Aufl., hrsg. von Georg Schreyögg und Axel v. Werder, Stuttgart 2004, Sp998-1008

REICHWALD, Ralf / GOECKE, Robert: Was tut ein Topmanager an einem durchschnittlichen Arbeitstag? Neue Telemedien und die Arbeitssituation von Top-Managern. In: gdi impuls, 14 (1996) 1, S. 32-45

REICHWALD, Ralf / MÖSLEIN, Kathrin: Management und Technologie. In: Führung von Mitarbeitern. Handbuch für erfolgreiches Personalmanagement, hrsg. von Lutz von Rosenstiel, Erika Regnet und Michel E. Domsch, 5., überarb. Aufl., Stuttgart 2003, S. 689-706

REIHLEN, Markus: Hierarchie. In: Handwörterbuch Unternehmensführung und Organisation, 4., völlig neu bearb. Aufl., hrsg. von Georg Schreyögg und Axel v. Werder, Stuttgart 2004, Sp. 407-413

REINHARD, Wolfgang / WEIDERMANN, Peter: Planung als Voraussetzung der Führung. In: Betriebswirtschaftliche Führungslehre. Grundlagen – Strategien – Modelle. Ein entscheidungsorientierter Ansatz. 2., verbesserte und erweiterte Aufl., hrsg. von Edmund Heinen, Wiesbaden 1984, S. 51-137

REINMANN-ROTHMEIER, Gabi / ERLACH, Christine / NEUBAUER, Andrea: Erfahrungsgeschichten durch Story Telling. Eine multifunktionale Wissensmanagement-Methode. Forschungsbericht Nr. 127. München: Ludwig-Maximilians-Universität, Lehrstuhl für Empirische Pädagogik und Pädagogische Psychologie, München 2000

REISACH, Ulrike: Personalauswahl für den Auslandseinsatz. In: Personal, 7 (1996) 7, S. 354-359

REIß, Michael, Koordination und Integration. In: Handwörterbuch der Unternehmensführung und Organisation, 4., völlig neu bearb. Aufl., hrsg. von Georg Schreyögg und Axel v. Werder, Stuttgart 2004, Sp. 688-697

REIß, Michael: Matrixsurrogate. In: Zeitschrift Führung und Organisation, 63 (1994) 3, S. 152-156

REMER, Andreas: Macht, organisatorische Aspekte der. In: Handwörterbuch der Organisation, 3., völlig neu gestaltete Aufl., hrsg. von Erich Frese, Stuttgart 1992, Sp. 1273-1284

RICH, Arthur: Wirtschaftsethik. Bd. 1, 3., durchges. Aufl., Gütersloh 1987

RICHTER, Manfred: Personalführung. Grundlagen und betriebliche Praxis. 4., aktualis. und überarb. Aufl., Stuttgart 1999

RIEG, Robert: Beyond Budgeting. Ende oder Neubeginn der Budgetierung. In: Controlling 13 (2001) 11, S. 571-576

RIEKHOF, Hans-Christian (Hrsg.): Praxis der Strategieentwicklung. Konzepte - Erfahrungen - Fallstudien. 2. Aufl., Stuttgart 1994

ROBBINS, Stephen P.: Organizational Behavior. 9. Aufl., Upper Saddle River, NJ 2001

ROBBINS, Stephen P.: Organisation der Unternehmung. 9. Aufl., München 2001 (deutsche Übersetzung der englischen Originalausgabe Organizational Behavior, 9. Aufl., Upper Saddle River 2001)

ROBBINS, Stephen P. / COULTER, Mary: Management. 8. Aufl., Upper Saddle River, NJ 2005

ROETHLISBERGER, Fritz J. / DICKSON, William J.: Management and the worker. An account of a research program conducted by the Western Electric Company, Hawthorne Works, Chicago. 16. Aufl., Cambridge, Mass. Et al. 1975 (Erstaufl. 1939)

ROSEN, Ronald: Strategic Management: An Introduction. London 1995

ROSENSTIEL, Lutz von: Motivationsmanagement. In: Funktionale Managementlehre, hrsg. von Michael Hofman und Lutz von Rosenstiel, Berlin et al. 1988. S. 214-264

ROSENSTIEL, Lutz von: Wertewandel. In: Handwörterbuch der Führung, 2., neu gest. und erg. Aufl., hrsg. von Alfred Kieser, Gerhard Reber und Rolf Wunderer, Stuttgart 1995, Sp. 2175-2189

ROSENSTIEL, Lutz von: Grundlagen der Organisationspsychologie – Basiswissen und Anwendungshinweise. 5., überarb. Aufl., Stuttgart 2003

ROSENSTIEL, Lutz von: Motivation –nur Aberglaube und Scharlatanerie? In: Zeitschrift Führung und Organisation, 75 (2006), S. 116-117

ROSENSTIEL, Lutz von / LANG-VON WINS, Thomas (Hrsg.): Perspektiven der Potentialbeurteilung. Göttingen 2000

ROTH, Gerhard: Fühlen, Denken, Handeln. Wie das Gehirn unser Verhalten steuert. Frankfurt am Main 2003

ROTH, Gerhard: Aus der Sicht des Gehirns. Frankfurt am Main 2003

RÜHLI, Edwin: Unternehmungsführung und Unternehmungspolitik. Bd. 2. 2., überarb. Aufl., Bern/Stuttgart 1988

RÜHLI, Edwin: Führungsmodelle. In: Handwörterbuch der Führung, 2., neu gest. und erg. Aufl., hrsg. von Alfred Kieser, Gerhard Reber und Rolf Wunderer, Stuttgart 1995, Sp. 760-772

RÜHLI, Edwin: Führungstechniken. In: Handwörterbuch der Führung, 2., neu gest. und erg. Aufl., hrsg. von Alfred Kieser, Gerhard Reber und Rolf Wunderer, Stuttgart 1995, Sp. 839-846

RÜHLI, Edwin: Unternehmungsführung und Unternehmungspolitik. Bd. 1, 3., vollst. überarb. und erw. Aufl., Bern/Stuttgart/Wien 1996

RÜTH, Dieter: Planungssysteme der Industrie Einflussgrößen und Gestaltungsparameter. Wiesbaden 1989

SAYLES, Leonhard, R.: Leadership. Managing in Real Organizations. 2. Aufl., New York et al. 1989

SCHÄFFER, Utz / WEBER, Jürgen / WILLAUER, Bianca: Mit Loyalität und Vertrauen besser planen – Ergebnisse einer empirischen Erhebung. In: Controlling & Management 47 (2003) 1, S. 42-51

SCHANZ, Günther: Organisationsgestaltung, Management von Arbeitsteilung und Koordination. 2.Aufl., München 1994

SCHEIN, Edgar H.: Organisationspsychologie (Organizational Psychology. 1965. 2. Aufl. 1972). Wiesbaden 1980

SCHEIN, Edgar H.: Unternehmenskultur. Ein Handbuch für Führungskräfte. Frankfurt am Main/New York 1986 (Original: Organizational Culture and Leadership. A Dynamic View, San Francisco/London 1985)

SCHEIN, Edgar H.: Blut, Schweiß und Tränen – von der Angst zu lernen. In: Harvard Business Manager, (2002) 5, S. 72-79

SCHEIN, Edgar H.: Organisationskultur. The Ed Schein Corporate Culture Survival Guide. Bergisch Gladbach 2003

SCHERM, Ewald / SÜß, Stefan: Internationales Management: eine funktionale Perspektive. München 2001

SCHEWE, Gerhard, Spartenorganisation. In: Handwörterbuch der Unternehmensführung und Organisation, hrsg. von Georg Schreyögg und Axel v. Werder, 4., völlig neu bearb. Aufl., Stuttgart 2004, Sp. 1333-1341

SCHIERENBECK, Henner: Grundzüge der Betriebswirtschaftslehre. 16., vollst. überarb. u. erw. Aufl., München/Wien 2003

SCHIRMER, Frank: Arbeitsverhalten von Managern. Bestandsaufnahme, Kritik und Weiterentwicklung der Aktivitätsforschung. Wiesbaden 1992

SCHLOTER, Carsten: Vertrauen als Grundlage von Stakeholderbeziehungen. In: Zeitschrift für Organisation, 73 (2004) 4, S. 202-206

SCHMID, Carl-Heiner: Planung von Unternehmenskultur. Wiesbaden 1995

SCHMIDT, Klaus-Peter: Psychologische Grundlagen der Produktivität von Arbeitsgruppen. In: Produktivitätsverbesserung durch zielorientierte Gruppenarbeit, hrsg. von Uwe Kleinbeck, Klaus-Helmut Schmidt und Wolfgang Werner, Göttingen 2001, S. 49-59

SCHMIDT, Michael Peter: Knowledge Communities. Mit virtuellen Wissensmärkten das Wissen in Unternehmen effektiv nutzen, München/Boston/San Francisco 2000

SCHMIDT, Walter: Praktische Personalführung und Führungstechnik. Ein Handbuch für die Übernahme von Führungsverantwortung. Heidelberg 1999

SCHMIDTCHEN, Stefan: Familie, Führung in der. In: Handwörterbuch der Führung, hrsg. von Alfred Kieser, Gerhard Reber und Rolf Wunderer, Stuttgart 1987. Sp. 283-291

SCHNEIDER, Hans-Dieter: Kleingruppenforschung. 2. überarb. Aufl., Stuttgart 1985

SCHNEIDER-Winden, Kurt: Industrielle Planungstechniken. Düsseldorf 1992

SCHOLZ, Christian: Strategisches Management – Ein integrativer Ansatz. Berlin/New York 1987

SCHOLZ, Christian: Personalmanagement. Informationsorientierte und verhaltenstheoretische Grundlagen. München 1989

SCHOLZ, Christian: Virtuelle Organisation. In: Zeitschrift Führung und Organisation, 1996 (4), S. 204-210

SCHOLZ, Christian: Personalmanagement. Informationsorientierte und verhaltenstheoretische Grundlagen. 5., neubearb. und erw. Aufl., München 2000

SCHOLZ, Rainer / VROHLINGS, Alwin: Realisierung von Prozessmanagement. In: Prozessmanagement, Konzepte, Umsetzungen und Erfahrungen des Reengineering, hrsg. von Michael Gaitanides, Rainer Scholz und Alwin Vrohlings, München et al. 1994, S. 21-36

SCHREYÖGG, Georg: Führung, Führungsverhalten und Führungsstil - Versuch einer Begriffserklärung. In: Führungsverhalten im Unternehmen, hrsg. von Peter Nieder, München 1977, S. 22-33

SCHREYÖGG, Georg: Das Fiedlersche Kontingenzmodell der Führung: eine inhumane Sozialtechnologie? In: Partizipative Führung. Betriebswirtschaftliche und sozialpsychologische Aspekte, hrsg. von Wolfgang Grunwald und Hans-Georg Lilge, Bern/Stuttgart 1980. S. 162-172

SCHREYÖGG, Georg: Der Managementprozess – neu gesehen. In: Managementforschung 1, hrsg. von Wolfgang Staehle und Jörg Sydow, Berlin/New York 1991, S. 255-289

SCHREYÖGG, Georg: Organisation. Grundlagen moderner Organisationsgestaltung. 3. Aufl., Wiesbaden 1999

SCHREYÖGG, Georg: Strategisches Management – Entwicklungstendenzen und Zukunftsperspektiven. In: Die Unternehmung 53 (1999) 6, S. 387-407

SCHREYÖGG, Georg / STEINMANN, Horst: Strategische Kontrolle. In: Zeitschrift für betriebswirtschaftliche Forschung, 37 (1985), S. 391-410

SCHREYÖGG, Georg / STEINMANN, Horst: Zur organisatorischen Umsetzung der strategischen Kontrolle. In: Zeitschrift für betriebswirtschaftliche Forschung, 38 (1986), S. 747-764

SCHREYÖGG, Georg / WERDER, Axel v.: Organisation. In: Handwörterbuch der Unternehmensführung und Organisation, 4., völlig neu bearb. Aufl., hrsg. von Georg Schreyögg und Axel v. Werder, Stuttgart 2004, Sp. 966-977

SCHULZ VON THUN, Friedemann: Miteinander reden 1: Störungen und Klärungen. Allgemeine Psychologie der Kommunikation. Reinbek bei Hamburg. Sonderausgabe 2005

SCHULTE-ZURHAUSEN, Manfred: Organisation. 4. Aufl., München 2005

SCHULZ VON THUN, Friedemann / RUPPEL, Johannes / STRATMANN, Roswitha: Miteinander reden: Kommunikationspsychologie für Führungskräfte. 2. Aufl., Reinbek bei Hamburg 2004

SCHUMPETER, Josef: Theorie der wirtschaftlichen Entwicklung. Eine Untersuchung über Unternehmergewinn, Kapital, Kredit, Zins und den Konjunkturzyklus. 3. Aufl., Leipzig 1931

SCHWARZ, Horst et al.: Arbeitsplatzbeschreibung. 11. Aufl. Freiburg i.Br. 1988

SCHWARZ, Peter: Management-Brevier für Nonprofit-Organisationen. 2., vollst. überarb. und erw. Aufl., Bern/Stuttgart/Wien 2001

SCHWARTZ, Peter et al.: Das Freiburger Management-Modell für Nonprofit-Organisationen (NPO). 4., weitg. aktual. und erg. Aufl., Bern/Stuttgart/Wien 2002

SCHWEITZER, Marcell: Industrielle Fertigungswirtschaft. In: Industriebetriebslehre. Das Wirtschaften in Industrieunternehmungen, 2. Aufl., hrsg. von Marcell Schweitzer, München 1994, S. 573-746

SCHWEITZER, Marcell: Planung und Steuerung. In: Allgemeine Betriebswirtschaftslehre: Bd. 2: Unternehmensführung. 8. Aufl., hrsg. von Franz Xaver Bea, Erwin Dichtl und Marcell Schweitzer, Stuttgart 2002, S. 16-126

SCHWEITZER, Marcell: Gegenstand und Methoden der Betriebswirtschaftslehre. In: Allgemeine Betriebswirtschaftslehre, Bd. 1: Grundfragen, 9., übcrarb. Aufl., hrsg. von Franz Xaver Bea, Birgit Friedl und Marcell Schweitzer, Stuttgart 2004, S. 23-82

SEIBERT, Siegfried: Technisches Management. Innovationsmanagement, Projektmanagement, Qualitätsmanagement. Stuttgart/Leipzig 1998

SEIDEL, Eberhard: Betriebliche Führungsformen. Geschichte, Konzept, Hypothesen, Forschung. Stuttgart 1978

SEIDEL, Eberhard: Abteilungsbildung. In: Handwörterbuch der Organisation, 2. Aufl., hrsg. von Erwin Grochla, Stuttgart 1980. Sp. 42-52

SEIDEL, Eberhard: Die Unterscheidung von Führungs- und Leitungsanteilen an der Vorgesetztentätigkeit. Zur Fruchtbarkeit der Leitungsexplikation Kosiols. In: Betriebswirtschaftliche Forschung und Praxis, 36 (1984), S. 460-469

SEIDEL, Eberhard (Hrsg.): Betriebliches Umweltmanagement im 21. Jahrhundert. Aspekte, Aufgaben, Perspektiven. Berlin et al. 1999

SEIDEL, Eberhard / REDEL, Wolfgang: Führungsorganisation. München/Wien 1987

SEIDEL, Eberhard / JUNG, Rüdiger, H.: Führungstheorien, Geschichte der. In: Handwörterbuch der Führung, hrsg. von Alfred Kieser, Gerhard Reber und Rolf Wunderer, Stuttgart 1987, Sp. 774-789

SEIDEL, Eberhard / JUNG, Rüdiger H. / REDEL, Wolfgang: Führungsstil und Führungsorganisation. Bd. 1: Führung, Führungsstil. Darmstadt 1988 a

SEIDEL, Eberhard / JUNG, Rüdiger H. / REDEL, Wolfgang: Führungsstil und Führungsorganisation. Bd. 2: Führungsorganisation, Führungsmodelle. Darmstadt 1988 b

SEIDEL, Eberhard / MENN, Heiner: Ökologisch orientierte Betriebswirtschaft. Stuttgart et al. 1988

SEIDEL, Martin: Die Bereitschaft zur Wissensteilung. Rahmenbedingungen für ein wissensorientiertes Management. Wiesbaden 2003

SENGE, Peter M.: Die fünfte Disziplin. Kunst und Praxis der lernenden Organisation. Aus dem Maren Klostermann. 8. Aufl., Stuttgart 2001

SERVATIUS, Hans-Gerd: New Venture Management. Erfolgreiche Lösungen von Innovationsproblemen für Technologie-Unternehmen. Wiesbaden 1988

SIGWART, Hans / MENZL, Inge: Kontrolle als Führungsaufgabe. Führen durch Kontrolle von Verhalten und Prozessen. Bern/Stuttgart 1978

SIMON, Herbert A.: Administrative Behavior. New York 1945

SIMON, Herrmann A.: A Behavioural Model of Rational Choice. In: Quarterly Journal of Economics 69 (1955) 1, S. 99-118

SIMON, Herbert A.: Wie lösen wir schlecht strukturierte Probleme? In: Die Betriebswirtschaft, 40 (1980) 3, S. 337-345

SIMON, Herbert A.: Die Wissenschaft vom Künstlichen. Berlin 1990

SIMON, Hermann A.: Hidden Champions – Die heimlichen Gewinner: die Erfolgsstrategie unbekannter Weltmarktführer. 2. Aufl., Frankfurt 1996

SMITH, Adam: An Inquiry into the Nature and Causes of the Wealth of Nations (Nachdruck des Originals London 1776). München 1976

SMITHEY-FULMER, Ingrid / GERHART, Barry / SCOTT, Kimberly: Are the 100 best better? An empirical investigation of the relationship between being a "great place to work" and firm performance. In: Personnel Psychology, 56 (2003), S. 965-993

SOCIAL ACCOUNTABILITY INTERNATIONAL (SAI) (2001): Social Accountability 8000, http://www.cepaa.org./sa8000_review.htm, Abrufdatum: 21. Mai 2002

SOMMERLATTE, Tom / DESCHAMPS, Jean Philippe: Der strategische Einsatz von Technologien. Konzepte und Methoden zur Einbeziehung von Technologien in die Strategieentwicklung des Unternehmens. In: Management im Zeitalter der strategischen Führung, hrsg. von Arthur de Little, 2. Aufl., Wiesbaden 1986, S. 38-76

SPECHT, Moritz: Change Management als Ansatz zur Sicherung langfristigen Unternehmenserfolges. Unveröffentlichte Diplomarbeit, Fachhochschule Mainz 2005

SPECKBACHER, Gerhard / PFAFFENZELLER, Herwig: Die Governance von Nonprofit-Organisationen aus Sicht eines ökonomischen Stakeholder-Ansatzes. In: Funktionen und Leistungen von Nonprofit-Organisationen. 6. Internationales Colloquium der NPO-Forscher, Technische Universität München, Wiesbaden 2004, S. 187-211

SPRINGER, Roland: Wettbewerbsfähigkeit durch Innovation. Erfolgreiches Management organisatorischer Veränderungen. Berlin/Heidelberg/New York 2004

STABER, Udo: Netzwerke. In: Handwörterbuch Unternehmensführung und Organisation, 4., völlig neu bearb. Aufl., hrsg. von Georg Schreyögg und Axel v. Werder, Stuttgart 2004, Sp. 932-940

STAEHLE, Wolfgang H. (Hrsg.): Handbuch Management. Die 24 Rollen der exzellenten Führungskraft. Wiesbaden 1991

STAEHLE, Wolfgang H.: Management. Eine verhaltenswissenschaftliche Perspektive. 6. Aufl. überarb. Aufl., München 1991

STAEHLE, Wolfgang H.: Funktionen des Managements. 3. Aufl.. Bern/Stuttgart 1992

STAEHLE, Wolfgang H.: Management. Eine verhaltenswissenschaftliche Perspektive. 8. Aufl., überarb. von Peter Conrad und Jörg Sydow, München 1999

STAHL, Günter K.: Internationaler Einsatz von Führungskräften. München/Wien 1998

STEINLE, Claus: Führung. Grundlagen, Prozesse und Modelle der Führung in der Unternehmung. Stuttgart 1978

STEINLE, Claus / AHLERS, Friedel / GRADTKE, Britta: Vertrauensorientiertes Management. Grundlegung, Praxisschlaglicht und Folgerung. In: Zeitschrift Führung und Organisation, 69 (2000) 4, S. 208-217

STEINMANN, Horst / SCHREYÖGG, Georg: Management. 3. Aufl., Wiesbaden 1993

STEINMANN, Horst: Begründungsprobleme einer Unternehmensethik. In: Die Unternehmung, 58 (2004) 2, S. 105-122

STEINMANN, Horst / SCHREYÖGG, Georg: Management. Grundlagen der Unternehmensführung. Konzepte – Funktionen – Fallstudien. 4., überarb. und erw. Aufl., Wiesbaden 1997

STEINMANN, Horst / SCHREYÖGG, Georg: Management. Grundlagen der Unternehmensführung. Konzepte – Funktionen – Fallstudien. 6., vollst. überarb. Aufl., unter Mitarbeit von Jochen Koch. Wiesbaden 2005

STEYRER, Johannes: Menschenbilder bei Führungskräften im Zusammenhang mit organisatorischen Werthaltungen und psychosozialen Faktoren - Ergebnisse einer empirischen Untersuchung. In: Journal für Betriebswirtschaft, 38 (1988), S. 96-118

STIEFEL, Rolf Th.: Förderungsprogramme. Handbuch der personellen Zukunftssicherung im Management. Leonberg 2003

STOGDILL, Ralph M.: Handbook of Leadership. A Survey of Theory and Research. New York, London 1974

STONER, James A.: Management. 2. Aufl., Englewood Cliffs 1982

STRACK, Rainer / BACHER, Andreas / ENGELRECHT, Christoph: Konzeption wertorientierter Planungsprozesse in deutschen Großkonzernen. In: Controllino, 14 (2002) 11, S. 623-631

STREHL, Franz: Arbeitsrollen der Führungskräfte. In: Handwörterbuch der Führung, hrsg. von Alfred Kieser, Gerhard Reber und Rolf Wunderer, Stuttgart 1987, Sp. 33-46

STRÜMPEL, Burkhard: Erwerbsarbeit im Wandel. In: Arbeits- und Organisationspsychologie. Internationales Handbuch in Schlüsselbegriffen, hrsg. von Siegfried Greif, Heinz Hollig und Nigel Nicholson, München 1989. S. 49-55

SYDOW, Jörg: Der normative Entscheidungsansatz von Vroom/Yetton. In: Die Unternehmung. 35 (1981), S. 1-17

SYDOW, Jörg: Strategische Netzwerke. Evolution und Organisation. Wiesbaden 1992

SYDOW, Jörg: Netzwerkbildung und Kooptation als Führungsaufgabe. In: Handwörterbuch der Führung, 2., neu gest. und erg. Aufl., hrsg. von Alfred Kieser, Gerhard Reber und Rolf Wunderer, Stuttgart 1995, Sp. 1622-1635

SYDOW, Jörg: Unternehmenskooperationen. In: Handwörterbuch der Unternehmensführung und Organisation, 4., völlig neu bearb. Aufl., hrsg. von Georg Schreyögg und Axel v. Werder, Stuttgart 2004, Sp. 1541-1548

SYDOW, Jörg (Hrsg.): Management von Netzwerkorganisationen. Beiträge aus der „Managementforschung". 4., aktualis. und erw. Aufl., Wiesbaden 2006

SZYPERSKI, Norbert / WINAND, Udo: Entscheidungstheorie. Eine Einführung unter besonderer Berücksichtigung spieltheoretischer Konzepte. Stuttgart 1974

SZYPERSKI, Norbert: Handwörterbuch der Planung. Stuttgart 1989

TANNENBAUM, Robert; SCHMIDT, Warren H.: Führungsstil: demokratisch oder autoritär (How to Choose a Leadership Pattern. In: Harvard Business Review, 36 (1958), S. 95 - 101). In: Hochschulmanagement: Führung und Organisation. Bd. 1, Hamburg o.J., S. 77-87

TAYLOR, Frederick W.: Die Grundsätze wissenschaftlicher Betriebsführung. München 1913 (deutsche Übersetzung der englischen Originalausgabe „The Principles of Scientific Management", New York 1911)

THOM, Norbert: Grundlagen des betrieblichen Innovationsmanagements. 2., völlig neu bearbeitete Aufl., Königstein/Ts. 1980

THOM, Norbert: Zur Effizienz der Matrix-Organisation. In: Zukunftsperspektiven der Organisation, hrsg. von Knut Bleicher und Peter Gomez, Bern 1990, S. 239-270

THOM, Norbert / WENGER, Andreas P.: Die effiziente Organisation. Bewertung und Auswahl von Organisationsformen. Glattbrugg 2002

THOM, Norbert / ZAUGG, Robert J. (Hrsg.): Moderne Personalentwicklung. Mitarbeiterpotenziale erkennen, entwickeln und fördern. Wiesbaden 2006

THOMAS, Alexander / GROSSE-LEEGE, Detmar: Management interkultureller Aspekte bei Mergers und Acquisitions. In: Handbuch Interkulturelle Kommunikation und Kooperation. Bd. 1: Grundlagen und Praxisfelder, hrsg. von Alexander Thomas, Eva-Ulrike Kinast und Sylvia Schroll-Machl, 2., überarb. Aufl., Göttingen 2005, S. 354-371

THOME, Helmut: Wertewandel in Europa aus der Sicht der empirischen Sozialforschung. In: Die kulturellen Werte Europas, hrsg. von Hans Joas und Klaus Wiegandt, Frankfurt am Main 2005, S. 386-443

THOMMEN, Jean Paul: Betriebswirtschaftslehre. Bd. 2, 3. Aufl., Winterthur 1993

THOMPSON, Arthur T. / STRICKLAND, Alonzo J.: Strategy formulation and implementation. 5. Aufl., Homewood/Boston 1992

TÖPFER, Armin: Planungs- und Kontrollsysteme industrieller Unternehmungen. Eine theoretische, technologische und empirische Analyse. Berlin 1976

TINTELNOT, Claus: Grundlagen und Rahmenbedingungen für Innovationen. In: Innovationsmanagement, hrsg. von Claus Tintelnot, Dirk Meißner und Ina Steinmeier. Berlin/Heidelberg 1999, S. 1-12

TROMMSDORF, Volker: Innovationsmanagement. München 1990

TSCHIRKY, Hugo: The concept of integrated technology and innovation management. In: Technology and innovation management on the move. From managing technology to managing innovation-driven enterprises, hrsg. von Hugo Tschirky, Hans-Helmuth Jung und Pascal Savioz, Zürich 2003, S. 45-105

TÜRK, Klaus: Neoinstitutionalistische Ansätze. In: Handwörterbuch Unternehmensführung und Organisation, 4., völlig neu bearb. Aufl., hrsg. von Georg Schreyögg und Axel v. Werder, Stuttgart 2004, Sp. 923-931

ULRICH, Hans: Betriebswirtschaftliche Organisationslehre. Eine Einführung, Bern 1949

ULRICH, Hans: Delegation. In: Handwörterbuch der Organisation, hrsg. von Erwin Grochla, Stuttgart 1969, S. 433-437

ULRICH, Hans: Die Unternehmung als produktives soziales System. 2. Aufl. Bern/Stuttgart 1970

ULRICH, Hans: Management. Hrsg. von Thomas Dyllick und Gilbert J. B. Probst, Bern 1984

ULRICH, Hans: Unternehmungspolitik. 3. Aufl., Bern/Stuttgart 1990

ULRICH, Hans: Führungsphilosophie und Leitbilder. In: Handwörterbuch der Führung, 2., neu gest. und erg. Aufl., hrsg. von Alfred Kieser, Gerhard Reber und Rolf Wunderer, Stuttgart 1995, Sp. 798-808

ULRICH, Hans / PROBST, Gilbert J.B.: Werthaltungen schweizerischer Führungskräfte. Ergebnisse einer empirischen Untersuchung. Bern/Stuttgart 1982

ULRICH, Hans / PROBST, Gilbert J.B.: Anleitung zum ganzheitlichen Denken und Handeln. Ein Brevier für Führungskräfte. 4., unveränd. Aufl., Bern/Stuttgart/Wien 1995

ULRICH, Peter: Die Großunternehmung als quasi-öffentliche Institution. Eine politische Theorie der Unternehmung. Stuttgart 1977

ULRICH, Peter: Konsensus-Management. Zur Ökonomie des Dialogs. In: gdi-impuls. 1 (1983), Nr. 2. S. 33-41

ULRICH, Peter: Der entzauberte Markt. Eine wirtschaftsethische Orientierung. Freiburg im Breisgau/Basel/Wien 2002

ULRICH, Peter / FLURI, Edgar: Management. Eine konzentrierte Einführung. 7., verb. Aufl., Bern/Stuttgart/Wien 1995

ULRICH, Peter / THIELEMANN, Ulrich: Ethik und Erfolg. Unternehmerische Denkmuster von Führungskräften - eine empirische Studie. Bern/Stuttgart 1992

VAHS, Dietmar / BURMESTER, Ralf: Innovationsmanagement. Von der Produktidee zur erfolgreichen Vermarktung. Stuttgart 1999

VAHS, Dietmar: Organisation. Einführung in die Organisationstheorie und –praxis. 5. Aufl. Stuttgart 2005

VECCHIO, Robert P.: Situational Leadership Theory: An Examination of a Prescriptive Theory. In: Journal of Applied Psychology. 72 (1987), S. 444-451

VESTER, Frederic: Unsere Welt – ein vernetztes System. München 1983

VESTER, Frederic: Die Kunst vernetzt zu denken. Ideen und Werkzeuge für einen neuen Umgang mit Komplexität. Ein Bericht an den Club of Rome. München 1999

VIERKANDT, Alfred: Gesellschaftslehre. Zweite völlig umgearb. Aufl.. Stuttgart 1928

VOLCK, Stefan: Die Wertkette im prozessorientierten Controlling. Wiesbaden 1997

VOLLMER, Günther R. / RALSTON, David A.: Werthaltungen deutscher und amerikanischer Führungskräfte im Vergleich. In: Personal, 51 (1999), S. 444-449

VOSS, Annette / HÄRING, Karin / WELGE, Martin K.: Der Wettlauf mit dem Wandel: Management-Entwicklung im Umbruch. In: Management Development. Praxis, Trends und Perspektiven, hrsg. von Martin K. Welge, Karin Häring und Annette Voss, Stuttgart 2000, S. 3-23

VROOM, Victor H.: Work and Motivation. New York et al. 1964

VROOM, Victor H. / JAGO, Arthur G.: The New Leadership. Managing Participation in Organizations. Englewood Cliffs, N.J. 1988

VROOM, Victor H. / YETTON, Philip W.: Leadership and Decision-making. London 1973

WAHREN, Heinz-Kurt E.: Zwischenmenschliche Kommunikation und Interaktion im Unternehmen. Grundlagen, Probleme und Ansätze zur Lösung. Berlin/New York 1987

WAHREN, Heinz-Kurt: Das lernende Unternehmen. Theorie und Praxis des organisationalen Lernens. Berlin/New York 1996

WAHRIG, Gerhard: Deutsches Wörterbuch. Völlig überarb. Neuausgabe. Bearbeitet von Ursula Hermann. O.O. 1980

WALGENBACH, Peter / BECK, Nikolaus: Messung von Organisationsstrukturen. In: Handwörterbuch der Unternehmensführung und Organisation, 4., völlig neu bearb. Aufl., hrsg. von Georg Schreyögg und Axel v. Werder, Stuttgart 2004, Sp. 843-853

WANBERG, Connie R. / BANAS, Joseph T.: Predictors and outcomes of openness to change in a reorganizing workplace. In: Journal of Applied Psychology, 85 (2002), S. 132-142

WARHANEK, Christoph: Management-Trainings. Den Nutzen steigern durch Professionalität und Organisationsbezug, Wiesbaden 2005

WARNECKE, Hans-Jürgen: Revolution der Unternehmenskultur. Das fraktale Unternehmen. 3. Aufl., Heidelberg et al. 1997

WATZKA, Klaus: Führungsstil und Führungsinstrumente bei der Einführung neuer Mitarbeiter ins Unternehmen. In: Zeitschrift Führung und Organisation, 61 (1992), S. 90-98, 159-165

WEBER, Max: Wirtschaft und Gesellschaft. Grundriß der verstehenden Soziologie. 5., revidierte Aufl., Besorgt von Johannes Winckelmann, Tübingen 1972

WEBER, Jürgen: Strategisches Controlling: Steuerung der Strategieentwicklung und Strategieumsetzung. In: Strategieentwicklung. Hrsg. von Riekhof, Stuttgart, 1989, S. 437-450

WEBER, Jürgen: Einführung in das Controlling. 7. Aufl., Stuttgart 1998

WEBER, Jürgen / GOELDEL, Hanns / SCHÄFFER, Utz: Zur Gestaltung der strategischen und operativen Planung. In: Die Unternehmung 51 (1997) 4, S. 273-295

WEBER, Jürgen / SCHÄFFER, Utz: Balanced Scorecard. Gedanken zur Einordnung des Konzepts in das bisherige Controlling-Instrumentarium, In: Zeitschrift für Planung 9 (1998) 4, S. 341-365

WEBER, Jürgen / SCHÄFFER, Utz: Balanced Scorecard & Controlling: Implementierung – Nutzen für Manager und Controller – Erfahrungen in deutschen Unternehmen. Wiesbaden 1999

WEBER, Jürgen / SCHÄFFER, Utz: Sicherstellung der Rationalität von Führung als Funktion des Controlling. In: Die Betriebswirtschaft 59 (1999) 6, S. 731-746

WEBER, Jürgen / SCHÄFFER, Utz / WILLAUER, Bianca: Operative Planung erfolgreich gestalten. Vallendar 2000

WEGGE, Jürgen / ROSENSTIEL, Lutz von: Führung. In: Lehrbuch der Organisationspsychologie, hrsg. von Heinz Schuler, unter Mitherausgeberschaft von Hermann Brandstätter et al., 3., vollst. überarb. und erw. Aufl., Bern et al. 2004, S. 475-512

WEIBLER, Jürgen: Vertrauen und Führung. In: Personal als Strategie. Mit flexiblen und lernbereiten Human-Ressourcen Kernkompetenzen aufbauen, hrsg. von Rüdiger Klimecki und Andreas Remer, Neuwied/Kriftel/Berlin 1997, S. 185-214

WEIBLER, Jürgen: Personalführung. Unter Mitarbeit von Jürgen Deeg und Anke Rapsch. München 2001

WEIBLER, Jürgen / BRODBECK, Felix / SZABO, Erna / REBER, Gerhard / WUNDERER, Rolf / MOOSMANN, Oswald: Führung in kulturverwandten Regionen. Gemeinsamkeiten und Unterschiede bei Führungsidealen in Deutschland, Österreich und der Schweiz. In: Die Betriebswirtschaft, 60 (2000), S. 558-606

WEICK, Karl E.: Der Prozess des Organisierens. 3. Aufl., Frankfurt am Main 2002

WEINERT, Ansfried B.: Menschenbilder und Führung. In: Handwörterbuch der Führung, hrsg. von Alfred Kieser, Gerhard Reber und Rolf Wunderer, Stuttgart 1987. Sp. 1427-1442

WEINERT, Ansfried B.: Organisations- und Personalpsychologie. 5. vollst. überarb. Aufl., Weinheim/Basel 2004

WEINERT, Ansfried B. / LANGER, Claudia: Menschenbilder: Empirische Feldstudie unter den Führungskräften eines internationalen Energiekonzerns. In: Die Unternehmung, (1995), S. 75-90

WEIZÄCKER, Ernst U. von / LOVINS, Amory B. / LOVINS, L. Hunter: Faktor Vier. Doppelter Wohlstand – halbierter Naturverbrauch. Der neue Bericht an den CLUB OF ROME. München 1997

WELGE, Martin K.: Unternehmungsführung. Bd. 2: Organisation. Stuttgart 1987

WELGE, Martin K.: Unternehmungsführung. Bd. 3: Controlling. Stuttgart 1988

WELGE, Martin K.: Planung. Prozesse-Strategien-Maßnahmen. Wiesbaden 1992

WELGE, Martin / AL-LAHAM, Andreas / KAJÜTER, Peter (Hrsg.): Praxis des strategischen Managements. Wiesbaden 2000

WELGE, Martin / AL-LAHAM, Andreas: Strategisches Management. Grundlagen – Prozess – Implementierung. 4. Aufl, Wiesbaden 2003

WELGE, Martin K. / AMSHOFF, Bernhard: Controlling, 2. Auflage, Wiesbaden 1999

WELGE, Martin K. / HOLTBRÜGGE, Dirk: Internationales Management: Theorien, Funktionen, Fallstudien. 3. Aufl., Stuttgart 2003

WERDER, Axel von: Recht und Organisation. In. Handwörterbuch Organisation. 3. Aufl., Stuttgart, 1992, Sp. 2168-2184

WERDER, Axel von (Hrsg.): Grundsätze ordnungsmäßiger Unternehmensführung (GoF). Zeitschrift für betriebswirtschaftliche Forschung - Sonderheft 36 (1996)

WERDER, Axel von: Der Deutsche Corporate Governance Kodex – Grundlagen und Einzelbestimmungen. In: Der Betrieb, 55 (2002), S. 801-810

WERDER, Axel von: Corporate Governance (Unternehmensverfassung). In: Handwörterbuch Unternehmensführung und Organisation, 4., völlig neu bearb. Aufl., hrsg. von Georg Schreyögg und Axel v. Werder, Stuttgart 2004, Sp. 160-170

WERDER, Axel von: Organisatorische Gestaltung (Organization Design). In: Handwörterbuch Unternehmensführung und Organisation, 4., völlig neu bearb. Aufl., hrsg. von Georg Schreyögg und Axel v. Werder, Stuttgart 2004, Sp. 1088-1101

WERNER, Götz W.: Führung für Mündige. Subsidiarität und Marke als Herausforderungen für eine moderne Führung. Karlsruhe 2006

WERNERFELT, Birger: A Resourced-based View of the Firm. In: Strategic Management Journal 5 (1984) 2, S. 171-180

WERNERFELT, Birger: The Resourced-based View of the Firm: Ten Years After. In: Strategic Management Journal 16 (1995) 2, S. 171-174

WIENDIECK, Gerd: Gruppenverhalten und Gruppendenken. In: Handwörterbuch der Unternehmensführung und Organisation, 4., völlig neu bearb. Aufl., hrsg. von Georg Schreyögg und Axel v. Werder, Stuttgart 2004, Sp. 388-398

WILD, Jürgen: Grundlagen der Unternehmungsplanung. Reinbek bei Hamburg 1982

WILDE, Klaus D.: Bewertung von Produkt-Markt-Strategien. Theorie und Methoden. Berlin 1989

WILDEMANN, Horst: Kundennahe Produktion und Zulieferung durch Just-in-Time. Just-in-Time Tagungsbericht, Böblingen 1989

WILDEMANN, Horst: Wettbewerbswirkungen integrierter Produktionssysteme. In: Fabrikplanung, hrsg. von Horst Wildemann, Frankfurt am Main 1989, S. 198-218

WILDEMANN, Horst: Entwicklungsstrategien für Zulieferunternehmen. In: Zeitschrift für Betriebswirtschaft, 62 (1992) 4, S. 391-413

WILLIAMSON, Oliver E.: Economic Organization: The Case for Candor. In: American Management Review, 21 (1996), S. 48-57

WILLIAMSON, Oliver E.: Markets and hierarchies. Analysis and antitrust implications. A Study in the economics of internal organization. New York 1983

WILSON, Ian: Strategic Planning isn't Dead, it Changed. In: Long Range Planning, 27 (1994) 4, S. 12-24

WINAND, Udo / WELTERS, Klaus: Beschaffung und strategische Unternehmensführung – Ergebnisse einer Delphie-Studie. In: Beschaffung und Unternehmensführung. Bericht des Arbeitskreises „Beschaffung, Vorrats- und Verkehrswirtschaft", hrsg. von Norbert Szyperski und Paul Roth, Stuttgart 1982, S. 5100

WINAND, Udo / MUßHOFF, Heinz Josef: Geschäftsfeldsegmentierung. In: Handwörterbuch der Planung, hrsg. von Norbert Szyperski und Udo Wienand, Stuttgart 1989, S. 579-590

WISSENSCHAFTLICHER RAT DER DUDENREDAKTION (Hrsg.): Duden. Etymologie. Herkunftswörterbuch der deutschen Sprache. Bearbeitet von Günter Drosdowski, Paul Grebe et al. Mannheim 1963

WISWEDE, Günter: Motivation und Arbeitsverhalten. Organisationspsychologische und industriesoziologische Aspekte der Arbeitswelt. München/Basel 1980

WISWEDE, Günter: Führungsforschung im Wandel. In: Führung im Wandel. Neue Perspektiven für Führungsforschung und Führungspraxis, hrsg. von Gerd Wiendieck und Günter Wiswede, Stuttgart 1990a, S. 1-38

WISWEDE, Günter: Führung und Macht – Nachlese zu einer Podiumskiskussion. In: Führung im Wandel. Neue Perspektiven für Führungsforschung und Führungspraxis, hrsg. von Gerd Wiendieck und Günter Wiswede, Stuttgart 1990b, S. 271-287

WISWEDE, Günter: Einführung in die Wirtschaftspsychologie. 3., überarb. und erw. Aufl., München/Basel 2000

WITT, Dieter: Personalwirtschaft. In: Management des hauswirtschaftlichen Dienstleistungsbetriebs, hrsg. vom Fachausschuss Großhaushalt der DGH, München 2004, S. 178-199

WITT, Jürgen. Produktinnovation. Entwicklung und Vermarktung neuer Produkte. München 1996

WITTE, Eberhard: Phasen-Theorem und die Organisation komplexer Entscheidungsverläufe – ein Forschungsbericht. In: Zeitschrift für betriebswirtschaftliche Forschung, 20 (1968), S. 581-599 und S. 625-647

WITTE, Eberhard: Effizienz der Führung. In: Handwörterbuch der Führung, hrsg. von Alfred Kieser, Gerhard Reber und Rolf Wunderer, Stuttgart 1987. Sp. 163-175

WITTLAGE, Helmut: Unternehmensorganisation. 5. Aufl. Herne et al. 1993

WLOTZKE, Otfried / PREIS, Ulrich, unter Mitarbeit von Burghard Kreft, Wolfgang Bender und Sebastian Roloff: Betriebsverfassungsgesetz. Kommentar. 3. Aufl., München 2006

WOLFRUM, Bernd: Strategisches Technologiemanagement. Wiesbaden 1991

WOMACK, James P. / JONES, Daniel T. / ROOS, Daniel: Die zweite Revolution in der Automobilindustrie: Konsequenzen aus der weltweiten Studie des Massachusetts Institute of Technology. 7. Aufl., Frankfurt am Main/New York 1992

WÜTHRICH, Hans, A. / OSMETZ, Dirk / PHILIPP, Andreas F.: Misstraue den Reflexen. In: Zeitschrift Führung und Organisation, 73 (2004), S. 4-12

WUNDERER, Rolf: Führung von unten. In: Handwörterbuch der Führung, 2., neu gest. und erg. Aufl., hrsg. von Alfred Kieser, Gerhard Reber und Rolf Wunderer, Stuttgart 1995 (a), Sp. 501-512

WUNDERER, Rolf: Führungsgrundsätze. In: Handwörterbuch der Führung, 2., neu gest. und erg. Aufl., hrsg. von Alfred Kieser, Gerhard Reber und Rolf Wunderer, Stuttgart 1995 (b), Sp. 720-736

WUNDERER, Rolf: Kooperative Führung. In: Handwörterbuch der Führung, 2., neu gest. und erg. Aufl., hrsg. von Alfred Kieser, Gerhard Reber und Rolf Wunderer, Stuttgart 1995 (c), Sp. 1369-1386

WUNDERER, Rolf: Führung und Zusammenarbeit. Eine unternehmerische Führungslehre. Unter Mitarbeit von Petra Dick. 5., überarb. Aufl., München/Neuwied 2003

YUKL, Gary / TABER, Tom: The Effective Use of Managerial Power. In: Personnel, 60 (1983), S. 37-44

YUKL, Gary: Leadership on Organizations. 5. Aufl., Upper Saddle River, NJ 2002

ZÄPFEL, Günther: Produktionswirtschaft. Operatives Produktionsmanagement. Berlin/New York 1989

ZAHN, Erich: Innovations- und Technologiemanagement. Eine strategische Schlüsselaufgabe. In: Technologie- und Innovationsmanagement, hrsg. von Erich Zahn, Berlin 1986, S. 9-48

ZAHN, Erich: Produktionsstrategie. In: Handbuch Strategische Führung, hrsg. von Herbert A. Henzler, Wiesbaden 1988, S. 515-542

ZAHN, Erich: Informationstechnologie und Informationsmanagement. In: Allgemeine Betriebswirtschaftslehre Bd. 2: Führung. 9. Aufl., hrsg. von Franz Xaver Bea, Erwin Dichtl und Marcell Schweitzer, Stuttgart 2005, S. 300-357

ZANGEMEISTER, Christof: Nutzwertanalyse in der Systemtechnik. 4. Aufl., München 1976

ZELEWSKI, Stephan: Ontologien zur Strukturierung von Domänenwissen. Ein Annäherungsversuch aus betriebswirtschaftlicher Perspektive. Institut für Produktion und Industrielles Informationsmanagement. Arbeitsbericht Nr. 3., Essen 1999

ZELEWSKI, Stephan: Wissensmanagement mit Ontologien. Eine einführende Darstellung. Institut für Produktion und Industrielles Informationsmanagement. Arbeitsbericht Nr. 15., Essen 2002

ZETTELMEYER, Bernd: Strategisches Management und strategische Kontrolle. Darmstadt 1984

ZIEGENBEIN, Klaus: Controlling. 7., überarb. Aufl., Ludwigshafen 2002

ZIEGENBEIN, Klaus: Kompakt-Training Controlling. 2. Aufl., Ludwigshafen 2004

ZIEGLER, Helmut: Strukturen und Prozesse der Autorität in der Unternehmung. Stuttgart 1970

ZIMMERMANN, Gebhard / JÖHNK, Thorsten: Erfahrungen der Unternehmenspraxis mit der Balanced Scorecard – Ein empirisches Schlaglicht. In: Controlling, 12 (2000), S. 601-606

Autorenverzeichnis

BAUM, Birgit, Dr. sc. tech., Professorin für Existenzgründung, Technologiemanagement und -transfer am RheinAhrCampus Remagen der Fachhochschule Koblenz, z. Zt. Leiterin der Technischen Akademie Esslingen

BRUCK, Jürgen, Dr. rer. pol., Professor für Management und Organisation an der Hochschule für Wirtschaft und Umwelt Nürtingen-Geislingen

FRANKEN, Rolf, Dr. rer. pol., Professor für Unternehmensführung, insbesondere Organisation und Wissensmanagement an der Fachhochschule Köln

FRANKEN, Swetlana, Dr. rer. oec., Lehrbeauftragte für das Lehrgebiet Unternehmensführung und Interkulturelles Management an der Fachhochschule Köln

JUNG, Rüdiger H., Dr. rer. pol., Professor für Management, Führung und Organisationsentwicklung am RheinAhrCampus Remagen der Fachhochschule Koblenz

QUARG, Sabine, Dr. rer. pol., Professorin für Unternehmensführung an der Fachhochschule Dortmund

RANK, Susanne, Dr. phil., Professorin für Personal-Management und Change Management an der Fachhochschule Mainz

Stichwortverzeichnis

A
Abweichungsanalyse 122, 171, **175**, 176 ff.
Abteilung 376, **381 f.**
Account Management 416 f.
Adhocratie 43 f.
Aktivierung des Mitarbeiterverhaltens 185 ff.
Alternativen
– beurteilung 122, 134, **146 ff.**
– suche 94, 122, 134, **143 ff.**
Anreiz-Beitragstheorie 103, 188
Anspruchsgruppen **29 ff.**, 53, 99 f., 103 f., 176, 279 ff.
Arbeits-
– analyse 366, **400 f.**
– organisation 214, 218, 228, **424**, 425
– synthese 366, **401 f.**
– teilung 357 f., 366, **369 ff.**
– zufriedenheit 75, 102, **198 ff.**, 203 f., 205 f.
Arena 253, 254
Aufgabe(n)-
– analyse 366, **369 ff.**
– hierarchie **35**, 140,
– orientierung 237 f.
– synthese 367, 370, **372 ff.**
– verteilung 376 ff.
Ausführungsaufgaben 26 f.
Außenvertretung
– allgemein 189 f., **250 ff.**
– außerbetriebliche 255 ff.
– Begriff 250
– horizontale 252, 253
– laterale 253 ff.
– Konflikte 255 ff.
– traversale 252, 253
– vertikale 252 f.
Autorität **48 ff.**, 251
– Amts- (bürokratische A.) 49 f.
– charismatische 49, 230 f.
– funktionale (Fachautorität) 49 f.
– koordinative 49
– personale 49 f.

B
Balanced Scorecard 343 ff.
BCG-Matrix/-Portfolio 321 f.
Bedürfnis 11, 34, **197 ff.**, 335, 501, 548 ff.
– Pyramide 197, 204
Benchmarking 158
Bewertungskriterien **146 f.**, 160
Bezugsrahmen (der Führungsbeziehung) 207 ff.
Boston-Effekt 282 ff.
Branchenanalyse 289 ff.
Bürokratie-Ansatz 49, 50, 364, 365
Budget 132, 346 ff.
– Mittelfristiges 345 f.
– Operating 346
– Opportunity 347
Budgetierung 156 ff., 347 ff.
– prozessorientierte 158
Business Reengineering 429

C
Charisma 230 f.
Chancen-Risiken
– Analyse 285 ff.
– Katalog 288
Change Management 361, **501 ff.**
– Arbeitspakete 517 ff.
– Begriff 505 f.
– Emotionale Reaktionen 508 f.
– Implementierungsstrategien 513 f.
– Phasen der Veränderung 512 ff.
– Psychologie der Veränderung 507 ff.
– Stakeholder der Veränderung 515 ff.
– Veränderungsanlässe 502 f.
Coaching 89, 248
Consideration 215
Controlling 133, 174, **176 ff.**
– Aufgaben/Funktionen 176 ff.
– Abgrenzung 174
– Begriff 174, 176
– operatives 178
– strategisches 178 ff.
Corporate Identity 110

595

D

Delegation 39, 165, 217, 237 f., 246, **384 ff.**, 428
Delta-Planung 159
Dienstweg 386, 388, 406
Differenzierungsstrategie 329 f., 333 f.
Direktionsrecht **38 ff.**, 379
Diversifikation/-fizierung 317, 319, 465
Diversität 528
Divisionalisierung 407 ff.
Durchsetzung 94, 120, 122, 127, **167 ff.**, 216 f., 460
– Prozess 169 f.
Durchwursteln (muddling through) 125, 162 f.

E

Effizienz 94, 356 ff.
– Aussagen zur Führungs- 221 ff.
– Kriterien 210 ff., 360 f.
– Sicherung 36 ff.
EFQM 424, 426
Einheit der Auftragserteilung 386
Einliniensystem 386 f.
Einstellungen (psychische) von Managern 68 ff.
Elementaraufgabe 369 f., 400
Empowerment 234, 396, 428
Energetisierung des Mitarbeiterverhaltens 185 f.
Enthierarchisierung 41 ff.
Entscheidung 93, 94, 132, **160 ff.**, 216 f., 220 f.
– unter Sicherheit/Risiko/Unsicherheit 166
Entscheidungs- 94, 160 ff.
– aufgaben 34
– baum 240 ff.
– durchsetzung 167 ff.
– merkmale 160
– modelle 166 f.
– operationalisierung 122, **169**
– prozess 163 f.
– qualität 243
– situationen (wohl-/schlechtstrukturiert) 164
– stile 240
– theorie 161 ff.
– verhalten 161
– vorbereitung 122, 129, **163**, 377
Entschluss 122, **163 f.**, 211

EPRG-Konzept 533 f.
Erfahrungskurvenkonzept 282 ff.
Erfolgsfaktoren 108 f., **275 ff.**, 321, 323
– empirische Forschung 281 f., 506 f.
– kritische 288
Erfolgspotenziale 274 ff., 463
Ethik und Management 51 ff., 71 f., 104 ff.
Externe Analyse 286 ff.

F

Fayol'sche Brücke 386 f.
Fertigungskonzepte, moderne 426, **437 ff.**, 445
Flexibles Fertigungssystem 438 f.
Fließ(band)fertigung **423 f.**, 439
Formalisierung 394
Franchising **444 f.**, 537
Früherkennungs-/Frühwarnsysteme 24, 142, 299 f., 468
Führung
– Begriff **3 ff.**, 11, **182 f.**
– des Chefs 233 f.
– autoritäre 215, 244, 390
– delegative 246
– demokratische 215, 390
– dialogische 234
– direktive **216 ff.**, 221 f., 390
– kooperative **216 ff.**, 221 ff., 244 ff.
– Laisser-faire 215
– partizipative 220, 222
– prosoziale 220
– transformative **229 ff.**, 548
Führungs-
– autorität 251
– beziehung 207 ff.
– erfolg **210 ff.**
– effizienz 210 ff.
– entscheidungen, echte 166
– form 215, 246
– grundsätze 99 ff., **244 ff.**
– kompetenz (s. Management-Kompetenz)
– konzepte 216 ff., 229 ff.
   – beziehungsorientierte 231 ff.
   – vorgesetztenorientierte 230 f.
– kraft (s. auch Manager) 7, 14, 18, 25 f., 40 f., 47 f., 52 f., 59 ff., 71 f., 545, 549
   – Merkmale einer 83 ff., 213 f.
– merkmale 182 f.
– kräfteentwicklung 87 ff.
– philosophie 5, **69**, 99 ff., 208

- prozess 119 ff.
- segment 185, 190, 250
- stile (s. auch Führung) 101, **215 ff.**
- stilkontinuum 221
- substitute 227 ff.
- techniken
  (s. Management-Arbeitstechniken)
- training 80 ff., 89, **248,** 216
- typen 237 f.
- verantwortung 51
- verhalten 214 ff.

Führungsmodelle 234 ff., 248
- Blake/Mouton 235 ff.
- Hersey/Blanchard 237 ff.
- präskriptive 240
- Vroom/Yetton/Jago 240 ff. (normatives F.)

Führungstheorien
- allgemein 207 ff., 548
- Attributionstheorie 214
- Eigenschaftstheorie 57, **213**
- Situationale 237 ff.
- Substitutionstheorie 229
- Weg-Ziel-Theorie 224
- Zielsetzungstheorie (theory of goal setting) 222 f.

G
Gap-Analyse (s. Lückenanalyse)
Gehorsamspflicht 39
Gemeinwohlverpflichtung 76 f.
General Management V, 462
Geschäfts-
- einheiten 153, 265, **286 f.,** 302 f., 317
- felder 103, **317 ff.,** 478, 545

Globalisierung 534 f.
Gremien 376, **382**
Gruppe 376, 382, **432 ff.**
- strategische 291 ff.
- virtuelle 246 f.

H
Heuristik; Heuristische Regeln 134, 143, 167, 243, 402
Hierarchie 379, 390
- Alternativen 41 ff.
- Arten 35 ff., 43
- Attraktivität 40 f.
- Begriff **34 f.,** 39
- Effizienzsicherung 36 ff.
- Herrschaftssicherung 38 ff.

- Kritik 42

Holismus 271
Homo oeconomicus **124,** 161, 164
Humanisierung der Arbeit 396, **425, 432 ff.,**
Human-
- kompetenz **80 f.,** 84
- Relations-Ansatz 365, 397, 432
- ressourcen **187 ff.,** 190, 234, 259, 360, 396

Hygienefaktoren 198 f.
Hyperwettbewerb 291

I
Improvisation 133
Information 121, 124, 468, **486 ff.**
Informations-
- aufgaben 170, 178
- system 177
- verhalten des Vorgesetzten 216 ff.

Informations- und Kommunikationstechnologie
- Content Management System 496
- Data Warehouse 496
- Dokumenten Management System 496, 497
- Peer-to-peer-Systeme 495
- virtuelle Organisation 449 f.
- Workflow Management Systeme 497

Initiating Structure 215 f.
Initiative 52
Inkrementalismus 125, **162 f.**
Innovation 459 ff.
- Arten 463 ff.
- Begriff 460

Innovations-
- management 461 f.
- positionsbewertung 473
- prozess 466 f.

Inside-out-Betrachtung 155
Instanz 25, **377 f.**
Instruktion 122, **169 f.,** 186
Instrumentalität **201 ff.,** 224, 226
Interaktion 57, 182, 184, **192,** 227, 317, 432,
Interkulturalität 112, 528 ff.
Internationalisierung
- Bedeutung 522 f.
- Begriff 523 f.
- Grad 524 ff.
- Motive 524 f.
- Strategien 532 ff.

Interne Analyse 288, 296, **302 ff.**, 468, **472 ff.**
Interne Märkte 397 f.
Interne Revision 174
Intra-System-Fit 115

J
Job-
- enlargement **425**, 428, 433,
- enrichment 424, **425**, 428, 433, 446, 451
- rotation **425**, 433
Job Charasteristics Model 199 f.
Just-in-Time-Produktion 438, 446

K
Kaizen 426, **447**
Karriereplanung 88 ff.
Kerngruppe **100**, 104
Kernkompetenzen 309 f., 472 f.
Koalitionstheorie 103 f.
Kohäsionsfunktion 184 f.
Kommunikation
- Begriff 191
- Führungs- 183, 186
- Meta- 195
- Sender-Empfänger-Modell 192 ff.
- TALK-Modell 194
- Vier-Seiten-Modell 194 f.
Kompensationstüchtigkeit 550
Konfiguration 41, 170, 246, 317, 522
- Effizienz 361, 433
Kongruenzprinzip 376
Konkurrentenanalyse 293 ff., 471 f.
Kontextvariablen 207 f.
Kontingenz-Ansatz 364 f.
Kontrolle
- allgemein 93 f., **170 ff.**, 217
- Arten 172 ff.
- Begriff 171
- Prozess 175 f.
- strategische 351 ff.
Konzern 411
Kooperationseinheit 190, 250
Koordination 366, 373, **391 ff.**, 406
- Fremd- 36, 392
- Selbst- 36, 392, **395 ff.**
Kostenführerschaft(sstrategie) 113, 325, **329 ff.**

Kultur (s. auch Unternehmenskultur)
- allgemein 11, 23, **108 ff.**
- Analyse 109 ff.
- Dimensionen
  - Individualismus 530 f.
  - Langfristige/Kurzfr. Orientierung 531 f.
  - Machtdistanz 528 f.
  - Maskulinität 531
  - Unsicherheitsvermeidung 529 f.
- Ebenen 109 f.
- Gestaltung 112 ff.
- Typen 112

L
Lean Management 424, 425, 438, **446 f.**
Lebenszyklus 281, **327 ff.**, **469 ff.**
Leistungsdeterminanten-Konzept 205 f.
Leitbild 100 ff.
Leitende Angestellte 26
Leitung 4 f.
Leitungs-
- spanne 388 ff.
- system 366, **383 ff.**, 403
Lernen, organisationales 448
 (s. auch Organisation, lernende)
Linienstelle 378
Lokalisierung 534 f.
Lokomotionsfunktion 184
Lücke, operative/strategische 316
Lückenanalyse 316 f.

M
Macht
- Begriff 46
- Distanz 71 f., 528 f.
- Grundlagen 46 ff.
- informelle 380
- potenzial 46 ff.
Management
- allgemein **3 ff.**, 93 ff., 119 ff.
- Anwendungsbezug 14 f., 545, 550
- Arbeitstechniken **258 f.**, **126 f.**
- Begründung von 11 f.
- Begriff **3 f.**, 17 f.
- normatives 17, 51 f., **99 f.**
- operatives 17
- Personenbezug 93 ff., **182 ff.**, 547 f.
- Sachbezug 93 ff., **119 ff.**, 182, 545 ff.
- strategisches 17, 96, **114 f.**
- systembezogen 9 f.
- Top/Mittleres/Unteres 26 f., 82, 378 f.

598

Management by Objectives (MbO) 131, 222 f., **395**
Management Development 87 ff.
Management-Dimensionen VI, **17 ff.**
Management-Ebenen 26 f., 378
Management-Fit-Ansatz 96, **115 f.**, 545
Management-Funktionen
– generelle 93 f., **119 ff.**
– spezifische 95, **263 ff**
– im Personenbezug 93 ff., **182 ff.**
– im Sachbezug 93 ff., **119 ff.**
Management-(Führungs-)Grenzen 231, **545 ff.**
Management-Kompetenz
– allgemein **78 ff.**, 549 f.
– empirische Ergebnisse 82 ff
– Kategorien
  – konzeptionelle 81 f.
  – Selbstkompetenz 81
  – soziale **80 f.**, 82, 84, 246
  – technische **79 f.**, 82
Managementlehre 6, **13 ff.**, 24, 52 ff., 64, 207, 356, 545 ff.
Management-Philosophie 69, 99 f.
  (s. auch Führungsphilosophie)
Management-Prozess 94, **119 ff.**
– iterativer 122
– linearer 122 f.
– Komplexität 122 ff.
– Mikroprozess 123 f.
– Stufen 121 f.
Management-System 18, **25 ff.**, 41, 87
Management-Wissenschaft
  (s. Managementlehre)
Manager (s. auch Führungskräfte)
– allgemein **7**, 23, **25 ff.**, 545 ff.
– Aktivitätsmuster **59 ff.**, 80
– Anforderungsprofile **78 f.**, 82f.
– Handeln 57 ff.
– Rollen 64 ff.
– Werthaltungen, Einstellungen 24, 57, **68 ff.**, 100 f.
– Zielvorstellungen **74 ff.**, 135
Managerial Grid 216, **235 ff.**
Markteintrittsformen 535 ff.
Mehrliniensystem 387 f., 409, 413 ff., 540 f.
Menschenbilder 72 ff.
Menschenführung 5, 83, **182 f.**
Meta-Handeln, Management als 3 f.
Mikroorganisation **170**, 186, 250

Minimumsektor **130**, 151
Mitarbeiter-
– interessensschutz 30 ff.
– führung (s. Personalführung)
– orientierung 87 ff., 215, 218, 235, 237
– verhalten **196**, 185 f., 200 ff., 207, 344 f., 453
– ziele 31
Mittelplanung 152
Motiv 72 f., **196**
Motivation
– allgemein 169 f., 191, **195 ff.**, 357
– Bedürfnisse 197 f.
– Begriff 196
– Erwartung 201 ff.
– Hygienefaktoren 198
– extrinsische **199**, 203, 498
– intrinsische **199**, 200, 203, 498
– Inhaltstheorien 197 ff.
– Instrumentalität 201 f.
– Motivatoren 199
– Prozesstheorien 200 ff.
– Valenz 201 ff.
– Verhalten 196
Motivationspotenzial 200
Muddling Through (s. Durchwursteln)

N
Netzplan 402
Netzwerke 444 f.
– innerbetriebliche 43 f., 258
– regionale 444
– zwischenbetriebliche 44, 246, 258, 442 ff., **443 ff.**
Netzwerk
– Ansatz 44
– Management 43 f.
– Organisation 357
Neue Institutionenökonomik 364
Nutzwertanalyse 147 f.

O
Objektzentralisation 423
Ökologie und Management 24, 31, 52 ff., **100 f.**, 546
Ökonomie, erste und zweite 71
Ordnungsrahmen 95, **99 ff.**
Operationalisierung
– der Entscheidung 169
– der Ziele 122, **137 ff.**

Organigramm 367, 386, 388
Organisation
- Ablauf- 368 ff., **421 ff.**, 426, 427
- Aufbau- 368 ff., **403 ff.**, 427
- divisionale (objektorientierte) 408 ff.
- duale 356 f.
- eindimensionale **415 ff.**, 538 f.
- faktische 358, 451 f.
- formelle 358, **451 ff.**
- fraktale 449
- funktionale (verrichtungsorient.) 404 ff.
- grenzenlose 449
- informelle 357 f., **451 ff.**
- lernende 425, **447 ff.**
- Matrix- **413 ff.**, 417, 431, 540
- mehrdimensionale **413**, 540 ff.
- modulare 449
- Primär- **416 ff.**, 428, 431
- Projekt- 417 ff., 428
- Sekundär- 415
- Tensor 413
- vernetzte 449
- virtuelle 449
Organisations-
- begriff 360 f.
- effizienz 360 f.
- einheit 189, 250, **376**
- entwicklung 228, 505 f.
- formen 246, 254, 437
  (s. auch unter Organisation)
- gestaltung 366 ff.
- konzepte
  - klassische 403 ff.
  - neuere 425 ff.
- kultur (s. Unternehmenskultur)
- problem 358
- strukturen, internationale 538 ff.
- theorien 364 ff.
Organizational Behavior 450 ff.
Outside-in-Betrachtung 155

P
Patientenführung 183
Persönliche Weisung 392 f.
Personalführung
- allgemein 94 f., **182 ff.**, 247 ff., 344, 547 f.
- Begriff 183 f.
- Effizienz
  - aussagen 212 ff.

- kriterien 210 ff.
- Funktionen 184 ff.
- Gestaltung, gesamtbetriebliche 247 ff.
- Substitute 227 ff.
Personenhierarchie 35 ff.
Persönlichkeitsmerkmale
- des Führers (Vorgesetzten) 69, 78 ff., **212 ff.**
- der Geführen (Mitarbeiter) 205, 223 f.
PIMS-Studie **281 f.**, 335, 339
Pläne 395 f.
Planfortschrittskontrolle 122, **151**, 172 f. 351 f.
Planung 94, **128 ff.**
- Ausgleichsgesetz der 130 f.
- Begriff 129
- Bottom-up- 150
- Funktionen der 129 ff.
- Entwicklungsrichtung 150 f.
- Gegenstromprinzip 150 f.
- Koordinationsfunktion 130 f.
- Neugestaltung der 156 ff.
- Träger 133
- Instrumente 133 f.
- Integrationsfunktion 130 f.
- operative **153 ff.**, 180
- progressive 150
- retrograde 150
- revolvierende/rollende 151 f.
- simultane 130
- strategische 115, **153 ff.**, 314, 352, 468 ff.
- sukzessiv 130
- Top-down- 150
Planungs-
- horizont 42, **145**, 155, 265, 42
- probleme 130 ff.
- prozess 134
- systeme 149 ff.
  - operatives 154 f.
- techniken 127
- träger **133 f.**, 155
Portfolio-Technik (-Methode) **320 ff.**, 474 ff.
Positionenhierarchie **35**, 168
Prämissenkontrolle 132, **172 ff.**, 351 f.
Preisentwicklung 284 f.
Principal-Agent-Ansatz 30, 364 f.
Prinzip der Einheit der Auftragserteilung 386
Prinzipien ethischen Handelns 52 f., 105 f.
Problem
- analyse 122, 127, 134, **141 ff.**

- beurteilung 122, 141, **143**
- erkennung 120, 122, **141 f.**
- komplexität 143 f.
- untersuchung 122, **141 ff.**
Produktionsorientierung **215**, 235
Produkt-Lebenszyklus-Modell 328 f.
Produktmanagement 417
Produkt-Markt-Kombination **153**, 265, 315
Professionalisierung 398 f.
Profit Center 397 f.
Prognosen 144 ff., 296, 468 f.
Programme 393
Projekt(organisation) 377, **417 f.**
Projektmanagement 362, **417 ff.**, 506 f.
Prozess 158, **427**
Prozessorganisation **427 ff.**, 431, 446, 449
Psychologischer Vertrag 189

Q
Qualität 425 f., 446

R
Rationalität 32, 63, 94, 124, **160 ff.**, 201
Rechenschaftspflicht (s. Verantwortung)
Ressourcen 310 f.
- Arten 309
- Begriff 308
Ressourcenanalyse
- klassisch 303 ff.
- kompetenzorientiert 308 ff.
- wertorientiert 306 ff.
Return on Investment (RoI) **140**, 277
- RoI-Konzept 141
  Richtung des Mitarbeiterverhaltens 185 ff.
Rollen (s. Manager-Rollen)

S
Sachaufgaben der Führung **71 f.**, 218, 221
Satellitengruppe **100**, 104
Schlüsseltechnologie 473 f.
Schwache Signale **299 f.**, 468
Schöpferische Zerstörung 463
Scientific Management 364 f.
Segmentierung 292, **318 f.**
Selbstabstimmung 12, 36, 40, 132, 255, 392, **395 ff.**
Selbstorganisation(sansatz) 246, 250, 364 f., **395 ff.**, 424, 425, 434, 447
Shareholder 30
- Value 53 f., **278 f.**, 546

Sieben(7)-S-Modell 114 f.
Situationsvariablen der Führungsbeziehung 207 ff., 224 ff., 249
Social Accountability 8000 105 f.
Soll-Ist-Vergleich 122, **129 f.**, 142, 172 ff.
Spezialisierung **371 ff.**, 406, 410, 423, 429, 431
St. Galler Management-Modell 462
Stärken-Schwächen-Analyse **293 f.**, 313 f.
Stab 376, **379 ff.**
Stabliniensystem 387
Stabsstelle **174**, 324, 381, 416
Stakeholder 29 f., **31 ff.**, 53, 515 ff.
- Konzept 103, **280 f.**, 285
Stelle 375 ff.
Stellenhierarchie 35 ff.
Stellenbeschreibung 127, **376**, 394
Stellenmehrheiten 381 ff.
Strategie **268 ff.**
- Bewertung 337 ff.
- Begriff 268 f.
- Differenzierungs- **329 f.**, 334 f.
- embryonische 471, **479 f.**
- Entwicklungsprozess 272
- generische 331 f., 477 f.
- hybride 333 ff.
- Implementierung **341 ff.**, 478 ff.
- Inhaltsforschung 267
- Kontrolle 351 ff.
- Kostenführerschafts- **329 ff.**
- marktorientierte **265**, 326 ff.
- Norm- 339 f.
- Prozessforschung 267
- Pyramide 269 f.
- Schrumpfungs- 319
- theoretische Perspektiven 263 ff.
- Verständnis 270
- Ziele 274
Strategische Geschäftseinheit 153, 155, 313, **320 f.**, 343,
Strategisches Geschäftsfeld 318
Strategische Lücke 316 f.
Strategisches Management **115 ff.**, 271, 307
Strukturtechnischer Ansatz 364 f.
Subsidiaritätsprinzip 384
SWOT-Analyse 315 f.
Symbolisch-interpretativer Ansatz 364 f.
System 8 ff.
Systemtheoretischer Ansatz 364 f.
System-Umwelt-Fit 114

Szenario-Technik **297 ff.**, 469

T
Teamorganisation 424, 428, **432 ff.**, 445, 448, 510
Technologie
– Lebenszyklus 469 ff.
– Management 461 ff.
– Portfolio 474 ff.
– Positionsbewertung 472 f.
– Prognose 468
– Strategie 477 ff.
– Implementierung 478 ff.
Teilautonome Arbeitsgruppe 433 ff.
Theorie
– des Inkrementalismus 125, **162 f.**
– der rationalen Wahl 121, **161 f.**
Total Quality Management 424, 426
Transaktionskosten(ansatz) 364, 443 f.
Training
– off-the-job 89
– on-the-job 89

U
Umweltanalyse **285 ff.**, 468 ff.
Unternehmens-
– analyse **303 ff.**, 472 f.
– ethik 52 f., 104 ff.
– führung 5 f.
– grenzen 439
– grundsätze (siehe Leitbild)
– kooperation 439 ff.
– kultur 96, **108 ff.**, 231
– philosophie 95, **99 ff.**
– politik 95, **99 ff.**
– strategie 476
– wert 278
– ziele 135 ff.

V
Valenz **201 ff.**, 224
Valenz-Instrumentalitäts-Erwartungs-Theorie **201 f.**, 224
Veränderung
– Arbeitspakete 517 ff.
– Bedarf 502 f
– Erfolgsfaktoren 506 f.
– Felder 503
– Handlungsfelder 507
– Implementierungsstrategien 513 ff

– Phasen 512 ff.
– Projektphasen 515
– Psychologie 507
– des Individuums 508 ff.
– des Teams 510
– des Unternehmens 510
– Stakeholder 515 ff.
– Ziele 504 f.
Verantwortung 7, **51 ff.**
Verantwortungs-
– bewusstsein 83 f.
– horizont 41 f.
Verhalten in Organisationen 450 ff. (Organizational Behavior)
Verhaltensgitter 235 ff.
Verrichtungs-
– orientierung 405, 407
– zentralisation 422
Vertrauen und Führung 213, **229 ff.**, 246
Virtuelle Führung 246 f.

W
Wachstumsstrategie 318 ff.
Weisungsbefugnis 377, **386 ff.**, 409
Werkstatt
– fertigung 422, 438
– insel 435
Werte 68
- wandel 69, 70
Werthaltungen von Managern 68 ff.
Wertschöpfungskette 306 ff.
Wertsynthese 122, **147 f.**, 164
Wettbewerbs-
– profil 294 ff.
– umwelt 268, **285 ff.**
– vergleich 311 f.
– strategie 330 ff.
Willens-
– bildung 31, **36**, 94, 101, 160, 168, 216 f., 246, 273
– durchsetzung **93 f.**, 120, 167 f., 216 f., 273
– sicherung 120
Wissen
– Begriff 482 f.
– formalisiertes 493
– kollektives 495
– personelles 494
– Wissensformen 483 f.
Wissensmanagement
– allgemein 482, **486 ff.**

– Begriff 482
– Funktionen 486 ff.
Wissenssystem
– allgemein 481 f., **493 ff.**
– Gestaltungsdimensionen 493 ff.
– zentral und dezentral 495
Work Activity School **59**, 64, 124

Z
Zentralbereiche 408, 411, 414
Zentralisation 384
Ziel- 67, 74 ff, 119 ff, 504
– analyse 122, **136**, 281
– anforderungen 138
– arten 135 f.
   – Formalziele **135**, 139 f., 211
   – Individualziele **68**, 74, 139, 218
   – Kannziele **136**, 148, 163
   – Mussziele **136**, 148, 163
   – Ober-/Unterziele 135, **138**
– Organisationsziele **68**, 74, 242 f.
– Programmziele 135
– Sachziele **135**, 139
– Sozialziele **135**, 137
– ausmaß 138
– beziehungen 137
– bildung 135
– dimensionen 137 f.
– erreichungsgrade 39, 137
– funktionen 135
– inhalt **138**, 147
– kategorien 139
– konflikte **137**, 256, 350 f.
– Mittel-Zweck-Beziehung **137 ff.**, 144, 150
– operationalisierung 137
– planungsprozess 136 ff.
– strukturierung 137
– Systeme 138 ff.
Zielbezug der Führung 182 f., 222 f.
Zwei-Faktoren-Theorie 198 f.